四川省志

Sichuan Shengzhi

九寨沟志

【第八十七卷】

四川省地方志编纂委员会 编

方志出版社
Publishing House of Local Records

图书在版编目（CIP）数据

四川省志. 九寨沟志 / 四川省地方志编纂委员会编
. — 北京 ：方志出版社，2019.9
ISBN 978-7-5144-3828-4

Ⅰ. ①四… Ⅱ. ①四… Ⅲ. ①四川－地方志②九寨沟
－地方志 Ⅳ. ①K297.1

中国版本图书馆CIP数据核字(2019)第288970号

四川省志·九寨沟志

编　　者：四川省地方志编纂委员会
责任编辑：陈　菁　刘　珊

出 版 者：方志出版社
地址　北京市朝阳区潘家园东里 9 号（国家方志馆4层）
邮编　100021
网址　http: //www.fzph.org
发　　行：方志出版社图书经销中心
电话（010）67110500
经　　销：各地新华书店
印　　刷：深圳中华商务安全印务股份有限公司
设计制作：成都龙腾天下文化传播有限公司

开　　本：889×1194　　1/16
彩插印张：5.5
正文印张：27.75
字　　数：773千字
版　　次：2019年9月第 1 版　2019年9月第 1 次印刷
印　　数：0001～2000 册

ISBN 978-7-5144-3828-4　　定价：363.00 元

基本情况 JIBEN QINGKUANG

九寨沟地图

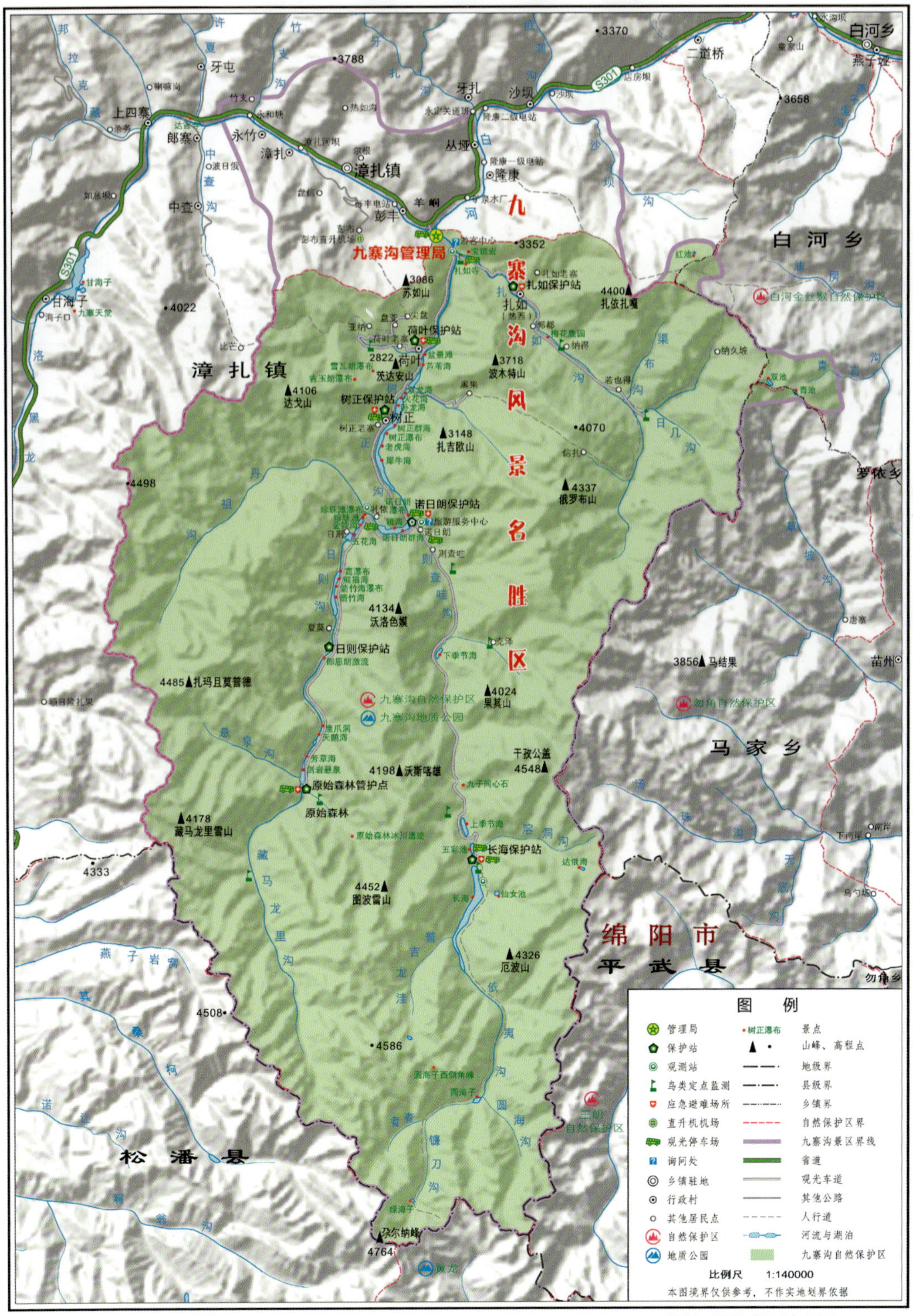

成都地图出版社 编制　　　　审图号：图川审（2019）145号

自然景观 ZIRAN JINGGUAN

长海

诺日朗瀑布

镜海

五花海

树正群海

珍珠滩瀑布

诺日朗群海

五彩池

犀牛海

长海

芳草海

火花海

火花海瀑布

箭竹海瀑布

树正瀑布

芦苇海

盆景滩

上季节海

卧龙海

下季节海

双龙海

天鹅海

老虎海

金铃海晨辉

熊猫海

孔雀河道

剑岩

原始森林

珍珠滩

四季风光 SIJI FENGGUANG

九寨之春（组图）

九寨之夏（组图）

九寨之秋（组图）

九寨之冬（组图）

九寨印象 JIUZHAI YINXIANG

冰湖

动静

鳄鱼嘴

流光

凝固

清澈

书写

天地

旋律

地质景观 DIZHI JINGGUAN

U 型谷

冰蚀湖

钙华堤垄

钙华丘（火花海）

钙华树

古生物化石

长海左岸褶曲

人文风情 RENWEN FENGQING

传统民居（郭都寨）

晾架（郭都寨）

磨房（树正寨）

传统纺织

传统纺织

传统服饰

节日盛装

节日盛装

扎如寺大经堂和面具法舞

扎如寺法舞面具

扎如寺法舞面具

扎如寺法舞面具

转山

转塔

扎依扎嘎神山顶的经幡

撒龙达

扎如沟纳底佛塔

寺庙建筑的装饰（廊柱）

水力转经筒

动 物 DONG WU

鬣羚

斑羚

金丝猴

羚牛

林麝

小熊猫

白马鸡

黄脚渔鸮

蓝马鸡

绿翅鸭

绿头鸭

血雉

雉鹑

北方山溪鲵

西藏齿突蟾

植　物 ZHI WU

独叶草

红豆杉

沙棘

桃儿七

星叶草

多脉报春

高丛珍珠梅

金莲花

瑞香

山丹

五脉绿绒蒿

药　材 YAO CAI

川赤芍

蓝白龙胆

毛叶草芍药

七叶一枝花

羌活

秦艽

一把伞南星

玉竹

展枝沙参

紫草

紫菀

菌类 JUN LEI

白刺马勃

侧盘焰耳

猴头菇

硫磺菌

平截棒瑚菌

毛鬼伞

羊肚菌

领导关怀 LINGDAO GUANHUAI

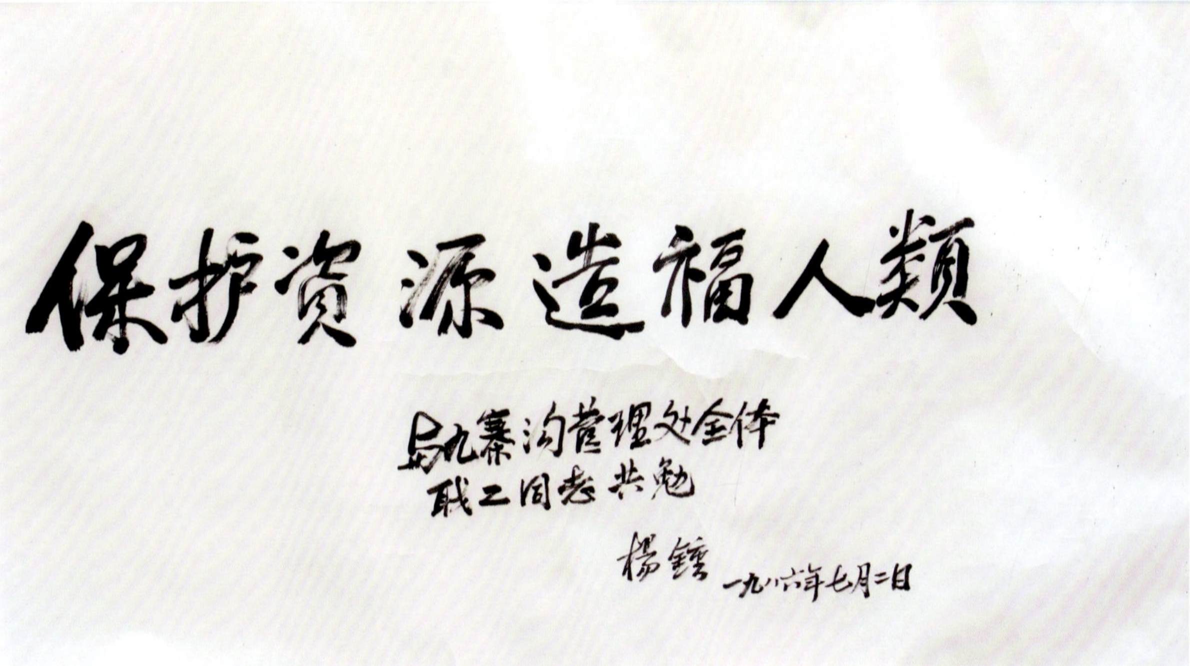

1986 年 7 月 2 日，林业部部长杨钟题写：保护资源造福人类

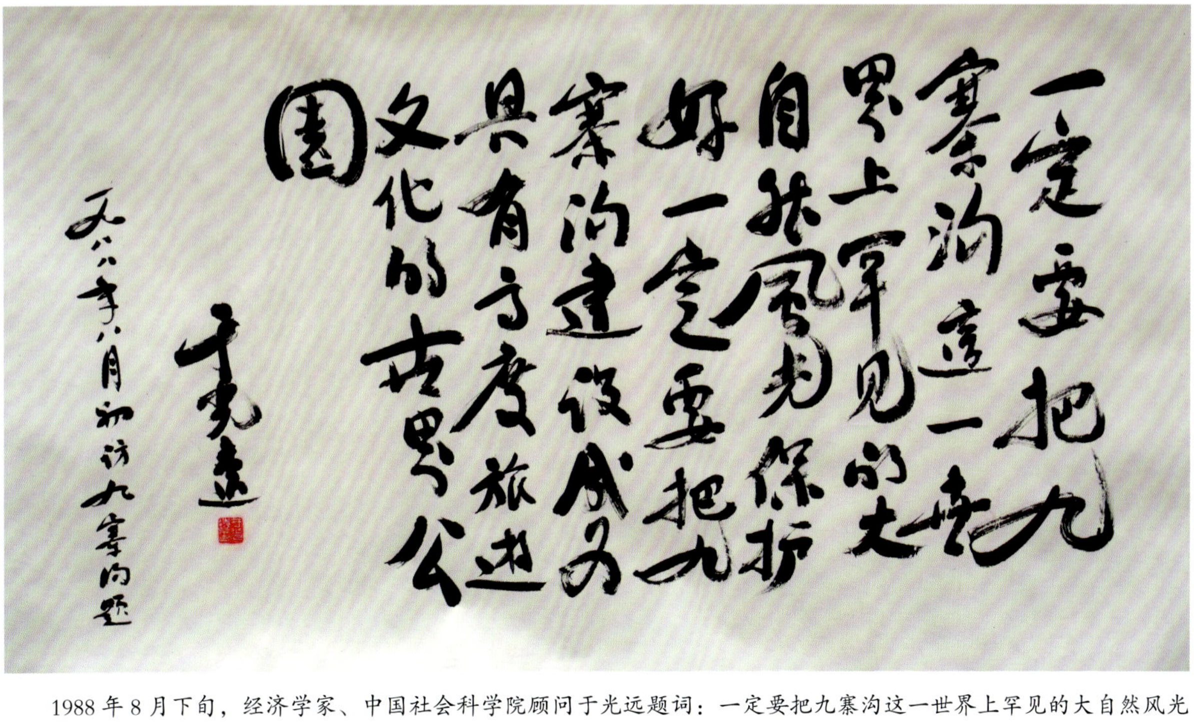

1988 年 8 月下旬，经济学家、中国社会科学院顾问于光远题词：一定要把九寨沟这一世界上罕见的大自然风光保护好，一定要把九寨沟建设成为具有高度旅游文化的世界公园

2004 年 9 月 11 日，国家旅游局局长何光暐（右）考察九寨沟

2002 年 6 月 12 日，国家林业局副局长雷加富（右）在九寨沟调研

2003年10月31日，国家林业局副局长赵学敏（中）一行到九寨沟检查工作

2004年12月24日，中共四川省委书记张学忠（前左一）考察九寨沟

2002年8月30日，中共四川省委副书记、四川省人民政府省长张中伟（右）考察九寨沟

2004年7月18日，中共四川省委副书记、四川省人民政府副省长蒋巨峰（左二）考察九寨沟

2003 年 9 月 3 日，中共四川省委常委、四川省旅游产业发展领导小组副组长王荣轩（中）考察九寨沟

2004 年 9 月 11 日，四川省人民政府副省长王怀臣（中）考察九寨沟。图为王怀臣与景区居民交谈

2003 年 9 月 3 日，四川省旅游局局长刘捷（前）考察九寨沟

2005 年 7 月 5 日，四川省建设厅厅长杨洪波（前右三）考察九寨沟扎如沟

发展变迁 FAZHAN BIANQIAN

1982 年的九寨沟沟口

1985 年的九寨沟沟口

1992 年的九寨沟沟口

1998 年的九寨沟沟口

2001 年的九寨沟口

1992 年已完成沥青路面改造后的景区道路（右为世界自然与自然资源保护联盟、国家公园与自然保护区委员会主席卢卡斯，左中为“世界自然遗产名录”首席考察官桑塞尔，两人于 1992 年 6 月 5 日到九寨沟考察世界遗产申报工作）

2001 年的景区公路

2003 年景区公路整治

2004 年的景区生态公路和环保型观光车

2005 年实现人车分流的景区公路和人行栈道系统

1992 年的五彩池石栈道

1995 年的木制生态栈道

2004 年建成的特色栈道

2004 年的生态型栈道

2003 年仍在使用的早期九寨沟栈道

1999 年的树正磨房与游览栈道

2005 年的树正磨房和游览栈道

1985 年的五花海栈桥

1999 年五花海栈桥

2005 年的五花海栈桥

20世纪80年代的热西老寨

2005年的热西寨

20 世纪 90 年代的老荷叶村寨（荷叶二队）

2005 年荷叶沟泥石流拦砂坝庇护下的荷叶新寨

2005 年的荷叶新民居

2005 年的热西寨新民居

2005 年的树正新民居

2005 年的则查哇新貌

景区设施 JINGQU SHESHI

九寨沟管理局驻地沟口羊峒全景

九寨沟管理局办公楼

数字信息中心大楼

沟口游人中心综合大楼：从左至右，主要为多功能学术厅、游人中心、服务中心（售票、购物等）

九寨沟沟口生态广场

景区入口

诺日朗旅游服务中心

九寨沟管理局木屋宾馆和职工宿舍

蓝天停车场

树正交通点

长海观景台

2005年使用的车载式环保移动厕所

IC卡电话

应急电话点

投诉亭

泥石流治理工程 NISHILIU ZHILI GONGCHENG

丹祖沟1号坝镶嵌结构

丹祖沟3号支沟泥石流滤水坝

荷叶沟泥石流拦砂坝群

克泽沟泥石流格拦坝

牛紧沟泥石流停淤场拦挡坝

树正沟格栅坝

日则 2 号沟泥石流缝隙坝

则查哇泥石流滤水坝

治理和保护 ZHILI HE BAOHU

铺设防护网

边坡治理

2002年5月13日，保护处巡山队在纳久坡上巡护

2002年6月25日，原地着战斗服训练

病虫害防治

消防监测

科考与研究 KEKAO YU YANJIU

古树名木监测

考察途中

科学实验

气象监测

生物多样性监测

水质监测

管理与维护 GUANLI YU WEIHU

1989 年，拆除沟内违章建筑

2002 年 10 月，拆除景区内宾馆

2003 年 5 月 28 日，拆除则查哇商品棚

环卫工在清扫景区公路上的落叶

工作人员在箭竹海打捞漂浮物

武警在生态栈道上巡逻

武装巡逻

2005年的九寨沟监控中心

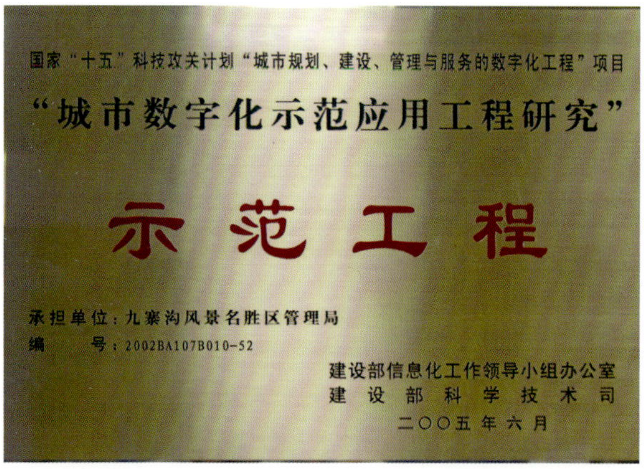

数字九寨沟示范工程

2005年沟口广场的LED屏

景区监控

经营与服务 JINGYING YU FUWU

游人如织的九寨沟

热情服务

沟内居民在诺日朗旅游服务中心集中经营

市场管理

2002年9月9日，九寨沟管理局居管办在长海规划选点修建的租衣棚

沟内交通便捷有序

荣　誉 RONG YU

2000 年，国家林业局颁发的中国国家级自然保护区四川九寨沟国家级自然保护区标志牌（1978 年 12 月 15 日国务院批准成立）

2000 年，中华人民共和国建设部颁发的国家重点风景名胜区标志牌（国务院 1982 年批准）

2004 年 1 月，中华人民共和国国土资源部颁发的四川九寨沟国家地质公园标志牌

1992 年 12 月 14 日，联合国教科文组织将九寨沟风景名胜区列入世界遗产名录的证书

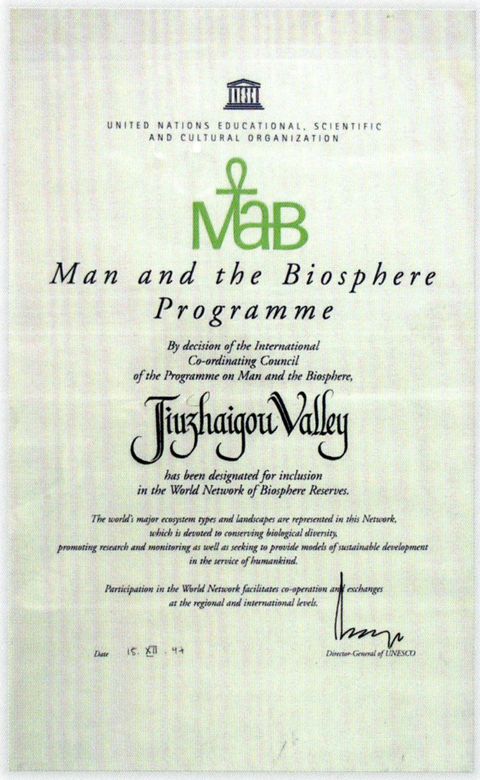

1997 年 12 月 15 日，联合国教科文组织总干事签发的九寨沟国家级自然保护区纳入“世界生物圈保护区”证书

2002 年，通过“绿色环球 21”评估认证书

1991年12月，中华人民共和国国家旅游局颁发的“中国旅游胜地四十佳”标志牌

2001年1月，中华人民共和国国家旅游局颁发的“国家AAAA级旅游景区”标志牌

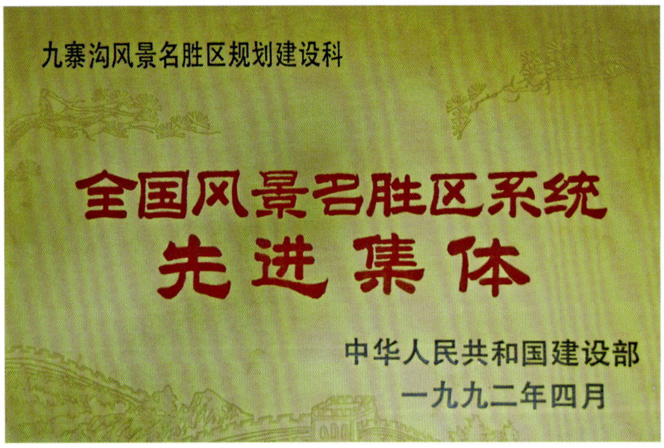

1992年4月，中华人民共和国建设部授予九寨沟风景名胜区规划建设科“全国风景名胜区系统先进集体”称号

1999年12月，国家环境保护总局、国家林业局、农业部、国土资源部授予四川九寨沟国家级自然保护区管理处“全国自然保护区管理先进集体”称号

2000年12月，中华人民共和国建设部授予九寨沟管理局“全国风景名胜区先进单位”称号

2002年4月，共青团中央授予九寨沟管理局票务处“青年文明号”称号

四川省地方志编纂委员会成员

主任委员	王　宁			
副主任委员	张为人	朱新华	蔡　竞	杜兰举
	马小彬			
委　　员	叶文培	李　酌	高　山	江红英
	宋晓云	张丽萍	李曙光	张澜涛
	吴　成	何晓平	王映松	杨　杉
	赵家栋	张　强	向华全	欧力生
	陈　智	罗亚夫	王孝平	

《四川省志（1986—2005）》
审核委员会成员

《四川省志（1986—2005）》
总编、副总编

总　　编	陈建春			
副 总 编	赵　行	邓　瑜	陶利辉	熊　倩
	张兆法	高伟明	朱艳林	牛　淼

《四川省志·九寨沟志》
责任总编、责任编辑

责任总编　马小彬

责任编辑　冯国梅

《四川省志·九寨沟志》
编纂委员会

（2020 年 8 月 31 日）

主　　任	赵德猛
副 主 任	徐荣林　丁素琴　李　怡　白志远 仁青周　刘春龙　文义勇　杨志兵 鲁朝汉　安　超　徐　斌　高天雷 袁　龙　杨永钦　高恺衡　蔺文静 唐思远　刘静成
委　　员	（以姓氏笔画为序）： 马祖源　王海林　兰成君　冉建华 任江花　刘　庆　朱　磊　李小明 李成香　杜　杰　杨　杰　杨小平 杨玉花　杨光兴　杨金秀　陈泽新 昌兴强　欧平治　罗成静　金　辉 贺志刚　唐　林　徐　辉　格　丁 常　介
办公室主任	昌兴强
主　　编	贺志刚　汪志斌
编　　辑	阳书媛　王潘潘

《四川省志·九寨沟志》
编纂委员会

（2019 年 5 月 31 日）

主　　任	赵德猛			
副 主 任	徐荣林	丁素琴	李　怡	白志远
	仁青周	刘春龙	文义勇	杨志兵
	鲁朝汉	安　超	徐　斌	高天雷
	袁　龙	杨永钦	唐思远	刘静成
委　　员	（以姓氏笔画为序）：			
	马祖源	王海林	兰成君	冉建华
	任江花	刘　庆	李小明	李成香
	杜　杰	杨　杰	杨小平	杨光兴
	杨金秀	陈泽新	昌兴强	罗成静
	金　辉	贺志刚	唐　林	徐　辉
	格　丁	崔　艳	常　介	谢　超

办公室主任	昌兴强	
主　　编	贺志刚	汪志斌
编　　辑	阳书媛	王潘潘

《四川省志·九寨沟志》
编纂委员会

（2018 年 7 月 10 日）

主　　任　赵德猛

副 主 任　徐荣林　丁素琴　李　怡　白志远
仁青周　刘春龙　文义勇（2017 年 7 月起）
杨志兵（2017 年 9 月起）
鲁朝汉（2017 年 9 月起）
安　超（2017 年 12 月起）
唐思远　刘静成

委　　员　（以姓氏笔画为序）：
马祖源　王海林　兰成君　冉建华
任江花　刘　庆　李小明　李成香
杜　杰　杨　杰　杨小平　杨光兴
杨金秀　陈泽新　昌兴强　罗成静
金　辉　贺志刚　唐　林　徐　辉
格　丁　崔　艳　常　介　谢　超

办公室主任　昌兴强

主　　编　贺志刚　汪志斌

编　　辑　阳书媛　王潘潘

《四川省志·九寨沟志》
编纂委员会

（2017 年 3 月 25 日）

《四川省志·九寨沟志》
编纂委员会

（2016 年 5 月 17 日）

《四川省志·九寨沟志》
编纂委员会

（2015 年 5 月 5 日）

《四川省志·九寨沟志》
初评审查组

（2016 年 4 月 27 日）

负　责　人	唐思远
成　　　员	孙建平　刘静成　木扎塔　丁素琴 徐荣林　龙　跃　王　强　仁青周 何有权

《四川省志（1986—2005）》
凡　例

一、本书编纂工作以马克思列宁主义、毛泽东思想、邓小平理论、“三个代表”重要思想、科学发展观、习近平新时代中国特色社会主义思想为指导，坚持辩证唯物主义和历史唯物主义的立场、观点和方法，全面客观地记述四川省行政区域内自然、政治、经济、文化和社会的历史与现状。

二、本书系中华人民共和国成立后首部《四川省志》续编，总名《四川省志（1986—2005)》，由总类、大事纪述、专志、人物、市（州）概况、附录共93卷构成。各分卷名称为《四川省志·××志（1986—2005)》或《四川省志·××志》（后者为特色志志名)，设中英文目录。

三、本书上限一般起自1986年，下限一般截至2005年。对前志未设之分卷或篇章从事物发端写起；对前志漏载、误载的某些事项进行补载、更正；对前志记载后变化不大的某些事项进行简要复载；升格详载具有地方特色的某些事项。

四、本书记述的地域范围以1986—2005年四川省行政区划为准。

五、本书采用述、记、志、传、图、表、录等体裁，以志为主。

六、本书总类卷设序言、凡例、总述、卷目等，为各卷之首，全书之纲。关于自然环境、建置沿革、经济与社会历史发展状况等基本省情在总述中作简要复载或反映。各专志（分卷）根据社会分工和学科分类的实际，按“以类相从”或“突出地方特色”的原则设立，以篇、章、节横分类别，节、目以下纵述史实，立足反映四川省行政区域某一事物（事业、行业）断限期内历史与现状的全貌。人物志卷采用传、录、表诸种表述形式，坚持“生不立传”原则，在世人物的突出事迹以事系人载入相关分卷。人物传统一收入人物志。本书大事记以编年体为主，辅以纪事本末体。为完整记述一些重要事物，保存有价值史料，有些分卷设置了专记。

七、本书使用规范的现代语体文记述，行文严谨、朴实、简洁、流畅。使用规范汉字，用词概念准确，符合现代汉语语法规范。使用的标点符号、数字、计量单位等均按国家规定的统一标准书写。

八、本书使用公元纪年，各卷正文（除引文外）采用第三人称表述；行文涉及机构、会议、文件、职衔、地名等，均按当时称谓；除涉及人名、地名、纪年和简称等项采用括注外，其余采用页下脚注。

九、本书资料来源于文献、档案、报刊、书摘、口碑及实地调查等，所用资料均经各修志部门考证、核实。各分卷数据一般采用省统计局公布的数据，省统计局缺乏的，采用有关部门正式提供的数据。

十、各分卷图片分为前置图片和随文插图，随文插图和表格均以篇为单位依次排序编号；所用地图均以省测绘局审定的为准。

十一、各分卷需要特别说明的事项，均在各分卷的《编辑说明》中注明。

《四川省志·九寨沟志》
编 辑 说 明

一、本志定位于“九寨沟自然保护区—风景名胜区志”，全面记述九寨沟的自然地理、人文历史和资源、保护、开发利用的历史与现状，是《四川省志（1986—2005）》的特色志之一。

二、本志所说的“九寨沟”泛指“九寨沟国家级风景名胜区”“九寨沟国家级自然保护区”“世界自然遗产地——九寨沟”“九寨沟国家地质公园”“九寨沟旅游区”所在区域。

三、本志记述范围以九寨沟风景名胜区（自然保护区、世界自然遗产地、地质公园）为主体，兼及外围白河流域的相关范围，统称为“九寨沟区域”。除部分必要的资源和人文历史介绍外，本志不收录九寨沟县及川西北旅游区的事件、人物，也不收录“九寨沟旅游区”内与九寨沟保护、开发无关的其他内容。

四、本志所称“风景名胜区”“风景区”“景区”有广义和狭义之分。广义指风景资源集中的整个区域，狭义指“游览景区”“缓冲区”“实验区”，是风景名胜区中的居民社区和允许游客到达的区域。

五、本志所记区域的显著特征是其生态与景观，景观依照历史变迁和美学原理区分为“旅游资源”和“旅游景观”两个部分，前者记述本志时限内的资源调查和研究所获得的结果，后者借用时限内出现的相关文学作品的写实描述来记述九寨沟旅游发展过程中形成的具有普遍共识的审美景观和游览体验。

六、本志时间断限以国务院批准“九寨沟自然保护区”的1978年为上限，下限截至2005年。另根据本志编纂的实际时间和九寨沟发展重大事件的实际记述需要，部分内容适当上溯。

七、本志不立人物传，不做人物简介，重要人物以事系人，列人物名录，归入附录。

八、本志所采用资料出现的明显错别字、书写异体和不同标准单位的数据，除摘录和个别加以说明外，径直改正，或统一为本志的书写习惯。

九、本志所记区域属少数民族地区，地名及历史文化所涉及的音译语词，或按照业已形成的习惯，或在多个音译书写中选择合适的写法，用字以借音不借义为原则。

十、地名、机构等以当时称谓为准，有演变的第一次出现注以今名，名称较长的，行文中第一次出现时使用全称，以后用规范的简称；人物一般直书姓名，必要时冠以职务或职称；地名以地名机构颁布的标准地名为准，没有的以九寨沟管理局提供的为准。1987年，阿坝藏族自治州更名为阿坝藏族羌族自治州，本志内一律简称“阿坝州”。九寨沟县原名“南坪县”，1998年6月更名为“九寨沟县”，本志除部分特定需要使用旧名外，一律称“九寨沟县”。“人民政府”“政治协商会议”“人民代表大会”和“中国共产党”及其各级委员会名称一律采用标准的简称“政府”“政协”“人大”“中共”，如“中共四川省委”“中共阿坝州委”等。

十一、本志资料来自九寨沟管理局档案室和相关部门、单位、个人提供的资料、文物、口述、回忆录以及省、州、县档案馆和图书室所藏相关文件、史籍、图书、报刊等，经反复印证、核实后使用，除必要的脚注，不一一注明资料出处。

目 录

第二篇　旅游资源

第五篇　生态保护

第六篇　科学研究

Contents

概 述

九寨沟，北纬32°线上中国西部群山中的一处风景名胜，20世纪70年代以来逐渐成为世界级的旅游新地标，与云南丽江及西藏地区并称为“中国民族和生态旅游目的地”的三极。

九寨沟，既是以大熊猫、金丝猴等珍稀动物及其自然生态环境为对象的森林和野生动物类型国家级自然保护区，“世界生物圈保护区”成员；又是以高山湖泊群、瀑布群和钙华滩流为主体的国家级风景名胜区，列入“世界自然遗产”名录，获得“绿色环球21”可持续旅游目的地认证；还是以钙华湖泊、滩流、瀑布景观、岩溶水流系统等地质遗迹和森林生态系统为内容的国家地质公园。九寨沟，是地球进化历史主要阶段的突出范例，是地质过程、生物进化和人与自然环境关系的突出代表，具有极高的生态保护、科学研究和旅游美学价值，已发展成为比较成熟而完善的旅游产业区，在四川省旅游发展中居于核心地位，在行业内具有领先和示范效应。

一

九寨沟，旧称“三舍羊峒”，是岷山山脉中段①尕尔纳峰②（海拔4764米）北麓一条纵深40余公里的沟谷，系长江支流嘉陵江上游白水江源头白河的一条大支沟。沟内原有荷叶、树正、扎如、尖盘、黑果、则查哇、郭都、亚纳、盘亚9个藏族村寨，又称为“和药九寨”，习惯称为“九寨沟”，藏语名“日杂德各”。

九寨沟位于四川省西北部，地属阿坝藏族羌族自治州九寨沟县（原南坪县）漳扎镇，地理坐标为北纬32°51′—33°19′，东经103°46′—104°4′，沟口海拔1996米，东距县城42公里，南距九寨—黄龙机场70公里，距四川省会成都438公里。地势南高北低，海拔大多在2000—3000米，以九寨沟沟口为基准，最大相对高差2768米，平均相对高差大于1600米。高山生态系统完整且层次丰富，地质遗迹独具特色而保存较为原始。

九寨沟区域位于九寨沟县西南部，辖区东至九寨沟县白河金丝猴自然保护区和平武县王朗自然保护区，南至尕尔纳峰，与松潘县黄龙风景名胜区相邻，西至九寨沟县塔玛③以西分水岭，北

---

① 岷山，中国西部的著名山脉，大致西北—东南走向，全长约500公里，从甘肃省南部延伸至四川省西北部，主体在四川境内，是长江水系中岷江、沱江、涪江、嘉陵江等河流的发源地。习惯上岷山被分为南北两段，北段在甘肃境内，南段在四川境内。这个省域分段法比较粗糙，涉及四川境内的地理定位就无所取义。岷山在四川境内绵延甚长，经九寨沟县、松潘县、平武县、北川县、茂县、汶川县而至成都平原西侧边缘。岷山主峰雪宝顶（海拔5588米）在松潘县境内，距离九寨沟不远。本志记述岷山采用北段（甘肃）、中段（九寨沟县—松潘县）、南段（茂县、汶川）的划分方式。

② 《南坪县地名录》及《南坪县志》均写作“朵尔纳”。本志依照《南坪县志》所附地图及当地语言发音作“尕尔纳”。

③ 地名。四川省省道301九寨沟至松潘段接近松潘县界有“塔玛道班”。

至九寨沟县塔藏乡和隆康乡白河北岸山岭以北唐乌沟、许夏沟一线。全境东西宽39公里，南北长55公里①，主体区域总面积720余平方公里，另有外围保护地带600余平方公里，合计1300余平方公里。区内雪山、林海、瀑布、湖泊与世居村寨相互掩映，奇水荟萃，风光秀丽。九寨沟是典型而独特的冰川和岩溶作用地貌，植被覆盖率85.50%，森林覆盖率63.50%，保存原始森林近3万公顷，拥有完整的生态系统，花木繁多，鸟兽出没，为各种野生动物提供了良好的栖息和繁衍条件，具有巨大的科学研究和生态保护价值，是研究自然生态系统、生物演化、古地理、古气候的理想场所。

九寨沟风景名胜区属山水型湖泊瀑布亚类，以高山深谷碳酸盐堰塞湖泊群、瀑布群和钙华滩流地貌为特征。九寨沟景观，以彩湖叠瀑为主景，与藏族风情相融合；“有成百个阶梯彩色湖泊，无数飞瀑流泉奔腾倾泻，串连其间，景色秀丽奇绝，世所罕见”②。沟内共有高山湖泊（当地称“翠海”）114个、叠瀑17个、滩流5处、激流11处、泉水47处、雪峰12座，区内山脉纵横，雪峰耸立，沟谷相连，森林茂密，溪涧回环，水光潋滟，色彩斑斓，是集原始古朴、自然天成的山水风光和独特的民族村寨风情于一体的景观综合体。翠海、叠瀑、彩林、雪峰、蓝冰和藏族风情并称“九寨六绝”，引人入胜，有“童话世界”“水景之王”的称号。仲春树绿花艳，盛夏湖幽山翠，金秋尽染山林，隆冬冰塑自然。沟内各主要景点有公路相通，栈道串联，总体上沿主沟树正沟和两大支沟则查哇沟、日则沟呈“Y”字形分布，逶迤50多公里，是集观光、休闲、探险、科考、科普等为一体的综合性景区。

九寨沟旅游资源丰富，分布广，类型多，是川西北旅游区的核心。以九寨沟为中心，周边紧密分布有黄龙世界自然遗产地、干海子景区（今甘海子景区）、王朗国家级自然保护区、白河金丝猴自然保护区、大录神仙池景区等各具特色的旅游景区。在稍外一层区域，还有若尔盖大草原、松潘古城、四姑娘山风景名胜区、卧龙大熊猫国家级自然保护区、叠溪—松坪沟旅游景区、龙门山国家地质公园、都江堰—青城山世界文化遗产地、唐家河国家级自然保护区、观雾山森林公园、三星堆国家考古遗址公园等风景名胜区和旅游目的地。在这个以九环旅游线串联的区域中，九寨沟居于中心位置。

1978年，国务院将九寨沟划为大熊猫自然保护区。1982年，九寨沟列入第一批国家重点风景名胜区。1992年，九寨沟列入世界自然遗产名录。1994年，九寨沟被林业部确认为国家级自然保护区。1997年，联合国教科文组织正式接纳九寨沟为“世界生物圈保护区网络”成员。2002年，九寨沟通过国际知名旅游机构“绿色环球21”的评审认证，成为全球唯一同时拥有“世界遗产”“世界生物圈保护区”和“绿色环球21”认证的风景名胜区。2004年，国土资源部批准在九寨沟设立国家地质公园。

---

① 此处数据综合历年景区、保护区和旅游区规划外围地带的相关数据，以上述范围四至为基础在地图上测得的概略数据，并非实测，是对本志所说“九寨沟区域”范围的一个大致描述。

② 《第一批国家重点风景名胜区名单》，见《关于审定第一批国家重点风景名胜区的请示》附件，由城乡建设环境保护部、文化部、国家旅游局共同拟定。

二

九寨沟地处川西北高原岷山山脉中段，位于中国三级地势阶梯①中从第一阶梯向第二阶梯过渡的坎前部位，是青藏高原向四川盆地陡跌的高山过渡地带，地质、地貌、气候、生物等自然地理元素均有过渡区性质，类型特殊，形态多样。

九寨沟的自然山水是第四纪以来青藏高原强烈隆升所造成的地质现象之一，是多种内外营力长期作用的综合结果，它和周边的分水岭构成一个完整的水文地质单元。在这个单元里，一半以上区域的海拔在林线以上，冰蚀地貌发育，距今一万多年前已奠定今日地貌与景观的基础。沟内地质遗迹景观有钙华景观、岩溶景观、堰塞湖、峰柱峡谷、绝壁、水帘洞、冰川和生物化石等，其中以钙华湖群、瀑群和滩流为主体构成独特的“层湖叠瀑”景观，成为区内最主要的地质遗迹景观。高山湖泊可分为冰川刨蚀湖、岩溶洼地阻塞湖、泥石流堰塞湖和滑坡与崩塌堰塞湖 4 种，规模、数量和美学价值均世界罕见。

九寨沟属温带季风气候，冬无奇寒，夏无酷暑，湿度适中，风和日丽，鸟语花香。年平均气温 7.3℃—7.8℃，夏日平均气温为 10℃—22℃，最高日温 32.6℃，最低日温-17℃。年降雨量 700—800 毫米，一般集中在夏秋两季。年日照约 1800 小时，晴天多，云雾少，紫外线较强，空气清新，阳光明媚。

九寨沟地域辽阔，相对高差大，垂直变化明显，气候多种，湖泊众多，是多种自然要素交会的地区，生物资源丰富，各种动植物物种 3634 种，其中原生物种 3553 种，栽培及无意引进物种 81 种。物种的珍稀性明显，维管植物中有国家一级保护珍稀植物 3 种、二级 64 种，濒危植物 18 种，其中 13 种同时是国家级保护植物；动物中有国家级保护动物 47 种。

区内发现有藻类 419 种，姿态万千，色彩斑斓。植被类型多样，垂直分布明显。有原始森林近 3 万公顷，涵养水源，调节气候，保持水土，美化景观。植物种类繁多，区系成分复杂，有原生植物 1926 种，珍稀植物有红豆杉、领春木、连香树、岷江柏木、白皮云杉、重枝云杉、三尖杉、星叶草、独叶草、箭竹和茶藨子等，独叶草、星叶草、箭竹为白垩纪末、第三纪初的孑遗植物②。

区内完整的生态系统和优越的自然环境，为各种野生动物提供得天独厚的栖居条件。区内发现有脊椎动物超过 313 种、鸟类超过 223 种。珍稀动物有大熊猫、金丝猴、牛羚、小熊猫、鬣羚、雪豹、红腹角雉、绿尾虹雉和蓝马鸡等。大熊猫性情温和，金丝猴机警多疑，高山湖泊中野鸭成群，天鹅、鸳鸯时来栖息，既是全球生态链的重要节点，也是绝美的自然风光。

三

九寨沟有人类活动的时间不晚于秦汉时期，可溯源至新石器时代。现今沟内村寨千余居民的祖

---

① 中国地势西高东低，由西向东陆地地势可划分为三级阶梯。第一阶梯即青藏高原，平均海拔 4000 米以上；第二阶梯环绕青藏高原，包括内蒙古高原、黄土高原、云贵高原和其间的准噶尔盆地、四川盆地、塔里木盆地等，平均海拔 2000—3000 米；第三阶梯为东部的平原和丘陵，平均海拔在 500 米以下。第三阶梯向东延伸为西太平洋近海大陆架。

② 孑遗植物，也称“活化石植物”，指起源久远且大部分因为地质或气候变化而大范围灭绝的植物，这些植物在新生代第三纪或更早已经有广泛的分布，现在只存在于很小的范围内。这些植物的形状和在化石中发现的植物基本相同，保留下远古祖先的原始形状。其近缘类群多已灭绝，是比较孤立、进化缓慢的植物。

先或许很早就在这片土地上生产生活，绵延数千年的历史使得九寨沟的世居村寨成为这片自然山水不可分割的组成部分。

明清时期，九寨沟所在区域族群被称为“羊峒番”。在中华人民共和国成立后的民族识别工作中，九寨沟世居村寨居民的族属被归为藏族。一种流行的观点认为，他们是吐蕃王朝东征时驻留在川西北而未被召回的吐蕃军队的后裔，是从世界屋脊青藏高原迁徙而来的族群。该种看法在川西北安多藏族有关自身族源的认识上广为流传，并因为当地语言和西藏某些地方语言之间的相似性而得到强化，反映出唐代吐蕃崛起后向东、向北的扩张和元代将川西北地区划归宣政院①管辖以后，该地在文化融合和族群认同上所发生的吐蕃化进程的深远影响。在这些传说影响下，当地文史资料将“羊峒”同隋唐时期活动于青藏高原的羊同羌②联系起来，视九寨沟居民为跟随吐蕃东征的羊同部落后人，进而将传统的以九寨沟县（原南坪县）全境为范围区分上、中、下三羊峒的思路用于九寨沟所在白河流域，以隆康至漳扎为“中羊峒”，漳扎以上为“上羊峒”，隆康以下为“下羊峒”，九寨沟内村寨属中羊峒。四川大学教授徐中舒在20世纪60—70年代的多篇论文中，从原始的村社共同体角度对包括“洞”（峒）在内的一些族群称谓做出阐释，为理解九寨沟所在区域的“羊峒”提供新的思路。

在更为久远的时期，正如九寨沟内的考古发掘所揭示的，早在吐蕃兴起之前的秦汉时期或更早，生活在川西北一带的主要是被称为氐羌的族群。九寨沟早期先民的文化遗存具有氐羌文化特征，他们也很早就纳入中原王朝的统治范围，或同中原地区有密切的文化交流并深受影响。民族学研究认为，九寨沟的世居族群是多族群融合的结果，唐代吐蕃王朝兴起之后迁徙而来的新族群及由此而来的文化交融，是该地区族群迁徙与文化融合的众多波次之一。奠定今天九寨沟族群基础的一次的族群融合发生在俄洛部、达戈部和扎依扎嘎部之间。崇拜白色雄马（“达戈”）的一支白水羌③部族，在扎依扎嘎部的支持下，获得与来自阿尼玛卿山下原本生活在河曲草原的一支俄洛部族（属党项羌弥药支）通婚的权力，他们结成部族联盟，共同生活在九寨沟中。这一族群融合的历史最终沉淀在九寨沟的地名和神话传说中。

九寨沟族群的历史演变，是中华民族多元一体格局历史演进过程的一个组成部分。随着川西北地区吐蕃化进程的深入，九寨沟的世居族群，无论其中是否有来自青藏高原的成分，都最终汇入以苯教和藏传佛教信仰等为代表的吐蕃文化中，中华民国以来经受“番化”的认知，中华人民共和国成立后有基于民族识别的族群认同与意识强化，几经变迁，延续至今，又在旅游开发的国际化和现代化中经受陶冶，表现出显著的多元融合的文化特点。

九寨沟区域在自然地理上位于青藏高原和四川盆地之间的过渡地带，在人文地理上则是中原文化影响的边缘地区，处在汉文化区和藏文化区之间，也是牧区和农区之间的过渡区域。九寨沟位于藏羌回汉多民族聚居的川西北高原，属于著名的“藏羌彝走廊”北段的组成部分，经过长期的南北

---

① 宣政院，元官署名。掌管全国佛教事务，统辖吐蕃地区军政事务。至元元年（1264年），忽必烈设立总制院，任命国师八思巴掌管。至元二十五年（1288年），用唐王朝在宣政殿接见吐蕃使臣的掌故改名为“宣政院”。

② 羊同羌，古代族群，一般认为是羌人支系，有大、小羊同之别。唐代杜佑《通典·大羊同国》记载“大羊同国”说：“东接吐蕃，西接小羊同国，北直于阗，东西千余里，胜兵八九万。其人辫发毡裘，畜牧为业，地多风雪，冰厚丈余，所出物产，颇同蕃俗。”按此所载，大羊同国在今西藏西部阿里一带。

③ 白水羌，自称“邓至”，又称“邓至羌”，古代西羌族群之一，《北史》记载其分布范围在“亭街以东，平武以西，汶岭以北，宕昌以南”。

民族融合与东西文化交汇，形成别具特色的地区文化。

九寨沟居民信奉苯教[①]，崇拜自然，将山川湖泊、花草林木、鸟兽禽鱼皆视为神圣之物。山是神的化身，水是神的馈赠，海子、瀑布、溪泉皆为圣洁之水，不容污染亵渎。也痛恨滥砍滥捕，鄙视捕杀鱼类。九寨沟居民视农历十五月圆之时为吉日。传统上三月十五的麻孜节[②]是九寨沟人最隆重的节日，人们到扎如沟扎如寺烧香敬神，拜佛转山，向师长亲友、寺庙喇嘛敬献哈达，载歌载舞，表演藏戏，表达美好祝愿。六月十五和七月十五为夏季转山时节，九寨沟居民身着盛装，祝酒歌唱，骑马或徒步，绕行朝拜扎依扎嘎神山。每年冬春时节，气候干燥，易发火灾，九寨沟人举行守火和驱火仪式，以预防火灾，又称“德朵节”。德朵节用娱乐和信仰的形式，传承用火知识，传播防火常识，让守护家园的使命代代相传。

在相当长的历史时期里，九寨沟人一直过着半农半牧、自给自足的生活，文化习俗原始古朴。自中华人民共和国成立以来，九寨沟的区域属性发生翻天覆地的变化。林场的建立，初步打破这里的平静。保护区的设立，风景名胜区的定位，大量游客的到来，作为世界遗产地的九寨沟与外界的交往日益频繁，九寨沟的历史进入一个全新阶段。退耕还林和退牧还草的实施，彻底终结半农半牧的传统生产生活方式，农牧经济作业向旅游经济服务业快速转变，九寨沟人的生存方式和衣食住行呈现出更为多元化的倾向。随着传统的农牧文化与现代旅游文化在这片山水之地上的交融嬗变，一种既富有传统又增加现代性和国际性元素的文化形态正在滋生成长，与声名远著的九寨沟风光交相应和。

四

九寨沟风光如画，景观奇妙，是大自然经过亿万年的酝酿创造的一部交响音画，兼有湖泊、瀑布、雪山、森林和民族风情之美，是一处几乎没有任何工业污染的综合景观体，给人以纯净、明丽、无邪的梦幻之感，在中国以至世界旅游胜地中独树一帜，被人们誉为“人间仙境”“童话世界”。

九寨沟的主要景观分为6个群落，主要集中于沟内“Y”字形的3条主沟：树正沟、日则沟和则查哇沟。树正沟由北而南从沟口至诺日朗，长14公里。诺日朗以南分为两条支沟，东南支沟叫则查哇沟，长18公里；西南支沟叫日则沟，长17公里。沟内水系汇聚树正主沟，由南向北，注入白水江上游的白河。两岸山脊海拔3000米以上，总长度近60公里。九寨沟主要景点有宝镜岩、迎客松、盆景滩、芦苇海、火花海、卧龙海、树正群海、树正瀑布、达戈山、犀牛海、诺日朗瀑布、诺日朗群海、镜海、珍珠滩瀑布、金铃海、孔雀河、高瀑布、熊猫海、箭竹海、天鹅海、悬泉、鹰爪洞、剑岩、原始森林、沃洛色嫫神山、季节海、五彩池、长海、扎如瀑布、扎依扎嘎神山、扎如寺等。这些景点犹如风景游览线上的一个个音符，共同组成一曲绝妙的乐章，或琅琅瀑歌、潺潺溪吟，或

---

① 苯教，也写作“本教”，受佛教影响很深的藏族本土宗教，是藏族原始巫师文化演变的结果，相传由辛饶弥沃创建于公元前6世纪。因早期教徒头戴黑巾，习惯称为“黑教”。自称“苯波教”，称呼藏区本土化的佛教即藏传佛教各教派为“班德教”。内部又有“黑苯教”和“白苯教”之分，接近原生状态的称为“黑苯教”，佛教化显著的称为“白苯教”。佛苯之争是吐蕃王朝时期政治斗争的一个重要反映，在斗争中失败的苯教主要流传于康巴、安多等青藏高原东部、北部等边缘地带，成为这些地区宗教信仰的一个显著特征。

② 现改为农历四月十五。

翠海宁静、峰峦起伏，或雪峰卓立、银雾缠绕，或冰斗插地，脊岭纵横，有如天籁。

湖泊、瀑布、溪流、河滩、山泉的交错映衬是九寨沟风光的一大特色。整个九寨沟景区，经翠海、叠瀑、森林、雪峰和藏乡风情五大造景因素的交织融合，汇成一部恢宏粗犷而又神奇瑰丽的高原交响音画。九寨沟山雄林密，空气清新。湖泊如串串明珠，水色碧蓝清澈，流光溢彩，湖泊之间多有穿行林间的流泉和台瀑相互连接，动静相谐，连绵不绝，逶迤宛转，错落有致。沿岸林木掩荫，花草争妍，四时姿态变化，色彩纷呈。尤其在深秋时节，天朗气清，林树五彩斑斓，美不可言，被赞为“九寨仙境”。

这里奇水荟萃，翠海叠瀑穿林跨谷逶迤数十公里，是九寨风光之魂。散落于山谷林间的一百多个海子，秀美的，玲珑剔透；雄浑的，碧波方顷。九寨沟的湖泊妙就妙在独特奇异，多姿多彩。有的芳草萋萋，有的水树相绕，有的浮木育花，自成水上盆景，有的水底植物呈奇，气象万千。从珠连玉串的群海到隐居密林的孤海，应有尽有。这些海子别具一格，五彩缤纷的湖光水色是阳光绘在水上的画，意境深远的幽美倒影是山林写在水中的诗。

整个沟内奇湖错落，目不暇接。湖水终年碧蓝澄澈，明丽见底，随着光照变化和季节推移，呈现出不同的色彩与风韵，或玲珑剔透，或碧波万顷，招人青睐。每当风平浪静，蓝天白云，远山近树，倒映湖中，呈现出鱼游云端、鸟翔海底的奇特景观。彩池则是阳光、水藻和湖底沉积物综合的景观效果，一湖之中，鹅黄、黛绿、赤褐、绛红、翠碧等色块组成不规则的几何图形，相嵌浸染，斑驳迷离，如同抖开一匹五色锦缎。有的湖泊，随风泛波之时，微波细浪在阳光下璀璨成花，远视俨然燃烧的海洋。有的湖泊，湖底静伏钙华礁堤，朦胧中仿似蛟龙游动。

湖泊大多由淡黄或乳白色的钙华长堤分隔。堤埂蜿蜒曲折，上面花木丛生。一道道溪流，越堤出林，高高低低，缓缓急急，进而形成节奏明快的瀑布。或如阶梯错落，跌宕于群湖丛林；或腾空飞泻，直下峭壁深谷。气势磅礴如风啸雷鸣，纤细飘忽如牧笛弦歌。水至开阔处，又形成滩流。被称为“九寨沟乐园”的珍珠滩，溪流潺潺，奔踊跃动，数以万计的水珠在阳光下晶莹闪烁。涉滩而过，进入“朵朵银花足下踩，万顷珍珠涌人怀”的盆景滩，半淹于水中的灌丛，宛如一座座天然生长的盆景。怪诞的湖底涌泉，在湖面上突起圈圈涟漪，犹如朵朵睡莲，殊丽艳美。溪流弯弯曲曲，穿林、绕峰、串海，滚滩、击岸、越壑，碧树点彩，须根飘浮，水花飞溅。千姿百态的九寨沟水景，有声有色，有动有静，集水色、水声、水光、水姿之大成，有“九寨归来不看水”之美誉。

如果说翠海叠瀑是九寨之魂，那么森林雪峰则是九寨之躯。海子，只有在森林的怀抱，才如此静谧恬美；瀑布，只有自丛林悬壁跌落，才如此激情洋溢。苍山雪峰如同峥峥傲骨支撑着九寨沟的绝美风景。

九寨沟植被繁茂，山林葱郁，两万多公顷原始森林，随时令的变化呈现出盎然的生趣和奇妙的风姿。分布在海子周围的次生针阔叶混交林，随时光的变化而或浓或淡，姿色尤佳。

春天，残雪消融，万木复苏，林间泛出星星点点的新绿，好像千万惺忪的睡眼在晨光中睁开，迷离中透出几分清新；迎着料峭的春寒，高山杜鹃花烂漫洒脱地绽开；野生桃树、梨树、山樱争相吐艳，红、黄、紫、蓝、白，林海里繁花似锦，海子在花树的点缀中现出妩媚之色。泉边湖畔，奇花异草争奇斗艳。水中是花的倩影，溪边有花的笑靥。九寨春天是花的季节，是花的海洋。

夏日，山林葱茏，绿得纯粹，清新而亮丽，层层叠叠，深深浅浅，令人赏心悦目。山水林岚，时而刚毅奔放，时而轻纱拂面，时而云雾缭绕如诗如画，时而雷声轰鸣大雨磅沱，时而艳阳高照晴空万里。有万种风光，酿造千年情怀。

秋来，长空雁叫，霜晨晓月。山林换上富丽的锦衣，漫山遍野姹紫嫣红。火红的枫叶，金黄的栌叶，苍翠的松柏，背衬皑皑雪峰，辉映银瀑碧湖，绘成绝妙的九寨秋色。

隆冬，森林绿凋红谢，银装素裹，飞瀑流泉凝成晶莹剔透的冰雕玉刻，冷冽清峻，黑白变幻，让人迷恋。

九寨沟的风光，如诗如画，如歌如锦。

五

至迟在清末民国初期，九寨沟的绝美风景已经引人关注。民国《松潘县志》卷一“山川”部分有“翠海”一条：

翠海。县东北一百余里，中羊峒番部内。海狭长数里，水光浮翠，倒映林岚，故名。

此“狭长数里，水光浮翠，倒映林岚”的海子，指的应该就是今天所说的“长海”。① 九寨沟的旅游开发则是改革开放时期的事情，是川西北旅游区开发的起点。

九寨沟旅游的发展，起于20世纪七八十年代之交。1978年，九寨沟经国务院批准划为自然保护区。1980年，成立四川南坪九寨沟自然保护区管理所，负责保护区的保护和禁伐监管工作。此时只有零星慕名的人们远道而来到九寨沟游览。1982年，国务院公布黄龙寺—九寨沟风景区为国家第一批重点风景名胜区，这是九寨沟旅游发展的起点。1983年7月，林业部同意“有限制的接待小批量的海外专业游览考察团”到九寨沟旅游。旅游开发工作，贯彻以保护为前提，“采取保护性开发，稳中求进和量力而行的方针”。1983年秋，九寨沟正式开始国际旅游接待工作。1983年末，四川省成立九寨黄龙平武风景区建设协调小组，负责协调各方力量，加快景区的开发和建设。此后，通过国家投入、南坪县集资和外地资金的进入，陆续修建彭布直升机场和旅游宾馆，改建南坪至平武、松潘和汶川至松潘的公路，整治九寨沟景区内公路和泥石流险区，修建景区栈桥游道，改善进出川西北旅游区沿途的食宿接待条件。到20世纪80年代末，川西北旅游区的内部接待条件已初具规模，九寨沟中外游客逐年增多。1982—2005年，九寨沟旅游发展经历1992年列入世界自然遗产名录、1998年九环线开通、2003年九寨—黄龙机场（以下简称“九黄机场”）运营3次大的发展机遇。1990年，全年游览九寨沟的人数接近15万人次。到2001年，九寨沟景区年游客已超过100万人次，2005年突破200万人次。

截至2005年，九寨沟管理局先后投资10亿多元用于九寨沟的开发建设，建成大量基础设施和服务设施，景区设施和环保建设达到国内乃至世界先进水平。在28年建设中，九寨沟管理局共修建完成60公里人行栈道、50多公里的景区标准公路、40余处观景台（点）、17个休息亭，在相应景点增设救生圈，危险地段设立防护栏、防护网和标识标牌，珍珠滩和熊猫海安装大型安全防护网，完成老虎嘴公路整治、五花海钢架桥、沟口生态广场和游人中心、游客转换中心、诺日朗游客服务中心、垃圾和污水处理场、蓝天停车场、火地坝职工宿舍楼、监控大楼等工程项目，架设完成35千伏电网主线，铺设60余公里光缆，建立起移动电话通信系统、景区监控系统和“数字九寨”管理系

① 也有人认为应为“镜海”。

统，开通绿色环保观光汽车。在九寨沟旅游开发的带动下，经过多年建设，以漳扎镇为旅游城镇中心，白河沿岸建起大批宾馆饭店和娱乐服务设施。九寨沟旅游区建立包括急救中心、投诉电话、银行、邮电、治安管理、旅游执法等在内的完备设施和监管系统。这些设施和建设为九寨沟的可持续发展奠定良好基础。

九寨沟的发展坚持"保护型开发"的经营管理模式，按照"严格保护，统一管理，合理开发，永续利用"工作方针，把生态、环境和自然保护置于九寨沟发展的核心位置，把"保护第一"的思想贯穿到每个工作环节，实现区域可持续发展。九寨沟以科研为支撑，科学实施生态环境监测，保护生物物种多样性，维护世界自然遗产地的真实性和完整性，营造景区优美和谐的自然和人文生态环境。九寨沟管理局建立有专职的环保队伍，保护处下设保护站、园林队、车队、粪便处理厂、生物多样性监测站，科研处下设气象监测站、地质灾害水文监测站、森林病虫害监测站等机构。在全国景区中，九寨沟第一个实行"沟内游、沟外住"政策，第一个开通绿色环保观光车，第一个提出数字景区管理理念，第一个设立景区国际联合研究中心，第一个运用智能型免水冲环保生态厕所，第一个实施"限量旅游"策略。九寨沟的科学开发，吸引国内外众多科研单位、学术机构和大中专院校到此进行科学考察和学术交流。许多专家、学者、教授到保护区从事大熊猫及各种珍稀动植物研究及资源考察和其他环境科学研究，获得多项科研成果，撰写大量专著和论文，造就许多生物学和保护事业方面的专业人才。

截至2005年，九寨沟管理局在自然保护区内先后投入2000多万元用于森林防火、天然林生态资源保护、森林病虫害防治、植树造林、退耕还林、退耕还草等；投资800余万元修建和完善保护站的基础建设和设施设备；投资70余万元完善防火通信与防火瞭望设施；投资100余万元建立大气监测站，加强九寨沟景区气候监测、预报；投资2000多万元在景区主要景点配置35座649个蹲位的免水冲自动打包型生态环保厕所；投资100余万元开展天然林生态资源本底调查，为九寨沟科学保护、科学管理提供理论依据。

九寨沟坚持"居民是景区主人而不是管理对象""居民是景区财富而不是包袱""居民是景区发展动力而不是阻力"等原则，设立居民管理办公室，多渠道、多形式吸纳社区居民参与旅游经营和景区管理，形成社区共管格局。通过建立合理的利益分配机制，让当地居民从旅游发展中受益，同时加强对居民的培训和政策扶持，促进社区参与旅游发展。截至2005年底，九寨沟景区内有在籍居民1052人，其中直接参加景区管理工作的有87人，占九寨沟管理局在编员工的16.9%。

九寨沟在发展过程中，建立起属于自己的区域文化，在九寨沟人心中形成"九寨沟属于世界""保护九寨沟人人有责""保护九寨沟就是保护自己家园"等全新观念。九寨沟在长期发展过程中建立起"以保护促开发，以开发促保护"的保护型开发模式，树立自然保护与社区和谐发展的典范。九寨沟先后获得"全国优秀风景名胜区""中国旅游胜地四十佳""全国文明风景旅游区示范点"等称号。作为区域性的特定职能管理机构，九寨沟管理局先后获得"全国保护旅游消费者权益示范单位""全国景区综合整治先进单位""全国旅游系统先进集体""全国社会治安综合治理先进集体""全国精神文明建设工作先进单位""全国先进基层党组织""全省旅游工作先进单位""全省人才开发先进单位"等多项荣誉称号。

进入"十五"规划（2001—2005年）期间，随着九黄机场的修建和通航，九寨沟旅游飞速发展。截至2005年末，九寨沟历年来接待的中外游客总数超过1094.20万人次，其中入境游客达

70.11 万人次，历年门票收入总计超过 11.41 亿元。同时，作为区域性行业龙头，九寨沟旅游发展带动九寨沟县和阿坝州经济发展，对区域经济结构影响很大。到 2005 年，九寨沟县实现生产总值 10.51 亿元，其中，第一产业增加值 8867 万元，第二产业增加值 21401 万元，第三产业增加值 75854 万元，一、二、三产业比重为 8.4 :20.4 :71.2，以九寨沟为核心的旅游服务业及其带动的相关产业占据突出的位置。

九寨沟的发展具有巨大的生态、经济和社会效益，是一举多得的包括政治、经济、科学和文化发展的综合性事业。历经 28 年的发展，九寨沟取得良好的生态效益、社会效益和经济效益。保护区物种依然丰富，起源古老，种群特殊，生态系统完整。对这些物种和生态系统的保护不单只是在保护当地的生物多样性，同时也是全球生物多样性保护的重要组成部分，对当地经济的持续发展和资源的可持续利用有着重要意义。九寨沟的保护和开发，改善了区域生态形势，减少了山崩、滑坡和泥石流等自然灾害，保护了嘉陵江源头的水源地，促进了地方经济的可持续发展，美化了当地居民的生活环境，吸引了众多游客、艺术家、科研人员、知名学者到此旅游、采风、考察、讲学，带动了信息交流，促进了科学普及和环境保护意识的增强，推动了区域的改革开放事业。

九寨沟的发展也是九寨沟形象的扩张过程。到 2005 年，“九寨沟”这个名称早已经走出“和药九寨”的传统范围，成为白河流域乃至更广范围地域的一个泛称。1989—1992 年，九寨沟管理局与九寨沟镇曾在体制上尝试大区域的合并管理。2005 年，九寨沟管理局制订《九寨沟旅游区总体规划》，从一个更大范围的资源整合拓展和经济发展的角度来看待这个区域以旅游为主体的社会发展。九寨沟的扩张不仅仅是空间地域上的，同时也是文化和精神的汇聚。九寨沟旅游的发展使得白河流域成为众多民族文化的汇聚交融之地，并在这种汇聚与融合中产生出优秀的作品和优秀的表演艺术家，昭示出九寨沟发展的巨大潜力与前景。

第一篇　地理环境

本篇分为自然地理和人文地理两个部分，分别从位置范围、地质、地貌、气象、水文、土壤、植被、生物、珍稀物种、自然灾害和区域沿革、村寨社区、社会变迁等方面记述九寨沟区域的基本面貌，展示该区域生存与发展的基础环境。

第一章　自然地理

九寨沟位于四川省西北部，阿坝州东北角，地属阿坝州九寨沟县（原南坪县）漳扎镇，是嘉陵江西源白龙江右岸支流白水江上游西支白河中游南岸的一条大支沟，是一个相对封闭与完整的小流域。1978 年以来，九寨沟先后设立自然保护区、风景名胜区、国家地质公园，列入世界自然遗产名录，纳入“世界生物圈保护区”。区内沟谷纵横，湖泊密布，地质地貌遗迹保存较为原始，高山生态系统完整，植被层次丰富，物种多样，气候宜人，是中国自然生态保护体系和科学研究中的重要支撑点。

第一节　位置和范围

一、国家级自然保护区

1978 年，国务院同意在九寨沟设立以保护大熊猫为主的自然保护区。1979 年，四川省革命委员会确认九寨沟保护区面积为 6 万公顷。

保护区位于岷山山脉中段弓杠岭①东北侧，地理坐标界于北纬 32°55′—33°16′和东经 103°46′—104°05′之间，南北长 40. 50 公里，东西宽 35. 40 公里。保护区东以干孜公盖山顶、马家乡行政界线、王朗保护区界为界，南与松潘县境内的黄龙寺保护区为邻，西以松潘县县界沿扎玛且莫普德山主山脊而下到比芒再顺塔藏乡行政区划界线至九寨沟口为界，北以扎如沟北面大山脊为界。保护区总面积 642. 97 平方公里，区内林地全为国有。

二、国家级风景名胜区

1982 年，九寨沟列入第一批国家重点风景名胜区。

1987 年，国务院城乡建设与环境保护部批准《九寨沟风景名胜区总体规划（1985—2000）》，规划确定：九寨沟风景名胜区位于岷山山脉中段尕尔纳峰北麓，地理位置在北纬 32°53′—33°20′和东经 103°46′—104°05′之间，东西宽 29 公里，南北长 47 公里，总面积 720 平方公里，原属白河区（今漳扎镇）隆康乡管辖。风景区以九寨沟流域为主体，向北延展至白河以北山岭，以塔藏永和塘到隆康永定关段北侧分水线为界；东至红海（红池）、黑海（青池），接白河及王朗自然保护区界；南至尕尔纳峰，以南坪县和松潘县、平武县之间县界为界；西至扎玛且莫普德峰。另在风景区西沿划有约 300 平方公里的外围保护地带，从风景区西界向西延展至松南公路（松潘至南坪，属省道 301 线），该区域有干海子景点。

---

① 旧写作“贡嘎岭”，岷江发源地，岷江水系和嘉陵江水系的分水岭。

1999—2005年，九寨沟管理局委托四川省城乡设计研究院修订完成《九寨沟风景名胜区总体规划（2006—2020）》[①]，规划确定九寨沟风景名胜区位于阿坝州九寨沟县西南部，地理坐标为北纬32°54′—33°19′，东经103°46′—104°4′，总面积720平方公里。风景区东至红海（红池）、黑海（青池），接白河及王朗自然保护区界；南至尕尔纳峰，以九寨沟县和松潘县、平武县县界为限；西至扎玛且莫普德峰南北两侧山脊线；北至塔藏永和塘到隆康永定关段北侧分水岭。风景区外围保护地带面积扩大至600平方公里，范围东至风景区西界，西至南松公路以西分水岭，南至九寨沟县与松潘县县界（弓杠岭），北至拉来坝到唐乌沟与许夏沟交会处一线。

三、世界自然遗产地

1991年9月，九寨沟风景名胜区完成申请列入世界自然遗产名录的申报材料。材料确认遗产地名称为"九寨沟风景名胜区"，简称"九寨沟"，位于四川省西北部岷山山脉中段[②]尕尔纳峰北麓，是长江水系嘉陵江源头的一条支沟。风景名胜区介于北纬32°54′—33°19′和东经103°46′—104°4′之间，面积720平方公里，外围保护地带600平方公里。区内大部为森林覆盖，主沟呈"Y"字形，由树正、日则、则查哇3条沟组成，总长50余公里。

2002年，九寨沟管理局向世界自然遗产委员会提交《九寨沟世界遗产地监测报告（2002）》，报告增列遗产地名称为：九寨沟国家级自然保护区、九寨沟国家级风景名胜区。确认自然保护区范围为九寨沟全流域边界，介于北纬32°54′13″—33°16′13″和东经103°46′14″—104°3′4″之间，面积651.35平方公里；风景名胜区范围包括流域以外的相关地区，介于北纬32°54′13″—33°19′57″和东经103°46′14″—104°5′3″之间，面积734平方公里（含景区外围保护地带的干海子景点）。

四、国家地质公园

2004年，国务院批准九寨沟为国家地质公园。

九寨沟国家地质公园位于九寨沟县西部，地理坐标为北纬32°53′—33°20′，东经103°46′—104°05′。范围南至尕尔纳峰，以九寨沟县和松潘县县界为界，西以藏马龙里沟沟尾山脊—扎玛且莫普德山—中查沟山脊—永和塘一线为界，北以永和塘至隆康段北侧分水岭为界，东至红海（红池）、黑海（青池），接白河自然保护区和王朗自然保护区界为界，南北长38公里，东西宽23公里，总面积729.6平方公里。

五、九寨沟旅游区

2005年，九寨沟管理局委托制定《九寨沟旅游区总体规划》，规划将九寨沟风景名胜区、九寨国家森林公园、漳扎镇域整合为九寨沟旅游区。

九寨沟旅游区位于阿坝州东北部，九寨沟县西南部，地理坐标为北纬32°54′—33°19′，东经103°46′—104°04′，海拔1500—4900米，涵盖九寨沟风景名胜区、九寨国家森林公园和漳扎镇域，

---

① 2006年，国务院批准该规划。

② 原文作"南段"。

总面积约1200平方公里①。

九寨国家森林公园位于九寨沟旅游区的西部边缘，属九寨沟风景区的外围地带，1995年经林业部批准建立，公园总面积370平方公里。区内有干海子、神仙池两个旅游景区，干海子景区面积322.50平方公里，神仙池景区面积127平方公里。1995年11月28日，四川省林业厅以川林造函〔1995〕501号文对建立九寨国家森林公园的有关事项作出批复："九寨国家森林公园总面积37000公顷，其中：黑河流域部分，以神仙池中心景点为圆心的半径1000米范围内为景区面积，其余景区依据项目建议书在白河流域内确定。森林公园内原山林权属，隶属关系不变。"

第二节　地　　质

一、地质特征

九寨沟位于青藏高原和四川盆地之间的过渡地带，处在青藏亚板块②与扬子块体接触俯冲带的边缘，居于可可西里—巴颜喀拉地块的东北角，是几大地质构造带的结合部。九寨沟北面为秦岭纬向构造带，东部为华夏系龙门山褶皱带，西南方的康藏"歹"字形构造体系，东北部受武都"山"字形构造影响较大。南北向的岷江大断裂在沟口穿过，东西向的东昆仑断裂带延伸至区内。区域地质结构极为复杂，不同时代不同体系的新老构造形迹彼此交互重叠，地层破碎，新构造运动强烈，属松雅地震带，位于8度地震烈度区。

在大地构造上，九寨沟位于松潘—甘孜造山带与西秦岭造山带的结合部位，属于松潘—甘孜地槽③区。地槽雏形从震旦纪开始，形成于二叠纪，结束于三叠纪末。九寨沟出露基岩主要属古生界④晚期与中生界早期地层，以古生界晚期地层为主，晚石炭系岩群几乎覆盖整个中南部，泥盆系与二叠系地层出露于北端，中生界三叠系地层在西侧呈块状局部出露。从中、上泥盆统到中三叠统地层，几乎全为浅海相到滨海相的各种中厚层灰岩沉积，总厚大于4824.6米。泥质成分含量较高是九寨沟碳酸盐岩地层的特点之一，是九寨沟以岩溶为特征的风景名胜得以形成的物质基础。常见岩类有灰

① 九寨沟旅游区规划文件中所定范围四至如下：九寨沟旅游区东至红海、黑海，接白河自然保护区和平武王朗自然保护区西界；南至尕尔纳峰，以九寨沟和松潘县、平武县县界为界；西至扎玛且莫普德峰南北两侧山脊线；北至塔藏永和塘到隆康永定关段北侧分水岭。这个范围实际上就是九寨沟旅游区的核心部分即九寨沟风景区、国家地质公园的范围，既不包含漳扎镇，也不涵盖甘海子、神仙池所在的九寨国家森林公园，跟所附范围图也完全不同。至于面积1200平方公里，则显然是九寨沟核心地区和外围地带的总和，但就720平方公里+600平方公里外围地带来说，也超过1300平方公里。地理坐标经纬度也采用的是地质公园的数据。因此，该规划范围四至应是文献作业的结果而不是旅游区的实测数据，且与该规划初衷相悖，故本志不取。

② 板块，是板块构造理论用以解释地壳结构及其运动的基本概念。该理论认为，地壳由不同板块构成，板块在不停运动中。全球岩石圈被分为六大板块：太平洋板块、亚欧板块、印度洋板块、非洲板块、美洲板块、南极板块。六大板块之间和板块自身内部又存在若干次级板块，形成板块和板内块体的层级体系。板块或块体之间区域为地质运动活跃地带。九寨沟处在巴颜喀拉地块的东部边缘。

③ 地槽是板块或地块之间的沉积深厚的地质活动地带，呈长条状，长数百至数千公里，宽数十至数百公里。地槽与地台相对，因早期强烈凹陷，故称为地槽。地槽区岩浆活动广泛发育，沉积深厚，构造变形强烈。

④ 国际地质年代单位的汉语名称习惯使用"宙—代—纪—世—期—时"，对应的地层时间单位则使用"宇—界—系—统—阶—时带"，具体地层则用"群""组""段""层"命名。

岩、白云岩、石英岩、砂岩、片岩与板岩。

九寨沟奇特地貌的形成经历漫长而复杂的地质作用过程，古老的地质构造奠定现代地貌发育的基本格局和发展方向。从上古生代到三叠纪，九寨沟区域是一片汪洋，属浅海和滨海环境，沉积有厚层灰岩，局部有砂岩夹层。以后经历印支、燕山、喜山等多期地质构造运动的反复作用，九寨沟的岩层发生变质、褶皱、断裂、切割和破碎等变化。印支晚期的运动，使该区古生界与三叠系地层整体一致卷入，成为区内碳酸盐岩类褶皱最集中和频繁的地段。燕山运动的反复作用，使海洋变成陆地，岩层发生变质，褶皱和断裂（包括节理）发育。第三纪（现称古近纪和新近纪）以来，喜马拉雅造山运动兴起，九寨沟地区在这一新构造运动中迅速抬升，地震活动频繁，气候经历干旱—湿润—寒冷的变化，第四纪时期又发生季风性海洋冰川的侵蚀。到第四纪晚期，区内的分水山地海拔多已达4000米以上。随着冰期过去，气候转暖，冰川退缩，河流在原始地面上沿构造薄弱带侵蚀发育，大量冰碛堆积物经流水和岩溶作用形成众多堰塞湖泊，塑造出九寨沟的基本地形格局。最后经过长时间的大气、水流等复杂的风化、沉积、剥蚀等作用，钙华层层堆高，阶梯状的湖泊和海子群形成，水流外溢形成高大的瀑布或低矮跌水，湖中水生植物和藻类繁衍，一些湖泊变得五彩缤纷，形成今天所见的奇特自然景观。

九寨沟的构造运动具有继承性和差异性。大范围的地质构造运动在九寨沟地区的一致表现是西部和南部的整体抬升，东部沿早期南北向和北东与北西向断裂则产生断块的差异运动，坡移过程较活跃，并伴随大烈度地震活动。新构造运动主要表现为强烈的地貌差异和台阶式的差异运动。九寨沟自南向北形成一系列台阶，如日则沟的天鹅海、箭竹海、五花海、珍珠滩等，台面上形成湖泊，两台阶之间为瀑布，两台阶间的折点附近多有北西向次级断裂通过，北西向断裂发生的差异抬升南强北弱，台阶瀑布的相对高差随之由南至北逐渐递减。

九寨沟地质构造作用复杂，断裂①发育。对现代地貌具有重要影响的主要为晚新生代以来强烈活动的北西向和北东向断裂。不均匀的抬升和水平推移运动使区内西、南面的地块大幅度抬升，部分构造线弯曲，造成南高北低的阶梯地形。九寨沟断裂、则查哇断裂是区内对地貌发育起明显控制作用的两条近南北向主干断裂带，这些断裂的右行张扭特征明显，富水性强，区内主要的湖泊（海子）、河流等总体上都沿这些构造带分布。北西向断裂主要有悬泉断层、鹰爪洞断层、丹祖沟—镜海断层、扎如沟断层等，大都呈断崖地貌，为右行扭压性。在垂直构造线方向，透水性较差，但由于九寨沟地区含水层为脆性，其在构造应力作用下破碎后，断裂带岩层节理、裂隙发育，并有一定优势方向，为岩溶—裂隙水的形成创造条件。地下水的渗入与岩石相互作用促使裂隙进一步扩大，而裂隙的生长亦有利于地下水的渗入与循环交替，裂隙、岩溶作用相长，加速岩溶发育进程。沿上述断裂带常表现为集中径流，甚至产生邻谷式补给的地下径流活动。

二、地质构造

九寨沟地质构造②以塔藏构造带和岷江断裂带为界，北东角和北西角为松潘—甘孜造山带，南为

---

① 断裂是岩层在地质作用下出现破裂的构造现象。不同的破裂形迹产生“节理”“裂隙”等不同称呼。岩层破裂后沿破裂面发生位移就形成断层。

② 地质构造是指组成地壳的岩层或岩体在内外动力作用下发生变形变位而形成的诸如褶皱、节理、断层、劈理、断裂等各种面状或线状结构遗迹，有原生构造和次生构造之分，前者是基准，后者是各种地质作用力的结果形迹。根据不同的因素或标准，地质构造区分为不同的种类，从方向上有水平构造、倾斜构造等区分。推覆构造是从岩层关系来定义的，外来岩层发生位移层叠于本地岩层之上，形成推覆构造。

西秦岭造山带（包括摩天岭推覆体），构造形迹明显。区域构造方向以北西—南东方向为主，受北东—南西向挤压作用力作用较强，区内地应产状变化复杂。小构造出露条件较差，大构造以长海复向斜为主，沿走向延伸，核部出露地层为二叠统，两翼为下石炭统。褶皱比较紧密，两翼对称。长海以南有圆海子褶皱，与长海复向斜呈雁形式左旋排列。区内断裂构造主要有两组，分别为北西—南东向和南北向，呈“X”型组合分布。断裂以压扭性为主，显示北东—南西向挤压的地应力场。

根据地史演化、沉积构造、变形特征、变质作用及地貌特征的差异，九寨沟地质构造可划分为塔藏构造带、九寨沟褶皱推覆构造岩片等构造单元。

（一）塔藏构造带

塔藏构造是一个不同时代、不同来源、不同大小的各种不同构造岩片相互叠置拼接而成的构造带，位于可可西里—巴颜喀拉地块的东端，是巴颜喀拉地块北缘东昆仑断裂末端向巴颜喀拉地块内部的延伸，四川省内延伸约50公里。九寨沟区内延伸16—24公里，出露宽7—8公里，位于荷叶断裂和牙扎沟断裂之间，分布于区内上四寨、彭布、热如沟、丛桠至隆康一带，呈北西—南东向展布，是南坪褶皱推覆构造岩片与九寨沟褶皱推覆构造岩片之间的断裂性分界线。塔藏构造带在区内向北延伸至123林场①工段处与岷江断裂带交接，是西秦岭造山带与松潘—甘孜造山带的接合部位。

塔藏构造带形成于距今2.12亿年的印支末期，定位于1400万—2130万年前的第三纪，并被第四纪以来的共轭剪切断裂破坏改造，地质运动形式主要为逆冲式。塔藏构造带基质为塔藏岩组，时代归属晚二叠世至中三叠世。塔藏岩组岩性包括玄武岩、放射虫硅质岩、变质砂岩、深灰色板岩夹灰色薄层灰岩等，是含火山复理石建造。由于该区域横跨松潘—甘孜造山带及西秦岭造山带两个不同的一级构造单元，经历印支、燕山和喜马拉雅造山运动，受多期变形及变质作用叠加，多数地段自然层序已无法恢复，劈理特别发育、揉皱强烈、产状零乱。晚古生代地层体及三叠系砂岩块体，相互拼贴，并构造混杂于塔藏岩组中，不同构造形迹交织在一起，不同时代的岩块常镶嵌出现。包括晚古生代灰岩块体及中晚三叠世的变质砂岩块体在内的各种地质块体常呈带状产出，块体之间为不同应力作用形成碎裂岩，或形成强劈理带、断层分隔，表现为块内有序、块间无序。

塔藏构造带被北西向及近南北向的断层围限，边界断裂有两条，区内出露南边界断裂，即荷叶断裂。

荷叶断裂 逆冲断层，是塔藏构造带的南界，九寨沟褶皱推覆构造岩片的北界。分布于上四寨、中查、荷叶及扎如沟一带。区内长约26.50公里。呈北西—南东向展布，在九寨沟西侧被岷江断裂切割破坏。断层面倾向南西，倾角50°—70°。断层通过的地方均为负地貌。从航片上观察线性影像特征比较明显。在扎如沟一带有灰岩组成的断层崖（如宝镜岩）呈线状分布。沿断裂有断层角砾岩及碎裂岩。断层两盘地层极不协调，北东盘主要为塔藏岩组及晚古生代构造岩块，劈理发育，产状零乱，揉皱强烈。南西盘为晚古生代及三叠纪地层经构造挤压形成的一系列沿北东—南西向轴线延伸的褶皱构造，有的褶皱轴线与断层相抵，轴面倾向南西。荷叶断裂形成于印支末期，早期由北东向南西逆冲推覆，在燕山至喜山期由南向北逆冲推覆，总体表现为由南西向北

① 即达基林场，南坪林业局下属林场，又称“胜利林场”。1967年8月组建，位于白河上游达基寺一带，在九寨沟的西北方向。

东逆冲推覆。

（二）九寨沟褶皱推覆构造岩片

分布于丹祖沟、中查沟、九寨沟至绿海子一带，九寨沟风景名胜区在该构造单元内，面积约651.35平方公里。主要构造线呈北西—南东向展布。由于这里地处摩天岭地块的西缘，受不同方向、不同应力的构造作用，产生叠加变形，显示出叠加褶皱的特征，并发育北西向、北东向、南北向及近东西向的四组断裂构造。

1. 褶皱

区内有一系列沿北西—南东向轴线延伸的褶皱构造，对岩溶地貌的形成和发育具有支撑和控制作用。

俄罗布背斜① 为一轴面倾向南西的同斜褶皱，北西段由于受断层切割破，轴面近于直立。分布于双龙海至俄罗布一带，轴线呈北西—南东向延伸，区内长约17公里，核部出露地层为泥盆纪当多组，两翼卷入地层为泥盆系下吾拉组，石炭系益哇沟组、岷河组及下二叠统大关山组。俄罗布背斜沿北西向延伸至双龙海一带与九寨沟断层相抵，向南东方向经黑果延伸出区外。在黑果沟内出现规模较大的钙华台地，背斜核部靠近南翼的芦苇海有大量泉群出露。沿此背斜和悬泉断层，早期岩溶发育，地层中的非可溶岩层起阻水作用，有利于岩溶水沿背斜冀部的走向方向形成集中的径流，最终形成地下水径流通道。长海湖水沿此通道以地下水形式向西北方向集中，通过悬泉断层导引，最后在原始森林处以大泉的形式补给到藏马龙里沟沟口，成为日则沟湖泊景观的稳定补给源。俄罗布背斜和长海—剑岩断层是形成九寨沟水流运动系统最重要的地质构造之一。

扎玛且莫普德向斜 出露于丹祖沟尾、扎玛且莫普德、悬泉一带，轴线延伸北西—南东向，长约16公里，核部出露地层为中三叠统祁让沟组，两翼卷入地层为下三叠统红星岩组、罗让沟组、上二叠统叠山组、下二叠统大关山组。扎玛且莫普德向斜向北北西延伸，转折端翘起于关门子沟尾北侧山坡，往南南东方向延伸至悬泉一带，被南北向断层切割破坏。两翼次级褶皱发育，轴面倾向南西，显示出叠加褶皱特征。该向斜对岩溶发育的控制显著，丹祖沟一部分地下水沿此向斜向悬泉处转移。

日则保护站背斜 分布于日则保护站及长海一带，呈北西向延伸，长约10公里，轴向倾向南西，北西向倾伏。核部为岷河组一段板岩夹灰岩，岩石破碎，形成谷地。灰岩作为含水层，板岩作为相对隔水层，地下水沿背斜核部发育的北西向纵向轴面节理和石炭系岷河组一段中灰岩和板岩接触带运移，由于背斜向北西向倾伏，且存在200米的地形高差，地下水于地势低洼处集中出露，在日则保护站一带形成泉群。该泉群丰水期流量约为1.70立方米/秒，枯水期流量约为1.50立方米/秒，与上下流量差基本一致，矿化度远高于地表水，水温、酸碱度与地表水也有较大差异。日则保护站上下游流量差的变化趋势同长海水位变化趋势基本一致，随季节变化而变化，但是变化不大，始终保持在一定的范围内波动，且具有一定的滞后特点。

中查梁子向斜 沿中查梁子一带分布，近南北向延伸，轴线呈“S”形弯曲，长约11公里。核部

---

① 背斜，岩层褶皱弯曲的基本形态之一，与之相对的是向斜。岩层在地质作用下发生褶皱时，或向上隆起，或向下凹陷，前者形成背斜，后者形成向斜。通常，经受侵蚀的背斜和向斜，岩层古老和新近的顺序正好相反。在背斜，中部岩层最老，向两翼依次递减；在向斜，中部岩层最新，向两翼逐渐变得古老。岩层褶皱常连续出现，并因多次地质运动而形成更大规模的复式背斜和复式向斜等褶皱组合。

出露地层为中三叠统祁让沟组，两翼依次出露下三叠统红星岩组、罗让沟组、上二叠统叠山组、下二叠统大关山组。该褶皱早期受北东—南西挤压应力作用，轴线呈北西向展布，后期叠加东西向挤压应力作用，轴线发生弯曲，轴线总体延伸近南北向，具有叠加褶皱特征。向北延伸至中查沟东侧山坡与荷叶断裂相抵，向南延伸，转折端翘起于丹祖沟北侧山坡。中查梁子向斜控制树正群海至下游盆景滩一带西侧的地下水分布，使其集中并沿断层向犀牛海西侧流动，形成甲里甲格泉及古钙华堆积。

卡真背斜 分布于犀牛海东侧，往南东方向经则查哇至卡真一带，轴线呈北西—南东向展布，长约 14.50 公里。核部出露地层为泥盆纪当多组不透水的变质砂岩，两翼为下吾拉组、益哇沟组。轴面倾向南西，轴线弯曲，向南凸出，具有叠加褶皱特征。早期表现为北东—南西向挤压，晚期为东西构造挤压。被 3 条近南北向的断层切割破坏。在核部不透水层与两翼透水层之间地下水径流发育，形成卡真沟中下游干谷地貌，促进则查哇干谷地貌的形成。

圆海子向斜 为直立水平褶皱，轴面直立，两翼对称。分布于九寨沟中部圆海子及圆海子沟一带。轴线呈北西向延伸，南东端扬起于圆海子沟尾，北西端位于者查背斜北东翼。区内长约 13 公里，宽 2.50—3 公里，中段略向北东呈弧形凸出。向斜槽部出露地层为上二叠统叠山组灰色中薄层泥灰岩、鲕粒灰岩及炭质板岩，两翼卷入地层为下二叠统大关山组中厚层灰岩及石炭系岷河组灰岩夹板岩。南东段次级褶皱特别发育，北西段相对较简单。

者查背斜 展布于者查、藏马龙里沟至楼板沟一带。轴线延伸北西向，长约 28 公里。核部出露地层为中—上泥盆统下吾拉组灰岩夹板岩，两翼分布的地层为石炭系益哇沟组灰岩、白云岩及岷河组、大关山组灰岩夹板岩、生物灰岩等。两翼基本对称，轴面略向北东倾斜，枢纽呈波状延伸。者查附近出现隆起高点，在北部地区形成鞍部，往北西方向延伸到楼板沟、藏马龙里沟一带被近东西向正断层及一条近北东向延伸的平推断层切割，经楼板沟延伸至区外。

尕尔纳向斜 直立水平褶皱，轴面近于直立。由 3—5 个中型褶皱参差排列构成，在北西段之南翼出现较多的紧闭小型褶皱。区内长 23 公里，宽 3.50—5 公里。展布于尕尔纳、者查梁子一带，往北西延伸经其让柯、楼板沟南侧延伸至区外。在楼板沟南侧，轴线发生偏转，呈近东西向延伸，向南东延伸，扬起端翘起于四沟北侧山坡。南东段褶皱形态相对紧闭，中部被两条延伸北西西向的平推断层所切割。核部出露中三叠统祁让沟组，两翼分布下三叠统红星岩组、罗让沟组。

九寨沟褶皱构造一览表

表 1－1

编号	名　称	延伸方向	轴向倾向	延伸长度（公里）	岩溶作用特征
1	卧龙海向斜	北西向	南西	16.0	促进卧龙海南东侧岩溶沟谷及群海的形成
2	熊猫海瀑布向斜	北北西向	南西	9.0	有利于箭竹海、熊猫海等湖泊的岩溶下蚀
3	丹祖沟向斜	北西向	南西	5.5	使丹祖沟中游北东侧地下水向丹祖沟补充，地下水位抬高，丹祖沟地表水不致迅速转入地下
4	丹祖沟背斜	东西向	南	3.0	有助于地下水向丹祖沟向斜补充
5	五花海向斜	北西向	南西	7.0	促进五花海内溶凹及岩溶泉的形成

2. 断裂

九寨沟褶皱推覆构造岩片内，断裂构造发育，以脆性剪切变形为主导，表现为脆性逆断层、正断层和平推断层。区内主要包括四组断裂：北西向的逆断层、平推断层；南北向逆断层；北东向的逆断层、平推断层；近东西向的正断层。断裂通过的地方常有碎裂岩分布。从断裂切割的关系看，北西向断裂形成时期相对较早，北东向及东西向断裂相对较晚。

北西向逆断层 包括鹰爪洞断层、长海—剑岩断层、丹祖沟—五花海断层、丹祖沟—镜海断层、荷叶断裂。

鹰爪洞断层 为逆断层，并被东西向的正断层及南北向的逆断层切割。分布于丹祖沟、鹰爪洞至五彩池一带，呈北西向展布，区内长约18公里，在鹰爪洞支沟北东岸由多条北西向展布的破碎带组成，宽可达50—100米。断层通过的地方均为负地貌，卫星图片线性影像特征比较清楚，切割大关山组、岷河组地层。断层两侧地层产状零乱，有的地段沿断层见有碎裂岩分布，硅化强烈，方解石脉发育。断层面倾向北东，倾角50°—72°不等。物探探测于此发现一溶蚀破碎带，宽40余米，埋深30—40米。自长海至鹰爪洞间地形有约170米的高差，为地下水的运移和出露创造条件。鹰爪洞尚未发现有泉水出露，有大量的钙华堆积。

九寨沟主要断层一览表

表1－2

断层名称	形成延续时代	产状及规模	性质	断层特征
鹰爪洞断层	$T_{3末}$—E	呈北西向延伸，长约18公里，断层面倾向北东，倾角50°—72°	逆断层	分布于丹祖沟、鹰爪洞至五彩池一带。鹰爪洞一带断层旁发育古钙华台地，证明曾有大量地下水在此出露。断层发育的方向有利于则查哇沟水向日则沟侧向径流
长海—剑岩断层	$T_{3末}$—E	呈北西向延伸，长约15公里，断层面倾向47°，倾角67°—72°	逆断层	西起于扎玛且莫普德南侧，向南东经悬泉、原始森林、长海至依夷沟一带。该条断层的发育方向也有利于长海上游地表水以地下径流方式补给到原始森林一带
九寨沟断层	$T_{3末}$—Q	近南北向延伸，长约25公里，断层面倾向90°—100°，倾角70°—75°	逆断层	展布于九寨沟西侧山坡至日则沟一带。北起于丛椏西侧山坡，向南经羊峒宾馆—日寨沟—日则保护站至五花海，沿走向呈波状弯曲。该断层通过的地方均为负地貌，岩石破碎，裂隙发育，产状零乱。断裂带中的石英电子自旋共振测年表明，断裂形成于第三纪，在第四系仍继续活动。由于断裂带岩石相对较软弱，故九寨沟现今的沟谷地貌正是沿此断裂发育的
则查哇断层	$T_{3末}$—E	近南北向展布，长约20公里，断层倾向260°—280°，倾角70°—78°	逆断层	分布于芦苇海东侧山坡，则查哇、下季节海、沃斯喀雄及长海一带，在下季节海分叉成两条，一条沿沃斯喀雄一带分布，另一条由下季节海经上季节海延伸至长海一带。本断裂发育方向有利于则查哇沟的地下径流通道发育
藏马龙里沟断层	$T_{3末}$—E	呈东西向延伸，长3公里，断层面倾向351°，倾角66°	逆断层	分布于藏马龙里沟上游。造成藏马龙里沟上游岩石破碎，有利于岩溶发育
树正西侧断层		近东西延伸，长约2.5公里，断层面倾向南，倾角79°	逆断层	位于树正西侧。沿断裂岩石破碎，致使树正附近滑坡灾害发育，也有利于地下径流通道形成
长海断层	$T_{3末}$—E	延伸北东向，层面产状不清楚	平推断层	沿长海至树则梁子北侧山坡一带分布。其特征有二：其一，造成长海基岩破碎，有利于长海水向深部渗漏；其二，长海上游地下水沿断裂直接补充至长海

续表 1－2

断层名称	形成延续时代	产状及规模	性质	断层特征
犀牛海西侧断层	$T_{3末}$—E	北西向延伸，长约 10 公里，断层面倾向南西，倾角 50°	逆断层	分布于树正沟西侧，沿达戈山南侧通过。该断层易形成树正沟西侧地下水通道，使其径流至犀牛海西侧的甲里甲格泉
干孜公盖断层	$T_{3末}$—E	北西向延伸，长约 6.4 公里，断层面产状不清楚	平推断层	分布于干孜公盖东侧。造成溶洞沟上游岩石破碎，有利于岩溶发育
芦苇海断层	$T_{3末}$—E	延伸北西向，长约 7 公里，断层面产状不清	性质不明断层	分布于芦苇海—俄罗布山之间，通过黑角沟。在黑角沟中发育钙华台地，证明曾有地下水活动，该断层具有较强的导水性

长海—剑岩断层　逆断层，是多期构造运动的产物，对形成邻谷渗流起绝对的控制作用。呈北西向延伸，区内长约 15 公里。西起扎玛且莫普德山南侧，向南东经悬泉、原始森林、长海至依夷沟一带，切割大关山组及岷河组地层，断层两侧地层缺失且产状零乱，岩石破碎，节理裂隙发育，见有两组剪切节理产状和一组产状较陡的张性节理。长海和剑岩之间有约 100 米的高差，受通过长海至原始森林的北西向断裂构造地下潜流的影响，日则沟沟源段获得 5 立方米/秒的补给增量，在枯水期，补给增量不低于 2 立方米/秒。

丹祖沟—五花海断层　西起于丹祖沟，向东止于五花海，遥感标志清楚，呈北西向条纹状。在丹祖沟一带见破碎带，宽约 20 米，由破碎的浅灰色块状白云质灰岩断层面组成。断层面近于直立，波状起伏，断层面上见阶步，发育方解石膜。整个破碎带是有利的导水构造，丹祖沟和五花海之间有约 400 米的高差，大量地表水有可能沿此断裂补给到五花海。枯水期，五花海水位下降，在五花海靠近丹祖沟一侧发现大量泉点出露，其酸碱值、矿化度和水温与五花海不同，而与丹祖沟出口处泉水较为接近。

丹祖沟—镜海断层　大致沿丹祖沟下游呈北西向排列，地貌特征明显，遥感图像显示清晰的线性特征。受此断裂控制，丹祖沟沟谷自北东东向突然折向南东向，日则沟于此突然自近南北向折为南东向，丹祖沟地表水大量漏失甚至出现地表干谷，珍珠滩于此出现高 20 余米的陡坎，镜海发现呈北西向串珠状排列的泉群。

南北向断层主要包括九寨沟断层和则查哇断层。

九寨沟断层　展布于九寨沟西侧山坡至日则沟一带，航拍图片线性影像特征比较清楚。北起从桠西侧山坡，向南经羊峒宾馆—日则沟—悬泉，长约 25 公里，近南北向延伸。沿走向呈波状弯曲，切割岷河组、大关山组及塔藏构造带。断层通过的地方均为负地貌，断层两侧岩石破碎，裂隙发育，产状零乱。在鹰爪洞一带，九寨沟断层被近东西向的正断层切割。九寨沟断层形成于新近纪（14Ma），在第四纪仍继续活动，对地貌发育起明显控制作用。

则查哇断层　分布于芦苇海东侧山坡，经则查哇至下季节海分叉成两条，一条沿沃斯喀雄一带分布，另一条由下季节海经上季节海延伸至长海一带。近南北向展布，长约 20 公里。断层通过的地方均为负地貌，卫星图片线性影像特征比较清楚。切割泥盆石炭益哇沟组（生物灰岩）、岷河组地层，断层两侧节理裂隙发育，并见有后期石英脉沿岩石裂隙充填，局部地段见有碎裂岩。则查哇断层为逆断层，并切割北西向断层，北段两侧发育北东向及北西向的平移断层，控制则查哇沟的形成。

东西向断层比较显著的有鹰爪洞—藏马龙里沟断层和树正群海断层。

鹰爪洞—藏马龙里沟断层 分布于鹰爪洞北侧及藏马龙里沟一带，长2.60—3公里，有两条断层面，切割叠山组、大关山组及岷河组。沿断层见有碎裂岩分布，节理裂隙发育，并见有后期方解石脉，石英脉裂隙充填。该断层切割早期形成的北西向及南北向逆断层。

树正群海断层 属逆断层，在树正群海西侧3676高程点处，近东西向延伸，长约2.50公里。切割岷河组、大关山组及早期形成的北西向断裂。沿断裂两侧，岩石破碎，产状零乱，节理裂隙发育。灰岩中的节理裂隙，常被后期方解石脉和石英脉充填。北东向断层中规模较大的为长海断层。在则查哇断裂两侧有4条长2—4公里的平移断层，主要切割泥盆石炭纪益哇沟组（生物灰岩）地层及石炭纪岷河组（灰岩、生物灰岩）地层，在第四纪时仍活动强烈。

长海断层 属左型平移断层，沿长海至树则梁子北侧山坡一带分布，北东向。断层通过的地方常为负地貌，沿断裂见有方解石脉团块及细脉，断裂两侧灰岩中节理裂隙发育，断面产状不清，沿断裂局部见有碎裂岩分布。

三、地层结构

九寨沟出露地层主要为古生界的泥盆系、石炭系、二叠系和中生界的三叠系，以古生界海相—浅海相碳酸盐岩为主，老地层受构造影响有弱变质现象。三叠系地层主主要分布于北部，一般见底，部分组段接触关系清楚，多组成复背斜的翼部及复向斜，以砂岩、板岩和碳酸盐岩为主，岩性复杂。二叠系地层在主区域西端有小面积出露，层序正常，化石丰富，接触关系清楚。该地层与上下地层一起，呈北西向线状褶皱，反复出露于九寨沟县和松潘县之间的崇山峻岭中，构成雄伟的岷山山脉。石炭系地层广泛分布于九寨沟地区，约占九寨沟流域面积三分之二，层序完整，岩性变化大。泥盆系地层分布于区内中部，构成西秦岭南岩相带的组成部分，层序整齐，接触关系清楚，化石丰富。

在地层分区上，九寨沟地区处于金川地层小区和摩天岭地层小区的交会过渡带上，区内大致可分为3个部分。北部小片属巴颜喀拉地层区玛多—马尔康地层分区金川小区，主要由泥盆系—三叠系地层构成，厚2111.30米；南部大片属秦岭—大别山地层区摩天岭地层分区九寨沟小区，主要由中、上泥盆统—中三叠统地层构成，为稳定型浅海相—滨海相碳酸盐岩沉积地层，层序连续，总厚度大于4824.6米；两小区之间为塔藏构造带，发育特殊的岩石地层单位塔藏岩组。

（一）金川小区地层

金川小区地层在九寨沟出露有限，分布于九寨沟北侧，范围小。主要地层有雪宝顶组、西沟组、三道桥组、扎尕山组、杂谷脑组。

雪宝顶组 区内呈断片分布于牙屯沟尾—隆康以北，整合覆于危关组之上，厚约253.70米。隆康一带，岩性为灰、深灰色薄—中层含砂质泥质结晶灰岩夹石英岩状砂岩，灰黑、灰绿色板岩及少量生物碎屑灰岩。产牙形刺和植物化石。

西沟组 区内呈断片分布于九道拐以西、牙屯沟尾—隆康西侧等处，整合覆于雪宝顶组之上，厚292.30米。岩性为灰色厚层块状结晶灰岩、白云岩夹砂屑灰岩。产蜓及有孔虫化石等。

三道桥组 区内呈断片分布于杀务沟尾、热如沟北侧及丹祖沟西侧，整合于西沟组之上，厚约212米。岩性为灰色中—厚层块状角烁状灰岩夹薄—中层结晶灰岩。产蜓化石等。

扎尕山组 分布于杀务沟、九寨沟口、牙扎沟、沙坝等地，整合于菠茨沟组之上，厚319.40—415.60米。岩性为灰、深灰色中—厚层变质长石石英砂岩与板岩不等厚互层，另有夹结晶灰岩、海百合灰岩。九寨沟口羊峒有丰富的许氏创孔海百合和鳞蛤等化石。

杂谷脑组 分布于九寨沟口、牙扎沟、沙坝东侧等地，整合于扎尕山组之上，厚221.50米。岩性为灰、深灰色变质长石石英砂岩夹板岩。

（二）九寨沟小区地层

九寨沟小区地层是九寨沟区内分布最为广泛的主要地层，出露较为齐全，从泥盆系—三叠系均有出露，主要有泥盆系当多组—下吾拉组、泥盆系—石炭系益哇沟组、石炭系岷河组、石炭系—二叠系大关山组、二叠系叠山组、三叠系罗让沟组—红星岩组—祁让沟组等地层。

当多组 分布于九寨沟卡真沟尾、扎如沟尾等地。在卡真一带为灰黑色、灰白色石英岩状砂岩夹石英质角砾岩，底部夹生物碎屑灰岩，灰岩中产层孔虫、苔藓虫化石，厚约560米，未见底。向南延伸，岩性为灰、深灰色中厚层块状砾岩、含砾岩屑砂岩、石英岩状砂岩不等厚互层，夹生物碎屑灰岩和赤铁矿，产珊瑚、腕足、双壳化石，厚约360.90米，与下伏白龙江群断层接触。从北到南，碎屑岩含量明显增高，灰岩减少；从下到上，砾岩减少，砂岩增多。出现厚分别为0.05米、0.10米和0.31米的赤铁矿层。

下吾拉组 分布于九寨沟扎如沟尾、卡真等地，与下伏当多组整合接触。在卡真一带，岩性为深灰—灰黑色薄板状、少量中层泥质生物碎屑灰岩夹钙质板岩，含微量黄铁矿，产腕足和孢子化石，厚370米。向南延伸至绿海子，岩性为灰色薄—中厚层块状白云岩、灰岩夹泥灰岩，产腕足、珊瑚化石，厚319.10米。

益哇沟组 分布于九寨沟俄罗布、扎如沟尾、卡真沟等地，整合覆于下吾拉组之上。在卡真一带，为深灰—灰黑色中—厚层生物碎屑灰岩，硅质灰岩夹少量砾屑灰岩，产珊瑚、腕足、腹足化石，厚346.20米。至绿海子一带，厚度猛增至689.70米。

岷河组 区内广泛出露于信扎、中查沟、藏马龙里沟、沃洛色嫫、长海等地。有明显的二分性，可划出两个非正式段：一段，与下伏益哇沟组整合接触，岩性为灰、深灰色中—厚层块状含燧石结核、条带结晶灰岩、生物碎屑灰岩夹页岩，产珊瑚、腕足化石，北部信扎厚422米，向南至卡真加厚为490.40米；二段，岩性为灰、深灰色中厚层块状含燧石结核、条带结晶灰岩、生物碎屑灰岩，北部信扎厚1111.50米，向南有减薄趋势，至绿海子厚348.8米。

大关山组 分布于扎如沟、中查沟、丹祖沟尾、鹰爪洞等地，划分为两个非正式段：一段，整合于岷河组二段之上，岩性为深灰、灰色中—厚层、块状生物碎屑灰岩夹变质钙质石英砂岩，灰岩中发育泥质条带，砂岩中具韵律层理，产珊瑚、腕足化石，在中查沟厚度大于208.90米，信扎厚度超过273.50米，向南至绿海子厚310.80米；二段，岩性为深灰、灰黑色厚层、块状生物碎屑灰岩，岩石中生物碎屑含量较高，普遍含有机质，厚度从北到南增厚，北部中查沟厚56.60米，南部绿海子厚197.20米。

叠山组 分布于扎如沟、中查沟、丹祖沟尾、绿海子等地，划分为两个非正式段：一段，整合于大关山组之上，岩性为灰黑色粉砂质板岩与灰、浅灰色中厚层结晶灰岩大套互层，粉砂质板岩抗风化能力差，易风化成负地形，北部中查沟厚87.50米，南部绿海子厚111.60米；二段，岩性为灰、灰白色厚层、块状结晶灰岩，岩石质地纯净，结晶粒度较粗，北部中查沟厚201.70米，南部绿海子厚197.20米。

罗让沟组　分布于丹祖沟尾、绿海子、尕尔纳等地，整合于叠山组之上。岩性为灰色薄—中层、厚层灰岩、白云岩夹砾屑灰岩、鲕粒灰岩，中下部夹紫红色泥质灰岩，产丰富的双壳类、腹足和腕足化石。北部中查沟厚259.20米，丹祖沟厚447.00米，向南至绿海子附近减薄至192.50米。

红星岩组　分布范围与罗让沟组一致。岩性为灰、深灰色薄—中厚层白云岩、角砾状白云岩、灰岩夹少量鲕粒灰岩。北部中查沟厚387.80米，向南延伸至丹祖沟，厚度增大为494米，至绿海子一带减薄为154.70米。含螺化石。

祁让沟组　分布于中查沟、丹祖沟尾、燕子岩窝、祁让柯、尕尔纳、达拿座等地，整合覆于红星岩组之上。岩性为灰—深灰色中—厚层细晶白云岩，底部夹褐灰色泥灰岩。北部丹祖沟一带厚498.8米，向南至祁让柯一带厚350.90米。

（三）塔藏岩组

分布于九寨沟北侧上四寨—彭丰—隆康一带的塔藏构造带内，呈北西—南东向展布，总厚大于1050.20米。塔藏岩组为一套火山—沉积岩系，具有构造火山—沉积混杂堆积的性质，横向上岩性跳跃，纵向上“总体有序、局部无序”。岩性为下部灰、灰黑色板岩、变质石英砂岩不等厚互层，含铁锰矿层；上部夹灰绿色蚀变玄武岩、英安岩及相应火山碎屑岩和放射虫硅质岩。产虫迹化石。

四、岩石类型

九寨沟区内岩石古老，地质作用复杂，除第四系外，出露地层均有不同程度的变质，类型包括区域低温动力变质岩、气液变质岩和动力变质岩。区内主要分布有浅变质碎屑岩及碳酸盐岩，面积占整个区域面积的96%左右。

九寨沟出露地层除少数薄层砂岩、板岩和含煤地层外，绝大部分是古生界泥盆系至中生界三叠系的海相碳酸盐岩地层。泥盆系岩性包括灰岩、白云岩、石英砂岩及砂板岩，厚约2400米。石炭系主要为灰色中厚层状砂泥质灰岩、白云岩、块状灰岩及碎屑灰岩，夹有页岩及铁质黏土岩。二叠系为中厚层状灰岩、生物碎屑灰岩、硅质灰岩、恶化炭质页岩。三叠系主要为灰质白云岩、泥质灰岩、生物碎屑灰岩，间夹钙质页岩。第四系主要为石灰岩堆积、冲积、黄土夹砾石层及谷底河湖相堆积。

九寨沟区域可溶性碳酸盐岩分布广泛，出露面积500平方公里，总厚度约4000米。碳酸盐岩主要由质纯层厚的灰岩、白云岩、生物碎屑灰岩等组成，绝大部分是浅海相和滨海相沉积，深海相岩石不多。泥质成分含量较高是九寨沟碳酸盐岩的特点之一，既是九寨沟景观形成的物质基础，也构成第四系松散堆积的基底，成为第四系松散堆积孔隙水的水文下垫面。

九寨沟益哇沟组和岷河组二段地层的灰岩岩石，质地纯净，氧化钙含量接近理论值，氧化镁及其他成分含量极低，可溶性极好。岷河组一段地层的灰岩为含硅质灰岩，可溶性相对差一些。在它们之下的当多组地层中变质石英砂岩的二氧化硅含量高达96.96%—97.28%，岩石质地纯净，有硅质胶结，孔隙率极低，是良好的相对隔水层。在九寨沟的岩溶作用中，下伏底层的当多组地层石英砂岩不受溶蚀，隔水而不透水，使径流集中于层面附近，加速流动，强化了邻层位灰岩的溶蚀作用。

区内岩浆岩分布零星，仅出露于信扎，为中酸性脉岩。主要岩石类型有蚀变黑云母花岗岩、蚀变斜长花岗斑岩、蚀变花岗闪长斑岩、蚀变石英闪长玢①岩、蚀变花岗斑岩。

塔藏岩组的基性火山喷发岩中出产火山弹。火山弹是地下深处岩浆喷发形成的火山物质在空气中旋转冷凝落下形成，形态各异，大小不一，是指示古火山口存在的标志之一。九寨沟火山弹外形有长条形、纺锤形、梭形等，大者30—50厘米，小者5—15厘米。表面有紫色氧化壳，壳厚2—5毫米，有旋转纹饰。火山弹为碳酸盐化强烈的基性熔岩，含65%—70%的斜长石、10%—20%的绿泥石和15%—20%的碳酸盐矿物成分。

九寨沟沉积岩常量元素含量表

表1－3

地层区划	层位	岩性	样数	常量元素含量 (Wt 10^{-2})													
				SiO_2	TiO_2	Al_2O_3	Fe_2O_3	FeO	MnO	MgO	CaO	Na_2O	K_2O	P_2O_5	H_2O^+	H_2O^-	烧失量
九寨沟小区	Pd^2	灰岩	1	2.16	0.05	0.57	0.17	0.19	0.00	0.05	52.55	0.46	0.25	0.05	0.82	0.16	42.22
	Cm^2	结晶灰岩	1	0.46	0.05	0.27	0.24	0.05	0.01	0.10	54.00	0.44	0.15	0.05	0.85	0.25	43.29
	Cm^1	生物屑灰岩	2	3.10	0.07	0.82	0.45	0.99	0.18	0.28	50.83	0.43	0.15	0.08	0.95	0.07	41.4
	DC*y*	变质砂岩	1	96.48	0.10	0.83	0.48	0.19	0.05	0.14	0.55	0.10	0.25	0.05	0.78	0.11	0.44
	D*d*	介屑灰岩	2	0.46	0.04	0.16	0.09	0.31	0.00	8.83	43.86	0.38	0.15	0.08	0.96	0.11	44.25
		变质石英砂岩	2	97.12	0.05	0.45	0.50	0.09	0.01	0.03	0.38	0.00	0.15	0.04	0.23	0.05	0.30
金川小区	T*zg*	板岩	1	43.86	0.60	14.19	0.92	4.40	0.06	3.92	12.69	0.90	2.78	0.15	3.73	0.44	15.75
		变质砂岩	1	52.96	0.55	0.18	8.53	3.12	0.06	2.92	13.31	1.44	1.14	0.16	2.21	0.15	15.27
		结晶灰岩	1	0.12	0.04	0.12	0.28	0.02	0.00	0.00	54.27	0.41	0.15	0.07	0.51	0.15	42.92
	C*x*	结晶灰岩	1	0.20	0.05	0.27	0.00	0.24	0.01	0.00	53.93	0.46	0.15	0.13	0.45	0.19	42.93
	DC*x*	变质石英砂岩	1	95.70	0.18	0.57	0.70	0.46	0.03	0.00	1.03	0.05	2.00	0.12	0.55	0.08	0.63

① 读bīn，火成岩的一种。

九寨沟主要地层岩性特征一览表

表1－4

<table>
<tr><th rowspan="2">地层区划</th><th colspan="2">年代地层</th><th colspan="2">岩石地层</th><th rowspan="2">岩性特征</th><th rowspan="2" colspan="2">含水特征及可溶性</th></tr>
<tr><th>系</th><th>统</th><th>组</th><th>段</th></tr>
<tr><td rowspan="14">摩天岭地层分区九寨沟小区</td><td rowspan="2">第四系</td><td>全新统</td><td></td><td></td><td>Q_h：Q_h^{Al}冲积砂砾层；Q_h^{pl}洪积角砾层；Q_h^{cl}崩积角砾岩块；Q_h^{ch}钙华；Q_h^{esl}残坡积砾泥层；Q_h^{f}沼泽沙泥堆积；Qh^{pAl}：洪、冲积砂砾层</td><td rowspan="2">孔隙含水岩组</td><td rowspan="2">其中：冲、洪积，钙华含水强；冰碛其次；沼泽最差</td></tr>
<tr><td>更新统</td><td></td><td></td><td>Q_p：Q_p^{g11-4}冰碛泥砾层；Q_p^{ch}钙华；Q_p^{cl}崩积角砾岩块；Q_p^{p1}洪积角砾层</td></tr>
<tr><td rowspan="3" colspan="2">三叠系</td><td>祁让沟组</td><td></td><td>灰—深灰色中—厚层细晶白云岩，底部夹褐灰色泥灰岩。中查沟一带厚30.1米，丹祖沟厚498.8米，均未见顶</td><td rowspan="4">岩溶—裂隙含水岩组</td><td rowspan="3">较强可溶性</td></tr>
<tr><td>红星岩组</td><td></td><td>灰—深灰色薄—厚层白云岩、砂屑砾屑白云岩夹少量灰岩。中查沟一带厚387.9米，丹祖沟厚494.0米</td></tr>
<tr><td>罗让沟组</td><td></td><td>灰、深灰、紫红色薄—厚层泥质粉晶灰岩、硅质灰岩、白云石化砾屑灰岩。中查一带厚259.1米，丹祖沟厚447.0米</td></tr>
<tr><td rowspan="4" colspan="2">二叠系</td><td rowspan="2">叠山组</td><td>二段</td><td>灰—浅灰色薄—厚层微晶灰岩、鲕粒灰岩、角砾状灰岩、泥晶藻屑灰岩。厚201.6米</td><td>强可溶</td></tr>
<tr><td>一段</td><td>灰色薄层泥灰岩夹灰黑—黑色变质粉砂岩、板岩。厚87.5米</td><td>相对隔水层</td><td></td></tr>
<tr><td rowspan="2">大关山组</td><td>二段</td><td>灰—深灰色薄—厚层燧石灰岩、粉砂质生物碎屑灰岩，中查一带厚56.7米</td><td rowspan="6">岩溶—裂隙含水岩组</td><td rowspan="2">强可溶</td></tr>
<tr><td>一段</td><td>浅灰—灰白色薄—厚层结晶灰岩、生物碎屑灰岩夹鲕粒、豆粒砾屑灰岩。厚161.3米；向南延在扎如一带，为浅灰色、灰白色块状结晶灰岩夹具球粒状构造的致密石灰岩，底部为假鲕粒或豆粒灰岩。厚268.5米</td></tr>
<tr><td rowspan="3" colspan="2">石炭系</td><td rowspan="2">岷河组</td><td>二段</td><td>灰—深灰色薄—厚层生物碎屑灰岩、白云质灰岩偶夹燧石灰岩。顶部夹数层黄褐、灰白色变质石英砂岩。在信扎一带厚1111.5米</td><td rowspan="2">较强可溶性</td></tr>
<tr><td>一段</td><td>灰—深灰色薄—厚层生物碎屑灰岩与含钙质绢云母板岩大套互层。横向上灰岩与板岩有消长关系。信扎一带厚421.7米，往南变厚，在卡真厚490.4米</td></tr>
<tr><td>益哇沟组</td><td></td><td>深灰—灰黑色中—厚层生物碎屑灰岩、硅质灰岩夹少量砾屑灰岩。信扎一带厚约300米，向南延至卡真厚346.2米</td><td>强可溶</td></tr>
<tr><td rowspan="2" colspan="2">泥盆系</td><td>下吾拉组</td><td></td><td>深灰—灰黑色薄板状、少量中层泥质生物碎屑灰岩夹钙质板岩。岩石中含黄铁矿微晶。在信扎一带厚300米，向南至卡真一带厚370米</td><td>较强可溶性</td></tr>
<tr><td>当多组</td><td></td><td>灰白、灰黑色石英岩状砂岩夹少量石英质角砾岩，底部夹生物碎屑灰岩。未见底。厚>560米</td><td>裂隙含水岩组</td><td>不可溶</td></tr>
</table>

五、第四纪堆积物

九寨沟第四纪堆积物较为发育，类型众多，有冲积、洪积、冰碛、黄土、钙华、沼泽、崩积、残积、坡积、残坡积、地滑堆积11种成因类型。主要分布于白河、九寨沟主沟及其支流两侧，其次在夷平面①、山坡和冰蚀U形谷底。九寨沟在第四纪时经历过一次冰川作用，冰川性质属季风型海洋性冰川类型，当时雪线高度为4200米左右，留下众多冰川侵蚀遗迹，冰碛物较为发育。

（一）冲积物

分布较广，主要沿白河等主要河谷分布。在白河流域见有四级河谷阶地，Ⅰ、Ⅱ级为堆积阶地，Ⅲ、Ⅳ级为侵蚀阶地，Ⅲ级河谷侵蚀阶地海拔2360米，Ⅳ级河谷侵蚀阶地海拔2620米。日则沟悬泉（2900米）和镜海南岸谷坡上（海拔2400米）见有古河流相中—粗砾石层、细砾石层，夹厚10—12厘米的细砂透镜体，厚20米，形成时代距今72.4万年。

（二）冰碛物

区内最为发育的第四纪堆积类型，分布于冰蚀U形谷和冰斗内。按其相互叠置关系、孢粉和电子自旋共振测年结果，九寨沟可划分为四期冰川堆积。

一期分布于溶洞沟缓形山坡上，出露海拔3640—3800米，电子自旋共振测年值（ESR）为113.6万—166.60万年；堆积物为半固状，砾石成分主要为灰岩，次为砂岩、板岩，砾石含量30—50%；砾径大小悬殊，一般多在30—50厘米，少数1米以上；砾石之间充填各级砂和黏土、细砾，厚度大于46米；冰碛层之上通常覆盖一层厚20—50厘米的褐棕色含砾黏土层，含丰富孢粉化石，针叶乔木和阔叶乔木约占85%以上，为间冰期温热风化的产物。

二期为区内最大的一次冰盛期，分布于各U形谷之中，切割并叠覆在一期冰碛物之上，电子自旋共振测年值（ESR）为35.70万—70.20万年，出露最低点在塔藏如意坝一带，海拔2400米；较集中出露的地段有如意坝和长海堤坝；在干海子—如意坝一带，沿沟谷分布，面积约1.50平方公里，构成冰碛台地，九环公路呈九道拐状在此通过，冰碛剖面露头良好。

三期分布于海拔3400米以上的U形谷底部、古冰斗内，次级支沟中一般下延至2900—3100米，有下延至2600米，电子自旋共振测年（ESR）为距今8.60万—13.90万年；切割倒数第三期的冰碛，主要以底碛形式出露；在U形谷多见冰碛物以多道终碛堤分布，说明在该冰期过程中有多次大的气候冷暖变化；堆积物松散，由砾石、砂、黏土等组成，砾石磨圆差，呈棱角状，分选性差，砾径大小悬殊，一般为15—60厘米之间，大的有1.30米以上；砾石成分为灰岩、变质砂岩、板岩等，砂、黏土层为充填物和胶结物，厚度大于30米；在冰碛物表面覆盖一层厚15—30厘米的褐黄色黏土层。

四期主要分布于3800—3900米以上的冰蚀U形谷和冰斗，多呈多道完整的终碛堤和侧碛堤，切割并叠置于倒数第二期冰碛物之上，电子自旋共振测年值（ESR）为3.7万年；堆积物松散，含丰富孢子花粉，局部地段为石海，由砾石、砂、黏土层组成，厚10—50米；砾石成分取决于U形谷基岩，区内主要为灰岩、砂岩、板岩、火山岩等，呈尖棱角—棱角状，分选性差，砾径大小悬殊，见

---

① 夷平面，指在各种夷平作用下形成的陆地平面，包括准平原、山麓平原、风化剥蚀平原和高寒夷平平原等。夷平作用是外营力作用于起伏的地表使其削高填洼逐渐变为平面的地质作用。夷平面形成后受造山运动的影响，或抬升至山顶而称“山顶面”，或多次抬升成台阶状分布。

有少量巨大冰漂砾。

（三）黄土堆积

主要分布于白河两岸的斜坡上，呈披盖式，出露海拔1900—2700米，为黄色粉砂质黏土。

（四）钙华堆积

九寨沟钙华分布广泛，类型众多。钙华分布面积约2.40平方公里，除诺日朗—犀牛海一带地表未见钙华分布外，上至芳草海，下至芦苇海，均有钙华分布，还零星分布于黑果沟、藏马龙里沟等处。在高程上主要分布于海拔2300—3550米区域，最高可达3134米，最低延伸至扎如寺桥附近，海拔2020米。扎如寺桥钙华中朽木碳14测定结果最老距今380±110年（原区调资料），计算钙华平均沉淀速率约每年4.50毫米。九寨沟钙华有钙华瀑布（珍珠滩瀑布、诺日朗瀑布、树正瀑布）、钙华滩（珍珠滩、盆景滩）、干钙华滩或钙华台地（鹰爪洞）、湖泊钙华等形态。九寨沟钙华呈淡黄色、黄褐色、灰白色、浅灰色、灰黄色等色调，长期氧化后表面呈褐色、黑色斑块。钙华下部胶结好，坚硬，表部则疏松多孔，呈粉末状。主要矿物成分为方解石、文石等，含量占90%以上，次为白云石、灰岩砂屑、植物屑等，约占5%，石英、褐铁矿、黏土矿物、藻类生物少量。胶结较好者，岩石晶体呈微粒状、柱状结构，粒间、晶间孔隙及溶洞、晶洞发育，具层状、皮壳状和同心圆状构造。

九寨沟钙华分布面积统计表

表1－5

钙华大类	钙华小类	面积（平方公里）	分布位置
湖泊钙华	湖底钙华	1.53	犀牛海、镜海、五花海、箭竹海、公主海—卧龙海、老虎海、树正群海、诺日朗群海、大小金铃海、熊猫海、天鹅海
	沼泽化钙华堆积	0.49	芦苇海、犀牛海沼泽、镜海沼泽、箭竹海沼泽、天鹅海、草海
	干湖钙华	0.02	鹰爪洞干钙华湖
钙华滩和钙华瀑布	干钙华滩（钙华台地）	0.10	鹰爪洞、犀牛海西侧
	钙华滩及季节性钙华滩	0.31	珍珠滩、盆景滩、箭竹海—熊猫海钙华滩、熊猫海—五花海钙华滩
	钙华瀑布	—	熊猫海瀑布、珍珠滩瀑布、诺日朗瀑布、树正瀑布
合　计		2.45	—

（五）洪积物

区内分布广泛，由泥石流作用堆积而成，多出露于支沟与主沟的交汇部位。地表形态常为扇形、三角形、扇裙等；物质成分为砾、砂、泥等，砾石成分取决于沟谷上游基岩，砾石大小悬殊，无磨圆，以棱角—次棱角状为主。区内主要有两期洪积物：早期洪积扇，扇坡缓，坡度小于25°，多生长有植被或为农耕地，可见厚度2—12米；晚期洪积扇，多叠加在早期洪积扇上或切割早期洪积扇，扇体表面坡度大于35°，坡面多无植被生长。

（六）沼泽

区内分布有限，是湖泊退化或萎缩的产物。物质成分为淤泥、钙华粉砂、少量砾石和有机质，颜色一般为黑色。

（七）崩塌物

其表现形式常为“倒石锥”，地表形态呈扇形、三角形、扇裙等。倒石锥底宽200—600米不等，最大可达1.50公里，底厚1—6米，最厚可达10米以上，扇底至扇顶长100—600米，由扇底至扇顶坡度有由缓变陡之势，崩积物砾度由底部至顶部有变细的趋势，扇体表面坡度在25°—45°间。物质成分为砾石和少量砂、泥等。崩积物砾石无分选，磨园差，呈尖棱角—棱角状，粒度在2毫米至60厘米之间。砾石成分取决于基岩岩性。区内倒石锥砾石成分有灰岩、砂板岩、火山岩、花岗斑岩、生物碎屑灰岩等。据调查，区内倒石锥有两期。早期倒石锥，扇坡缓，坡度小于32°，表面植被较为发育；晚期倒石锥，多叠加在早期倒石堆之上，扇坡较陡，坡度多在30°—45°之间，表面基本无植被。

（八）坡积物

区内广泛分布。九寨沟谷坡坡度小于30°的面积约占22%，30°—50°的占31%，大于50°的陡坡和悬崖约占47%，加之寒冻风化强烈，有利于坡积物的形成。堆积物以角砾、砾石为主，混杂较多的砂泥。砾石大小在2—8厘米，少数可达15厘米，砾石表面常见灰白色钙质结膜，系表层土壤中的碳酸钙在淋滤作用下向下迁移沉积的结果。坡积物从下到上有韵律层序，成层性明显，倾角近似于坡角，呈松散至半固结状。一旦切割坡脚，破坏其稳定性，即形成面坡型泥石流灾害。

（九）残积物

出露于岭脊和小于20°的缓坡地段，物质成分为角砾和岩块，大小不一，无分选磨圆，松散堆积。

（十）地滑堆积

分布在主要沟谷的谷地上，常与古岩崩倒石锥、古泥石流堆积扇和断层破碎带等伴生，规模不大，以中小型为主。类型有顺层滑坡和断裂带发育滑坡、切层滑坡等。区内主要地滑堆积体有：荷叶牵引式黄土碎屑物滑坡体，厚大于20米；诺日朗瀑布南侧基岩顺层滑坡，堆积物为板岩，据年轮显示发生在150年前；五花海北端切层古滑坡，厚约20米，据年轮显示在190年前；隆康顺层滑坡，堆积物为砂岩、板岩和炭泥质物，据碳14测年，形成于距今28100±1100年前，现仍在活动，1998年8月发生岩块顺层崩落，堵塞公路，交通中断1个月。

（十一）残坡积物

出露于沟谷两侧斜坡地段，缓坡坡度一般小于30°。残坡积物由砾石、砂、黏土组成，一般为混杂堆积。砾石磨圆度差，呈尖棱角—棱角状，无分选性，砾径一般在2—20厘米间，少量40厘米。砾石表面可见灰白色钙质结膜，系地表土壤中的碳酸钙在淋虑作用下向下迁移沉积的结果。残坡积由下到上有韵律层序，成层性明显，倾角近似于坡角，呈松散至半固结状。一旦切割坡脚，破坏其稳定性，会形成坡面性泥石流。

六、地质演化

九寨沟经历多期构造运动，数亿年沧桑巨变，留下多种多样的构造形迹。自寒武纪以来，九寨沟的地质构造演化可分为被动陆缘沉积发展、褶皱造山及推覆造山、新构造运动陆内断块造山3个阶段。其中尤其以新生代喜山运动新构造的影响最为强烈。

（一）被动陆缘沉积发展阶段

晚古生代泥盆纪时期（距今4.09亿—3.62亿年），荷叶以南的摩天岭地区，地壳下沉，海水入侵形成浅海盆地，沉积环境表现为滨海和浅海—陆棚碳酸盐台地，沉积产生砂砾岩及碳盐岩构造。荷叶以北，主要沉积滨浅海的砂泥岩构造。

石炭纪时期（距今3.62亿—2.9亿年），九寨沟区域为陆表海盆地环境，有很厚的富含生物化石的灰岩层沉积，荷叶以北灰岩沉积厚度相对较薄。

二叠纪时期（距今2.9亿—2.5亿年），九寨沟区域的沉积环境再次发生变化。荷叶断裂以北地区，在早二叠世时期演变为陆棚斜坡沉积环境，积沉有重力滑塌堆积的角砾状灰岩；到早二叠世末（距今2.55亿—2.45亿年），该处开始抬升，海水向西退去，地壳上升为陆地，遭受风化剥蚀；到晚二叠世末至中三叠世拉丁期（距今2.45亿—2.35亿年），在塔藏、曲丁、隆康一带形成大陆裂谷，有基性岩浆喷发冷凝形成玄武岩。摩天岭地区仍为浅海环境，沉积稳定的碳酸盐岩构造。

三叠纪时期（距今2.5亿—2.1亿年），整个摩天岭地区处于隆升构造中，海水逐渐变浅并向西退却，沉积环境变为浅海台地—台地边缘。早中三叠世的罗让沟组、红星岩及祁让沟组是有障泻湖的闭塞台地相碳酸盐沉积。至中三叠世晚期地壳抬升露出地表，摩天岭地区成为陆地，结束海侵历史。在中晚三叠世，北部塔藏—隆康裂谷盆地逐渐关闭，沉积扎尕山组、杂谷脑组、侏倭组的复理石构造。在塔藏裂谷中，晚古生代的灰岩块体沉积混杂于塔藏岩组中，形成一些泥砾混杂岩。

（二）褶皱造山及推覆造山阶段

从二叠纪后期至整个三叠纪时期，九寨沟所在区域受印支造山运动的影响，经历一个由海侵至海退的演化过程。晚三叠世末（距今约2.10亿年），九寨沟地区又受燕山造山运动的影响，晚三叠世以前的地层普遍褶皱，进入褶皱造山和推覆造山的新地质发展时期。

开始，南坪褶皱推覆构造岩片和九寨沟褶皱推覆构造岩片由北向南滑移剪切并逆冲推覆，依次叠覆于雪宝顶推覆构造岩片之上，形成轴面向北倾斜的同斜褶皱、露头尺度的顺层掩卧褶皱和顺层劈理以及东西向延伸断面北倾的逆断层。

随着挤压推覆作用的进一步加强，地壳增厚，转入滞后伸展阶段。酸性岩浆沿牙扎沟断裂两侧及雪山断裂带中的次级断裂侵位，冷凝后形成酸性岩脉。采用钾—氩同位素测年法（K-Ar法），脉岩的同位素年龄为2亿—2.1亿年。

此后，岷江推覆构造带由东向西逆冲推覆及九寨沟褶皱推覆构造岩片由北向南推覆挤压，导致雪山断裂发生左行走滑，九寨沟褶皱推覆构造岩片出现叠加褶皱，原先形成的褶皱轴面发生偏转、弯曲，呈北西向展布。长海至圆海子东侧的褶皱轴线发生偏转，呈北东向展布，形成北东向、北西向及近东西向延伸的次级断层。

到中侏罗世至白垩纪时期（距今1.80亿至6500万年），九寨沟及邻近地区地壳剧烈抬升，推覆挤压作用进一步加强。雪宝顶褶皱推覆构造岩片由南向北推覆挤压，形成一系列近东西向延伸的次级构造岩片，由南向北依次叠覆，呈后展式叠瓦状排列。雪山断裂带再次活动，同构造期的酸性岩浆沿两个次级构造岩片的叠覆部位及门洞河坝一带的次级断裂侵入，冷凝后形成酸性脉岩，又发生气液变质作用，形成蚀变闪长斑岩及蚀变斜长花岗斑岩。这一时期，沿塔藏构造带，九寨沟褶皱推覆构造岩片与南坪褶皱推覆构造岩片发生陆内会聚，南坪褶皱推覆构造岩片由北东向南西方向逆冲推覆，九寨沟褶皱推覆构造岩片由南西向北东覆挤压，发育扇状轴劈理，塔藏构造混杂岩带由此形成。

（三）新构造运动陆内断块造山阶段

进入新生代，九寨沟地区受喜山运动（新构造运动）影响，九寨沟及邻近地区地壳急剧抬升，断裂活动加剧，气候变化剧烈，冰川作用显著，奠定现今地貌形态的基础。

在古近纪时期（早第三纪，距今6500万—2330万年），区内及邻近地区沿岷江断裂带及荷叶断裂带断续分布有山间断陷盆地，堆积以红土坡组为代表的红色复陆屑构造，气候干燥炎热。东西向的走滑拉分，继承早期形成的东西向断裂（主要是雪山断裂）产生右行剪切作用，导致区内的北西向断裂产生右行走滑。同时发生碎裂变质作用，形成碎裂岩。

在新近纪（晚第三纪）早期即中新世时期（距今2330万—530万年），岷江推覆构造带由西向东推覆挤压，地壳相对抬升，沿岷江断裂带形成断陷盆地，沉积马拉墩组的湖沼相黄色、黑色泥质岩含煤构造。区内早期北东向断裂、南北向断裂和东西向断裂复活，北东向断裂产生右旋走滑，南北向断裂断面反转，岩石破碎，石英脉发育，东西向断裂产生左行剪切作用。九寨沟及邻近地区的气候由干旱炎热转变为温暖湿润，伴有较强岩溶作用，形成荷叶、黑角、彭布、扎如等大型溶洼和周边的峰芽、峰丛等岩溶地貌。在九寨沟西的断陷盆地中，堆积以马拉墩组为代表的黑色泥质含煤构造。从“红盆”到“黑盆”，地壳上升了近2000米。

从新近纪晚期即上新世时期（距今530万—248万年）至第四纪更新世时期（距今248万—1.20万年），新构造运动影响加剧，九寨沟区域的构造应力场主要表现为南北向的构造挤压，九寨沟褶皱推覆构造岩片由南向北逆冲推覆，南坪褶皱推覆构造岩片由北东向南西推覆挤压，加剧塔藏构造带的陆内会聚作用。距今19万—5万年前，区内早期形成的北东向、北西向平移断层复活，产生碎裂变质作用。九寨沟褶皱推覆构造岩片内的近东西向的断层进一步活动。地势的变化带来气候的改变，再加上风化、岩溶、水流侵蚀等，九寨沟地区逐渐被塑造成为今天所见的地形地貌。

（四）第四纪地形塑造阶段

新近纪以来，九寨沟山体进一步隆升和剥蚀，气候由炎热干旱转为温凉湿润。在区内海拔3100—3200米和3400—3500米尚残存有两级剥蚀面，低一级剥蚀面上黄土厚达1.50米以上。地壳的差异抬升，多次冰川活动形成一系列冰蚀U形谷，冰川退缩形成终碛堤、侧碛堤等。河流的侵蚀作用也进一步加强。在山间河谷地带形成松散的河流冲积物，组成Ⅰ—Ⅱ级河流阶地及河漫滩；在主沟与支沟的交汇部位常形成洪积扇。这些为区内奇异多姿的地貌景观的形成奠定基础。

至第四纪早更新世①，九寨沟地区已是海拔3000米以上的高寒地区，冰期来临，发生山岳冰川，形成区内倒数第四次冰期。在早更新世末，气候变暖，冰川融化，冰碛物厚大于54米，电子自旋共振测年（ESR）在距今116.60万—113.60万年。日则沟的山坡上，沉积有厚8—20米的河湖相堆积，孢粉组合显示当时为温带的针阔混交林植物。

到中更新世，地壳再次隆升，气候进一步转冷，发生区内规模最大的复式山谷冰川，形成区内倒数第三次冰期。古冰斗分布在3800—3900米，显示雪线在3900米左右，在海拔约2700米以下的冰缘区，堆积大量的冰水黄土，距今36.70万—32.10万年（ESR）。长海堤埂是此次冰川堆积的终碛垄，距今约53.60万年（ESR），冰碛物厚度大于41米。中更新世晚期，距今21.30万—18.90万

① 更新世及第四纪的内部分期迄今尚无一致意见，这里不直接标注明确的起讫时间。

年（ESR），北西向、北东向、东西向网格状断裂系统形成；距今约19.30万年（ESR），东西向雪山断裂带复活，产生右行剪切，造成不均衡的差异抬升。气候进入一个较长期的湿热期，水系强烈下切，区内白河在2620米的山坡上，残存Ⅳ级河谷侵蚀阶地，距河床高约720米，河流平均下切速率每年2.20毫米。分布在冰缘区形成于距今约36.70万年（ESR）的黄土层遭强烈改造作用，形成再生黄土（含砾黄土，ESR年龄：32.10万年）。

进入晚更新世早期，九寨沟冰川规模相继减弱，以树枝状山谷冰川为主，形成区内倒数第二次冰期（ESR年龄：8.60万—13.50万年），沿已形成的U形谷往前推进。古冰斗分布在海拔4000—4100米，显示当时雪线在4100米左右，冰碛物厚度大于30米。东西向断裂再次复活（ESR年龄：9.60万年），造成不均衡差异抬升。冰缘区河谷继续下切，在2540米的山坡上，残存有Ⅲ级河谷侵蚀阶地，距现今河床高差为640米，河谷平均下切速度为每年5.70毫米。

进入晚更新世晚期，冰川规模进一步减弱，以悬谷冰川为主，形成区内末次冰期（ESR年龄：3.70万年），古冰斗分布在海拔4200—4300米，少数分布在4400米，雪线在4300米。东西向断裂再一次复活，（ESR年龄：5.20万—6.60万年）。晚更新世末，气候总体转暖，其间又发生多次冷暖波动变化，在山地和谷坡，形成较多的崩积倒石堆、滑坡体以及古泥石流堆积，并且在早期冰蚀U形谷中形成大量的钙华堆积（ESR年龄：1.50万—7.80万年）。在冰缘区外，堆积了厚约16.60米的Ⅱ级河谷级阶地的砂砾层和黏土层，其河流平均下切速率每年0.22毫米，平均堆积速率每年0.25毫米。

进入全新世即冰后期，气候进一步转暖，雪线上升至海拔5000米以上，古冰斗在海拔4500—4600米和4700—4900米。区内流水作用、岩溶作用加强（钙华碳14测年：380—8980年），河谷在原有的冰川地貌的基础上叠加和改造。九寨沟地区形成从寒带到温带、暖温带的高山—深谷型地貌，相对高差1500—2500米以上的尖峰遥遥相望，高山之上白雪皑皑，深谷之中森林茂密，动物云集。

迄今，九寨沟所在区域地壳仍在不断抬升，据漳腊水准测量结果，抬升速率为每年9毫米。区内侵蚀基准面不断降低，地下岩溶作用加强，对景观水的循环产生影响。地壳的抬升还将伴随着强烈的地震活动，加上崩塌、滑坡、倒石堆、泥石流等重力灾害的发育，导致原有泉、湖、瀑等旧景观的消亡与新生的泉、湖、瀑等景观再生。

第三节　地　　貌

一、地貌特点

九寨沟地处青藏高原东北部，处在青藏高原向四川盆地陡跌的坎前部位，地貌过渡性特征明显，类型特殊，形态多变。在四川地貌分区图上，九寨沟属盆地外围山地区、嘉陵江上游白水江流域山地区。

九寨沟地貌属高山深谷类型。白河位于旅游区北部，自西向东曲折流过，沿途汇入各沟谷水系，四面山脉环绕，构成完整的沟谷地貌，九寨沟为其中最大的支沟。白河沿岸及九寨沟内河谷地带，分布着漳扎镇、荷叶、树正、诺日朗等台地，是主要的人口聚居地。九寨沟主区域内沟谷纵横，沟谷主轴大致南北走向，从北部沟口经树正沟、诺日朗、则查哇沟至南部长海一线，纵深约40公里，

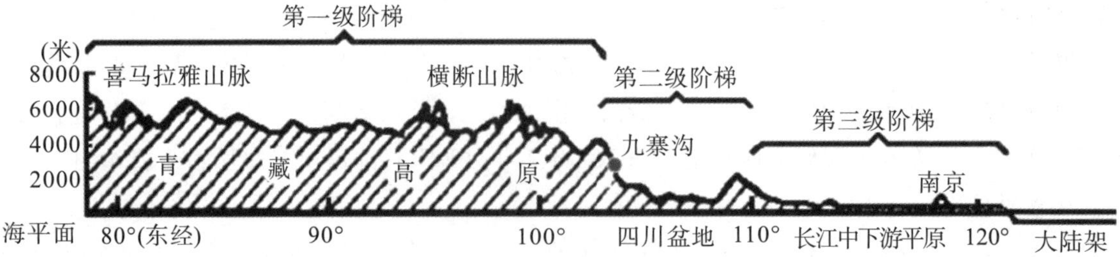

图1－1 九寨沟所在的北纬32°剖面图

是一完整的小流域。沟内水系下游主干为树正沟，自北而南依次有扎如、荷叶、黑果、丹祖、日则、则查哇6条大的支沟从左右汇入，沟内河流串缀层层湖泊和瀑布，每平方公里河网密度大于0.80公里，河流宽度大都小于200米，最大宽深比可达20：1，平均为4.5：1。

从九寨沟沟口沿树正沟逆沟而上约14公里，日则沟和则查哇沟在此交汇，3条主要沟谷在平面上呈“Y”字形分布，构成九寨沟沟谷的形态骨架。树正沟从沟口羊峒至诺日朗，长约14公里；则查哇沟，长约31公里，流域面积219.69平方公里；日则沟，长约30公里，[①] 流域面积166平方公里。则查哇沟分布着长海、五彩池、上下季节海，长海以下至诺日朗地段无明显的地表水流存在。则查哇沟底部长海终碛堤东侧有一支谷名溶洞沟（又称“九龙洞沟”），沟向与则查哇沟垂直，沟口被一高约50米的侧碛堤（一说完整的弧形终碛垄）封闭。

九寨沟地势南高北低，西高东低，区内山岭海拔3500—4500米，峰谷相对高差一般为1500—2500米。区内海拔3500米以上的山岭有89座，其中海拔4000米以上的有68座，海拔4500米以上的有19座，最高山峰达4764米。区境北缘的九寨沟沟口羊峒，海拔1996米，中部一般峰岭海拔在4000米以上，西侧的扎玛且莫普德山海拔4500米，东侧的干孜公盖山海拔4558米，南缘尕尔纳峰为区内最高峰，海拔4764米。南北海拔相对高差超过2700米，平均相对高差大于1600米。九寨沟旅游区北部的白河河谷地带海拔1950—2200米，是区内地势最低的地带，其中沟口以东沙坝一段的白河河谷海拔1950米，是旅游区最低点。

九寨沟地貌类型丰富，有高山、坡地、峡谷、湖泊、瀑布、溪流、山间平坝等多种形态。海拔3500米以上的山地，高山寒冻风化作用盛行，以冰缘地貌发育为特点。主要有角峰、刃脊、流石滩、寒冻风化蚀余石柱等地貌类型。第四纪冰川遗迹地貌形态保留较好，在4200米高度以上山地，可见各种古冰川作用遗迹，如冰斗、冰蚀湖、冰川谷、冰碛物等。海拔3500米以下的山地，地面切割强烈，沟谷纵横，以冲沟、伏流为特征。流水下蚀，形成许多峡谷，陡崖地貌发育，两坡多悬崖峭壁，危石累累。溶蚀漏斗、溶蚀洼地（溶蚀湖）及钙华沉积产生的喀斯特地貌，形成奇特的地貌景观。

九寨沟内有较发育的冰蚀地貌和岩溶地貌，构成九寨沟风光的基础。流域内山高谷深坡陡，地貌垂直差异性显著。流域四周分水岭以石灰岩层为主，雄伟峻峭，冬季积雪皑皑；广大山地坡面，无论陡峭缓倾，皆林海苍茫。从沟底阔叶林向上经针阔混交林到高处的针叶林、灌丛、草坡、荒漠，层次分明，景观斑斓。流域内一些破碎的山地坡面和支沟，有崩塌、滑坡、泥石流发育，加之地质

① 关于日则沟和则查哇沟的长度有两个数据，除此处的30公里和31公里外，还有18公里和17公里。二者的差异应该是对沟谷的定性不同而导致的。从则查哇到长海，估计约18公里，长海至尕尔纳大概还有13公里。日则沟所谓30公里则是将日则沟和藏马龙里沟一起计算的结果。

史上冰川运动剥蚀山谷，冰碛物滞留谷口，阻塞山谷流水，多种地貌作用力产生的物质在河谷底部搬运和堆积，再经流水作用和旺盛的岩溶侵蚀与钙华沉积，形成以钙华堤埂、滩流、湖泊和瀑布（跌水）为主要造型的地貌组合。

九寨沟主区域各大支沟海拔在3000—3100米以上，均保留有冰蚀U形谷，宽度80—400米，平均宽度小于200米。溶洞沟有3次冰川形成的U形谷，相互套叠，谷底高程分别为4100米、4000米、3950米，宽度分别为1200米、750米、250米，形成谷中谷。在冰川时期两条冰川交汇后多形成典型的冰蚀湖，如碧么公盖海、图俄依海、藏马龙里海等海子。U形主谷两侧，常见有长1—2公里的冰蚀悬谷，二者高差多在100—200米。U形谷上游末端多与冰斗相连，经测量计算，冰斗平坦指数为2.50—3.44，平均2.77，属典型的冰川冰斗。区内高山上多处可见冰斗。分布在3800—3900米的古冰斗，形态多不完整，为老冰期遗留产物；分布在4100米和4200—4300米的冰斗，基岩壁较新鲜，形态完好。区内冰蚀U形谷延伸下限在干海子一带，海拔2600米。冰川堆积物分布的最低点在塔藏如意坝，海拔2400米，为九寨沟区域第四纪冰川作用下限地段，冰川性质为季风海洋性山谷冰川。

整个区域山峦重叠，湖泊跌宕，垂壁千仞，雪山高耸，林岚飞瀑，形成“水光浮翠，倒映林岚”的秀丽景色，被誉为“童话世界”。

二、地貌分区

根据海拔高度，九寨沟地貌可划分为高山区、高中山区和中山区三类。高山区，海拔大于3800米，面积255平方公里，占九寨沟主区域面积的35%，冰蚀地貌和堆积地貌发育。高中山区，海拔3800-2800米，面积358平方公里，占九寨沟主区域面积的49%。区内地貌主要受冰川堆积作用，发育有一系列冰蚀U形谷，如溶洞沟、藏马龙里沟、则查哇沟上游。中山区，海拔2800米以下。中山区面积116.60平方公里，约占九寨主区域面积的16%。区内地貌以流水侵蚀作用、重力堆积作用和岩溶作用为主，地质遗迹景观主要沿树正沟和日则沟分布。

综合区内地貌海拔高度、微地貌形态组合、气候差异、植被组合等特征，九寨沟主区域自北而南可划分为荷叶流水侵蚀堆积山地、则查哇岩溶流水侵蚀山地、藏马龙里沟冰蚀山地3个地貌小区。

（一）荷叶流水侵蚀堆积山地小区

位于九寨沟北部，区内以中山为主，次为高中山，偶见冰川作用遗迹。以古溶洼、蚀余峰丛和灌丛钙华滩、钙华台地、钙华堤坝等地貌为主要特征。

流水侵蚀堆积地貌　以白河河谷和扎如沟为代表。河谷深切，河床狭窄，阶地不发育，仅在河谷开阔处的凸岸见有零星的Ⅰ、Ⅱ级阶地，其高为5—8米和20米。峡谷两侧的滑坡体和崩塌体、泥石流和泥石流堆积扇分布较多。扎如沟，长22.55公里，高差2502米，沟床平均纵比降为59.20‰，河网密度低，每平方公里约0.31公里，河谷宽深比为2.8：1，地貌侵蚀力系数为498.50，侵蚀切割强烈，处在地貌发育的幼年晚期至壮年早期阶段。

黄土堆积地貌　多为形态不规则的披盖式阶坎状冰缘黄土地貌，断续分布在白河河谷的两侧及其山坡。阶坎一般2—8米高，最高12—15米，为居民重要的农耕地。日则沟原始森林和箭竹海—五花海东侧等地也有零星分布，成因为冰水扇状堆积物。

岩溶侵蚀堆积地貌　区内主要表现为岩溶干谷和古溶洼。岩溶干谷，区内以黑果沟为代表。海拔2900米以上，有常年地表水；2900米之下，转入地下伏流或仅有季节性地表流水。部分地段有小规模分布的钙华台地，在沟口附近多以岩溶泉水形式出露。古溶洼，早期岩溶作用的产物，主要分布在诺日朗以下地区，在黑果、荷叶、彭布、扎如等地有分布。面积一般1—2平方公里，呈封闭或半封闭椭圆状，四周为灰岩峰丛或峰林。溶洼底部高出主谷100—200米并向主谷倾斜。洼地中多有地表径流。

（二）则查哇岩溶流水侵蚀山地小区

位于九寨沟中部，区内主要为海拔3800米以下的山地，以高寒岩溶地貌为特色。外营力主要为流水和岩溶作用，地表岩溶地貌以干谷、溶斗、落水洞和钙华台地、钙华滩、钙华瀑布为主，局部保存有冰蚀地貌。

区内干谷分布多。则查哇干谷长18公里，丹祖沟干谷长7公里，溶洞沟干谷长4公里，卡真干谷长1公里。这些干谷上游（海拔3000米以上）均有冰川侵蚀和堆积作用遗迹，冰川地貌典型，分布有U形谷、多道终碛和侧碛堤、基碛等地貌形态。谷壁两侧发育有泥石流扇体、冲洪积扇裙等微地貌。沟谷中有常年流水，流水在下游（海拔3000米以下）转入地下，形成干谷。

九寨沟干谷多形成于古冰川侵蚀后的谷地，又叠加流水侵蚀和岩崩、泥石流、钙华等堆积作用，地貌形态复杂多样。日则沟内，可见流水侵蚀下切形成U形谷套叠V形谷的地貌形态。则查哇沟中，新老倒石堆连成裙状，充塞谷底，形成假溶蚀洼地。九寨沟钙华发育显著，是典型的高山岩溶地区，岩溶堆积作用突出。钙华堆积以古冰川作用萎缩后退形成的谷中冰碛地貌为基础，形成众多的高山湖泊、瀑布、灌丛钙华滩、钙华堤坝、钙华台地等微地貌。

日则沟，干谷与流水侵蚀、钙华堆积等地貌交互出现。在藏马龙里沟第一个海子处有落水洞，水流至此呈漩涡状转入地下，地表形成干谷和钙华台地，地下水流在原始森林处出露为大泉，以地表水形态流淌。草海一带溶斗发育，呈串珠状在湖底沿北西、北东两个方向折线式延伸，构成锯齿状深水线，单个溶斗大小在5×3平方米。水流至熊猫海蓄积，水量季节性增加而翻越堤坎（称“翻水”），高瀑布至五花海段为季节性河流，五花海以下，常年流水充沛，为峡谷地貌。

（三）藏马龙里沟冰蚀山地小区

位于九寨沟南部，从长海—原始森林一线往南至九寨沟南缘的则查梁子，地貌外营力主要为高山寒冻风化和冰川作用。强烈的冰雪寒冻风化和溶蚀作用，使岭脊地区形成角峰、刃脊、峰丛，岩石风化崩塌活动突出，常沿山坡向下方缓慢运动，在山脚下形成大片流石滩和崩塌裙带。

三、地貌类型

九寨沟地貌可分为7种主要类型，分别为海拔在4000米以上岭脊地区的现代季节性冰雪作用及寒冻风化地貌、海拔3800米森林线以上高山灌丛草甸带的冰缘地貌、海拔2900米以上第四纪古冰川作用的残留地貌、坡地灾害地貌、河谷地貌、岩溶干谷地貌和岩溶钙华堆积地貌。

按照现今地貌作用的不同特征和第四纪地貌作用的遗迹，结合各类地貌空间分布特征，上述7种主要地貌可归并为高山山地地貌、坡地地貌和谷地地貌3种基本类型。

（一）高山山地地貌

九寨沟流域54.6%以上的面积位于森林线（3800米）之上。沟内水流的源头分水岭，海拔都在4000米以上，最高山峰超过4700米。高山基岩裸露，受寒冻风化和溶蚀作用，山岭嵯峨峥嵘。

高山山地地貌又分为季节性冰雪作用下的寒冻风化地貌（角峰、岩屑锥）、森林线以上的冰线地貌（石海、石环、融冻泥流）和第四纪古冰川作用残留地貌（冰斗、寻蚀洼地、悬谷、U形槽谷、冰蚀湖、终碛垄冰水扇、切平山嘴）3 种。

九寨沟区域山地以石灰岩为主，流域四周高山一般海拔高度 4100—4700 米，沿着层面和节理面，强烈的冰雪、寒冻风化以及溶蚀作用，形成了锯齿状的山脊，遗留有冰斗、悬谷、U 形槽谷等古冰蚀地貌遗迹，强烈寒冻风化作用在森林线以上形成的冻融岩屑带，大量高位的岩屑坡、岩屑锥发育。这些堆积区以及陡立的岩层带，或层面和节理交错部位，或断层破碎带上，在地震等因素触发下，不稳定的坡面是崩塌、滑坡和泥石流等发育的主要物源地。

海拔 3800 米以上的山地地带，既有季节性的积雪作用，也有明显的第四纪古冰川作用遗迹。前者冰缘地貌类型发育，有众多岩屑锥、岩屑坡、石海、石溜、石环以及融冻泥流的堆积；后者如长海东北侧干孜公盖山（4558 米）、日则沟与则查哇沟之间的沃斯喀雄山（4192 米）、沃洛色嫫山（4136 米），都有多个角峰、古冰斗、刃脊、雪蚀洼地、悬谷、槽谷等。

在九寨沟两条主沟上游，高山地带朝北到北东方向的坡面高处，海拔高度 4000—4200 米处，保存有相当完整的古冰斗 7 个。冰斗之间的角峰和槽谷之间尖锐的刃脊亦相当清晰。槽谷一直伸展到海拔 2800 米的地方，在谷地中形成称为侧碛垄、终碛垄堆积的冰碛地貌。九寨沟的冰碛地貌以长海至上季节海之间即长海口的终碛垄最为典型。这里冰碛物分布高度为 2800—3100 米，由一道横断的终碛垄和沟谷右侧的二列侧碛垄构成，形成堵塞性堆积平台。这个垄岗高 145 米，长 670 米，底宽 700 米，顶宽约 100 米，是一道天然大坝。垄岗地表砾石，分选性极差，大小混杂，直径超过 100 米的巨石比比皆是。垄岗东西两端向山坡延伸，与山坡呈一折线结合。垄岗南侧呈 35°斜坡伸入长海，北侧为连绵起伏的丘峦、垄岗。垄岗之间夹有很多洼地，深 5—20 米不等，季节性蓄水。从长海往下从上季节海眺望则查哇沟，全是山咀交错的 V 形谷，不再见到典型的冰川堆积，第四纪古冰川作用下限在这里为 2800 米左右。

高山地带除上述冰川和冰缘地貌发育外，还有各支沟后缘高耸的石灰岩山岭，基岩裸露，地层产状清晰。在长海东北侧的高山，陡峭岩层在寒冻风化剥蚀下形成参差的锯齿状山脊。在诺日朗村后高山，裸岩在溶蚀作用下形成溶芽、峰柱、峰簇、洞穴、天生桥等岩溶地貌。在长海西侧石灰岩裸岩山头，沿着垂直节理面发育有溶洞，岩石表面有溶芽、溶沟等溶蚀现象。

（二）坡地地貌

由山岭带往下，为山坡和谷坡，随坡面角度不同形成不同类型的坡地地貌，有植被山坡、重力作用山坡和断层陡崖 3 种基本类型。重力作用山坡又有崩塌及岩崩倒石锥（分活动性和稳定性两种）、滑坡（分现代活动性和石滑坡两种）、泥石流（分沟谷型、坡面型和古泥石流 3 种）不同形态。

九寨沟山地高大，坡面陡峭，河谷深切，坡面重力地貌作用强烈，尤其是那些森林受到破坏或居民点附近陡坡耕作的坡面。九寨沟一般的山地坡面植被较好，覆盖率高，生长有各种阔叶林、针阔混交林和针叶林，形成坡面植被地貌。受构造的影响，在岩层破碎的坡面部位，冲沟、切沟以及重力作用的崩塌、滑坡现象常见。

重力地貌主要表现为山崩和滑坡体的发育。在沟谷两侧坡麓，可看到毗连成裙的倒石锥，其中大部分长满了针阔叶林，表现出比较稳定的状态。不少裸岩陡崖，受层面和节理面交叉错裂，在地震或人为因素影响下，发生新的崩塌现象。新崩塌锥体坡度一般在 38°—42°。所有因重力作用而崩塌的物质，多会堵塞谷地，在谷底形成多种堵塞堆积地形。诺日朗到长海之间 10 余公里的山谷中，充塞大量的崩积块石。

九寨沟山体坡面上，有一些顺层的地滑体和沿断层破碎带发育的滑坡体。长海下口左侧山地的顺层滑坡体，直接滑入湖中呈半岛状。荷叶沟滑坡体在断层破碎带上发育并多次活动，形成三级巨大的滑坡台地。

沟口羊峒附近，受断层影响，山坡断崖陡削如切，高差达800米以上，崖面光滑如镜，细看擦痕累累，构成“宝镜岩”一景。在宝镜岩壁立的断崖下方，有明显的崩滑堆积体存在。

（三）谷地地貌

九寨沟的谷地是九寨沟主要景观地貌的汇集地。

九寨沟谷地地貌可分为流水侵蚀及岩溶钙华沉积谷地和岩溶干谷两大类。流水侵蚀及岩溶钙华沉积谷地地貌又包括V形侵蚀沟谷及零星河流阶地、瀑布及湖泊（海子）、谷坡及谷底混杂堆积、谷底钙华堤埂及灌丛钙华滩以及古黄土、古河湖相堆积等形态。岩溶干谷地貌则包括岩溶漏斗、多种成因的堰塞湖、岩溶涌泉、谷坡及谷底混杂堆积、岩溶地下管道系统等。在谷地源头和上游，通常有古冰川侵蚀和堆积遗迹。中下游谷地除常态流水作用地貌外，多岩溶作用地貌。大小支沟有明显的泥石流作用。

湖泊、钙华堤埂和瀑布、钙华条坝、梯海和跌水，是九寨沟谷地主要的地貌类型，互相联系共同构成一个系统的地貌组合体系。在岩溶作用的积极参与下，冰蚀堆积或崩塌堆积的堤埂或钙华条坝横堵谷底，潴水形成湖泊和海子。湖泊和海子蓄水外溢，漫过堤埂或钙华条坝，形成瀑布或跌水。

九寨沟风景区内有大小湖泊114个，都是成因各异的外流堵塞湖泊。多集中分布于日则沟和树正沟，具有顺沟而下串珠状密集排布的特点。湖泊最密集的地方称为“群海”，群海多伴生瀑布、跌水。各类湖泊大小不一，深浅、光照条件和湖底物质也各不相同，湖水色调变幻无常，美不胜收。

日则沟下游有两处区内最大的瀑布、堤埂和堰塞湖泊组合地貌，是崩塌和地滑体堵塞谷地后上游潴水和长期钙华沉积的结果。瀑布堤埂由碳酸钙质胶结和角砾状沉积堆积体构成，湖水漫溢泄流构成瀑布。

九寨沟的大瀑布位于谷地地带，其形成与地质断裂构造有一定关系。珍珠滩大瀑布、诺日朗大瀑布都位于两条较大沟谷的交汇处，有断层通过，断裂构造形成沟谷河床地势上的高低差别，为大瀑布的形成奠定基础。

四、岩溶地貌

岩溶地貌在九寨沟谷地中分布广泛。构成九寨沟地貌景观主体的众多钙华堤埂、堰塞湖泊、壮观的瀑布以及小型的钙华条坝、海子和跌水，或自身就是岩溶地貌，或与岩溶作用密切相关。

在全国岩溶地貌分区上，九寨沟属秦岭褶皱带古生代碳酸盐类喀斯特区。既有东秦岭及大巴山北麓的溶洞、溶斗、溶洼等类型，又有西秦岭的侵蚀、寒冻风化作用所塑造的山地。总体来说，九寨沟岩溶地貌分布广泛，钙华沉积普遍，岩溶地貌类型较简单。

（一）溶斗

则查哇中段上下季节海之间的谷底，有串珠状排列的溶斗。地表表现为面积不大的椭圆形洼地。洼地四周常有基岩出露，中间为细颗粒松散物质充填覆盖，表层土壤水分含量较高，是地表水、大气降水、垂直补给地下水含水层的良好通道。洼地中缺乏高大乔木，一般为喜湿性草本植物或小灌木，在外观上易识别。当地下水抬高至地表时，洼地便成为串珠状湖泊。

（二）溶芽、溶沟

岩石表面由于雨水、湖水波浪的溶蚀作用而形成的地貌形态。溶芽的相对高度一般只有1—20米，呈网状分布，芽端薄锐。在长海区域的水位变幅带内可见到，部分裸露的岩石坡面也有分布。

（三）钙华

钙华由水中溶解的碳酸钙析出沉淀于岩石、植物根茎等上面而形成，在九寨沟有广泛分布，普遍存在于有水流的洼地、坎崖或陡坎、跌崖等，如湖泊、瀑布和滩流底面。

钙华依照沉积形态和位置、环境有不同称呼。卧龙海中有生物钙华礁、钙华堤。珍珠滩、盆景海有钙华流。诺日朗、珍珠滩瀑布有钙华瀑。熊猫海钙华堤上有钙华漏斗。箭竹海前的小型群海为钙华洼地和壶穴湖。犀牛海左岸还可见到泉华堆积。裙状钙华形态称为“马肺石”。瀑布跌水部分的大体量钙华堆积体中形成的自然空间又称“水帘洞”。

（四）溶蚀湖

地表因溶蚀作用并汇聚水流而形成的湖泊，称溶蚀湖，九寨沟内五花海、季节海等都属此类。主要形成于冰期后岩溶作用相对强盛的时期。

（五）岩溶剥蚀

包括溶纹、溶蚀裂隙、干沟、峰簇谷地、岩溶堆积等地貌形态。五花海底部的湖底涌泉即是岩溶剥蚀结果。

（六）溶洞

九寨沟地表所见溶洞规模小，数量少，多层次发育，分布分散。不少溶洞口相对高度在20—50米范围内，反映该地新构造运动强烈抬升程度。沟内发现的最大溶洞是天鹅海出水口右岸的鹰爪洞，洞高4米，纵深约6米。

第四节　气　　象

一、气候

九寨沟地处川西北高原、岷山山脉中段，位于中国北亚热带秦巴湿润区和青藏高原波密—川西湿润区的过渡带（分界线西侧）。东南受龙门山的阻挡，来自太平洋的暖湿气流，多在龙门山东坡降落，九寨沟地区降雨偏少。北有秦岭山脉屏护，冬季蒙古高原冷高压寒流的影响大大削弱。冬无奇寒，夏无酷暑。

受高原季风和热带海洋季风影响，气候总体表现为冷凉干燥的温带季风气候特征，昼夜温差大，干雨季分明，气候垂直分带明显，水平差异较大。冬长夏短，春秋和冬季各半。冬半年受干冷空气的控制，多偏北风，气候寒冷干燥，降水相对较少。夏半年多偏南风，气候温和湿润，降水相对丰富。

区内沟壑纵横，高差悬殊，海拔2500米以上为山地寒温带季风气候类型，2500米以下属温带季风气候类型，平坝为亚热带季风气候特征。加之区域东侧有海拔3800米的野猪关梁子等山梁的层层屏障，焚风效应明显。垂直气候变化从低到高依次表现出干暖、湿润凉爽、冷湿、干燥寒冷等明显差异。在河谷平坝地带，夏日风和日丽，冬无烈风之苦。

二、气温

九寨沟属高山峡谷地形，平均海拔约3000米，年平均气温7.38℃，7月平均气温约17℃。

九寨沟诺日朗气象站位于“Y”字形沟谷的中心位置，海拔2380米，年平均气温5.5℃，最热月（7月）平均温度16.8℃，10月平均温度8.3℃，最冷月（1月）平均温度-8.7℃。极端温度，7月测得最高温度32.6℃，1月测得最低温度-20.2℃。

九寨沟多年月平均温度统计表

表1－6

月　份	1月	2月	3月	4月	5月	6月	7月	8月	9月	10月	11月	12月
月平均温度（℃）	-3.7	2.5	3.9	8.7	11.8	14.3	16.8	16.4	12.4	7.8	2.3	-2.7

2000年全国一些主要风景名胜区最热月月均温统计表

表1－7

地　名	哈尔滨	北京	敦煌	苏州	福州	昆明	广州	桂林	黄龙寺	九寨沟
气温（℃）	23	36	33—34	28—29	28.7	19.9	28.3	28.3	11.1	16.9

三、降水和湿度

九寨沟区域年降水量700—800毫米，年平均降水量761.80毫米。年水面蒸发量746.20毫米，其中陆面蒸发量275毫米。诺日朗以上为半湿润区，以下为湿润区。年平均相对湿度60%—70%，湿度适中，体感舒适。相对最低的1月湿度不低于50%，最高的7月超过80%。

九寨沟年降水日数在150天以上，多晴阴相间，具有“日晴江山霁，宵闻夜雨来”的特点。全年降水主要集中在5—10月，降水量占全年的75%以上，常以暴雨形式出现。日降水量大于10毫米强度的日数，全年平均20天左右，极少出现日降水量大于50毫米的情形。全年雨量分配大致为：1月15毫米，4月43.1毫米，7月104.4毫米，10月53.6毫米。

四、积雪和冻土

九寨沟冬半年多雪。一般从头年11月到次年4月，均有积雪出现。最大积雪深度15厘米以上。少数山峰终年积雪。冬天的九寨沟，银装素裹，一派北国风光。

从10月到次年5月为冻土期，冻土深度达50厘米以上，最早解冻期在2月中旬。

五、云雾和日照

九寨沟日照充足，很难见雾。晴天多，雾日少，紫外线强。全年日照约1800小时，日照百分率①45%左右，属中等状况。往东南，是中国日照比率的低中心川黔地区；往西、西南和西北，则

① 实际日照时间与可能日照时间即全天无云时应有的日照时数之比，该比率反映了云、雨、雾、尘、沙等气候条件对实际日照时间减少的影响。

是中国日照百分率最高的台站青藏高原和甘肃、内蒙古等西北地区。冬季日照稍多于夏季。全年无霜期 100 天左右。

九寨沟年平均总云量近七成，全年雾日不过几天。1 月云量五成左右，7 月可达七成以上。

六、风

九寨沟主导风向北偏东，夏半年多偏南风，冬半年多偏北风。空气清新，阳光明媚，夏日凉爽，冬无强风之苦。

九寨沟河谷幽深，一般情况下风力较弱，年平均风速 1—2 米/秒。春季风速稍大，约 2 米/秒以上。冬无凛冽北风，夏日风和日丽。

七、空气质量

九寨沟空气质量优良。区内植被覆盖率 85.5%，森林覆盖率 63.5%，空气中负氧离子含量高，尘埃含量极低，空气清新宜人。

第五节　水　　文

一、水系

九寨沟区域位于岷山山脉中段嘉陵江上游，处在岷江、嘉陵江、涪江三江分水岭地区，是完整的支流水系，即白河水系，属长江水系嘉陵江支流白龙江分支白水江的上游西源。四周群山环抱，白河发源于弓杠岭斗鸡台，沿区域西部和北部边缘先由南向北再转为由西向东流贯全域，在黑河塘与黑河汇合后称白水江。白河水流湍急，全长 57 公里，汇水面积 1334.10 平方公里，平均河宽 9 米，平均水深 0.40 米，河床平均比降为 20‰，平均流速 10.90 米/秒，平均流量为 18.50 立方米/秒。主区域九寨沟为白河最大的支沟，是相对完整的沟谷水系。

九寨沟水系是在高山岩溶峡谷地貌中由地表径流和地下径流构成的非连续性复杂水系统，地表径流表现为一系列湖泊（海子）、瀑布、河流和涌泉的阶梯状交替分布。最远支流发源于区域南缘的岷山尕尔纳峰（4764 米），从沟口到尕尔纳峰直线距离近 30 公里，主流全长 45 公里，全流域面积 642.97 平方公里，河网密度大，水系切割深，每平方公里水系密度约 0.80 公里，平均坡降 4.40%。沟水春枯夏旺，沟口多年平均流量为 9.03 立方米/秒，最大流量 13.70 立方米/秒，最小流量 6.90 立方米/秒。区内水质属重碳酸类型的低矿化度水。平均水温总体差异不大，随海拔的升高而降低，平均最高水温为 9.30℃（火花海站点，海拔 2240 米），平均最低水温为 5.70℃（长海站点，海拔 3100 米）。

九寨沟水系以树正沟地表径流为主干，主要支流有扎如沟、丹祖沟、黑果沟、卡真沟、藏马龙里沟、日则沟和则查哇沟等沟谷径流。则查哇和日则两大支沟径流在诺日朗汇合成树正沟 14 公里的主干径流，平面上呈“Y”字形展布，至九寨沟口羊峒汇入白河，扎如沟径流在沟口羊峒附近汇入主沟。流域内湖泊众多，呈串珠状顺沟排列，地下潜流系统发育，多间歇喷泉和涌泉出露，径流调节作用较强。最大支沟为则查哇，长约 31 公里，流域面积 219.69 平方公里。其次是日则沟，长约 30 公里，流域面积 166 平方公里。主沟平均纵比降为 38.70‰，则查哇沟为 47.70‰，日则沟为

54.50‰，平均纵比降最大的是黑果沟，为225.20‰。各支沟平均比降44‰。随河床平均纵比降的减小，流域面积增大。

九寨沟流域内干谷纵横，除日则沟为常年流水沟谷外，则查哇沟、丹祖沟、卡真沟、黑果沟等沟谷下游长期处于无地表径流状态。这些干谷的中上游谷底大都保存有第四纪冰川的侵蚀和堆积遗迹，下游沟段有季节性地表流水。日则沟上游原始森林段、鹰爪洞桥段、镜海段溪沟流量均呈现异常，鹰爪洞桥段为流量低异常，日则沟上游原始森林段、镜海段为流量高异常。

九寨沟水系地表水总体上自南向北流，地表径流主要接受大气降水和地下水补给，水量盈亏根本上取决于降水量的变化和时空分配状况，径流总量2.85亿立方米。流域内降水年内分配不均，下游白河洪峰出现在7月和9月。九寨沟水系流域内植被发育，地下水补给充分，地表径流比较稳定，水位年度变化比较稳定，年变幅在0.16—5.19米之间。水位年变幅最小的是扎如沟，0.16米；最大的是长海，5.19米。河流流量年内分配大体以每年11月至次年3月为枯水期（或低水位期），4—5月和10—11月为平水期，6—9月为丰水期。丰枯期流量变幅小，最大月平均流量为最小月平均流量的4.2倍①。年平均输沙率为每平方公里450吨。

九寨沟水系流域内的各径流发育主要受白马弧形构造体系、岷江大断裂和地层走向控制，水系分布格局主要沿平行于岷江主断裂带的次级伴生构造剪裂面发育。日则沟沿着压扭裂面发育，则查哇沟沿着张扭剪裂面发育。整个流域中暗河发育，沟谷幽深，岩崩和泥石流活跃。

二、湖泊

九寨沟水系湖泊众多，有海子114个，总面积约285万平方米，是区内一大景观。湖泊面积差异较大，最大为长海，面积92.84万平方米，最小的数平方米。九寨沟湖泊在分布上有相对集中的特点，流域内主要集中于日则沟和树正沟，一定空间密集分布的湖泊称为“群海”。群海多与瀑布伴生，树正景区和诺日朗景区的群海瀑布比较典型。区内另外一个湖泊集中分布地是神仙池。河谷地区湖泊海拔2000—3000米，高山湖泊海拔2500—4000米。

九寨沟水系的湖泊成因复杂，发育的首要条件是形成汇水储水的盆地即湖盆，第二是要有充填湖盆的水源。九寨沟湖泊大体可以分为4种类型。一是在第四纪古冰川侵蚀和侧碛、终碛的基础上叠加崩塌、滑坡等重力作用堆积物堰塞形成长海、五彩池、上季节海等。二是由生物钙华和崩塌、滑坡、泥石流等重力作用堆积物共同堰塞形成天鹅海、箭竹海、熊猫海等。三是由生物钙华堰塞形成树正群海等。四是由崩塌、滑坡、泥石流等重力作用堆积物堰塞形成下季节海等。九寨沟湖泊多属于堰塞湖，长海上游的圆海子和绿海子、藏马龙里海等少数是冰蚀湖。堰塞湖的堰塞物主要来源于冰川堆积作用、生物钙华作用和重力作用。堰塞物堰塞河谷，形成九寨沟湖泊的下游湖堤。

九寨沟湖水来源于大气降水，不同的湖泊水源补给形式不完全相同，主要有降雨、地表径流、冰雪融水及地下水等补给形式。湖水排泄方式主要有蒸发、向下游径流、地下入渗漏失。地下水补给和排泄主要通过地下岩溶裂隙、岩溶通道和由断层和向斜构成的汇水构造进行。断层、褶皱走向以及地势高低控制着湖水的补给和排泄，也控制着湖泊的发育方向。上游直接接受降水补给的湖泊水位变化较大，景色随时而异；由地下水补给的湖泊，如五花海，水位较稳定。

---

① 嘉陵江水系其他河流一般在10—25倍之间。

九寨沟湖泊发育分期表

表1－8

发育期	发育阶段	地质作用	湖泊特征	区内湖泊名称
幼年期	形成	1. 崩塌、滑坡等湖堤形成的堆积作用。 2. 湖堤充填的流水作用和胶结的岩溶作用	湖堤具有外动力作用堆积构成的坝型，湖内有水蚀的水位线或印迹。湖区，特别是上游没有淤积物或很少有淤积物	长海上游的4个小海子
壮年期	发育	湖区：坡洪积、滑坡崩积 湖堤：固结作用，生物岩溶作用，水文地质作用	湖堤有茂盛的森林，湖内有清楚的水边线或印痕。湖尾出现三角形冲淤积扇，湖底出现少许钙华礁堤，湖泊出现坝体或湖区渗漏	长海、五彩池、箭竹海、金铃海、五花海、镜海、犀牛海、树正群海（大部分）、卧龙海、火花海等
老年期	衰老	湖区：坡洪积滑坡、崩积、生物岩溶。 湖堤水文地质作用	湖区有大量堆积碎屑物，部分出露水面。礁堤成片，湖泊大量渗漏成为季节性水域	仙女池、树正群海（小部分）、上下季节海、天鹅海
死亡	消失	湖区：坡洪积滑坡、生物岩溶作用。水文地质作用	湖泊填平为干海子、渗漏导致全年性洼地	丹祖沟的干海子、垃圾沟的洼地等

九寨沟湖堤成堤阶段地质模式表

表1－9

形成阶段	地 质 作 用
起始阶段	地壳抬升，形成高山峡谷，沟谷两岸形成卸荷带，沟谷受早期的冰川刨蚀，形成波状起伏的纵断面
成坝阶段	沟谷一侧或两侧的卸荷带在重力的改变或地震诱发下产生崩塌，形成湖堤锥形，并有一定的蓄水功能
填充阶段	在地表水和地下水的作用下，湖堤内的空隙被泥沙、碎块石和碳酸钙充填，湖水水位逐渐上升
固结阶段	湖堤被碳酸钙充填，胶结，碳酸钙在湖堤外侧结壳堆积，湖水从湖堤上浸流

三、地下水系统

九寨沟流域是独立的水文地质单元，与邻近流域含水单元间无直接水动力联系。区内广泛分布的碳酸盐岩和断裂构造为次级水文单元之间形成地下水流通道提供了条件。次级水文单元之间的地下补给和排泄关系构成区内最为复杂的隐蔽水系结构，成为区内地貌和景观塑造的重要水动力。现今九寨沟水体景观的分布格局与面貌很大程度上同则查哇沟、丹祖沟对日则沟的地下渗漏补给有关。

区内地下含水结构主要由以钙华为主体的孔隙含水层、以冰川堆积为主体的弱透水体和可溶性碳酸盐岩含水基底构成。基岩体储水空间以风化裂隙和溶蚀裂隙为主，含岩溶—裂隙、孔隙水。冰碛物透水性较钙华体显著降低，在地下水运移过程中起相对隔水层的作用，是区内水体景观保持稳定的基础。

树正次级含水单元接受南部地表水、地下水的汇入，其内部地表水、地下水之间的互补关系较为复杂，地表径流相对稳定。

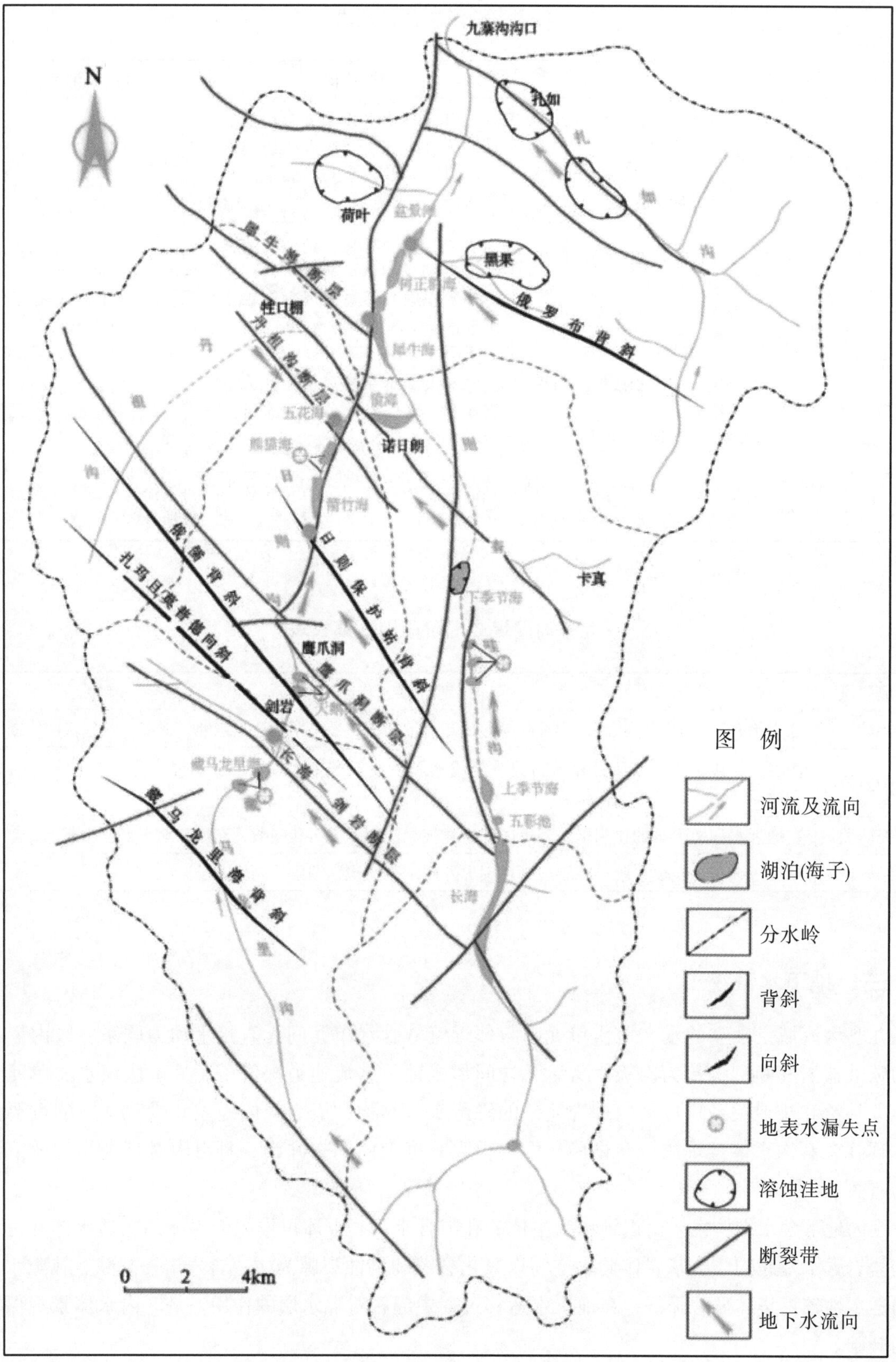

图 1－2　九寨沟地质构造与地下水流向示意图

早期的长海和则查哇沟是一条连续的有水沟谷，具有统一地表水。在上季节海和下季节海之间，有一系列底部平坦长满野草的盆形小草坪，从上游到下游呈梯状相连或相间分布。草坪中主要沉积物为亚黏土，由钙华及黏土沉积物转化而来，有喜水植物红柳生长。下季节海以北，翻过坳口后是一条长约2公里的宽广平直的干沟，底部堆积物厚约20米，由棱角状、次棱角状灰岩砾石及亚黏土、亚砂土组成，砾石颗粒大小较均匀，砾石及黏土呈互层出露，是流水沉积作用的结果。由于则查哇沟东侧溶洞沟口冰川侵蚀物的堆积，长海与上季节海之间的地表水联系被堵塞隔断，水流从沟谷西侧低洼处溢出，形成五彩池。后来的崩积使长海坝体进一步加高加宽，则查哇沟最终断流。长海大部分水流通过北西向构造带裂隙、溶隙向日则沟渗漏，加大日则沟的泄水量，增加日则沟的水动力条件，形成与则查哇沟迥然不同的钙华地貌景观。长海水位年变幅8—9米，渗水量约800万立方米，对维持日则沟内水量稳定起到调节作用，较为稳定的补给量使日则沟的海子和地表径流在枯水年份也不至干涸。

早期日则沟与附近其他沟谷类似，水流在沟谷中均匀流淌。后来，断裂发育和冰川作用，在高瀑布、珍珠滩等处形成原始格档式地形骨架，成为海子的雏形。后期由于泥石流、边坡崩塌或参天大树的倒伏等，格档式地形得以进一步发展，沟水漫流，钙华沉淀并逐渐加高钙华堤坝，形成海子、瀑布等独特风光。

丹祖沟海拔2800米以上的上游地段是常年流水沟谷，在海拔2800米地段存在北西向断裂构造，地层岩性为石炭系岷河组灰岩，地表径流在此潜入地下，转为地下潜流。丹祖沟沟口附近出露有泉水，大部分在珍珠滩下面汇入日则沟流水。据相关研究推测，丹祖沟径流有可能在其中、下游地段海拔2500米附近沿北北东向断裂跨越丹祖沟与犀牛海之间的地表分水岭，以下降泉的形式补给树正含水单元内的犀牛海，在犀牛海西侧沟坡形成长约50米、厚3—5米的泉华类钙华堆积。

四、干流系统

（一）长海水文子系统

长海水文情况基本稳定，季节变化幅度、多年变化趋势基本一致。长海天然阻水坝有微弱透水性，五彩池是坝下渗漏的产物，水位、水质变化与长海一致，但渗漏水量有限，五彩池不因长海水位的上涨而外溢。长海湖泊水体主要通过地下水径流系统向日则沟渗漏。该地下水子系统改变则查哇沟原来的水文状态，保证日则沟水径流系统的稳定发展。该系统的稳定直接影响整个九寨系统景观的稳定。

（二）上下季节海水文子系统

上、下季节海水量与长海水位反应并不一致，水体主要来自湖泊周边生态水与地下水，与长海水力联系较弱。至2003年8月已有数年干枯，此后至2005年10月，上下季节海每年都重新返水，但湖泊底部漏失加大，未恢复到历史水位。

（三）箭竹海—熊猫海—高瀑布水文子系统

该系统为九寨精品景观群之一。箭竹海上游沟段，地表水和地下水相互转化强烈。作为局部侵蚀基准面的箭竹海，总来水量一直比较丰富，水位变化幅度较小，出口流量基本稳定，熊猫海流出量小于理论值。箭竹海—熊猫海段有地下渗漏，监测数据显示渗漏量达3—4立方米/秒。理论计算显示，若藏马龙里沟来水大于4立方米/秒，熊猫海瀑布可终年翻坝。

（四）五花海—珍珠滩瀑布水文子系统

五花海水位稳定，是九寨沟水位年变幅较小的湖泊之一，珍珠滩与珍珠滩瀑布常年漫流。

（五）镜海—诺日朗瀑布水文子系统

镜海水位基本保持稳定，是九寨沟水位变幅最小的湖泊。钙华溶蚀强烈，有部分景观水以地下潜流形式运移，在诺日朗瀑布下以泉水形式涌现。

（六）犀牛海—树正瀑布水文子系统

犀牛海汇集则查哇沟和日则沟全部地表水和地下水，是九寨沟水位最稳定的湖泊之一，是树正沟景观水的源头。老虎海溢流而成树正瀑布，形成九寨沟最精巧的瀑布之一。景观水在树正瀑布向下游排泄，常年翻坝，水流有由面流向沟流发展趋势。

（七）卧龙海—火花群瀑—芦苇海—沟口水文子系统

水位变化较小，地表钙华堆积，景观体密集，多小湖泊、小瀑布，无集中地表汇流段。地表水经卧龙海、火花海和双龙海后于黑水沟汇流，在芦苇海和盆景滩形成散流，于盆景滩尾汇流向下游排泄。下游地段的钙华溶蚀通道加大，漏失量增大。

五、水质

九寨沟岩溶地貌发育，地下水网系统复杂，有浅循环交替性质，地面上森林覆盖率高，水中泥沙含量小，水质优良，基本上保持原始本底状况，几乎不受现代工业污染的影响。整个区域流水清澈透明，湖泊能见度达一二十米，水中杂质含量低，无味无臭，水质甘美，除局部地段外，绝大部分可直接作为生活供水。

九寨沟地区出露地层岩性以灰岩、白云岩为主的碳酸盐岩，受其影响，区域径流水的化学类型属天然低矿化度、微硬度的重碳酸盐类钙镁水。据1985年的测量，河水矿化度每升133—392.71毫克，平均每升0.25克。其中，长海每升0.2克，荷叶沟每升0.33克，犀牛海每升0.32克，则查哇每升0.18克，季节海每升0.18克。九寨沟径流水质平均硬度为8.78度①，硬度有沿流向逐渐增高的趋势。水中主要阴离子为碳酸氢根离子（HCO_3^-），含量在每升131.20—280.70毫克，其次为硫酸根离子（SO_4^{2-}），含量为每升0—38.20毫克。主要阳离子为钙离子（Ca^{2+}），含量为每升36.07—87.20毫克，其次为镁离子（Mg^{2+}），含量为每升4.90—20.67毫克。河水酸碱度（pH）值在7.30—8.50之间，总碱度含量为每升120.1—195.20毫克，略偏碱性。稳定系数为0.26，属弱沉积性河流。

区内树正沟及其支流水体清澈透亮，水质优良。荷叶沟流经荷叶滑坡体前的含碳质页岩，水质混浊，泥沙含量大增。白河水质良好，暴雨过后夹带一定量的泥沙。

九寨沟所有湖泊水中，氮、磷等限制性植物营养元素极少，悬浮物质和浮游动植物稀少，水质透明度高，常在12米以上。沟内地表水水质清晰，感官良好，受检的各项水质指标基本上保持在中国地面水一类水质标准，符合国内外饮用水质标准。

长海、犀牛海、镜海3个湖泊的溶氧总硬度都表明水质状况良好，具备作为鱼类养殖用水的基

① 水的硬度指水中钙、镁离子的浓度，有暂时硬度和永久硬度的区分。经过加热以碳酸盐形式沉淀下来的钙、镁离子数值为暂时硬度，反之，并不因加热而改变的离子含量为永久硬度。硬度的表示方法各国并不统一。

本条件。水硬度较一般水体稍大，有利于减轻重金属对生物的毒害作用。湖泊水源来自泉水、地下水，水层中有机物数量不多，有机物耗氧量低。湖水氯化物含量偏低，不能满足浮游藻类对氧化物的需要，湖泊中植物营养元素的天然补充来源缺乏，浮游生物繁衍受限制。3 个湖泊的硫酸盐含量都高，在低层水和氧的环境中，易产生有毒的硫化氢，对鱼类造成一定危害。

九寨沟水体资源量较小，水体较易受污染，人类活动带来的污染对九寨沟水质的影响巨大。1985 年监测数值表明，个别断面如镜海、树正群海水质大肠杆菌群数达到每升 2300 个，超过国家地面一般标准（500 个/升）。九寨沟流水汇入白河后，大肠杆菌群数高达每升 23000 个，超过国家地面水质二级标准（10000 个/升）。

六、水色

九寨沟湖水纯净，透明度高，色彩碧澄，呈现出蓝、绿、青、紫等颜色。随季节和时间的不同以及天气的差异，湖水颜色又往往变幻多姿，令人着迷。白色钙华的反光和水藻群的颜色则增添了色彩的变幻，令湖泊更迷人。

九寨沟湖水的色彩及其变化，受多方面因素的影响，同区域水体的物质组成、水质特征、湖泊所处的自然环境和植被状态以及季节、时间、光线条件、观察角度和远近距离甚至审美或游览心境等都有关系。从水色形成机制上来说，可以区分为 4 个基本层次，居于首要的是九寨沟湖泊水体的水质透明度，水深从几米到十余米一览无余，清澈见底，水体的选择性光线吸收将不同层次的蓝绿色调集中在一起，造就色彩的丰富性基调。其次是九寨沟湖泊水体的光学效应，即湖泊水体基于自身物质组成和水质特征而产生的可见光散射、反射、吸收等作用。再次是湖泊环境色彩的变化所形成的湖面倒影和色彩对比效应，无关湖泊水体自身的颜色但直接影响观察或观赏结果。最后是观察者的因素，远近、角度、心情等。

自九寨沟自然风景扬名海内外以来，九寨沟湖泊艳丽而变幻的色彩就引人注目。在众多关于九寨沟湖泊颜色的解释中，微量元素离子在弱碱性水体中造成染色效果的说法缺乏依据，也不符合基本的逻辑。基于九寨沟湖泊水体光学效应的解释接受度最高，包括光波吸收机制和水体分子散射①效应。

按水体分子散射效应原理，可见光在水体中有和在大气中一样的分子散射效应，波长与散射系数成反比，波长越短的可见色光散射系数越大。九寨沟湖泊水质纯净，湖水的透明度和洁净度高，水中的悬浮物、有机物、浮游生物少，分子散射效应突出，单色光谱中冷色调的绿、青、蓝、紫等短波光的散射强于暖色调的长波光，于是九寨沟的湖水就呈现艳丽的蓝绿色。湖水中常见的钙（Ca^{2+}）、镁（Mg^{2+}）、碳酸氢根（HCO_3^-）等离子也有增强短波光散射的作用。

纯水的总散射系数随入射波波长的变化情况一览表

表 1－10

可见色光	紫　光		蓝光	青光	绿　光				橙光	红　光			
波长（纳米）	400	425	450	475	500	525	550	575	600	650	700	740	760
散射系数	58.1	44.7	34.9	27.6	22.2	17.9	14.9	12.5	10.9	8.3	6.2	4.9	4.3

① 光学现象之一，又称“瑞利散射”。当散射粒子尺度小于光波长的十分之一时，散射强度同波长的四次方成反比，即光波越短，散射强度越大。可用以解释天空和海洋的蓝色。

按光波吸收机制原理，决定水体颜色的机制首先不是散射而是吸收。可见光不同波长的颜色波段在水体中被吸收的程度有差异，光波越短，越不容易被吸收，近紫外的短波段冷光具有很强穿透性，蓝绿色可见光在浑浊水体的投射深度为1—2米，一般水体在10—20米，清澈水体可超过100米。九寨沟水体纯净，杂质少，湖水透明度高，阳光投射进入水体后，近红外的长波段暖光被大量吸收，近紫外的短波冷色如蓝、绿等颜色的可见光穿透水体，再经反射、折射、散射等方式进入人的眼睛，呈现出以蓝绿色为主调的多彩景观。九寨沟湖底的灰白色钙华、黄绿色藻类对透射光的选择性吸收和反射，增加湖水色彩的层次和变化。

两者都肯定，九寨沟湖泊水体的艳丽色彩根源于九寨沟的岩溶地质基础和良好的生态环境以及由此所造就的高度清澈的水体。九寨沟湖泊清澈水体的光学效应结果构成九寨沟湖泊的基本色调。

影响九寨沟湖泊最终颜色的因素还有很多，不同的湖泊往往独具特色。水体的深度是一个色彩影响因素，在蓝绿主色调的基础上，不同的深度形成湖泊缤纷多姿的色相变化，甚至在同一湖泊的不同部位，这种变化也显现出来。九寨沟的五彩池，池子的中部有溶蚀塌陷形成的带状深槽，在这深槽处，碧蓝色的池水中出现一条深蓝色的水带。

九寨沟的湖泊处于地形起伏大的深切峡谷中，不同地段同一时间或同一地段不同时间，太阳光的入射角度和光线强弱、湖水表面对光的反射状况和湖水的透明度都有很大的变化，造成湖水色彩的变幻多姿，一日之中，风姿各异。随着季节变化的植被颜色变化又增加湖泊色彩变化的层次。九寨沟的五花海，在湖边的低角度近距离位置看到的湖水颜色和在半山腰老虎嘴的高角度远距离位置看到的湖水颜色是明显不同的。

第六节　土　　壤

一、特点

九寨沟属高山深谷碳酸盐堰塞湖地貌，区内土壤的分布受地理因素的影响，表现为垂直多样分布和区域性多点分布的特点。

九寨沟主要的土壤类型和面积一览表（1994年）

表1－11

土壤类型	面　积	占总面积（%）	土壤类型	面　积	占总面积（%）
山地褐土	39.56	6.08	高山草甸土	58.68	9.02
山地棕壤	84.09	12.93	石灰土	10.01	1.54
山地暗棕壤	140.38	21.58	粗骨土	33.19	5.10
山地灰化土	165.79	25.48	石质土	5.67	0.87
亚高山草甸土	96.76	14.87	沼泽土	10.44	1.60

九寨沟土壤类型主要有山地褐色土、黄土、山地棕壤土、山地暗棕壤土、亚高山草甸土、高山草甸土、高山寒漠土及流石滩。海拔2200米以下，分布山地褐色土；海拔2200—3200米，主要分布

石灰岩土；海拔3200—4000米的林间空地和林线以上区域，主要分布亚高山草甸土，森林棕壤、森林暗棕壤则与之呈区域性分布，成土母质为残、坡积物；海拔4000—4300米的平缓阳坡和山原地带，分布高山草甸土；海拔4300米以上，大多为裸岩，零星分布着高山寒漠土。

二、山地褐色土

山地褐色土是九寨沟区域山地土壤垂直分布的基带，主要分布在海拔1990—2200米范围。分布区域平均气温7℃—10℃，年平均降雨量690—710毫米，属于暖温带半湿润气候类型。大部分为森林用地，少部分为居民用地或耕地。植被以油松林为主，伴生核桃、栾树、槭、椴、桦等。

三、石灰岩土壤类型

石灰岩土是九寨沟内的主要土壤类型，分布在海拔2200—3200米范围内，量算面积为3282.47公顷。成土母质为古生代石炭系下统益哇组和略阳组的碎屑灰岩、泥质灰岩、生物灰岩和白云质灰岩等各种灰岩的残坡积物。植被为油松、槭、桦、云杉、高山柳和箭竹等植物组成的群落，植物群落下的土壤、土体普遍有不同程度的石灰性反应，土壤酸碱度从上到下逐步增加为8（pH）左右。土壤中富含母岩碎屑，往往形成粗骨性土壤，质地重壤或轻黏，土壤层次发育较明显。可分为山地淋溶褐土、山地棕壤和山地暗棕壤3种土壤类型，均有不同程度的石灰性反应。区内农耕作业的存在，石灰岩土壤演变出黑黄土类型。

山地淋溶褐土　主要分布在九寨沟沟口到海拔2200米的针阔混交林带。母岩以水云母以及蒙脱石和水云母的混层矿物为主，次为绿泥石和高岭石，有少量蛭石存在，碱性。

山地棕壤土　分布在海拔2200—2700米的落叶阔叶林。母岩以水云母和蒙脱石与水云母的混层矿物为主，绿泥石和高岭石含量明显增加，成土环境受一定的人类活动影响。土壤中性偏酸，淋溶程度和黏化度随海拔增加而加强，在2600米处达最高值。分布区域内年平均气温4℃—7.60℃，年降雨量760—910毫米，属暖温带半湿润气候类型。主要为森林用地，植被发育良好，为各种桦、杉、松等树种。

山地暗棕壤土　分布在海拔2700—3200米的针阔混交林。土壤中性偏酸，黏化度低。分布区域年平均气温2.50℃—4℃，1月平均气温在0℃以下，年降雨量930—1100毫米，属中温带湿润气候类型。主要为森林用地。植被以冷杉、云杉、桦、柏等为主，灌木草本层较密，箭竹大量生长，植被覆盖率大，层次较多。

黑黄土　石灰岩土演变的农耕土类。沟内面积111.13公顷，成土母质为各种灰岩的残坡积物，零星分布于沟内几个自然村寨的坡凹地带，是传统的居民用地和耕地类型。具有阶坎状地貌，高度一般2—8米。分布区域介于山地褐色土与山地棕壤土之间，海拔1900—2700米。土壤黄黑色，质地重壤或轻黏，有机质含量不到3%，土壤呈明显石灰反应，土中含母岩碎屑极多，为粗骨性的砾质土。土壤缺磷，速效养分低，板结难耕，耐旱怕涝，“宁晒十个太阳，怕淋大雨一场”。一年一熟制下，可种植胡豆、洋芋、麦类作物和早熟玉米，亩产150公斤左右。土壤肥力均衡，有后劲。受气候条件限制，春播作物入伏后才能正常生长。

九寨沟长海海拔 2400 米土壤剖面表

表 1－12

土层编号	深 度	性 状
A_0	0—3 厘米	枯枝落叶层
A_1	3—10 厘米	暗褐色粒状重壤土，根系峦集、疏松，石灰性反应强烈，pH8，有机质 7.15%，全氮 0.45%，有效磷 7ppm，有效钾 53ppm，代换量 15.17
B_1	0—30 厘米	暗棕色重土壤，结构粒状，根系较密，石灰反应强烈，pH8.3，有机物 2.04%，全氮 0.07%，有效磷 2ppm，有效锂钾 41ppm，代换量 2.93
C	30 厘米以下	浅灰棕色状重壤土出现碳酸盐假菌丝体，土壤较紧，根系稀少。石灰反应强烈，pH8.5，有机质 1.2%，全氮 0.06%，有效磷极少，有效钾 33ppm，代换量 2.02

九寨沟树正寨海拔 2150 米的土壤剖面表

表 1－13

土层编号	深 度	性 状
A	0—17 厘米	黄褐色粒状中壤土，根系密集，石灰反映强烈，pH8.2，有机质 2.41%，全氮 0.09%，有效磷极少，有效钾 51ppm，代换量 8.2
B	17—45 厘米	黄棕色块状中壤土，根系稀疏，土壤紧实，石灰反应强烈，pH7.8，有机质 2.24%，全氮 0.08%，有效磷极少，有效钾 44ppm，代换量 7.8
C	45—90 厘米	棕黄色团粒状中壤土，植物根系极少，土壤紧密，石灰反应强烈，pH8.1，有机质 2.27%，全氮 0.08%，有效磷极少，有效钾 40ppm，代换量 8.1

四、山地腐殖质铁质灰化土

分布在 3200—3700 米的暗针叶林带。有机质含量丰富，土壤表面强酸性。由于灰化作用，黏化程度有所加强。

五、亚高山草甸土

分布在海拔 3200—4000 米的林间空地和林线以上的亚高山灌丛草甸带，是森林向草甸过渡的地带，常和暗棕壤、棕壤相互交错。成土母岩中水云母占绝对优势，其次为绿泥石，还有少量的石英和长石。土壤酸碱度（pH）微酸至酸性，分布区域年平均气温-1℃—3℃，1 月极端气温在-28℃以下，年降雨量 980—1100 毫米，属寒温带湿润气候类型，是该区域各垂直带中最湿润的地带。亚高山草甸土地带无农耕地，为秋冬牧场和药材用地，极少部分用于人工种植当归等。土壤周边植被是以冷杉为主的针叶林，灌木以杜鹃为主，草本以各种蒿草为主，生长杜鹃、峨眉蔷薇、小叶柳、高山绣线菊、金莲花、金露梅、苔草、蓼、蒿草等，成土母质残坡积物和风成黄土土壤中有明显的草根盘结层。

六、高山草甸土

分布在海拔 3700—4100 米高程范围内的平缓坡地和山原地带，发育于残坡积物和黄土母质。流石滩镶嵌于高山草甸土中。高山草甸土分布区域年平均气温-3℃—0.30℃，年降雨量相对较少，有 4 个月的冰冻期，融冻作用强烈，多砾石碎片，土质松散，无明显土体结构，有一层较发达的草根盘结层，心土发育不明显。植物以蒿草属为主的高寒草甸，呈毡状，覆盖率 80% 以上。阳坡为高山草甸植被，主要植物有早熟禾、高山蓼和蒿草等，一般无灌丛。阴坡有高山落叶灌木，如高山柏、杜鹃等零星分布。高山草甸土是发展畜牧业的重要基地，主要作夏秋牧场，也是野生药材生长的场所。

七、高山寒漠土

又称“石质初育土”，零星分布在海拔 4100—4500 米的寒冻风化地带，气候干寒，冬季最低温度为-40℃，年降雨量 100—150 毫米。土壤常年冰冻，发育程度低，无土层分化，分布零散，有零星高山荒漠植物，当地居民很少利用。分布区内占主体的是裸岩和岩石碎屑，后者又称“流石滩”。

第七节　植　　被

一、森林面积

据南坪县林业局 1986 年森林资源二类调查统计，九寨沟保护区林业用地面积 37258. 30 公顷，非林业用地面积 27039 公顷。林业用地中有林地 27864. 1 公顷，其中天然林地 27190. 10 公顷，人工林地 674 公顷；疏林地 1923. 40 公顷，全为天然林地；灌木林地 7449. 70 公顷；无林地 21. 10 公顷，为宜林荒地。非林业用地中牧业用地 396. 20 公顷，水域 307. 40 公顷，未利用地 26338. 10 公顷，其他用地 24. 30 公顷。区内活立木总蓄积 7955178 立方米，其中林分蓄积 7787018 立方米，疏林蓄积 163377 立方米，散生木蓄积 4783 立方米。

1987 年审定通过的《九寨沟风景名胜区总体规划》确定九寨沟风景区森林面积 27780 公顷，占沟内总面积的 42. 6%。

1991 年 11 月 21 日，南坪县人民政府以“国林南坪证〔1991〕第 1 号”向九寨沟自然保护区核发国有林权证，确定林地权属面积为 64297. 3 公顷（合 964459. 5 亩）。

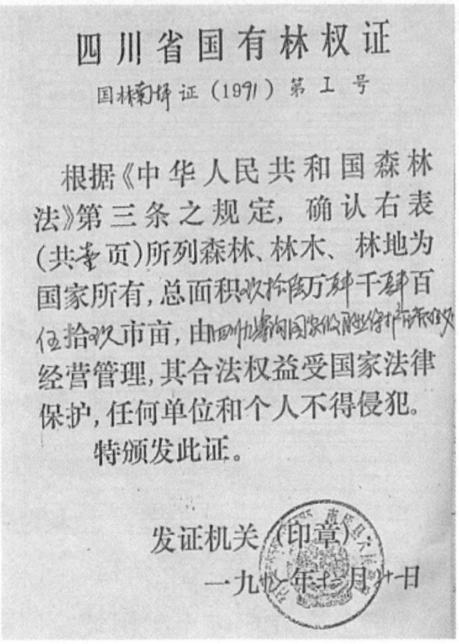

四川省国有林权证

国林南坪证（1991）第 1 号

根据《中华人民共和国森林法》第三条之规定，确认右表（共壹页）所列森林、林木、林地为国家所有，总面积玖拾陆万肆千肆百伍拾玖市亩，由四川九寨沟国家级自然保护区[illegible]经营管理，其合法权益受国家法律保护，任何单位和个人不得侵犯。

特颁发此证。

发证机关（印章）

一九九一年十一月廿一日

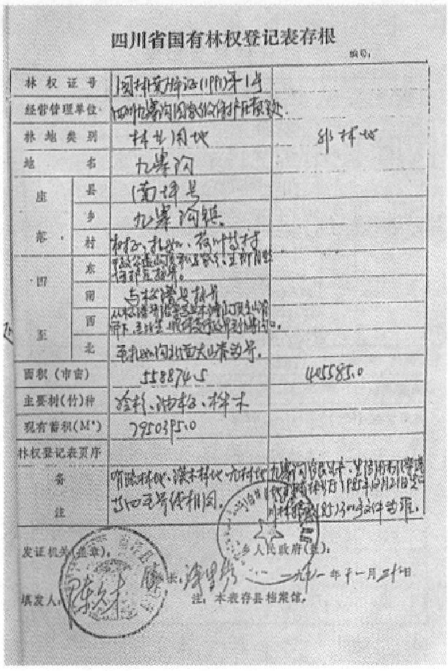

四川省国有林权登记表存根

编号：

林权证号		国林南坪证（1991）第1号	
经营管理单位		[illegible]	
林地类别		林业用地	非林地
地名		九寨沟	
座落	县	南坪县	
	乡	九寨沟镇	
	村	[illegible]	
四至	东	[illegible]	
	南	[illegible]	
	西	[illegible]	
	北	[illegible]	
面积（市亩）		558874.5	405585.0
主要树（竹）种		[illegible]	
现有蓄积（M³）		7950355.0	
林权登记表页序			
备注		[illegible]	

发证机关（盖章）：　　　乡人民政府（章）：

填发人：　　　一九九一年十一月二十一日

注：本表存县档案馆。

图 1－3　九寨沟国有林权证

自1978年设立保护区以来，随着采伐迹地的恢复和退耕还林、退牧还草工作的持续开展，到2005年，九寨沟内森林覆盖率和植被覆盖率分别稳定保持在63.5%和85.5%。

二、植被特征

九寨沟地处四川盆地和青藏高原之间的过渡带，是多种自然要素交会地区，森林植被保存完好，大部分区域为森林覆盖，植被覆盖率为85.5%，原始森林面积近3万公顷，森林覆盖率达63.5%，森林蓄积量达1000万立方米。区内植物群落多样性丰富，植物种类繁多，垂直分带明显，共有11个植被型、30个群系组和57个群系。主要植物群落包括寒温性针叶林、温性针叶林、温性针阔混交林、落叶阔叶林、竹灌丛、常绿针叶灌丛、常绿革叶灌丛、落叶阔叶灌丛、流石滩稀疏植被、草甸和沼泽植被。

九寨沟植被主要为温带、寒温带植物群落，也有极少数亚热带植物生长。植物区系属横断山脉植物区，位于该区东北部，与华中植物区、华北植物区黄土高原亚区、青藏高原植物区唐古拉植物亚区毗邻。区内有种子植物129科578属1936种，其中裸子植物6科12属29种，被子植物123科566属1907种，可粗略地分为五大基本类型，几乎包括所有大的世界分区，区系成分十分丰富。

九寨沟山地切割较深，高差悬殊，植物垂直带谱分布明显。植被类型以及组成植被的种类成分均呈现出明显的垂直变化，由低至高生长有落叶阔叶林、高山耐旱灌丛、针阔叶混交林、针叶林、高山灌丛草甸等植物群落。海拔2800米以下为针阔叶混交林带，2800—3800米为亚高山针叶林带，其中2800—3100米以黄果冷杉为主，3100—3800米以巴山冷杉、岷江冷杉为主，3800—4200米（一说4300米）为高山灌丛草甸带。

九寨沟水域多样，水域植被是其特殊类型，是九寨沟湿地的重要特征。沿谷底的溪流、湖泊水域中有零星的植被分布。在树正瀑布和树正群海的漫水滩上，分布着以南坪青杨为主的水生乔木林，更为广泛的是以柳为主的水生灌丛。较典型的水生植物群落主要出现于芦苇海和箭竹海等浅水湖区，优势植被均属群落水生演潜系列的挺生植物群落阶段，优势种主要为禾本科的芦苇类及李氏禾类挺水植物，水生莎草科植物则分布零星，反映九寨沟地区独特的水热组合条件。此类浅水湖盆的水生植被群落具有“湖泊填平作用”，且在加速进行中。

三、落叶阔叶林带

九寨沟口海拔在2100米以下，为温带气候。散生白榆、胡桃、小叶杨、旱柳、黄连木、君迁子、栾树等落叶阔叶树种，大者胸径1米以上。间有油松、岷江柏等针叶树种。有散生杂灌丛分布，主要栒子、蔷薇、沙棘、悬钩子、小檗、酸刺、虎榛子、酸羊蹄甲、锦鸡儿、胡颓子、旱蕨、蒿草、苔草等。

四、中山针叶阔叶混交林带

区内分布于海拔2000—2800米。寒温带气候，气温较干旱河谷低，雨量较多。大多为残次林或次生林。针叶树种主要有紫果冷杉、粗枝云杉、铁杉等，落叶阔叶树主要有五角枫、红桦、白桦、山杨、冬瓜杨、地锦槭、多毛椴、湖北花楸、甘肃枫杨等。一般分布在阴坡至半阴坡，偏阴处有零星铁杉分布。在阴坡或半阳坡，高山松、华山松常与辽东栎、陇东海棠等组成混交林，也有高山松或华山松纯林。散生有塔枝圆柏、刺柏等。局部向阳砾石坡上，有块状方枝柏疏林分布。下部向阳处油松常居优势，并与华山松、紫果冷杉及粗枝云杉等混交成林。谷坡地带常见有油松、辽东栎等组成的乔木层松栎混交林，立木高大，伴生以槭树、槲栎、华山松、鹅耳枥等树种。灌木层以箭竹为主，草被稀疏，是大熊猫栖息林地之一。在采伐迹地有杨、桦混交林或小片白桦林，或零星掺杂针叶树种的白桦针阔混交林。

此带为传统的居民点和农耕地集中分布区，一般平缓山麓多辟为耕地，乔木林多呈块状分布，大部分区域为乔木破坏后人畜频繁活动影响下形成的次生灌丛，树种以萌生的辽东栎占优势，并有高丛珍珠梅、嚎猪刺、刺楸、黄栌、麦粒子、悬钩子等。

五、亚高山暗针叶林带

区内分布于2800—3800米的高山山坡、山原谷坡或沟头地区。气候属寒温带，地形多复杂，生境①较冷湿。主要植物有岷江冷杉、巴山冷杉、紫果云杉、粗枝云杉、鳞皮云杉、大果青扦等针叶树，组成纯林或混交林。有阔叶树红桦、托叶樱等散生。阳坡常见冷杉、云杉、箭竹，阴坡多见冷杉、云杉、杜鹃，是九寨沟天然林的主要分布区域。林下有灌木层、草本层和苔藓层，雨季还会形成季节性层片。林下灌木以华西箭竹占优势，采伐迹地一般演变成紫箭竹丛。

六、高山灌丛草甸带

区内分布于海拔3800—4200米地带，在林线以上，由低矮、耐寒、耐旱的木本组成灌丛，草本植物组成草甸。灌丛中常有小叶杜鹃、亮叶杜鹃、高山柳、高山柏、香柏、鲜卑木、小檗、蚤缀、锦鸡儿等属植物。其中杜鹃、香柏、山柳、鲜卑花等可分别形成优势灌木，其余多组成杂灌丛。草本植物以嵩草、圆穗蓼、高原毛茛、珠芽蓼、唐松草、苔草、鹅冠草、披碱草、细柄草、凤毛菊、毛莲蒿、甘肃蒲公英、小米草、尾裂翠雀花、早熟禾、白莲筋骨草、臭蒿等属为主，组成嵩草草甸和禾草草甸类型。草甸草质优良，耐牧力强，是较好的牧场。

高山灌丛侧枝发达，根系发达，以强大的水平根系和垂直根系网络土壤，大量的枯枝落叶覆盖地面，林下表土肥沃疏松，蓄水力强。

七、高山寒冻植被带

区内分布于海拔4200以上的高山，在现代雪线以下，属季节性融冻区。气候寒冷，昼夜温差大，寒冻风化强烈，岩石风化剧烈，岩体缓慢解体下滑，堆积成广阔壮观的石海或流石滩。地面积雪每年有10个月左右。带内区域植被不甚发育，生长有凤毛菊和红景天等属的多种植物，常见有水母雪莲、绵头雪莲花、鼠翅凤毛菊、杨叶凤毛菊、包叶凤毛菊、点地梅、四裂红景天、矮金莲花、甘肃虎耳草、甘肃蚤缀、多种报春花等。

---

① 生态学的环境概念，以物种为中心，指生物的个体、种群或群落生活地域的环境。一般描述植物的生境常着眼于环境的非生物因子（如气候、土壤条件等），描述动物的生境多侧重于植被类型。

第八节　生　　物

一、种类

九寨沟地处青藏高原东部边缘、亚热带北部地区，山峻林茂，沟多谷深，湖泊密布，溪流不断，植被多样，生态环境得天独厚，为野生动物的栖息繁衍创造良好条件，物种丰富，是一座丰富多彩的“自然基因库”。海拔2000—3000米地带分布有红松、油松、冷杉、红桦、枫树等珍贵树种。绵延无际的森林中生长着成片箭竹，野生大熊猫常在这里出没。

截至到2005年的调查和发现显示，九寨沟物种多样性丰富，各种动植物物种不少于3634种①。其中原生物种有3553种，栽培及无意引进物种81种。发现的物种中包括藻类419种、菌类203种、维管植物2007种、无脊椎动物693种、脊椎动物313种。

九寨沟物种的珍稀性明显，维管植物中有国家一级保护珍稀植物3种、二级64种，濒危植物18种，其中13种同时是国家级保护植物；动物中有国家一、二级保护动物47种，其中鸟类27种（一级4种，二级23种），兽类20种（一级6种，二级14种）。

九寨沟地处中国植物分布区位的南北向和东西向过渡地带，植物资源丰富。沟内60%以上的面积为蓊郁茂密的森林所覆盖，有天然林近3万公顷，是一个生机盎然、气象万千的植物王国。中国南北、东西植物区系的植物种类，在此都可找到。九寨沟的植物群落层次分明，种类繁多，资源丰富，许多古老的孑遗植物保存良好，有白垩纪末、第三纪初的孑遗植物——独叶草、星叶草等。区内有高等植物（维管植物）2007种，包括71种国家一级、二级保护和濒危保护的珍稀植物，红豆杉、银杏和独叶草为国家一级保护植物。

九寨沟丰富的植被、茂密的森林为各种野生动物提供了“得天独厚”的栖居繁殖条件，动物种类丰富，区内有脊椎动物313种，其中兽类7目26科78种，鸟类14目43科223种，两栖类2目4科6种，爬行类2亚目4科4种，鱼类1目2科2种。

九寨沟在动物地理区划上属东洋界西南区，处在古北界与东洋界地过渡地带。鸟类中占接近90%的留鸟和夏候鸟分属古北界和东洋界，古北界占三分之二左右，反映出鸟类在地理分布上的过渡性。

扎如沟是九寨沟兽类多样性最丰富的区域。据2002—2004年调查资料确认，该区共有兽类7目22科63种，占九寨沟已知有分布的78种兽类的82.89%。其中国家一级保护兽类有大熊猫、金丝猴、林麝、马麝和牛羚5种；国家二级保护动物有猕猴、豺、黑熊、马熊、小熊猫、黄喉貂、大灵猫、兔狲、猞猁、鬣羚、斑羚和岩羊12种。其他有重要科学研究价值的兽类包括秦岭刺猬、各种鼩鼱、鼩鼹及沟牙田鼠。

九寨沟山高谷深，悬崖峭壁，地形起伏大，高差悬殊，自然植被保存完好，区内野生物种的分布随生境和海拔高度的变化而改变，具有垂直分布特点，垂直地带性差异明显。海拔2000—3500米的区域，属针阔混交林和亚高山针叶林带，动物组成以横断山脉—喜马拉雅的物种为主，代表动物

---

① 地衣及土壤动物没有调查。

有大熊猫、小熊猫、豹猫、黑熊、野猪、赤弧、血雉、红腹角雉等，属中国或四川特有动物种类为多，国家重点保护的珍稀野生动物主要分布在此区域。海拔3500米以上区域，属亚高山灌丛草甸、高山草甸、流石滩植被地带，主要分布亚高山、高山动物，代表动物有雪鹑、雉鹑、绿尾虹雉、岩羊、蓝马鸡、牛羚、白唇鹿等。鸟类分布除少数种类一般都跨越两区，随季节变化由高区向低区扩布，也有的从低区向高区延伸。

2005年5月21日，九寨沟管理局科研工作人员在火花海进行常规水位监测时发现2只白冠燕尾鸟，是九寨沟自然保护区的新发现鸟类。

二、藻类

九寨沟水域生境类型多样，有不同深浅的湖泊，有急流溪沟、流水滩、瀑布下溅水崖壁，有沼泽化湿地等，为藻类的物种多样性提供了条件。生长在水生世界的藻类，使九寨沟的水体景观变得更加多彩多姿。有各种藻类生存的五花海，在不同的季节由于藻类生长繁衍，影响到湖水的色彩随之变幻，美妙无比，构成九寨沟最精彩的景点之一。

九寨沟藻类植物种类繁多，共有7门38科100属419种（含变种）。分为两大类。第一大类包括硅藻门、绿藻门和蓝藻门，科数占总科数的79%，属数占总属数的90%，种数占总种数的96%。第二大类包括红藻门、甲藻门、金藻门和轮藻门，科数占总科数的21%，属数占总属数的10%，种数占总种数的4%。硅藻种类多，分布广，占总种数的45%。其中桥弯藻、菱形藻、舟形藻、针杆藻、双星藻、刚毛藻等为镜海、犀牛海、长海、五花海、珍珠滩、五彩池和季节海7个主要水域所共有且常见的优势种。

2002年九寨沟藻类植物的物种多样性一览表

表1－14

门	科数	属数	种数	门	科数	属数	种数
蓝藻门（Cyanophyta）	7	26	104	硅藻门（Bacillariophyta）	9	31	190
红藻门（Rhodophyta）	2	3	3	绿藻门（Chlorophyta）	14	34	109
甲藻门（Pyrrophyta）	3	4	6	轮藻门（Charophyta）	1	1	3
金藻门（Chrysophyta）	2	2	4	总计	38	101	419

九寨沟水域可以区分出6个主要的附生藻类群落：刚毛藻群落，淡水红毛藻群落，双生双楔藻群落，箱形桥弯藻群落，水树藻群落，膝接藻—转板藻群落。

九寨沟浮游植物的数量均值：镜海18130个/升，犀牛海20798个/升，长海21150个/升。

三、真菌

九寨沟分布有真菌203种，属2个亚门，涉及5纲12目39科，大致可以分为木腐菌、菌根菌和其他菌种三大类别。

木腐菌生长于枯枝落叶的林下环境，是生态系统中重要的分解者生物，在大自然的物质循环中起重要作用。九寨沟有大面积原始森林，林下木腐菌类有57种，占九寨沟大型真菌种类的28%。这些菌类在九寨沟森林生态系统物质循环中扮演重要角色，也是药用真菌的主要来源。九寨沟常见木

图 1－4　宽羊肚菌

腐菌有云芝、漏斗大孔菌、松杉灵芝、金耳等。

菌根菌共生于植物根系部位，可扩大植物根系的吸收面积，延长根系的吸收时间，增加对氮、磷等元素和其他物质的吸收与利用效率，并能产生多种生长激素和抗生素，有利于共生植物的生长发育。菌根真菌与植物的共生关系经历长期的自然选择，形成较为固定的共生关系，成为一些特定树种更新和健康生长的必要条件。九寨沟有菌根菌类真菌 69 种，占九寨沟真菌总数的 34%，常见有羊肚菌属真菌、松塔牛肝菌、金黄柄牛肝菌、松乳菇和紫陀螺菌等。

除木腐菌和菌根菌外，九寨沟的大型真菌还包括土生菌、寄生菌和一些不明营养方式的菌类，共 77 种，占真菌总数的 38%。土生菌以土壤和地表腐殖质层为生长的基质环境，在将植物有机体凋落物的养分通过分解归还土壤中起关键作用，其中包括多种有经济价值的食用菌、药用菌和毒菌。

四、地衣

地衣不是单一物种，是由藻类和真菌高度结合而成的共生复合体。在这个复合体内，真菌和藻类互相依存，互惠共生。地衣对空气质量很敏感，具有出类拔萃的大气质量监测能力，只要大气中出现少量有害物质，藻菌间微妙的生态平衡就被破坏。只要空气中的二氧化硫含量达到 0.06ppm，地衣就会消失。九寨沟森林中地衣的发育是该区域空气质量优良的标志。

长松萝　地衣体丝状，喜附生在云冷杉树枝上，是空气质量达一级标准的指示植物。可长 1 米以上，形成树挂。植物体可药用，清热解毒，祛风明目。原始森林景区、则查哇沟有分布。

枝状地衣　九寨沟原始森林景区，厚厚的枝状地衣布满林地。涉足林中，犹如站在绿茵茵、蓬松松、一尘不染的绒毛地毯上。

五、维管植物

维管植物是具有维管组织的植物，通常又称“高等植物”，包括蕨类植物、裸子植物、被子植物和少部分苔藓植物。维管植物同藻类、菌类、地衣、苔藓的最大不同就是有专门输送水分、无机盐和糖类等的维管系统。

据 2002—2004 年完成的九寨沟本底调查及其后续研究成果，九寨沟的维管植物有 148 科 607 属 2007 种，包括变种、亚种或变型，其中原生植物 1926 种，无意引进和人工栽培 81 种（隶属 37 科 62 属）。其中，蕨类植物 19 科 29 属 71 种；种子植物 129 科 578 属 1936 种，包括裸子植物 6 科 12 属 29 种，被子植物 123 科 566 属 1907 种。

九寨沟区域植物种类丰富，资源潜力巨大。药用植物有 134 科 484 属 1271 种，著名的有党参、当归、黄芪（多序岩黄芪）、贝母（川贝）、羌活、大黄、秦艽、独活、川赤芍、五味子、桃儿七、峨参、柴胡、雪莲花、西南细辛、五加、三尖杉、虫草、龙芽草等。工业用原料植物有辽东栎、槲栎、黄栌、香薷、密花香薷、缬草、香柏、丁香、兰香草、栾树、华山松、油松、柳等，应用于油料、纤维、芳香油等的制备。食用植物有扁桃、榛子、陇东海棠、花叶海棠、沙棘、五裂叶茶藨子、甘肃茶藨子、草莓、楤木、蕨台、碎末齐（石格菜）、黄精台等，或作为野生蔬菜、水果，或作为食用油来源。

六、无脊椎动物

九寨沟有无脊椎动物693种，包括浮游动物71种、底栖无脊椎动物45种、昆虫539种、非昆虫陆生无脊椎动物38种。

九寨沟的浮游动物有原生动物、轮虫、枝角类、桡足类等23个科属种。矩形龟甲轮虫、单趾轮虫、摇蚊幼虫、腺介虫、无节幼体、桡足幼体等为常见优势种类。在数量分布上，镜海浮游动物均值为293个/立方米（未计原生动物，下同），犀牛海均值为282个/立方米，长海均值为471个/立方米。

九寨沟的底栖动物有5个科属种。其中以石蝇、目萝卜螺、摇蚊幼虫等为常见优势种类。数量分布上，镜海底栖生物均值为224个/立方米，犀牛海均值为2707个/立方米，长海均值为500个/立方米。

七、脊椎动物

（一）鱼类

九寨沟的野生鱼类，到2005年发现的有松潘裸鲤和沙鳅子2种，均为青藏高原特有种。

嘉陵裸裂尻鱼 俗称“木叶子”“松潘裸鲤”，鲤形目鲤科裂腹鱼亚科，无鳞，一般体长10—17厘米，体重130克左右。生长缓慢，平均每年生长不到3厘米。肉质细嫩，滋味鲜美。摄食藻类，兼食摇蚊幼虫、水蜘蛛和蜻蜓幼虫等。广泛分布于箭竹海以下的沟内湖泊溪流，喜相对平静的湖泊和水生植物丰富的海子，为保护区的优势鱼类。箭竹海先后发现有4个较大的鱼群：“箭竹海有怪兽，身子有水桶粗，一丈多长，在水中一沉一浮的！”

梭形高原鳅 又称“沙鳅子”，鲤形目鳅科，属青藏高原区系鱼类。体呈圆筒形，无鳞，侧线平直。全身基色灰白，体侧和背部灰黑色，体表及背鳍、尾鳍有许多黑色斑点，背部有4—5块黑色斑纹。喜流水生活，主要以水生昆虫及其幼虫为食。九寨沟内仅分布在扎如沟，且数量急剧下降，扎如寨水坝以上已不见有分布

（二）两栖类

九寨沟两栖动物有2目4科6种，它们是北方山溪鲵、西藏齿突蟾、华西蟾蜍、中华蟾蜍、中国林蛙、四川湍蛙。

（三）爬行类

九寨沟爬行动物有2亚目4科4种，即草绿龙蜥、秦岭滑蜥、九龙颈槽蛇、高原蝮。

（四）鸟类

九寨沟独特的地理环境，为鸟类提供了理想的栖息、繁殖场所，鸟类数量和种类都很庞大，是中国西部最重要的鸟类栖息与繁殖地。区内共发现鸟类14目43科223种，以雀形目鸟类占优势，有153种，占68.61%；非雀形目鸟类70种，占31.39%。在物种的居留类型上，九寨沟有留鸟128种，占57.40%；夏候鸟63种，占28.25%；冬候鸟14种，占6.28%；旅鸟18种，占8.07%。以留鸟和夏候鸟为主，占总数的85.65%。区内除少数几种冬候鸟和旅鸟外，绝大多数种类在保护区繁殖。区内鸟类混杂明显，季节性分布差异大，有40%多的鸟类是流动的。

白顶溪鸲、贺兰山岩鹨、鹪鹩、绿尾虹雉、斑尾榛鸡、草原雕等一般在高山寒冻地带和高山寒温带灌丛草甸即林带以上活动。

白翅拟蜡嘴、白眉朱雀、普通䴓、红腹山雀、黑冠山雀、戴胜、黄腰柳莺、褐头雀鹛、白领凤鹛、橙翅噪鹛、斑背噪鹛、红嘴鸦雀、斑鸫、蓝额红尾鸲、大嘴乌鸦、星鸦、长尾山椒鸟、山鹨、斑啄木鸟、绿啄木鸟、白腰雨燕、噪鹛、勺鸡、蓝马鸡、灰斑角雉、血雉、雉鹑、灰背隼、燕隼、短趾雕、金雕和普通鵟等一般活动在亚高山寒温带针叶林中。

鸢、环颈雉、金鸡、斑点鸽、红嘴鸮、纵纹腹小鸮、鬼鸮、三趾啄木鸟、灰背伯劳、松鸦、红嘴蓝雀、白喉红尾鸲、北红尾鸲、黑背燕尾、蓝矶鸫、棕背鸫、虎斑山鸫、白眶鸦雀、棕头鸦雀、灰翅噪鹛、黑额山噪鹛、高山短翅莺、大苇莺、黄眉柳莺、暗绿柳莺、白喉林鹟、橙胸姬鹟、棕腹大仙鹟、北灰鹟、方尾鹟、黄腹山雀、沼泽山雀、银喉长尾山雀、蓝喉太阳鸟、普通朱雀、赤胸灰雀、锡嘴雀、黑尾蜡嘴雀等常在中山温带针阔叶混交林中活动。

黄腹柳莺、金眶鹟莺、白脸山雀、绿背山雀、红翅旋壁雀、暗绿绣眼鸟、山麻雀、白腰纹鸟、金翅、灰头鹀、三趾鸦雀、棕颈勾嘴鹛、小燕尾、红尾水鸲、河乌、黄头鹡鸰、灰鹡鸰、树鹨、小斑啄木鸟、山斑鸠、黄爪隼和雀鹰等常活动在落叶阔叶林带，典型的古北界种岩鸽也在本区栖居。

赤麻鸭、绿头鸭、鸳鸯、环颈鸻、金眶鸻、金鸻、林鹬、锥尾沙雉、杓鹬等常活动在湖边、草滩和溪沟旁。

灰斑鸠、珠颈斑鸠、冠鱼狗、普通翠鸟、细嘴沙百灵、凤头百灵、家燕、田鹨、太平鸟、红尾伯劳、喜鹊、小嘴乌鸦、寒鸦、白颈鸦、麻雀、灰眉岩鹀、三道眉草鹀、黄眉鹀、红头长尾山雀等常在村寨、田边林中活动。

（五）兽类

食虫目：猬科动物有刺猬，在半山农田附近的岩洞中居住，早晚活动。

食肉目：熊科动物有马熊、黑熊，在庄稼地附近的森林中活动。扎如沟有马熊群，对庄稼和人畜都有危害。犬科动物有狼、赤狐、藏狐和豺等，危害庄稼和人畜，解放后曾组织民兵捕猎。在九寨沟森林采伐和旅游开发后，人类活动增加，此类动物已不常见。鼬科动物有水獭，从九寨沟口至悬泉的海子、流水、瀑布和溶洞等地，都有水獭的踪迹，喜吃鱼类，常在晚上和下午活动。猫科动物有雪豹、豹猫、猞猁和兔狲等，在半山出没。黑角山、扎如山、长海附近、悬泉等地的高山有雪豹出没。鹿科动物有马麝、林麝、小麂、毛冠鹿、马鹿、白唇鹿、狍等，大都住在半山林中，也常到有庄稼的地方活动，喜吃庄稼嫩叶。牛科动物九寨沟有牛羚、鬣羚四川亚种、斑羚、岩羊等。宝镜岩至悬泉两边山上有岩的地方都有岩羊活动，常在早上和下午出没。牛羚、斑羚、鬣羚常在草坡和河沟活动。

兔形目：兔科动物有草兔、灰尾兔、藏鼠兔，一般在海拔3000米以下的草坡、灌木林和农田边栖息，荷叶沟和黑角沟较多，则查哇沟也有。

第九节 珍稀物种

一、概况

九寨沟有丰富的动植物资源，物种珍稀性明显。高等植物中属国家一、二级保护的珍稀植物和濒危植物共72种，其中，有一级保护植物3种，二级64种（包括43种兰科植物）①，濒危植物18种（其中13种同时是国家级保护植物），中国特有和少种属、单种属植物相对比较丰富。

九寨沟的国家一级保护植物有银杏、红豆杉、独叶草（3种）。国家二级保护植物有四川红杉、紫果云杉、连香树、星叶草、川黄檗、领春木、青檀、桃儿七、三尖杉、岷江柏木、华榛、麦吊云杉、延龄草、红花绿绒蒿等。

九寨沟动物分布中有国家级保护动物47种，包括鸟类27种（一级4种，二级23种），兽类20种（一级6种，二级14种）。此外，九寨沟还有多种中国乃至四川特有的野生动物。在2002—2004年的九寨沟科学调查中发现，九寨沟的高等植物中有68种为四川省新纪录；藻类植物有25种、11变种为中国新纪录，另有1个种、1个变种和1个变型为四川省新纪录；昆虫中有4个新种；兽类中发现非常稀有的沟牙田鼠。

九寨沟有国家一级保护鸟类4种，占四川省国家一级保护鸟类总数的30.77%；有二级保护鸟类23种，占四川省国家二级保护鸟类的30.26%。九寨沟的中国特有鸟类有斑尾榛鸡、雉鹑、绿尾虹雉、蓝马鸡、白马鸡、血雉、红腹锦鸡、黑头噪鸦、棕头歌鸲、黑喉歌鸲、棕背黑头鸫、黑额山噪鹛、斑背噪鹛、大噪鹛、橙翅噪鹛、棕头雀鹛、白领凤鹛、棕头鸦雀、三趾鸦雀、白眶鸦雀、凤头雀莺、四川柳莺、白喉林鹟、棕腹大仙鹟、红腹山雀、黄腹山雀、银脸长尾山雀、酒红朱雀、斑翅朱雀共29种。

九寨沟的国家一级保护动物有大熊猫、牛羚、川金丝猴、林麝、马麝、豹（6种）和金雕、绿尾虹雉、斑尾榛鸡、雉鹑（4种）。

九寨沟的国家二级保护动物有猕猴、小熊猫、鬣羚、斑羚、岩羊、黑熊、马熊、豺、水獭、黄喉貂、大灵猫、金猫、兔狲、猞猁（14种）和大天鹅、黑鸢、苍鹰、雀鹰、普通鵟、白尾鹞、短趾雕、草原雕、乌雕、燕隼、灰背隼、黄爪隼、藏雪鸡、血雉、蓝马鸡、白马鸡、红腹角雉、勺鸡、红腹锦鸡、斑头鸺鹠、红角鸮、纵纹腹小鸮、鬼鸮（23种）。

列入1998年出版的《中国濒危物种红皮书·鸟类卷》中且分布在九寨沟的鸟类有16种，其中濒危（E）有2种，易危（V）9种，稀有（R）3种，未定（I）2种。

2003年列入《濒危野生动植物种国际贸易公约》（CITES）附录Ⅰ的物种中分布在九寨沟的有3种：藏雪鸡、绿尾虹雉、白马鸡；列入附录Ⅱ中分布在九寨沟的有18种：灰背隼、黑鸢、苍鹰、

---

① 1999年8月4日，国务院批准《国家重点保护野生植物名录（第一批）》，同年9月9日由国家林业局，农业部发布执行。2005年，又发布《国家重点保护野生植物名录（第二批）》讨论稿。此后，第二批名录一直没有正式发布，考虑到本志记录时限和第二批名录讨论稿在学术界的事实承认，本志所记录九寨沟珍稀植物种类综合两批目录，具体记录以第一批为主。

雀鹰、普通鵟、白尾鹞、短趾雕、草原雕、金雕、乌雕、燕隼、黄爪隼、血雉、斑头鸺鹠、红角鸮、纵纹腹小鸮、鬼鸮、四川林鸮；列入附录Ⅲ中分布在九寨沟的有1种，琵嘴鸭。

2004年列入世界自然与自然资源保护联盟（IUCN）濒危物种红色名录中且分布在九寨沟的物种有21种，其中易危（VU）10种，近危或几近符合易危（NT/VU）的11种。

二、珍稀植物

独叶草 国家一级保护植物，广泛分布于丹祖沟、纳久坡、原始森林以及树正等地较高海拔的路边及林下或草地。沟内上季节海—下季节海区域、原始森林车站旁、藏马龙里沟、纳久坡、长海到圆海子之间为独叶草重点保护区域。据调查，在上季节海—下季节海区域，独叶草面积已大为缩小，数量远不及前，主要原因是人为干扰如修路等原因所致。原始森林车站旁，塑料口袋等白色垃圾也对独叶草的存活造成影响。

红豆杉 国家一级保护植物，紫杉科，常绿乔木，第三纪孑遗树种。性耐湿，一般可活2000多年，有“树中寿星”之称。挺拔雄伟。小枝呈不规则互生。叶螺旋状排列，基部扭转，排成两列，呈条状披针形。种为坚果状，含油量60%。木质细密，坚韧耐用，水湿不腐，可作造船用材。叶深绿色，假种皮肉质红色，可供庭院观赏。种子榨油，供制造肥皂和润滑油。入药，有驱蛔虫、消积食的作用。沟内分布较广，藏民敬为“神树”。

银杏 国家一级保护植物，中生代孑遗的稀有用材树种，在九寨沟沟口广场有栽培。

三尖杉 国家二级保护植物，粗榧科（一说三尖杉科），形似杉。叶片形同杉叶，柔软不刺手，枝端冬芽作反箭头排列，春来小枝分三叉生长。常呈灌木状，萌蘖性强，很难成材。20世纪70年代被誉为神奇的抗癌树木，引起科学界的重视。中国科技工作者从它的根、茎、叶中先后提炼出抗癌药物三尖杉酯碱（甲）、脱氧三尖杉酯碱（乙），高三尖杉酯碱（丙）、异三尖杉酯碱（丁）、高脱氧三尖杉酯碱（戊）等。在沟口、扎如沟、长海、日则沟、原始森林等地均有分布。

领春木 国家二级保护植物，昆栏树科，落叶灌木或小乔木，中国特有的史前孑遗植物。树叶呈卵圆形，萌蘖性强，生长快，易繁殖。早春先叶开花，花两性，无花被，6—12朵簇生，翅果。九寨沟海拔2000多米的溪边杂木林地带有分布，可供观赏，犀牛海附近有1株。

连香木 国家二级保护植物，连香树科，亦称“山白果”。绿化树，落叶大乔木，高可达40米。春季先叶开花，花单性，雌雄异株，无花瓣。骨朵2—4枚，微弯。木材坚硬细致，可供制绘图板、雕刻和家具等用。树皮和叶，可提制栲胶。树正、荷叶等地的密林中有分布。

紫果云杉 国家二级保护植物，松科。常绿乔木，观赏树。树高可达50米，小枝密生短柔毛。叶线形，近扁平，腹面有白粉，长0.7—1.2厘米。球果，紫黑色，圆柱形，长3—6厘米。在九寨沟内主要分布于长海、则查哇和日则沟的公路两侧或山坡下部地势平缓处，海拔范围2800—3200米，多成疏林或块状分布。其中，在长海海拔2950米，北纬33°03′35.3″，东经103°55′24.3″，分布有一片紫果云杉人工幼林，林木的平均高度和胸围分别是6米、32厘米，几为纯林，仅伴生有少量红杉及桦木。镜海靠公路一侧以及树正沟、荷叶寨也有分布。

三、珍稀动物

（一）国家一级保护动物

大熊猫 九寨沟当地藏语又称“董尕”，食肉目大熊猫科哺乳动物，中国横断山区特产珍兽，被誉为中国国宝，具有十分重要的学术和科研价值。大熊猫成兽体重60—80公斤，体长140—160厘米，尾长14—17厘米，后足长15—17厘米，耳长8—10厘米。体肥胖似熊，头圆，尾较熊长，头骨颧弓宽大而粗壮，矢状脊①很高，吻短，臼齿宽大于长。成体黑白分明，鼻端裸露黑色，眼圈、耳、四肢黑色，其余白色。主要栖息于海拔1400—3800米，落叶阔叶林，针阔混交林和亚高山针叶林带的山地有箭竹分布的森林内，无固定巢域，常在树上或竹林内卧息，多单独活动，行动迟缓，无明显垂直迁移现象。听觉、视觉差，性格温顺，很少主动攻击人或其他动物，冬季喜欢在阳坡高大树杈上晒太阳，不喜合群。食性特化，主要以箭竹属、刚竹属、法氏竹属的竹茎和叶为食。野生大熊猫在九寨沟分布面较广，主要栖息在荷叶沟以上区域，包括日则沟至藏马龙里沟和则查哇沟延伸到普吉龙洼沟大熊猫分布上限以下的有林地区域。区内观测到有大熊猫约7只，具体出现地点有扎如沟、荷叶沟、黑果沟、犀牛海西面的半山上、则查哇沟、日则沟、丹祖沟、日则沟的那阿和约歪两支沟、夏莫沟以及则查哇沟的果其山等地，有箭竹的地方都有大熊猫活动。在扎如沟，大熊猫主要分布于信扎一带的原始森林中。

金丝猴 也称“仰鼻猴”“线绒”，灵长目猴科哺乳动物，中国特有物种。金丝猴姿态优雅，体色秀丽，是唯一一种能适应高寒生活的猴类，具有十分重要的研究与学术价值。雄猴体长52—58厘米，尾长59—80厘米；雌猴体长52—58厘米，尾长48—58厘米。一般体重8—19公斤，最重30公斤。嘴唇厚而突出，鼻孔向上仰，成兽嘴角上方有很大的瘤状突起，面孔天蓝。头圆耳短，尾较体稍长。四肢粗壮，后肢比前肢长。栖息于海拔1500—3500米一带的针阔混交林或针叶林，以树栖为主，很少下地。性喜群居，一般约100—200只，少者数十只，多者可达500只以上，活动范围大，无固定居所。食物很杂，主要以植物幼芽、叶、花序、树皮、果实种子以及竹笋和竹叶为食。在扎如沟，金丝猴群主要活动于纳久坡、信扎一带海拔2500米以上的原始森林、裸岩。黎明和黄昏容易见到。春季可见大量被啃食的小树枝，主要是桦树、杨树等阔叶树。

图1－5 金丝猴

① 沿颅骨顶部中线突起的一道脊状骨头，这一结构的存在表示该物种具有强劲的咀嚼肌。

牛羚 又名“扭角羚”，俗称“盘羊”“野牛”，偶蹄目牛科哺乳动物，中国特有物种。体型庞大粗重，成体体重300—600公斤，全长2米左右。雄兽肩高可达2米。头大耳大，背脊发达而又突出，四肢粗短，尾长，末端有一束长毛。毛短而厚，全身深暗棕色，鼻、唇灰白色，四肢上部，内侧金棕色，下部白色，又称“白袜子”。吻部裸露，喉部毛较长，角强大，先向上，然后向外后弯，贴于头顶，雌体角较小。喜群栖于阔叶林，竹阔混交林和稀树草原，夜间出来觅食，小群3—5只，一般20只左右，最大的群上百只，有等级区分。有时独一只，多是被驱逐出群的首领或老年个体，独牛十分危险，会主动攻击人。杂食性，食物包括树叶、竹叶、青草、果实等。九寨沟区域牛羚很多，森林环境均有分布。

林麝 偶蹄目麝科哺乳动物。体形较原麝稍小，体长60—78厘米，体重6.9—11.3公斤。吻短，短于颅全长之半。毛色一般为深棕褐色，颈纹明显，臀部毛色近黑色。被毛粗硬，波状弯曲，细而脆，易脱落。体毛色深，呈橄榄褐色，杂以橘红色泽。下颌、喉部、颈下以至前胸间，为界限分明的白色或橘黄色区。两颊下向后至前胸有1条白色或淡黄色的链形颈纹。居中为褐色或稍显黑，后有一圆点。成体无斑点，背、体侧上部颜色稍深，臀至尾上部色暗，多为深褐色。林麝性胆怯，独居，居住不固定，常循熟道活动。晨昏活动类型，天明和天黑前后各有一个活动高峰期。雄麝尾端有3—4厘米无毛的区域，分布有丰富的尾腺，开口于尾背及两侧，分泌物有强烈气味。多以栖息地的各种灌木嫩枝叶为食，喜吃松萝，冬季食物缺乏时也吃女贞。林麝在扎如沟分别较广，森林环境中均有分布。

马麝 偶蹄目麝科哺乳动物。体型较林麝大，体长80—89厘米，肩高53—56厘米，体重9—15公斤。颅骨较林麝狭长。吻较长，达颅全长之半，泪骨长大于宽。臀部与背部毛色几乎一致，通体毛色较淡呈沙黄褐色，后部棕橘色较浓。雄麝尾呈指状，无毛，尾腺发达。栖息于海拔3000—4000米与针叶林镶嵌的草甸及草原灌丛、裸岩山地、靠山脊的灌丛或草丛等地带。独居，有较固定的兽径，若有人踩过则绕道，从不上树。以山柳、小檗、杜鹃等各种植物的嫩树枝、花蕾为食。马麝在扎如沟的纳九坡有分布。

（二）国家二级保护动物

小熊猫 食肉目小熊猫科哺乳动物，喜马拉雅和横断山脉的特产动物。种系史源远流长，为古老的孑遗动物，具有较高的学术研究价值，也是珍贵的展出动物。体长40—63厘米，体重5—6公斤。体型似猫而身体肥壮富态，脸圆而嘴吻较家猫突出，耳大直立向前，耳缘为长的白色毛。全身为红褐色，嘴缘、口须、鼻周围均为乳白色。鼻端为颗粒状黑色皮肤。长尾，有体长的一半以上，在树上活动时可起到平衡的作用。栖息于海拔3000米以下的针阔混交林或常绿阔叶林中，活动范围较固定，每天在巢域里移动的距离约400米，每月活动的范围约占巢域的1/4，巢域面积可达3.42平方公里，核心区域面积仅0.26平方公里。通常是2—3只组成家庭小群，相距很近的家庭小群常活动在同一生境。食物与大熊猫类似，99%以上的食物是竹子。春夏要吃些竹笋，秋季兼食少量野果。九寨沟保护区内有一定数量的小熊猫，在珍珠滩进沟的丹祖沟和则查哇等沟的半坡树林中活动。

猕猴 灵长目猴科哺乳动物，社会性群居动物，有严格等级。猕猴体格中等大，较瘦弱。体毛上背灰色，而腰和臀部橙黄色或棕色。身体和四肢细长，尾较短，呈刷状，仅比后足稍长，全身棕黄色或棕灰色。颜面随年龄不同而不同，幼年时白色，成年时变成鲜红色，雌体更红；耳大成肉色，臀胝明显，颜色随年龄变化与颜面同。手足具黑色扁平的指（趾）甲。栖息于阔叶林、针阔混交林、竹林及稀树裸岩等地。喜集体漫游生活，小的集体仅20—40只，大群可达60—70只。活动范围受季节和食物条件的影响。春季觅食范围广，活动路线一般可达2公里。夏季常于高山顶部或峡谷阴凉处，活动的路线一般仅约1公里。冬季则下移到低山向阳地森林里活动，活动范围增加到2公里以上。食物以嫩枝叶和野果为主，吃少量动物，如蜥蜴类、小鸟和鸟的卵等。在扎如沟主要分布于纳久坡、扎如寺附近。

鬣羚 又称“山驴”，偶蹄目牛科哺乳动物。体长1—1.7米，体重30—80公斤，尾长9—11厘米。吻端裸露，眼前具眶下腺。耳似驴狭长而尖，有短而尖的黑角，由额向后长出，角干前面较光滑，侧面、后面有横棱和纵行小沟，角尖光滑，约占角长的2/5。颈有长鬃毛，约10厘米。背部平直，臀部斜陡，尾短。四肢粗壮，后肢尤其强壮，蹄短而坚实。鬣羚的毛色随个体年龄不同变化较大。一般幼年个体较暗褐，成年为黑色，老年个体毛基部白色增多，鬣毛特长，变为灰白色。常独栖，偶有2—5只结成小群的。食性复杂，主要有苔草、吉祥草、紫花碎米荠、杜鹃、川灰木、小叶女贞、钓樟、冬青等嫩枝叶。鬣羚为扎如沟优势种群之一，主要生活于森林环境。

斑羚 偶蹄目牛科哺乳动物。外形似家养山羊，无胡须。体长90—160厘米，肩高63—73厘米，尾长12—16厘米，吻端裸露的区域较大，一直到鼻孔后部都是裸露无毛区。眼前的眶下腺发达。有1对短而直的黑色角。角的基部比较靠近，角干横切面呈圆形，向后上方斜向伸展，表面有相距很近的环棱。角尖光滑，略微下弯。尾短。四肢匀称，双蹄狭窄。四肢外侧毛色与体背相同，前肢前缘有黑纹，后肢后缘黑纹不太明显。身体毛色随所处地区和季节不同而略有差异。典型的林栖动物，最高不超过森林分布的上线。最喜欢在有树有草的险峻山岭或峭壁裸岩栖息。白天一般隐蔽在乱石堆、岩洞内或竹丛间的小道上，或站立或躺卧，一边憩息，一边警惕。清晨和黄昏觅食，以青草、林灌的幼枝嫩叶和夏季的一些浆果为食。斑羚为扎如沟优势种，裸岩、森林、灌丛均有分布。

岩羊 偶蹄目牛科哺乳动物。雄性体长1—1.3米，雌性约1米；雄体尾长14—19厘米，雌体13—14厘米。雄性体重50—74.5公斤，雌性44.5—50公斤。头形狭长，颌下无须。有角。雄羊角粗大，可长达60厘米，两角基部靠近，仅留一狭缝，角自头顶往上，然后向外弯曲，稍扭而角尖微向上方，角尖距大者可达68厘米。雌角细小而短，角形较直，微向后弯，角长约15厘米，角尖距仅约11厘米。冬毛深厚，从头至躯干背部为青灰稍带棕色，部分毛尖带黑色。尾背部暗灰色，至尾尖逐渐转为黑色。面颊灰白带黑色。喉、胸黑褐色，向后延伸至前肢的前缘转为黑色条纹，直达蹄部，在体侧至后肢前缘达蹄，也有一条黑纹。雌羊面颊黑色较浅，喉和胸部黑褐色较狭。典型的高寒动物。喜群居，常组成40—50只的群体。清晨和黄昏觅食，以各种青草、灌丛枝叶为食。在扎如沟，岩羊种群数量极大，裸岩、灌丛、草甸均有分布。

豺 食肉目犬科。成兽体重16—19公斤，体长105—115厘米，尾长45—50厘米，后足长18—24厘米，耳长8—12厘米。体形似犬，小于狼，耳短圆，四肢较短，尾长而蓬松。毛色红棕，尾尖带黑色。分布广泛，常3—5只成群，集体猎食。性凶猛，捕食鹿、麂、麝、鬣羚、斑羚、家畜等动物。在扎如沟的纳久坡区域有分布。

黑熊 食肉目熊科哺乳动物。体长约1.5米，重约125公斤。头阔，吻较短，臀圆而短。胸部有一白色月牙形胸斑，鼻端附近的毛带棕白色，下颏有一片灰白色毛，其余全身毛色为黑色具光泽。躯身肥胖，尾短，四肢粗壮，能直立行走，善于爬树，也会游泳。多栖息于常绿阔叶林或混交林，独居，白天活动，夜间休息。除冬眠和繁殖期外，没有固定的巢穴。视觉较差，听觉及嗅觉发达。

日活动常为0.5平方公里，年活动范围在30—40平方公里。冬季一般11月进入洞中开始冬眠，翌年3月出眠。杂食性，主食树叶、青草、蘑菇，喜食果实、种子和蜂蜜。野外常见活动痕迹主要是树上抓破的树皮和粪便等。12月至次年2月在冬眠洞里产仔。母兽冬眠出洞小崽已能随之跑动，并能爬树。黑熊的寿命较长，一般可达30岁。黑熊是扎如沟常见的动物，5—6月，森林中常见被它们抓破的树皮。

马熊　食肉目熊科哺乳动物。马熊身躯粗壮强健，体长约2米，比黑熊大，体重最大接近400公斤。面部长，头宽圆，肩部高耸，胸前有一个比黑熊更大的白色月牙形斑，一直向背延伸到肩部相连通。毛比黑熊长，更能耐寒。毛色棕褐，毛尖白色或棕色，呈现银色或青铜色光泽。栖息地比黑熊要高，一般在中高山的针叶林，高山或高原灌丛草甸的阴坡也有出没。没有固定的栖息场所，常单独游荡活动。会游泳，能爬树，不如黑熊的爬树本领高。听觉比较差，嗅觉发达，在很远的距离就能闻到果实的清香味和尸休的腐臭。杂食性，食物涵盖各种青草、嫩芽、浆果、松了、青杠和栎树等的籽实，各种大小动物如蚂蚁、土蜂、鸟、蛙、鸟卵、旱獭、鼠兔及有蹄类动物幼兽。有冬眠习性，冬眠洞里产仔。活动痕迹多为枯腐朽木上的爪痕。马熊在扎如沟数量少，主要在信扎一带有分布。

黄喉貂　食肉目鼬科哺乳动物。貂属中最大的一种，体长一般50—70厘米，尾长40—50厘米，体重2—3公斤。头部略呈三角形，耳短而圆，体躯细长，尾呈圆柱形，四肢短小。毛色鲜亮，从喉部到前胸具有明显的黄橙色斑纹。适应性很强，低至河谷林灌高至3000米的针叶林都有分布。常居住在树洞和石穴内，栖息于山地、丘陵和河谷的各种森林。善攀缘树木陡岩，行动敏捷。夜间活动较频繁，多数成对活动，成群较少。主要以啮齿动物、鸟、鸟卵、昆虫及野果为食。酷爱食蜂蜜，也称蜜狗。性情凶狠。在扎如沟发现于信札的原始森林中，种群数量不大。

金猫　食肉目猫科哺乳动物。体长83.6厘米，尾长46.9厘米，体重8.8公斤。耳圆能动，除头部斑纹较稳定且一致外，体色和斑纹变异大。亮红毛色的是红金猫，灰棕色或暗灰褐色的称为灰金猫，毛色灰棕色且背部布满不规则环斑的叫花金猫。栖息于海拔3000米以下的山地，夜行性动物。独居，善攀援，多在地面行动。活动区域随季节变化而垂直迁移。食性较广，小型有蹄类、鼠类、野禽都是捕食对象。九寨沟在扎如沟内有分布。

大灵猫　食肉目灵猫科哺乳动物。体长67—83厘米，尾长40—51厘米，体重5—9公斤。体毛黑褐色，两肩中央及背脊有黑色鬃毛。尾巴有黑白相间的闭锁环纹。两性肛门与外生殖器之间有一腺体“灵猫香囊”，可分泌“灵猫香”。主要生活海拔2100米以下的灌木丛或草丛生境，多单独活动，昼伏夜出。以灌丛、草丛、土穴、岩洞、树洞为巢穴。食性广，以动物性食物为主，包括小型脊椎动物及大型昆虫，也吃植物果实等。活动时常将灵猫香膏涂擦于小树枝、树干或突出的岩石上，以此联系和传递信息。扎如沟信扎下面的河谷有发现。

兔狲　食肉目猫科哺乳动物。体形大小似猫而稍小，体长52—62厘米，尾长21—25厘米，体重2—3公斤。吻很短，脸圆且宽，耳尖而圆钝。额部宽，两耳距离较远。眼淡绿色，收缩时瞳孔呈纺锤状。躯体粗壮而短，四肢矫健。体毛密而软，绒毛丰厚似毡，腹毛比背毛约长1倍。背部毛色沙黄而带浅棕色或银灰色，尾的毛色与背部相同，有7—8条细而不显的黑色环纹。耐严寒，忍干燥。可见于林中，或海拔4000米以上的流石滩或高山荒漠。独来独往，早晚活动最频繁。食物缺乏或冬季，白天也出来活动。视觉和听觉都好，警惕性很高。主要以各种鼠兔和鼠类为食。九寨沟扎如沟的纳久坡附近有分布。

猞猁 食肉目猫科哺乳动物。体型比猫大，身长80—130厘米，尾长12—24厘米，体重18—32公斤。四肢较一般猫类粗长，尾短，后肢长于前肢，足比一般猫宽长。耳尖生有长约4厘米的黑色簇毛，能准确地找到声源。不惧风雪，极耐严寒。栖息于高山密林和荒漠草原，有时也活动于无林的高山裸岩地带。视觉、听觉、嗅觉都很好。性狡猾而谨慎，一有动静就迅速逃跑，或卧伏地面，善于快速爬树和攀登悬崖峭壁，还会游泳。独来独往，大都于黄昏或夜间出来活动。洞穴多位于大石底下或树洞中。食物丰富地区，巢域10—15平方公里，若缺乏可扩大至30平方公里，甚至60—100平方公里。驻地、休息和生活区域有兽径相连。常捕食野兔、旱獭和雉类，也捕食鼠类和鼠兔，或掏食鸟蛋。有时还捕杀麝、鹿等大中型动物，偶尔捡食尸肉。九寨沟内在扎如沟的纳九坡附近有分布。

（三）国家一级保护鸟类

金雕 俗名"红头雕""白雕""鹫雕""老雕"。隼形目鹰科。大型猛禽，雕中最大的一种，体长85厘米，浓褐色雕。头颈上具有金色的羽冠，嘴巨大，头顶暗褐色，尖羽色较淡。飞行时腰部白色明显可见。尾长而圆，两翼呈浅V形。与白肩雕的区别在于肩部无白色。栖息于针叶林、阔叶林及高海拔草原地带，飞行时借助大气暖气流在高空翱翔，飞行速度快，扑食时速度惊人。金雕的营巢在高大乔木或难以攀登的悬崖峭壁处，主要以大型鸟类或小型兽类为食，如雉类、鸽类、鹑类、野兔等，有时也会对家畜造成危害。九寨沟在扎如冉勿顾朗、树正群海、尖盘寨等地高空发现其踪影。

斑尾榛鸡 俗称"羊角鸡"，鸡形目松鸡科，松鸡科鸟类中唯一的中国特有物种。体长31—38厘米，体重210—300克，满布褐色横斑。头部背面栗色，背部有横斑，中央尾羽栗褐色，有黑白横斑，外侧尾羽近端黑而末端白，有5道白色横斑和端斑，肩及次级覆羽有白色羽干纹，眼后有一道白线，下体胸部棕色，及至臀部渐白，并密布黑色横斑。雌鸟色暗，喉部有白色细纹，下体多皮黄色。栖息于海拔2500—4000米处开阔地区的针叶林及灌丛，多活动于山溪边的柳丛、杜鹃林、金露梅灌丛中。杂食性，以柳树、桦树的芽及嫩枝以及沙棘的果实、草籽、各种小昆虫为主要食物。不善鸣叫。九寨沟主要在九龙洞沟、原始森林、卡真沟、长海等高海拔区域活动，发现于海拔2900—3500米。

雉鹑 俗名"贝母鸡""四川雉鹑""西康雉鹑"，鸡形目雉科，中国特有物种，全球性近危鸟类。体长44—54厘米，体重720—1000克，雌鸟和雄鸟的体羽相似，大都为灰褐色。尾楔形，头的背面和两侧深灰褐，枕部有黑纹，胸灰色具黑色细纹。与相似种类四川雉鹑不同处在于栗色喉块外缘近白。有猩红色眼周裸皮。该鸟多生活于针叶林、针阔混交林、杜鹃灌丛及林线上缘的高山草甸、碎石滩等环境，群居活动，一般几只成群。善于地面上行走和奔跑，飞翔能力较差，性情胆怯怕人。杂食性动物，主要以植物的球茎、块根、草叶、花和种子以及少量昆虫为食，叫声刺耳。九寨沟在纳久坡、诺日朗瞭望塔等高山有分布。

绿尾虹雉 俗名"鹰鸡""贝母鸡""火炭鸡""羊鸡"，鸡形目雉科，中国特有物种，全球性易危物种。体长76—81厘米。雄鸟头绿色，枕部金色，脚暗角质色。下体黑色带绿色金属光泽。形长的冠羽绛紫色。与白尾梢虹雉区别在于有冠羽，尾部彩色，仅上背白色。与棕尾虹雉区别在于紫色蓬松羽冠及蓝绿色尾羽。雌鸟脚淡角质色，与其他虹雉的雌鸟区别在背为白色。鸣叫多在春、夏季。

绿尾虹雉一般都栖息在海拔4000米左右的草甸灌丛或裸岩地带，或亚高山针叶林上缘及林线以上的高山灌丛，常成对或两三只出外活动。习性同棕尾虹雉。九寨沟海拔2930—3040米均发现有该鸟的活动。

（四）国家二级保护鸟类

大天鹅 俗名“白鹅”“天鹅”，雁形目鸭科。体型高大，体长120—160厘米，体重6000多克，白色。嘴基有大片黄斑，黄色延至上喙侧缘成尖，嘴尖黑色区域不超过鼻孔。头颈长，约占体长的一半。冬候鸟，繁殖于北方湖泊的芦苇地，结群南迁越冬，每年三四月间，从南方飞向北方。喜欢群栖在湖泊和沼泽地带，主要以水生植物的种子、根茎、叶子和杂草的种子为食，也啄食少量的软体动物、水生昆虫和蚯蚓等，叫声响亮。九寨沟常见于天鹅海、镜海等湖泊。

黑鸢 俗名“老鹰”“鹞鹰”“岩鹰”“黑耳鸢”“老鸢”“牙鹰”，隼形目鹰科。中等体型，55厘米左右。深褐色猛禽，大覆羽及三级飞羽具白色斑纹，飞行时初级飞羽基部浅色斑与近黑色的翼尖成对照，浅叉型尾为识别特征。分布较广，栖息在山地、田野、河流沿岸、草原、稀疏林地等，常利用热流高飞，盘旋飞行，寻找食物，单独或成群活动。主要以鼠类或其他动物尸体为食，肉食性动物，有时以昆虫、小鱼和蚯蚓为食。初声尖厉，渐变为颤音，最后哨声。九寨沟主要见于扎如沟纳久坡、长海沟等高海拔区域，海拔高程在3400—3520米。

图1－6 大天鹅

普通鵟 俗名“土豹”“鸡母鹞”。隼形目鹰科。体长51—59厘米，体重600—1000克，中型猛禽，红褐色，又称“红褐色鵟”。飞行时两翼宽而圆，初级飞羽基部具特征性白色块斑。尾近端处常具黑色横纹。在高空翱翔时两翼略呈“V”形。栖息于阔叶林、针叶林、针阔混交林的森林和林缘地带，喜开阔原野且在空中热气流上高高翱翔，在裸露树枝上歇息。飞行时常停在空中振羽。一般单独活动，偶尔2—4只在天空盘旋，性情机警，视觉敏锐。以各种鼠类为主要猎食对象，也捕食一些雉类、野兔、蛇、小鸟、青蛙。九寨沟海拔2400—3120米地带甚常见。

白尾鹞 俗名“白抓”“灰鹞”“灰鹰”“鸡鵟”，隼形目鹰科。较常见的季候鸟，中型猛禽，体长41—53厘米，体重310—600克。尾上覆羽白色，是该鸟的主要鉴定特征。雌雄鸟体色差异较大，雄鸟具显眼的白色腰部及黑色翼尖。单独活动，喜欢沿地面低空飞行，速度快，动作敏锐，以各种鼠类、蜥蜴、蛙、小型鸟类等为捕食对象。九寨沟见于海拔2100米地带。

燕隼 俗名“青条子”“蚂蚱鹰”“虫鹞”“儿隼”“土鹘”，隼形目隼科。黑白色隼，体小，体长30—35厘米。额基棕白，头顶至背黑褐，尾灰褐，飞羽黑褐，翼长，腿及臀棕色，上体深灰，胸乳白而具黑色纵纹。雌鸟体型比雄鸟大而多褐色，腿及尾下覆羽细纹较多。与猛隼的区别在胸偏白。

主要以各种昆虫和鸟类为食，在飞行中捕捉食物。大多占用乌鸦、喜鹊的旧巢为巢。栖息于九寨沟开阔的稀疏林区。

灰背隼　隼形目隼科。小型猛禽，体长30厘米左右。额棕白，头顶蓝灰，尾蓝灰，上体余部暗灰沾蓝，具黑褐羽干纹，下体黄褐并多具黑色纵纹，颈背棕色，眉纹白。主要以各种小鸟、蛙、昆虫为食，告警时发出一连串快速上升的尖厉刺耳叫声。栖息于九寨沟的山谷、灌丛地带及开阔草地。

黄爪隼　俗称“黄燕子”，隼形目隼科，全球性易危物种。红褐色隼，体小，长30厘米。雌雄差异明显。雄鸟，背、腰棕红，尾上覆羽暗灰沾棕，尾近端处有黑色横头灰色，飞行时尾呈楔形，上体赤褐而无斑纹，腰及尾蓝灰。雌鸟，腰和尾上覆羽灰色，红褐色较重，上体具横斑及点斑，下体具深色纵纹。以昆虫为食，迁徙时结大群，栖息于九寨沟山地阔叶林带，在悬崖峭壁结群营巢。

藏雪鸡　俗名“淡腹雪鸡”“雪鸡”，鸡形目雉科。体长46—53厘米，中等体型。头、胸及枕部灰，喉白，眉苍白，白色耳羽，胸两侧具白色圆形斑块，两翼具灰色及白色细纹，尾灰且羽缘赤褐，下体苍白，有黑色细纹。藏雪鸡为不常见留鸟，栖于多岩的高山草甸及流石滩，夏季高至海拔4500米，冬季下至海拔2500米。在九寨沟纳久坡等地有分布。

血雉　俗名“松鸡子”“松花鸡”“血鸡”，鸡形目雉科，中国特有物种。中小型鸡类，体长40—48厘米，体重400—600克。雌雄鸟体色差异较大。雄鸟体色艳丽，上体灰褐色，有白色羽干纹，下体沾绿色，胸部红色多变。雌鸟体羽主要成暗褐色，颜色单一，具不规则褐斑，枕冠较灰，尾下覆羽较黑。栖息于海拔3200—4700米高山近雪线的针叶林、针阔混交林，随季节垂直迁移，喜集群活动。杂食性，以植物种子、果实、嫩叶为食物，兼食昆虫。九寨沟主要分布在2600—3500米之间，是区内分布较广的一种雉类。冬天血雉成群出现在景区公路两侧，大的群体数量近百只。

红腹角雉　俗称“娃娃鸡”“大红鸡”“寿鸡”“黄连鸡”，鸡形目雉科。体长45—63厘米，体重800—1500克，雌雄鸟体色差异较大。雄鸟体羽及两翅主要为深栗红色，满布具黑缘的灰色眼状斑，下体灰斑大而色浅，羽冠橙红色。雌鸟较小，上体灰褐色，下体淡黄色，杂以黑、棕、白斑，尾羽栗褐色。栖息于海拔1600—3400米针叶林、针阔混交林、阔叶林中及灌丛间，多单独活动一雌一雄，不惧生。夜栖枝头，隐匿于稠密的杜鹃、箭竹丛间或密被苔藓的树上。以植物种子、果实、嫩芽、嫩叶等为食。九寨沟内分布广，种群数量较大，在2400—2800米的森林范围内都能见到。

白马鸡　俗名“马鸡”，鸡形目雉科，中国特有物种。大型鸡类，体长69—102厘米。体羽主要为白色，头顶具短曲黑色绒状羽，脸颊裸皮猩红，有白色髭须但不及其他种类长而成“耳”，有黑色蓬松的丝状尾羽。飞羽黑色。栖息于海拔3000—4000米的针阔混交林及高山灌丛中，常集群活动，于林间草地觅食。不喜飞行，受惊扰时扎入附近灌丛。主要以植物的嫩叶、花果和根为食，偶尔也吃昆虫。九寨沟内分布于海拔2800—4200米，终年多在暗针叶林带活动，夏季升至高山灌丛草甸带，扎如沟内分布较多。

蓝马鸡　俗名“马鸡”“角鸡”“柳鸡”“绿鸡”，鸡形目雉科，中国特有物种。大型鸡类，体长75—100厘米，体重2—2.5公斤。通体呈蓝灰色，具金属光泽，披散如毛发状。有黑色天鹅绒式头盖，飞羽带褐色，具金属紫蓝色外缘。中央尾羽特长而上翘，羽枝披散下垂如马尾，两侧尾羽基部白色，其余为紫蓝色。常集群栖息于海拔2400米以上的有草坪的混交林、针叶林或亚高山灌丛草甸。以植物的茎、叶和根等为食，也吃昆虫。九寨沟主要见于海拔2800—3220米的高海拔区，如渠布沟的安房、纳久坡、九龙洞沟草甸等地。

勺鸡 俗名“山鸭子”“松鸡”，鸡形目雉科。体长55—60厘米。具明显的飘逸型耳羽束，雌雄鸟差别大。雄鸟，头和相连的一段颈部亮黑，头顶及冠羽近灰。雌鸟体型较小，具冠羽但无长的耳羽束，体羽图纹与雄鸟相同。栖息于海拔1500—4000米的高山针阔叶混交林中，喜开阔的多岩林地，以植物根、果实及种子为主食。终年成对活动，秋冬成家族小群。叫声响亮。九寨沟多见于海拔2400—2650米的松林及杜鹃林。

红腹锦鸡 俗名“金鸡”“锦鸡”“彩鸡”，鸡形目雉科，中国特有物种，全球性近危物种。雌雄个体差异大。雄鸟体型显小而修长，长100厘米左右，头顶及背有耀眼的金色丝状羽，枕部披风为金色并具黑色条纹，上背金属绿色，下体绯红，翼为金属蓝色，尾长而弯曲，中央尾羽近黑而具皮黄色点斑，其余部位黄褐色。雌鸟体型较小，体长65厘米左右，黄褐色，上体密布黑色带斑，下体淡皮黄色。留鸟，常见于海拔800—1600米，偶尔上至2800米。栖息于多岩山坡，活动于竹灌丛地带，单独或成小群活动，以草籽、野果和农作物种子为食。九寨沟主要见于海拔2350—2720米，扎如沟、荷叶沟、则查哇沟均有发现。

鬼鸮 俗名“小猫头鹰”，鸮形目鸱鸮科，中国罕见物种。小型鸮鸟，体长24—25厘米，体小而多具点斑。头高而略显方形，面庞为白色，有白色的大“眼镜”。眉毛上扬，紧贴眼下具黑色点斑。上体朱古力褐色，下体白，具污褐色纵纹。肩部具大块的白斑。栖息于九寨沟针叶林中，松、桦、白杨的混交林中也有，营巢于啄木鸟洞穴。夜行性，以鼠类、昆虫为食物，也捕捉鸟类和蛙类。

（五）特有珍稀物种

毛冠鹿 又称“青鹿”，偶蹄目鹿科哺乳动物，中国特有物种，被列入《中国生物多样性红色名录——脊椎动物卷》《国家保护的有益的或者有重要经济、科学研究价值的陆生野生动物名录》《华盛顿公约》（CITES）附录Ⅲ、2015年《世界自然保护联盟濒危物种红色名录》，评估级别为易危级。毛冠鹿体长100厘米，体重18公斤，尾长11.8厘米。体型似麂，体毛青灰，尾背黑又似黑麂。雄兽不分叉，小角隐于毛冠，上犬齿露出唇外。眼下腺显著，不具额腺。栖息于海拔1000米以上的中高山灌丛、竹丛和草丛较多的河谷林灌和森林。善于隐蔽，较难发现，成对活动，黄昏最为频繁。以草类为食，也取食山区种植的豆类。九寨沟分布在海拔2400—2800米、3200—3600米地段。

喜马拉雅旱獭 啮齿目松鼠科动物，中国特有物种。大型啮齿类，体长52厘米，体重4.8公斤，尾长13厘米。耳壳短小，颈部粗短，躯体肥胖。尾短而稍扁平，长不超过后足的2倍。四肢短而粗，前足4指，后足5趾，指（趾）端有爪，适于掘土。家族性生活，常有个体迁出迁入。冬眠，夜晚活动，出洞时间依太阳照射洞口而定。以禾本科、莎草科及豆科植物的茎、叶为食，也食小形动物。栖息于九寨沟海拔3000米以上山地草甸区。

岩松鼠 啮齿目松鼠科动物，中国特有物种。体型中等，体长19.5厘米，体重290克，尾长13.4厘米。体色棕黄，背部黑黄，眼周围有白色圈，尾短于体长，尾毛蓬松而稀疏，尾背毛近似背部毛色，尖端白色，如蒙白霜。栖息于灌丛及小乔木，善爬树，或在石隙筑窝。白天活动，活动的高峰期在早晨和傍晚前后。以坚果和其他果实以及草本植物种子为食。喜食核桃、山野桃、杏、苹果、桑葚等。九寨沟区内分布较广。

沟牙田鼠 啮齿目田鼠科哺乳动物，珍贵的小型兽类。以植物为食，常在地表留下较深的活动路线，容易留下食迹，如萎蔫的薅草等。该物种的分类在学术研究中存在争议，全世界除九寨沟外仅有3个标本。九寨沟自然保护区的扎如沟有该物种的一个大种群，是该种最重要的基因库。

黑额山噪鹛 雀形目画眉科，中国特有物种，全球性易危物种。中等体型的酒灰褐色噪鹛，体长28厘米左右。脸颊及耳羽明显为白色，上下各有黑褐色条纹与烟褐色的眼先相接。外侧尾羽混灰色而端白。三级飞羽羽端白。尾上覆羽棕色，臀暖皮黄色。栖息于海拔2000—3500米的高山灌木林中，结小群活动，多在针叶林及灌木丛的地面取食。鸣叫时头摇动，弹尾抖羽，叫声悦耳多变。以步行甲、鳞翅目幼虫、蝇等昆虫和植物种子为食。罕见于川甘交界地带海拔2000—3500米的多林山地，九寨沟内海拔2730米区域有发现。

斑背噪鹛 雀形目画眉科，中国特有物种，全球性近危物种。体型略小，体长23—28厘米左右。暖褐色噪鹛，具明显的白色眼斑，上体（除头顶）及两胁具醒目的黑色及草黄色鳞状斑纹。初级飞羽及外侧尾羽的羽缘灰色。尾端白色，具黑色的次端横斑。栖于海拔1200—3660米的高山灌木林中，群居，以昆虫和植物果实、种子为食。九寨沟海拔2000米的沟口有发现。

橙翅噪鹛 俗名“画眉子”“老拐”，雀形目画眉科，中国特有物种。中等体型，体长22—26厘米。全身大致灰褐色，额和头顶葡萄灰色，上背及胸羽具深色及偏白色羽缘而成鳞状斑纹。脸色较深。臀及下腹部黄褐。初级覆羽、飞羽黑褐，基部的羽缘偏黄、羽端蓝灰而形成拢翼上的斑纹。尾羽灰而端白，羽外侧偏黄。栖息在海拔2000—3500米之间的山地乔木、竹丛和灌丛间，集小群活动。主要以金龟甲、椿象、蚂蚁、鳞翅目毛虫等昆虫和植物果实、种子为食。九寨沟内分布海拔较广，种群数量大，相对不怕人。

白领凤鹛 俗名“风头雀”“竹丝雀”，雀形目画眉科，中国特有物种。体长15—18厘米。烟褐色凤鹛，具蓬松的羽冠，羽冠披针形，土褐色。眉及上颈白色。背至尾上覆羽土褐色，尾羽黑褐。颏、鼻孔及眼先黑色。飞羽黑而羽缘近白。下腹部白色。栖息于海拔1372—2135米之间的山坡灌丛中，在较高的幼树或成树上成对或结小群活动。以金龟甲、瓢甲、蜂、蝇等昆虫和植物果实、种子为食。九寨沟内该鸟见于海拔2250—2690米区域。

白眶鸦雀 雀形目鸦雀科，中国特有物种。体小，体长11—14厘米。顶冠及颈背栗褐色，眼周具显著白眶，头侧淡棕褐色。上体橄榄褐色，下体粉褐，喉部有模糊的纵纹。性活泼，结小群藏隐于山区森林的竹林层、灌丛或林缘矮树丛。以昆虫为食，也吃植物种子。该鸟在九寨沟见于海拔2300米左右。

棕头鸦雀 雀形目鸦雀科，中国特有物种。体长12厘米左右。通体粉褐色，眼先①、颊及耳羽灰或淡红色。嘴小似山雀，头顶及两翼栗褐，喉略具细纹。常集群活动于林下植被及低矮树丛或草丛间，以各种昆虫和植物种子、果实为食。九寨沟见于海拔2100米左右。

银脸山雀 雀形目长尾山雀科，中国特有物种。体长11—12厘米，体型较小。灰色的喉与白色上胸对比成项纹。顶冠两侧及脸银灰，颈背皮黄褐色，头顶及上体褐色。尾褐色而侧缘白色，具灰褐色领环，两胁棕色。下体余部白色。栖息于海拔1000—3100米落叶阔叶林及多荆棘的栎树林。叫声多样，或尖细，或如银铃宛转，或生硬。以昆虫为主，也吃植物嫩叶、果实。九寨沟海拔2100—3100米均有分布。

红腹山雀 雀形目山雀科，中国特有物种。体长12—13厘米。额至后颈亮黑色，背至尾上覆羽橄榄褐色，飞羽具浅色边缘。具松软白色颊斑，颈圈棕色，下体栗黄色。栖息于海拔2000—2400米

---

① 在鸟的头部，眼和鸟喙之间的区域。

的针叶林、阔叶林、针阔混交林及竹林中，喜集群活动。以昆虫和禾本科植物种子等为食。九寨沟见于海拔2830米左右。

斑翅朱雀 雀形目燕雀科，中国特有物种。体长18—19厘米。具两道显著的浅色翼斑，肩羽边缘及三级飞羽外侧的白色形成特征性第三道“条带”。雄鸟脸偏黑，头顶、颈背、胸、腰及下背深绯红。雌鸟及幼鸟上体深灰，满布黑色纵纹。栖息于海拔1800—3000米的稀疏针叶林，针阔混交林。以各种昆虫为食。九寨沟分布范围最广的一种朱雀，海拔2050—3090米常见。

2004年九寨沟物种调查数据一览表

表1－15　　单位：种

界	类　群	物　种　数	界	类　群	物　种　数
植物	大型真菌	203	动物	无脊椎动物	693
	藻类植物	419		鱼类	2
	蕨类植物	73		两栖类	6
	裸子植物	37		爬行类	4
	被子植物	1591		鸟类	222
				兽类	76

九寨沟珍稀动物一览表

表1－16

级　别	种　名	拉　丁　学　名
国家一级	1. 大熊猫	*Ailuropoda melanoleuca*
	2. 金丝猴	*Rhinopithecus roxellanae*
	3. 林麝	*Moschus berezovskii*
	4. 马麝	*Moschus sifanicus Buchner*
	5. 牛羚	*Budorcas taxicolor*
	6. 豹	*Panthera pardus*
	7. 绿尾虹雉	*Lophophorus lhuysii*
	8. 雉鹑	*Tetraophasis obscurus*
	9. 斑尾榛鸡	*Bonasa sewerzowi Przevalski*
	10. 金雕	*Aquila chrysaetos*Linnaeus
国家二级	1. 猕猴	*Macaca mulatta*
	2. 豺	*Cuon alpinus*
	3. 小熊猫	*Ailurus fulgens*
	4. 黑熊	*Selenarctos thibetanus*
	5. 马熊	*Ursus arctos pruinosus*
	6. 水獭	*Lutra lutra*
	7. 黄喉貂	*Martes flavigula*

续表 1－16

级别	种名	拉丁学名
国家二级	8. 大灵猫	*Viverra zibetha*
	9. 金猫	*Felis temmincki Vigors et Horsfield*
	10. 兔狲	*Felis manul Pallas*
	11. 猞猁	*Lynx lynx Linnaeus*
	12. 岩羊	*Pseudois nayaur Hodgson*
	13. 鬣羚	*Capricornis sumatraensis*
	14. 斑羚	*Naemorhedus goral*
	15. 大天鹅	*Cygnus cygnus*
	16. 黑鸢	*Milvus migrans*
	17. 苍鹰	*Accipiter gentilis*
	18. 雀鹰	*Accipiter Nisus Linnaeus*
	19. 普通鵟	*Buteo buteo Linnaeus*
	20. 白尾鹞	*Circus cyaneus Linnaeus*
	21. 草原雕	*Aquila nipalensis Hodgso*
	22. 短趾雕	*Circaetus gallicus Gmelin*
	23. 乌雕	*Aquila clanga Pallas*
	24. 燕隼	*Falco subbyteo*
	25. 灰背隼	*Falco columbarius Linnaeus*
	26. 黄爪隼	*Falco naumanni Fleischer*
	27. 藏雪鸡	*Tetraogallus tibetanus Gould*
	28. 血雉	*Ithaginis cruentus Hardwicke*
	29. 蓝马鸡	*Crossoptilon auritum Pallas*
	30. 白马鸡	*Crossoptilon crossoptilon*
	31. 红腹角雉	*Tragopan temminckii*J. E. Gray
	32. 勺鸡	*Pucrasia macrolopha*Lesson
	33. 红腹锦鸡	*Chrysolophus pictus Linnaeus*
	34. 斑头鸺鹠	*Glaucidium cuculoides*
	35. 红角鸮	*Otus sunia Linnaeus*
	36. 纵纹腹小鸮	*Athene noctua Scopoli*
	37. 鬼鸮	*Aegolius funereus*

九寨沟珍稀植物一览表

表 1－17

物种	中国濒危物种红皮书	第一批	第二批
*银杏 *Ginkgo biloba Linn.*（栽培）	稀有	一	
*麦吊云杉 *Picea brachytyla*（*Franch.*）*Pritz.*	渐危		

续表 1－17

物　　种	中国濒危物种红皮书	第一批	第二批
* 四川红杉 *Larix mastersiana Rehd. et Wils.*	濒危	二	
* 红豆杉 *Taxus chinensis*（*Pilger*）*Rehd.*		一	
* 中麻黄 *Ephedra intermedia Schrenk ex Mey.*			二
草麻黄 *E. sinica Staf.*			二
* 厚朴 *Magnolia officinalis Rehd. et Wils.*（栽培）	渐危	二	
* 水青树 *Tetracentron sinense Oliv.*	稀有	二	
* 红花绿绒蒿 *Meconopsis punicea Maxim.*		二	
* 独叶草 *Kingdonia uniflora Balf. fet W. W. Sm.*	稀有	一	
* 星叶草 *Circaeaster agrestis Maxim.*	稀有		
四川牡丹㊞ Paeonia szechuanica Fang. ㊣	濒危		二
* 胡桃 *Juglans regia L.*（栽培）	渐危		二
* 红椿 *Toona ciliata Roem.*（栽培）	渐危	二	
青檀 *Pteroceltis tatarinowii Maxim.*	稀有		
* 川黄檗（黄皮树）*Phellodendron chinense Schneid.*		二	
* 刺五加 *Acanthopanax senticosus*（*Rupr. et Maxim.*）*Harms*	渐危		二
南方山荷叶㊞ Diphylleia sinensis H. L. Li. ㊣			二
桃儿七 *Sinopodophyooum emodi Wall. ex Royle Ying*	稀有		二
* 丽江山荆子 *Malus rockii Rehd.*			二
* 甘肃桃 *Amygdalus kansuensis*（*Rehd.*）*Skeels*			二
* 光核桃 *A. mira*（*Koehne*）*Yǘ et Lu*			二
* 连香树 *Cercidiphyllum japonicum Sieb. et Zucc.*	稀有	二	
* 领春木㊞ Euptelea pleiospermum Hook. f. et. Thoms. ㊣	稀有		
* 杜仲㊞Eucommia ulmoides Oliv.（栽培）㊣	稀有		二
* 穿龙薯蓣 *Discorea nipponica Makino*			二
* 中国沙棘 *Hippophe hamnoides Linn, subsp. sinensis Rousi*			二
延龄草㊞ Trillum tschonoskii Maxim. ㊣	渐危		
* 天麻 *Gastrodia elata Bl.*	渐危		二
* 兰科植物（天麻除外）23 属 43 种			二

说明：* 代表有标本的植物

第十节　自然灾害

一、地震

九寨沟地处几大地质构造带的接合部，断裂发育，西、南、北三面均有明显的断裂带，构造复杂，属第四纪以来显著活动地区，地震活动频繁而剧烈。九寨沟邻近的松潘、平武也是中国地震活动区之一。截至2005年，已知发生在九寨沟县境内的地震共204次，其中超过4级的地震有18次。

明万历三十五年（1607年）秋七月，九寨沟所属南坪县境“地大震，数日乃止”。

清光绪五年（1879年）农历五月“初十、十二等日，地大震，月余不息，遂将城垛全行摇倒，留者无几。靠东城身亦崩数十丈”。光绪七年（1881年），“发银两千两”，委候补知县孙绍龙到南坪，补修城墙，“因地震未息，不便兴工，仅赈灾民而去”。（《南坪乡土志·舆地志·城池》）

1948年5月2日，羊峒、塔藏等地地震4次，房屋、烟墩等震损歪斜，沿途树木摇倒，阻塞道路。

1973年5月8日，九寨沟长海以西发生5.2级地震。

1974年11月17日，九寨沟长海以东发生5.7级地震。

1976年8月16日晚10时07分，南坪县与平武县、松潘县交界的勿角、马家发生7.2级地震，日则林场（126林场）住房多处出现裂缝，九寨沟内林场公路塌方严重。

九寨沟周边松潘、平武、文县地震有时对九寨沟也有很大影响。1922年，发生在甘肃省文县的大地震波及南坪。1960年11月9日，漳腊6.75级地震对九寨沟影响较小。近50年来，以1973年8月松潘的3次强震对九寨沟有较大影响。1973年8月，黄龙6.5级地震对九寨沟影响最大。1973年8月11日，松潘和南坪交界处，北纬32°53′、东经104°的三道片，发生6.2级地震，日则沟和则查哇沟上游分水岭一带在地震烈度7度区内，长海和天鹅海一线以南区域在烈度6度区内。地震造成九寨沟公路塌方3公里，河道阻塞，压死耕牛4头，房屋遭轻微损坏。南坪地区连续发生中强余震，箭竹开花，熊猫因缺乏食物出现病饿甚至死亡。

二、泥石流

九寨沟的泥石流活动有相当长的历史，历史上曾发生过较大规模的泥石流。1989年和在此之前，树正沟暴发过两次较大规模泥石流，形成树正瀑布堆积扇。

“九寨沟地处中国泥石流活跃区之横断山区的北段，在620平方公里的流域面积内，分布有大大小小的泥石流沟33条，是泥石流多发地区之一。”

九寨沟内北起沟口南3公里处，南至长海以南，西南到剑岩悬泉，均散布有泥石流。老泥石流沟分布较广，规模甚大，多为旅游和居民点或风景区所在。日则、树正等处，现代中小型泥石流遍及全沟，规模远远小于老泥石流沟。20世纪70年代末期以来主要活动的泥石流沟有27条，其中日则沟内有8处，则查哇沟有14处，树正沟有5处。

总体上，九寨沟的泥石流沿沟谷呈带状分布，多集中于海拔2000—3000米的区域，特别是2200—2800米位置，占沟内泥石流分布的三分之二。

从成因上来看，受自然风化、暴雨和人为活动影响，九寨沟的泥石流多发育于林线以上、暴雨中心区和森林采伐区。1984 年 6 月 7 日，海拔 4193 米的沃斯喀雄山出现暴雨中心，其西坡有 3 处、东坡有 4 处发生泥石流。

九寨沟泥石流的类型，从地貌形态上看，自然泥石流多为沟谷型，人为泥石流多是坡面型。从流体性质上看，主要可以分为黏性和稀性两种。1984 年，九寨沟暴发的泥石流多是黏性，个别为稀性。20 世纪 70 年代以来，九寨沟内人为泥石流有所发展，森林采伐严重的则查哇沟比较突出。

九寨沟泥石流规模一般较小，每次物质来量少则几十立方米，多则几千立方米，危害也各不相同。沟内泥石流造成的危害，包括毁坏森林、冲毁淤埋公路、阻塞交通、影响旅游活动和破坏景观资源。泥石流把大量泥砂石块冲入海子，淤积湖面，缩小容积，改变景观形态。沟内部分居民聚居地处在泥石流堆积扇上，泥石流的发育会直接威胁堆积扇上的房屋建筑和人类活动的安全。1983 年，下季节海子沟发生泥石流，破坏公路数十米，泥砂进入海子形成一片石滩。镜海因多处泥石流，湖泊尾部泥沙淤积，每年以 20 米的速度向海子腹地扩张。1984 年，年丹祖沟发生 4 次泥石流，严重污染湖泊。1984 年 6 月 7 日、17 日，7 月 15 日，7 月 24 日，九寨沟发生 4 次泥石流，镜海、犀牛海、季节海、熊猫海等大小海子遭到污染，受到不同程度的破坏。

三、滑坡

九寨沟有新老滑坡多处，大都与古泥石流堆积扇和现代岩崩倒石锥相伴生。滑坡一般以顺层滑坡或在断层破碎带上发育形成较多，前者如长海西北角山头的顺层滑坡，后者如荷叶沟断层滑坡体。

九寨沟主沟内比较大的滑坡为荷叶沟下游左岸的荷叶寨滑坡。这是一个发育于荷叶沟断层上的砂板岩地层中的老滑坡，到 2005 年仍有局部活动。该滑坡滑动面的剪出口基本上与荷叶沟沟床在同一位置，老滑坡体的后壁在半山腰荷叶寨子以上，相对高差大于 200 米。荷叶沟有长流水，水流冲蚀滑坡体基脚，形成临空面，滑坡体前端多次滑动，逐年发展，老滑坡体呈现出多级滑动平台特征。滑坡的后壁处多形成凹坑，一遇降雨地表水汇集其中，渗入滑坡体内，进一步促进滑坡的发展。该滑坡体进入荷叶沟的大量泥砂物质，是荷叶沟泥石流固体物质的主要来源。荷叶沟的泥石流是比较典型的滑坡型泥石流。

四、崩塌

九寨沟地处高山高原过渡区，地震和基岩褶皱断裂以及风化作用，产生大量的岩块和岩屑，累积形成崩塌。高位崩塌主要在森林线以上的高寒风化带内，形成高位的岩屑坡、石海、石溜、岩屑锥等；低位崩塌出现在谷坡到谷底的山麓部位，以不同规模的倒石锥出现。

从崩塌的时代和活动性质看，九寨沟的崩塌大体有两种：一种形成时代较早，崩塌锥体上已生长有森林植被，相对比较稳定，形态大体还能分辨；另一种形成时间相对较年轻，或尚在形成过程中，崩塌堆积体、崩塌崖、崩塌滑道等都比较新鲜，崩积体上只生长着一些次生的植被。

无论崩塌或滑坡，绝大部分都在山麓或谷底形成锥状或丘状的堆积体，它们堵塞谷地，为谷地地貌的形成创造条件，或是成为谷底河流搬运和支沟泥石流形成的主要物质来源。

九寨沟内大大小小的岩崩倒石锥不胜枚举。新的崩塌发育多是由地震引起的较大崩塌，如树正瀑布两岸、诺日朗、高瀑布附近、沃洛色嫫山山脊两侧、长海和下季节海子岸边等。老的崩塌分布范围更广，沟内的众多瀑布、陡坎都与之有关。

树正瀑布以上的无名海边上有一个较大规模的倒石锥。高度大于200米，底宽不小于150米，锥面坡度35°，稳定性差，局部因修公路开挖锥的基脚而引起活动。

熊猫海右岸有一处规模宏大的倒石锥。锥面坡度38°，稳定性差，紧邻公路和海子，直接威胁九寨沟内的公路交通，其中的大量碎石块、泥砂已有部分直接充填无名海和熊猫海。

季节海子悬沟的坡面泥石流，发育在该倒石锥上。大量的石块进入下季节海之中。

长达7.5公里的长海两岸大小岩锥有27处。长海上游右岸山坡上海拔3300米处的原始森林中，发育有一个岩崩倒石锥。底宽约300米，高度达500米，规模为九寨沟内少见。该倒石锥堵塞山谷溪流，形成一个数亩大小的海子，人称“碎石海”。

扎如沟内，在扎如寨和郭都寨附近比较大的倒石锥不少于4处。

第二章　人文地理

与自然地理的相对稳定不同，人文地理的时代变迁是其基本特征。九寨沟的人文地理以该地区的历史沿革和时代变迁为基本内容，致力于勾勒该地人类活动的存在状态和基本历史轨迹。

九寨沟内很早就有人居住，这里的人类活动至少可以追溯至秦汉时期。但在相当长的历史时期里，九寨沟居民的存在状态和历史活动，湮没于所在区域的模糊叙述与零星记忆之中。大致来说，九寨沟的人文地理可以分为四个历史阶段：清代以前的九寨沟、清代及民国时期的九寨沟、中华人民共和国成立后的九寨沟、设立自然保护区和风景名胜区的九寨沟。清代以前的九寨沟，限于文献缺失，只能通过关于川西北的区域性历史叙述、族群考察和零星的考古发现获得间接的有限的认识。清代以后，“和药九寨”之名出现在土司的序列，在一些涉及白河流域的地区性历史事件中也能够看到“九寨”族群的身影。打破传统九寨居民生活的宁静是从林场建设开始的，正是从这个时期开始，九寨沟的风光和自然生态开始走入更多人的视野，九寨沟“被发现”了，但受限于林场自成体系的生产生活方式和相互之间的言语隔阂，九寨沟的居民依然在一个相对狭小的空间里延续着千百年来缓慢、悠闲而又贫瘠的生活。九寨沟人文地理格局的彻底改变是从 1978 年设立自然保护区开始的。从那时起，九寨沟的生产与生活方式有了全新的根基，随着旅游开发建设的展开和对外交往通道的变宽，新旧地理格局之间的更替加速，有关九寨沟的人文地理也正式成为一个值得关注的话题。

第一节　区域沿革

一、和药九寨

九寨沟所在的九寨沟县（原南坪县）古称“羊峒”，根据流域关系分为上、中、下三羊峒，九寨沟属中羊峒范围，清代有“三舍羊峒和药[①]寨土司”管辖九寨。

秦汉及此前，九寨沟县所在地域属氐羌族群活动地，汉承秦制，设氐道管辖，为益州广汉郡甸氐道。三国为蜀汉益州阳平郡氐道。西晋改属秦州阳平郡，东晋没于吐谷浑。西魏逐吐谷浑置宁州。北周改宁州为邓州，置宁郡，领尚安、同昌二县，天和元年（566 年）改置扶州。隋仍置扶州和邓州，大业三年（607 年）罢扶州置同昌郡。唐仍置扶州。五代十国为前蜀扶州，后蜀陷于吐蕃。宋属吐蕃。元仍名扶州。明属四川布政使司成都府松潘卫。清为四川省成绵龙茂道龙安府松潘厅南坪营。民国属松潘县。

① 寨名，又写作“和约”，今作“荷叶”。

清雍正二年（1724 年），三舍羊峒和药寨土司甲利“归诚授职，由川督给以委牌一张”，管辖和药九寨。同治 3 年（1864 年）撤销土司，设守备一名，俗称“土官”。民国 3 年（1914 年）属松潘县管辖，南坪为松潘分县。民国 25 年（1936 年）（一说民国 24 年，1935 年）南坪为松潘县第二区，九寨沟属南坪第六联保之隆康七寨保。民国 31 年（1942 年），精简六联保为上塘、永安、下塘三乡，九寨沟属上塘乡。

二、九寨村镇

1949 年南坪解放。1953 年设置南坪县，成立南坪县人民政府，塔藏和前山六部由南坪县管辖，上塘乡和药九寨（今九寨沟）属塔藏乡。1955—1956 年，南坪县实行民主改革，废除旧的区乡保甲制度，建立区、乡、村三级行政体制，上塘乡和药九寨属白河区的塔藏乡隆康村，后定名为塔藏乡扎如村、荷叶村、树正村 3 个村级行政单位。1958 年，九寨沟属塔藏人民公社第五大队。1959 年，南坪县并入松潘县，1961 年设立隆康乡，九寨沟改属隆康乡，分置扎如、树正、荷叶 3 个村。1963 年复置南坪县，九寨沟仍属隆康乡，辖 3 个行政村。1965 年为白河区隆康公社的扎如、树正、荷叶 3 个大队。1967 年，九寨沟内开始设立林场。1978 年，国务院在九寨沟设立自然保护区。1980 年，九寨沟自然保护区管理所正式成立。1984 年恢复乡村建置，九寨沟为白河区隆康乡的扎如、树正、荷叶 3 个行政村，共辖 14 个自然村寨。扎如村的自然村寨有扎如、热西、尖盘、郭都、纳得、若也得。树正村的自然村寨有树正、黑果、日寨、则查哇。荷叶村的自然村寨有荷叶、亚纳、盘亚、热浪。3 个村各有 3 个自然村寨在该村中较大一些，分别为热西、尖盘、郭都、树正、黑果、则查哇、荷叶、亚纳、盘亚，共计“九寨”。1988 年 8 月，设立九寨沟镇，辖漳扎、彭丰、树正、扎如、荷叶 5 个行政村。塔藏乡、隆康乡建置不变，由县政府直辖。1992 年 10 月，隆康乡与塔藏乡并入九寨沟镇，镇辖 16 个行政村。1997 年底，国务院批准南坪县更名为“九寨沟县”，1998 年 2 月，九寨沟内树正、荷叶、扎如 3 个行政村划归九寨沟管理局管理，村民委员会改为居民委员会。6 月，南坪县正式更名为“九寨沟县”。7 月，九寨沟镇更名为“漳扎镇”。

三、行政辖属

九寨沟为行政建置和职能管理重叠地区，自 20 世纪 60 年代以来，在原有的自然乡村（社队）建置基础上，陆续设立林场、保护区、风景名胜区等职能管理和开发机构，形成复杂的辖属管理格局。

1966 年，国务院筹建南坪林业局，九寨沟林区纳入其开发和管理范围。

1978 年，国务院将九寨沟划为自然保护区，保护大熊猫等珍稀动物及森林生态。

1982 年，国务院将九寨沟列入第一批国家重点风景名胜区，风景区北部外围地带即白河主干流域由塔藏乡和隆康乡管辖，九寨沟内即白河支流流域由风景名胜管理机构和自然保护区管理机构管理，沟内居民由村委会管理。

1988 年，设立九寨沟镇，整合行政建置和职能管理机构，尝试统一管理九寨沟内和沟外区域所有事务。1992 年，行政建置和职能管理机构分置，九寨沟镇对沟外白河流域实施行政管辖；九寨沟主区域由管理局实施管理，行使旅游开发和自然保护等职能。1998 年，改设漳扎镇，统一管理白河流域行政，九寨沟内树正、荷叶、扎如 3 个自然村的村委会改为居委会，行政关系隶属九寨沟管理局，管理局下设居民管理办公室。

2005年，九寨沟县辖2个镇15个乡，户籍人口61058人，有藏、羌、回、汉等民族。漳扎镇辖13个行政村：隆康村、从垭村、彭丰村、漳扎村、永竹村、牙屯村、中查村、郎寨村、上四寨村、干海子村、牙扎村、沙坝村、二道桥村。九寨沟管理局辖3个居民委员会：扎如居民委员会、荷叶居民委员会、树正居民委员会。

九寨沟县位于四川省西北部，阿坝州东北角，西、南与四川省若尔盖县、松潘县、平武县接壤，东、北与甘肃省文县、舟曲县、迭部县相邻。地理坐标北纬32°53′—33°43′，东经103°27′—104°26′，辖区面积5286.29平方公里。

第二节　村寨社区

一、沟内村寨

九寨沟得名于沟内村寨，据文献记载，九寨沟区域有9个大的寨子同属一个土司管辖，称“和药九寨”。“九寨沟”因此得名。历史上，九寨沟内居民主要居住在日则沟五花海以下和扎如沟若也得寨以下流域范围，其他支沟作为放牧区。扎如沟的高山草场既是扎如沟村寨居民的牧区，同时也是荷叶、盘牙和沟外彭布寨的放牧区。每个寨子的位置都在各自村寨的神山脚下，居民聚居于各村寨。20世纪70年代，九寨沟内寨子缩减为7个，其中彭布寨位于沟口外半山腰，沟内有人口700余人，基本集中在距沟口10余公里的谷底。到1982年，九寨沟有户籍人口806人。截至2005年，沟内共有居民260户1037人，九成以上是原住居民，以藏族为主。沟内村寨居民传统从事半农半牧经济，20世纪80年代后主要从事旅游服务业，一部分人参与九寨沟的保护和管理工作。

树正寨　藏语的汉语译音“许季”的讹变。据当地人讲，“许”藏语意为“多”“超过”，“季”是指一个寨子及生活在这里的人。意思是说这里的人做事、说话、辩论时点子特别多。原有耕地1598亩，人口279人。

荷叶寨　藏语的汉语译音“沃若”的讹变，清代和民国文献写作“和药”或“和约”，意为爱认死理，主观意识强，不太容易接受不同的主张。一说“和药”的意思为“奶筒”。和药寨是管辖九寨沟的土司所在的村寨，为“三舍羊峒和药九寨”之首。原有耕地1894亩。

盘亚寨　藏语的汉语译音，又写作“盘牙”。“盘”意为协助、帮助达到好的结果之意，“亚”意为牦牛。每年过年盘亚村都要跳牦牛舞。一说为“好看的山坡”的意思。

郭瓦寨　藏语的汉语译音，意为在高坎上的寨子。

亚纳寨　藏语的汉语译音，意为黑色的手，得名于村寨的服饰。生活在这里的居民，用羊毛纺织藏服（藏语称“亚阿”）时，袖口总是用黑色羊毛纺织。于是，这种被称为“亚纳”的服饰就成为这个寨子及其居民的标志。

尖盘寨　藏语的汉语译音。藏语“尖”意为“辩论”“挑战”，“盘”意为“高超”“厉害”。据说，以前春天种完庄稼后，在种子破土出苗的空闲时间，九寨沟内每个村寨的人要集中在一起跳“夏嫫”。寨子之间各自为阵，就一个话题展开，由能唱会道的人领唱，一问一答，边唱边跳，有时要唱几天几夜不休战，无形中成为一种暗中较劲的比赛，不把对方寨子问唱得无以应答，决不“收兵”。据说，当时尖盘寨有位男子，能言善辩，能唱会跳，在各寨中为佼佼者，屡屡胜出，因而寨子因这名出色男子而沾光，得名“尖盘”。

图 1－7 2000 年的尖盘寨

扎如寨 藏语的汉语译音“扎畜哇”的讹变。“扎畜哇”是“又陡又窄的石山”的意思。扎如沟的很多土地是在靠近林地边的灌木丛中开垦出来的，土质差，农作物产量低，每年不用交公粮。在当地文献里，“畜”具有富裕、富饶之意。原有耕地 1012 亩，159 人。

郭都寨 藏语的汉语译音，是从四面八方聚在一起的意思。据说，以前郭都只有两三户人家，尖盘、盘牙、亚纳等地的人到扎如沟开荒置地，后举家搬迁到郭都定居下来。

热西寨 藏语的汉语译音，是好得像一面镜子的意思。一说是“山脚”的意思。热西寨是扎如沟最后形成的一个村寨，四面环山，气候比较湿润，土壤肥沃，地势平坦，用水便利。老扎如寨和郭都寨的居民都搬迁下来，在热西寨聚集，形成扎如沟最为集中的居民驻地，扎如行政村的驻地设在这里。

则查哇寨 藏语的汉语译音“孜嚓诺”的讹变，意为在角落里。据说生活在那里的人特别腼腆，聚会时不爱显摆，总是躲在角落里，加之其地理位置在相对边缘的地方，因而得名。

除上述大村寨外，九寨沟内还有一些小寨。

黑果寨 位于黑果沟。“黑果”是欢乐、高兴的意思。黑果寨的人是从南坪县城附近的黑果迁过来的。旅游开发后，为方便从事旅游服务和环境保护工作，村民搬迁到树正寨，原黑果寨有 11 座年久失修而处于不同受损状态的房屋，处于半废弃状态，每年夏天村民会回去在自家房前屋后的菜园子种植蔬菜。

日寨 取“山下”的意思。位于日则沟，后习惯称为“日则”。

纳得寨 在扎如沟内，经郭都寨往沟内深处。“纳得”是森林以上的意思。

若也得寨 在扎如沟内，纳得寨的更深处。“若也得”是燕麦地的意思。

热浪寨 得名于村寨的环境，“热浪”是林中坝子的意思。

二、周边社区

九寨沟周边居民主要为原隆康乡和塔藏乡居民。随着九寨沟的旅游发展，九寨沟周边居民的经济生产结构逐渐从传统农牧业转向以旅游服务为主的第三产业，围绕九寨沟分布的社会圈层结构初步形成。这个圈层结构统称为九寨沟周边社区。周边社区有广义和狭义的区分，由近至远可以分为3个圈层。最近的一个圈层是九寨沟沟口沿白河上下两岸的旅游服务区，主要涉及沟口上游彭丰村和沟口下游隆康村。次一级为漳扎镇，包括漳扎旅游镇和其管辖范围内其他与旅游服务相关的发展区域，范围以白河流域为限。最外围为九寨沟县，既为九寨沟旅游发展提供支撑，又受益于九寨沟旅游的发展，旅游业成为县域支柱产业。

九寨沟周边社区的人口大致可以分为三类：一是九寨沟管理和经营单位员工，二是当地常住人口，三是旅游业发展带来的流动人口。1984年，九寨沟管理局职工总数129人，其中干部12人，工人18人，临时用工（合同工、临时工、季节工）99人。1985年，九寨沟管理局有正式员工28人，合同工约100人。1990年，九寨沟镇有居民417户，2094人。2000年，漳扎镇有居民2752户，11270人。截至2005年，漳扎镇户籍人口有2118户，6768人，其中农业人口4317人，非农业人口2451人；九寨沟县全县户籍人口数为61058人，其中农业人口43721人，城镇化率55.78%。

（一）彭丰村

彭丰村位于九寨沟沟口上游，村驻地据九寨沟0.7公里，白河贯穿区内。

（二）隆康村

隆康村位于九寨沟沟口下游，村驻地距九寨沟景区2.5公里，距县城37.5公里，白河贯穿区内。

（三）漳扎镇

漳扎镇，原南坪县白河区，是以藏族为主体的民族杂居区，1988年撤区设镇，镇政府驻地漳扎村，距县城约43公里，海拔2089米。2000年第五次全国人口普查，漳扎镇总人口为11270人（含外来务工人员），其中藏族5411人，羌族2391人，汉族5287人，回族293人，满族9人，苗族6人，彝族1人，蒙古族9人，土家族4人，白族3人，其他民族8人。在总人口中，藏族占48.5%，汉族占46.9%，汉族人口多是外来务工人员。2005年，全镇户籍总人口2118户，6768人，其中农业人口4317人，非农业人口2451人。

漳扎镇位于长江水系嘉陵江上游支流白水江的西源，白河流经全境，地理坐标北纬33°02′—33°21′，东经103°38′30″—104°03′40″。东接白河自然保护区，南与松潘县的漳腊区以弓杠岭为界，西与大录乡接壤，北与黑河乡绕腊沟、陵江乡羌河沟相邻。

漳扎镇全镇辖区面积1540平方公里，九环公路（省道301线）穿境而过。1986年，白河区（今漳扎镇）有耕地1500公顷，经济以农牧业为主。种植玉米、小麦、胡豆、青稞、洋芋及杂粮；牲畜有牛、马、羊、猪，1986年，全镇（白河区）大牲畜存栏19500头；种植药材有当归、党参、大黄，野生药材有贝母、麝香、鹿茸、朱苓、党参、黄芪、天麻、细辛、大黄、虫草。经济林木主要为核桃、花椒，有部分苹果、梨。饲养牛羊。矿产资源有铁、煤、硫黄、银等。随着九寨沟旅游业不断发展，游人大幅度增加，周边社区获得巨大发展机遇，大量耕地被占用。1995年3月29日，九寨沟镇列入建设部第二批小城镇建设试点镇，定位为旅游集镇。传统种植、养殖业所占比重大幅缩小，逐渐形成围绕九寨沟旅游的产业群体，旅游服务业显著发展。2000年，漳扎镇实行退耕还林。

2005 年，全镇耕地面积 120 余公顷，牲畜存栏 4023 头。

20 世纪 80 年代以来，漳扎镇根据各村寨不同的情况，将全镇 13 个村分为两种类型，分别制定发展规划。离九寨沟口较近、沿九环线的几个村，盘活土地资源，积极招商引资，修建宾馆饭店和购物中心等，大力发展第三产业。离九寨沟口和九环线较远的几个村，推进农业产业化，加大农业产业结构调整力度，大力发展种植、养殖业。2005 年，全镇拥有宾馆、饭店有 91 家，其中五星级宾馆 2 家，四星级宾馆 3 家，三星级宾馆 9 家，二星级宾馆 1 家，有客房床位近 2 万张。彭丰、漳扎、隆康三村成为旅游集镇核心，从事旅游业人员占到全镇劳动力 95% 以上，初步形成旅游业、商贸业、种植业、畜牧业等齐头并进的发展格局。围绕旅游业，先后在沙坝、永竹、隆康等村建成生猪养殖基地、大棚蔬菜种植基地、花卉培育基地和圈养羊基地等。2005 年，全镇经济生产总值为 2820. 50 万元，全镇农村人均纯收入 5236 元。

第三节 社会变迁

一、考古发现

九寨沟的历史可以追溯到新石器时代。

2005 年 11—12 月，阿坝州文物管理所与九寨沟县文化体育局联合组成的考古调查组，在九寨沟荷叶寨西北侧的荷叶、尖盘、盘亚 3 个自然村采集到大量早期泥质陶、夹砂陶陶器标本。通过对陶质、陶色及纹饰的分析比较，考古工作者判断这是从新石器时代至汉代的遗留物，发现地点被命名为“荷叶寨遗址”。

二、历史时期

历史时期，九寨沟区域村寨聚落的社会生活缺乏直接的文献记载。

从有限的文献可以推知，先秦及秦汉时期，生活在九寨沟的族群主要为氐羌族群，很早便与中原地区存在物质和文化上的交往联系。至迟在秦汉时期，九寨沟一带已纳入中原王朝的统治范围，长期处在中原文化与西部少数民族文化的交界区域。到五代后蜀时受吐蕃统治后开始吐蕃化，逐渐形成以藏族为主体的村寨和社区。

九寨沟区域地处岷山腹地，群山环峙，谷深林密。地理位置在松州（今松潘）以北，气候较松州稍暖，夏不甚热，冬不甚寒。多崇山峻岭，无平原旷野。官道沿白河经九寨沟沟口而过，道路崎岖，仅容车马往来。白河沿线有三四处小型关堡，有戍边的军士屯驻。清雍正年间（1723—1735）允许士卒家属开垦河流沿线如隆康等的“空隙荒地”“插占为业”，移民人口增加。村寨聚落多在沟谷半山腰或山头，分布稀疏。居民多从事山地农业，种植高粱、青稞、大麦、荞麦、黄豆、玉米等，有制作和饮用咂酒的习俗。兼营采集、畜牧、狩猎，有独具特色的牛羊毛纺织技术，基本自给自足。党参、大黄、当归等药材是与外界交易的重要物品，一般交易需至县城（南坪）或越岷山至松州。

九寨沟区域的村寨聚落构成该区域的基层社会形态，历史上称为“峒”。村寨“大抵依阻山谷，并林木为居”，如在洞中，故名，是因交通闭塞而存留下来的一种形态比较原始的村社共同体社会。秦汉时期九寨沟属氐道管辖，“道”是秦代在郡县制中央集权制度下兼顾少数民族地区特殊社会形态而设立的地方行政建置，“氐”是“低”的意思，相对于高原草地以畜牧业为主的族群，“氐道”就是从事低地农业的氐人社会分布区域。包括九寨沟区域在内的岷山中段北麓氐人村寨又兼从事采集、畜牧和狩猎，通常以数个或二三十个不等的家庭组成大小不一的村寨，拥有共同的耕地、山林、草场等生产资料，家庭财产多寡不一，共同劳动，平均或按贡献、地位等原则分配劳动产品。同一沟谷的村寨又往往结成更大的村社共同体。一峒有一峒之首领，史志有“洞首”或“洞官”之名，九寨沟区域早期“羊峒”首领的具体名称不见于记载，民国《松潘县志》有“酋长”“番酋”等称呼，属于部落首领或头人性质，在村寨社会生活中居于核心位置。

自秦汉至民国，九寨沟区域的这种基层社会形态保持大体稳定。汉以后，九寨沟所在区域的行政建置“道”逐渐为“州县”建置所替代，至唐宋仍不脱“羁縻”性质，元明清土司制度将村社共同体的首领以“土司”或“土首”的名义纳入统一的行政体制，在区别于流官的同时强化中央王朝的统治，村社共同体的内部分化加剧。九寨沟“三舍羊峒和药寨土司”甲利于清雍正二年（1724 年）获得朝廷正式任命。咸丰十年（1860 年），松潘发生“庚申番变”，包括“和药九寨”在内的南坪各番寨卷入其中。同治三年（1864 年），清军收复南坪，随之实施“改土归弁”，撤销土司，“改授土守备、土千总、土把总、土外委，酌给土饷，以示羁縻”。民国时期文献所见的“羊峒八寨”“和药九寨”“隆康七寨”“羊峒臧咱[①]寨”等即为九寨沟区域村社共同体存留的见证。

宣统三年（1911 年），四川保路运动走向激化，随后导致辛亥革命，松潘驻军内调，引发“番变”，波及九寨沟区域。在“四寨土守备杨官成”和隆康“七寨土守备尤仲盖”的协调下，地方官员及士绅马秉忠、左培槐和羊峒八寨土千总尕让塔、和药九寨土守备尤仲等 60 余人在隆康“议和三日”，最终“对空要誓，歃血定盟，订立和约八条”，且“刊碑立石，以志永久”，消弭一场动乱灾祸。

三、传统生产与生活

到 20 世纪 80 年代初，九寨沟内村寨的生产方式仍属传统半农半牧经济，传承有一套独具地方特色的记时方法。按这种方法，一年 12 个月用 12 种动物生肖来计算，第一个月为鸡月，最后一个月为猴月。每个月的每天也用动物生肖来计算，第一个月即鸡月的初一为虎，初二、初三、初四依次为兔、龙、蛇……一直到三十天为止。第二个月的初一为猴，以后每个月初一都是虎和猴相互交替使用。其中，初一、初八、十四、十五、十六、二十二、二十九、三十是当地人心目中的好日子，十五被视为每个月最好的日子，而且十五只会是龙十五或狗十五。如果初一为虎，该月十五为龙；初一为猴，该月十五为狗。这套记时方法广泛使用于九寨沟居民的生产、生活和宗教活动。

用这套记时方法记录生产活动，分别形成农作时令、采药时令和畜牧时令，农业生产、采集、打猎等活动都依时令而有序展开。农作时令中，一月，捡石头、整地、编栅栏，为播种做准备；二月，从牛羊圈中挖肥、背肥，为播种准备自然肥料；三月，种植青稞、小麦；四月，种玉米、蔬菜；五月，种胡豆、洋芋；六七月，给玉米除草；八月，收割青稞、小麦，翻地种荞麦；九月，收割胡豆、土豆；十月，收割玉米，打核桃，种植冬麦；十一月，打粮食；十二月，捡柴。采药时令中，四月，挖柴胡、虫草；六月，挖猪苓；七八月，挖贝母、细辛；九月，挖秦艽；十月，挖羌活、大黄。畜牧时令中，三四月，牛、羊繁殖；五月，剪羊毛；六至八月，挤牛奶，做奶渣和酥油；

① 今作“漳扎”。

十至十一月，耕完地，把牛放回牧场。到退耕还林之前，九寨沟居民的生产活动紧张而有趣。

1983年，九寨沟内村民有耕地4200亩，亩产粮食100公斤左右。到1985年，耕地扩大为4387亩，人均5.3亩，此后逐年减少。村民种植粮食作物有玉米、小麦、青稞、洋芋、荞子、黄豆、胡豆、豌豆、大麦、燕麦等，油料作物有菜籽、麻子、荏子等。耕作粗放，玉米、洋芋、蚕豆实行条播，麦类、油料实行撒播下种。大部分地方只种一季庄稼，少数地方增种一季荞子，土地一般耕两次后播种。收获作物挂上晾架，春节前一二月才脱粒完。驮粮、运肥大多用畜力和人力，脱粒以人工为主，少数用脱粒机。农具种类多。耕地用犁、铧、隔子、杠头①，古老的耦耕（二牛抬杠）方式一直沿用；播种用尖锄、二齿锄、铁耙子、锨；除草用草锄子；打土巴②用长柄木榔头；脱粒用连枷、木耙、扬叉、风车；运粮用毛口袋、皮口袋、背篼、撮箕；绳索有毛绳、皮绳、麻绳等。田地管理中已采用喷雾器等农药器械。村寨周围分布有成片森林，传统有砍伐、打猎、采集等活动。经济林木主要品种有苹果、核桃、花椒等。除扎如、荷叶两村的苹果有小型果园外，其他大都在房前屋后零星栽种。

图1－8　20世纪80年代，使用二牛抬杠方式耕地的树正寨村民

沟内饲养的传统牲畜包括黄牛、牦牛、犏牛、杂牛、马、骡、驴、山羊、绵羊、猪等，最多时有两三千头，为农业提供畜力和肥料。牲畜饲养下放到户后，牛马放牧以村为单位开展。夏秋实行远牧，固定放牧员一人，每户按放牧头数比例付给报酬。扎如村、荷叶村一部分牛马和附近彭丰村的牛马在扎如沟的5个高山牧场放牧，树正村的牛马在黑果、则查哇牧场放牧，荷叶村一部分牛马在本村牧场放牧。牧场搭有固定的人住简易棚和牲畜栅栏。放牧人员每月回寨两次取口粮和副食品等。冬春牲畜回寨圈养，各户自管。羊群集中在村寨附近放牧，以户为单位轮流派一名小孩看守，当天赶回各户圈中踩粪积肥。无羊户不派人参加放牧。猪以户为单位圈养，少的养一两头，多的七

① 架在两牛脖上的木架，轭的一种。

② 泥巴，泥土。

八头。畜产品数量不多，主要自用。牛羊皮用来做皮裤、皮绳、皮口袋、羊皮袄和牛皮鼓等，牛羊毛用来擀毡，织毪衫，做毛口袋、毛绳和牛毛帐篷等。牛羊猪肉大都自食。

传统副业有运输、编织、烧炭、烧石灰、烧砖瓦、砍柴、卖畜产品、打猎、挖药等。

沟内世居居民主要为安多藏族，说安多藏语，居民文化水平普遍不高，中华人民共和国成立前出生的老一代几乎都没有接受过教育，第二代普遍以初中及以下文化程度者居多。家庭结构为传统多代聚居方式，一代有3—5个小孩。

沟内居民信奉苯教，崇拜九寨的山山水水，神山有沃洛色嫫等，寺庙有苯教寺庙扎如寺。传统村寨建筑适应自给自足的半农半牧生产方式，人畜分居，兼有生产、生活和信仰等多种功能，抗震性较好。饮食主要有酥油、奶渣、酥油茶、糍粑、青稞酒、葱饼、酸菜面块、血肠、洋芋糍粑、荞麦面食、火烧夹心馍等。婚嫁一般要经历送求亲酒、喝求亲酒、订婚、迎亲、婚礼、回门等程式。丧葬主要盛行土葬，传统有在去世人嘴里塞灵药的习俗。

九寨沟居民服饰穿着以藏袍为主。传统藏袍肥腰、长袖、大襟、系带，除用于日常御寒以外，外出时也用作夜晚睡觉的被子。日为行装，夜为盖被。男子喜戴礼帽，内穿白色单衣，外着红、紫、黑、咖啡等色的氆氇或呢子长衫，常用水獭皮、豹皮或五色装饰绒镶嵌衣领、袖口和下摆。系红色或黄色腰带。老年人习惯穿用牛皮或野猪皮做的连袜鞋。青年人穿长统靴，腰间配60—70厘米腰刀一把，另挂一把30厘米的吊刀，刀柄、刀鞘用金、银、玛瑙和珊瑚装饰。老人或颈项挂佛珠，男人或戴银单耳环。流行镶金牙和银牙。女子喜戴羔皮圆形帽，40岁以上妇女帽子不开口，40岁以下开口，少数戴礼帽。佩戴缀有玉、珠等物的银或金耳环以及由玛瑙、琥珀、珊瑚或玉石精制的串珠式项链。背后从头到足披一宽皮带，上缀一排或双排镂花银碗和珠子，腰间加系一条金银珠宝装饰的皮窄腰带，正中悬挂一银钩，用于挤奶时勾挂奶桶。胸前挂一银制经盒，以示对佛的虔诚敬意。双手佩金、银或象牙、玉石手镯，右手无名指戴金、银戒指。

九寨沟居民的传统节日包括寺庙法会、季节法事和节气、年节等，主要节日有嘛孜珍卿、娘美都卿、顾朵、转山会、春节。节日时，居民身着最华美的服饰，带上青稞酒，或祭祀神山圣水，或观看僧侣法舞，或互敬祈福，祈祷平安，驱邪镇恶。

四、林业开发

九寨沟所在的南坪县地处岷山山脉深处，是阿坝州重点林区之一，森林面积30.62万公顷，蓄材量5198万立方米，可伐量3474万立方米。①

1956年，九寨沟纳入林业部川西北森林资源普查范围。1960年，中南林业勘探设计院制定白龙江林业开发设计任务书，将九寨沟列入首批林材开发点。同年，四川省森林勘察一大队对南坪全境林区进行三级经营设计。1963年，国务院批准白龙江林区第一期设计任务，林业部派中南林业勘探设计院前往九寨沟考察建设林场的具体方案。1964年夏末秋初，中南林业勘探设计院相关人员考察包括九寨沟在内的南坪县后，设计出南坪林区总体开发规划图。规划查明九寨沟内森林储备总量为400万立方米，设计根据当地林木80年的生长周期，制定年林业采伐量为5万立方米。规划中，九寨沟内原设计建1个林场，场部设荷叶寨，后设计为3个，即荷叶林场、日则林场和泽则林场。至

① 九寨沟所在的南坪林区是四川省重点林区之一。据1960年森林资料调查资料，有林地面积217023公顷，蓄积量为50721950立方米，利用经营区33489890立方米。（《阿坝州森工志》，四川美术出版社1999年，第43页）

1979年，九寨沟内3个林场范围探明森林资源储量为507.82万立方米。

1966年5月，国务院批准筹建南坪林业局，初为中央部属企业，名称为“白龙江林业管理局南坪林业局”。1969年5月，南坪林业局管辖权下放到四川省，1970年更名为“四川省南坪森工局”，1972年1月更名为“四川省南坪林业局”。1981年1月下放到阿坝州，同年11月更名为“阿坝藏族自治州南坪林业局”。全局辖13个基层单位，包括7个林场和汽车队、基建工程队、水运处、职工医院、子弟校、机修厂，机械化程度较高，基本上机械化采伐、集运。1966—1999年，南坪林业局累计生产木材325.78万立方米，平均年产量9.87万立方米。

1966年12月，南坪林业局组建塔玛林场，又称长征林场，编号121。1967年6月组建泽则林场，又称九寨林场，编号124；7月组建塔藏（干海子）林场，又称红岩林场，编号122；8月组建达基林场，又称胜利林场，编号123；1971年4月组建八郎林场，1972年停建，全部人员搬迁到九寨沟组建日则林场，编号126。以上5个林场都分布在白河流域，其中124和126两个林场在九寨沟内，124林场采伐则查哇沟方向森林，126林场采伐日则沟森林。①

图1－9　20世纪60—70年代，九寨沟运送木材的汽车

林业部根据1956年《国有林主伐试行规程》，确定南坪林业局的采伐方式为“带状连续皆伐”②。南坪林业局所处高山峡谷区的“带状连续皆伐”有如下规定：阴坡、半阴坡冷杉、云杉、铁杉等各类森林，除山上部按规定划保留林带外，根据自然地形，纵坡区划伐块，伐块下限最低点在海拔3500米以上者，伐块面积不大于8公顷；凡伐块下限最低点海拔在3500米以下者，伐块面积不大于10公顷。如伐块纵坡长度在1000米以上者，面积可扩大到15公顷。每一伐块横向宽度不得大于150米。在每一伐块内等分为上、中、下三环，上环实行择伐，强度不超过蓄积量的40%，中、下环实行皆伐，两伐块之间如无大小山脊间隔的，应人工划留50米宽的纵向保留林带。伐块内所有规定保留的林木，应呈纵向保留于地形突起的地方。半阳坡的冷杉、云杉、铁杉等各类森林，实行窄带采伐、沟漕皆伐、梁包择伐，总采伐量不超过蓄积量的50%，采伐面积不大于5公顷；如地形起伏不大，则实行窄带皆伐，面积不大于5公顷，伐块间划留50米宽的保留林带。阔叶树（杨、桦、栎等）实行块状皆伐，伐块面积不大于10公顷。其中，高山松、油松林实行留有母树的块状皆伐。母树要生长健壮，分布均匀，每公顷不少于30株，伐块面积不大于8公顷，两伐块间如无大小山脊间隔的，人工划留50米以上宽的保留林带。实际执行中有伐块面积达到20公顷。

1967年，建泽则卫生所，有医生4人，设中、西药房和4张病床。1972年9月，南坪林业局在

---

① 121、122、123林场都在后来的九寨沟外围保护地带。

② 林业采伐方式之一。把林区划分为多个采伐带，按照一定顺序间隔采伐。采完一个采伐带之后，需要隔一定的年限待采伐迹地幼苗成长起来再采伐相邻的采伐带。

泽则（124）场部设九寨林场小学，建校初期开设 2 个班，学生 15 人，教师 2 人。日则林场小学建校初期开设 2 个班，学生 13 人，教师 2 人。

南坪林业局采伐迹地更新起步于 1970 年。1971 年在干海子建立中心苗圃。1976 年开始大规模更新造林。1981—1985 年（“六五”时期），人工更新造林保存率上升到 80%，高于阿坝州 68.2% 的平均水平。

1966—1978 年，九寨沟内 3 个林场建设共投入 313 万元，年产能 4.03 万立方米，前后共计采伐木材 14.34 万立方米。同时，九寨沟的森林生态遭到不同程度的破坏，出现大片残桩秃坡，水土流失，湖泊老化，瀑布水势减弱，海子水位下降，九寨沟生态环境危机引起科学家和有识之士的担忧。印开蒲、吴中伦、马识途、贺晓林、邓一、田树昌、张国威等来自不同行业的有识之士先后以不同方式呼吁保护九寨沟生态。1978 年，国务院将南坪林区位于九寨沟内的日则、泽则、荷叶（筹建中）3 个林场划为自然保护区，已开伐的泽则林场（124）、日则林场（126）停止采伐，荷叶林场停建。投资 253 万元修建的 44 公里林场公路、4.47 万平方米房屋建筑、累计装机 40 千瓦的 2 座水电站，全部无偿移交九寨沟自然保护区，资产净值 110.32 万元。

1980 年底，124 林场撤出九寨沟，从泽则搬迁到黑河流域大录乡，改称“大录林场”。1982 年，126 林场从日则搬迁至大录乡亚隆寨（东北寨），改称“东北林场”。1986 年，121 林场从塔玛搬迁至若尔盖县境内包座乡银青，改称“银青林场”。1987 年，123 林场并入 122 林场。1995 年 11 月，四川省林业厅对建立九寨国家森林公园的有关事项作出批复：白河流域 122 林场全部经营面积纳入森林公园范围；森林公园内原山林权属，隶属关系不变；1997 年 7 月，停止原木生产。1996 年，122 林场停止采伐。1998—2000 年，国家启动实施天然林资源保护工程（简称“天保工程”），122 林场森林管护范围包括塔玛林场、达基寺林场、塔藏林场的全部国有林，天保一期管护面积 609007.5 亩，天保二期管护面积 522068 亩，累计完成人工造林 30670.6 亩，封山育林 47121 亩，中幼林抚育 17680 亩。

1960 年阿坝州南坪林业局森林资源（九寨沟部分）概况表

表 1－18

施业区	沟片名	有林地		成过熟林蓄积（立方米）		疏林地面积（公顷）
		面积（公顷）	蓄积（立方米）	合　计	其中：利用经营区	
塔　藏	合　计	12900	3304700	2946500	1938420	43460
	沙　坝	3810	938600	798100	230850	—
	塔　藏	4797	1137240	1002230	754710	20870
	老塔藏	4293	1228860	1146170	952860	22590
塔　玛	合　计	10874	3525270	3091550	1717140	12180
	小　沟	2130	668460	645620	460870	380
	塔玛河	8744	2856810	2445930	1256270	11800
九寨沟	合　计	21851	5000320	4112530	3299160	85930
	扎如寺沟	7628	1115530	771150	579150	13240
	小　沟	2800	598750	581150	446190	16360
	九寨沟	6303	1570820	1536340	1262780	47520
	长海沟	5120	1715220	1223890	1011040	8810

说明：本表所列森林资源数，为 1960 年森林资源调查数；资料来源于《南坪林业局志》

南坪林业局在九寨沟区域的开发活动，对九寨沟内村寨居民生活的影响有限。九寨沟内林场职工生活自成体系，后勤保障不依赖当地村寨，林场不在当地招收员工，子弟校也不收当地学生，双方言语不同，生活方式差异巨大。林场开发对九寨沟村寨居民的影响主要在林场公路的修建带来的交通便利、现代工业生产的直观印象、林场播放的坝坝电影以及卫生诊所医生的诊治等方面。到20世纪80年代初期，九寨沟内村寨居民的生产生活依然是非常传统的。

五、保护区和风景区居民

1978年，林业部确定将九寨沟划为自然保护区。1980年，建立九寨沟自然保护区管理所。1982年，九寨沟与黄龙寺并列为国务院批准的国家重点风景名胜区。1984年1月，成立九寨沟风景名胜区管理局，九寨沟风景区正式对外开放，发展旅游业。1992年12月，联合国教科文组织自然遗产委员会将九寨沟列入“世界自然遗产名录”。1997年，九寨沟加入世界生物圈保护区网络。2004年1月，国土资源部批准在九寨沟建立国家地质公园。

伴随九寨沟的保护、开放与旅游开发，九寨沟的人类活动及其成员构成发生变化。新的九寨沟社会结构主要包括四类成员：首先是九寨沟内村寨的世居居民；其次是以九寨沟管理局为主的保护、管理和服务人员，他们成为九寨沟居民的新成员；三是来自全国和世界各地的游客，每日成千上万，络绎不绝，是九寨沟的流动人口，既不固定，又常年保持相当数量；四是在九寨沟区域从事旅游行业的人员，成分和状况最为复杂，既有包括九寨沟内在内的当地世居居民，也有外来务工和投资经营的人员，或者怀揣梦想在这里打拼的艺人，等等。

自1978年九寨沟划为自然保护区后，传统林业逐渐转变为育林和护林。1984年正式开放发展旅游以来，远离景区公路的郭都、亚纳、黑果寨居民几乎全部搬到景区公路沿线的荷叶、树正和则查哇。沟内村寨的传统农、林、牧业逐渐萎缩，居民逐步停止耕种和砍柴、烧炭、烧石灰、烧砖瓦、打猎和挖药等传统生产方式。

九寨沟管理局引导沟内居民生产转型，在用工中优先使用沟内居民。发展育林护林业，营造用材林和风景林，聘请技工指导农民育苗，有偿组织农民护林巡山，保护大熊猫和防止山火；优先安排沟内居民参与养路、清林、基建、修桥、木材加工及景点维护等劳务工作，有的聘用到管理局和公司当工作人员；发展沟内旅游种植和养殖业，帮助并指导沟内农民生产蔬菜、猪、牛、羊、禽蛋等旅游业所需农畜产品；帮助兴办旅游服务业，提供必要设施，在经营管理上给予指导。

九寨沟内的世居居民，有些转向兴办私营餐、旅店，有些参与修路、养路、巡山、清捡垃圾、护林防火等区内建设和保护事业，有些参加管理局的旅游服务行业工作，包括导游、出租马匹、统靴和衣服、提供景区照相等服务项目，或成为管理局等单位的管理人员甚至干部。树正村成立蔬菜组，生产蔬菜供应旅游餐厅。

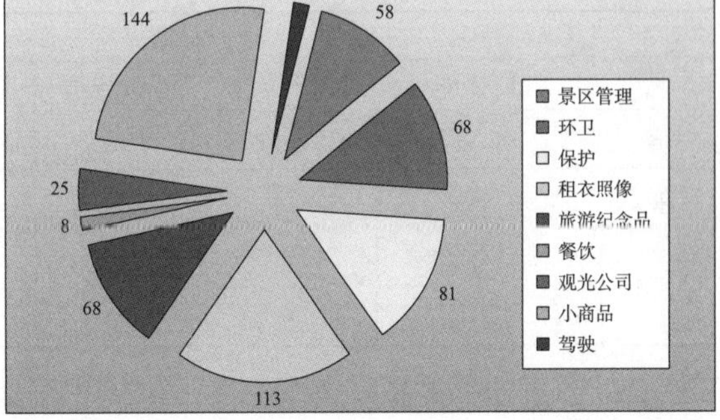

图1－10　2004年九寨沟居民就业统计图（共575人）

1998年，九寨沟内3个村民委员会共204户978人划归九寨沟管理局，管理局成立居民委员会和居民管理办公室进行统一管理，引导居民走符合保护区、风景区发展要求的经营创收之路。2003年，沟内3个居委会共有243户，972人，其中就业人员共462人。2004年，沟内有世居居民260户，

1030 人，就业人数增加到 575 人，基本以从事旅游业作为主要经济来源。除在管理局等单位从事旅游管理工作外，沟内居民主要从事环卫、导游、驾驶、林政、消防、巡山、餐饮服务、出租服装、出售旅游工艺品等工作。2005 年，景区内有居民 1037 人，管理局解决本科学历以上景区居民的就业，居民就业率达 95% 以上，直接参加景区管理工作的有 87 人，占九寨沟管理局在编员工 500 人的 16.9%。同年，景区居民纳入社会保障体系。

经过多年建设，九寨沟旅游业快速发展，已成为地区支柱产业。旅游门票收入从 1984 年的 5.5 万元增长到 2004 年的 2.57 亿元，增长 4000 余倍。沟内居民经济收入和物质生活水平得到极大发展和提高，1983 年，沟内居民人均年收入仅有 375 元。1984 年，景区正是开放时，居民人均年纯收入为 270 元。到 1986 年，人均年收入为 600 余元。1994 年，人均年收入增加为 3600 元，1995 年超过 4000 元，1997 年达到 4500 元，是 1983 年的 10 余倍。1998 年，随着九环线的建成，九寨沟旅游业发展增速，沟内居民收入快速增长，1998 年人均年纯收入 4000 元，2001 年达 1 万元，2002 年 14700 元，2005 年约 15000 元。

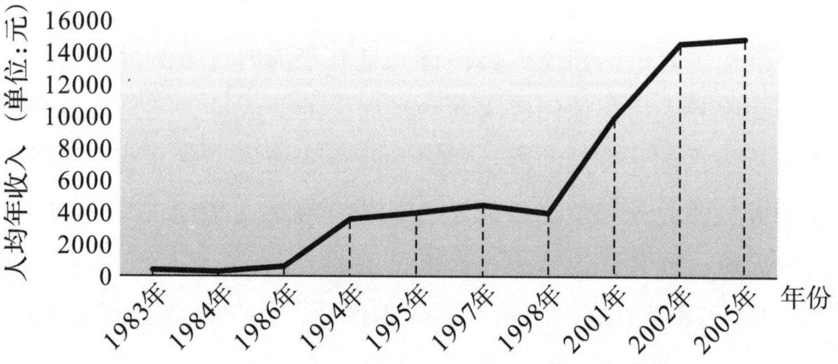

图 1－11　1983—2005 年九寨沟内居民人均年收入曲线图

与之相伴随的是沟内居民的文化生活变迁，有继承有改变。

到 2005 年，九寨沟内居民家庭结构基本无变化，一般是三代聚居，第三代人多在外地接受教育。居民一般都掌握藏、汉语两种语言，中华人民共和国成立前出生的第一代居民多数在 1984 年后逐渐学会汉语。三代人在一起时以说藏语为主，多汉藏夹杂，藏、汉两种语言的使用频率和掌握程度在不同代际之间出现明显变化。第一代居民文化程度多数较差，藏语口语相对较好，阅读能力一般不强，少数读过藏文班的能认识 1/3 左右的藏文，阅读能力稍好一点，一般的居民几乎不识藏文。第二代和第三代居民普遍没有接受过藏文教育，几乎都没有阅读和写作藏文的能力。第三代居民的藏语能力普遍不好，在家时间较长的年轻人能听懂一些藏语，口语能力不强，在外读书的口语能力也差。第二代和第三居民的汉语掌握程度明显提升，呈越来越好趋势。

九寨沟内居民语言掌握状况表

表 1－19

家庭成员		藏语				汉语			
		口语能力	阅读能力	写作能力	使用频率	口语能力	阅读能力	写作能力	使用频率
第一代		④	②③①	②①	④	③	②①	①	②
第二代		④	①	①	③	④	④	④③	④
第三代	A	③②	①	①	③	⑤	④	④	④
	B	①	①	①	①	⑤	④⑤	④⑤	⑤

说明：* 前三项：①很差　②差　③一般　④较好　⑤非常好

* 后一项：①基本不用　②偶尔使用　③有时使用　④大部分时候使用　⑤几乎全用

* 第三代 A：指基本上留在沟里的，第三代 B：指在外地上学或工作的

老一代人的饮食习惯上基本保持藏族传统饮食习惯，吃酥油、糌粑、马茶等，第二代和第三代的日常饮食几乎与外界没有太大区别。在服饰上，第一代和第二代居民普遍都有藏装，第三代着装习惯有较大差异。第一代居民多数时候穿藏装，同时也接受T恤衫、衬衣、西裤、皮鞋，普遍形成混装。第二代和第三代居民日常所穿的衣服已经在很大程度上发生改变，不再是纯粹的藏装，变化趋势主要为汉化或者藏汉服饰结合。但在婚礼、丧事、走亲戚、过节和到寺庙时更多倾向于穿着传统服饰，保留较多的藏民族特色。沟内第一代妇女保持有藏族传统头饰，第二、三代妇女经济条件较好的也拥有藏族饰物，但很少佩戴。沟内民居建筑风格发生大的变化，传统土石木结构的安多藏区山地建筑风格为砖瓦木石混合的汉藏建筑替代。沟内传统民居基本无装饰，新式民居往往装饰华丽，屋内多继承藏式浮雕、绘画，且较传统更为华丽，并增添冰箱、彩电、沙发等现代生活设施。

第二篇　旅游资源

九寨沟旅游资源丰富。本篇参照中华人民共和国国家推荐标准《旅游资源分类、调查与评价》(GB/T 18972-2003)，以“景观”和“文化”为记述内容，除“资源总述”外，依次分列“水域风光”“地文景观”“生物与气象景观”“遗址和建筑”“民俗和节庆”“土特产品”“文艺演出”7类。其中，水域风光和地文景观构成九寨沟旅游资源的主体，水域风光是九寨沟资源体系的核心。

九寨沟区域位于岷山山脉中段，崇山峻岭之中，沟谷纵横，平地狭小而分散，宜居之地海拔不低于2000米左右。基于早期的资源观念和利用技术，在古代漫长的历史时期里，始终延续山地半农半牧的生产结构，资源开发处于自然和初级的状态。中华人民共和国成立以后，九寨沟区域的森林资源进入到现代工业体系中。受限于资源观念和认识程度，就区域发展结构来说，基于林场的资源开发是比较单一从而缺乏区域整合与可持续性的。随着对九寨沟区域资源价值的认识和国家现代生产格局的总体变革，从1978年设立自然保护区开始，九寨沟区域的资源观念结构逐渐发生根本性变化，自然生态和旅游景观进入到核心地位，从而为九寨沟区域的可持续发展奠定良好基础。

九寨沟旅游景观资源，以高山湖泊群、瀑布群和钙华滩流为主体，“有成百个阶梯彩色湖泊，无数飞瀑流泉奔腾倾泻，串联其间，景色秀丽奇绝，世所罕见”。沟内共有高山湖泊（当地称“翠海”）114个、叠瀑17个、滩流5处、激流11处、泉水47处、雪峰12座，山脉纵横，雪峰耸立，沟谷相连，森林茂密，溪涧回环，水光潋滟，色彩斑斓，是集原始古朴、自然天成的山水风光和独特的民族村寨风情于一体的景观综合体。

九寨沟在全国以至世界旅游胜地中独树一帜，是中国有世界性影响力的自然风景极品之一，有“童话世界”“人间仙境”的美誉和“黄山归来不看岳，九寨归来不看水”的评价，号称“水景之王”。1992 年，联合国教科文组织世界遗产委员会第 16 届大会一致同意将九寨沟风景名胜区列入“世界自然遗产”名录，是中国第三批列入世界遗产名录的风景名胜区，也是中国最初 10 项世界自然遗产或文化与自然双遗产之一。1997 年，联合国教科文组织正式接纳九寨沟为“世界生物圈保护区网络”成员。到 2002 年，取得国际知名旅游机构“绿色环球 21”的评审认证，九寨沟风景名胜区成为全球唯一同时拥有“世界遗产”“世界生物圈保护区”和“绿色环球 21”认证三项荣誉的风景名胜区。

第一章 资源总述

九寨沟区域景观资源分布广泛、类型多样，具有特性强、品位高、类型多、组合妙、区位好的特点。区内各类资源总面积占九寨旅游区总面积的70%，堪称旅游资源最富集、特色最突出的旅游区，是中外游人向往的旅游胜地。

九寨沟景观资源以高寒岩溶、层湖叠瀑为其特色，集湖、瀑、滩、流、雪峰、森林、藏族风情于一体，体现原始美、自然美、野趣美，具有极高的观赏价值、保护价值、科研价值、科普价值，是进行水文地质学、地貌学、生态学、生物学、构造学、环境学、旅游学等多学科研究的理想场所。

第一节 资源类型

一、综合自然旅游地

九寨沟位于岷山山脉中段的万山丛中，是一处“山岳—谷地”复合型自然景观旅游地，以湖泊水景为主要景观类型。

区内奇水荟萃，湖泊（翠海）、瀑布、滩流、激流、泉水，种类多样，各类景观珠连玉接，呈“Y”字形串珠分布，逶迤50余公里。从海拔1996米的沟口溯流而上，到海拔3000米左右的则查哇沟顶端的长海，或到日则沟尽头的剑岩悬泉，沿途阶梯分布100多个清幽明静的高山湖泊和或急或缓的瀑布、跌水，植物群落从常绿阔叶林到针阔混交林再到针叶林，绵延不断。

二、景观资源分类

九寨沟的景观资源丰富多样，分类各不相同。按传统习惯，一般分为自然景观和人文景观，自然景观进一步细分为水景、植物景、动物景和山峰景等类别，植物景观和动物景观有些文献又合称生物景观。以湖泊为主的水景是区内主要景观类型，有湖泊（含季节海、干海子）、瀑布（含干瀑布、瀑布群）、跌水、滩流、激流、泉水等不同种类。山景有独峰，有叠嶂，有峰丛，有象形的奇岩怪石，形状各异。树景有迎客松和各类珍贵树种，林景随湖泊、瀑布、滩、激流、泉水和山景到处都有。茂密的森林植被、参天的古木、斑斓如锦的草甸、五颜六色的藻类，四季景色各异，与水景共同形成如画般的仙境。再加上以珍稀动物大熊猫为代表各类野生观赏动物点缀其间，奇花异草，珍禽异兽，将九寨沟装点成峰峦叠翠、彩林掩映、奇湖错落、蓝浸绿染的绮丽迷人之地。人文景观主要为藏族村寨风情，包括村寨建筑、寺庙信仰、各类民俗等，与九寨沟的自然风光交融一体。这些景观类型中又概括出翠海、叠瀑、滩流、山泉、彩林、雪峰和藏族风情等典型的景观因素，交织融合成九寨沟独具特色的景观形象，被人们誉为“人间仙境”“童话世界”。

2003 年，国家质量监督检验检疫总局发布《旅游资源分类、调查与评价》（GB/T 18972-2003）国家标准，将旅游景观资源分为8 主类31 亚类155 基本类型。九寨沟景观资源类型覆盖全部8 主类：地文景观，水域风光，生物景观，天象与气候景观，遗址遗迹，建筑与设施，旅游商品，人文活动。31 亚类中除“岛礁”“河口与海面”“光现象”“归葬地”“水工建筑”“人事记录”6 种外其余都有涉及。155 种基本景观资源类型中九寨沟拥有83 种类型。

地文景观（25） 山丘型旅游地，谷地型旅游地，垂直自然地带，断层景观，褶曲景观，节理景观，地层剖面，钙华与泉华，矿点矿脉与矿石积聚地，生物化石点，凸峰，峰丛，奇特与象形山石，岩壁与岩缝，峡谷段落，沟壑地，堆石洞，岩石洞与岩穴，岸滩，重力堆积体，泥石流堆积，地震遗迹，陷落地，冰川堆积体，冰川侵蚀遗迹。

水域风光（10） 观光游憩河段，暗河河段，古河道段落，观光游憩湖区，沼泽与湿地，潭池，悬瀑，跌水，冷泉，长年积雪地。

生物景观（10） 林地，丛树，独树，草地，疏林草地，草场花卉地，林间花卉地，水生动物栖息地，陆地动物栖息地，鸟类栖息地。

天象与气候景观（3） 云雾多发区，避暑气候地，物候景观。

遗址遗迹（4） 人类活动遗址，文化层，废弃生产地，废城与聚落遗迹。

建筑与设施（16） 教学科研实验场所，康体游乐休闲度假地，宗教与祭祀活动场所，园林游憩区域，文化活动场所，动物与植物展示地，景物观赏点，聚会接待厅堂（室），展示演示场馆，歌舞游乐场馆，佛塔，广场，建筑小品，传统与乡土建筑，特色街巷，栈道。

旅游商品（4） 菜品饮食，农林畜产品与制品，中草药材及制品，传统手工产品与工艺品。

人文活动（11） 文艺团体，文学艺术作品，地方风俗与民间礼仪，民间节庆，民间演艺，宗教活动，庙会与民间集会，饮食习俗，特色服饰，旅游节，文化节。

以上类别中，水域风光、地文景观、生物景观三者构成九寨沟景观资源的主体与特色。

这些景观资源类型中，有些不是九寨沟原来就有的，如栈道、文艺团体、旅游节、聚会接待厅堂、展示演示场馆等。九寨沟游览栈道是旅游开发后兴建，与自然山水融为一体，成为新的景观。

三、地质景观资源类型

九寨沟地质景观资源丰富，分布广泛，类型多样，潜力巨大。

九寨沟美丽景观的形成离不开岩溶地质作用的塑造，这里是天然的岩溶博物馆。主要地质遗迹景观类型有成因各异的湖泊、瀑布及钙华滩流。拥有丰富的古生物化石资源，在长海、树正、溶洞沟、熊猫海、羊峒等地的公路边、栈道旁，珊瑚、腕足、海百合化石星罗棋布，展现出九寨沟4 亿年以来的地质历史。冷泉（悬泉）、奇峰、高山峡谷、地层剖面等地质景观类型，同区内瑰丽多彩的藏族风情以及雪峰、森林等其他自然景观完美融合，演绎出令人心向往之的“童话世界”。

2003 年，九寨沟在申报国家地质公园的过程中编制完成《四川九寨沟岩溶国家地质公园总体规划》，将九寨沟的地质景观资源分为湖泊景观、瀑布景观、钙华台地与激流景观、泉流景观、古生物化石景观、地质剖面景观、地质构造景观、洞穴与洼地景观、第四纪冰川遗迹景观、地质灾害遗迹景观、山岳地貌景观、矿物岩石景观、奇特与象形山石景观、峡谷地貌景观 14 种类型。

在景点数量和规模上，以湖泊、瀑布、钙华台地、古生物化石和地层剖面等为九寨沟地质景观资源的主要类型，具有无可替代的保护价值和极高的科研、观赏价值。

四、九寨沟旅游区的景观资源类型

九寨沟旅游区是一个以高原和高山峡谷地貌为主的地区，区域地质背景特殊，自然生态良好，旅游资源丰富，尤以高寒岩溶型层湖叠瀑、森林和野生动物等最富特色。幅员辽阔，地形复杂，自然景观雄壮瑰丽，民族风情丰富多彩。

九寨沟旅游区属于高山湖泊型景区，湖泊、瀑布亚类。以高山深谷碳酸盐堰塞湖地貌为特征，以彩湖叠瀑为主景，与原生态藏文化相融合，是供观光游为主，兼休闲度假以及科普、科考等专项游为辅的国家重点风景名胜区、国家级自然保护区，并被列入世界自然遗产、国际“人与生物圈”计划，取得“绿色环球 21”认证。

在严格保护生态环境的前提下，具有以开展观光旅游、生态旅游为特色，兼具会议度假、科普科考、专项旅游等活动项目的巨大潜力。

在 2005 年完成的《九寨沟旅游区总体规划》中，根据旅游资源分类标准及旅游区内旅游资源的基本属性，将九寨沟旅游区旅游资源划分为 7 个主类、19 个亚类、28 个基本类型。

九寨沟旅游区旅游资源类型及分布一览表

表 2－1

<table>
<tr><th>主　类</th><th>亚　类</th><th>基本类型</th><th>主要景观名称</th></tr>
<tr><td rowspan="5">A 地文景观</td><td rowspan="2">AA 综合自然旅游地</td><td>AAA 山丘型旅游地</td><td>天王（扎依扎嘎山）、英武战神（达戈山）、端庄仙女（沃洛色嫫山）、顽皮村童（图波山），俗称峰景“四绝”</td></tr>
<tr><td>AAB 谷地、平坝型旅游地</td><td>树正沟、诺日朗沟、日则沟、则查哇沟、扎如沟等</td></tr>
<tr><td>AB 沉积与构造</td><td>ABD 地层剖面</td><td>泥盆系—中三叠统碳酸盐岩地层</td></tr>
<tr><td rowspan="2">AC 地质地貌过程形迹</td><td>ACE 奇特与象形山石</td><td>宝镜岩等</td></tr>
<tr><td>ACG 峡谷段落</td><td>扎如沟等</td></tr>
<tr><td rowspan="4">B 水域风光</td><td>BA 河段</td><td>BAA 观光休憩河段</td><td>白河</td></tr>
<tr><td>BB 天然湖泊与池沼</td><td>BBA 观光休憩湖段</td><td>树正群海、火花海、老虎海、犀牛海、镜海、金铃海、五花海、熊猫海、箭竹海、草海、天鹅海、上下季节海、长海、仙女池、五彩池等</td></tr>
<tr><td>BC 瀑布</td><td>BCA 悬瀑</td><td>九寨沟 17 道瀑布，5 道滩流：树正瀑布、诺日朗瀑布、珍珠滩及珍珠滩瀑布、扎如瀑布，熊猫海高瀑布等</td></tr>
<tr><td>BD 泉</td><td>BDA 冷泉</td><td>九寨沟矿泉水、九寨沟剑岩悬泉、湖底涌泉（五花海）、间歇泉（熊猫海下）</td></tr>
</table>

续表 2－1

主　类	亚　类	基本类型	主要景观名称
C 生物景观	CA 树木	CAA 林地	九寨国家森林公园（神仙池高山森林、玉瓦彩林、干海子高山森林）、九寨沟（原始森林，红叶彩林）、白河太平沟（彩林）
		CAB 丛林	
	CB 草原与草地	CBB 疏林草地	
	CD 野生动物栖息地	CDA 水生动物栖息地	松潘裸鲤
		CDB 陆地动物栖息地	大熊猫、川金丝猴、牛羚、小熊猫、毛冠鹿、鬣羚、林麝、岩羊、天鹅、鸳鸯、绿尾虹雉、红腹角雉、血雉、蓝马鸡等
D 天象与气象景观	DA 光现象	DAA 日月星辰观察地	五花海月夜、九寨晚霞
	DB 天气与气候现象	DBA 云雾多发区	九寨晨雾
		DBE 物候景观	冬季冰雪景观、“蓝冰”等
F 建筑与设施	FA 综合人文旅游地	FAC 宗教与祭祀活动场所	扎如寺等
	FC 景观建筑与附属型建筑	FCA 佛塔	菩提塔
	FD 综合人文与社区	FDA 传统与乡土建筑	漳扎镇、荷叶寨、树正寨、则查哇寨、扎如寨，甲蕃古城
G 旅游商品	GA 地方旅游商品	GAA 菜品饮食	酥油茶、青稞酒、土豆糍粑、杂面、糌巴、手抓肉
		GAB 农林蓄产品与制品	中药材：当归、黄芪、党参、黄连、贝母、天麻、金银花、杜仲 山珍：蕨菜、草莓、黑木耳、花椒、核桃 水果：苹果、柿子
		GAC 传统手工与工艺品	灯盏、茶壶、藏式佩刀、首饰、手工羊毛编织品
H 人文活动	HB 艺术	HBA 文学艺术作品	民族艺术：藏戏、藏羌歌舞、沿舞
	HC 民间习俗	HCA 地方民俗与民间礼仪	民族风情：藏族民风民俗（服饰、习俗、婚礼、葬仪）
		HCB 民间节庆	藏历年、麻孜节、德朵节、转山节、赛马会、尕米寺庙会；藏羌文化民族风情节
		HCE 宗教活动	宗教与寺庙：苯波教、扎如寺等
	HD 现代节庆	HDA 大型表演活动	中国国际熊猫节 中国九寨沟大型实景演出

说明：1. 本表摘自《九寨沟旅游区总体规划》（2005 年）；
2. 此表并不全面，有些归类和景点示例也有值得商榷处，摘录于此，仅作参考。文字书写统一按本志编写标准修订

九寨沟旅游区核心景点资源分解一览表

表2－2

景段名称	景点数量（个）	景点序号	景点名称	景点类型
树正景段	18	1	盆景滩	自然、水景、滩流
		2	美人岩	自然、峰岩
		3	芦苇海	自然、水景、湖泊
		4	双龙海	自然、水景、湖泊
		5	火花海	自然、水景、湖泊
		6	卧龙海	自然、水景、湖泊
		7	树正群海	自然、水景、湖泊
		8	树正瀑布	自然、水景、瀑布
		9	老虎海	自然、水景、湖泊
		10	犀牛海	自然、水景、湖泊
		11	达戈山	自然、峰岩
		12	树正	人文、藏寨
		13	荷叶	人文、藏寨
		14	亚纳	人文、藏寨
		15	盘亚	人文、藏寨
		16	尖盘	人文、藏寨
		17	黑果	人文、藏寨
		18	抱石树	自然、植物
诺日朗景段	13	19	珍珠滩瀑布	自然、水景、瀑布
		20	珍珠滩	自然、水景、滩流
		21	诺日朗瀑布	自然、水景、湖泊
		22	镜海	自然、水景、湖泊
		23	沃洛色嫫山	自然、峰岩
		24	金铃海	自然、水景、湖泊
		25	孔雀河道	自然、水景、湖泊
		26	五花海	自然、水景、湖泊
		27	老虎嘴	自然、峰岩
		28	高瀑布	自然、水景、瀑布
		29	熊猫海	自然、水景、湖泊
		30	箭竹海	自然、水景、湖泊
		31	则查哇	人文、藏寨

续表 2－2

景段名称	景点数量（个）	景点序号	景点名称	景 点 类 型
剑岩景段	5	32	鹰爪洞	自然、岩洞
		33	天鹅海	自然、水景、湖泊
		34	草海	自然、水景、湖泊
		35	剑岩悬泉	自然、峰岩
		36	原始森林	自然
长海景段	8	37	上季节海	自然、水景、湖泊
		38	下季节海	自然、水景、湖泊
		39	长海	自然、水景、湖泊
		40	仙女池	自然、水景、湖泊
		41	九株连心石	自然、植物
		42	五彩池	自然、水景、湖泊
		43	冰飘砾	自然、峰岩
		44	干孜公盖山	自然、峰岩
扎如景段	9	45	宝镜岩	自然、峰岩
		46	扎如寺	人文、藏寺
		47	热西	人文、藏寺
		48	郭都	人文、藏寺
		49	扎如瀑布	自然、水景、瀑布
		50	扎依扎嘎山	自然、峰岩
		51	红海	自然、水景、湖泊
		52	双池	自然、水景、湖泊
		53	青池	自然、水景、湖泊

说明：本表来源于《九寨沟旅游区总体规划》（2005 年）

第二节　资源特色

一、类型多样，数量众多

九寨沟景观资源丰富，类型多样，数量众多。仅地质遗迹景观就有 7 大类 13 小类 15 亚类 26 型。全部景观资源覆盖国家旅游资源分类标准的全部 8 主类，拥有 83 种景观资源基本类型。既有世界级的钙华、彩池景观、类型繁多的生物景观、幽深迷人的峡谷景观，又有众多形态各异的象形山石、体态迷人的瀑布和景色诱人的高原湖泊等水体景观；既有适合于大众的旅游景观资源，也有适合于登山、科考、探险等专项旅游的地质地貌资源，能满足不同层次游客的需要。

区内水景类型的景观资源包括有湖泊 114 个（其中季节海 9 个、干海子 7 个），瀑布 17 个（其中干瀑布 5 个），滩流 5 段，激流 11 处，泉水 47 处。九寨沟水景规模之巨，类型之多，数量之众，形态之美，环境之佳，举世罕见。湖泊的成因类型和形态繁多；瀑布种类之众，形态之美，冠于中国。

九寨沟地质构造复杂，地质地貌景观类型多样，钙华湖泊、钙华瀑布、钙华滩流与古穆幽深的林莽、连绵起伏的雪峰组合在一起，构成独具特色的风景名胜。区内山峦高耸，峰岳巍巍，海拔4000—4800米的山地占总面积的28%，保存有较完好的第四纪古冰川遗迹，角峰、刃脊、古冰斗、U形谷、冰蚀悬谷，独具风韵。九寨沟有保存完好的古生物化石，长海、树正、熊猫海、羊峒等地的公路、栈道旁，珊瑚、腕足化石星罗棋布。

九寨沟有完整的原生山地生态系统，植被景观层次分明，野生动植物物种丰富。从色彩丰富的针阔叶混交林，苍劲挺拔的针叶原始森林，到高山灌丛草甸，以及各种水生植物、名木古树的装点，植被景观丰富。

各类景观资源镶嵌组合，形成不同的景点。在从九寨沟沟口到长海、原始森林的“Y”字形主干游览区域中，形成不少于40个相对独立、各具魅力的景点或景观群。

二、特色鲜明，绝无仅有

九寨沟以高原钙华湖群、钙华瀑群和钙华滩流等水体景观为主体，绚丽多姿的水体景观是九寨沟景观资源的精髓。在众多岩溶地貌景观中，九寨沟的群湖和群瀑风光绝无仅有。在高差一千余米绵延50余公里的“Y”字形主干游览区域内，梯级分布有大大小小百余处湖泊、瀑群、激流、碧溪、滩流，相串相连，规模宏大，形成中国唯一、世界罕见的高山峡谷类水域风光景观体。九寨沟湖泊以其独特的艳丽色彩在水域风光类型中独树一帜。

九寨沟的水有大有小，有动有静，有声有色，千姿百态，集水色、水声、水光、水姿之大成。“黄山归来不看岳，九寨归来不看水”是对九寨沟水景的高度赞誉。多姿多彩的飞瀑、斑驳迷离的彩池、绚丽多彩的奇特钙华，构成独具特色的山水画卷。每一个海子、每一道瀑布、每一处滩流、每一段流水，乃至一石一木，都有不同的审美特色，随时地而千变万化，形态之多样，景色之奇妙，举世罕见。

三、疏密得当，组合奇妙

九寨沟空间广阔，景观资源数量庞大，有集中有分散，分布疏密得当，对开发和保护工作十分有利。

九寨沟的山峰景观主要分布于区域周边，既提供游客远山景观的视觉效果，又不影响一般游客的观赏行程，有利于面向小众游客的特殊旅游产品的开发。九寨沟景观的主体分布于河谷地带，集中在树正沟、日则沟和则查哇沟沿线，便于游客集中观赏。该河谷地带总计绵延约50公里，容纳空间较大，数量众多的景观资源形成相对独立的景段景点，呈现变幻多姿的景观组合，层次感强烈。

九寨沟内以翠海、叠瀑为景观主体，兼有森林、冰雪和藏文化风情等不同类型的景观资源，镶嵌交织，融为一体，形成天然的奇妙组合。水是九寨之魂，森林雪山是九寨之躯，山水相依，雪峰高耸，水树相生，林木葱茏，水光浮翠，藏情浓郁。山水林情，演绎出一个奇妙的景观世界，风景独树一帜。“碧水苍山雪峰奇，翠海彩林叠瀑飞，水光山色相辉映，九寨风光世间稀”，是对九寨沟景观资源组合的绝妙写照。

区内自然景观和人文资源融为一体，各类旅游产品种类丰富，组合协调、配套巧妙，既有藏羌文化的凝重，又能领略自然风光的优美，组合优势明显，既适于自然生态观光，又适于休闲和会议度假，为开展多种多样的个性化、参与性旅游活动提供良好的条件，综合效益明显，是有巨大发展潜力的旅游区。

四、珍稀独特，潜力巨大

九寨沟物种珍稀性明显。许多古老的孑遗植物在此存活，中国特有和少种属、单种属植物比较丰富，单型属、少型属植物分别占区域总属数的3.3%和13.73%。高等植物中有72种国家一、二级保护的珍稀植物。动物中有国家级保护动物47种，包括鸟类27种，兽类20种，有多种中国乃至四川特有的野生动物。扎如沟发现的沟牙田鼠种群是世界上独一无二的。生活在九寨沟的中国特有鸟类至少有29种。这些珍稀物种中包括享誉世界的国宝大熊猫、声名卓著的金丝猴等。生活在九寨沟和相邻白河下游白河自然保护区内的川金丝猴是四川境内该动物的最大种群，白河保护区内有1500多只。九寨沟区域有完整的原生生态系统，山高林密，原始森林茂盛，河溪山泉密布，生境类型多样，是野生动物的天然乐园。这里的野生动物世界及其栖息环境对于人们了解自然、开展生态环境教育及发展生态科考特色旅游是一笔宝贵的财富。

九寨沟是高寒岩溶演化和各种内外地质动力活动的教科书。九寨沟分布有完整的大型岩溶系统，集各种高寒岩溶景观和岩溶水渗入、流转、溢出过程及生物、化学作用之大成。九寨沟翠湖叠瀑景观是高寒岩溶演化及其与地震、山崩、滑坡、泥石流等地球内外动力活动长期交互作用的结果。以钙华湖泊群、瀑布群和滩流为主体的层湖叠瀑景观，规模大，形态美，景型多样，布局精巧。造就这种景观的复杂内外地质作用其聚合条件是大自然的杰作，十分罕见，不可重复。九寨沟山水荟萃的岩溶地质奇观，不可再生，不可复制，国内罕见，世界稀有，是无可替代的宝贵资源。

五、气候舒适，生态原始

九寨沟区域绝大部分地方人迹罕至，保持原始自然风光，保存原生的生境体系和生态结构，为开展自然与生态旅游提供可能。

九寨沟的主要旅游景区和景点位于低海拔河谷地带，海拔在1800—2500米之间，日照1600—1900小时，年均空气湿度60%—70%，气候垂直分带明显。5—9月是九寨沟的旅游旺季，无酷暑，无大风，山清水秀，阳光明媚，空气清新，水质优良，气温和湿度适中，环境朴实优美，人居条件极佳，舒适度较高，是理想的观光旅游和休闲度假旅游地，是国际公认的最佳户外旅游活动区。

六、区位优越，交通改善

九寨沟位于四川省西北部，紧邻甘肃，是西南和西北的交界地，在省道301线上，距九寨沟县城42公里、成都438公里、兰州750公里。修建有旅游专线“九环线”，附近开通有九寨—黄龙机场，规划中的有成兰铁路、红原机场等。

第三节　资源评估

一、比较评估

世界岩溶地貌主要分布在中国、克罗地亚、法国、俄罗斯、澳大利亚、美国、古巴、牙买加、越南等国家，中国境内的岩溶地貌发育最完整，最具代表性。九寨沟的岩溶景观资源及其组合，无论是在国外还是国内都独具特色。

九寨沟与克罗地亚普利特维采的岩溶风光极为近似，后者有“欧洲九寨沟”之称。与普利特维采相比，九寨沟所处海拔较高，在总面积、湖泊数量、湖泊落差、瀑布数量、钙华滩流等方面具有明显的比较优势。两地之间景观资源分布的地理位置差异较大，在科学上具有不可替代性。

九寨沟国家地质公园与普里特维采湖国家公园基本状况比较表

表2－3

名　称	九寨沟国家地质公园	普里特维采湖国家公园
地理位置	青藏高原东缘岷山山区	地中海沿岸巴尔干半岛
纬　度	北纬33°	北纬45°
海拔范围	1996—4780米	502—636米
公园面积	728.3平方公里	194.6平方公里
森林覆盖率	63.4%	70%以上
湖泊面积	2.85平方公里	2.17平方公里
主要景观	岩溶湖泊、瀑布、钙华滩流	岩溶湖泊、瀑布
大湖泊	23个	16个
湖泊群落差	1870米	134米
大瀑布	12个	1个
钙华滩流	6个	0个
主要植被	红杉、云杉、冷杉、赤桦、领春木、连香树等	山毛榉、冷杉
动　物	大熊猫、白唇鹿、苏门羚、扭角羚、金猫等	熊、鹿、狐、狼、羚羊、貂、秃鹰、鹰等
发现及开放游览时间	20世纪70年代	19世纪中叶
属　性	世界自然遗产、世界生物圈保护区、“绿色环球21”、国家重点风景名胜区、国家级自然保护区、国家地质公园	世界自然遗产、国家公园
年接待游客数	2005年超过200万人次	大于40万人次

九寨沟与广西桂林的岩溶景观资源相比，地表的溶蚀现象不甚突出，少见大规模的峰林、峰丛景观，主要表现为大量的地表钙华堆积，这些堆积形成钙华堤、钙华滩、钙华瀑、钙华彩池和钙华堰塞湖等。

九寨沟与相邻的松潘黄龙相比，体量更大，类型更多。九寨沟流域相对高差在2700米左右，气候、地貌、植被的垂直分带更为显著和多样，岩溶景观的垂直分带幅度和多样性也更为突出，兼有高寒岩溶景观、温带岩溶景观、亚热带岩溶景观等不同类型的资源，在全世界的岩溶景观地貌中是罕见的，是青藏高原东缘高寒高山岩溶环带上最耀眼的一个环节。

二、价值评估

九寨沟景观资源分布广泛、类型多样、保存完好，以高山湖泊群和瀑布为其特色，集湖、瀑、滩、流、雪峰、森林、藏族风情于一体，体现原始美、自然美、野趣美，具有极高的观赏价值、保护价值、科研价值、科普价值，是进行地质学、构造学、地貌学、生态学、生物学、环境学、灾害学、旅游学等多学科研究的理想场所。既可以作为科研科考基地，也可以是登山探险基地、青少年科普教育基地，市场价值高，综合效益明显，是难得的旅游珍品。

九寨沟地处青藏高原向四川盆地的过渡地带，是青藏高原强烈隆升所造成的现象之一，地质背景复杂，碳酸盐岩分布广泛，褶皱断裂发育，新构造运动影响强烈，多种营力作用交错复合，景观资源多具有典型性、稀有性和完整性，科学研究价值很高。以植物钙华沉积为主导的大规模岩溶地貌，在世界上独一无二，具有无可替代的生态和环境保护价值，具有极高的科研价值。区内保存较完好的第四纪古冰川遗迹，是中国西部第四纪冰川遗迹保存最好的地区之一，具有重要的科研价值。地质构造遗迹和富含古生物化石的地层对于研究区内地质演化、构造形变以及沉积序列等地质事件均有重要意义，是进行区域地质对比研究与教学的理想场所。区内植物种类繁多，植被类型多样，形态上原始的领春木、连香树、金连花、独叶草等对于研究植物系统演化及植物区系的演变均有一定的科学价值。

九寨沟位于岷山山脉中段的万山丛中，保留有完整的自然生态体系，是一处几乎没有受到现代工业影响的天然山地峡谷景观群，丰富多型的景观资源异彩纷呈，相映生辉，组合出无穷无尽的美学意境，具有无可取代的审美价值。沟内地形多样，景型多变。有平坝，有山道，有开阔的湖面和滩地，有逼窄的峡谷与小径。可登高望远，可寻幽探奇。时而雄浑壮美，时而清幽静谧。树上松萝悬挂，林中地衣遍布。鹰击长空，鱼翔浅底。山绕水，水偎山，树在水里长，水在林中流。山水相映，林水相亲。青山妩媚，碧水晶莹。一湖之中，宝兰、青翠、橙黄、墨绿，色彩缤纷，层次繁多，红霞彩晕，水天一色。旧寨新村，雪峰翠海，岁月沉淀出静穆，化石昭示出沧桑。一丛青草，着生于湖中沉木，可为一景。四季轮回，交错以天光云影，缤纷艳丽。移步换景，赏心悦目。

九寨沟的景观和物种，以类型的多样、集中、丰富展现大自然的演化历史，是一个难得的地质地貌、动植物物种的科普基地。

九寨沟景观资源丰富、类型齐全、组合优美、品位高、功能全，具有极高的经济开发价值。

三、等级评定

2003年制定的《四川九寨沟岩溶国家地质公园总体规划》将九寨沟的景观资源综合评定为导向性景观资源（一级）、重要性景观资源（二级）和配套性景观资源（三级）三个级别。

一级景观资源有芦苇海、双龙海、火花海、卧龙海、树正群海、老虎海、犀牛海、诺日朗群海、镜海、金铃海、五花海、熊猫海、箭竹海、天鹅海、芳草海、五彩池、长海、仙女池、绿海子、珍珠滩瀑布、树正群瀑、吉玉朗瀑布、雪瓦朗瀑布、火花海瀑布、都如嘴瀑布、诺日朗瀑布、高瀑布、盆景滩、珍珠滩、若沙格滩、都如嘴滩、若尤欧滩、若武滩、孔雀激流、朗恩朗激流、丹祖沟泉、上季节海泉、五花海涌泉、间歇喷泉、甲里甲格泉、九寨沟矿泉、剑岩悬泉、藏马龙里泉、宝镜崖、色嫫神像、剑岩、藏马龙里钙华台地、鹰爪洞钙华台地、鹰爪石、卡真剖面、乃祖沟剖面、中查剖面、绿海子剖面、荷叶剖面、羊峒海百合化石、树正古生物化石、熊猫海古生物化石、溶洞沟古生物化石、绿海子古生物化石、原始森林古生物化石、长海冰漂砾、长海终碛堤、溶洞沟冰川遗迹、原始森林沟尾冰川遗迹、鹰爪洞、原始森林、九寨红叶、珍稀动植物、气象景观、九寨雪景、九寨沟游人中心、藏族风情72个。

二级景观资源有红池、黑海、褡裢海、上季节海、下季节海、圆海子、藏马龙里群海、达俄海、扎如瀑布、卡真瀑布、箭竹海瀑布、绿海子瀑布、扎依扎嘎山、沃洛色嫫山、尕尔纳山、达戈山、扎依扎嘎泉、长海西侧泉、九寨沟神龟、万卷书、隆康滑坡体、长海峡谷、高瀑布峡谷、藏马龙里沟峡谷、依夷峡谷、黑果溶洼、荷叶溶洼、扎如溶洼、溶洞沟剖面、信扎剖面、羊峒、芦苇丛、迎客松、老人柏、树上树、伸缩树、再生树、抱石树、双杨卫士、熊猫海古柏、情人树、指天柏、奇花、叶上珠、扎如寺、隆康古城墙遗址、九寨沟游人栈道、藏寨48个。

三级景观资源有荷叶滑坡体、老虎海倒石堆、熊猫海倒石堆、诺日朗滑坡体、生态石、绿海子回音壁、天兵天将、下季节海古泥石流堆积扇、箭竹林、隆康石刻、磨房、九宝莲花佛塔12个。

2005年制定的《九寨沟旅游区总体规划》，根据《旅游资源分类、调查与评价》(GB/T 18972—2003)国家标准，对九寨沟旅游区的旅游资源类型进行综合评定，确定出14类五级旅游资源（特级旅游资源）、7类四级旅游资源（优良级旅游资源）。

九寨沟旅游区各主类旅游资源总评和均值一览表

表2－4

主　类	基本类型（个）	累计分值	平均分值
翠海	24	2352	98
叠瀑	17	1632	96
彩林	30	2940	98
雪峰	12	1128	94
藏情	15	1350	90
蓝冰/雪景	12	1104	92
奇峰景观	5	450	90
峡谷景观	5	450	90
森林植被	15	1320	96
珍稀动物	2	176	98
气候气象	3	261	92
藏寨民居	9	792	90
九寨天堂	1	92	90
沼泽湿地	3	252	90
大型表演活动	1	78	85

续表 2－4

主　类	基本类型（个）	累计分值	平均分值
旅游商品	4	240	80
地层剖面	3	228	76
漳扎镇	1	75	80
甲蕃古城	1	80	82
宗教与寺庙	1	62	80

说明：1. 五级：特品级旅游资源，得分值域≥90 分。四级：优良级旅游资源，得分值域≥75—89 分。三级：普通级旅游资源，得分值域≥60-74 分。二级：普通级旅游资源，得分值域≥45-59 分。一级：普通级旅游资源，得分值域≥30-44 分。未获等级旅游资源，得分≤29 分；
2. 以上数据摘自《九寨沟旅游区总体规划》（2005 年）

四、开发建设条件评估

2003 年，在申报国家地质公园过程中，九寨沟围绕开发建设条件完成区内旅游资源的综合评价。从景区环境质量、景区综合景观信息量、景区景源特异程度、景区景观组合效果、景区内交通和设施完善程度、景区发展潜力 6 项评价因子分项量化评估，得分在 80 分以上为一级、60—79 分为二级，40—60 分为三级，40 分以下为贫乏区。

九寨沟地质公园各景区综合评价表

表 2－5

景区	分值	环境质量（20）	综合景观信息量（15）	景观特异程度（25）	景观组合效果（15）	交通和设施完善程度（15）	发展潜力（10）
羊峒景区	81	17	11	20	12	14	7
扎如景区	82	18	12	21	12	11	8
树正景区	93	18	14	24	14	14	9
诺日朗景区	93	18	14	24	14	14	9
剑岩景区	89	18	13	22	13	14	9
长海景区	89	18	13	22	13	14	9

说明：摘自《四川九寨沟岩溶国家地质公园总体规划》（2003 年）

评估结果显示，九寨沟内各景区，树正景区、诺日朗景区、长海景区、剑岩景区、扎如景区、羊峒景区均为一级景区。地质遗迹资源景观和人文旅游资源景观数量丰富、类型众多、组合优美，具有较高的愉悦度。区内“层湖叠瀑”景观等具有极高的美学、观赏、科研和科考价值，环境质量优良，交通、通信及配套基础设施较好，具有巨大的发展开发潜力。

第二章　水域风光

水域风光是水体及其所依存的地表环境共同构成的景观现象，一般又称为“水景”。依照游赏感受的差异，水体本身有水形、水色、水影、水声、水味及水质等不同层次的体验，再加上地质地貌、气候、时序、生物、人类活动等环境因素，水域风光具有多样化、多层次和多变性的特征，在整个景观资源类型中占据举足轻重的地位。

九寨沟的水域风光，无论是在数量上还是在质量上都占据九寨沟景观资源的主体位置，是九寨沟景观资源最为显著的特色，是九寨沟景观体系的核心。

九寨沟的水域风光，以湖泊、瀑布、河段为基本形态，以湖泊为核心，以瀑布、河段相勾连，三者错杂，交替分布，构成湖叠瀑的山地沟谷型水域风光。

第一节　湖泊海子

一、概况

九寨沟湖泊众多，地方志称为“翠海”，是九寨沟湖泊风光最早的景观写照，民间又称为“海子”。九寨沟内有 114 个海子，包括季节性和沼泽性湖泊 16 个，累计容积约 6330 万立方米。湖泊面积差异较大，大者上百万平方米，小者数平方米。

九寨沟湖泊分布比较集中，主要集中分布于“Y”字形的主干沟谷中，有 18 个大海子和 2 大群海。从数量上来说，主要集中分布于日则沟和树正沟。在这两条沟谷中，有密集出现的湖泊群，称为“群海”。群海多与瀑布伴生，形成“层湖叠瀑”景观，主要集中在日则沟原始森林以下到树正沟盆景滩之间长 25 公里的地段。树正景区和诺日朗景区的层湖叠瀑很典型，海子与瀑布，海子与海子，瀑布与瀑布，或横向，或顺沟向，相间错落，连续分布，跌宕起伏，气象万千。

九寨沟内最大的湖泊是位于则查哇沟末端的长海，丰水期容积 4600 万立方米，是树正沟和日则沟湖泊容积之和的 3 倍多。长海无地表出水口，湖水主要通过地下岩溶通道向相邻的日则沟排泄，是九寨沟内湖泊群的天然调节水库，对维持日则沟和树正沟水体景观的稳定具有重要作用。长海以下的则查哇沟常年无地表径流，分布少量季节性湖泊。

九寨沟的湖泊别具一格，星罗棋布，湖面光洁如镜，紧傍森林，“群峰叠翠，倒映林岚”，镜像清晰，色泽艳丽。湖水澄碧透明，有草木装点和钙化沉积，天光云影，色彩缤纷。沉没水底的枯木、树枝、蔓藤，或附生水藻水绵，或沉积钙华，形态各异，透过清澈的湖水，宛如一个个奇幻美妙的水下艺术展厅。露出水面的巨树残躯或枝干，天长日久，变成长满新生花草的“小岛”，莫不奇姿异彩，美不胜收。

二、树正沟湖泊

树正沟为九寨沟正沟，从九寨沟沟口至诺日朗，长约14公里，大体南北走向。接近沟口的荷叶沟段较宽阔，U形谷特征不明显。上游树正寨沟段有呈北西—南东向展布的两条较短支沟，树正东沟长2.5公里，树正西沟长3公里，支沟沟口有冰水泥石流堆积扇，规模较小。冰川时期，日则沟、则查哇沟两大支冰川在诺日朗交汇后进入树正沟，规模增大，树正沟段主沟终碛垄和底冰碛保存完好，支沟冰水泥石流扇分布在主沟终碛垄和底冰碛的两侧。沟内湖泊以横向分布为主，除卧龙海、双龙海两个湖泊更具顺沟向的特征外，双龙海下游、双龙海和卧龙海之间的火花海被三级叠瀑分割，垂直于主沟走向的横向湖泊分布特征明显。双龙海内的“双龙”，卧龙海中的“卧龙”，均是湖泊内低矮终碛垄沉积钙华而成。

盆景海 又名“盆景滩”，藏名“甲珠措”，是进入九寨沟看到的第一个海子群，海拔2167米，有小海4个，位于一片钙华滩流（盆景滩）上。滩长约218米，宽约98米。湖泊平均水深0.8米，最深10米，面积约1.7万平方米，没有明显堤埂。湖泊四周，灌木丛生，钙华沉积根部形成盆堤，远望如一组组盆景，铺展成一片盆景的海洋。盆景勾勒湖泊界限，湖泊掩映于盆景海中。

芦苇海 藏名“茨达安”，是树正沟下游半沼泽化的水流通道湿地，呈条带状分布，海拔2140米，容量一般小于20万立方米。长约1520米，宽124—144米，局部可达186米。一条河流从中蜿蜒而过，宽6—15米，一般深2—3米，最深4.5米。在长近2公里的湿地中，沿河道两侧芦苇丛生，芦苇随季节变化由绿转黄。一湾溪水，形似玉带。碧流蜿蜒，飞翠流丹。

图2－1 芦苇海

双龙海 藏名“如林措”，在吉玉朗瀑布下的树丛中，海拔2178米，由大双龙海和小双龙海两个海子组成。小双龙海长约95米，最宽67米，平均宽度63.50米，最深4.03米，平均深度2.99米，面积6032.50平方米，容积1.80万立方米。大双龙海长290米，宽247米，深3—9米，平均深度5.6米，容积约40万立方米。两条带状的生物钙华礁堤隐伏海底，像两条蠕动的蛟龙藏于海中。

火花海 藏名“牙朗”，位于卧龙海下游，海拔2187米。中间有火花海三级叠瀑相隔，形状极不规则，呈梯形分布。长约205米，最宽252米，平均宽度177.33米，最深17.61米，平均深度9.66米，面积3.64万平方米，容积35.11万立方米。火花海得名于湖泊中数个浑圆状钙华丘的阳光照射效果。水色湛蓝，波光粼粼。每当晨雾初散，阳光照耀，水面似有朵朵火花燃烧，跳跃闪烁，故名。在火花海瀑布以下的树丛中，还分布着4个小海子。

卧龙海 藏名“鹅杜”，海拔2215米。形状较规则，近正方形。长约255米，平均宽度242.50米，最宽270米，最深22.10米，平均深度13.54米，容积约83.12万立方米，面积6.18万平方米。水平如镜，一条乳白色钙华长堤横卧湖心，状如龙卧海底，龙头朝向公路。天晴水净时，龙体形态清晰可辨；天阴起风时，卧龙如影如幻。

图2－2 卧龙海

树正群海 梯状湖群，位于树正寨前，海拔2220—2280米。由大小19个海子组成，高差100余米，总面积约5.40万平方米，逶迤相连长达1公里。树正群海处接近九寨沟内的地下水排泄基面，水量丰富，钙华沿自然地形高差层层堆积，围水成湖，翻水成瀑，形成“层湖叠瀑”景观。群海总体上呈椭圆形或近椭圆形分布，大小、形状、深度等各有不同。最大的海子长201米，宽40米，最小的海子长24米，宽10米。海子水深多在7—14米之间，最深处16.2米，最浅的约1.5米。灰黄色的钙华湖堤，长满柳、柏、松、杉。上部海子的水翻越湖堤，从树丛溢出，顺堤跌宕，形成水帘。大小不同的梯级海子与碧翠灌丛相环相绕，道道瀑布，穿跃其间，将一个个海子贯连成串。群海之间，群瀑飞泻。水生树丛下，红色须根随水飘动。

公主海 位于树正瀑布下方，近菱形分布。长96.2米，宽63.25米，面积约4.4万平方米，容积约11万立方米。

老虎海 藏名“达尔措”，位于树正瀑布之上，犀牛海下游，海拔2298米。近矩形，长310米，最宽达150米，一般水深11—23米，最深25.3米，平均深度18米左右，容积约110万立方米，面积5.30万平方米。湖水越堤跌落成树正瀑布，夹岸林木蓊郁，瀑布水声浑厚，宛若虎啸。

图2－3　树正瀑布及其上的老虎海

犀牛海　藏名“剑甲格”，海拔2315米，九寨沟内第二大湖泊。湖面宽阔，平面呈矩形，长约2公里，最宽222米，平均宽度195.60米，最深16米，平均深度11.7米，面积39.12万平方米，容积457.70万立方米。海子尾部是一长146米、宽180米的沼泽。湖水湛蓝，岸畔山泉列布。传说古时有一位西藏的喇嘛骑犀牛到此，留恋神水，驱坐骑入海，故名。

图2－4　犀牛海

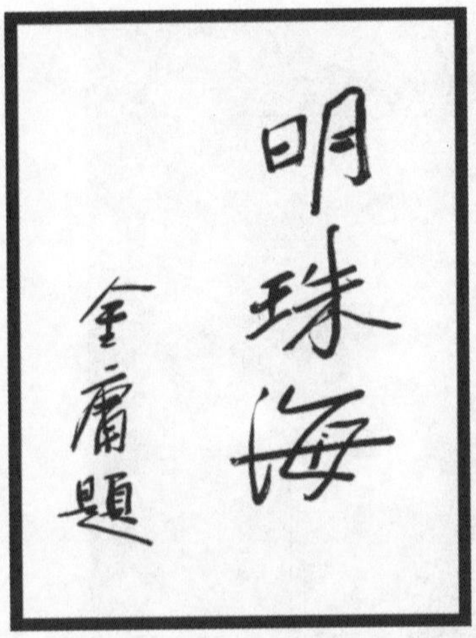

图 2－5 金庸手书

明珠海 犀牛海上方无名海。2004 年 9 月 23 日，作家金庸游览九寨沟，应邀将该无名海命名为“明珠海”。

三、日则沟湖泊

日则沟是九寨沟“Y”字形主干沟谷的西南方向分支，总长约 17 公里。日则沟相对狭窄，沟内支沟长，冰川时期的侵蚀力强，支沟冰水泥石流扇堆积日则沟底，相对堵塞 U 形谷或叠置在底冰碛之上构成海子成形的基础条件。沟内群湖与叠瀑顺沟的走向相间呈梯级分布，是九寨沟内层湖叠瀑最典型的景段。

诺日朗群海 位于日则沟与树正沟、则查哇沟交会处，海拔 2365 米，冰川堰塞湖。由大小 18 个钙华湖泊组成，总面积约 3.628 万平方米。总体呈椭圆形、近椭圆形分布，湖泊大小、形状、深度等各有不同。最大的海子叫“阿珠措”，长 185 米，宽 45 米；最小的海子长 20 米，宽 15 米。海子水深多在 7—20 米之间，最深处 23 米。湖泊间以钙华堤埂分隔，堤埂上长有柳丛、松、桦等，流水越堤而下，形成级级梯瀑。群海海水，突出丛林，跌落成壮观的诺日朗瀑布。

镜海 也作“静海”，藏名“林洛”，海拔 2390 米，与诺日朗群海紧密相连，九寨沟第三大海子。平面上呈宽“V”字形分布，海子中部有一明显转折点，该处为海子分段的主要标志。镜海总长约 1155 米，根据水深特点分为入口段、中段和出口段三部分。入口段主要为沼泽，长 291 米，宽 123—280 米，平均宽度 217 米；中段长 287 米，宽 241 米，深 1—4 米，平均深度 2.5 米；出口段长 577 米，宽 222—239 米，深 10—31 米，平均深度 23.3 米。镜海四周青山环抱，林木葱茏，无风时水平如镜，蓝天白云，远山近树，倒映水中，水中倒影比岸上色调还要丰富。晨昏时漫步海边，可领略“回顾皆仙境，一步一徘徊”“鱼在天上游，鸟在水底飞”的诗意。镜海之晨，水平如镜，晨晕朝霞，远山近树，尽纳湖中。行云静水，遥相呼应，真山山影，真树树影，真云云影，正景倒影，对比成趣。

金铃海 藏名“竹格朗”，位于珍珠滩上方，海拔 2452 米。金玲海长 97 米，最宽 173 米，平均宽度 169 米，最深 28.5 米，平均深度 14.99 米，面积 1639.30 平方米，容积 24.57 万立方米。由大小金玲海组成，一大一小，紧相毗连，形似金铃，传说是万山之祖扎依扎嘎的金铃所化，故名。小金玲海钙华湖堤长 60 米，宽 10 米，内侧呈锯齿状，外侧为坡度 5°—9°的钙华滩流。大金玲海钙华湖堤延伸方向 110°，长 160 米，内侧呈锯齿状，外侧为坡度 5°—12°的钙华滩流。周围分布数个小海子。湖岸浓荫密布，水色靛青，景色秀丽。

五花海 藏名“日热”，海拔 2472 米。平面呈圆瓶型，海子出口处因巨大的崩滑体堰塞湖口而迅速变窄，高处俯视，形如孔雀。长约 445 米，最宽 275 米，平均宽度 172.69 米，最深 11.2 米，平均深度 4.59 米，面积约 7.68 万平方米，容积约 35.27 万立方米。湖泊为泥石流堰塞沟谷形成，后期岩溶作用造就其景观魅力。其南东侧（上游东岸）地下涌泉群和南西侧丹祖沟的侧向补给是五花海的主要补给水源。丰水期，五花海同时接受上游熊猫海瀑布的越流补给；枯水期，全为地下水涌泉补给。湖中有多种水藻生长，湖底沉积物复杂，有钙华，有横卧的枯木，湖水常年呈现出鹅黄、翠绿、墨绿、深蓝、天蓝、藏青等交织的斑斓色调。湖底有多处涌泉，水量较稳定。水面形成圈圈涟

图 2－6　五花海

漪，阳光下，涟漪闪烁层层光环，像孔雀的羽毛，五光十色，异彩纷呈，是九寨沟水色最丰富的海子。

熊猫海　藏名“若扎”，海拔 2587 米，是九寨沟水位年变幅最大的湖泊之一，仅次于长海。平面呈矩形，长约 570 米，最宽 160 米，最深 22.30 米，北段（出口段）深 10—24 米，平均深度 14.21 米，尾部相对较浅，深 8—9 米，总面积 9.12 万平方米，水容量约 129.60 万立方米。一条钙华堤埂将熊猫海一分为二。湖堤在冰川终碛基础上沉积钙华形成，湖泊区域岩溶发育，湖水渗漏严重，枯水期水位降幅可达 5 米以上，湖水越堤形成高瀑布。12 月至次年 3 月，湖面结冰，二三月可踏冰到对岸。2002 年 12 月底，湖心渗漏处并未结冰。熊猫海至箭竹海之间有小海子 14 个（其中季节海 4 个），四周箭竹丛生，偶有大熊猫到海边饮水。

箭竹海　藏名“林洛措”，海拔 2618 米，冰蚀洼地内蓄水成湖，与熊猫海是姐妹海。面积 16.50 万平方米，水容量约 90.44 万立方米。平面呈长条形，入口段有沼泽，主体长约 770 米，最宽 270 米，平均宽度 214.33 米，最深 10.30 米，平均深度 6 米。根据水深等特点，分为北段、中段和南段。北段长 477 米，宽 174—268 米，深 5—10 米，平均深度 8 米；中段长 261 米，宽 216 米，平均深度约 1.5 米；南段长 446 米，一般宽 144—150 米，主要为沼泽。箭竹海尾部有多期泥石流堆积物分布，沼泽面积较大，水草向湖心不断入侵。箭竹海海面开阔，四周长满箭竹，倒影可与镜海媲美。湖畔箭竹葱茏，杉木挺立；水中山峦对峙，竹影摇曳。严冬，一汪湖水仍波光粼粼，充满生气。湖泊上端有水中盆景景观，盆景中有小树杂草和野花，浅水沼泽部分常有野鸭游弋。严冬季节，熊猫海封冻之时，位于上游的箭竹海仅有一层薄冰。在白色薄冰之上有呈圈状的黑色半融化的冰团，是温度较高的地下水上涌形成的“热柱”溶解温度较低的冰造成。

天鹅海　藏名“各依措”，海拔 2905—2938 米，是半沼泽湖泊，面积 4.28 万平方米，水容量约

20万立方米。平面呈长条形，长约720余米，最宽处125米，最深5.20米，平均深度1.30米。湖中水生植被茂密，野草茵茵，野花灿灿，宛如巨大的天鹅绒地毯，一弯清流蜿蜒其间。时有天鹅起落，野鸭群游。湖中呈北东向折线排列的串珠状溶斗，构成碧蓝色深水线，与茵茵碧草相映，风光无限。

芳草海 海拔2910米，面积4.98万平方米，水容量一般小于1万立方米。平面呈狭长条形，长约1500米，上游连绵至悬泉附近，下游与天鹅海相连，沼泽化较天鹅海更重，湖面大部为水草占据。一条水道从中穿过，水道长约540米，宽4—13米，局部地段有20余米，一般深2—4米。峭壁之下，碧草苍苍，水禽悠游。春季绿草如茵，夏日繁花似锦，深秋一抹金黄，冬日洁白晶莹。

图2－7 芳草海

日则沟底三海子 日则沟底部，距悬泉2.5公里，其中一个是干的。

格夏海 藏名“格夏琼俄”，在日则招待所上3公里处，由6个干海子、5个干瀑布组成，海拔2834—2905米。

四、则查哇沟湖泊

则查哇沟是九寨沟“Y”字形主干沟谷的东南方向分支，总长约18公里，分布有九寨沟最大、最深、最壮观和最重要的湖泊——长海。长海冰蚀终碛垄以下沟段，有两处丰水期成湖、枯水期湖面萎缩或干涸的上、下季节海，其余呈现几乎无水的“岩溶干谷”景象，冰蚀U形谷明显。

长海 位于九寨沟南端东侧，藏名“若里”，海拔3060米，最高处4457米，为一冰川堰塞湖，是发育在古冰川谷地上的湖泊，长海堤埂为冰川终碛垄，后期叠加崩积物、稀性水石流的改造。面积99.57万平方米，库容约4673.57万立方米，是九寨沟最大最长的海子。长海沿沟谷走向作“S”

形展布，总长4349米，平均宽度236.4米，平均深度44.57米。北段、中段一般宽200—300米，最宽415米，深80米左右，最深测得88.8米；南段一般宽100米，深20米左右。长海汇集南面雪峰的雪水和四周的流泉，无出水口，经潜流进入下游五彩池和相邻日则沟等处，成为九寨沟湖泊群重要的天然调节水库。长海是九寨沟景区内水位年变幅最大的湖泊，可达8—12米。夏秋遇暴雨不溢堤，冬春长时无雨不干涸。12月至次年4月结冰，冰厚可达60厘米。长海尽头，雪峰皑皑，冰斗、U形谷等典型冰川景观历历在目，岸旁林木茂密。一眼望去，水似明镜，巍巍雪峰，沐浴在蓝天白云之中，壮观奇丽。

图2-8 长海

五彩池 藏名“娘厄神措”，位于长海末端堰塞堤的冰碛物夹缝中，从诺日朗沿则查哇沟南行约16公里处的坡下林中，海拔2995米，低于当地地表50米。五彩池深藏高海拔翠林，翠蓝色的湖水中镶嵌淡绿、乳白、鹅黄、瓦灰等色块，酷似一颗瑰丽的宝石。平面呈椭圆形，总长约100米，一般宽40—60米，平均宽度56米，一般深4—7米，平均深度6.6米，最深11.2米，面积5645.80平方米，水容量3.9856万立方米，靠谷地两侧山麓的岩溶地下水渗出补充。则查哇沟早期贯通，冰川退缩后上游形成长海堤埂堰塞成湖（长海），湖水从沟谷西侧低洼处溢出流到上季节海，五彩池位于此溢流通道上，后期山岩崩塌堆积，长海坝体加高加宽，长海堤埂左侧（西侧）溢水通道被填塞，基本断流。长海浅表水通过堤埂较浅层的松散土层漏失汇集为五彩池。五彩池北西侧湖水漏失现象明显，成因与重力地质作用有关。

上季节海 当地人称为“鸟艾”，位于五彩池下方，海拔2910米，面积16.90万平方米，主要是海子前端左侧支沟冰水泥石流扇堵塞形成。平面近似长方形，南北长约1000米，东西宽约300米，一般深1—3米，水容量一般小于60万立方米。主要接受所控制流域范围内的降雨、地表水补给和支沟渗流的潜水补给，雨季上季节海后缘出现成列的大泉，西侧半山腰常年有泉水出露，为浅部径流下降泉，水量较小。枯季补给量不足以补充渗漏量、下泄量及蒸发量，一年中大部分时段为干海子。

下季节海 当地人称“若高”，镶嵌在花繁草茂的则查哇沟山坳，距则查哇寨约1公里，海拔2560米，是则查哇沟西侧支沟的洪积扇和泥石流扇等堆积物形成的堰塞湖，面积14.80万平方米。平面似椭圆形，总长约750米，宽240米，一般深4—7米，水容量一般小于100万立方米。一年中大部分时段有水，湖水下渗漏失严重，水位变化幅度较大，部分枯水年份海子干枯。主要接受降水和所在水文单元地表水径流补给，东南侧坡脚有泉水补给。

达俄海 位于五彩池东侧5.1公里，海拔3920米，长150米，宽75米，面积1.125万平方米。海子后面是岩山，前面是草坝，四周无森林，12月至次年5月为冰冻期。

仙女池 藏名“厄波”，位于长海东侧厄波山半山原始森林中，距长海口1.5公里，海拔3150米。12月至次年4月结冰。椭圆形，东西长100米，南北宽80米，面积8000平方米。池中水位高出长海水面82米，水深2米，湖水漫溢堤埂，跌水宽10米。湖岸修长，池水明净，环境幽静，风景独特。周围有许多水中盆景。池旁有厚厚苔藓，一株古树横卧湖心，古树杆上又生长着一排小树。传说是仙女沐浴之处。

图俄依海 又称“圆海子”，位于九寨沟南端依夷沟的原始森林中，在长海与绿海子之间，距长海堤埂10.5公里，海拔3400米，属泥石流堰塞湖。东西长400米，南北宽250米，面积16万平方米。水深0.2—3米。12月至次年4月结冰。

碧么公盖海 又称“绿海子”，位于九寨沟南端，尕尔纳峰北侧厄波山梁北坡，距长海堤埂16公里，海拔3950米，是典型的冰斗湖。平面呈梨形，长400米，宽200—250米，湖泊出口处宽70米，面积2.3万平方米，湖水清澈发蓝，跌水成瀑，为长海源头之一。四周无森林，12月至次年5月结冰。夏秋，山坡上绿草如茵，遍布紫色和金黄色野花，远远如一坡落霞。临海一望，满湖花草，生机盎然，色彩明媚，意境高远。

五、扎如沟湖泊

扎如沟位于九寨沟东北角，从九寨沟沟口进入后向东南方向延伸，是树正沟的最后一条支沟。扎如沟长22.6公里，南北宽约14公里，东西长约18公里，东面尽头与白河自然保护区相邻。扎如沟水系由东南向西北流，在盆景滩下游汇入树正沟，沟口海拔2026米，随后流出九寨沟汇入白河。沟内湖泊数量不多，比较分散。

红池 又名“红海”，位于扎依扎嘎山转山环道上，海拔4000米，是九寨沟内海拔最高的海子，冰蚀洼地湖泊。平面呈椭圆形，面积约1332平方米。湖泊四周土质呈红色，泉水自红土上缓缓汇入，故名。当地藏民视作吉祥如意的象征。

双池 又称“褡裢海”，位于扎依扎嘎山东侧山坳中，距热西寨20公里，海拔3940米。由一高一低两个湖泊组成，湖泊间有一袭清溪衔接，整体状似褡裢[①]，故名。面积2400平方米，深约3米。水色随山地气候的变化而变化，雾来时乳蓝，降雨时冷翠，天阴呈苍蓝，天晴泛玉绿。

青池 又名“黑海”，藏名“措拉”，位于褡裢海对面的山坳原始森林中，距热西寨25公里，海

① 传统口袋的一种，中间开口两端装东西，大的可以搭在肩上、马背上，小的可以挂在腰带上，材质有布的，有毛料的，有皮革的。

拔3850米。水深8米，面积3330平方米。湖底土质呈黑色，湖水深黑，故名。满坡崖的芳草丛中，黑海如一方巨大的墨玉。黑海变幻莫测，忽而一池湛青，忽而一片乳白，有时黑白杂陈。蓝绿相间的湖水上空常笼罩敏感的乌云，一有较大的空气振动，急雨狂泻而下，是藏民天旱求雨的地方。

图2－9　黑海

措则海　距热西寨15公里，面积2500平方米，水深5米。藏民天旱于此求雨。

六、沟内其他湖泊

措姑海　位于黑果沟，在黑果寨进去2公里的原始森林中，海拔3800米，面积2300平方米，水深10米。藏民天旱于此求雨。附近有小海子。

藏马龙里群海　位于藏马龙里沟中部，北距日则沟悬泉2500米，由上、中、下3个海子组成，属半沼泽化湖泊，发育钙华漏斗，湖水面积0.2万—1.5万平方米不等。下海子海拔3134米，水深0.3—1.2米，面积2000平方米，是典型的岩溶漏斗湖，湖水呈漩涡状没入地下。中海子海拔3185米，长约300米，宽50米，水深0.3—2米。上海子海拔3297米，长275米，宽100米。

曲丁海　位于曲丁山脊的一个垭口上，海拔3350米，冰川刨蚀型沼泽湖泊。椭圆形，长500米，宽300米，面积约15万平方米。海子内青草茂盛。

七、风景区外围湖泊

干海子　位于九寨沟西侧外围保护地带，省道301线经过。

第二节　瀑布滩流

一、概况

九寨沟的瀑布，种类之众，形态之美，冠于中国。湖泊之间，高差很大，堤埂蜿蜒曲折。湖水越堤穿林，形成瀑布。内瀑布有17个，著名的有熊猫海瀑布、珍珠滩瀑布、诺日朗瀑布、树正瀑布和火花海瀑布，具有声、色、形之美。

九寨沟的瀑布，瀑面大，水帘洁白，气势磅礴。上游瀑布落差大，向下游逐渐变小。形成瀑布的部位多是主沟与侧向支沟交会处，如珍珠滩瀑布位于日则沟与丹祖沟交会处。除树正瀑布和珍珠滩等瀑布终年水流不断外，高瀑布和诺日朗瀑布仅在夏秋季有流水成瀑。

九寨沟瀑布的形成主要通过三种作用途径。一是断层和钙华沉积作用。九寨沟内的河床因受新构造断裂的影响，在纵向上呈阶梯状，一道道地形阶坎形成瀑布的地貌基础。叠加其上的是钙华沉积的“气泡效应”和“薄水效应”。在地形阶坎处易于钙华沉积，助推瀑布跌水陡坎的形成，如诺日朗瀑布。二是差异侵蚀和生物岩溶作用。岩层有软硬之差，抗蚀性强的岩层往往突起于河床，硬岩层突起处首先形成小跌水，喜水的藻类在这些地方着生，在这些流速相对较高、水流相对较浅的地方首先沉积钙华。第四系堆积物堰塞河谷形成凸堤，流水在其表面漫流时流速突然加快，有利于二氧化碳逸出，加速钙华沉积。随着时间推移，钙华层层堆高，其前缘上部钙华生长速度大于下部，上部形成钙华的莲花状块体逐渐向前增长，当顶部钙华块体下延至坡脚时，就形成了直立的瀑布面，如珍珠滩瀑布。三是崩塌、滑坡、泥石流等重力作用堆积和生物岩溶作用。瀑布在崩塌、滑坡、泥石流松散堆积物的基础上叠加生物钙华作用形成，如树正瀑布。

二、瀑布

雪瓦朗瀑布　位于树正沟双龙海出水处，湖水翻越钙华堤为瀑，瀑面宽20米，高5米，面积0.01公顷。

吉玉朗瀑布　位于树正沟火花海出水处，湖水翻越钙华堤为瀑，瀑顶面宽100米，高13米，面积0.13公顷。

卡真瀑布　位于树正沟东侧支沟，海拔3400米，是岩石硬度差异较大形成的跌坎。瀑宽10米，高60米，面积0.06公顷。流水从翠林之中翩然而下，击起无数浪花，瀑声雷鸣，声势震人。

卡真北支沟瀑布　海拔3120米，瀑宽10米，高15米，夏季流量每秒1.67升。水流呈幔状直泻而下。瀑布位于益洼沟组纯灰岩与下吾拉组灰岩、砂页岩不等厚互层的分界处，因两者岩体抗侵蚀差异能力不同而形成。

都如嘴瀑布　位于树正沟，树正寨上行半里处，海拔2190米。瀑面宽248米，高15米，面积0.37公顷。

鹅都瀑布　位于树正寨上行半里处，海拔2200米，瀑宽44米，高9米。

火花海瀑布　藏名“牙朗”，位于树正沟火花海和卧龙海之间，海拔2187米，三级叠瀑，掩映在一片翠绿树丛中。瀑高8米，宽200米，直泻火花海中，翻起滚滚浪花，银光闪烁，与火花海中反射阳光的金花相映成趣。

图2－10 火花海瀑布

树正瀑布 藏名“若沙格”，位于树正寨上游半里老虎海出水口处，海拔2295米，高11米，瀑面宽62米，面积0.68公顷。树正瀑布位于宽阔的冰川U形谷中，是在早期冰川终碛堤基础上发展起来的，后期钙华堆积作用形成瀑面。瀑布呈向前凸起的圆弧状，老虎海湖水翻越湖堤跌落成瀑布，是九寨沟瀑布中最妩媚多姿的。湖水被堤上树丛分成数以千计的水束，或沿钙华体间的圆滑沟道呈多级跌落，飞珠溅玉，如万马奔腾；或奔泻而下，形态婉转。瀑布基座由许多裙状、肺叶状、钟状钙华体构成，是强成长型钙华堆积作用的产物，延伸为梯级分布的树正群海，湖水越过一道道钙华堤埂，形成一级级跌水，蔚为奇观。

图2－11 树正瀑布

诺日朗瀑布 位于树正沟尽头，日则沟和则查哇沟的交会处，是九寨沟景区的中心位置，海拔2365米。瀑宽270米，高24.5米，面积0.76公顷，是中国大型钙华瀑布之一。属后退式瀑布，实测资料显示后退速率为每年0.22毫米。“诺日朗”，藏语意为雄伟壮观。宽阔浩大的水流穿过悬崖上的水柳飞腾而下，形成形状各异的飞瀑，瀑面舒卷飘逸。有的垂直而下，像银河天落；有的随崖势曲折跌宕，状若银龙戏珠；有的遇到怪石相阻，腾起一片蒙蒙雨雾，阳光照射，幻成彩虹。入冬后，诺日朗瀑布玉琢冰雕，别有一番风姿。

珍珠滩瀑布 简称“珍珠瀑布”，位于日则沟镜海和金玲海之间，海拔2433米，高21米，瀑顶宽162.50米，面积0.61公顷。珍珠滩瀑布位于日则沟转弯处，在冰川悬谷基础上经后期钙华堆积形成。瀑面略向后凹，呈新月状，瀑前直接面临陡峻的山崖，沟谷狭窄。珍珠滩一坡流水，奔至滩边急落，宽阔的水帘，从瀑顶喷泻而下，如银河天降，水声雷动激荡，气势磅礴，震山撼谷，动人心魄。电视剧《西游记》[①] 在此取景。

图2－12 熊猫海瀑布

熊猫海瀑布 又叫“高瀑布”，藏名“若扎”，位于日则沟熊猫海出水口，海拔2592米。高78米，瀑顶宽50米，面积0.4公顷。瀑布由冰川作用、新构造作用和重力堆积等作用综合形成，距今约5.3万年，属后退式瀑布，后退速率每年0.6毫米。湖水从熊猫海翻越堤坎，分三道自悬崖飞坠，又分三级跌落，轰鸣震动峡谷，极为壮观，是九寨沟落差最大的瀑布。冬季，熊猫海水量锐减，最多下降3米多，气温下降后结成冰瀑。每年春季2—4月，瀑布底部21个溶洞和无数小溶洞全部显露出来，形成玉琢冰雕的水晶宫殿，是夏秋季见不到的奇景。受大气降水变化和熊猫海水位下降的影响，熊猫海瀑布近几年常断流，高瀑飞流已成为难得一见的胜景。

箭竹海瀑布 位于日则沟箭竹海出水口处，海拔2625米。瀑布长136米，高5—7米，呈一级陡坎状，下部多为10°—15°斜坡。湖水从瀑布处跌落，沿斜坡穿梭于树丛之中。箭竹海水位变幅较小，出口水量变化不大，箭竹海瀑布一年四季流水充沛。

格夏干瀑布 共5个，在日则招待所上面3公里处。

扎如瀑布 位于扎如沟内扎依扎嘎山腰的密林中。瀑布自林间悬崖飞出，因岩石差异性风化形成4级。一级宽7米，高19米；二级宽3米，高5米；三级宽3米，高9米；四级宽3米，高2米。总高35米。顺台阶仰望，四周浓荫密盖，一洞欲关又开，一叠飞流似数丈哈达从天际飘落而下。

绿海子瀑布 绿海子（碧么公盖海）西侧出口处的跌水瀑布。湖水越过海子所在冰斗前缘的冰坎，呈束状喷射而下，瀑声轰鸣，分三级，卷起千堆雪。瀑宽3米，瀑高150米，面积0.03公顷，流量50升/秒。

---

① 又称为“央视86版《西游记》”，中国国际电视总公司出品，1982年开拍，1986年春节首播。

竹支瀑布 位于九寨沟外围永和塘村寨北侧2.5公里的竹支沟东岸密林中，海拔2600米。瀑宽3米，高5米。呈帘状飞落，为小型流水瀑布。

三、滩流

盆景滩 又名“盆景海”，藏名“甲珠措”，位于树正沟沟口不远，海拔2167米，是发育有小湖泊的钙华滩流。滩面长约189米，宽约112.3米，面积约2.14万平方米。滩上，水流明净澄澈，柳、柏、杨、杉等兀立水中，树根和树干因钙华堆积形成略高于水面的盆状钙华堤埂，盆堤中杜鹃丛生，缀以花草奇石，宛若一组组盆景，故名。滩上盆景形状各异，有的如雄鹰展翅，有的如骏马飞奔。

图2－13 盆景滩

若沙格滩 位于树正瀑布顶部，海拔2330米。长150米，宽73米，面积1.0950万平方米，平均坡度20°，相对高差51.30米。滩上有柳丛、白杨和灌木等，其中一棵白杨树，胸径30厘米，在一米高处树桠中长出一棵松树，松树直径15厘米，高4米。

都如嘴滩 在树正沟卧龙海下面，海拔2250米。长90米，宽30米，面积2700平方米，平均坡度15°，相对高差23.22米。滩中有柳丛、松树和刺柏等。

若尤欧滩 位于树正沟，海拔2320米。长200米，宽160米，面积3.20万平方米，平均坡度10°，相对高差27.2米，滩中柳丛的红色须根很多，滩头有木桥。

若武滩 位于树正沟。长320米，宽170米，面积5.44万平方米，平均坡度25°，相对高差13.5米。滩中有小海，生长柳丛、松柏等。

珍珠滩 位于日则沟中段，海拔2450米，扇形钙华滩流。滩面长189米，宽112.3米，面积21224.7平方米，平均坡度20°，相对高差15.66米，流量最高达3立方米/秒以上。滩面由鳞片波纹状的钙华体组成，清澈的流水在浅黄色的钙华上漫滩铺开，翻滚跳荡，激起数以万计的水珠，在阳光下晶莹夺目，像无数珍珠满滩滚动。涉足滩上，有“朵朵银花足下踩，万顷珍珠涌入怀”之感。水下丛生细细的浅黄色苔藓，柔软不滑。滩下为珍珠滩瀑布。传说女神沃洛色嫫与恶魔歇么大战时，项链被扯断，珍珠撒落山沟变成瀑布。

图 2－14　珍珠滩

第三节　河段泉流

一、河段

翡翠河　位于九寨沟水系的出沟河段，在沟口至荷叶寨公路的东侧可见。河段长 6 公里，碧绿的河水在沟谷间蜿蜒流淌，犹如一弯翡翠。沿途串联多个湖泊、跌水，两侧灌丛茂密。沿河逆流而上，便进入了一个天堂般的童话世界。

孔雀河　位于日则沟中段，是五花海出水河段，海拔 2472 米。狭长的孔雀河道在森林间蜿蜒而过，斗折蛇行，两岸花树杂生，鸟鸣清脆。河段水质清澈，颜色丰富，墨绿、宝蓝、金黄混杂交错，波涌浪漾时，水光摇曳，宛如孔雀开屏，美艳无比。

图 2－15　孔雀河道

二、激流

九寨沟地势南高北低，沟内水系随地势变化形成湖泊与河段间隔的梯级分布，湖泊之间落差较大的地段往往形成激流。九寨沟内主要的激流河段有 11 处。

羊峒激流　位于九寨沟沟口东侧，是九寨沟水系汇入白河的河段。浪花翻卷，水质清澈，1982 年测枯水流量为 6.65 立方米/秒，多年平均流量为 9.03 立方米/秒。两岸为九寨沟管理局驻地，有办公楼和员工宿舍，修建有管理局招待所，后更名为贵宾楼饭店。激流入白河处因沟内水质和白河水质的差异，形成“泾渭分明”的现象。

扎如激流 位于扎如沟口。年平均流量 1.43 立方米/秒。

荷叶激流 位于树正沟荷叶寨前。

卓舍激流位 位于树正沟底部，诺日朗下方。

则查哇激流 属季节性激流，由则查哇流至诺日朗。

扎依激流 位于日则沟镜海和珍珠滩之间。

孔雀激流 又名“竹格朗激流”，位于日则沟，上接五花海，下连金铃海。河道狭长，水流湍急，满谷浪花翻滚跳跌，一路欢歌。

洼斯打激流 位于日则沟熊猫海瀑布和五花海之间。

郎恩朗激流 位于日则沟天鹅海至箭竹海之间。两岸丛林茂密，繁花似锦，一弯溪水，咆哮翻卷。

悬泉激流 位于日则沟悬泉附近。

武休激流 位于黑果沟，在黑果寨和黑果桥之间。

三、泉流

九寨沟地层断裂发育，岩溶活动显著，地下潜流系统发达，泉水出露遍及沟内各处，形成众多泉水或泉群。

念孜扎吾泉 位于扎如沟，在扎如寺和热西寨之间。

扎依穹戈泉 位于扎如沟扎如寨。

波依穹戈泉 位于扎如沟郭都寨。

则者穹戈泉 位于扎如沟，距热西寨 10 公里，是藏民向扎依扎嘎山神请罪之处。

曲波穹戈泉 位于扎如沟，藏民用神水洗身处。

若则泉 位于扎如沟，距热西寨 15 公里，水微红，野兽饮水处。

达曲波泉 位于扎如沟，距热西寨 20 公里，藏民放牧时人畜饮水处。

扎依扎嘎泉 位于扎如沟，距热西寨 14 公里，藏民求神水洗脸处。

卓尕龙洼泉 位于扎如沟，距热西寨 15 公里，水微黑，野兽饮水处。

亚拉泉 位于荷叶沟，在亚拉寨，村寨用水处。

各洼泉 位于荷叶沟，在各洼寨，村寨用水处。

盘亚泉 位于荷叶沟，在盘亚寨，村寨用水处。

尖盘泉 位于荷叶沟，在尖盘寨，村寨用水处。

荷叶泉 位于荷叶沟，在荷叶寨，村寨用水处。

然孜各安泉 位于荷叶沟，在荷叶寨对门山上。传说山神用矛除妖时，凿穿岩石而涌出的泉水。

扎日格泉 位于黑果沟，在黑果寨左侧山上，放牧时人畜饮水处。

杜则朗泉 位于黑果沟，在黑果寨，村寨用水处。

夕所帕打泉 位于黑果沟，距黑果寨 1 公里。

纳地色泉 位于树正沟，树正寨对面山上，放牧时人畜饮水处。

雪各底泉　位于树正沟，在树正寨背后山上。

扎热泉　位于树正沟，在树正寨背后山上，放牧时人畜饮水处。

多纽泉　位于树正沟，在镜海和犀牛海之间的山上，传说是女神沃洛色嫫砍伤男神流出的血。

甲尼甲格泉　位于树正沟，在犀牛海中段东侧岸边，出露海拔 2350 米。出自石炭系块状纯灰岩的断层裂隙，流入犀牛海。水量四季稳定，泉水矿化度 0.2496 克/升，含溶氧 42.68 克/升，低钠，富锶、锌等多种微量元素，属低矿化度重碳酸钙型优质矿泉水，口感清洌甘甜，藏民奉为“神水”。

诺日朗泉群及溢出带　位于诺日朗瀑布北部（下方）沟谷两侧，由 4 个较大的泉水组成，补给下游犀牛海。流量分别为 284 升/秒、30 升/秒、648 升/秒和 0.042—0.041 升/秒，总流量达每秒 962 升。

卡遮泉　位于树正沟，距诺日朗 5 公里，放牧时人畜饮水处。

查斯波泉　位于树正沟，距诺日朗 9 公里，放牧时人畜饮水处。

索日休泉　位于诺日朗，在诺日朗东西山上，放牧时人畜饮水处。

八念朗泉　位于诺日朗，在诺日朗东面山上，放牧时人畜饮水处。

曲果泉　位于则查哇沟，在则查哇寨，村寨用水处。

则查哇泉　位于则查哇寨南东侧山麓，海拔 2500 米，为村寨饮水泉。泉水无色透明，水温 6℃，酸碱度（pH 值）7.3—7.5，矿化度 161—185 毫克/升，属碳酸钙镁（HCO_3—Ca—Mg）型矿泉水。每升泉水所含主要矿物成分：游离二氧化碳（CO_2）4.4—15.4 毫克，钠（Na）0.7—4.6 毫克，钙（Ca）46.1—48.1 毫克，镁（Mg）9.7—15.8 毫克，砷（As）0.024 毫克。

上季节海泉　位于则查哇沟上季节海左岸，海拔 2915 米。泉口流量 20 升/秒，终年不断。水质甘甜可口，酸碱度（pH 值）为 7.8—8，矿化度 160—168 毫克/升，泉水含游离二氧化碳（CO_2）5.5—11 毫克/升，属碳酸钙镁（HCO_3—Ca—Mg）型矿泉水。

丹祖沟泉　位于丹祖沟沟口，海拔 2385 米，流量 66—277 升/秒。水碧清澄，无异味，口感纯正，为碳酸钙（HCO_3—Ca—Mg）型泉水。丹祖沟地表水除一部分通过丹祖沟—五花海断层补及到五花海外，另一部分则沿沟谷潜流至沟口以大泉形式出露，补给下游镜海。

达俄泉　位于日则沟，在五花海进沟的山上，放牧时人畜饮水处。

旦则沟泉　位于日则沟，在日则保护站对面上行 300 米处的草坡上，共有 5 个，放牧时人畜饮水处。

日则穹戈泉　位于日则沟，五花海上游 100 米处，原寨上用水处。

巴口泉　位于日则沟，五花海上游 1000 米处，原寨上用水处。

日则欧泉　位于日则沟，五花海上面山上，放牧时人畜饮水处。

五花海涌泉　位于日则沟五花海，出露多处。在五花海上游右岸，有两个较大的泉群，流量分别为 23.8—38.6 升/秒和 359.3—1102 升/秒，是五花海水量补给的主要来源之一。五花海底部出露涌泉也是景观水的来源之一，泉水从湖底涌出，在水中冲出圈圈涟漪。

报时喷泉　位于日则沟，在熊猫海瀑布下的密林中，泉水从一圆柱状钙华体中喷出，每秒一次，间隙式喷涌。

日则保护站泉群及溢流段　位于日则沟，在日则保护站对面。泉群平均流量 1500—1700 升/秒，矿化度、酸碱度（pH）等均与地表水有很大差别，是通过日则保护站背斜地层的岩溶通道接受的长海或五彩池的湖水补给。

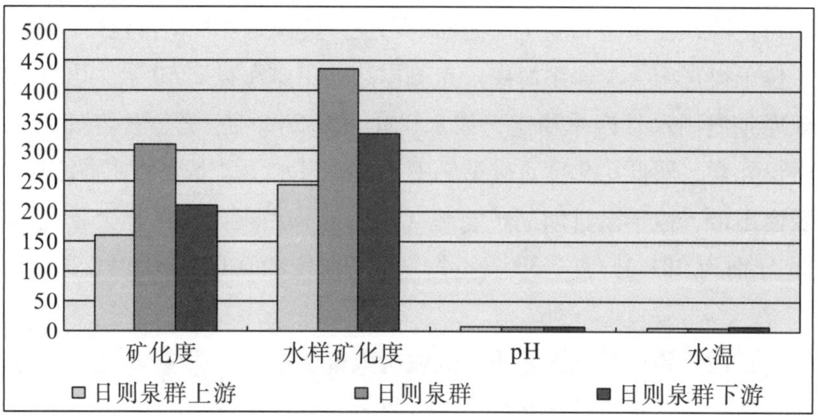

图 2－16　日则泉群上下游水质特征对比图

悬泉　位于日则沟剑岩，海拔 3016—3276 米处，有 6 股山泉从剑岩腰间飞流而下，落差达 130 米，如白练悬空，飘飘洒洒，气势壮观。冬季泉水出口形成冰塔林、冰瀑布，传说从宝物中流出，世代养育九寨居民。

曲纳窝泉　位于日则沟悬泉山后进第一道沟的山上，共 2 处，藏民放牧和挖药时的饮水处。

桂涛沟泉　位于日则沟悬泉山后进第二道沟的山上。

藏马龙里泉群及溢流段　位于藏马龙里沟沟口两侧，是日则沟水系的重要源泉。丰水期，藏马龙里沟口泉群平均流量 620 升/秒，泉流汇集百余米后，流量增加到 5670 升/秒，日则沟沟源段获得 5000 升/秒的补给增量。枯水期，藏马龙里沟沟口段因冰冻断流，百余米下的泉流流量为 2030 升/秒，日则沟沟源段获得 2000 升/秒以上的补给增量。据监测资料，藏马龙里沟沟口至日则沟底悬泉一段有一定渗漏，地表水转为地下潜流，丰水期最大潜流量可达 2500 升/秒。

九寨沟矿泉　位于隆康打儿崖旁，上距九寨沟沟口 2 公里，海拔 1970 米。有泉眼 9 个，总流量 10 升/秒。泉水无色透明，色度、浑浊度均小于 3 度，水温 11℃，酸碱度（pH 值）7.1，矿化度 504.3 毫克/升，属锶天然矿泉水。每升泉水所含主要矿物成分：锶（Sr）1.167 毫克，锌（Zn）0.028 毫克，钙（Ca）82.2 毫克，锂（Li）0.033 毫克，镁（Mg）24.3 毫克，钠（Na）4.4 毫克，钾（K）1.1 毫克。其中，锶含量优于《饮用天然矿泉水》（GB 8537—1987）国家标准指标。

第三章 地文景观

九寨沟景观资源首推水域风光，其次就是地文景观。

作为岷山山脉的一部分，九寨沟属山地沟谷地貌，是千万年来内外营力综合作用的结果，既是水域风光的环境载体，本身也是难得的景观资源。区域内到处可见奇、峻、雄、险的山体，峰峦兀立。有的巍峨雄壮，气势磅礴；有的刀削斧砌，巉岩嶙峋。区内沟谷纵横，两岸奇峰林立，森林茂密，古木奇树郁郁葱葱，各具形态；各种象形山石遍布其间。

九寨沟的山地沟谷地貌，以志留系至三叠系的碳酸盐岩和以其为主的碎屑岩所构造而成的褶皱推覆岩片作为基本物质条件，以印支期、燕山期、喜山期的复合造山作用构成地质背景，在第四纪冰川侵蚀和冰蚀堆积地貌的基础上叠加高寒岩溶、重力、新构造运动等作用而综合造就，在景观上可以分为地质运动遗迹、沉积构造和地貌形态3个主要的层次。

第一节 地质地貌景观

一、凸峰

九寨沟内山峰林立，很多山峰都有神话传说，有宗教信仰意义。达戈被称为男神山，沃洛色嫫被称为女神山，扎依扎嘎被称为万山之神。

尕尔纳山 位于九寨沟南端，主峰海拔4780米，是九寨沟最高峰。山势起伏，怪石嶙峋，悬崖壁立，保存丰富的古冰川遗迹。登上主峰，云山难分，俯瞰山下，峰峦叠翠，云雾缥缈，是一处登山探险胜地。

扎依扎嘎山 位于扎如沟内，距九寨沟口约10公里，主峰海拔4400米。山峰尖削峥嵘，山间有扎如瀑布、红池、黑海、褡裢海等景观。传说为万山之祖扎依扎嘎的化身，故而得名，同松潘小西天、雪宝顶等神山齐名。九寨沟县白河乡和部分松潘县藏民，农历每月十五在此绕转神山，朝拜山神，驱邪祈福，其中农历七、八、九月十五人数最多。

苏如山 位于九寨沟口至迎客松的左侧，主峰海拔3086米，山脚长5.5公里。

波木特山 位于宝镜岩至黑果沟左侧，主峰海拔3718米，山脚长5公里。

茨达安山 位于盆景海至芦苇海左侧，主峰海拔2822米，山脚长2公里。其中有甲五神山，山脚原有佛塔一座，高5米，现只存塔座，藏民有病痛常去烧香撒龙达。

扎吉欧山 位于树正寨对面，山在黑果沟至诺日朗之间，山脚长6公里。呈马鞍形，一峰高3148米，另一峰名波克色，高3068米。山上有草坡、原始森林、悬崖峭壁和溶洞。

图 2－17　扎依扎嘎山

达戈山　位于树正寨背后，主峰海拔 4106 米，是九寨沟传说中的男神山，传说男神一脚在迎客松，一脚在珍珠滩。达戈山与其东南面的色嫫山遥遥相望，传说是勤劳勇敢的藏族青年达戈的化身。山形似金字塔，山势挺拔雄健，出露山岩为石灰岩。

沃洛色嫫山　位于则查哇沟与日则沟之间，主峰海拔 4134 米，面向镜海，遥对达戈山，是传说中的女神山。山脚蜿蜒 48 公里，从诺日朗延伸至悬泉、长海。山腰多雾气缭绕，有森林、草坡、熊猫、牛羚、岩羊等动植物。主峰终年积雪，早晚霞光映照，一片金黄。

果其山　位于卡真沟南侧，在从诺日朗向则查哇沟去的 6—9 公里处的东面，山脚长 4 公里。主峰海拔 4024 米，基岩裸露，峰丛峥嵘。海拔 3800 米以下，翠海森森，有草坡、牛场，生长杉、桦、箭竹和高山杜鹃等。有一高 20 米的孤峰突兀其间，犹如守山之神。

俄罗布山　位于扎如沟信扎之西侧，主峰海拔 4337 米。山势陡峻，寒峰直立。

沃斯喀雄山　位于则查哇沟上季节海左侧，主峰海拔 4198 米，形如金字塔，直入云端。山间峰丛叠嶂，悬崖高挂。

干孜公盖山　位于诺日朗进则查哇沟 9 公里处至长海的左面，山脚长 8 公里，主峰海拔 4548 米。山势险峻，坡峭壑深，云峰相接，寒蚀峰丛千姿百态。山中有三条沟谷和三座小山，生长有杉、柏、桦和箭竹和高山杜鹃等。冰斗、U 形谷等第四纪古冰川遗迹与莽莽林海、缤纷草甸交相辉映。

厄波山　位于长海左边，山脚长 7 公里，主峰海拔 4326 米。山上部多奇峰怪石，古冰川遗迹星罗棋布；山腰是浓密的原始森林。山间有仙女池。

图波雪山　位于日则沟底部，原始森林西侧，距悬泉 1.5 公里，山脚蜿蜒 11 公里，主峰海拔 4452 米。山势雄伟，峰尖如刃。冬春时节，冰雪皑皑，银装素裹。

藏马龙里山 位于悬泉上面1.5公里的图波雪山右侧，主峰海拔4178米，山脚长6公里。植被茂密，如翠林中耸立的金字塔。

扎玛且莫普德山 位于丹祖沟沟尾，是九寨沟小流域西侧的分水岭，主峰海拔4485米。山体由石灰岩构成，角峰、刃脊、冰斗列布，直插云霄。

二、奇山异石

九寨沟山体岩石主要为碳酸盐岩，在地质构造运动影响下又受冰川、寒冻、岩溶、风化、重力、流水及生物等作用力不同程度的雕琢，形状各异，千姿百态，引人遐想。有气势宏伟的金字塔形山，有宝相庄严的坐莲观音石，有相互依偎的共眠夫妻岩体，还有逸然自得的下凡天龟和矫健神骏的石马等象形山石，惟妙惟肖，栩栩如生。

宝镜岩 位于九寨沟入口1公里处，扎如沟沟口北侧，是游览九寨沟的起点。岩体为灰岩峭壁，背北面南，宽约1300米，高约800米，倾角大于70°，形成于距今2.12亿年的印支末期，是受扎如沟北西向断裂影响沿陡倾的岩层面发生崩滑作用的结果。岩体层面浅灰色，平直光滑，远望似一面巨大的明镜，故名。传说能照出一切妖魔的原形。在岩体坡麓分布有半圆锥形山包，由崩滑岩体构成，高100—200米，长满松杉等树木，像短发虬髯的人头，传说是万山之祖扎依扎嘎为镇邪而留下的头影。

色嫫女神像 又称“美人岩”位于芦苇海东侧、黑果沟沟口北侧高约15米、宽约10米的石灰岩崖壁上，面积0.01公顷。崖壁岩石自然风化，凹凸不平，阴影线条组合形成类似少女脸庞的图像，当阳光照射崖壁时，头像隐而不显，当地传为沃洛色嫫女神像。头像旁侧有一侧身女子图像，也被视为女神之影像。

图2－18 色嫫女神像

剑劈岩 位于日则招待所上游2公里处右侧，是石灰岩体中一近于直立的构造裂隙面，岩石沿此面风化剥落后形成峭壁，宽约30米，高约50米，壁上平直光滑，犹如剑劈，故名。传说是格萨尔追杀妖魔歇么时留下的痕迹。

熊猫戏水 位于熊猫海中，是一块有几圈黑色花纹的浑圆白石，酷似憨态可掬的熊猫在湖中嬉戏。

剑岩 位于日则沟芳草海（天鹅海）南端，为一断层三角面岩体。高500多米，有6股山泉从山腰飞出，占地0.05公顷。孤峰擎霄，巍然屹立，峰壁如削，上尖下宽，植被稀疏，岩石裸露，山势峥嵘，宛若一柄出鞘的利剑，直指蓝天。传说为格萨尔的宝剑。为保护神泉、降伏盗宝妖魔，倒插地上变化而成。

图2－19 剑岩

回音壁 有两处。一处位于黑果桥，在黑果沟进沟2公里处的南侧山坡，是掩映在绿荫中的裸岩，高约150米，出露长约200米，人在此或大声说话，或放声唱歌，数秒内被反射回来，如录音重放，故名。另一处位于绿海子北岸，是一块南西倾向近于直立的厚层灰岩，占地0.05公顷，巍然屹立，石壁光滑，人在绿海子南岸对着石壁大呼，声音经石壁反射，在绿海子上空回荡，余音经久不息。

万卷书 位于绿海子西岸，是由一系列南西倾向的单斜岩层组成的高峻山峰，占地0.31公顷。岩层层面纹理清晰，如万卷书页整齐排列，如一本置于半空的巨书。

天兵天将 位于绿海子南岸山峰上，是灰岩基岩经风化剥蚀形成的一系列高1—15米的峰丛，占地0.12公顷。峰丛耸立山顶，如天兵天将站立云端。

九寨神龟 位于九寨沟矿泉水厂对面山脊，是一处碳酸盐岩山峰，占地0.02公顷。山峰形似乌龟仰头望天，当霞光映射，宛若金龟，故名。

鹰爪石 位于悬泉沟沟口，是一种带有鹰爪形空洞或痕迹的深灰色白云岩石，产地面积0.03公顷。在距今2.77亿—2.57亿年的早二叠世晚期，浅海环境生成的放射状天青石晶簇状矿物与白云石结合成岩，后来在岩后的差异风化作用下，天青石溶蚀出貌似鹰爪的空洞，大小6—96平方厘米。鹰爪石化学成分主要为锶（Sr）和硫（S）的化合物，氧化锶（SrO）占46.87%，三氧化硫（SO_3）占44.52%，氧化钡（BaO）有少量（6.12%）。

宝塔岩 位于牙扎沟沟口公路旁，是一座高130米的褐色山峰，状如宝塔，故名。主峰海拔2030米，南面为陡壁，壁上“M”形褶皱清晰可见，似一幅壁画。

元宝石 一种巨型钙质结核，产于晚二叠世（距今2.6亿年）含煤地层中，是罕见的古滨海沉积构造。呈椭球体，大小不一，大者长1.25米，宽0.94米，厚0.41米，小者仅数厘米。当地人称为“元宝石”。

三、峡谷段落

峰柱与峡谷是九寨沟的基本地貌形态，分布在石灰窑（盆景海下的翡翠河附近）、鹰爪洞至剑岩、则查哇的季节海一带比较典型。主要由二叠系质较纯的碳酸盐岩地层构成，峰体耸立，峡谷幽深。

九寨沟峡谷 位于九寨沟沟口至扎如寺桥之间。长2公里，谷底宽50—100米。峡谷左岸洪坡积物发育，洪积阶地被坡积裙覆盖，河床低于老洪积阶地面15—20米。右岸也有崩、坡积物发育。

树正—荷叶峡谷 位于树正沟。长3公里，较宽阔，两侧山岩为灰岩，岩石节理、裂隙发育，谷坡大于50°。谷底在冰川退缩后形成一系列冰碛堰塞湖。

扎如峡谷 位于扎如沟郭都寨至若也得寨之间。长3.5公里，谷底宽250—300米，高差800米，谷坡50°以上，局部地段则为悬崖绝壁。

卡真峡谷 位于卡真沟，海拔3000—3700米。河谷狭窄，长2公里，落差700米。两壁坡谷陡峭，坡度多在60°以上，高400—500米。谷底水流湍急奔泻，层层涌浪，似万马奔腾。

日则峡谷 位于日则沟鹰爪洞至日则之间。长1.5公里，海拔2750—2700米，谷底宽10—100米，谷坡大于45°，两岸崩塌发育。

天鹅海峡谷 位于天鹅海出口地段。谷底宽不足100米，左岸岩壁直立。底部倒石堆发育，堵塞峡谷上游，形成天鹅湖。

高瀑布峡谷 位于高瀑布至珍珠滩之间。长约1公里，宽50米。两岸岩壁直立，崩塌发育。沿山公路面到峡谷谷底高差在130米以上。谷底钙华堆积发育，河床中林木茂密，与钙华堆积组成若干大小形态各异的梯池，形成峡谷梯湖景观。

一线天 位于日则沟剑壁岩西侧支沟，面积0.05公顷。陡崖壁立，林木葱茏，沟谷狭窄，天如一线。

则查哇峡谷 位于则查哇沟上、下季节海之间。峡谷宽20—30米，以中更新世形成的冰蚀U形谷为地貌基础，两岸岩崩发育，堵塞成洼地。

长海峡谷 长海所在地，冰蚀U形谷。两岸谷坡陡立，坡度在60°—90°之间，多悬崖。长海两岸倒石堆发育，森林茂密，湖水蓄积谷底形成长海。

依夷峡谷 位于长海上游，海拔3400—3150米。南起图俄依海子出水口，北至长海尾，长约5公里，谷底宽不足50米。两壁坡度变化在50°—70°之间，崩、坡积物发育，原始森林保存完好。

四、岩石洞与岩穴

沟内溶洞规模小，数量少，较分散。鹰爪洞和高瀑布下冰封后可见到20多个小溶洞。

羊峒 位于九寨沟沟口北侧山坡上，海拔1996米。其形成与南北向断裂活动有关，时代距今约21.3万年。洞高宽各5米，深6米，面积0.01公顷。洞口高出公路100米，正对九寨沟沟口，可俯视沟口全景和宝镜岩前的草坪。

打儿洞 位于九寨沟矿泉水厂旁的陡崖上，海拔1980米，高出现河床8米，为岩溶洞穴，形成于距今6.8万年前。洞穴数量有7—8个，大小不一，面积0.01公顷。洞口有漏斗状和葫芦状，直径0.5米，洞内呈管道状，可匍匐前行，深6米。洞穴水平，无堆积物，干燥，可见岩溶裂隙。溶洞之上小洞穴内见有钙华沉积，无泉水。相传求子者掷石入穴可得子，故名。

五花海栈道喀斯特地下管道系统 位于沿五花海栈道上行千米处。洞中石笋、石钟乳比比皆是。一领银瀑，飞泻而下，在洞口挂起晶莹的珠帘。

鹰爪洞 位于日则沟天鹅海北缘东侧的路边，海拔2900米。洞高宽各4米，深6米，是沿岩层裂隙及层面风化坍落而成，形成时代距今8.4万年左右。洞壁上有50多处菊花状天青石风化线条，类似鹰爪抓痕，故名。传说格萨尔王化鹰与恶魔歇么所化的鹞在此恶战，留下抓痕。

溶洞沟洞穴 位于溶洞沟沟内1.5公里处，海拔3480米。洞口高1.4米，呈不规则形状。洞内呈囊状，深10米，高5米。面积0.01公顷。洞壁有泉水滴落，岩石表面有厚1—2厘米的钙华沉积，钙华形成距今约100年，无石钟乳、石笋等。后壁上有数个小型溶洞，在洞壁分布有珊瑚化石。

五、溶蚀景观

九寨沟的岩溶作用主要在地下进行，地表溶蚀现象不甚突出，流域上游地表有一些溶沟、溶斗、溶洼、石芽、漏斗等地貌景观。钙华漏斗可见于熊猫海钙华堤上。钙华洼地分布在日则沟上游鹰爪洞附近。壶穴湖可见于箭竹海前的小型群海、诺日朗群海、树正群海等，湖体小巧雅致。地表溶蚀湖泊有五花海、季节海等。

天鹅海—芳草海溶斗 位于天鹅海和芳草海湖底，串珠状分布，沿北西、北东两个方向呈折线式延伸，构成锯齿状深水线。

藏马龙里漏斗 又称“落水坑”，位于藏马龙里沟进沟1.5公里处的湖泊中，面积0.01公顷。湖水呈旋涡状往下沿管道转入伏流，沟内湖泊之下无地表水流。

溶洼 九寨沟内分布的大型溶洼主要为黑果溶洼、荷叶溶洼和彭布溶洼，是九寨沟早期岩溶作用的佐证。面积一般1—2平方公里，呈封闭或半封闭的椭圆状，四周为灰岩峰丛峰林。溶洼底部都高出九寨沟主谷100—200米，并向主谷倾斜，洼中有地表径流。溶洼中有藏寨分布。

第二节 沉积与构造景观

一、断层景观

歇摩扎岩 即“宝镜岩”，位于扎如沟口北侧，海拔3350米，是一处倾角大于70°的灰岩峭壁，高800多米，光滑如镜，气势雄浑。

牙扎沟断裂 位于牙扎沟口，沿断层分布地方见有断层角砾岩、碎裂岩，断裂两侧产状零乱，见有劈理化带，宽10—30米不等，劈理面产状与断层面产状一致。

九寨沟矿泉水厂同斜褶皱 位于九寨沟矿泉水厂附近，发育于扎尕山组砂屑白云岩中，地层倾向南西，轴面倾向南西，劈理倾向东。

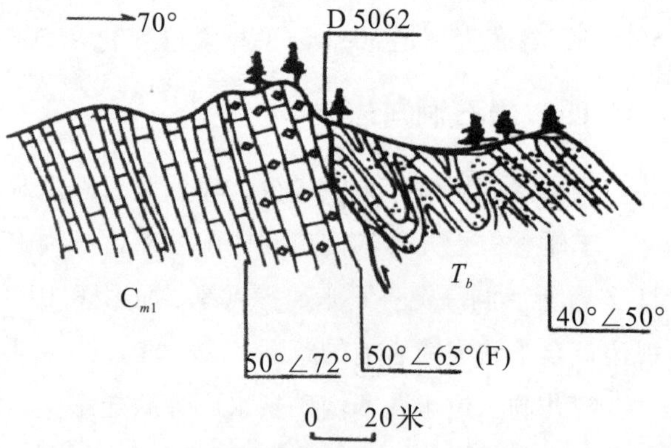

图2－20 九寨沟牙扎沟口断层素描图

晚古生代构造岩块　发育于塔藏—牙扎沟口一带，为早期滑塌坠入塔藏岩组中，共同构成火山沉积混杂堆积，属外来岩块。岩块大小一般为 10×50—300×500 米，最大可达 500×1000 米，最小仅十余厘米至 1 米左右。这些大小不一、形态各异的灰岩块体，与塔藏岩组砂板岩斜交或直交。

塔藏构造带　位于荷叶断裂及牙扎沟断裂带之间，分布于上四寨、塔藏、彭布、热如沟、丛桠、隆康等地。长 16—24 公里，区内出露宽 7—8 公里，呈北西—南东向延伸，是南坪褶皱推覆构造岩片与九寨沟褶皱推覆构造岩片的分界带。

卡真背斜　分布于犀牛海东侧，典型的宽缓无劈理等厚褶皱。轴面直立，延伸方向为北西—南东向。

牙扎沟推覆褶皱　位于牙扎沟尾的一处岩壁上，由一系列斜歪的背斜、向斜构成，受来自北东向推覆挤压而形成，折射劈理发育。

二、地层剖面景观

地层剖面是天然的古生物地质博物馆。九寨沟内断裂发育，地层剖面出露明显，是考学考察与科普的资源富集地。

信扎剖面　位于扎如沟南段西侧。剖面地层为石炭系、二叠系岷河组和大关山组。古生物化石丰富、完整，生物分带明显，主要有珊瑚、腕足、腹足、海百合、有孔虫等。

卡真剖面　位于卡真沟北支沟。剖面地层为泥盆系、石炭系的当多组、下吾拉组、益哇沟组、岷河组。剖面上古生物化石丰富，保存完整，有珊瑚、腕足、层孔虫、海百合、腹足、古孢粉等。

丹祖沟剖面　位于丹祖沟与关门子沟分水岭西侧山脊。剖面地层为三叠系罗让沟组、红星岩组和祁让沟组。

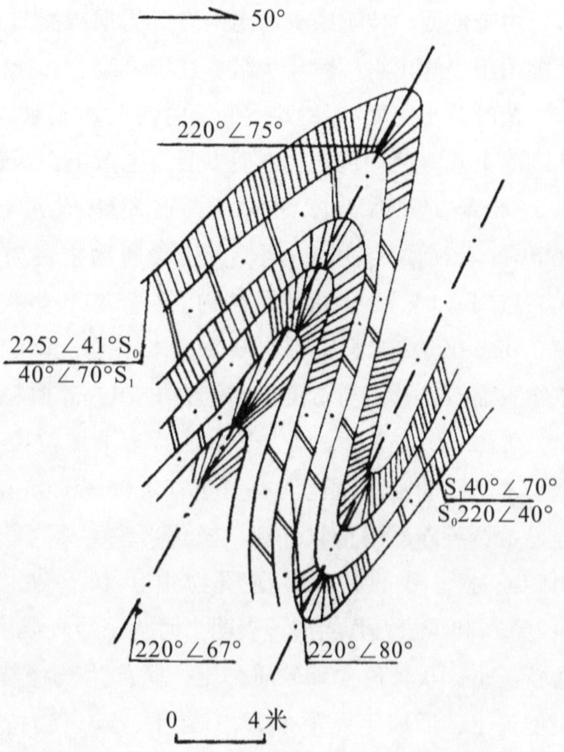

图 2－21　九寨沟矿泉水厂同斜褶皱素描图

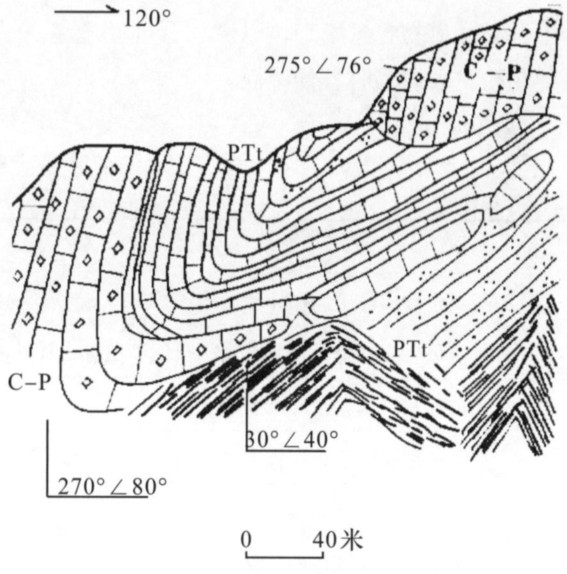

图 2－22　塔藏岩组中的晚古生代灰岩块体素描图（隆康电站）

绿海子剖面　位于绿海子沟西坡。长 3250 米，总体南北向展布。剖面地层为泥盆系下吾那组至三叠系红星岩组。岩层出露良好，古生物化石丰富且保存完整，主要有珊瑚、腹足、腕足、菊石、层孔虫、三叶虫、海百合等多种化石，化石个体大小 0. 5—10 厘米不等。

中查剖面 位于中查沟尾山脊。岩层裸露良好，生物种类繁多。剖面地层为二叠系、三叠系的大关山组、叠山组、罗让沟组、红星岩组、祁让沟组等。

荷叶黄土剖面 主要分布于白河两岸斜坡及荷叶寨附近。从剖面上看有两种黄土。剖面1层为老黄土，灰黄色砂质黏土，厚5—8米，成因为冰缘黄土；物质组成包括碎屑或砂粒（65%）和泥质（35%）两部分，碎屑物主要为石英（60%），次为岩屑（1%）、云母和重矿物（1.5%），呈棱角状，粒径一般0.02—0.1毫米，个别在0.2毫米以上；重矿物中含不稳定矿物重晶石，长石与石英比率值为1.18；碎屑粒径（包括新黄土）0.02—0.1毫米，均大于中国黄土平均粒径（0.01毫米），也大于已知的密西西比河谷黄土（0.06—0.03毫米）；电镜扫描显示石英砂呈棱角状外观，棱角尖锐，贝壳断口发育，属冰川砂或冰缘砂的特征；泥质物由伊利石（18%）、绿泥石（12%）和少量石膏组成，表明当时为干冷气候。剖面2层以上为新黄土，灰黄色含砾砂质黏土，底部为浅绛红色，成因为再生型黄土，形成年代距今32.1万年；碎屑物特征同第一种黄土，粒度略小，为0.02—0.08毫米，厚2.5—8.15米；重矿物中出现不稳定矿物；电镜扫描显示石英砂仍以冰川砂或冰缘砂为主，磨圆度增高，磨圆的石英砂表面发育V形坑的同时存在碟形坑，具麻面，表明后期叠加风蚀作用；黏土矿物含量增加，以伊利石（25%）为主，出现不少高岭石（7%）；黏土中含丰富的草本植物花粉，表明当时气候湿润。

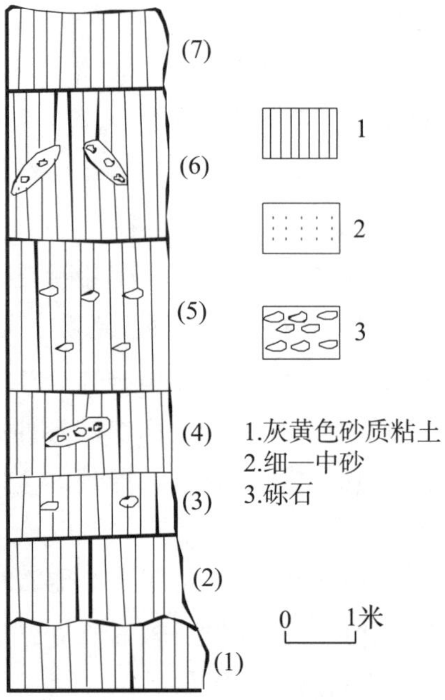

图2－23 九寨沟荷叶黄土柱状剖面图

荷叶黄土剖面层位表

表2－6　　单位：米

层 位	土 质	厚 度
7	灰黄色砂质黏土。ESR年龄值32.1×10^{4}a。表层已作为耕作层	1
6	灰黄色砂质黏土，含灰黑—深灰色砂质黏土团块和含砾黏土透镜体	2
5	灰黄、灰黄褐色含砾砂质黏土	2
4	灰黄色砂质黏土，发育含砾砂质黏土透镜体	1.1
3	灰黄色砂质黏土，偶含砾	0.9
2	灰黄褐略带绛红色砂质黏土，含锆石、金红石、磁铁矿、磷灰石等重砂矿物，呈棱角状	1.15
～～～～～～～～～～～～～～～～～～～～～侵蚀间断面～～～～～～～～～～～～～～～～～～～～～		
1	灰黄色砂质黏土，含锆石、金红石、电气石、重晶石、磷灰石等重矿物组合，呈棱角状，未见底	>5

隆康剖面 位于隆康对面公路旁，是塔藏岩组的层型剖面。岩层裸露良好，层位齐全。

镜海古河道堆积剖面 位于镜海左岸，出露剖面占地0.20公顷。镜海古河道堆积层高出今湖面

20 米，由中粗砾砾石层和细砾砾石层组成并夹细砂层（厚 10—12 米）透镜体。细砂层发育沙纹层理，细层厚 0.01—0.5 厘米，层系厚 3—5 厘米。砾石层中大型斜层理发育，古水流指向由西向东流。堆积层形成时代距今 72.40 万年，反映地壳年抬升速度不到 0.03 毫米。

三、钙华和泉华

九寨沟内岩溶作用显著，钙华沉积普遍。大量钙华从泉水、河水中析出沉积地表，堆积形成钙华堤、钙华礁、钙华流、钙华瀑等。随着水位下降或河道转移，沉积的钙华或泉华演变为钙华台地。钙华台地是九寨沟钙华沉积活动最典型的景观形态。生物钙华礁、钙华堤可见于卧龙海。钙华流可见于珍珠滩、盆景海。钙华瀑可见于诺日朗、珍珠滩瀑布。马肺石①、水帘洞常见于瀑布跌水部分。

鹰爪洞钙华台地 位于天鹅海出口处下方，海拔 2910 米，占地 0.20 公顷。台地由五级平台组成，高差分别为 3.1 米、3 米、4 米、5 米、11.8 米，总厚度大于 18 米，长约 700 米，宽 50—100 米，含干湖钙华在内面积总计 10.5 万平方米。东西宽 250—300 米，南北长 700 米。台地原为类似诺日朗瀑布的陡坎，因日则沟河流改道沿西岸山脚通过，瀑布干涸萎缩，陡坎演变为钙华台地。台地西界被河流切割出宽 10—15 米、深 6—9 米的“V”形谷。在Ⅱ、Ⅲ两级坎堤上发育数个高宽各 1.5 米的溶洞，类似黄龙洗身洞。鹰爪洞钙华台地是大流量泉水出露钙华析出沉积形成的，是研究地下径流方向的直接线索。钙华呈灰、褐色、灰褐色、灰白色等色调，长期氧化后表面有褐色、黑色斑块。发育孔洞构造，钙华下部胶结好，坚硬，表面疏松多孔，呈粉末状。纵断剖面上可见钙华中发育一层黑色黏土层。碳 14 测定钙华形成的年代，最新的距今约 600 年，最久远的距今 8980 年。钙华滩中有 3 个长约 100 米、宽 20—60 米不等的钙华干湖。

藏马龙里沟钙华台地 位于藏马龙里海下游，藏马龙里沟进沟约 500 米处，出露海拔高度 2964—2990 米，占地 0.12 公顷。在地貌上呈现为一个陡坎，高约 60 米，宽 200 米，长 350 米，与底界的接触关系因掩盖而不清楚。钙华为浅褐色、褐色、灰褐色等色调，长期氧化后表面有褐黑色、黑色斑块。钙华下部胶结好，坚硬，表面较疏松，呈粉末状。碳 14 测定钙华形成年龄约为距今 1.44 万—2.11 万年，正负误差 500—580 年。此钙华台地位于藏马龙里沟地表水消水点下游一侧，是地下水位下降的证据。

犀牛海钙华台地 位于树正沟犀牛海西侧沟坡。长 50 米，厚 3—5 米，属泉华堆积，碳 14 测年值为 31680±2240 年，距今约 3 万年前形成。

黑果钙华台地 位于黑果沟进沟 1.7 公里处。高约 60 米，分布范围约 200×250 米。此钙华台地曾是黑果沟流域内地下水集中露头处，后地下水位下降成为干钙华。

四、生物化石点

从距今约 4 亿年的泥盆纪到 2 亿多年前的三叠纪，九寨沟地区一直为广阔的大海。在温暖清洁的浅海中，生物繁盛，碳酸钙大量沉淀，生物死亡遗骸深埋地层演变为古生物化石。在九寨沟长海、树正、熊猫海、羊峒等地的公路、栈道旁，珊瑚、腕足化石星罗棋布，具有重要的科研、教学价值。

树正古生物化石点 位于树正沟内公路、栈道旁，面积 0.01 公顷，出产以小马丁贝、两板贝、

① 碳酸钙沉淀形成的裙状钙华形态。

乌拉珊瑚等腕足和珊瑚生物为主，生长于3.3亿—3.6亿年前的浅海环境。化石保存完整。腕足个体一般为1—2厘米，轮廓长卵形，喙部强烈弯曲。珊瑚断面呈圆形，直径1—2厘米。

熊猫海古生物化石点 位于熊猫海沿岸，占地0.01公顷。出产化石属腕足和珊瑚类生物，生长于3.6亿—3.7亿年前的浅海环境。腕足类化石以石燕为主，主要为帐幕石燕，个体完整，大小4—6厘米。珊瑚以毕灵星珊瑚为主。

溶洞沟古生物化石点 位于溶洞沟内一孤立的峰柱，占地0.01公顷。孤峰四周陡峭，形似石钟，高120米，岩石为块状生物灰岩。出产生物化石属腕足类、珊瑚、腹足类、海百合等古生物，生长于距今290百万—362百万年的温暖洁净的浅海环境。化石个体完整，纹理清晰，腕足类化石以网格长身贝、裂线贝、弓石燕等13种为主，珊瑚有沟珊瑚、顶饰珊瑚2种，腹足类有同脐螺，海百合有圆圆茎。

原始森林古生物化石点 位于日则沟原始森林（一说原始森林沟），占地0.01公顷。出产化石主要为菊石和腕足类，生长于3.60亿—2.45亿年的浅海环境。化石个体完整。

长海古生物化石点 位于长海湖堤附近，出产于石炭、二叠系碳酸盐岩，有珊瑚、蛤类化石。

羊峒海百合化石点 位于九寨沟沟口羊峒，占地面积0.01公顷。化石出产于扎尕山组的砂屑砾屑灰岩中。海百合化石以茎化石为主，环节清晰，尖端保存完整，断面直径0.4—3厘米，长3—10厘米。化石大小杂乱，排列无序，在岩石中占35%，构成海百合生物层，厚28米。主要属种为许氏创孔海百合、贵州创孔海百合等，年代为距今2.39亿—2.35亿年的中三叠世。

第三节 自然变动遗迹景观

一、冰川侵蚀遗迹

九寨沟内冰川作用强烈，冰川地貌发育。3800米以上，冰川遗迹保存完整，形态典型，种类多样，冰斗①、冰围地、角峰、刃脊、U形谷、悬谷、羊背石、侧碛堤、终碛堤、冰碛台地、冰碛丘陵、冰漂砾等星罗棋布。冰蚀遗迹典型地区，有则查哇沟支沟溶洞沟地段、长海沟尾地段和藏马龙里沟地段。长海东面山体发育有冰斗。则查哇沟干孜公盖山、日则沟鹰爪洞上部可见到角峰。

长海冰漂砾 位于长海北端公路旁，距老人柏200米，占地16平方米，是长海成因最有力的佐证之一。冰漂砾岩石为产犬齿珊瑚和简单福米契夫珊瑚的生物灰岩，长2米，宽0.8米。灰岩面上嵌“篮球”大小的硅质白云岩，当地人称“蓝宝石”。

① 冰斗，山岳冰川常见冰蚀地貌类型，位于雪线附近，是由雪蚀凹地演化成的斗状基岩。主要由冰川在凹地中对底部和斗壁进行旋转磨蚀、刻蚀和拔蚀而产生。典型的冰斗由岩盆、岩壁和岩槛组成。底部为岩盆，平面呈半圆形，三面为峭壁相围，出口处有突起的岩槛，常可见羊背石。冰川消退后岩盆积水成冰斗湖。冰斗扩大，斗壁后退，相邻冰斗间的岭脊变成刃状，称为刃脊。数个冰斗包围形成尖状金字塔形山峰称为角峰。

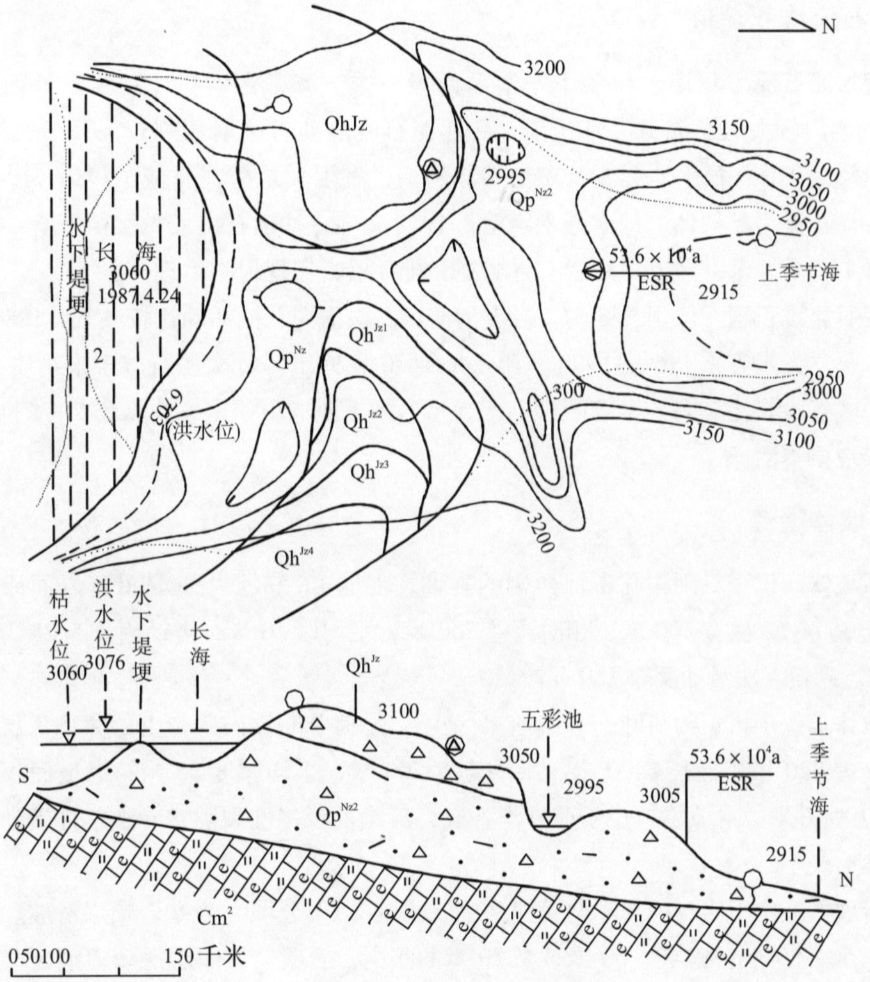

图 2－24 长海堤埂结构示意图

长海终碛堤 位于长海北端，是典型的大型复合冰川终碛垄，堰塞堵水成长海，海拔2900—3100米，占地46.90公顷。终碛垄长670米，底宽700米，顶宽100米，垄高145米。垄东侧山边有二道侧碛垄依山势延伸构成条状平台，中间嵌凹下的排水道；西侧有顺层发育的基岩滑塌体，滑入长海西北角水中，状似半岛伸入长海；垄南侧呈35°斜坡；北侧为三列终碛垄构成连绵起伏的丘岗和垄岗，垄岗间夹不少洼地，深5—20米不等。整个垄岗由规模巨大的冰漂砾和泥砾层构成，表面有不少后期滑塌的巨石。漂砾有一定的磨圆，岩性为生物灰岩和白云质灰岩；砾石大小20—50厘米，少数在1米以上，成分主要为灰岩，杂乱堆积，砾石之间为细砾和砂泥土充填。电子自旋共振测年值（ESR）为53.6万年。冰碛物表面覆盖一层厚30—50厘米的含砾黏土层，出产丰富的孢粉化石，主要来自松属、胡桃属、桤木属、桦属和椴属等温凉植被。整个终碛垄西侧为崩塌倒石锥叠覆，地貌形态更加复杂化，在冰碛物的夹缝中，岩溶地下水渗出形成五彩池。

长海U谷 长海所在沟谷为典型U形谷。（见第二篇“旅游资源”第三章“地文景观”第一节“地质地貌景观”中“峡谷段落”之“长海峡谷”）

日则沟原始森林冰川遗迹 位于日则沟原始森林处周边山体，主要冰川遗迹有刃脊、角峰、冰川U形谷、羊背石等微地貌。

二、泥石流堆积遗迹

下季节海古泥石流堆积扇　位于下季节海西侧下季节海子沟沟口，北距诺日朗5公里，占地8.20公顷。为沟内较大的老泥石流堆积扇，后期泥石流活动对该扇切割较深，形成深4—5米、宽9—14米的冲沟。1976年松平地震波及该地引起岩崩，发生大规模泥石流。1983—1984年相继发生多次泥石流。泥石流为黏稠性，每立方米容重2.1—2.2吨，冲出石块最大直径3米，一般15—20厘米，流量每秒142立方米。沟道中修建有谷坊坝和排导槽，实现根本治理。

日则沟泥石流堆积扇　位于日则沟2号支沟沟口。该沟泥石流活动比较频繁，1984年发生5次。多为水石流，每立方米容重1.6—1.9吨，流量每秒36立方米。每次泥石流带来物质100—300立方米。在沟道中峡谷段修建有高8米缝隙坝1座，重力坝1座，堆积扇左边缘修20米排洪导槽和水泥平桥1座，实现根本治理。

三、滑坡体遗迹

五花海滑坡体　位于日则沟孔雀河西侧的谷坡，占地10.52公顷，是沿基岩面活动的松散层滑坡。滑坡体长350米，底宽300米，相对高差260米，平均厚20米，滑动面积5.25万平方米，体积105万立方米。最新一次活动距今180年。

荷叶滑坡体　位于树正沟荷叶寨，占地98公顷，是荷叶断层破碎带上的大型深层滑坡。滑坡体后壁与前缘高差320米，最长1400米，平均宽度700米，平均厚度25米，滑坡面积98万平方米，体积约2400万立方米。滑坡出口位于荷叶沟谷底，后缘发育张性裂隙，有继承性活动特点。荷叶寨坐落在滑坡体上。

诺日朗滑坡体　位于诺日朗瀑布与镜海之间，占地2.01公顷，为基岩顺层滑坡。滑坡体在沟坡上形成一道长50—80米、宽40—60米、高20米的垄岗，后壁上见顺层滑动擦痕，壁下方是一个长20米、宽8米的小平台。最新一次活动距今180年。

隆康滑坡体　位于隆康白河对面的一处老滑坡体，处在热如沟断层和作岩断层之间，岩石破碎，为基岩滑坡。滑坡体长200米，宽50—200米，梯形。滑动面倾向85°，倾角40°，向东滑动，滑动距离已有120—150米，局部仍在滑动。1998年8月16日，滑坡体上的一块长10米的巨石坠落滚下，击在公路上裂成两半，滚入河床，未造成人员伤亡。

则查哇沟崩塌倒石堆　位于长海至下季节海之间15公里范围内。该地段崩塌及其倒石堆发育，新老崩塌倒石堆连接成群，多处堵塞谷地，形成系列类似溶斗的洼地。倒石堆坡度35°—45°之间，老的生长植被，新的无植被，锥面常见落石滚动。

第四章　生物与气象景观

九寨沟有完整的山地生态系统，沟多谷深，山峻林茂，湖泊密布，溪流不断，鸟在树上飞，鱼在水底游，层次分明的植被系统和丰富的野生动植物构成多姿多彩的生物景观资源。从色彩丰富的针阔叶混交林、苍劲挺拔的针叶原始森林，到高山灌丛草甸，还有装点瀑布的各种水生植物和名木古树，植被景观丰富。野生动植物种类多样，被列入调查名录的维管植物有2007种，有脊椎动物313种，鸟类223种，包括国家一、二级保护动物47种（鸟类27种，兽类20种）。湖面有野鸭等水鸟起落，森林中飞禽走兽云集，生态环境极佳。

从理论上来说，一切具有审美意义的野生动植物都可以纳入“观赏性动植物”景观资源的范畴，但在如九寨沟这样的风景名胜区则受其他因素的制约而实际范围狭窄。区内的野生动植物，或分布在保护区而不是游览区从而不具有旅游开发的实际意义，或因受游客人流的影响而处在动态分布中，又或受游客观赏与审美活动的影响而具有生成性、时代性。本章所说的生物景观无论是在生态系统上还是就观赏性个体而言，都是就九寨沟游览景区而言。分布在该区域的生物景观资源，既包括自然野生的，也不乏人工培育的，既有珍稀动物如大熊猫、金丝猴、天鹅等的踪迹，也包括园林花树或野鸭、松鼠等相对常见野生动物。

第一节　生态景观

一、九寨森林

森林为九寨风光之母。春夏，森林是绿色的迷宫；秋天，森林是彩绘的画屏；冬天，又变成玉树琼花的童话。众多植物的形色荣枯，装点九寨的山山水水，养育九寨的飞禽走兽，使九寨风光多姿多彩。

九寨沟植被垂直带谱明显，植物群落层次分明，种类繁多。由低至高，依次生长针阔叶混交林、针叶林、高山耐旱灌丛、高山灌丛草甸等植物群落。

在海拔2000—2800米，生长的针叶阔叶混交林带树种丰富，群落外貌多随季节而变化。春暖花开时节，山玫吐艳，橙柳摇红，悬钩子、铁线莲、绒毛八仙花争相怒放，唐古特瑞香、西蜀丁香芬芳馥郁。

分布在海拔2500—3000米的针阔叶混交林最为迷人。冷杉林、云杉林和红桦林交叉重叠，杂生箭竹、杜鹃、枫、椴、黄栌、珍珠梅、花楸等树木。林间奇花异卉遍布，珍稀鸟兽出没，巨树参天蔽日，古木盘根错节，松蔓垂枝，落叶深厚，景象莽野幽深。

在海拔2800—3800米，分布有亚高山暗针叶植物群落。阳坡有方枝柏、密枝圆柏等组成疏林或散生群落，交错分布，形成不同规模的林海，树冠整齐，呈暗绿色，常有云雾缭绕。在瘠薄、干旱、陡峭的阳坡、半阳坡，马尾松、落叶松组成纯林，群落外貌葱绿，树干挺直，层次分明，透视度高。分布在阴湿地的针叶林，除乔木层通常为复层异林外，林下部有优势的灌木层、草本层和苔藓层。林内有极发达的苔藓植物，树枝上多悬挂松萝，树生和地生苔藓、地衣等，种类多，盖度大，厚度有的达10厘米以上。夏季雨量充沛，林内潮湿，木耳、柳菌、青冈菌等形成一个特殊的季节性层片。

在海拔3800—4300米，分布有高山灌丛草甸带，天暖时节，深绿的高山香柏和紫色、红色、白色、黄色的杜鹃花点缀在黄褐色丛冠之上，与五彩缤纷的高山草甸辉映，景观艳丽。

松林 常见的主要是油松和平山松，前者广布在海拔2000—2650米之间，形态虬曲多姿，葱茏苍翠，古朴苍劲的松涛声，给人美的享受。

桦树林 常由白桦、红桦、竖桦组成，分布于海拔2400米以上。桦树树干修直，枝叶扶疏，细枝微下垂，树皮干滑，有线形皮孔，呈现粉红、红褐、粉白等多种色调。表皮横向剥落，呈纸片状，具韧性，可作信纸用。它是九寨沟金秋季节季相变化的主要树种之一。

云杉林 主要见有青扦和大果青扦，分布于海拔2370—2800米之间，常与冷杉、松组成混交林。云杉，望之皓然似白云栖止。

冷杉林 主要以岷江冷杉和黄果冷杉为主。岷江冷杉在海拔2800—3800米之间形成纯林。冷杉树冠呈圆锥形、尖塔形或伞形，亭亭直立，树态整齐，飘逸雅致。

箭竹林 在冷杉林、云杉林下形成优势灌木丛。九寨沟的箭竹是大熊猫的主食，丛林中有大熊猫的踪迹

原始森林 海拔3000米以上，植被分带进入针叶林带，莽莽苍苍的森林浓绿阴森，主要由黄果冷杉、巴山冷杉、岷江冷杉等树种构成，林下奇花异草，芳香迷人；枝上松萝悬挂，翩翩飞舞。

河畔柳林 分布于者查河坝，小溪两岸，直延至圆海子岸边。主要为水杨柳，间夹有小灌木丛，偶尔也有几株稀疏的松柏，柳林茂密，枝叶垂地。沿圆海子岸边，成一天然柳堤，苍翠嫩绿，柳枝荡扬，随风飘舞。

九寨红叶 种类繁多，千姿百态。三角枫、五角枫、青榨槭、黄栌木、高山栎、辽东栎、常春藤等至深秋而叶红，似燃烧的火焰，一片片一丛丛，如火如血，流光溢彩。

二、地衣草坪

林中苔藓坪 位于日则沟底部的一条小支沟。日则沟底部有3条小支沟，第一条支沟的沟口有原始森林10余亩，林中苔藓厚50多厘米，松软厚实。

丹祖沟草坪 位于丹祖沟沟口牲口棚一带，长约1500米，宽250米。翠草高6—20厘米，春夏时节，旖旎的野花点缀其间，好似名贵的锦毯，舒适柔软。

三、高山草甸

区内海拔3500米以下，分布很多次生性亚高山草甸，原为耕作、居住或放牧的场所。随着退耕还林，传统农业活动在沟内停止，村寨居民向旅游点集中，留下的空地演变成亚高山草甸。海拔3500米以上是高山草甸的分布区。

扎如沟次生草甸　分布在扎如寨以上至燕麦地一线，有大小草地5块。原为居民区或耕作区。草甸周围为次生桦木和以各种戚树为主的落叶阔叶林，初秋季节，秋高气爽，红叶漫山。

纳久坡高山草甸　分布在扎如沟扎依扎嘎山周围，海拔3500米以上。春冬时节银装素裹；夏季山花烂漫，鸟雀成群，鸢飞鸦鸣，云绕雾缠；秋来碧空如洗，层林尽染。

四、湿地景观

九寨沟内多河流湖泊，湿地分布广泛，发育良好，水生植物种类多样，形态各异，构成独具特色的水生植被生态，营造出多样化的水生景观，既是九寨沟湿地生态的基础，也是重要的生态景观资源类型。沟内的湖泊或池沼沿沟谷底部呈念珠状排列，水清见底，水中或水边丛生植物，在阳光照射下呈现各种颜色，即便是枯木沉没水底，仍有水绵、水藻等附生。露出水面的巨树残躯，天长日久，又变成长满新生花草的小岛。

九寨沟的湖泊是高寒山区贫营养湖泊，水源主要来自地下泉水，水温低，水流急，水深、清澈、湛蓝、透明（透明度在5米以上），酸碱度（pH）接近中性，溶解氧全层接近饱和，磷（P）和氮（N）等营养元素含量低，有机物腐烂分解缓慢，浮游生物少，硅藻占优势。水体底质多为沙砾，水质贫瘦，浮游生物、底栖生物和水生维管束植物的种类都较单纯。水生维管束植物有5个种，以芦苇、问荆等为常见优势种类。据1984年和2002年的调查，藻类种类和数量呈明显上升趋势。

九寨沟的水生植物可分为水生乔木、灌木、挺水植物和沉水植物四大类，分布于各个湖泊，给九寨沟的海子、瀑布和溪流增添奇姿异彩和勃勃生机。沉水植物有轮藻、水绵等，挺水植物有水灯芯、节节草、田葱等。九寨沟中鸭舌草、芦苇、泽泻等分布也较多，有世界上已知的最小植物“陷阱”——狸藻①。

在芦苇海、箭竹海、天鹅海和芳草海等的浅水湖区，芦苇、水灯芯、水葱、节节草、莎草等挺水植物成片分布，构成芳草萋萋、碧水清清的优美景观，其间常有野鸭、天鹅、鹭鸟等水禽出没。

湖泊中还有水绵等沉水植物，或成带状，或成丝状，颜色或绿或红，透过清澈的湖水，在水底随流水飘动，十分悦目，就像观赏一片艳丽柔美的丝绒织锦。

水中树　九寨沟内水域普遍可见水生的乔木和灌木。湖泊之间或滩流之上，半淹于水的灌木丛，嫩红的根须，飘洒水底，绿叶红花生机勃勃。在树正瀑布与树正群海相连的漫水滩上，分布以南坪青杨和高山柳为主的水生乔灌杂生丛。在诺日朗群海、珍珠滩及盆景滩，丛生耐湿喜水的杨树和柳树。该水生分布形成九寨沟独特的林水相亲格局，树在水中生，水在林间流。

挺水植物　扎根在水底淤泥，茎、叶挺出水面。主要分布于芦苇海、箭竹海、天鹅海和芳草海的浅水湖区，主要有芦苇、水灯芯、水葱、节节草和莎草等种类。挺水植物多成片分布，为野鸭、鸳鸯、天鹅、鹭鸟等水禽营造出适宜的生活环境。

沉水植物　植物体全部生活于水面下，叶多为带状或丝状。九寨沟主要分布在五花海和五彩池，以轮藻、水韭、水绵为代表，包括粗叶泥炭藓、牛角藓等，初期为绿色，成熟后多呈现橘红色。轮藻常生存于水流缓慢的钙化水域。水绵的藻体由筒状细胞连接成不分枝的丝状群体，含有一条或多条螺旋形鲜绿色色素体。

芦苇丛　水生植物群落，主要分布在芦苇海至五花海之间水深0.7米以下、沙质河床地带。芦

---

① 多年水生食虫草本植物，有可活动的囊状捕虫结构。

苇一般高 1.5—2 米，群落盖度 70%—100%，随季节而有色调变化，常有水鸟活动其间，与流水、湖沼及峰峦走势相遇合，如诗如画。

图 2－25　芦苇丛

第二节　观赏性生物

一、古树名木

迎客松　位于荷叶寨后荷叶沟沟口，海拔 2150 米，是九寨沟进沟后所见到的第一棵百年巨松。古松伸展，如张臂迎客。相传为格萨尔化鹰追逐恶魔歇么用翅膀扇走荷叶坝森林时仅剩下的一株。

蟠龙坪抱石树　位于树正村对岸，属“树抱石”景观。坪上巨石嶙峋，99 株杉木粗壮挺拔，树根裸露，盘结石上，有的树根长约 14 米，宛若条条赤龙嬉戏于石海之中。

树上树　位于若沙格滩上的一泓清波里，海拔 2330 米。一株胸径 30 多厘米的山杨树干上，长出一棵松树，树高 4 米，胸径达 15 厘米，虬枝苍劲，浑然一体。

伸缩树　位于五花海林道的水池群景区。一株小树，亭立水中，当有人往下一蹲，视野中的整个树体也逐渐缩短，随着人慢慢站起，小树又缓慢升高，恢复原

图 2－26　迎客松

貌，故名。

熊猫海古柏　屹立于熊猫海堤埂上，是九寨沟唯一的一株千年古柏，苍劲挺拔。

情人树　镜海边一处树藤景观。一根碗口粗的长藤，攀缘在一株参天大树上，与树齐高，树藤相依。在镜海仙境般画面的烘托下，给人以温馨浪漫的爱情遐想，故而得名。

九子同心石　又称“生态石”“九株同心石”，位于则查哇沟上、下季节海之间的一处草坪，海拔2780米，占地0.01公顷。草坪上有一块心形巨石，长6米，高4米，重数十吨，岩性为石灰岩。石上生长有树木9株，树种有冷杉、云杉、桦木、柏树等。树根盘结交错，相拥相抱，树石一体，被形象称为“九子同心石”。夏季雨水充沛，9棵树枝叶参差不齐，色调浓淡分明，深绿、淡绿、翠绿，层次分明。秋天，桦树皮泛着淡淡的红光，树身翻飞出金黄的衣甲，在阳光的照耀下，树石难分难辨，风姿绰约，娇娆绚丽。

再生树　九寨沟内普遍分布，在静海、五花海、箭竹海等湖泊可见到。一株树、一丛草或一束花，寄生于水下腐木，或露出水面的枯枝树干，在蓝森森渺茫茫的湖水中，昂然挺立，破水而出，或独立水中，或丛生水面。

老人柏　又称“旗树”，位于长海堰塞堤埂临湖岸边，海拔3080米。树体为一株古柏，高大挺立。林场工人伐木时倒下的树干将其东侧树枝削掉，仅余西面一侧的侧枝，远远望去，犹如一面迎风招展的旗帜，又像一位饱经沧桑的老人。

指天柏　又称“碧剑出鞘”，位于依夷沟，在圆海子之北约100米处。一株古柏屹立道旁，树径约1米，高约15米，枝叶稀少，如一柄出鞘碧剑，直指云天。

双杨卫士　位于漳扎寨口公路两旁，一边一株古杨树，树高25米，胸径30—45厘米，枝叶茂盛，如恪守忠诚的卫士。

尔根古杉　位于漳扎镇北侧尔根村。树高25米，下部树径1米，中部树径0.5米。古树枝繁叶茂。树根裸露地表，盘根错节，如盘龙走蛇。远而观之，树形如白鹤展翅。

二、奇花异卉

九寨沟杜鹃品种有17种，散布于九寨沟的沟边、岸畔、水中、林下。花开时，一片片嫩白、鹅黄、淡紫、朱红，交相辉映，到处花团锦簇，烂烂漫漫，妩媚动人，各领风骚。

九寨红叶种类繁多，三角枫、五角枫、青榨槭、黄栌木、高山栎、辽东栎、常春藤等，千姿百态。深秋的红叶，如霞如火，如血如花，流金溢彩，令人浮想联翩，思绪万千。

宝镜岩的黄蔷薇，成片成丛，黄色的花瓣有着玫瑰般的艳丽和幽香。

羊峒山坡处的小果蔷薇，花朵纤巧秀丽，团团簇簇，芳味殊胜。

初春，报春花满坡怒放，花色惊丽，形姿优美。

红花绿绒蒿，又称“红旗花”，花径可达15厘米，薄如轻纱，色如朝阳，随风起舞，婀娜多姿。

森林线以上的山坡，散布有美丽的芍兰花。4000米以上高寒地带，盛开洁白的雪莲花。

九寨沟景区外围地带的干海子生长成片的满天星，红色的浆果，象火红的玛瑙在阳光下闪烁，一片辉煌。

三、观赏兽类

大熊猫　地球上幸存的古老动物之一，迄今已有几十万年的生活史，是“动物活化石”。野生大熊猫仅存于中国西部青藏高原东北缘的山地，特别是四川盆地西部的边缘高山，数量有限。熊猫周身线条圆润，毛色黑白相间，憨态可掬。大熊猫常栖息于海拔2300—3200米一带，出没于箭竹丛生的山林湖畔。主食箭竹，性情比较温顺。熊猫的活动时间大多在白天，贪睡。一般在早上和下午活动，有大太阳时则很少出来。九寨沟的熊猫一般在则查哇沟、日则沟一带活动，冬天常下到海拔较低的树正沟、扎如沟等地避寒。早年沟内居民常能看到大熊猫到海子边和水沟边饮水，自沟内开放旅游，尤其是经过20世纪80年代初期的箭竹开花死亡后，沟内游览区内已经很少见到大熊猫，偶尔能在箭竹海、熊猫海等箭竹茂密的景点发现大熊猫踪迹。

金丝猴 灵长目，仅存于中国少数地区，是一种体型较大并且耐寒的猿猴。以野果为主食，常栖息在云杉、冷杉林带。生性机敏，皮色漂亮，披一身金色皮毛，背毛长达30厘米以上，脸灰蓝色，鼻头前翘，别号“仰鼻猴”。金丝猴性喜群居，一群金丝猴少则几十只，多则数百只。猴群有自己的“首领”，每个首领都有若干“警卫”。猎食时，首领及其警卫在高处指挥，发现险情吼叫几声，猴群听见信号，转眼跑得无影无踪。九寨沟的金丝猴，常在扎如沟一带的山上活动，扎如沟与白河自然保护区为邻。

四、观赏鸟类

九寨沟内生态体系完备，鸟类丰富，截止到2005年已知的有223种。鸟类在九寨沟的活动构成九寨沟景观的重要因素。在九寨沟的天鹅海、芳草海和芦苇海，时常见有绿头鸭、天鹅、鸳鸯等水鸟。天鹅与鸳鸯都是候鸟，春季北飞，冬季南迁，飞行能力极强，栖息于湖泊和沼泽地带，主食水生植物，兼食贝类、鱼虾。

图2－27 绿头鸭

天鹅 在九寨沟的天鹅海、芳草海和芦苇海有分布。形貌清秀，羽毛洁白丰满，颈项修长，姿态优雅。一般嘴呈黄色，嘴端为黑色。九寨沟有一种疣鼻天鹅，嘴喙像抹过胭脂似的鲜红，嘴基缀有疣状物。

鸳鸯 在九寨沟的天鹅海、芳草海和芦苇海有分布。是中国著名物种，体态玲珑，羽毛绚丽，棕色眼睛外围黄白双色环，嘴喙呈棕红色。雌鸳鸯体型通常比雄鸳鸯小巧，背部苍褐色，腹部纯白，一次可产卵6—10枚。鸳鸯喜幽好静，常浮游于安谧的湖面，或栖于僻静的树洞。鸳鸯在交配期偶居不离，双宿双飞，文学作品中常以鸳鸯比喻真挚不渝的爱情。

五、松潘裸鲤群

九寨沟景区内日则沟的湖泊中生活有庞大的松潘裸鲤群。成千上万尾鱼，密密麻麻地汇集在一起，远望如水中怪兽。鱼群或排成数列纵队在水中畅游，左转右转步调一致；或领头的一团，浮到水面，身后的渐渐潜入水中，好像水中怪兽的头翘出水面。有时，在纵队中，头一尾鱼跃出水面，后面的一尾接一尾鱼贯而跃，溅出水花，在阳光照耀下，一串串白光闪烁，远远看去，犹如水中怪兽的脊背，露出水面，闪闪发光。有时，鱼群数列纵队迂回，围成一团，恰似一头圆形的动物在水中沉浮，若隐若现。突然又分成一群、两群或三群，秩序井然地向四周游去，似乎一下子又从水中冒出了几头怪兽来。

据当地人反映，白河上游的干海子也有大量松潘裸鲤，后因外来物种入侵，到2005年，干海子内的松潘裸鲤寥寥无几。

第三节　气象景观

一、九寨云雾

九寨沟地处岷山山脉深处，山地气候显著，云雾变幻莫测，千姿百态，光彩照人。山缠“玉带”，峰戴“乌纱”，是九寨沟内常见的情景。

二、九寨彩虹

九寨沟内层湖叠瀑，瀑布众多，在飘动着氤氲水雾的瀑面上，常见有彩虹。当天气晴朗，阳光斜射，彩虹迭出，并随着水雾的飞舞，彩虹也轻摇慢摆，时隐时现，光怪奇幻。

三、九寨雪景

九寨沟之冬，一片洁白。除了湖水、溪流以外，山峦、林海全披上银装，幽静而奇美。瑞雪轻飘，飞花漫落，步行踏雪，使人如痴如醉。冻结的长海，冰层厚60厘米，如一面天光宝镜。诺日朗瀑布、珍珠滩瀑布和高瀑布飞流凝固，成为冰柱、冰幔、冰帘、冰钟乳、冰花等组成冰晶世界，甚为壮观。

图2－28　长海之冬

第五章　遗址和建筑

遗址和建筑属不可移动性文化遗迹，主要为物质文化遗产类型。

九寨沟内村寨的历史久远，沟内考古发掘至少能够追溯到秦汉时期。

1978 年，九寨沟设立自然保护区，结束沟内林场开发；1999 年以后，规划并落实天然林保护工程，彻底实现退耕还林、退牧还草；2001 年，落实“沟内游，沟外住”原则关闭沟内的个体经营性活动。截至 2005 年，九寨沟内的生产方式经历三种形态，传统的半农半牧经济、林场生产经济和旅游经营活动，由此留下三类生产性遗址：农牧业生产遗址，林业生产遗址，旅游经营活动遗迹。这 3 个方面所留下的生产性遗址遗迹，除一般的退耕田地、退牧草场、林场建筑、采伐遗迹、旅游经营的店铺、旅店和表演场所等外，还包括如传统的防火屋、磨坊等建筑。随着保护区的设立、旅游开发和关闭沟内经营活动，沟内旧有生产设施和生产场地大多拆毁或恢复为植被，少数成为景观或景点。

第一节　遗址遗迹

一、考古发掘遗址

荷叶寨遗址　位于九寨沟荷叶寨西北侧的荷叶、尖盘、盘亚 3 个自然村，发现于 2005 年 11—12月。发现者为阿坝州文物管理所与九寨沟县文化体育局联合组成的考古调查组。遗址器物为采集到的大量早期泥质陶器和夹砂陶器，陶质、陶色及纹饰显示其年代最早为新石器时代，最迟为汉代。

二、生产遗址

农耕遗址　至 2005 年，九寨沟游览区内农耕地全部停耕，原有耕地演替为草地、灌丛、阔叶林地。则查哇新村寨旁公路边一片农耕地更新为树林。树正沟荷叶坝的农耕地绿化为园林。树正寨傍河有磨坊 1 座。

126 林场场部旧址　位于日则沟原 126 林场场部，现存房屋 1 幢，为原林场场部“三用堂”，是林场具有职工食堂、会议、放映等多项功能的共用性建筑。

采伐迹地　九寨沟内的采伐迹地从 20 世纪 70 年代开始进行更新，到 2005 年，经过 30 多年的时间，原来的采伐迹地大多为次生林覆盖。沟内则查哇和日则沟所见次生林即是。

图 2－29　林场场部旧址

三、废城遗址

隆康古城墙遗址　位于隆康，清代称“隆康关”。城为圆形，城墙长 100 米，高 2.5 米，厚 2 米，城门为夯土结构。残存东城墙 100 米，其余已毁。

四、摩崖石刻

隆康石刻　位于隆康矿泉水厂旁，距九寨沟沟口 1 公里。石刻为阴刻，字体隶书，苍劲古朴。1 号字龛高 3 米，宽 0.80 米，深 0.02 米，题字“石丈凌云”，纵向排列，宽 47 厘米，高 58 厘米，刻于清道光十五年（1835 年）。2 号字龛高 2.60 米，宽 1 米，深 0.04 米，题字“天理良心”，刻于光绪年间（1875—1908）。两龛相距 5 米，龛前省道 301 线。

关门子　位于九寨沟西侧外围保护地带，省道 301 线上，是从松潘翻越岷山下到白河流域中的一处峡谷口，两山对峙，如门似户，故名。西侧山岩上有“关门子”3 个大字。

第二节　建筑设施

一、藏寨民居

（一）传统民居

九寨沟内的世居村寨，散布于树正、扎如、黑果、则查哇等沟谷，沿沟谷走向呈高低错落分布。村寨依山而建，根据地形与空间大小，由分散的数量不等的住户聚落而成。通常一户一房，有平房，有楼房。楼房一般三层，底层关牲畜和储藏土豆、萝卜等根类蔬菜；中层住人，供奉神灵菩萨，前面为平台，边上有偏房；上层存物或晾晒，储藏粮食、草料及竹、木质农具等。围绕房屋以木栅栏或围墙圈出院落，有大门、经幡。

图 2－30　传统民居

传统藏寨民居建筑质朴，一般

以户为单位修建，土木石结构。墙基础用块石砌成，左右和背面墙体用土夯成，多数土墙打至第二层，也有打至房顶的，房架为木结构。中层用木板作间隔，有卧室和火塘，火塘用于烤火、做饭、休息、聚会、待客等。上层一般不装木板，放不常用的器物和饲草等。层与层之间用宽木梯或独木梯相连。房顶盖杉板，杉板上压石头。窗户木制，小而少，既防盗又防寒。有些建有盖土的阳台，作为妇女做针线活、晒谷物和小孩的活动场所。富裕人家设有专门的客厅、经堂和厕所。藏寨民居适合于半农半牧区人畜分居和粮草、物资及肥料储存等。

房屋的大小由柱头的多少来决定，最小的9柱，多的有40多柱。

房顶杉板又称“榻板”，也叫“榻子”。通常有两种规格，一种是均匀的，厚薄相等，称为“汉式榻”；另一种是刀片形，一边厚，一边薄，称为“藏式榻”。建筑施工时前一种较容易铺盖，两榻之间的缝隙上面再盖一片。后一种单层压边，施工难度大，铺盖时技术要求高。榻板铺盖的流线型房顶，适合九寨沟多雨雪的天气。用榻刀劈出来的榻板，板面上有一条条由年轮形成的沟，下雨时，雨水随纹沟流出，流线型的房顶容易排出雨水；太阳一出来，潮湿的榻板很快被晒干。历经风吹雨打和日晒，房顶榻板木质逐渐变质，朝下的榻面经过炊烟的长期熏烤逐渐变厚变硬，每两年左右把整个榻板翻过来铺盖一次，如此反复直到不能用再换新榻板。榻板的使用年限大约是25年。流线型的榻板房顶，排水性能强，房檐两边安装木水槽，防止随房檐淌下来的雨水冲刷土墙基。每户都备有几根水槽，随时调换，或作为其他应急用。通常水槽口下备数个大桶，用来储存房顶淌下来的水。水槽和木桶多选用红松以利防腐。

平房一般由主房、耳房、牛棚、柴棚、厕所和院门组成。穿斗结构，夯土为墙。主房是全家做饭、吃饭、烤火的正房，一般有9—25根柱头，高3—4米。内装木板作地板。顶盖木板压土，搭人字形杉木塔板。房内中梁下设灶台。塔藏、隆康一般用大三角。围绕火塘，男性坐北面（郭喔、波岗），女性坐东南、西南（朴多、罗岗）。木壁与土墙之间堆放洋芋、圆根萝卜、杂物。耳房（脱岗），高2—3米，分数间，作寝室与堆东西用。圈棚紧邻正房，有平顶与杉板棚两种，杉板棚可堆放饲草，平顶便于晒粮食。

在扎如沟的郭都寨和黑果沟黑果寨等地，能看到保存完好的传统藏寨民居。远远望去，半山坡鳞次栉比的住房，宛如一座古代城堡，造型壮观，加上经幡的映衬，壮丽而雅致。

（二）新式民居

旅游开放和退耕还林后，九寨沟的藏族居民从事旅游服务和环境保护工作，居住地逐渐向低地集中，传统的民居被新型藏式民居替代，功能和结构与传统民居有所不同。

图2－31　新民居（则查哇）

新型民居多为石木结构，一般两层，一楼前有大院，里面是藏式堂屋，面积比传统的大一倍，为家庭主要活动场所。经堂设在二楼，有齐全的经书、法器和佛像。每层楼的前面有宽阔的走廊。现代民居装饰远较传统民居华丽，延请画师为堂屋、佛堂、门框、走廊、墙体以及各种摆设加以藏式彩饰，有民居的传统装饰，也有寺院建筑的装饰特点。

将传统装饰和现代生活相结合是新型藏式民居的基本特点。原来装饰性的藏式家具改造成具有藏式家具特色，又有现代家具功能的实用性家具，室内还配备了沙发等现代家具。也有从建筑结构到内外装饰完全现代化。

树正寨、则查哇寨和扎如沟的热西寨，都已为现代藏式民居所取代，也是沟内居民新的主要聚居地。

（三）防火屋

藏语称“年美高玖”，农耕时期各自然村寨村民冬季防火用的集体公共建筑。冬天以村寨为单位，各家各户派人带上青稞酒和食物到“年美高玖”巡夜防火，通宵达旦。在那里可以听老人讲历史、神话、传说故事，学唱酒歌和山歌，跳传统舞蹈，是文化传统与知识的自然传习地。1978 年设立自然保护区后，“年美高玖”逐渐为九寨沟保护站取代。

（四）水磨房

为水磨搭建的木板房，简称磨房。九寨沟过去每个村寨都有几座水磨房。房子为吊脚楼，四根粗大的圆木撑起，临空而筑，立于水上。木柱上架梁，梁上铺木板，中间挖个大洞，安放水磨。水磨由引水道、水轮、磨盘和磨轴等组成。磨盘有阴阳两扇，阴在上，用木架和篾绳控制；阳在下，固定在水轮轴上。磨轴与水轮轴相连。水磨以水力驱动，一道溪流穿房而过，冲击水轮，带动磨盘旋转，将小麦、玉米等碾成细细的粉末，顺磨齿散落。

图 2－32　1999 年的树正寨水磨房

传统农业生产时代，九寨沟水磨房里忙碌的多为老年妇女。她们把待磨的粮食用“小物什”（瓷碗或木器）盛上一小撮放在水磨房的窗台上作为使用磨房的顺序，窗台排满就顺墙根一溜儿续队，排在最前端的人家总会出一个人帮助正在磨的那户。

退耕还林后，九寨沟人主要从事旅游服务，沟内水磨房闲置，年久失修，保存最为完好的是树正寨的水磨房群。

树正水磨房位于树正沟树正寨旁，依河而立，筑于水上，以桥同河岸相连。1984 年九寨沟旅游开发后，树正磨房在保持基本格局的前提下逐渐改造为经营性场所，磨房中可饮青稞酒，品酥油茶，欣赏藏家传统饮食文化。

二、寺院建筑

九寨沟区域的寺院建筑为土木石结构，以木结构为主，傍坡台而建，建筑显得高大。寺院建筑主体为大经堂，一般三层结构，重檐歇山顶。房顶正脊正中或立金色法轮宝顶，两面护以金色神鹿，或在正脊上立1—3座塔状宝顶，法轮和神鹿立于正面檐坡中。四角戗脊竖镀金金幢，上坠风铃。墙体厚实，外用块石垒砌，开有小窗，整体浑厚稳定。墙体上方，多用棕红色的饰带装饰，上面缀鎏金铜镜等饰物。底层用朱红色棱柱，柱头有装饰性雕刻，上承托粗大替木。

图2－33　2004年的扎如寺

扎如寺　苯教寺庙，法名“扎西彭措林”，藏语全称“然悟贡巴扎西彭措林”，简称“然悟贡巴”。位于九寨沟内扎如沟口，习惯以所在地名称称为“扎如寺”。扎如寺历史悠久，建于16世纪，相传明万历元年（1573年），在西藏尕让尼玛活佛指点下，由日格、奔卡、盘兴3座小庙（拉康）合建而成。3座小庙中的奔卡拉康传说建自中唐时期（766—835年），由苯波教始祖东巴辛饶后裔希升贡灿旺登家族的彰松尼玛塔朵大活佛创建，传至第21世活佛奔卡旦增坚赞时迁移到现在位置。晚晴民国时期，在第28世活佛奔卡仁青坚赞和第29世活佛奔卡雍忠次忠主持下进行大规模改建和扩建。到1955年民主改革前，有大小经堂3座，囊欠①2座（奔卡仓、盘兴仓），藏经房、库房、客房、茶房各1座，僧房近60座，占地60余亩（4万平方米），有僧侣129人、杜旦②5人、活佛2人（第30世活佛奔卡桑吉次忠和盘兴泽觉），除大藏经甘珠尔外，有经书300余册，文物法器1500余件，影响周边村寨40余个。1956年毁于匪乱，1970年寺院地基开辟为农田，建成苹果园。1983年，四川省宗教局拨款4万元用于重建，1984年集资在原址开工建设，到2001年先后修建有大经堂、藏经房、僧房、乐台、茶房、库房、客房、迎客楼（接待室）、广场及商店、餐厅、停车场等，占地面积1.45万平方米。寺院建筑群综合藏汉建筑艺术，以土、木、石、瓦为主要材料，结构精巧。大经堂（大殿）为3层阁楼，重檐歇山顶，中央以长柱升起天井用于采光，外部以金制金顶、祥麟法轮和金幢等装饰，室内铺地毯，墙壁有精美壁画。有活佛1人、喇嘛1人、杜旦3人、僧侣61人，寺管会主任为第31世活佛奔卡嘎桑仁静。

1986年，扎如寺批准开放，接待游人参观；同年3月，恢复正常宗教活动。每年有4次固定的宗教法会，农历正月初三至初六的“良美都卿”、四月初七至十六的“嘛孜”会、五月十四至十六的“郎介东确”、九月二十七至二十九的“顾朵”念经法会。一年一度的“嘛孜”会是扎如寺的宗教盛典。

1991年，九寨沟镇人民政府确定扎如寺土地使用面积为32亩，同年扎如寺修复建筑面积800平方米。1995年，扎如寺列入县级文物保护单位。1997年12月再次动工修建，1999年9月完工。

① 囊欠，藏语音译，指活佛公署，是取得一定学位的管理扎仓（学院）的活佛居住和办公的地方。

② 苯教中类似于藏传佛教格鲁派“格西”（善知识）的称谓，用于指通过系统的经典学习获得学位并从事经文教学或寺院管理的僧侣。

2005 年 4 月 28 日，扎如寺修缮设计方案评审会在成都举行，修缮、整治方案通过专家评审。

达吉寺　位于九寨沟旅游区内漳扎镇郎寨村，海拔 2180 米，苯教寺庙。又写作“达基寺”，法名“彭措达界烈”，或称“雍忠达尔基林”。始建于 16 世纪，相传为尕让尼玛所建，是九寨沟县最大的苯教寺庙。1955 年民主改革前有大经堂 1 座，小经堂 2 座，茶房、库房、客房等 4 座，僧房67 座，占地 50 多亩。1982 年批准开放，1985 年在原址新建大经堂，1995 年 12 月列为南坪县县级文物保护单位，1997 年 1 月 30 日毁于大火，文物法器全毁，仅存寺门。随后修复，占地 21 万平方米。大经堂三层：一楼主殿塑有释迦牟尼、观音、财神及千佛像，二楼是诵经堂，三楼是藏经阁。院子正中树一杆经幡，高 9 米，据说是九寨沟县最高的经幡。主要法会有农历正月初三至初五的“良美都卿”法会、三月初七至十六的“麻孜”法会、五月十四至十六的“郎介东确”法会和九月二十七至二十九的“顾朵”法会等。

三、朝拜点

图 2－34　牙则

牙则　又叫“拉则”，是用石头砌成或夯土筑成的四方祭台，上插经幡和刻着经文的神箭（木制的各种兵器），用以镇压妖魔鬼怪，并配有煨桑的炉龛。通常设在神山山顶、转山必经的路口以及藏寨山神指定的位置。牙则起源于苯教万物有灵，是苯教中崇拜祭祀圣山、神山、山神的主要形式和具体体现。牙则的位置由活佛或高僧选定。九寨沟念寨经祭祀圣山、神山、山神多在牙则举行。牙则也是佛教徒放生的地方。九寨沟的扎如寺、热西、取洼平、纳底、转山路上、荷叶、尖盘、盘牙、芦苇海、黑果、树正、则查哇等地都可以看到，常被密密麻麻的经幡包裹、堆聚，独具地方色彩。取洼牙则位于扎如沟热西寨的东面，在扎依扎嘎圣山脚下的密林中。每逢吉日，朝拜圣山的人络绎不绝，五彩的经幡、煨桑袅绕的青烟和遍地的隆达，传达出浓厚的宗教氛围。

玛尼堆　藏民沟通人神的方式之一，由刻有经文的石块或石板堆积而成，多为嘛呢、嘛孜真言石刻，通常设于山顶、路口、寺庙、村寨旁等，一般认为是神山的象征。堆玛尼堆的石头，有些是信徒经过千难万苦从其他圣山圣地带来的，有的是经过喇嘛或活佛念经护法的，有的是转山人放上的，有的是路过人拣拾堆积的。石刻内容大致可分为四类：“六字真言”或“八字真言”，各种咒语，佛经；佛、菩萨、神的雕像；各种供器、法器和装饰图案；各种动物形象。玛尼堆上或四周常插有经幡。

村寨神社　各村寨每日烧香、祈福的公共建筑，一般为一层，土木结构，设有塔式香炉。通常设于村寨背后地势较高的地方。早上出门之前村里人都会到神社烧香、撒隆达，祈祷一天的平安和好运。每年过春节要龙灯，出龙的第一件事就是先来参拜神社，请他保佑活动顺利开展，其他村寨舞龙、舞狮、舞牦牛前来走村串户也要遵守这个规矩，先到村寨神社报到。热西神社位于热西寨东北面的一棵大树下，又称“咱喇”，每天香烟不断。

念孜扎吾岩 又称“喇嘛石”，位于扎如沟，距扎如寺约2公里，是一处被当地居民赋予神性的兀立奇岩。传说苯教高僧阿尼江帕活佛降妖除魔后在此休息，留下神迹。凹凸的岩面似一人盘腿而坐，背影狭长，活灵活现，盘腿而坐的地方凹进岩石，右手放置的地方有光滑的石糟，前面一股清澈的泉水流淌。这里被视为扎如沟最具有法力加持之地，每年春季的念寨经、祭水神都在此举行，各地前来朝拜扎依扎嘎神山的人到此会燃烧柏香、抛撒隆达。大石旁约6米高处有求子洞，传说求子者只要能将小石子扔进洞里就会如愿。

纳底擦锅 位于扎如沟郭都寨东2公里处。苯教经文记载该处是扎依扎嘎神山正门所向，成为苯教信徒朝拜圣山之地。设有烧香的庙，有古老的擦锅。擦锅类似于佛塔而更简单，里面放有经文、金银珠宝和擦擦。

四、佛塔

九寨沟扎如寺院内、周围及各寨子和民居旁都能看到白色的佛塔。塔中供奉有佛教经文、咒语、佛宝物、泥塑佛像、五谷杂粮、金银珠宝和五金用具，以制服鬼怪，镇伏四方邪魔，保佑平安吉祥和富裕。藏民常到塔前敬神，祈祷百事顺遂和寨子兴旺。

图2－35 1999年树正寨的九宝莲花菩提塔

佛塔有独塔和群塔，建在寺院或各村寨入口较低的地方。佛塔结构包括塔座、塔基、塔身、塔瓶座、塔瓶、塔刹、塔顶七部分。塔基和中间的台阶式造型为5层结构，塔顶下有凹凸，突出部分为13层。塔基内装代表地界各种邪恶和贪念的画符。塔身内装刀、斧头、枪、锄头等各种五金用具和交杵金刚，用来镇压邪恶和贪念。塔身以上到塔瓶象征佛祖净地，供放“母德”、佛宝物、泥塑佛像（擦擦）和佛教经文。塔刹内插红、黄、蓝、绿、白五色绸缎和经文包裹的香柏。顶部是代表琼钦神鸟头部的“山”字形。塔的命名根据塔内的经文、法器类别、塔身造型、装饰特点来定；群塔按主体佛法经文的内容名称合并命名，如树正寨的九宝莲花菩提塔。

九宝莲花菩提塔 位于九寨沟树正寨民俗文化村，共9座，分为菩提佛塔、莲花菩提佛塔、聚连佛塔、神降佛塔、息净佛塔、涅槃佛塔等6种。九宝莲花菩提佛塔象征九寨沟的九个村寨，一表人性，二表起信，三表报恩。

五、栈道

九寨沟游人栈道 从九寨沟入沟开始至原始森林和长海，各景点均有游人栈道，断断续续，分布在车行道对岸或路边，或石块铺地，或栈桥凌空，全长55公里。游览栈道蜿蜒于丛林之中，横卧于水波之上，把沿线的美景串成了一根光彩夺目的项链。道旁丛丛柳树、笼笼小柏，多姿多彩，桥

图 2－36　游人栈道

下朵朵浪花，有声有色，路、桥、亭、阁浑然一体，提升游览条件，充盈山林野趣。行走于栈道，或向树小憩，或临阁观景，别有风味。

六、文化传承设施

九寨沟民俗文化中心　位于树正寨，海拔 2280 米，2000 年批复修建。中心位于树正小区红线以内靠山边，景区公路视线以外，在树正寨民族歌舞表演厅原址修建，占地面积 500 平方米，高 6 米，传统藏寨建筑风格，提供九寨沟民俗文化展示。村寨内有传统的专业户民居，如纺织户、铁器户等和仿传统风格修建的民居，配有餐饮休息设施。

第六章　民俗与节庆

民俗与节庆属九寨沟区域的民间文化，属九寨沟人类活动中的可移动和非物质文化层面。

九寨沟区域居民以安多藏族为主，有少量的汉族和羌族。树正、荷叶、扎如是沟内的3个行政村落中心，1984年旅游开发后，沟内原来的9个寨子中远离景区公路的郭都、亚纳、黑果寨居民几乎全部搬到景区公路沿线的荷叶、树正和则查哇。区内原住居民普遍信仰苯教，流传有基于九寨沟山水的神话与传说，传达出沟内族群古老文化的传承基因，流传于藏区的说唱艺术“格萨尔传说”在这里也被赋予浓厚的地方色彩。旅游开发后，随着流动人口增加，外来文化因素和文化形态加速传入，在交流融合中产生新的文化嬗变。九寨沟内老一代几乎没有接受过正规的文化教育，第二代普遍以初中及其以下文化程度者居多，第三代居民多在外地接受中小学乃至大学教育。九寨沟的民俗文化呈现传统质朴与现代嬗变交替、当地传统和外来文化并存的多元特征。

九寨沟的传说与故事数量多，内容丰富，从中能够看到该地区曾经发生过的地质灾害和族群流变，其中围绕“达戈”与“色嫫”的系列传说是九寨沟最具特色的地方故事，是九寨沟地理环境和族群历史交织的产物。1986年8月，四川人民出版社出版了马铁水搜集整理的《九寨沟的神话与传说》，收录《达戈与色嫫》等山水传说故事12篇。2003年12月，九寨沟管理局印行了阳·泽仁布秋搜集整理的《九寨沟民间故事集》，收录有盘牙村克格王介和朝敏、扎如村龙仲3位老人讲述（唱）的《九寨沟格萨尔王传》及12个民间传说故事。限于篇幅，本志选录其中部分，或作梗概介绍。

第一节　生活习俗

一、传统饮食

（一）食材

九寨沟居民的传统食材主要为小麦、玉米、青稞和牛羊制品。一般喜食牛羊肉和野味，也食猪肉、血肠等。

小麦、玉米、青稞、荞麦一般先磨成粉，再制作各种食品。小麦粉用于制作烧馍、烙饼或面块、面条等。玉米粉用来制作烧馍，或做拌面饭（面汤）、炒饭、搅团、面块等。青稞一般用来磨糌粑或做青稞酒。荞麦磨粉食用，吃法很多，有酸菜荞麦面条、酸菜荞麦面团、腊肉炒土豆荞饼、腊肉荞面锅贴等。

牛羊肉一般是煮熟后切成块直接食用，不再烹调。宰杀牛羊多在秋末冬初，夏秋季节吃鲜牛肉，入冬后宰杀的牛肉，撒上盐风干，放至次年食用。风干牛肉可以生吃，或煮熟按人头切块分吃。新鲜牛羊肉煮熟以后，放入盘中称“手抓肉”。也可以切成小块，煮洋芋或酸菜肉汤。

酥油从牛、羊奶中提炼出来，是九寨沟藏族的常备食材。吃法多种，主要是和马茶一起打酥油茶喝，也放在糌粑里和着吃。酥油还被用于雕塑和装饰。传统的酥油提取方法：先将奶汁加热，然后倒入高133厘米直径33厘米左右的称为“雪董”的大木桶里，用力上下抽打数百次，使油水分离，浮起乳黄色脂肪层，舀起来灌进皮口袋，冷却后便是酥油。一般来说，一头母牛每天可产四五斤奶，每百斤奶可提取五六斤酥油。奶渣提炼酥油后剩下的物质经烧煮蒸发水分后获得，通常放在酥油茶中浸泡食用。

（二）食品

糌粑　当地藏族的一种主要日常食品。将青稞晒干炒熟，磨成细面，即为待食的糌粑。食用时加入少量酥油茶和奶渣、糖等揉捏成团即可食用，也可直接加水揉捏食用，是外出携带的方便熟食，适合游牧生活。九寨沟人有一种皮口袋叫“唐古”，把糌粑倒进里面，再加入酥油茶，一手抓住袋口，一手隔袋揉捏一会儿，糌粑便可入口。

洋芋糍粑　先选出粗皮、个圆、淀粉和水分各占一半的土豆，将土豆洗净，煮熟，去皮，放入专门的桦木槽内，用木锤砸至黏性强而不黏附木槽的半干糊状便可留存食用。将刚砸好的糍粑盛在盘中用调制的蘸水蘸着吃属于冷吃，当地称此吃法为“滚毛老鼠”。另一种是热吃，把砸好的糍粑切成块状与炒好的酸菜同煮，佐以芫荽、辣椒、葱、蒜等，五味俱全。

葱饼　将和好的面粉，擀成薄的面皮，用平底锅烤熟，卷入生葱，放上盐和花椒。翻烤时讲究火候，火候恰当的葱饼有韧度，便于储藏和携带。葱饼可包卷多种原料和佐料，最为讲究和鲜美的是腊肉炒各种野菜。

火烧夹心馍　藏语称“温都”。先用腊肉炒糌粑、放入盐和韭菜，然后把面和好，擀平，倒上炒好的糌粑，包裹在面皮里，做成半月形或长方形，边上印花纹，在炉灰中烤熟。温都是送亲朋好友的上等食物。传统习俗，大年初三嫁女回娘家一定要做温都。

酸菜面块　藏民最喜欢主食之一。用熏干的腊肉翻炒自制的酸菜，然后加水煮开，再加入土豆和面块，放上盐和葱，煮熟即可食用。

血肠　一种牛羊猪血加工食品，习惯上入冬以后制作，被视为上等食物。制作时将小肠清洗干净后灌入搅拌均匀的血汁、牦牛肉（或猪肉）和香料的混合物，分节，煮熟，即可食用。

（三）茶和酒

茶和酒是九寨沟区域藏族家庭传统的日常饮用品。

清茶　藏语称“贾同”，用大茶或砖茶加适量的盐、水熬制而成，平时各家常备。

奶子茶　把鲜奶掺入清茶熬沸以后饮用。

酥油茶　藏族的一种传统日常饮食。制作时，先将马茶熬成浓汁备用，在陶瓷碗中放入糌粑、奶渣、酥油、盐、油炸面粒等，然后倒入茶水反复搅拌成浓汤状，即可食用。条件允许的会加入花生仁、核桃仁等其他辅料。酥油茶热量高，御寒作用显著，适合高寒地区生存需要。当地人认为，酥油茶功能众多，吃肉时可以去腻，饥饿时可以充饥，困乏时可以解乏，瞌睡时可以清醒头脑。

咂酒　一种低度发酵酒，属浊酒类，藏语称“穹”。以青稞、小麦为原料，或掺少量的玉米、高粱，先煮熟，然后加酒曲密封陶罐中发酵，饮用时有开坛仪式，数根竹管插入咂酒坛，众人围坐，各持一根吮吸饮用，边吸边以温开水冲入，直到酒汁吸淡为止。每逢节庆婚丧，念经贺喜，调解纠纷及平常宾客相聚，常饮咂酒。

青稞酒 用青稞酿制的低度酒，色泽橙黄，味道酸甜。制作时，先将青稞洗净略炒后煮熟，待温度稍降，加上酒曲，用陶罐或木桶封装，发酵，五六天之后，加入清水盖上盖子，隔一二天后便制成青稞酒。青稞酒蒸馏可得青稞白酒，有头道、二道、三道酒之分。

（四）炊具

传统炊具有土陶和龙碗，喜欢木制茶碗、食钵和糌粑盒。

二、传统服饰

（一）纺织

九寨沟传统服装主要为自制，布料来自于麻纺织和羊毛纺织。纺织一般在下雨天、下雪天或农闲之余进行的。每年农历五月和九月，妇女们剪下羊毛，晒干后用细棍不断拍打将其理顺，然后把羊毛纺成细线。冬季，老人们将纺好的细线织成布料，最后制作成各种成品。纺麻在秋天，将种植的红麻收割后撕下麻皮，加工成麻线，再织成麻布。

毛纺织品因用途的不同又分绵羊毛纺织品、山羊毛纺织品和牛毛纺织品。绵羊毛细，用来制作男女服装，男装为白色，女装为黑色。用绵羊毛捻出来的毡子铺在地上可以防潮防寒，用绵羊毛捻出来的毡帽，可以防雨保温。山羊毛织出的毛口袋褡裢用于日常生活。牛毛织出来的毛毯，防雨防火，可以用来做帐篷。

（二）冬夏装

九寨沟居民的主要服装分冬夏两类，有的衣边镶豹皮、虎皮和水獭皮。冬装有羊毛和羔皮制作的藏袍，主要有羊皮袍、布面毡袍、毪衫、氆氇衫等。夏装主要是布衣和麻布衣，取材于棉、麻布，现在也用各种化纤布料、绸缎、皮革及其他新式纺织产品。布料颜色从传统的黑、白色转向多种花色，样式上也进行大胆改革，传统藏袍肥腰、长袖、大襟，现在有无袖和半边袖的女装及女式裙装。

图 2－37　传统服装

羊皮袍 分为老羊皮袍和羔羊皮袍。老羊皮袍一般不加布面，也叫“无面皮袄”，皮袄边缘常缝上 10 厘米宽的黑布，领镶 20 多厘米宽的豹皮，既是冬装也是被子。皮袄外面加一层布的称为“带面皮袄”。羔羊皮袄全用羔羊皮制成，必须加布面，在衣边和下摆镶 6—16 厘米宽的水獭皮和十字氆氇。羔羊皮袄，毛细皮嫩，易破，只当衣穿不做被盖。

毡衣 主要为冬装，可当一件老羊皮袄，用绵羊毛擀制而成，有面罩，面罩有布和毪衫两种，边镶氆氇。男装衣领和边子上镶十字氆氇和线，女装的衣领和衣边镶五彩线段的花边和氆氇。这种衣服轻便暖和，是藏族冬季劳动时常穿的服装。

毪衫 用羊毛和牛毛绒线纺织的衣服，分密织和稀织两种。颜色上分为白牟衫（纳尕）、黑牟衫

（纳拿）、杂色牟衫（角纳）三种。白牟衫男女都穿，黑色和杂色的只供妇女穿。

氆氇袍　当地藏语称“出赖”，是将密织细白牟衫染成紫酱色。造价昂贵，多为富裕人家节日盛装。

布衣　藏语称为“热拉”，分单双两层，双层布衣是在里子外套白色布。男子布衣边镶3—7厘米宽的十字形花格氆氇，女式布衣边镶上16厘米宽的五彩线，有的在布衣边和领袖上镶羊羔皮。边内侧缝上13—20厘米宽红布，边上用白、黄、绿三色线加绣，一般不加十字氆氇。

麻布白衣　藏语称为“若热”，用红麻杆捣碎，取其纤维纺织成麻，再制成衣服，色为灰白。

雨衣　藏语称为“虾曰”，用牦牛绒纺织的衫。分衣式和披式两种，衣式用于藏袍，披式无袖，颜色各异。

（三）帽子

九寨沟藏族特色帽子有羔皮帽、礼帽、毡帽、狐皮帽几种。

羔皮帽　妇女专用。一般为三层，用羊毛毡子做心，内置白布，外以毛卷而白的羔皮做10厘米的镶边，用桃红、粉红或藏红色的布折叠、收圆盖顶，美观而得体。

礼帽　多在出门或集会时戴。藏式礼帽帽筒体两侧与对应的帽檐有一按扣，可随主人喜好上卷帽檐扣住后戴用。

毡帽　藏语称为“牙夏”，有两种。伞形毡帽，春夏秋男女都可戴，可遮雨。妇女冬帽（么哈），用10—16厘米宽的毡子套上黑布、边镶红布和羊羔皮。

狐皮帽　藏语称为“哈夏”，男孩们过冬时戴的帽子。用狐皮加红、绿或紫色的布或绸缎罩面缝制而成，男式较宽，女式较窄。

白羊毡帽　九寨沟保存有极少数用白羊毛做的毡帽子，传说这种帽子是格萨尔曾经戴过的样式。这种帽子用白羊毛制成的，上镶黑边，上方插有护法兽和吉祥鸟的羽毛，后垂白色哈达辫子，中间有五色绸条。这些饰物象征安抚三界，降伏妖魔，主宰世界命运，英武和善，弘扬佛法和法律。

图2－38　传统服饰

（四）鞋

藏语称为“杭”，有厚底靴（贾杭）、单底靴（扎杭）、帮底皮统靴（夺杭）皮底牟帮鞋（冉败）几种。靴筒内侧是毡、外罩布面或皮面，靴内底垫毡，靴底是单牛皮的鞋是妇女们春夏秋冬时常穿的靴。厚底靴由10—15层牛皮制成。“夺杭”鞋底帮面是用同一张牛皮在模型内压制而成。“冉败”是皮底毪帮。历史上的“热杭”可以在树正藏族民俗文化村的展览馆看到。

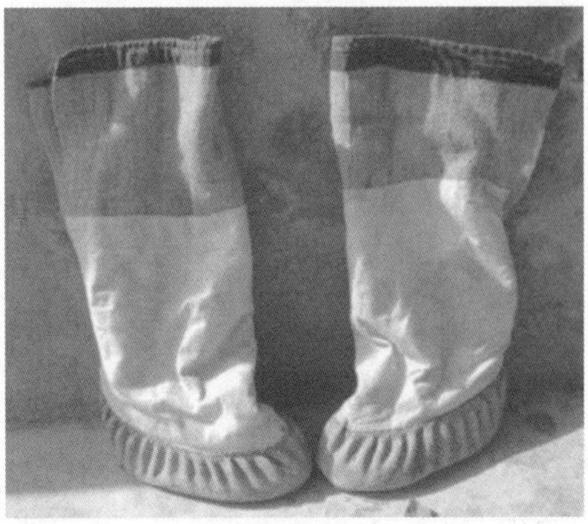

图2－39　鞋

（五）配饰

图2－40　传统服饰

九寨沟藏族妇女的习惯发式为辫发。先将头发编成无数条小辫，然后集中接上辫尾。辫尾为妇女后背辫梢处的装饰品，一般根据个人的身高与脚跟齐长。辫尾是用来接辫套的。辫套为藏族妇女常见的一种头饰，用红色的绒布或棉布精心缝制，四边刺绣或以带“十”字的彩色氆氇镶边，上面钉缀有碗大银盾。银盾多少不等，大小不一，多数为7个。

九寨沟传统耳饰分耳环、耳钉、耳坠三大类。耳环的材质一般为金、银和各类宝石，环形较大。有的耳环上镶嵌珠宝，有的耳环拧成麻花形状。耳钉主要以花瓣形状为主，中间也可镶嵌珠宝。耳坠主要是玛瑙、珊瑚镶嵌的银饰，坠在胸前，也有单独串联宝石的。耳坠较沉重，大耳坠上有一根绳线，佩带时挂在发套上。

九寨沟居民的项饰常见有两种。一种是镶有珊瑚、绿松石的金银项链。一种是由玛瑙、珊瑚、绿松石、象牙等搭配串联的项链。通常，妇女戴多串项链于胸前。

九寨沟藏族妇女的背饰挂在辫尾上。一种是在缝叠的红底棉布上从背到脚依次钉缀碗大的银盾；另一种是将无数细小的彩色珊瑚珠串成长长的几十条，并排固定在一块钉有银盾的红布上，走起路来会发出悦耳的声音。

九寨沟藏族的腰饰，主要为银圆腰带、金盾腰带和缀有珊瑚珠的金银腰带及其上挂的火镰、小刀、奶桶钩（分为悦杰和卧佳），另有缀珠宝的金银围裙。

九寨沟藏民不管男女喜欢带缀有珠宝的马鞍戒，材料以金银为主。妇女有戴手镯的习惯。金属手镯镂刻各种花纹图案、藏文或梵文真言，有的嵌有珊瑚珠、松耳石等。也有玉石、玛瑙、象牙手镯。

第二节　传统礼俗

一、婚俗

婚俗传统以一夫一妻制为主。或父母做主，或自由恋爱。兄弟的子女之间禁婚，姐妹的子女可以通婚；兄弟之子与姐妹之女禁婚，姐妹之子与兄弟之女可以通婚。违犯婚禁者被视为大逆不道。兄弟姐妹中，妹可先于兄结婚，弟不能先于姐结婚。历史上，妻不育，经妻子同意可再娶，两妻在家中的地位与继承权相等。

婚姻一般都要经过求婚、定婚和结婚3个阶段。九寨沟地区的婚俗，一般由送求亲酒、喝求亲酒、迎亲、婚礼、回门5部分组成。

送求亲酒 青年男女无论自己认识或是他人介绍，一旦双方同意婚事，娶亲之家择吉日向女方家庭正式送去求亲酒。习惯上要先委托自家亲友或所看中的姑娘一方的亲友去提亲，忌讳自行直接登门造访。

喝求亲酒 求亲酒送到女方家后要等一个月，女方没有意见，男方会择日请年长的亲人前去劝喝求亲酒。这天，女方的亲戚会提出很多意见，男方耐心听取，全部接受，直到女方同意喝求亲酒为止。喝求亲酒等于订婚。此后，女方开始为女儿准备嫁衣嫁妆，男方择吉日准备操办婚礼。

举行婚礼之前，有的娶亲家庭要看五行、卜算男女生辰、属相是否相克或相冲。有的还要卜算双方的八卦是否吻合。若属相相克或八卦不合，则请僧人或咒师到家中做法事，纾解矛盾。

迎亲 举行婚礼的前一天晚上，男方迎亲队带上美酒、哈达和其他的礼品住到女方家。这天晚上，女方父母交代男方一定要善待自己的女儿，不能让她受委屈，同时教育自己的女儿嫁过去以后要孝敬对方父母、改掉不好习惯、与男方家人和睦相处等。迎亲队伍讲究偶数，以求吉利。

婚礼 根据约定俗成或卜算指定的吉利时间，迎亲人带路，伴娘扶出嫁者缓步出门，家中一人手拿彩箭（藏语叫“拉达”），一手拿铜锣，进行引福仪式。当地传说，家里有人出嫁，会损失财气，故以引福仪式对冲。这一天，女方要把准备好的嫁妆或彩礼移交给迎亲者。嫁妆和彩礼没有约定俗成的规定，由家庭经济条件决定。20世纪90年代以后一般送成套的家用电器。

男方在新人到达之前，装扮好屋子，在大门口摆上青稞、咂酒和哈达，青年男女手捧青稞美酒站在大门两边迎候。送亲人一到大门口，先敬献哈达，然后由一位德高望重的长者开咂酒坛，祝词，品青年男女敬上的青稞酒，最后进入经堂，接受活佛的祝福。接下来宴请所有亲朋好友，由新郎、新娘敬酒答谢。婚礼结束后，晚上送亲队伍要向男方家人交代新娘父母的托付，男方家人要向女方亲戚做出善待新娘的承诺。婚礼全程，女方父母不会露面。

回门 婚礼结束后的第三天，新娘与丈夫一道回娘家。回门不举行仪式，近似于逢年过节时亲人相聚团圆。新郎、新娘要带上酒水和糖果拜访女方亲友，让他们认识新郎。

二、葬俗

九寨沟藏族的传统丧葬盛行土葬。有的待3年后再进行一次盛大的超度仪式，并将遗骨挖出进行火葬。

九寨沟的土葬，没有墓碑，不占用土地，习惯选择在林边地角有花丛绿树相伴的地方。去世后，一般先由亲朋或僧人会为其梳洗、着装，在尸体未僵硬前用绳索或白布条捆绑成坐化姿势，入殓白布袋内，放入高座式木棺内，之后请僧侣念经，举行各种超度仪式。殡尸3日后，依照卜算的时辰，将棺木抬往墓地下葬。凡死者入土前都要请喇嘛念经，超度亡灵，规模大小和时间长短视经济条件和社会地位而论。送葬时也要请喇嘛念经，抬上棺木和全羊等祭品到坟场。埋后不垒土堆，堆以石头作标志，习惯在四周插上经幡。

庄稼播种后到庄稼收净前死的一律土葬，收获后至播种前这段时间的死亡者进行火葬。举行火葬时，先给死者穿上生前喜爱的衣帽（忌用皮类），然后抬到坟场，放在柴堆上，撒上青稞、小麦、糍粑、酥油，点火火化。火化后将骨灰放入棺木，埋入土中，插上经幡。当地人相信，撒粮食是为使死者死后不饥，放酥油是为给死者照亮前程。

塔葬是寺院僧侣的葬仪。塔葬的内容有法体、骨灰、头发和其他遗物等类别。

三、生活礼俗

宾客来临，须掸净座位，让客人坐在主客席上。

送客时要面带笑容，热情礼貌。

给客人献茶或酒时，碗杯要擦拭干净，必须倒满。双手捧上，忌讳手指放在碗或杯子口沿上。

喝酥油茶时，主人倒茶，客人要待主人双手捧到面前时，才能接过来喝。

吃饭时要食不满口，咬不出声，喝不出响。

敬酒时，客人先用无名指连续沾酒弹酒三次，约定俗成为向佛法、双亲、朋友致敬。不同地方、不同场合含义有异。

给客人赠送礼品时，要双手高举过头，客人受礼后，主人应退同原位。

不要在客人面前放屁。

不要将脚底对着人坐。

不要大摇大摆在客人面前行走。从客人面前走过时要躬身，紧缩袍裙，以免扬起尘土。

与客人谈话，要洗耳恭听，回话要用敬语，不谈令客人不愉快的事情。

客人走后，不能马上扫地和倒垃圾，不然会认为对客人不尊敬，对客人也不吉利。

四、传统禁忌

（一）生活禁忌

碗杯等器具禁止扣着放置，只有过世者的碗杯才扣着放置。

喇嘛在吃饭前要念《色却经》。

忌吃大蒜，否则菩萨三天不能近身。

（二）待客禁忌

忌在房中打口哨，认为会赶走神灵，招来鬼魅。

忌在聊天时提及死者名字，认为会使亡灵不得安宁。在必需的时候，应在名字前念一句八字真言。

忌吹其他人家正在烹调用的炉火，认为会使你的嘴发炎，甚至会成为灶神咒语的牺牲品。

（三）神山禁忌

忌在神山上乱扔脏物。

忌在神山上大小便。

忌在神山上挖掘。

忌采集或砍伐神山上的花草树木。

忌在神山上杀生。

忌在神山上大声喧哗。

忌将神山上的任何物种带走。

（四）神湖禁忌

忌将污秽之物扔到泉、河、湖中。

忌在泉、河、湖边扔脏物或大小便。

忌捕捞水中生物。

（五）生灵禁忌

忌捕捉任何飞禽。

忌惊吓任何飞禽。

忌拆毁鸟窝、驱赶飞鸟。

忌食用鸟类肉（包括野外的和家养的）。

忌食用禽蛋（除了家养的）。

忌猎取山神的兽群和神鸟。

忌吃鱼以及白马鸡、贝母鸡、盘羊、山羊和鹿。鱼被视为水菩萨，其他被视为山神的畜禽。

忌食用马、骡、驴等牲畜。

忌外人清点牛羊数。

忌在宗教节日宰杀牛羊。

忌食用鱼、蛙等水生动物。

忌故意踩死或弄死虫类。

忌打猫，尤其是杀猫。习俗认为猫是充满嗔心的动物，它临死前的痛苦比人深百千倍，杀死它的罪孽要用一根毛抵一百个人命来计算。

第三节 宗教信仰

一、苯教信仰

九寨沟藏族信奉苯教。他们将各式各样的保护神画在墙壁、门框、房梁上，以保佑全家平安。家有余财则建佛堂、经轮、佛龛。每天清晨，当家女主人起床洗漱后的第一件事就是敬香，将经轮摇转，祝家人永远吉祥。

苯教，藏语称“苯波”，过去俗称“黑教”，渊源于藏族古老的原始宗教，受佛教传入的影响而与藏传佛教有很多相似点，是佛教化的藏族本土宗教形态。一般认为，苯教发源于青藏高原西部今称为“阿里”的古象雄地区，创教者为辛饶弥沃。8世纪以后，苯教在吐蕃王朝的“佛苯之争”中失败，被迫向东发展，包括九寨沟在内的青藏高原东部地区成为苯教后期发展的主要区域。

和藏传佛教各教派相比，苯教信仰活动具有明显的自身特征。僧俗转山和转经轮（风力水力或手转）的方向，苯教采用逆时针；摇法铃，苯教的铃口朝上，萨迦派的铃口朝下；苯教念唱八字真言“唵嘛孜咪耶萨勒德”（简称“嘛孜”），其他藏传佛教教派念唱六字真言“唵嘛呢叭咪吽”（简称“嘛呢”）。九寨沟区域的苯教信徒称自己所信奉的为“苯波教”，称其他藏传佛教派别为“班德教”。

苯教僧人有4种类型：活佛或喇嘛，是寺院的主持；杜旦，修习好、心清意净、自律持戒的僧侣；扎宛，驱鬼除妖、做道场的僧人，占卜、测吉凶；夏巴，苯教传统巫师，卜吉凶，观天象，驱鬼魔，主持祭祀和婚葬，民间生老病死、建房、动土、开工、出外旅行乃至宰杀等活动常请此类僧人占卜、看相、测日子。

九寨沟扎如寺宗教活动传统一年6次：良美都卿、嘛孜珍卿、久根都卿、顾朵、郎介冬确和依当格朵。现保留4次：良美都卿，农历正月初三至初六，共4天；嘛孜珍卿，四月初七至十六，共10天；郎介冬确，九月二十七至二十九，共3天；顾朵，九月二十七至二十九，共3天。

二、基本观念

（一）天、地、水三界

苯教将宇宙分为天、地、水三层。上层为天界，是天神居住之地；中层为世界，游荡着“念”或“赞”神，主管天灾与祸福，这类神灵是一方之主，往往以山为载体；下层为水界。三界里，神、人、魔鬼同居。苯教上供天神，下镇鬼怪，中间作兴旺人间的法事，有招神、祈愿、驱鬼等仪轨。夏巴就是专门从事该类活动和举办仪式的苯教祭司和法师。

（二）多神信仰

苯教持自然崇拜和多神崇拜，崇拜对象包括日、月、星辰、山川、河流、湖泊、飞禽走兽等。相信“万物有灵”，视自然物和自然力量为具有生命意志和伟大力量的对象，认为山川、河流、大地都由年（山神）、鲁（水神）、土地神等主宰，山有山神，水有水神，土有土地神，火有火神。有神有鬼，神鬼与人并存。在九寨沟，人们相信在山神居住的地方不能随意破坏一草一木，有水神居住的地方不能大小便或乱丢不干净的东西。人们每年要祭拜南（天）、年、鲁，通过神灵崇拜，祈求风调雨顺、五谷丰登、草木茂盛、牛羊肥壮，寻求人与自然的平衡。

（三）神山信仰

苯教自然崇拜中最为显著的一个特征是神山信仰。信仰的神山包括遍布藏区乃至东亚的圣山系列和居住地周边的神山及其山神。

九寨沟内扎如沟的东端是被当地人称为“万山之主”的扎依扎嘎圣山，主峰海拔4400米，是九寨沟及周边地区信徒定期朝圣和转山之地。

图2－41　达戈神山

地位次于扎依扎嘎圣山的是村前寨后的神山及其山神。只要是有人居住的地方都有山神。人们相信，山神不仅有超凡的法力，也会发怒危害人间。对神山和山神的朝拜具有浓厚的生活气息，祈祷内容以今世利己为宗旨，多为趋吉避凶，如摆脱贫穷和灾难、招财进宝、祈求福禄等。九寨沟内各村寨周边都有自己信奉的神山。

男神山达戈山和女神山沃洛色嫫山，是九寨沟内各村寨共同的神山。传说勤劳勇敢的青年达戈与纯洁美丽的色嫫是一对恋人，他们为护卫九寨沟的山水化作神山，守护所在土地。

（四）雍忠

在九寨沟的寺庙或民居上，到处可看到雍忠符号。苯教经典认为雍忠来自香巴拉王国内的九重雍忠山，象征光明。雍忠的形状仿照太阳光芒四射，含有轮回不绝之意，苯教以此作为其自身标志，象征无穷无尽、永恒、坚固不摧。

（五）崇九

苯教对数字“九”格外崇拜。教义称为“九乘经论”，即卡辛、朗辛、楚辛、斯辛、四因乘、格尼、阿枷、仗松、耶辛，合九乘。苯教的修习要经过九个层次。苯教的宇宙观中有九兄弟、九姐妹的说法。

（六）崇尚农历十五

九寨沟藏族崇尚农历十五，转神山、家庭念经、各寺院的佛法会，时间一般都选在农历十五。民间认为十五是最好的日子。

三、信仰活动

（一）转山

转山是藏族信仰的重要表达方式。有定期朝拜圣山的转山，有随时因需要而祈祷神山的转山。藏族认为，每月农历十五是最好的日子，这一天朝圣积德会达到事半功倍的效果。九寨沟最负盛名的是正月十五朝拜扎依扎嘎的转山。

农历每月十五特别是正月十五，九寨沟各寨男女老少、整个白河流域乃至松潘县的部分藏民，穿上节日盛装，带上柏香、隆达、经幡、青稞酒、食物，有的还带上木制的兵器，步行或骑马逆时针围绕“万山之祖”扎依扎嘎山转山。有的带一根木棍，上山时作拐棍，到山顶时插在玛尼堆上。转山路线有内外圈的不同，绕山脚要转一天，上山顶朝拜要转三天。朝圣者边转山边念经，或口念八字真言“嘛孜”，婉转悠扬，此起彼伏，回荡山谷。途中扬善止恶，觉他利人，布施众生，以糌粑布施蚂蚁，以麦粒和其他食品布施鸟类和松鼠等动物，避免踩死小虫，不允许破坏山上一草一木。到洗身台瀑布下洗身，认为可以洗掉身上的污垢和秽气。到山顶焚香磕头，拜神佛，围绕柏香堆转三圈，边转边撒隆达，插上经幡，席地而坐，相互敬酒，互道祝福，品尝食品。下山途中有一泉，从扎伊扎嘎主峰下流出，转山人群中的长辈或僧人用柏香向人们头上洒泉水，每个人在这里用泉水洗脸，喝上三口清泉，然后用瓶或壶装上泉水回家。转山人带回的泉水和食品，人人都要分享。

磕长头转山，有两种形式。一种是每人用两个带把的木杈，每念唱一句“嘛孜”，便向路边弯腰，木杈着地，向路左右两边磕两次头。这种磕长头转山需要四天时间。另一种是从起点开始用自己的身躯丈量路程，最后回到起点。这种磕长头转山形式最艰难，被认为最具有虔诚性。路上要过河流，爬污泥水，卧棘刺，翻乱石坎，历千难万险，耗费 7 天时间。

（二）转经

转经是藏区最普及的信仰习俗之一。在藏民的传统观念中，转经即念经，每转动一遍经轮就等于念诵经轮中的经文一百遍，功德随之成倍增长。不同教派转经方向不同，九寨沟居民信奉苯教，按雍忠“卍”符号采用逆时针方向转动。

图 2－42　转经筒

最常见的转经方法是设置转经筒，转经筒内装有各种经咒。根据不同的设定位置和使用方法，取材有金属、木材和布料。转经筒有大有小，小的为手持转经筒，供信徒在各种场所随时摇转。旋转的动力除人工以外，还利用风力、水力、火力，也有人采用电力。

除了以上几种方法之外，信众还可以围绕一座寺院、一座佛塔、一座神山等转一圈或几圈，甚至成百上千圈，也是一种转经。

（三）插经幡

插经幡是藏区普遍的信仰活动。房前屋后、寺庙、玛尼堆、牙则、埋葬地、朝拜点等各种能够表达自己信仰的地方，都会插上经幡，成为藏区一景。经幡，藏语称“郭达”，一般长方形，印黑色经文和象征图案，大的做成旗帜，小的穿在绳索上，两端固定悬在空中，有蓝、白、黄、红、绿五色。蓝色代表蓝天，白色代表白云，黄色代表土，红色代表火，绿色代表森林。门前插白、红两色经幡，神山、道口插红色经幡。经幡旗杆顶部有木制的太阳、月亮、兵器等模型，据说有驱逐邪魔之意。一排排高矮参差的旗帜，一条条穿满绳索的经幡，犹如一条条彩龙，随风翻卷，代人祈祷，蔚为壮观。

图 2－43　经幡

（四）撒隆达

隆达，又称“风马”，“隆”是风，“达”是马，是藏民用来沟通天地神灵、表达虔诚的一种工具，随身携带。形状为方形小纸片，上有经文和图案。隆达图案中间一般为宝马驮烈火，四角配雄狮、猛虎、腾龙、大鹏，鹏象征生命力，虎象征身体，龙象征繁荣，狮象征命运，马象征灵魂，经文穿插其间，颜色有蓝、白、红、黄等，分别代表天、水、地、火诸神，其中白色象征信徒的纯洁心灵。藏民在敬山神或沟通天地神灵时，一边祈祷，一边抛撒，时不时吆喝呼喊几声，隆达纷纷扬扬，气氛颇为热烈。出行遇道路险峻之地，行人或司机会抛撒隆达祈祷平安。有时也把隆达做大，穿在绳索上悬挂，称“风马旗”。

（五）放生

放生有直接和间接两种。

直接放生是把自家年龄最大的家畜、家禽放生，放生时要举行念经等仪式，然后带上护身符放生。九寨沟放生地点是扎依扎嘎圣山和沟内各神山。

间接放生包括：向他人宣传放生，达到阻止他人杀生的目的；用自己所拥有的权力和地位封山封水，定为“神山神水”，使其变得神圣不可侵犯；把别人将要宰杀或出售的家畜和野生动物买下来，放归自然。

（六）煨桑

煨桑是一种既古老又普遍的藏俗。藏语意译为“净”，又名“熏烟”，俗称“烧柏香”。煨桑来源于过去部落出征时的祈福和返回时的祛邪仪式，后发展成一种告于天地诸神的祈祷仪式。通常使用松柏枝、艾蒿、石南等香草的叶子焚起袅袅青烟，连接天地，沟通人神。藏民普遍认为，燃烧松柏枝所产生的香气具有神性，可以净化空气，祛除异味，使人舒适，能沟通神灵，愉悦山神，是敬献给天地诸神的一项贡品。民间煨桑多祈求全家或亲戚朋友幸福走运、人畜兴旺等。

常见的煨桑原料有糌粑、酥油、奶渣及炒熟开花的青稞，用干净的盆子调和后装进口袋；燃料为柏香树枝。煨桑时须先漱口、洗手，以示虔诚；点燃柏香枝；在燃烧的枝堆上撒上原料：混合檀（柏）香和酥油、糌粑的气味便飘散开来。煨桑的地方多在神山、神坛、神塔。

（七）念经

念经既是僧人的日常修行，也是专门的法事活动，需要专门的训练。九寨沟居民一般念诵八字真言“嘛孜”，专门的念经则请寺庙僧人来做。念经法事包括两种，村寨法事上的念经和寺庙祈祷活动中的念经。

九寨沟居民春、冬两季要请僧人念寨经。春季念的寨经，藏语叫“悦朵”；冬季念的寨经，藏语叫“格朵”。念寨经以每个村寨为单位，集体出钱出粮请僧人念2—3天经。春季念寨经敬天神、神山、水神以祈求风调雨顺，庄稼丰收，牲畜平安。冬季念寨经驱邪祈福，预防各种疾病的发生，也通过各家各户贴防火经的方式提醒村民注意防火。

九寨沟僧人为寺院发展、僧人健康平安的念经祈祷活动称为“顾朵”，类似于念寨经，每年农历九月二十七到二十九举行。顾朵念经同时也为震慑一切妖魔鬼怪，驱除邪恶念头，保一方和平长久。

（八）请山神

九寨沟居民每年农历正月十五有“请山神”活动，当地藏语叫“图嫫里”，是请山神告知新的一年吉凶祸福的信仰活动。请山神需要两位姑娘手持法器，人选由法师根据天文历法、生辰八字结合祸福吉凶来推算。请山神在白天举行，也可在晚上。主要法器为交叉结实的“Y”字形木杈。仪式开始时，全寨人聚集在木杈前，法师呼唤各山神的名字，开始念经，两位姑娘手中的木杈不定向摆动，如果木杈不摆动说明法师不灵，将重新请山神，重新诵经召神。同时众人祈祷：“山神呀，山上的泥石流会不会爆发？会爆发就倒向左边，不会爆发就倒向右边。”“山神呀，九寨沟今年会不会风调雨顺？如果风调雨顺就倒向左，如果气候不好就倒向右边。”“山神呀，九寨沟今年有没有病魔作祟？有就倒向左边，没有就倒向右边。”在仪式中，全寨人关注的公益问题和每名成员的生老病死、发财求学等都逐一问完。对山神告知的预测结果，有人相信，有人视为传统娱乐活动。

（九）供母德

“母德”既是一种器物，也是一种仪式。载具用金属罐或陶瓷瓶，中间竖一段用方枝柏树心做的方木，称为“命木”。“命木”上先写好“啊唵吽嚷咂”胜乐五字，再缠上吉祥胜德等经书。周围装上五谷、金银、珠宝、佛宝物、各种兵器等物，深埋在神山周围、寺院和民宅四角以及佛塔内。据说具有镇邪防病、保佑平安、祈求繁荣昌盛的作用。人们通过敬山敬水来感恩大自然的馈赠，表达人与自然和谐共生的美好愿望，是苯教崇尚大自然的具体表现之一。

第四节　节　　庆

一、宗教节庆

良美都卿　祭奠苯教活佛迦哇良美诞辰的活动，每年农历正月初三至初六举行。据藏文史籍记载，农历正月初五是活佛迦哇良美生辰。这一天，九寨沟僧人在扎如寺、达吉寺吃斋念经，表达对活佛的崇敬和思念，祈愿良美大师转世降生。苯教信徒带上香、酥油和哈达来到寺院，一边转经，一边念八字真言祭奠活佛。

嘛孜珍卿　九寨沟扎如寺的宗教盛典，每年农历四月初七至十六举行，是一项公益性的宗教佛事活动。相传农历四月十五是苯祖辛饶弥沃的纪念日，也是布施信徒的日子。会前三天，全寺僧人集中在寺院吃斋念经，排演节目。寺院配制由360种藏药组成的灵丹，在四月十五一早，将灵丹无偿发放给所有民众，称“嘛孜丸”。灵药可为一般病人消炎治病，在当地传统习俗中也是去世的人嘴里要含的，据说有防虫和净化灵魂的作用。节日期间，九寨沟和周边松潘、若尔盖、包座等地的藏民，都穿着美丽服饰，带上青稞美酒，齐聚扎如寺，一边观看僧人法舞（羌姆），一边同亲朋好友互敬美酒。青年男女把这一天当作表达爱慕之意的最佳时机，他们在翡翠河边的松林中海誓山盟。佛事活动的最后，全体僧人为民众祈祷平安，驱邪镇恶，信众接受摩顶赐福。

二、民间节庆

德朵节　每年冬春时节，气候干燥，易发火灾，九寨沟村寨居民举行守火仪式和驱火仪式以预防火灾，称“德朵”。守火仪式以村寨为单位，请僧人在专门的德朵院子里念经，各户轮流宰杀牛羊敬神，祈求消除火灾，寨子中搭瞭望篷，各家委派代表驻守，其余寨民围寨转游，边转边唱防火的山歌。驱火仪式往往几个寨子联合举办，持续一整天，寨民穿着漂亮的新衣，念经祷告，数十人组成的马队摇旗呐喊，鸣枪驱火。德朵节用娱乐和信仰的形式，传承用火知识，传播防火常识，让守护家园的使命代代相传。

春节和藏历年　藏历年即藏历新年，依照藏历推算，同汉族农历新年（春节）基本同时。20世纪80年代以前，九寨沟及整个南坪县的藏族都不过藏历年。80年代后，藏历年习俗在机关干部、工人中开始兴起。九寨沟居民的春节庆祝方式具有浓郁的地方民族特色。除夕前一天，将屋子里里外外打扫得干干净净。除夕，全家老少忙里忙外，妇女做各种好吃的面食，男人将熏得半干的猪头和猪蹄理净待煮，孩子们挂自制的灯笼、贴对联，老人挂佛像、擦酥油灯、祭奠去世的家人。半夜，吃了团圆饭，大人们做很多漂亮拟形的面食挂在孩子们脖子上，孩子们带上鞭炮呼朋唤友、走家串户。除夕晚上不睡觉，要迎接除夕前夜回到天界的灶神带着新一年的好运从天窗回来。凌晨三四点，全村人等公鸡打鸣。公鸡一叫，男人点燃事先准备好的烟花爆竹，女人带着水桶、水勺、香、蜡烛和食物，摸黑跑向河边抢水。取水后，先敬天地，祈祷新的一年好兆头，再点上香和蜡烛，摆上食物，敬水神，祈祷新的一年风调雨顺，最后背水回家煮茶，全家人围坐在一起品新茶。按九寨沟藏族传统习俗，初一足不出户，初二走家串户，初三回娘家，初四以后各村要龙灯、耍牦牛、耍狮子、演藏戏绰夜绰嫫等，本村演完后，各村寨串演，表演时男女老少随从助唱，歌声悠扬，热闹之极。

格萨尔王生日 藏历五月初四，每户派一两名男子，手持神箭（藏语叫“旦”，木杆上有各色图案）和“隆达”（印有藏经文、图案的印刷品），骑马挎枪上神山。僧人念经后点燃柏香堆，人们将带来的糌粑、炒青稞撒在柏香堆上，呼喊祈福，轮番鸣枪，撒“隆达”。僧人将各色布条系在牲畜耳朵、背上以“放生”。事毕，人们围坐喝酒，进行赛马等活动。

第五节 民间绘画和雕塑

一、装饰画

九寨沟区域藏寨民居、寺庙、服饰普遍有各种图案装饰，这些图案主要有十相自在图、吉祥八宝图、和气四瑞图、六长寿图、财神牵象图、蒙古驭虎图等。

十相自在图 由象雄文或 7 个梵文字母加上日、月、圆圈共 10 个符号组成的，在信徒心目中是一种具有神秘力量的图画，包含非常复杂的辩证关系，具有极强的避灾能力，可以驱赶各种毒力的攻击。其中，5 种颜色象征着宇宙中的 5 种基本元素：水、火、风、地、空。10 个符号象征人体的各个部位与物质世界的各种组成。藏民将其绘制在房门、墙壁上以保护家族平安健康，在塔门、壁画、唐卡上经常出现，也出现在各种大小不一的护身符上，护符或悬挂在衣服上，或挂在车里，以避灾祸。

吉祥八宝图 法螺、华盖、金轮、宝幢、宝瓶、金鱼、妙莲和吉祥结 8 种神圣符号的合称。全部或部分出现在藏民的各种建筑上。法螺，代表佛陀之喉，让佛法之声回荡三千世界；华盖，亦称“宝伞”，是活佛、上师、大喇嘛的专用工具，消除众生贪、嗔、痴、慢、疑五毒，护佑佛法不被周围恶气所玷污；金轮，又称“法轮”，代表佛陀之足，是佛法在俗世教化众生、摧破烦恼的动力；宝幢，又称“金幢”“胜利幢”，标志佛法坚固不衰，战胜邪门歪道，蓬勃发展；宝瓶，象征佛身，聚满千万甘露，包罗善业智慧，满足众生愿望；金鱼，象征佛眼，以智慧之心看人间沧桑，如鱼看水一样透彻；妙莲，代表佛心，出淤泥而不染，摒弃不善和妄语，具有性情温和、善于传法等特点；吉祥结，代表佛陀之手，从汪洋宇宙中打捞起智慧的珍宝，代表生命无始无终，佛法回环贯彻，标志佛智圆满。

和气四瑞图 根据释迦牟尼讲述的故事所画。古印度嘎西绕地方有大象、猴子、兔、鸟 4 种动物，它们和睦相处，地方安宁，人寿年丰。图中配以丰茂的草地和硕果累累的果树，象征家庭和睦祥瑞。

六长寿图　六长寿即人长寿、山长寿、水长寿、树长寿、鸟长寿、兽长寿。此图以一位皓发银须、面目慈祥的高僧为中心，6 种长寿物聚合，营造出静谧和平、融洽无间的境界。6 种被赋予吉祥长寿意义的人物、动物和自然景观，体现藏民原始宗教信仰、苯教信仰中自然崇拜、神灵崇拜、祖先崇拜、万物有灵的质朴信仰观念，体现远古人类与自然万物和谐相处、相互依存、生死与共的亲密关系和追求生态平衡的环保意识。

财神牵象图　画中有行脚僧牵来载满珍宝的大象，象征招财进宝。

蒙古驭虎图　藏族传统吉祥图案，画面描绘盛装蒙古男子用铁索牵驭一只猛虎，象征预防瘟疫、招来吉祥。

图 2－44　和气四瑞图

二、雕塑

藏族雕塑主要有泥塑、木雕、石刻、酥油花以及寺庙法舞和藏戏的面具制作技艺，其工匠多出自于民间艺人和寺庙僧人。

藏传佛教和苯教各寺庙均供奉各种佛、菩萨，这些佛像、菩萨像绝大部分皆为泥塑。小的泥塑高不过 10 厘米，大的佛像高达 20 余米。造型完美生动，神态刻画得惟妙惟肖。

藏区泥塑的普遍需求诞生了一种叫“擦擦”模制泥塑技术。擦擦是用一种凹形模具，可压制成形的泥塑浮雕，或是佛像、菩萨像，或是佛塔。藏族村寨普遍设有专门放置擦擦的“擦锅”，即“存放擦擦的房子”。每个擦擦的最终完成要以僧人的开光仪式为准。

在九寨沟寺庙中，有少量小佛像为木制，雕琢精致。木雕还广泛出现在藏族民居建筑中，内容多为各种宗教和民间故事以及象征性装饰符号和图案。木雕的另一广泛用途是雕版印刷，除印制经书外，经幡和隆达的制作也依赖于此。

酥油花是藏族雕塑艺术的一种独特表达。用酥油作原料，塑造各种人物、故事、飞禽走兽、树木花草、建筑，是藏族寺庙特有的雕塑艺术。据传，酥油花雕塑艺术兴起于格鲁派创始人宗喀巴时期。制作酥油花，一是用来供奉，展现信徒的虔诚；二是供群众参观，展示佛法的精妙。

藏族雕塑艺术的另外一个重要表现是藏戏面具。藏族面具与原始苯波教仪式中的拟兽图腾舞有渊源关系。面具大体分为宗教中的佛和神面具、各种动物面具、妖魔鬼怪面具、藏戏中的角色面具等几类。

第六节　民间传说与故事

一、九寨沟的格萨尔传说

格萨尔王传说是藏族民间史诗。史诗勾勒出人间妖魔鬼怪横行、残害百姓的特殊环境，在这种水深火热的危难之中，白梵天王的三太子顿珠嘎尔保（即格萨尔王）投生下界，作黑头凡人的君长，留下许多有利于老百姓的传说故事。受格萨尔说唱艺术的影响和方言的差异，九寨沟称格萨尔为“阿尼·格萨”“阿岭措”，前者指格萨尔王，后者指以格萨尔为君王的众神。

20世纪60年代，九寨沟一位老人说唱《格萨尔王传》的时数达270多个小时。2003年，泽仁布秋印行的《九寨沟民间故事集》收录有《九寨沟格萨尔王传说》，记录整理盘牙村克格王介老人2个小时的说唱，占《九寨沟民间故事集》篇幅的三分之二。由克格王介说唱、泽仁布秋整理的《九寨沟格萨尔王传说》共有九回，分别为：

第一回　吒嘎山高僧遇佛显灵　仙人洞色杰王子出世

第二回　嘎寞草原王子遭劫难　黑海娜嫫奋力救王子

第三回　狄艾冉哀特借刀杀人　王子初露锋芒除魔鹰

第四回　措兰责吾设计比输赢　王子智娶稀珠嫫公主

第五回　巧装乞丐忍辱为复仇　王子根除狄艾冉哀特

第六回　查务贡盖巧遇振扒厉　振扒厉命丧迪剥城外

第七回　高山丛林寻迪冉　王子智除牛魔王

第八回　岬利草原神马智取伽纳介吾　王子情迷戈让幔误饮遗忘酒

第九回　为讨罚恶魔勇闯死亡区　破三阵有情人终结良缘

在这九回故事中，格萨尔王被称为“部能耿色介吾”。故事讲述“部能耿色介吾”出生、成长、成婚和先后战胜恶魔“狄艾冉哀特”、猪妖“振扒历”、牛魔王“迪冉戈巴然任曼”、恶霸“伽纳介吾”、迷情女“责冉戈让幔”、恶人“阿鼓绰独”、魔鬼“狄隔碍嘉”的故事。

九寨沟还流传有同九寨沟山水有关的格萨尔民间传说故事。

格萨尔王除蛇妖　传说，魔女变成的蛇妖住在扎如沟“邪波渣”（宝镜崖）的岩洞里，窥视山下路过的行人，先后吃掉男女老少九百九十九人。尸骨在山坳里堆成山，堵塞道路，阻断河流后形成湖泊。格萨尔王为了除掉这个恶魔，变成云游僧人，来到湖边，让巨蟒将其吞进腹中，然后在蛇腹里吹螺号，施法术，蟒蛇病痛难忍，翻滚连天，最后死亡。格萨尔王破腹而出，用钢鞭打开了河道和人行道。把打死的巨蟒抛出沟外，搭在“朵吾”山上，蛇头朝下，蛇尾朝上（据说现在“朵吾”山上还能看见被格萨尔打死的魔蛇的丑陋像）。又用木柴火化死者的遗骨，边烧边念真经，最后把烧剩的木柴中大的抛出沟外，小的留在沟内，从此九寨沟内只有小蛇没有大蛇，而沟外常有大蛇出没。藏蛇岩洞口下有一条深沟，据说是巨蟒上下山形成的通道，山下的“念孜扎吾”岩，据说是格萨尔除妖后休息的地方，岩上有格萨尔王坐式体形痕迹。到扎如沟的信教徒都要在这里烧香撒隆达，朝拜山神。

格萨尔除恶魔　传说，九寨沟的恶魔王“毒绅波”一心想霸占仙女沃洛色嫫和嫩恩桑措两姊妹为妻，想尽一切办法纠缠，两个仙女宁死不嫁魔王，魔王不罢休，又寻找时机骚扰调戏她们，遭到万山之主“扎依扎嘎”的阻挠和处罚。魔王又心生一计，到悬泉盗窃镇山、护林、保水的宝瓶，宝瓶为天神所赐，它能使九寨沟青山常绿，溪水常流，五谷丰登，牛肥马壮，庶民安居乐业，盗走宝瓶就会给人们带来无穷的灾难。危难时刻，格萨尔王变成雄鹰，展翅飞向悬泉，用翅膀把魔王毒绅波从山上扇下来，魔王连滚带爬藏在天鹅湖边的岩洞里，神鹰追到岩洞里用鹰爪抓魔王（据说鹰爪洞由此而得名），魔王受伤后逃到“绅波扎”，躲在藏妖洞中。毒绅波作恶的魔心不死，又令老谋深算、心狠手辣的女巫“曲入格么”施法作乱，曲入格么时而藏在湖水深处，时而藏在尖盘坡无底洞，使法作乱，狂风大作，昏天黑地，冰雹打死了山上的牛羊，砸平了地里的庄稼，凶猛的洪水使山变成了黄土坡，使湖水变成了芦苇滩。女妖们拍手称快，捧腹大笑。格萨尔王令女神“振敌拉么”出击，除掉女妖，女神振敌拉么带领八位仙女，大战女妖，女妖大败，曲入格么带领她们逃到了干孜公盖山，振敌拉么追歼到干孜公盖，双方展开激战，曲入格么眼看招架不住，向西逃窜，振敌拉么张弓搭箭，一箭射中曲入格么的大腿，其余的妖女也被仙女们纷纷射中，坠入长海。曲入格么临死前作最后的挣扎，变成一只又黑又凶恶的大乌鸦，贴水面向东飞逃，到岩边时被振敌拉么的神箭射中，掉入长海丧命，女妖们的尸体慢慢漂流，停在湖边。据说长海右侧海边的乱石堆就是女妖们的尸骨所变成，涨水时隐没海底，水退时又露出狰狞的丑恶面目。长海左侧仙女池方向，露出水面的岩嘴中间有一个洞，据说是女神振敌拉么用神箭射杀妖女时留下的痕迹。

仙女们战胜女妖后，在干孜公盖山上会合，为除掉恶魔、安抚百姓而欢庆。此时太阳从雾里探出头来，放射出万道金光，湖光山色，万紫千红，迷人的风光吸引了女神们，更见密林深处有一幽池藏而不露，在阳光照射下清澈见底，彩林、蓝天、白云，倒影层次错落别致，湖面时有雾气弥漫、漂流。仙女们飞到湖边，在湖水中洗浴、嬉戏，消除战斗中的疲劳。湖中有一古老的倒木，将湖水一分为二，倒木上有水中盆景。据说是仙女挂衣服的地方，仙女池从此而得名。

仙女们洗完澡离开仙女池后向西方飞去，死去的曲入格么阴魂不散，刮起一阵大风，将振敌拉么一条美丽的花巾吹走，飘落在附近的山坳里，后来这条花巾就变成了五彩池。

二、达戈与色嫫的故事

达戈与色嫫的故事是九寨沟地方传说的重要系列，很多当地传说故事中都有这两个角色。他们的故事，不仅用来解释达戈山和沃洛色嫫山的来由，也广泛用来解释九寨沟山水的来由。

达戈与色嫫　传说九寨沟是一个富饶之乡，山水奇丽，景色迷人，人们世代在这里幸福生活。有一天，突然天崩地裂，岩浆涌流，飞沙走石，鬼哭狼嚎，转眼间花草林木不见，鸟兽虫鱼绝迹，一片荒凉。幸存下来的阿板、阿满①们，只能带着老小到别处谋生。后来，一位叫色嫫的女神从这里经过，见此情景不忍心，想尽快恢复这里的美好景象，就在一座山上住了下来，这座山就是现在的沃洛色嫫山。过了一段时间，有一位叫达戈的男神从这里经过，也想尽快恢复这里的美好景象，就在另一座山上住了下来，就是现在的达戈山。两位山神住下以后，溪水开始流淌，草木渐渐复苏，森林逐渐形成，花果成熟，众多鸟兽虫鱼纷纷到此筑巢造窝，颠沛流离的人们又回来安家耕种。于是这里又有了牛羊叫，有了五谷香，客至请你喝美酒，客行为你做干粮，成了人们生活的好地方。

① 阿板：阿爸；阿满：阿妈。

到了是年藏历八月十五，丰收前的第一个转山会，寨民们欢欣鼓舞，到达戈和色嫫所住的山前朝拜，烧柏树枝，撒龙单①，敬献特制的供品。达戈和色嫫在转山会上见了面，有事他们共同做，无事他们一道玩。色嫫织氇毡，达戈来相伴；达戈猎獐子，色嫫去相助。色嫫把最好的酒席奉献在男神所住山的山脚下，这就是达戈神山下大大小小的海子和周围果树上缀满的各色佳果以及林木下长出来的各类鲜菌。达戈把最美的心声送到色嫫的耳边，这就是色嫫神山周围悦耳动听的溪水和瀑布声。寨民们得知这桩喜事后欣喜若狂，为他二人祈祷，祝福。

这件事被住在北边扎如沟里歇妖扎上的一个恶魔知道了。恶魔以破坏一切为乐事。他变成一个大龅牙的转山喇嘛到达戈跟前说色嫫如何面善心狠，如何阿谀逢迎。达戈根本不相信他的谎言。恶魔又来到色嫫身边，偷偷将一颗用歇妖扎上生长的忘情花制成的丸药放进色嫫的奶茶里。色嫫连着奶茶吞下肚里去。恶魔乘机造谣说达戈怎样口蜜腹剑，怎样见异思迁，还引诱色嫫同北边扎如沟的男神扎依扎嘎相好。色嫫被说动了心，她精心做了一桌丰盛的酒席，用九匹神鹿驮去献到扎依扎嘎所住的山前，如今扎依扎嘎山下的海子群和山果林就是色嫫献去的。达戈发现了神鹿，暗暗跟踪，明白了一切，暗自伤心。他想不出色嫫为啥一下变心。他盼望色嫫回心转意，一有时间，就遥望她的住地，一遍又一遍地唱歌。可药迷心窍的色嫫还是充耳不闻。

恶魔化作喇嘛为扎依扎嘎说亲，色嫫同意了，愿意把她这里的秀丽山川作为嫁妆，都带到扎如沟那边去。就在色嫫要去扎如沟与扎依扎嘎订亲的那天，达戈情急之下，伸开他巨大的双腿把色嫫挡住，再次挽留她。色嫫很生气，同达戈吵了起来，一怒之下，拿出她做氇毡用的刀向达戈的两条腿砍去，如今达戈山前扎乌山和直矶尕这两座山上刀削斧砍似的垭口，就是色嫫当年砍的。达戈一不还手，二不退却，用自己的身体挡住色嫫。正在僵持不下，来了一位身着袈裟的长老，他是峨眉山上的高僧，专程到这里建造甲尼甲格神庙。一听原委，明白究竟，立即为色嫫驱邪，给她服了几滴用峨眉山上勿忘草制成的药水，劝二人和好，早结良缘。色嫫明白过来，二人重修旧好，决定长期在九寨沟中住下来，永远庇护这里的山水，造福这里的寨民。

在他二人办喜事那天，峨眉山高僧和明白真相的扎依扎嘎来喝喜酒，祝福他二人幸福。而那个专干坏事的恶魔被号称万山之主的扎依扎嘎山神压在了歇妖扎下。九寨沟响起蜜情厚意的歌声。达戈和色嫫，他二人不停地唱啊、跳啊，忘了时日，忘了春秋。花开了，果熟了，夏天去了，冬天来了。雪花铺天盖地，他二人仍在雪地中纵情歌唱，翩翩起舞。不知过了多少年，他二人巨大的身躯化成了两座雄奇秀丽的山峰，相依相傍地屹立在九寨沟。扎依扎嘎也在他原来的住地化成另一座山峰，就是今天的扎依扎嘎山。九寨沟人相信达戈、色嫫和扎依扎嘎至今仍在护佑这片神奇的山水。

达戈、色嫫斗雪山王　相传，达戈与色嫫是九寨沟的一对恋人。有一年，狂性大发的雪山王毁了九寨沟的山林湖泊。为了能让山林绿海重现，达戈去雪山寻找绿宝石。雪山王暗中给他喝下了迷魂汤，使他忘记色嫫，爱上了雪山王之女宝雪公主。色嫫久等达戈不归，忧心匆匆的她踏上找寻情人的路途。不知历经多少艰难险阻，色嫫终于找到达戈，此时的达戈已经认不出曾经山盟海誓的恋人。色嫫悲痛欲绝，热泪滚滚。色嫫的热泪唤醒失忆的达戈，也感动善良的公主。公主帮助他们找到绿宝石，九寨沟又恢复从前的美丽。雪山王前来报复，达戈和色嫫吞下绿宝石，变成两座高山，

① 龙单：一种木刻水印的画有大雕、神牛、神羊及方孔铜钱等图案的经符。藏民把它撒在神树周围的灌木上，祈求吉祥如意、人寿年丰。

挡住雪山王的进攻。从此这对眷侣共同守卫着九寨沟的森林海子，使得九寨沟的山水美景能长留人间。人们感谢他们，每年除在固定的转山会期间朝拜外，婚娶、节庆或有灾祸时，都到神山烧香祭祀，祈求吉祥。

三、九寨山水的传说

九寨沟海子的传说 传说很久以前，一位叫达戈的男神，热恋着美丽的女神沃洛色嫫。一次，达戈用风月磨成一面宝镜送给心爱的女神色嫫。不料魔鬼插足，女神不慎打碎宝镜，宝镜的碎片散落人间，变成了114个晶莹的海子，像宝石一样镶嵌在山谷中。从此，人间便有了童话世界般的梦幻仙境——九寨沟。

镜湖传说 传说远古时候，男神达戈与女神色嫫经过几番波折又和好如初，双方为表达破镜重圆的喜悦，各自为对方准备一件精美的礼物。色嫫忙了一百九十九天，剪羊毛，梳毛绒，搓毛线，织坯毡，量尺寸，剪衣衫，连衣缝[①]，绣花边，恰巧在转山会的前夕，为达戈做好一件绣有花边的白毪衫[②]；达戈花了一百五十多天，找矿藏，采矿石，琢镜体，磨镜面，在转山会前夕，用九寨沟特有的风云和雾水为色嫫磨好一面晶莹明亮的宝镜。转山会的早晨，达戈眉开眼笑地接过毪衫，色嫫用双手接过宝镜。欢喜的色嫫失手摔了宝镜，宝镜在九寨沟里变成很多大小不一的美丽海子，其中最明媚秀美的一块就是现在的镜海。打那时起，曾是荒僻空旷的九寨沟，就拥有108个“翠海”。

魔鬼岩的传说 传说九寨沟本是不毛之地，颠沛流离的九寨沟先民在此安营扎寨，辛勤耕种劳作。他们的护卫神——男神达戈和女神沃洛色嫫，也在暗地里帮助他们。男神达戈在山腰嵌进一块绿宝石，转眼就变出一片绿树林；女神色嫫在山麓镶上一块瑰丽的蓝美玉，转眼就变出一汪蓝海子。人们建起了九个村寨，寨民们都过上五谷丰登、牛羊成群的幸福生活。一个恶魔觊觎这片胜景，想抢夺这里，达戈和色嫫手持神刀、神叉联手对敌。双方斗智斗勇，你来我往，上下腾飞，打了九天，斗了九夜，难分胜负，惊动住在扎如沟的万山之主扎依扎嘎。山神扎依扎嘎手执神弓，上前助战。恶魔接连挨了几下神叉、神刀和神弓，惨叫一声从半空跌在扎如沟旁，好似一摊烂泥。三位得胜的山神合力从上界搬来一座大的“歇摩扎”[③]，把恶魔牢牢压在下面。这就是九寨沟沟口那座光秃秃的险山巨岩。又传说是一面“照妖镜”，任何妖魔鬼怪到此都将现出原形。

卧龙海的传说 传说有一年，住在南坪县境黑水河的一条大黑龙到九寨沟作怪，造成百年不遇的大旱。溪沟断水，海子干涸，土地裂口，树叶枯黄，野兽四处乱窜。人们求雨不得，嗷嗷待哺。白龙江里的小白龙知道这件事后，非常生气，它在白龙江喝满一肚子水，飞到九寨沟的上空将水喷洒下来，人们沐浴在雨水中欢呼起来。小白龙反复多次，九寨沟里溪沟复流，海子水满，诺日朗瀑布和高瀑布又流淌起来，枯黄的林木和萎谢的苞谷转了青。大黑龙知道后，跑去截住小白龙与其厮斗起来。从日出斗到日落，难分胜负。大黑龙假装体力不支且战且走，把小白龙引到扎如沟的歇妖扎上空，从一个冒黑烟的洞穴中吸饱黑烟喷了小白龙一身。小白龙被黑烟裹住，浑身刺痛，仓皇逃

---

① 连，动词，连接，接合，这里是将剪好的衣衫部件连接在一起，缝制成衣衫。缝，去声，缝隙，衣衫部件连接处。

② 白毪衫：当地藏民穿的一种氆氇做的长袍。

③ 原文作“歇妖扎”。本书根据其他文献记载统一记为“歇摩扎”。歇妖扎：当地藏语，即“魔鬼岩”，“歇妖”也有写作“歇幺”的。

窜，眼看要被大黑龙追上，“唰”地一声钻入一个清澈透亮的海子中躲起来。大黑龙借着一轮月光也没能找到小白龙，把管辖山川河流的墨尔扎那神叫出来，逼他交出小白龙。正在这时，万山之主扎依扎嘎山神赶来，箭上弦，刀出鞘，大黑龙吓得服服帖帖。扎依扎嘎用收妖镇魔的铁链把大黑龙锁起来，投入黑河水中。从此，大黑龙不再兴风作浪。小白龙筋疲力尽地伏在海子里，变成一条坚硬的奶黄色石梁坎。为了纪念勇于除暴而英勇献身的小白龙，九寨沟的人们把它藏身的海子取名为卧龙海。据说，每年二月二龙抬头，心诚意善的人们可以见到“龙翻身”。

诺日朗的纺织台传说　传说在很久以前，九寨沟诺日朗并没有瀑布，那里是一块平顶山岩，山岩东面的悬崖下，是通达三条沟谷的人行小道。有一年，一位叫早尔木德的阿古（和尚）走出九寨沟去游历，带回来贝叶经、熟铁犁铧和手摇纺车。犁铧很快在各个寨子传播，纺车却无人理会，沟内的妇女们习惯用木吊锤搓线，只有善良的若依果学会用纺车。为了向沟内的人们推广纺车，若依果选中三条沟交会的平顶山岩，将纺车摆在那里示范如何纺线，希望经过的人们接受纺车。从正月到四月，只要天晴，若依果就到山岩纺线。五月十五嘛孜节，若依果说动家人一早就把几个月来纺成的几大背篓白毛线拿到不远处的镜湖漂洗干净，再晾挂在山岩东边面对人行小道的悬崖上，自己去到那平台上继续摇动着纺车纺毛线。若依果的苦心赢得大家的赞扬，又细又好的白毛线吸引了人们的关注，妇女们跃跃欲试。但若依果的行为触怒了头人罗扎，认为若依果教唆大家不用老祖宗传下的吊锤是要得罪天神的。当天夜晚，为了保护纺车，若依果被罗扎头人踢下平顶山岩的悬崖摔死。头人罗扎的罪行触怒了男神诺日朗，诺日朗施展神力借助洪水把罗扎一伙冲下悬崖。据说，罗扎头人的尸体被诺日朗催发的洪水冲到卧龙海中喂了老龙，灵魂被打入地狱；若依果被冲到树正沟北段和药寨子的迎客松旁天葬，灵魂升入天堂。九寨沟的人们至今仍然使用古老的吊锤纺线。诺日朗的洪水一直没有断，形成今天的诺日朗瀑布，隆隆作响的声音像有万架纺车在那里摇纺，绢丝万缕的瀑流像是纺车纺出的毛线。

四、其他传说

亚纳山野人传说　传说很早以前，亚纳到中查一带是无人烟的原始森林。亚纳人的祖先住在亚纳寨，他们以种地为生，生产生活需要的木材、柴火等都要到山上去砍伐树木，常常遭到原始森林中野人的袭击。有一次，一位到林中拾干柴的妇女被野人抓走，带回自己栖居的山洞。一年半以后，妇人生下野人的孩子。又过了半年，野人在妇人的要求下带上礼物陪妇人回娘家。黄昏时分，他们带着野猪肉和小孩出现在亚纳寨前。妇人让野人带着孩子爬上晾架等候，自己带上野猪肉先回家通报。妇人回到家中，一家人欣喜过望。妇人向丈夫哭诉事情经过。为报霸妻之仇，他们放出全寨的狗围住晾架。野人无路可逃，他撕下孩子的腿喂狗，狗吃完孩子的腿还是不愿散开。寨里的小伙子们带着土枪赶到，举枪打死野人。妇人从此回到自己家中。

甲尼甲格神庙传说　甲尼甲格神庙在诺日朗瀑布下犀牛海边上的甲尼甲格泉旁。传说是一位来自峨眉山的高僧修建的。又传说是一位来自西藏的喇嘛为当地村寨祛除疾疫点化出一道神泉，人们用喇嘛的名字命名为“甲尼甲格”，在泉水边修建庙宇纪念喇嘛，庙也叫“甲尼甲格”。后来，有一年培修庙时，来了一位和尚，在庙门上刻龙，点睛后，龙活飞升，连庙也带走了。

第七节　民间歌舞

一、民歌

九寨沟一带的民歌有酒歌、山歌、劳动歌。藏族祝酒歌，在喝酒时由被请一方的一位歌手（会唱酒歌的）首先唱祝酒歌，以独唱为主，也可以两人合唱，唱完一首后，参加酒会的人都要喝酒。这种酒歌每一位歌手唱的曲调不一样，都有地域性特点和歌手的个人风格，有固定的格式和情节。酒会要结束时，由开唱的歌手或者由歌手中的前辈唱结束歌，称为“扎西”，表示结束。

档案文件《九寨沟原生态藏族音乐》，整理人和形成时间不详，由九寨沟管理局档案室收藏，收录有民间歌词12首，依次为《达戈与色嫫》《三宝美景》《美丽的孔雀海》《美好的祝愿》《祝福祖先》《欢聚一堂》《劳动歌》《情深谊长》《九寨泉水》《雪山的祝福》《春播与除草》《秋收与打粮》，大部分先记录汉文翻译的歌词，然后是藏语的汉字音译歌词，个别仅有汉语或藏语，虽有分类，但排列顺序不依照类别，藏汉名称也有不一致的地方。该册文献，汉语和藏语都有的，本志收录汉语；仅有藏语的，摘录音译。

（一）酒歌

欢聚一堂

我们欢聚在美丽的树正村寨，喝吉祥的酒，唱吉祥的歌。

我们欢聚在翠绿的草滩上，搭起了洁白的帐篷，跳起了欢乐的锅庄。

我们欢聚在金色秋天的季节里，用醇香的青稞酒，祝福我们的村寨五谷丰登，人畜兴旺，用高亢的歌声赞颂我们的生活幸福安康。

三宝美景

早晨的太阳照在宝镜岩上，宝镜岩闪烁着火红的光芒，光芒映照着九个山寨，山寨放射出灿烂的金光。

中午的太阳照在树正群海上，海面上闪烁着波光万道，波光中升腾的银色水雾，汇成圣水滋润着万物生命。

下午的太阳照耀着原始森林，森林的山顶上闪耀着万道灵光，森林的山腰上五彩斑斓，森林的山脚下神采飞扬。

祝福祖先

尊敬的祖先和我的阿爸，祝福您们永远健康长寿，是您用自己的辛勤劳动，给儿女创造美丽的家园，您们盖起了古老的村庄，您们开辟了富饶的土地，我们生活永远充满阳光，我们生活永远幸福快乐！

尊敬的祖先和我的阿妈，祝福您们永远健康长寿，是您阿妈的心血滋润了我，是您生我养我长大成人，是您用自己的辛勤劳动，给儿女缝织温暖的衣裳，我们儿女永远快乐幸福，我们儿女永远幸福快乐！

（二）山歌

达戈与色嫫（山歌弹唱）

在男神达戈的怀抱中，坐落着我们的树正山寨，山寨春天的檀香树上，布谷鸟在叫着、唱着、呼唤着，她在为我们祈祷幸福吉祥。

在五色祥云升腾的天边，一匹白龙马在天空中飞奔着，白龙马的金鞍子上坐着一位美丽的姑娘色嫫，我们的真诚与勤劳感动了女神色嫫，她落下了一滴眼泪化着了一片树正群海。

我们把树正群海的水敬给天敬给地，我们的虔诚感动了达戈与色嫫，他们赐给了我们耕地的神牛，神牛永远的陪伴着我们，为我们的山寨耕地播种。

感谢天，感谢地，感谢男神达戈，感谢女神色嫫，太阳永远照耀着我们的山寨，达戈色嫫永远的陪伴着我们的民族。

美丽的孔雀海

美丽的孔雀海，您是我心中的月亮，您纯洁无瑕的心，就像那洁白的雪莲花。

美丽的孔雀海，您是我心中的公主，我用歌声赞颂您，祝愿山寨美好幸福。

美丽的孔雀海，您是我心中的彩霞，彩霞把山水连在一起，是我献给您的珍珠项链。

情深谊长

草原有好马，农区有好鞍，好马配好鞍，行走千里也不难。

草原有好牛，农区有好田，好牛耕好田，生活乐无边。

草原有奶牛，农区有奶桶，洁白的鲜奶，养育了我们的子孙后代。

九寨泉水

泉头泉尾长海泉，日夜奔向长江河；
江河滋润祖国的花朵，共同流向那母亲河；
泉头和山并没有永相连，就像一条银色的飘带；
把泉头和山头连起来，是泉山兄妹情永不分离；
泉水和山寨永相连，泉水养育着山寨民族子子孙孙；
山寨民族永远健康长寿，山寨民族永远平安吉祥。

（三）劳动歌

春播与锄草曲

三月里来三清明……哟，播呀耕呀播种忙；四月里来四谷雨……哟，今日谷雨播玉米；五月里来五端午……哟，今日芒种播胡豆；六月里来六小暑……哟，六月里来锄草忙。

三月里来柳花开……哟，山树地草都发芽；四月里来桃花开……哟，青稞麦子都发芽；

五月里来菜花开……哟，播的玉米已发芽；六月里来麦穗开……哟，田野一片绿油油。

秋收与打粮曲

八月里来八中秋呵，秋呀秋收忙；火红的太阳呵，热呀热暖暖；丰收的麦子呵，晒成一大坝；秋收的麦穗呵，多呀多饱满。

麦子熟了割了呵，背呀背上场；背回的麦子呵，晒呀晒满场；大家一齐来呵，打丰收粮食；我们唱着丰收歌呵，我们把粮食堆满仓。

劳动歌

索呀，今天是美好的日子，美好的日子是神给我们的。

索呀，今天是吉祥的日子，吉祥的日子我们在打墙，我们在盖房。

（四）民歌

美好的祝愿

东方升起的太阳，像永转不停的金色法轮。我们的家园广阔无垠，就像那吉祥的八宝。美丽的姑娘啊，就像那十五的月亮，让我们生生世世，相爱到永远。

雪山的祝福

春雪下了　高山白了　湖泊白了　草滩白了　山寨白了　地上白了　太阳出来了　雪融化了　地上红了　山寨亮了　草滩绿了　高山和湖泊青了

客人到家了　藏家的姑娘哟　敬给一碗醇香的青稞酒

客人请您留下来　到藏家做客　我们相聚的时刻友谊之花永远开放在山寨里

客人到家了　藏家的姑娘哟　敬给一碗醇香的青稞酒

客人请您留下来　到藏家做客　我们相会的时刻友谊地久天长永不分离

客人到家了　藏家的姑娘哟　献给您一条洁白的吉祥哈达

客人请您留下来　到藏家做客　我们欢聚的时刻　友谊的吉祥哈达把我们的心永远连在一起

防火歌

哦瑟罗热，念玛珂，哦，瑟罗热，念玛珂，玛珂玛珂念玛珂，玛佩玛佩念玛佩，阿尕阿妹得知嗦，纳波嘻嘻嘛嘛嗦。

歌词大意：喔，记得不要拿火哟，喔，记得不要丢火哟，千万注意用火安全呀。

青梅竹马

杜枝亚谢念给，杜扎郭荣姆郎。梅朵亚谢念给，朵落光荣姆郎。桌波亚谢念给，则莫郭得姆郎。

歌词大意：一起生长的幼树，树干粗细一样。一起盛开的花朵，花瓣没有大小。一起成长的青年男女，青梅竹马。

喜 欢

佐切鲁姆嘎琼鲁嘎呀卓罗美罗则恩拉索则亚、卓恩拉索卓亚卢泽卓罗米罗，佐琼琼瓦则得拉嘎呀卓罗美罗则恩拉索则亚、卓恩拉索卓亚卢泽卓罗米罗。达切鲁姆嘎琼鲁嘎呀卓罗美罗则恩拉索则亚、卓恩拉索卓亚卢泽卓罗米罗，达琼琼郭巴得拉嘎呀卓罗美罗则恩拉索则亚、卓恩拉索卓亚卢泽卓罗米罗。若切鲁姆嘎琼鲁嘎呀卓罗美罗则恩拉索则亚、卓恩拉索卓亚卢泽卓罗米罗，若琼琼卡族得拉嘎呀卓罗美罗则恩拉索则亚、卓恩拉索卓亚卢泽卓罗米罗。

歌词大意：喜欢牛犊而不喜欢老牛，喜欢牛犊那弯弯的牛角。喜欢马驹而不喜欢老马，喜欢马驹那奔跑的速度。喜欢年轻的小伙不喜欢年长的，喜欢小伙子那英俊的面孔。

一家人

扎郭热郭咔咔热，扎穆巴狄育哦基热窝。其切其丘卡卡热，其若嘎德育哦基热窝。德切德丘卡卡热，若嘎罗德育基热窝。

歌词大意：这山与那山不一样，云雾缭绕是一家。小溪与泉水不一样，流入江河是一家。这村与那村不一样，走到一起是一家。

二、扎如寺法舞

九寨沟扎如寺僧人在嘛孜节上表演法舞，属于苯教法舞的一种。法舞，藏语称“羌姆”，全称为“金刚驱魔神舞”。一般将其历史追溯到8世纪莲花生入藏传教时期，15世纪经宗喀巴改编得到完善，将民间驱祟避邪和祈祷弘法结合在一起，是一种密乘祈愿舞蹈，通常作为祈愿法会的一种仪式举行。法舞有独特的面具、服饰、乐曲和舞蹈程式，音乐抑扬浑厚，舞姿酣畅淋漓，有极强的震撼力。扎如寺法舞不少于9种，会根据不同的祈愿内容选择适当的法舞，或祭祀，或祈祷，或驱邪。伴奏乐器有鼓、长号角、唢呐、钹等。法舞僧人头戴面具，手拿法器，节奏缓慢，三步或四步一变，多为旋转的动作。

扎如寺法舞按照出场的先后顺序分别有：

陀亿：第一个出场，由四人头戴龙、狮、熊和野猪四个动物的面具，手持宝刀，在长号、鼓、钵、锁钠及“郭都”的伴奏下表演。这四种动物代表着四个方向的守护神：东为狮子，西为野猪，南为熊，北为龙。

郎吉：头戴有垂帘的毗卢帽，左手摇铃，右手摇双面鼓，由八人跳。

诗杰迪珠（梳嘛）：头戴面具，左手拿“嘎巴鲁”（人的额骨），右手握杵，由十人穿着不同颜色的宗教服饰表演。十个面具颜色各异，面目狰狞，头上插有三色旗帜，旗前是五个被降伏的小骷髅。

鞍琼：头戴镀金博士帽（传统用黑色博士帽），左手拿手柄鼓，右手拿敲鼓弯棒，穿着不同颜色的宗教服饰，由十人表演。

啊泽嚷：头戴高额、深眼珠、尖鼻子、微笑的面具，身穿短袖宗教服饰，臂弯拴着丝带，空着手由六人表演。

迦琅阿祥：由两名小矮人戴着面具扶着一位带着特大祥和面具的高个子缓缓走出，前后各有两名带路表演的僧侣，一共由七人表演。该神舞具有地方性特色。

德赤：由四名僧侣头戴白色骷髅面具，身着白色带血丝宗教服饰，戴着手套，抬着象征被降伏鬼怪的皮表演。

夏琼：由戴着梅花鹿面具的四名僧侣表演。表演的过程中还要比赛用面具鹿角勾哈达。

桑格：由一个狮子、四名僧侣表演。

谢吉措琼：十人手持杵和宝刀表演。戴着金字塔式的火焰帽，前有日月星组合图案。跳完此舞，寺院的全体僧侣统一着装，各司其职，排队进行驱鬼仪式；参加嘛孜节的老百姓排队穿过驱邪祀品，接受灌顶，洗去晦气。

三、绰夜绰嫫

九寨沟藏族民间流行的由两人表演的藏戏，演出时间主要在农历正月初一至十五，是一个具有浓郁民族和宗教色彩的节目。传统上表演者由男性承担，角色分男女：一个威武雄壮，反穿羊皮袄，身上带有长短刀、火链、烟袋、火枪等男性用品，手拿一根镇妖棒；一个身材苗条，身着年轻妇女装束，佩带头饰、耳环、项链、手镯、戒指、银腰带等女性饰品，手提装有白羊毛和捻羊毛线所用工具的竹篼。表演以村寨为主要地点，要走遍全村每家每户。演出时头戴面具，扮演一对夫妻或恋人，以铙钹、鼓、锣伴奏，以对白为主，也有对唱。据说，演出到谁家，就会除掉谁家的邪恶，给新的一年带来吉祥，受到群众欢迎，拥有广泛的群众基础。演出中以妇女为主的群众参与使节目显得气氛活跃和热烈，增加趣味性和娱乐性。

四、夏嫫锅庄

锅庄是青藏高原的传统舞蹈，来源于古老的生产劳动，音乐节奏顿挫有力，舞蹈动作粗犷奔放，并有很强的地域特征。流行于九寨沟的锅庄叫“夏嫫”。“夏嫫”是九寨沟当地藏语的音译，“夏”是田地，“嫫”是耕作，“夏嫫”是田地耕作的意思。夏嫫锅庄是开春播种和秋天丰收时节的歌舞，农耕文化的产物。

九寨沟每年春季开耕播种的时间在农历三月十六或十七左右，按藏历为狗月。开耕第一天晚上，先是村寨中几名能歌善舞的人聚集到一片开阔的空地上，燃起熊熊篝火，用悠扬的歌声吸引村寨男女老少，随后村民呼朋引伴，携老带幼，当人数达到二三十人时，大家就围着篝火边唱边跳。跳舞不分男女，围成一圈，自然分成两组，一唱一和。每组由一位熟记歌词和舞步的人主唱、领舞。按传统习俗，男人穿白色羊毛纺织的藏装“耶阿”和粗犷的麻裤，女人穿黑色羊毛制成的藏装“沃仁”，头戴羔皮蓝帽，腰间佩戴银腰带，腰带上挂奶钩，背后是一条长长的红边氆氇，上面镶嵌圆状白银饰品。大家边唱边跳，一问一答，有时可通宵达旦。

五、狮子舞、龙灯舞、牦牛舞

狮子舞、龙灯舞、牦牛舞等是苯教对动物崇拜的民间图腾舞。按照苯教的传统习俗，每个地方的神灵决定只能跳一种舞，如树正、荷叶、扎如只能跳龙舞，盘牙只能跳牦牛舞，尖盘只能跳狮子舞。各地可以交叉演出，不受限制，演出时用鼓、钹、锣等伴奏，其中用钹来指挥控制演出的节奏、情调、韵律。狮子舞，有大鬼和小鬼伴舞。龙舞，每一条龙的龙灯只能是奇数，不能用偶数，短则7、9、11节，长则13、15节。

六、南坪曲子与南坪琵琶

南坪曲子又称“南坪小调”，“曲子”是当地人的称呼。南坪曲子是流行于川西北九寨沟县（原南坪县）一带汉族和部分回族群众中的自娱性说唱艺术，在农村尤为盛行，为南坪县赢得“民歌之乡”的美誉。南坪小调《采花》曾风靡全国，国务院总理周恩来曾建议东方歌舞团把它作为出国保留曲目。

南坪琵琶是南坪曲子的主要伴奏乐器，南坪县也有“琵琶之乡”的美称。南坪琵琶柳叶形，多为朱红色，也有木质本色的。布三弦，中、内弦同度，与外弦构成五度①关系，音调由演唱者自行决定。弹奏时横抱琵琶，左手压弦，但不能用中指，右手用拨子弹拨，手法主要为弹和挑，少用滚法。

弹唱南坪曲子的伴奏除南坪琵琶为主外，也用其他配器。弹唱背工调用四叶瓦、碰碗，弹唱花调用瓷碟、马铃、犁铧片等。

七、㑇舞

㑇舞是一种民间面具舞蹈，流行于九寨沟县白水江沿岸的白马藏族村寨，多在祭祀和喜庆时节举行，又称“十二相舞”“白马藏族面具舞”“白马十二相舞”等，是白马藏族文化的核心内容。

㑇舞属拟兽舞蹈，是上古“百兽率舞”的遗存，具有浓厚的原始特征。拟兽角色表现为不同的雕刻面具，现存主要有狮、龙、虎、牛、雕、熊、凤凰、蛇、麒麟、豹、春鸟11种动物面具和俗称“大鬼”（酬盖、酬孟）、“小鬼”（阿里尕）的伴舞面具。演出人数用7、9、11、13等奇数，不用偶数。㑇舞传统表演时间为正月初三至十六，伴奏乐器有铜号、中锣、中鼓、铜钹等，舞蹈组合有三大类40多套，以圈舞点踏步、穿花踮跳步为基本表现形式，基本动作以蹉步、小腿划圈蹲步、左右跳转圈为主，舞姿古朴，粗犷神秘。

① 度，音乐术语，音程单位，用以表示两个音之间的音高关系，通常理解为两个音在音高上的距离。

第七章　土特产品

旅游商品是一个宽泛的概念，包括当地的传统特产，也包括现代开发与生产的特色商品，还包括自外而来的各种吸引游客的商品。本章以“土特产品”为名，记述九寨沟当地的特色产品。

第一节　农林产品

一、山珍

蕨菜　又名“蕨苔”“龙爪菜”“羊角”，顶部嫩角叶朝两边卷圈，似绵羊角而得名。生长在海拔3000米左右的高山草甸灌木林下，属根繁植物，耐寒喜荫，生命力极强。每年5月中旬至6月下旬采集，用沸水煮至6成熟，晾晒成干品。除少量供宾馆餐厅外，大量出口。传统吃法是先用清水煮软，晾干水分，与肉类蒸、炒、煮汤或凉拌、烫火锅。含钙、镁、铁、锌、铜等人体必需的微量元素，具有开胃、健脾、消食化积之功效。

叶叶花　从生乔灌，每年5月中旬，叶面上开出一束小花，形似豆角花，鲜艳夺目，叶子随风舞动，小花时隐时现。当地人采嫩枝叶回家后在沸水中滚烫一下，晾晒成干品，逢年过节搬上餐桌招待客人。

核桃花茎　九寨沟核桃树生长普遍，核桃花每束并蒂3—5穗为一爪，似手指伸开，凋谢时花穗自然脱落。把拾到的花穗捋掉茎上花蕊，留下的花茎晾干后为黑色细粉丝状，食用时先用清水煮10分钟，再用冷水漂一会，淘净乌汁，捏干水分，搭配各种肉类烹调，具有清热润肺、滋补大脑、解毒之功效。

凉蒂尖　从生长在海拔1800—2500米以上阳坡杂木林或疏林中的落叶灌木或小乔木树枝上采摘下来的嫩尖。每年4—5月，当一簇簇叶芽伸展时采摘的质量最上乘，味道最好。当天采回的凉蒂尖需要在开水中烫一下，晾成干品备用。制作宜大肉大油，油少口感不佳。蒸肉时放在碗底，是当地人做酒席的惯例。助消化，多食饥饿难忍。

空筒菜　生长在海拔3000米以上的高山草甸区，偏沟村寨居多。以形取名，根部至菜尖的茎为空心，茎、叶生有茸毛，独枝、群生。每年6月上市，菜质嫩绿，味道醇正，口感细腻。采回趁新鲜在开水中煮一下，沥干水分，与回锅肉、腊肉合炒或用清油单炒，亦可凉拌，味道清香。用开水煮后，可捏干水分晒干或在通风处晾干后储存，食用时煮软，沥干水分煮肥肉、做汤菜或做蒸肉垫底。

偏头菜　生长在海拔2500米左右的灌木林中，植杆高约20厘米，实心，叶肉厚，碧绿，叶根至叶尖有明显的茎纹，植株顶端开白色花串，花头总是偏着，故而得名。每年5—6月采集，放入沸水煮5分钟，捞出捏干水分，一天晒干为上品。烹饪时放入水中煮10分钟，青绿色彩仍然保持7成以上。可做拌凉菜、炒回锅肉或用清油素炒，质嫩，略带苦涩，有鸡汁香味。

泡参尖　九寨沟居民有吃泡参嫩尖的习俗。泡参，即南沙参，九寨沟区域生长在海拔2200米左右的荒坡上。5月上旬，泡参尖似洋姜苗，长到20厘米摘其嫩尖，先水煮2分钟，沥干水分放入清水浸泡一会，捏干水分备用，或炒肉，或下面条，做蒸肉用泡参尖垫底，滑润清香。当地人相信，党参炖肉放点泡参（根），身体不会发肿。

臭菜　生长在海拔1800米处，喜阳光。5月上旬，臭树伸出嫩枝肥叶，叶片比桃树叶大，肉厚，白色乳浆，有刺鼻气味，故而得名。上山采摘的臭菜不能过夜，及时煮后晾在通风处，次日经太阳晒干，储存在透气的背篓里，防止发霉。用时微火煮软，冷水反复冲洗，直到水色清亮，捏干水分放入肉汤中煮一个多小时，香味如干蘑菇，绵软滑腻，营养丰富。有消食化积、开胃健脾及润肠功效。

石盖菜　生长在海拔2800米的杉松林地。开小紫兰花，单株、群生，喜半阴半阳的疏松腐质土壤，大都生长在石头上的薄层土壤中，把石头装点得繁花似锦。7月采集，煮几分钟后捞起，配做炒菜、煮汤，清香细嫩，口感很好。

野蘑菇　在海拔1500—3000米范围内的荒坡野地生长。彩色蘑菇有毒，素色、自然色、白色安全。九寨沟居民将鲜蘑菇分门别类晒成干品，储存到冬天，炖肉或赠友。

桦木菌　生长在桦木林带。秋天，桦木树根部滋生无数的桦木菌。其味纯、甜、清香。

柳木菌　生长在海拔2000米以上的灌木林中，多在腐烂的柳树桩上或活柳树的枝杈上，质嫩，乳白色。新鲜的柳木菌口感滑嫩，适宜用猪肉配制各种佳肴。尤为突出的是它的香味。最适宜红烧肘子、红烧鸡块、红烧扣肉、红烧蹄花等菜肴的制作。

羊肚菌　形如外翻的羊肚。大体弧形圆锥体，茎长2厘米，根部大而空心，向上逐渐收拢，外表有蜂窝结构布满全身，有乳白色、金黄色、黑土色三种，以黑土色居多。在烧过杂草的火灰地里，次年清明节后，羊肚菌容易出现。

刷把菌　因形定名，淡红色，与羊肚菌接近。肉嫩，稍不注意就会被碰烂。烹调时不需添加其他配料，只放适量的盐即可。

鸡冠菌　珍稀食用菌，形如鸡冠，色彩金黄。采摘困难，一般生长在海拔2200米以上的灌木林中。与猪肉红烧或与各种炒菜配制烹调，色香俱佳，营养独到。

水蕨子　生长在幽静的湿润山沟里。食用时先用开水煮两分钟，沥干水分后用清油素炒，放大蒜、花椒、食盐，味道清香，有鸡汁、蘑菇味。

野葱花　生长在海拔3000米以上的草坡中。每年8月成熟，采摘晾干，在炒菜与熟油辣椒中放一些野葱花，香味扑鼻，是调味上品。淡黄色的野葱花也是一种特别装饰，是做工艺菜的原料之一。

松子　松果的籽粒。九寨沟区域的油松、杉松、红松、马尾松等树种皆产。口感生香，可炒制，可做食品烹调佐料，或加入各种食品中加工。炒肉丝、肉丁等时用少量松子可增加美味。

佛手瓜　藤条灌木，生长在海拔2200米的山地。果实每年9—10月成熟，一爪5个，像弯曲的手指，粉红或肉汁色，口味甜腻。食用时像香蕉一样剥皮，食其汁。

鬼指头　野生滋补果品，生长在海拔2400米的山地。果实弯曲，形如手指，内瓤乳白色，晶莹发亮，含有丰富的维生素。

五味子 生长在海拔2500米以上的灌木林，与葡萄相似。每年秋季成熟，小型浆果，味甜爽口。含五味子素、有机酸和维生素C等成分，对消化不良、肺虚咳喘、盗汗、遗精均有疗效。

二、果木

苹果 九寨沟区域以隆康为集中产地，周边以城关（县城）、保华、陵江、黑河、玉瓦等乡为集中产地。品种有绵苹果、金冠、大国光、凤凰卵苹果、翠玉苹果等，其中以金冠、元帅、翠玉和金花为最多。

柿子 耐寒耐旱，是九寨沟县的重要经济林木。明末清初开始引进。县产柿饼特别肥大，甘甜可口。中医学上用柿蒂与柿饼入药。柿蒂性温、味苦涩，下气降逆，主治呃逆、嗳气等症；柿饼炙炭，可以治便血。

核桃 本名“胡桃”。胡桃科落叶乔木。初夏开花，单性，雌雄同株，花序下垂，可食用。果实桃形，外果皮肉质，内果皮木质，有皱脊。种子富含油质，味美。九寨沟县原有大果中壳核桃（罐罐核桃）、油核桃（乌核桃）、夹核桃和大小铁核桃，以大果中壳核桃、油核桃为优良品种。1962年从新疆引进薄壳、隔年、麻皮、库车、和田5个核桃品种。桃仁可以烧馍、煎油炒菜。入药性温、味甘，温肺、补肾，主治虚寒喘咳、肾虚腰痛等症。

花椒 芸香科灌木或小乔木，有刺。夏季开花，果实带红色，种子黑色。九寨沟区内隆康为花椒主产区，区外周边城关、双河、白河、黑河、罗依、郭元等为主产区，县域花椒栽培历史悠久。坝椒六七月采收，山椒7月中下旬采收。九寨沟县花椒以色红、粒大、味浓、含油量高而驰名。主要品种有大红袍（六月椒、狮子头）、大花椒（油椒）、狗屎椒（八月椒和野花椒）。大红袍树干较高、刺大而稀，果大香味浓；大花椒种皮厚、产量高、香味浓，晒干后成酱红色；狗屎椒属天然野花椒。花椒可供调味。药用性热、味辛，温中止痛、杀虫，主治脘腹冷痛、吐泻、蛔虫等症。种子称“椒目”，能行水消肿。

第二节 中草药材

一、药材资源

九寨沟植物资源丰富，绝大多数可入药，有药用植物134科（占所有科的90.54%），484属（占所有属的79.74%），1271种（占所有种的63.33%）。其中，蕨类植物14科18属41种，裸子植物5科6属11种，被子植物115科460属1219种。很多为有重要药用价值的药材。

二、代表性药材

党参 桔梗科，多年生缠绕性柔弱草本。生长在山地灌木丛中林缘。喜腐殖质土壤。根可入药，性平味甘，功能补中益气，主治中气虚弱、脾虚泄泻、血虚萎黄、便血崩漏等症。九寨沟县域分布较广，产量较大。县安乐乡安乐村，古称“刀口坝”，毗邻的下双河、甲勿、安乐等寨出产党参，头大体胖，肉质细嫩，心呈菊花状，称为“刀党”，具有人参之功效，在清代被列为贡品。九寨沟内荷叶沟分布较为集中。

当归　伞形科，多年生草本。根肥大，长椭圆形，侧棱有广翅，俗称“归须”。归头、归须、独归都可入药。性温，味甘、苦、辛，补血活血，调经止痛。主治血虚、月经不调、痛经、经闭、风湿痹痛、跌打损伤和痈疽等症。根含挥发油，能镇静、调节子宫。当归的水溶性成分，有兴奋子宫和镇痛作用。九寨沟区域内分布较广且数量巨大，品质优良。

黄芪　又名“黄耆”，亦称“绵黄芪”“内蒙黄芪”。豆科，多年生草本，根长。一种有小叶25—37片，荚果下垂，半卵圆形状，无毛；另一种有小叶21—37片，荚果被有黑色短毛，称“膜荚黄芪”，或称“东北黄芪”。以上两种植物的根，中医学上均可以入药，性温，味甘，补气固表，利水托疮，主治表虚自汗、气虚内伤、脾虚泄泻、浮肿及痈疽等症。20世纪70年代，九寨沟县发现黄芪，填补四川无黄芪的空白，九寨沟内分布广且数量多。

大黄　亦称“马蹄大黄”“四川大黄”“南大黄”“川军”。蓼科，多年生高大草本，根状茎粗壮，多生于排水良好的山地。中医学上以根状茎入药，性寒、味苦，主要功能为攻积导滞、泻火解毒、行瘀通经。主治实热便秘、腹痛胀满、痢疾、黄疸、瘀血经闭、目赤口疮、痈肿等症，外敷可治烫伤。九寨沟区内漳扎镇是主产区，区外周边大录乡是主产地。九寨沟内分布于山地林缘半阴湿地带，纳久坡、长海及原始森林等地林缘分布较多。

天麻　亦称“赤箭”。兰科，多年生腐生直立草本，全株无叶绿素，地下有肉质肥厚的块茎，生长在阴湿林下。块茎含香荚兰醇、维生素A类物质、苷类及微量生物碱等。中医学上以块茎入药，性平味甘，功能熄风定惊，主治肝风头痛、眩晕、抽搐痉挛、小儿惊风等症。九寨沟内长海、藏马龙里沟、纳久坡等地均有分布，数量较少。

第八章　文艺演出

九寨沟所在的九寨沟县是汉、藏、羌等多民族共聚之地，传统演艺资源丰富。随着九寨沟旅游开发所产生的市场效应，来自不同民族、不同地域的艺术工作者汇聚此地，带来丰富的演艺作品，逐渐形成依托九寨沟景区的规模化演出市场，不仅丰富旅游产品，也催生出优秀作品。

漳扎镇辖区内的文艺演出团体，从1994年九寨沟宾馆民族艺术团创办开始，经10余年的发展，形成规模化产业集群，诞生出杰出的歌曲作品《神奇的九寨》，是九寨沟这株大树上开出的绚丽的文化产业之花。到2005年，区内主要文艺演出团体有九寨沟民族艺术团、九寨沟民俗文化村、九寨沟国际大酒店民族歌舞团、九鑫山庄格桑拉艺术团、九寨沟“印象·九寨高原红”、九寨沟藏王宴舞、九寨梦之旅歌舞艺术团、星宇艺术团、神奇九寨歌舞大剧院艺术团等。各艺术团立足藏羌民族悠久的历史与文化，各有侧重点和特色，形成“百花齐放”“万紫千红”局面和激烈的竞争。

第一节　艺术团体

一、九寨沟民族艺术团

1994年，九寨沟管理局组建民族艺术演出团体，以营业性演出为主要经营活动，开发九寨沟的民族文化和地域文化。5月22日，九寨沟民族艺术团在九寨沟宾馆举行成立仪式。到1996年，九寨沟宾馆建成九寨沟藏羌艺术文化演出中心，占地1240平方米。艺术团从管理局和九寨沟宾馆工作人员中选拔兼职演出人员，以表演方式展示民族文化艺术，“藏羌风情篝火晚会”成为20世纪90年以后九寨沟旅游的必看节目。1997年5月24日，全国人大常委会副委员长陈慕华给艺术团题词“山水秀美世无双，民族歌舞更难忘”，充分肯定艺术团的出色演出。

1998年6月26日，管理局注册成立九寨沟民族文化开发有限责任公司，负责经营九寨沟民族艺术团。1999年，九寨沟民族艺术团充实演员队伍，加强员工基本功训练，丰富表演项目，开拓旅游文化产品。同年11月，艺术团在中国首届旅游歌曲大赛中获得优秀成绩，参选歌曲《神奇的九寨》获金奖，《九寨情缘》《九寨之恋》（MTV）获银奖，艺术团歌手容中尔甲获最佳演绎奖，《九寨之恋》获制作奖，《九寨情缘》获作词奖。2000年5月16日，艺术团歌手容中尔甲凭《神奇的九寨》获第九届CCTV全国青年歌手电视大奖赛银奖和观众最喜爱歌手奖。2001年，九寨沟民族艺术团由营销策划处负责管理。2002年，阿坝州文化局批准九寨沟民族艺术团为州级一类演出团体。2005年，艺术团与九寨沟宾馆的土地租赁合同解除。艺术团演出中心撤除。遵照“事企分开”原则，年内，九寨沟民族艺术团中管理局在编人员回管理局工作。

九寨沟民族艺术团先后多次获得“青年文明号”荣誉称号。1997年，阿坝州青年文明号活动组织委员会授予艺术团阿坝州“青年文明号”称号。1998年，共青团四川省委授予艺术团四川省“青年文明号”称号。2001年，共青团中央授予艺术团全国“青年文明号”称号。2002年5月7日，全国“青年文明号”授牌仪式在九寨沟民族艺术团演出厅举行。

二、九鑫格桑拉艺术团

1999年9月，九鑫格桑拉艺术团成立，依托九鑫山庄，该宾馆是中共阿坝州委、阿坝州人民政府在九寨沟设立的政府接待基地。艺术团除完成接待任务外，还为游客奉献大型藏羌民族风情歌舞表演和其他民俗文化活动节目，是九寨沟的一道人文风景线。

九鑫格桑拉艺术团自成立以来，先后成功接待党和国家领导人数位，并受到他们一致好评。艺术团先后多次参加全国大型文艺会演和比赛，并获得大奖。香港凤凰卫视千禧之旅采风团全程播放该团的整台歌舞晚会。

2005年，艺术团参加中央电视台《魅力十二》《白云深处有羌家》专题节目，向全世界展现阿坝藏羌民族艺术的魅力和九鑫格桑拉艺术团的不俗实力。

三、九寨印象高原红艺术团

2001年，容中尔甲创建九寨沟容中尔甲演出中心。同年，策划组建九寨印象高原红艺术团，组建藏族女子表演组合队伍，演出地点在九寨沟九宫宾馆旁。组合名称根据陈小奇创作、容中尔甲演唱的歌曲《高原红》引申命名，是中国第一支藏族女子组合。高原红组合的表演发展方向是以藏族民间传统舞蹈和音乐为基础，采取民族舞蹈音乐与现代时尚结合的表演形式来展现藏族音乐，对民族舞蹈音乐与时尚的结合也开展大胆的尝试和有益的探索。

2002年，容中尔甲文化开发有限责任公司注册成立，负责高原红女子组合的演出经营活动。同年，高原红组合在第十届CCTV全国青年歌手电视大奖赛上获优秀歌手奖。

2003年，改组艺术团人员，增加新成员。当年，参加中央电视台首届中国西部民歌电视大赛，获铜奖。同年，参加四省首届声乐演唱组合大赛，获一等奖。

2004年，发行首张音乐专辑《高原红》。

四、藏王宴舞

藏王宴舞艺术团体成立于2002年，以经营演出藏羌风情晚会为主，是阿坝州一级演出单位。演出地点在沟口白河上游蓝天停车场旁边，距九寨沟沟口约500米，占地10余亩。演艺大厅以剧院风格装修，可容纳1200人观看晚会，配立体舞台。

五、九寨梦之旅歌舞艺术团

九寨梦之旅歌舞艺术团成立于2003年，依托九寨天堂开展演出活动。九寨天堂大剧院位于九寨天堂甲蕃古城内，2003年建成，全石料藏式，有全世界最大的全升降室内舞台，高30多米，台口54米，径深45米，室内表演厅2200多平方米，可容纳2000多人观看演出。

九寨梦之旅歌舞艺术团的主要演出节目是以藏羌民族文化为背景的大型晚会节目《九寨天堂——梦幻之旅》，导演陈维亚。演出结束后，表演中心舞台徐徐打开，与篝火广场融为一体，可容纳上万人观看露天歌舞表演，并参与跳锅庄活动，品尝烧烤食品。

第二节 演出与作品

一、藏羌歌舞晚会

藏羌民族风格的歌舞晚会，九寨沟旅游开发以后逐渐发展起来的文化娱乐形式之一，是九寨沟旅游文化开发项目的开创性作品，成为九寨沟演出团体的保留节目或重要节目。不同演出团体的节目名称各有差异，或称为“藏羌民族风情歌舞晚会”，或称为“藏羌烤羊晚会”。晚会集藏羌的舞蹈、山歌、宗教仪式、服饰、乐器、礼俗、锅庄等民俗活动为一体，用朴实、欢快、粗犷、明朗的手法，融入藏羌民族神秘的自然美、积极的生活美等风土民情，体现藏羌民族的思想情趣、审美意识，展示藏羌民族多彩丰富的历史文化和自然淳厚的思想情趣。

二、弦子舞

九寨沟各艺术团有弦子舞表演，游客也可参与其中和演员们共同起舞。

弦子舞是一种优美轻快的高原舞蹈。一般认为，弦子舞是从骑马、打酥油、狩猎等日常生活中提炼出来的，传统以男子演奏二弦胡琴为伴奏，节奏明快，轻巧活泼，铿锵有力。舞蹈人数从两人到百人不等，队形变化多端。长袖是弦子的典型舞蹈服装，男子的脚铃是舞者最好的节拍音器。男子重在舞靴、跺脚，豪放粗犷；女子突出长袖飞舞，颔首鞠腰，轻柔舒展，起伏适度。现在配乐一般由歌手、胡琴（牛角琴）、竹笛和鼓组成，后加入风琴伴奏。歌曲内容多以赞美家乡山水、赞颂吉祥幸福为主。

三、热巴舞

九寨沟各艺术团体演出中有热巴舞。

热巴是藏语音译，原意为“流浪艺人”，指古代在藏区各地流浪的艺人群体，现在用以指由他们传承的一种古老的综合性艺术。一般认为，热巴舞渊源于苯教祭祀舞，经历从民间到寺院再从寺院到民间的演变过程，其中，藏传佛教噶举派第二代祖师米拉日巴对其发展有重要贡献。热巴舞在演变中形成具有地域特征的不同类型，有丁青热巴、丁嘎热巴、巴塘热巴等，各自又有不同流派。热巴舞风格独特，一般以铃鼓舞为主体，以锣鼓为伴奏，配合穿插以演唱、哑剧、杂技等不同艺术类型，刚柔并济，奔放流畅，主题大都围绕消灾祛祸、庆祝丰收、祈愿吉祥等展开，又称“热巴剧”。

四、容中尔甲与《神奇的九寨》

1991 年，阿坝州金川县人容中尔甲从阿坝师专毕业，后边工作边从事民间音乐搜集和创作，1994 年调入九寨沟民族艺术团工作，先后担任首席歌手、团长等职务。1996 年，容中尔甲发行第一张音乐专辑《九寨情缘》。1999 年 3 月 1 日，容中尔甲发行音乐专辑《神奇的九寨》，其主题曲《神奇的九寨》由杨国庆作词，容中尔甲作曲并演唱。同年底，歌曲《神奇的九寨》在全国首届旅游歌曲大赛中获金奖。2000 年，容中尔甲在第九届 CCTV 青年歌手电视大奖赛中以《神奇的九寨》歌曲演唱获业余组通俗唱法银奖。

歌曲《神奇的九寨》融民族风格与流行唱法为一体，曲调委婉动听，或低吟，或高亢，将九寨沟景观意蕴之美表达得淋漓尽致，一经出世即被广为传唱，成为20世纪90年代中国流行音乐的经典作品。

神奇的九寨

（容中尔甲演唱）

1=♭A $\frac{2}{4}$　　　　杨国庆 词

稍慢 深情地　　　　容中尔甲 曲

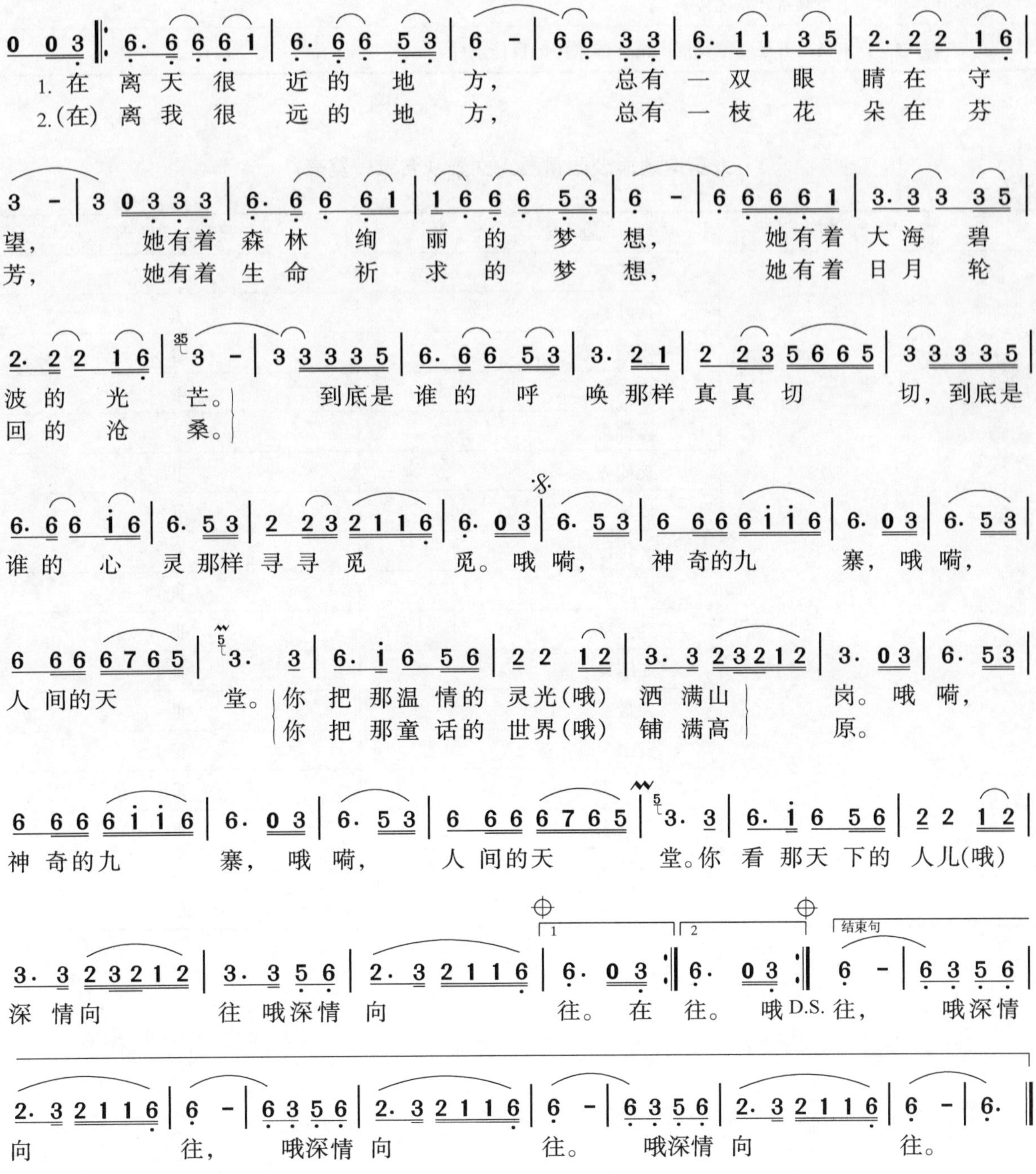

九寨沟人文景观评价表

表2－7

子空间名称	相 对 优 势
沟口片区	拥有一流的住宿餐饮接待设施、大型旅游商品交易场所，集中展示各大藏区歌舞、服饰所需的条件，为各种文化相互交流融合提供平台，是理想的多元文化民俗风情村建立之地
荷叶寨	保留了民族传统手工艺品加工传统文化
树正寨	具备本土民俗博物馆建立的基本条件
则查哇寨	不具备开发优势
扎如沟片区	具备开展深度民俗风情体验旅游的极佳条件

九寨沟地质公园重要人文景观名录一览表

表2－8

景 点 类 别	景 点 名 称	景 点 级 别
人文景观	树正寨	Ⅱ
	荷叶寨	Ⅱ
	则查哇寨	Ⅱ
	热西寨	Ⅱ
	郭都寨	Ⅱ
	扎如寺	Ⅱ
	传统习俗	Ⅱ
	文化传说	Ⅱ
	黑果寨	Ⅲ
	盘亚寨	Ⅲ
	亚纳寨	Ⅲ
	尖盘寨	Ⅲ
	转山会	Ⅲ
	磨 房	Ⅲ
	藏家木楼	Ⅲ
	漳扎镇	Ⅲ
	九宝莲华菩提塔	Ⅲ

第三篇 机构建置

九寨沟区域机构建置格局的决定性变化始于1978年九寨沟自然保护区的设立，次年设立保护区管理所，后更名为九寨沟管理处、管理局。九寨沟管理局是九寨沟区域机构建置格局的核心，既是九寨沟区域发展变迁的直接推动者、建设者，也是这种发展的直接结果。从1978年起，随着九寨沟的保护和开发，围绕九寨沟管理所（局），九寨沟区域设立并形成日益完善的机构体系。区域内除九寨沟管理局外的其他机构，或是围绕九寨沟的保护和开发而设置的其他相关机构，或是同管理局职能的实现相关联的其他机构，或是在管理局发展中分离出来独立经营而具有区域影响的机构。本篇按核心与周边的结构分设两章，一章详述九寨沟管理局，一章介绍与管理局职能目标相关的其他各类机构。

九寨沟既是自然保护区，又是风景名胜区，在建立适应这两种区域定位的合理性机制的过程中，四川省委、省政府和各相关单位做了有益的探索，所确立的“两块牌子，一套班子”的统一管理机制，为九寨沟的协调发展奠定制度基础。

九寨沟区域不仅有丰富的自然资源和美丽的自然风光，还有世居此地的村寨居民。2001年，九寨沟管理局落实“沟内游，沟外住”原则，以九寨沟沟口为基点沿白河上下的两岸平坝成为大量流动人口的聚居地，这就对白河沿岸区域管理提出新的要求，并反映在相关机构的变迁与发展上。九寨沟区域的机构设置和变迁就不再仅仅是针对自然生态和游客活动，而是同一个以景区和旅游为基础的新型社会结构相关联。

第一章　九寨沟管理局

九寨沟管理局是九寨沟国家级自然保护区管理局、九寨沟国家级风景名胜区管理局的统一简称，2000 年 10 月成为四川省阿坝州人民政府直属正县级事业单位，“以州为主，州县共管”。

九寨沟管理局实行“多区合一”的组织管理体制，“一套班子，多块牌子”，将保护区、风景区和地方政府相关职能合而为一，兼有行政管辖、事业管理、企业经营和服务的职能，是九寨沟国家级自然保护区、九寨沟国家级风景名胜区、世界自然遗产地九寨沟和九寨沟国家地质公园的统一管理机构。

九寨沟管理局是人民政府对九寨沟自然保护区、九寨沟风景名胜区、九寨沟国家地质公园行使保护、开发、管理、经营的专门机构，对上级主管或直属政府部门负责，同时，对上接受不同归口部门的业务指导，对下执行辖区范围内的保护、开发、管理和经营。九寨沟管理局的职能主体是开展保护和管理，具体工作包括且不限于：执行上级政府和部分的指示；执行国家制定的风景名胜管理、自然保护、动植物与生态保护、遗产保护、地质公园管理等相关法律法规；制定辖区发展规划和管理制度并付诸实施；完善辖区基本建设和日常维护；调查自然资源，组织环境监测，定期报告保护区环境质量现状；开展科研活动，扩大科研合作和交流。

九寨沟管理局前身为 1980 年设立的九寨沟自然保护区管理所，驻地设在漳扎镇九寨沟沟口羊峒。1999 年 3 月 19 日，九寨沟管理局中心办公楼建设工程启动。到 2000 年，管理局驻地建有砖木结构工作用房建筑面积 13298 平方米，已竣工砖混框架结构职工住宅 12940 平方米。管理中心办公楼位于沟口西侧羊峒激流和白河交会处，坐南朝北，正面白河，共四层，条状与小“四合院”结合体。

第一节　建置沿革

一、九寨沟自然保护区管理所

1978 年 12 月 15 日，国务院发文批准《关于加强大熊猫保护、驯养工作的报告》，同意国家林业总局在包括四川省南坪县九寨沟在内的 4 个地区再建 4 个自然保护区的建议。文件下发相关省革命委员会，要求认真研究执行。

1979 年 3 月 8 日，四川省林业局向省革委上报九寨沟经营管理面积核实为 6 万公顷。3 月 28 日，四川省革命委员会下发《关于加强自然保护区建设的通知》，确认根据国务院指示建立南坪九寨沟自然保护区，确定九寨沟保护区的经营管理面积为 6 万公顷，要求“在这些自然保护区的周围要划出适当范围的禁猎区，加强对珍贵动物的保护。有关地、州、县林业部门要立即组织力量，划定四至界线，树立标桩标牌，迅速建立管理机构，报省林业局备案”，“除卧龙自然保护区由林业部和省林业局共同领导，以部为主外；其他自然保护区均由省、县林业局共同领导，以省为主”。9 月 3 日，四川省革命委员会批准九寨沟自然保护区管理机构及人员编制，确定九寨沟自然保护区建立县（区）一级管理所，属事业单位，人员编制 20 人，在财政部、林业部下拨自然保护区事业费中解决相应的事业费。

1980 年 1 月，四川省南坪县九寨沟自然保护区管理所正式成立，工作人员 14 人。

二、九寨沟自然保护区管理处

1982 年 11 月 8 日，国务院批准城乡建设环境保护部等部门审定的第一批国家重点风景名胜区，南坪县九寨沟和松潘县黄龙寺合并列入第一批国家重点风景名胜区。随后，九寨沟游客猛增。

1983 年 9 月 8 日，四川省人民政府决定加强九寨沟自然保护和风景名胜管理工作，建立健全统一的管理体制，确定四川省南坪县九寨沟自然保护区管理所更名为“四川南坪九寨沟自然保护区管理处”，九寨沟的自然保护和风景名胜由四川南坪九寨沟自然保护区管理处统一管理。管理处级别定为县局级，由南坪县政府直接领导。省里以林业厅为主，负责统筹协调，城乡建设保护厅、外事办公室等有关部门在各自的业务范围内各负其责，相互配合，加强业务指导。管理处人员编制在林业厅原编制 20 人基础上增加 15 人，新增人员由省财政按每年每人 1100 元共拨款 16500 元至 1985 年，从 1986 年起由管理机构自行解决。保护区管理所进入新体制下的机构筹建工作中。同年 11 月，中共阿坝州委批准正式建立四川南坪九寨沟自然保护区管理处。

三、九寨沟风景名胜区管理局

1983 年上半年，为适应不断增加的游客，南坪县人民政府筹划建立九寨沟管理局，抽调县级、区级干部等共计 8 人组建“南坪县九寨沟管理局筹备组”，统一管理九寨沟的开发和建设。6 月 25 日，南坪县人民政府向阿坝州政府上报《关于建立“南坪县九寨沟管理局”的请示》，拟在县人民政府领导下，以管理局统一管理九寨沟的保护、外事旅游、当地经济发展和文化、教育等工作，承担上级有关部门下达的各项任务，下设自然保护管理所、外事旅游组，分别对口上级林业和外事旅游部门。9 月 8 日，四川省政府确立“两块牌子，一套班子”的统一管理体制后，管理局筹备组和保护区管理处开始走向合并办公。11 月，中共阿坝州委批准建立南坪县九寨沟风景名胜区管理局，管理局与保护区管理处合并办公。11 月 28 日，中共南坪县委发布任职通知，提名原管理局筹备组组长邓一任南坪县九寨沟风景名胜区管理局局长兼四川南坪九寨沟自然保护区管理处主任。

1984 年初，南坪县九寨沟风景名胜管理局正式挂牌，与四川南坪九寨沟自然保护区管理处实行“两块牌子，一套班子”的管理体制，标志着九寨沟风景名胜区管理工作规范运行的开始。管理局设有局长 1 人，教导员 1 人，副局长 2 人。1985 年 2 月，管理局下设办公室和财务室，成立九寨沟旅游公司，属九寨沟管理局领导。7 月，九寨沟风景名胜管理局下设保护科、建设科、政工科、财务科。各科室、公司对管理局负责，管理局对县委、县政府负责。根据县委、县政府决定，管理局对其他部门在九寨沟风景区内设置的机构、人员，在行政上实行统一领导，统一管理，在业务上接受各自上级业务部门领导。各有关部门为发展旅游事业，在九寨沟风景区内设置窗口，与管理局商议确定，由管理局统一安排。

1988 年，南坪县建立九寨沟镇。1989 年，南坪县将镇政府和九寨沟风景名胜区管理局、九寨沟自然保护区管理处联合办公，由漳扎镇领导兼任管理局副局长，形成管理处、管理局、镇政府“三个牌子，一套班子”的管理格局，统一管理以九寨沟为主体的白河流域。

1991年，南坪县成立申报世界自然遗产领导小组，开展申报工作。1992年，南坪县改革白河流域管理格局，九寨沟镇政府管理九寨沟自然保护区外的白河流域，九寨沟管理局负责保护区内的管理，九寨沟继续实施保护区管理处、风景名胜区管理局“两块牌子，一套班子”管理体制。

2000年10月20日，阿坝州人民政府决定升级原县属九寨沟国家级自然保护区管理局和九寨沟风景名胜区管理局为州政府直属正县级事业单位，实行“两块牌子，一套人马”的管理体制，内设机构、人员编制请按照程序报批。11月1日，九寨沟管理局正式启用九寨沟国家级自然保护区管理局、九寨沟风景名胜区管理局2枚印章。

2001年8月13日，阿坝州编制委员会批复九寨沟管理局的机构编制方案，确定九寨沟管理局的主要职责为：宣传贯彻国家有关自然保护区、风景名胜区管理的法律、法规和方针政策；制定自然保护区的各项管理制度，组织实施自然保护区建设保护规则，统一管理自然保护区；调查自然资源并建立档案，组织环境监测，定期报告保护区环境质量现状；负责自然保护区界标的设置和管理；保护风景名胜资源和生态环境，维护风景名胜区的自然风貌和人文景观，开发利用风景名胜资源；协助编制总体规划和详细规划并组织实施，按照总体规划对风景名胜区的建设项目进行审核和监督检查；负责风景名胜区基础设施和公共设施的建设和管理；制定风景名胜区管理制度，负责风景名胜区的游人安全、环境卫生、治安和服务业管理工作；根据《自然保护区管理条例》和《风景名胜区管理条例》的规定，协助行政执法部门对保护区和景区内的森林资源、林地、国土资源、水资源依法管理；完成上级交办的其他事项。

四、九寨沟国家级自然保护区管理局

1994年7月，林业部发文确认九寨沟自然保护区为国家级自然保护区。

2000年3月22日，国家林业局发文规范九寨沟保护区名称使用，四川九寨沟国家级自然保护区管理处对外使用“九寨沟国家级自然保护区管理局”名称。

五、九寨沟国家地质公园管理所

2004年10月16日，九寨沟国家地质公园揭碑开园，同时成立四川九寨沟国家地质公园管理所，隶属九寨沟管理局，由管理局统一管理，办公地点设在九寨沟管理局科研处，所长由科研处处长兼任，设立九寨沟国家地质公园专职管理员，由科研处相关专业人员担任，负责地质公园的保护、管理和科研工作。

第二节　部门和人员配置

一、部门设置

1984年，九寨沟风景名胜管理局下设办公室、保护科、规划建设科。办公室承办处、局长交办的任务，协调各科及所属单位工作关系，负责起草文件，管理文书档案，处理会务、保密、来信来访及行政事务等工作。保护科负责制定保护管理计划、保护制度，实施区内野生动植物资源的保护

管理，进行护林防火、巡山检查、消防及辖区环境卫生等保护工作。规划建设科负责宣传《中华人民共和国土地管理法》《中华人民共和国环境保护法》《中华人民共和国城乡规划法》等有关法律法规，积极参与编制总体规划和详细规划，按规划对辖区的新建、扩建和改建进行审核，对建设活动进行监督检查，组织实施区内山地灾害治理工程，建设、维护、管理区内基础设施和公共设施，承办各项基本建设手续。

1985 年 2 月，成立九寨沟旅游公司。5 月，成立九寨沟管理局招待所，负责管理局接待任务，同时对外经营。7 月 5 日，南坪县人民政府办公室正式行文批复同意九寨沟管理局下设机构组成，包括办公室、保护科、建设科和旅游公司，九寨沟旅游公司并入管理局。同年，增设财务科，负责管理处及下属多种经营实体的财务管理、编制年度预决算、制订经济发展计划和基本建设计划以及内部财务监督和审计工作。

1987 年，九寨沟管理局增设政工科，负责职工政治思想教育、工青妇工作和职工的管理、培训、考核、奖惩以及劳动人事和工资等工作。

1988 年 8 月 1 日，九寨沟宾馆试营业，承担旅游服务和接待工作。

1992 年 7 月 1 日，成立九寨沟旅游股份有限责任公司，出资人为沟内全体居民，从事餐饮服务、商品服务、洗车消毒服务、住宿服务、物资供给，协助旅游市场管理，保护环境。同日，成立诺日朗分公司。

1993 年 4 月，九寨沟生态研究与开发中心成立，隶属九寨沟管理局。

1994 年，成立九寨沟矿泉水公司，从事矿泉水生产和经营。同年，在办公室下设接待部。12 月，九寨沟管理局增设科研股，承担森林病虫害的预测预报、水环境监测、大气监测、噪声监测、气象观测、地质水文监测、古树名木保护等常规监测工作，参与进行森林病虫害防治和野生生物检疫工作，负责确定科研课题，编制相关研究报告，协调国内外学者和组织在保护区的科研科考活动，积累基础数据，提升科研水平。1996 年 5 月，科研股更名为科研科。

1997 年 7 月 28 日，撤销接待部，组建接待科。1998 年 12 月 30 日，管理局接待科开始与九寨沟县接待办合署办公，仍归九寨沟管理局管辖。1998 年以前，九寨沟管理局还设置有多种经营科，负责保护区多种项目的开发和管理；组织旅行社，从事旅游接待服务和线路开辟。1998 年 2 月 18 日，南坪县人民政府决定，将树正、荷叶、扎如 3 个村的村民委会改设为居民委员会。20 日，南坪县机构编制委员会同意九寨沟管理局设立居民管理办公室和多种经营管理科，居民管理办公室对沟内3 个居委会进行专职管理。3 月 10 日，九寨沟自然保护研究会成立。3 月 18 日，九寨沟旅游集团公司成立。

1999 年 5 月 28 日，经九寨沟县人民政府研究决定，同意成立九寨沟管理局景区综合管理办公室，主要负责在县人民政府授权下行使景区物价、工商、税务、文化娱乐、规划建设、卫生防疫、安全检查等行业的统一执法和监督管理权，负责景区有关违法、违纪行为的查处，规范经营秩序，整治违规经营、违章建筑，受理游人举报投诉，负责景区内市场监督和行业服务质量管理及区内其他相关有关事务的管理工作。

到 2000 年，九寨沟管理局下设 8 科、2 室、2 队及其他配套机构或部门，包括人事宣教科、计划财务科、规划建设科、入沟管理科、接待科、多经科、保护科、科研科、办公室、景区综合管理办公室、专职消防队、园林队和工会、妇委会、共青团、人民武装部等群团组织及九寨沟宾馆、贵宾楼、木屋宾馆、九寨沟有限责任公司、九寨沟旅行社、九寨沟矿泉水公司6家下属企业，协调代管九寨沟公安分局。10月，管理局升级为阿坝州直属事业单位，科室名称相应更名为处室。科研处下设森林病虫害测报站、自动气象观测站、环境监测站、对外联络站等机构，建有水质监测实验室和九寨沟生态环境可持续发展国际联合实验室。11月，组建营销策划处，负责九寨沟景区对外的整体营销和策划工作。12月，入沟管理科改设为游客中心。

2001年8月13日，阿坝州编制委员会核定九寨沟管理局下设17个科级机构：办公室、居民管理办公室、人事处、计财处、法规处、保护处、规划建设处、科研处、游客中心、接待处、保卫处、营销策划处、消防队、园林队、招待所、人武部、工青妇办公室。同日，九寨沟管理局增设环卫处，加强环境卫生工作。9月17日，园林队合并到保护处。11月18日，阿坝州委机构编制委员会批复同意管理局将园林队更名为园林环卫处，招待所改为局办公室下属单位，设立驻成都联络办公室。同年，在局行政办公室下设立信息中心。

2002年7月15日，九寨沟管理局成立景区交通执法队。

2003年3月，游客中心改设为票务处。

2004年初，修建信息中心大楼。5月13日，成立数字信息中心，负责九寨沟景区电子信息系统的建设、管理和信息整合，承担相关领域的科研任务，先后建成电子商务网站（www. jiuzhaigouvalley. com）、九寨沟景区门禁票务系统、九寨沟管理局办公局域网、九寨沟管理局自动化办公系统（OA）、九寨沟管理局多语宣传网站（www. jiuzhai. com）、九寨沟景区智能监控系统、九寨沟景区建设监管系统、九寨沟景区多媒体展示体系等应用系统，并负责这些系统的管理和维护。11月25日，阿坝州编制委员会批复同意增设数字信息中心。

2005年7月3日，阿坝州编制委员会批复同意增设文明办公室。13日，策划营销处更名为旅游营销处，驻成都联络办公室更名为成都联络处。截至2005年底，九寨沟管理局下设有办公室、组织人事处、计财处、保护处、规划建设处、法规处、接待处、旅游营销处、保卫处、科研处、票务处、居民管理办公室、成都联络处、消防队、数字信息中心、人武部、工青妇办公室、纪委、文明办公室（党委办）等20个部门，员工总数464人，同时协调代管九寨沟公安分局和景区武警中队、森警中队。

二、人员配置

1979年3月28日，四川省革命委员会就九寨沟等自然保护区建设的人员配置提出原则性意见，要求“配备强有力的领导班子，要有懂得业务技术的人员参加。保护区职工，至少要有二分之一是科研技术人员”。7月31日，四川省林业局向省革委会上报保护区管理所的人员配置方案：“管理所的行政人员由所在县配备，所长由县提名，征求地、州林业局意见，报省林业局批准。业务技术人员，请省计委、省科委、省高教局逐年给予解决。管理所的行政人员以占编制人数的15%，业务技术人员占25%，工人占60%为好，保护区的工人，大部分可在当地林业工人中调剂解决。需要新招聘的工人可优先在保护区所在地、州、县的林业职工子女中招收。保护区的工人，应是具有初中以上文化水平，身体健康、工作积极、热爱劳动，乐于从事自然保护事业的同志。”8月29日，四川省革命委员会经济工作办公会议对省林业局《关于请求解决自然保护区管理机构及人员编制的报告》做出批复，同意该报告，并对自然保护区管理机构招收职工的原则做出补充：“建立、健全自然保护区管理机构招收职工时，除优先考虑林区老职工的子女外，要注意选招部分当地人员，以密切群众联系，共同搞好管理工作。今后，还应当从大专院校毕业生中，分配一定数量的专业人才，担任自然保护区的技术员，充实科研力量。同时，要配合科研部门，加强调查研究，制定自然保护区的工作条例，全面加强科学管理。”

到2000年，九寨沟管理局有职工340人，其中女职工155人，男职工185人。大专以上文化程度53人，占职工总人数的15.59%；中专及高中189人，占55.59%；初中91人，占26.76%；小学7人，占2.06%。

2001年8月13日，阿坝州编制委员会核定九寨沟管理局事业编制280人，包括局长兼党委书记1人、副局长6人、党委副书记1人、纪委书记1人、科级领导41人。

截至2005年，九寨沟管理局在编员工464人，包括局长1人、党委书记兼副局长1人、党委副书记兼纪委书记1人、副局长6人、专职党委委员1人、科级干部50人。全部员工中，在读博士4人，研究生9人，占2%；本科生117人，占24%；大专生221人，占45%。管理局聘有高级工程师3人，中级职称32人。在338名大专以上学历的管理人员中，高层人员7人，占2%；中层人员43人，占13%；基层人员288人，占85%。职工队伍平均年龄34岁，其中35岁以下289人，占60%。年龄在20—35岁间的本科以上学历员工，拥有管理类、语言类、医学类、建筑类、信息类、财务类、环保类、园艺类、消防类、新闻类、营销类等各类专业积累。此外，管理局有导游280人，均为大专以上水平。其中拥有国家级导游证的占20%，阿坝州导游证的80%；英语导游4%，日语导游2%，韩语导游1%，其余93%为普通话导游。

第二章 其他机构

九寨沟区域内除管理局外，先后设立有执行相关职能的其他管理机构和经营机构，形成与基层行政机构协调发展格局。

九寨沟管理局为区内专门性、专业性的综合管理机构，其管辖区域主要在九寨沟沟内小流域，即自然保护区、风景名胜区和地质公园的主体区域（约720平方公里）。九寨沟沟外白河流域，含自然保护区、风景名胜区和地质公园的外围地带（约600平方公里），由地方行政机构管理。随着九寨沟的旅游开发，沟外地方行政机构围绕旅游的管理任务增重。1989—1992年，南坪县政府尝试整合九寨沟镇和九寨沟管理局的管理工作。2001年，九寨沟管理局落实“沟内游，沟外住”原则，沟外旅游经营活动快速发展，流动人口大量增加，形成沟内、沟外各司其职、分工协作的管理格局。

九寨沟区域内的经营机构，从所有制关系上可以分为国有经营机构、个体和私营经营机构以及合资结构三大类。九寨沟管理局在开发过程中设立和发展起来的经营活动主体，有国有独资，也有合资，是九寨沟区域旅游经济开发的主体和重要推动力，在该区域经济多元体制结构中占据有主导地位。到2005年，这些经营机构大多脱离九寨沟管理局独立经营。

第一节 其他综合管理机构

一、九寨沟国家级风景名胜区、国家级自然保护区管理委员会

1998年11月7日，由阿坝州委、州政府牵头成立，以州、县领导为主要成员，简称“九寨沟管理委员会”或“九寨沟管委会”。九寨沟管理委员会对九寨沟实施统一的宏观管理，协调九寨沟管理局与漳扎旅游镇具体的管理事务为九寨沟管理局（处）负责自然保护区范围内的管理，漳扎旅游镇则由九寨沟县的相关政府部门进行管理。

2001年2月25日，阿坝州机构编制委员会发文对九寨沟管理委员会的职责做出明确说明，包括：审查景区规划；督促、检查管理局对景区规划的实施情况；审定管理局的投资计划及一次性的大额开支；审定管理局的五年发展目标及年度考核目标；审查、决定管理局年终财务决算报告和收益分配方案；聘任或解聘财务负责人；审核管理局人员的调进和调出，按程序报批；管理局内部机构设置和中层干部的聘任报管委会备案；根据目标的考核情况确定管理局法人代表的年度收入。

二、漳扎镇人民政府

漳扎镇，原南坪县白河区，1955年时为全县四区之一，辖白河、塔藏两乡。其中塔藏乡辖永竹、

漳扎、中查、郎寨、干海子、上四寨、牙屯、彭丰、隆康9个村。

1956—1973年，乡建公社，下辖大队，塔藏乡分建塔藏人民公社和隆康人民公社。塔藏人民公社辖永竹、漳扎、中查、郎寨、干海子、上四寨、牙屯、彭丰8个大队，隆康人民公社辖隆康、从埡、牙扎、沙坝、扎如、树正、荷叶7个大队。

1984年3月，恢复乡（镇）人民政府建制。公社改乡，大队改行政村，区建制未变。白河区辖白河、隆康、塔藏3个乡。隆康乡辖隆康、从埡、牙扎、沙坝、扎如、树正、荷叶7个行政村和热西、尖盘、郭都、纳得、若也得、黑果、日寨、则查哇、亚纳、盘亚等25个自然村。塔藏乡辖永竹、漳扎、中查、郎寨、干海子、上四寨、牙屯、彭丰8个行政村和漳扎河坝、达基寺、彭布、喇嘛岗等32个自然村。

1988年8月，撤销白河区，成立南坪县九寨沟镇，管辖塔藏乡的漳扎村、彭丰村和隆康乡的扎如村、荷叶村、树正村5个行政村。隆康、塔藏两乡建制不变，由南坪县直接管理。原白河区辖白河乡划归城关区公所管理。

1989年，南坪县整合九寨沟镇政府和九寨沟风景名胜区管理局、九寨沟自然保护区管理处，由九寨沟镇领导兼任管理局副局长，形成管理处、管理局、镇政府“三个牌子，一套班子”的管理格局，统一管理以九寨沟为主体的白河流域。

1992年10月，九寨沟镇与九寨沟管理局分设，九寨沟管理局负责自然保护区和风景名胜区管理，九寨沟镇负责白河流域地方行政事务，同时撤销塔藏乡、隆康乡，划归九寨沟镇辖属。九寨沟镇辖16个行政村：隆康村、从埡村、树正村、荷叶村、扎如村、彭丰村、永竹村、牙屯村、中查村、郎寨村、上四寨村、干海子村、牙扎村、二道桥村、漳扎村、沙坝村。

1998年2月，九寨沟内的树正、荷叶、扎如3个行政村划归九寨沟管理局管辖。

1998年6月，南坪县更名为九寨沟县。7月，九寨沟镇更名为漳扎镇，成立漳扎镇人民政府。镇人民政府驻地漳扎村，距县城45公里，海拔2089米。漳扎镇人民政府内除常设机构外，还设有综治维稳办、城市管理办（下设城管中队和城市监察中队）、林业资源保护办、综合发展办等部分机构，管辖九寨沟旅游区内的各项事务。

到2005年底，漳扎镇人民政府辖13个行政村：隆康村、从埡村、彭丰村、漳扎村、永竹村、牙屯村、中查村、郎寨村、上四寨村、干海子村、牙扎村、沙坝村、二道桥村，共有24个村民小组。

第二节　治安管理机构

一、九寨沟公安分局

1990年，修建九寨沟派出所驻地。

1992年，南坪县公安局开始筹建九寨沟公安分局，负责维护景区内及景区周围社会治安，依法查处违法案件，保护国内外游客及国家财产安全，为保护管理及旅游创造良好的社会环境。筹划下设诺日朗派出所、羊峒派出所、漳扎派出所。

1993年5月，九寨沟公安分局机关部门成立。10月18日，阿坝州编制委批复同意南坪县九寨沟公安分局隶属关系。1994年9月8日，四川省公安厅批复同意建立南坪县公安局九寨沟公安分局。

9月20日，阿坝州公安局转发省公安厅建立南坪县公安局九寨沟公安分局的批复的通知。

1995年，九寨沟公安分局统一辖区保安管理，保安人员由公安分局和属地派出所统一管理、统一考核、统一培训、统一工作要求，面向社会公开招聘保安人员，由派出所和保安公司审查、培训合格后分派到辖区各用人单位（宾馆、饭店），担负内部安全保卫工作，对重点单位和娱乐场所保安实行定期轮岗交流。以此为基础，公安分局在辖区内实施旅游警务战略，健全警务运行机制和辖区整体联动机制预案，提升辖区宾馆饭店及涉旅接待场所技防的科技含量和范围。

1997年6月，四川省公安厅政治部批准南坪县九寨沟成立现役性质公安消防科，机构为副营职单位，编制2人（科长1人，参谋1人）。

2001年，九寨沟公安分局荣获集体三等功一次。

2005年，九寨沟公安分局设分局局长1人，由九寨沟县公安局政委兼任；政委1人；副局长2人。下设办公室、刑侦治安科、出入境管理科、消防科、交巡警队、羊峒派出所、漳扎派出所、诺日朗派出所、嫩恩桑措派出所9个室、科、队、所。有正式民警51人、消防现役4人、行政工勤人员6人、九寨沟管理局事业编制人员7人，女民警12人，正式民警均为大专以上文化。辖区管辖南至弓杠岭，东至反修桥（黑河大桥），公路战线76公里，核心景区面积为720平方公里，外围景区面积600平方公里，辖1个镇（九寨沟县漳扎镇）、1家州属正县级事业单位（九寨沟管理局）、1家州属企业（绿色旅游观光公司）、16个行政村。年内，九寨沟公安分局荣获集体二等功一次，先后获得“先进集体”和阿坝州“青年文明号”称号。

九寨沟公安分局实行刑侦、派出所、交巡警三警种合并的警力运行机制，职责是维护九寨沟核心景区和九寨沟县漳扎镇的社会治安秩序。公安分局刑侦人员抓刑事侦查破案，派出所民警、交巡警实施治安动态巡逻，采取“打防结合，以防为主”的工作方针，构建“打、防、控”一体良性互动的治安防控体系，确保辖区社会政治稳定和观光游人的人身财产安全。

二、武警阿坝州支队第七中队

1990年，中国人民武装警察部队四川省总队后勤部同意阿坝州支队在南坪县九寨沟口修建武警阿坝州支队九寨沟旅游警卫工作点用房。修建面积1357平方米，其中工作用房1200平方米，附属用房157平方米。

2000年3月，中国人民武装警察部队阿坝州支队第七中队组建，驻汶川县威州镇。7月24日和9月2日分别完成国家领导人李瑞环、吴仪到九寨沟考察工作的警卫任务。9月19日参加旅游客车翻车特大交通事故的抢险任务。

2001年4月，由于营区危房搬迁至马尔康卓克基教导队。同年8月26日进驻九寨沟县漳扎镇，为驻九寨沟武警部队，驻地距离九寨沟沟口4公里，主要承担警卫勤务、景区巡逻勤务、处置突发事件和抢险救灾等机动应急任务。8月27日，54名武警战士首次进驻九寨沟景区，维持景区旅游秩序，保护游客生命财产安全。9月5日和10月1日，分别完成国家领导人李铁映、钱其琛到九寨沟考察警卫任务。

2004年6月10日，完成全国政协主席贾庆林到九寨沟考察警卫任务。9月9日完成中央军委主席江泽民到九寨沟考察警卫任务。10月8日完成国务院副总理黄菊到九寨沟考察警卫任务。

2005年6月17日和25日，分别完成中央政治局常委罗干和十一世班禅到九寨沟考察的警卫任务。

截至2005年，武警阿坝州支队第七中队多次完成以执勤、处突为中心的各项任务，协助当地公安机关抓捕逃犯、不法分子13次，拾到照相机、摄像机、手机多部，移交有关单位。2000—2005年，中队连续4年被武警四川总队评为“基层建设先进中队”，2次荣立集体“三等功”。2005年，中队党支部被总队评为“先进党支部”，中队团支部被四川总队评为“先进团支部”。

三、武警九寨沟森林中队

2002年9月11日，四川省武警森林总队派出先遣队进驻九寨沟县，暂驻张家湾林业局木材制板厂作为临时营房。武警九寨沟森林中队，隶属武警四川省森林总队阿坝州支队松潘大队，担负九寨沟地区防火灭火、野生动（植）物保护、景区执勤、处置突发事件、抢险救灾等任务。

2003年12月26日，森林中队正式入住九寨沟县漳扎镇永竹村新营房。九寨沟森林中队以防火灭火为中心任务，结合驻地社会和自然环境特征，负责每天在景区进行巡逻执勤，夜间有4名战士到沟口门卫与管理局工作人员一同执勤，检查进出景区人员和车辆，保护景区的安全，同时开展维稳备勤、处置突发事件、营区五防等训练。

2005年11月16日，中队派出12名战士首次进驻景区日则保护站。

第三节　经营机构

一、九寨沟旅游公司

九寨沟旅游公司1985年2月成立，作为经济实体向九寨沟管理局实行经济承包，贯彻“独立核算，自负盈亏，国家征税”的原则，管理局参照企业管理条例有关精神，对旅游公司在人、财、物等方面给以应有的自主权。下设羊峒、诺日朗、日则3个接待点，日接能力达900余人次。同时管辖汽车队、供销分公司，成立住房部、餐厅部、娱乐部、公共关系部、财务室和经理办公室等。公司内部和下属单位实行二级独立核算。公司统一成立办公室、财务室。办公室管服务，统一财务，财务人员归财务室，实行客房、餐厅、供销、车队内部核算，支出实行集体决定、一人签字的办法，由公司总出纳支出，形成收支两条线。企业内部分配实行基本工资加浮动工资，对餐厅、住宿点、商店、车辆实行收入、利润、服务质量挂钩。制定严格的奖罚条例。用工制度实行固定工为骨干，以合同工、季节工为主，旺季抓旅游，淡季抓培训。

二、九寨沟县联合经营有限责任公司

1990年，树正寨居民自筹资金重建树正餐厅。1992年7月1日，九寨沟居民共同出资成立九寨沟旅游股份有限责任公司，下设办公室、财务室、客房部，树正餐厅并入其中。1992年7月1日公司成立，名称为“九寨沟旅游股份有限责任公司”，下设诺日朗、荷叶、树正、则查哇分公司，主要从事客房经营。到1993年，旅游公司部分荷叶寨、则查哇寨股东自筹资金重建荷叶餐厅和则查哇餐厅，加上原有的诺日朗餐厅，旅游公司拥有4个经营实体。

1995年5月5日，更名为“九寨沟联合经营有限责任公司”，九寨沟景区内餐厅由联合经营公司统一管理。

1996年，公司共有股东121个，其中荷叶54个，树正37个，则查哇29个，下设诺日朗分公司。年内，诺日朗分公司有普通客房320多床，宾馆32床，是沟内唯一涉外经商点。筹集资金20余

万元，购置了一辆“庆铃”牌箱式运输生活车，车辆购入后，消除公司以往高额的汽车修理费、燃料费，又为餐厅经营提供了方便，降低了成本，同时，车辆对外出租增加了收入，综合效益可达3万余元。1997年7月，公司新设宾馆部，规划对九寨沟景区内宾馆实行统一管理和经营。1997年，门卫商店全年实现营业收入59.77万元，比1996年增长77.89%，羊峒商店实现营业收入69.44万元，比1996年增长17.84%，洗车场实现营业收入11.097万元，比1996年增长26.83%，批发收入也较之往年有较大提高。

1999年5月5日，按照新《中华人民共和国公司法》，九寨沟旅游股份有限责任公司更名为“九寨沟县联合经营有限责任公司”，下设荷叶分公司、树正分公司、则查哇分公司、诺日朗分公司，实现九寨沟内旅游客房的统一经营和管理。公司为独立法人企业，隶属九寨沟管理局，由管理局控股，景区原住居民入股，设有股东代表大会、董事会、监事会、经理班子，下设有办公室、人力资源部、财务部、餐饮部、商品部、动力维修部、后勤部、九寨木屋、质检部等部门，优先招用景区居民，并向社会公开招聘人员。公司主要经营旅游住宿、餐饮、副食、农副产品零售、旅游产品开发等。

2000年4月，九寨沟管理局和景区原住居民共同集资入股筹备修建诺日朗旅游服务中心，管理局占51%股份。8月，按国家发展计划委员会价格管理司的规定，管理局停止在门票中代联合公司收取住宿费，景区内客房按市场化运作。

2001年4月30日，九寨沟管理局关闭景区内客房经营，涉及床位5394张，股东132个，结束九寨沟内留客住宿的历史。

2003年4月15日，诺日朗旅游服务中心正式对外营业，同时荷叶、树正、则查哇餐厅关闭。8月，联合公司收购天鹅宾馆，注册更名为“诺日朗宾馆”。2004年6月，联合公司接收月亮湾九寨木屋宾馆，资产、债务同时划入公司。

三、九寨沟国际旅行社

1988年，九寨沟管理局拟建旅行社。

1991年10月，南坪县政府组建九寨沟旅行社。1993年12月至1994年1月，九寨沟旅行社（人员编制和资产）由县政府移交给九寨沟管理局，总部设于九寨沟宾馆。1998年3月，九寨沟管理局组建九寨沟旅游集团有限责任公司，九寨沟国际旅行社划归公司经营。7月16日，九寨沟旅行社更名为“九寨沟国际旅行社”。8月10日，九寨沟管理局局务会议决定，将九寨沟宾馆的舞厅、酒吧、三间办公室划拨给九寨沟旅行社。

2000年，九寨沟旅游集团有限责任公司脱离九寨沟管理局独立经营。2005年，九寨沟国际旅行社（人员编制和资产）划归九寨沟县国有资产管理局。

四、九寨沟矿泉水公司

1992年7月，南坪县人民政府和县农牧局委托四川省地质工程勘察院对南坪县矿泉水资源开发进行可行性论证。1994年5月，九寨沟矿泉水获得四川省名泉证书。9月，南坪县计经委批准九寨沟管理局与四川新泰实业公司的联合开发协议，组建中国九寨沟矿泉水公司，总投资300万元，其中四川新泰实业公司投资150万元，九寨沟管理局自筹及贷款150万元。10月，矿泉水公司破土动工。1995年7月，工程竣工。8月1日，投入试生产。

1996年，九寨沟矿泉水厂正式投入生产，共生产15895件，加上库存2755件，合计18650件，销售及代销17455件。同年1—10月的销售收入达294350元。1998年，九寨沟矿泉水厂经济收入43万元。

1999年后，矿泉水公司资金流转困难，矿泉水销售不畅，连年亏损。九寨沟管理局注入流动资金，精简人员，缩减开支。2004年，九寨沟矿泉水公司整体出售给私人企业后，更新设备，新建厂房。

五、九寨沟有限责任公司

1993年，九寨沟管理局筹建旅游经营公司。6月，获得南坪县国土局划拨建设用地11.6亩。1994年3月14日，九寨沟管理局成立九寨沟有限责任公司，由管理局经营，管理局职工入股，注册资金50万元人民币，1999年增加至90万元，2003年提高至150万元。公司位于九寨沟沟口，以经营旅游商品为主，经营项目逐步增加，涵盖商品批发和零售、住宿、餐饮、综合娱乐、停车洗车、旅游产品和土特产品加工、场地出租以及广告设计和制作、摄影摄像、光碟制作等。

1996年，公司实现营业收入215万元，人均创收15万元，实现利润4.6万元，人均创利润3.3万元，上缴国家税金28万元，上缴管理局租赁费3.5万元。1997年，公司实现营业收入344万元，比上年增长59.87%，实现利润69万元，比上年增长49.7%，上缴各种税28万元，比上年增长69.2%。1998年，公司改进购物环节，采取多渠道创收，实现经济收入430万元，利润4.8万元，比上年同期增长3.7%。1999年，公司全年实现营业收入390万元，实现利润35万元，上缴各种税收36万元，人均创收24万元，人均创税利2.2万元。2000年，公司营业总收入390万元，全年实现利润33万元，上缴增值税及附加38万元，企业所得税17万元。2005年，公司营业收入增至840万元，总利润135万元，全年上缴各种税收107万元。

六、九寨沟旅游集团有限责任公司

1998年3月6日，九寨沟管理局成立九寨沟旅游集团服务有限公司筹委会，负责九寨沟风景区的旅游开发工作。3月18日，成立九寨沟旅游集团公司。启用九寨沟旅游集团股份公司筹备委员会、九寨沟旅游集团股份有限公司筹备委员会办公室印章。集团公司募集资金5399.40万元，经营项目包括观光公司、成都九寨沟饭店、跑马场等。

1998年5月，公司第一个项目“干海子水上游乐中心”开始营业。1999年9月20日，长海水上观光经营活动停止。

1998年，集团公司实现利润346.22万元。1999年，公司营业收入5330.74万元，实现利润2415.53万元。

2000年11月14日，阿坝州人民政府将九寨沟绿色旅游观光有限责任公司从九寨沟旅游集团公司中剥离。同年，集团公司脱离九寨沟管理局，独立运营。

2001年，集团公司开始经营出租车公司。2003年，开始经营梦幻九寨和修建九寨沟县新区九旅花园。2004年，开始经营九旅假日酒店。

七、九寨沟民族文化开发有限责任公司

1998年6月26日，九寨沟民族文化开发有限责任公司注册成立，以营业性演出为主要经营活

动，开发九寨沟的民族文化和地域文化。公司设26名股东代表，代表373位出资人，选举产生董事会和监事会。

八、九寨沟旅游观光有限责任公司

1998年8月，九寨沟管理局开始筹建观光公司。11月，成立九寨沟绿色旅游观光有限责任公司（以下简称“观光公司”）。1999年3月1日，观光公司正式成立。3月26日，九寨沟绿色旅游观光有限责任公司在沟口举行剪彩仪式。观光公司隶属于九寨沟旅游集团有限责任公司，注册资金6000万元，垄断经营景区内旅游观光业务，包括旅游运输、旅游食宿、石油产品、汽车修理、停车洗车等，有员工524人，观光车188辆。截止到当年10月25日，公司共创收入4676.4万元，其中车队4653.2万元，汽修厂33万元，乘务部1.9万元，燃气供应部18万元，上缴营业税211.4万元，消耗成本费用1584万元，管理费用636.2万元，财务费用264.8万元，实现利润1980万元。公司全年固定资产投入3862万元，安全运送游客54万人次，创收4800万元，上缴税利250万元。

2000年11月14日，经阿坝州人民政府批准同意，观光公司从九寨沟旅游集团公司独立出来，由阿坝州国有资产经营公司、九寨沟县国有资产经营公司、九寨沟旅游集团公司、阿坝州利源商务公司四方为股东，重组设立九寨沟旅游观光有限责任公司（以下简称“观光公司”）。公司设董事会、监事会、经理会，下设经理部、人力资源部、财务部、营运部、导游部、安全生产办公室、工程部、后勤保障部等部门，其中营运部下设汽修厂、燃供站和养路队，共有员工653人、观光车187辆。

2003—2004年，观光公司先后筹建汽车综合性能检测站和一类维修厂。

到2005年底，公司有员工892人、观光车281辆。

九、四川九寨沟旅游股份有限公司

2001年3月7日，九寨沟县旅游公司联合九寨沟绿色旅游观光有限责任公司、九寨沟风景名胜区管理局、四川岷江水利电力股份有限公司、阿坝州九鑫山庄、阿坝州九寨沟汽车站、九寨沟麟翔源酒楼、九寨沟县自来水厂等8家企事业单位，共同设立四川九寨沟旅游股份有限公司（以下简称“股份公司”），以资产重组争取上市为目的。股份公司由四川省工商行政管理局登记注册，注册资金7000万元，下设经理部、财务部、人力资源部、工程部、环卫部、后勤保障部、营运部、营销策划部、九寨沟宾馆、九寨沟管理局贵宾楼。

2001年，股份公司成立环卫部，将景区内的所有水冲厕所更换为可打包的环保厕所，并购买8辆移动环保厕所车。2002年，股份公司环卫部与九寨沟管理局环卫处合并，九寨沟管理局将景区环境卫生与控制污染工作合二为一。

2002年6月，根据阿坝州政府相关指示，九寨沟绿色旅游观光有限责任公司从四川九寨沟旅游股份公司脱离，独立经营。

2003年，股份公司停业保牌。

十、九寨沟九网信息技术有限责任公司

2002年1月3日，九寨沟管理局、四川九寨沟旅游股份有限公司、九寨沟旅游观光有限责任公司，组建电子信息商务中心，成立九寨沟网络股份有限责任公司，主要负责九寨沟景区旅游门票代

理、旅游信息发布等业务。中心属独立法人实体，3 家单位每年各出资 5 万元，作为在该中心的信息发布费，办公地点设在成都。5 月 21 日，九寨沟网络旅游有限责任公司完成注册。7 月 1 日，九寨沟网络旅游有限责任公司完成对原九寨沟旅游网站的改建，开通网上预订门票、车票的“九网旅游电子商务平台”。11 月，公司与阿坝国际旅行社合并，更名为“九寨沟网络国际旅游有限责任公司”，简称“九网公司”。

2004 年，九网公司初步完成体制改革，九寨沟管理局全资收购该公司股份，由九寨沟管理局直接管理。管理局对公司董事会和主要领导进行调整，对下属网络国际旅行社实行独立核算、自负盈亏。

2005 年，九寨沟网络国际旅游有限责任公司更名为“九网信息技术有限责任公司”。公司拥有九网网络国际旅行社和九网旅游电子商务网、旅游同业网、九寨沟风景区官方网 3 家网络平台。旅游电子商务网依托数字九寨沟，是中国第一家面向游客和旅行社全面开展景区门票、餐饮、酒店、旅游线路等在线预订的电子商务网站，通过在线预订旅游线路、景区酒店、航空机票、景区门票、景区餐厅、旅游保险以及提供行业分类信息服务，为旅行社和酒店、航空公司等旅游行业客户提供网络宣传、网络销售、网络支付、管理信息化等一系列技术解决方案和业务服务。年内，九网公司加强网上支付的安全措施，改进银行与网站的衔接技术，简化支付程序，为客户节约时间，增强网上支付安全性。同时，九网公司拓展其他景区、酒店等网上预售票、预订等代理业务，全年安全实现网上交易 4 亿多元，取得较好的经济效益和社会效益。

2002 年 7 月至 2005 年，九网公司实现在线交易近 30 亿元，占门票总收入的 80% 以上，旅行社组织的九寨沟团队都在网上预订九寨沟门票和观光车票。

十一、九寨沟管理局酒店管理集团公司

2005 年 2 月 23—25 日，九寨沟管理局第二十九次局务会议研究决定组建九寨沟管理局酒店管理集团公司，下辖贵宾楼饭店、荷叶迎宾馆两家经营实体。公司实行企业管理，财务相对独立，自主经营，自我发展。

第四篇　基本建设

基本建设，是对区域经济和社会发展具有基础性作用的建设，分为软性建设与硬性建设两类。软性建设通过制定发展规划或发展纲要等形式明确建设的基本原则和方略，对未来的发展做出预测及应对，保障区域发展的有序性、科学性与合理性。在广义上，软性建设还包括机构建置以及部门和人员配置、制度建设等。硬性建设以固定资产投资为主要形式，包括新建、扩建、改建、迁建、恢复等类型，满足区域社会群体的基本性公共性需求，为区域经济和社会发展提供基础性支撑。九寨沟区域的基本建设以保护和开发为主要目标，涵盖规划、布局、交通设施、能源与通信设施、给排水与环卫设施等方面，分别设立五章记述。

九寨沟的基本建设，以“严格保护、统一管理、合理开发、永续利用”为基本原则，不仅要保障区内一定规模常住人口的基本生存与生活需要，而且要能够容纳日益增多的游客和流动人口，为区域经济及社会发展撑开足够的空间，不仅要稳步提升区域生产、生活的质量水平，还必须控制因人口增加、生产扩张而产生的对生态与环境的负面影响。

从 1959 年南（坪）松（潘）公路通车算起，到 2005 年，九寨沟区域现代性质的基础设施建设已有 40 多年，尤其是 1984 年正式开放发展旅游以后，九寨沟区域的基础设施飞速发展，彻底改变区域发展结构。随着九环线的全面建成以及道路路况的不断改善、九寨—黄龙机场的建成，九寨沟的对外交通条件得到很大改善。同时，区内能源结构、通信条件以及给排水、环卫设施等也发生根本改变。九寨沟区域发展所需的多种基础条件初步形成，为区域可持续发展打下坚实的基础。2005 年九寨沟管理局制订《九寨沟旅游区总体规划》，尝试为九寨沟区域的整体发展制定方向。

第一章　区域规划

规划的基本任务之一是明确发展与建设的总体方向。九寨沟以高原钙华湖群、钙华瀑群和钙华滩流等水景为主体的景观风貌，在中国自然风景名胜区中独树一帜，是中国西部风景游赏的重要目的地。在《四川省旅游发展总体规划》中，九寨沟被确定为川西自然生态旅游优先开发区；在《大九寨国际旅游区规划建设方案》（2002 年）中，被列为重点打造的两大精品之一；在《四川省旅游业发展“十一五”规划》中，被确定为三大国际休闲度假旅游区之一；在《阿坝州旅游发展总体规划》中，被纳入为四大精品旅游区之一；在《九寨沟县旅游发展总体规划》中，九寨沟系全县重点打造的旅游品牌。

从 1983—2005 年，九寨沟区域的总体规划工作经历两轮，即 1983—1987 年和 1999—2005 年以风景名胜区的保护和开发为目标展开的综合性全面规划。此外，围绕保护区建设、国家地质公园申报、区域旅游发展及小区具体建设等还制订有若干规划。这些规划坚持“严格保护，统一管理，合理开发，永续利用”的总原则，贯彻“以保护为主，永续利用，可持续发展”的方针，遵循“保护优先，科学规划，合理利用”的策略，明确“在保护中开发，在开发中保护”的思路，为九寨沟的发展指明基本方向。

第一节　风景区规划

一、1983—1987 年九寨沟风景名胜区总体规划

1983 年 4 月，四川省政府要求南坪县与省城乡建设环保厅、林业厅等部门组织力量，对九寨沟进行全面规划，提出分期开发的总体建设方案。10 月，由四川省城乡建设环境保护厅牵头成立“四川省黄龙寺—九寨沟风景名胜区总体规划编制组”（以下简称“省规划编制组”），由四川省城乡规划设计研究院技术归总，省旅游局、省建设厅、省农牧厅、省文化厅、省水电厅、省邮电局及绵阳市等部门的工程技术人员参与编写，南坪县政府协助工作。为切实搞好九寨沟的总体规划，南坪县人民政府决定成立“南坪县九寨沟总体规划小组”，协助省规划编制组开展工作，领导小组下设办公室。11 月，正式成立四川省九寨沟总体规划工作组。同年 10 月 18 日至 11 月 16 日，省规划编制组对黄龙寺、九寨沟风景资源进行首次踏勘调查和深入分析研究，由省规划院提出总体规划大纲。12 月，四川省建委、省规划设计院、黄龙寺、九寨沟等单位领导赴北京，向城乡建设环境保护部副部长储传亨汇报《黄龙寺—九寨沟风景名胜区总体规划大纲》。

1984 年 8 月 2 日至 17 日、10 月 16 日至 11 月 9 日，省规划编制组第二次、第三次进入阿坝州及绵阳市平武县，会同松潘、南坪、黑水、红原和平武县政府及各风景区、点有关部门，对该地区的风景资源进行广泛踏勘调查，重点对黄龙、九寨沟进行深入分析研究。1984 年底，省规划编制组制订《九寨沟风景名胜区总体规划》初稿。

1985 年 8 月，在广泛征集上级、专家、地方和群众意见和反复论证修改后，省规划编制组制订完成《九寨沟风景名胜区总体规划》修改稿。9 月 5—13 日，总规初步评审。10 月，进行部分技术性修改后，四川省人民政府黄龙寺—九寨沟规划小组和四川省城乡规划设计院共同编制完成《九寨沟风景名胜区总体规划》，正式报请上级审批。

1986 年 1 月 6 日，四川省人民政府向国务院呈报《关于请审批黄龙—九寨沟风景名胜区总体规划的报告》。12 月 2 日，谷牧主持召开国务院旅游协调小组第七次会议，听取四川省人民政府关于“七五”期间（1986—1990 年）开发九寨沟和黄龙风景名胜区的旅游建设实施方案的汇报。会议认为：黄龙、九寨沟自然风景区具有珍贵的观赏价值和重要的科学价值，是很有前途的旅游点。但在开发步骤上不能求急求快，应采取保护性开发、稳中求进、量力而行的方针。要在统一规划下，发挥国家、地方、部门几个方面的积极性，分步骤地进行开发建设。

1987 年 1 月 20 日，城乡建设环境保护部批准九寨沟风景名胜区总体规划。6 月 21 日，中共四川省委在九寨沟管理局召开现场办公会，研究落实总体规划。

1989 年，九寨沟管理局向阿坝州政府和上级部门呈报羊峒、荷叶坝、树正寨、诺日朗、日则、则查哇等分区详细规划。

1994 年 6 月 15 日，四川省建设委员会批准九寨沟隆康坝详细规划。

《九寨沟风景名胜区总体规划》文稿包括基础资料汇编、总体规划说明书、分项规划三部分，含现状分析、区域关系论证、景观特色、性质、范围、规划原则、规划年限、景区规划、游览规划、保护规划、接待服务规划、基础工程规划、旅游镇总体规划等内容。总体规划基础资料较齐全，规划内容较全面，定性准确，措施较得当，是一个成功的规划，对风景区的发展建设起到全面的指导作用。

总体规划确定风景区范围为 720 平方公里，外围保护地带为 600 平方公里。规划时间年限为 1985—2000 年，分为近远两期。近期（1985—1990 年）规划目标：风景环境不利因素得到有效控制，各沟景区得到妥善保护，并予部分开放，改善入口面貌；改善区内公路路况，部分改善游线结构；沟外旅游镇初具规模，相应沟内床位得到控制，并初步建立起沟内外服务系统；对外公路得到较大改善。从而形成一个初具规模的风景旅游区。远期（1991—2000 年）计划目标：全面恢复风景环境的自然原始风貌，提高并完善藏族人文景观，建立内容丰富的科学旅游系统，开辟高犷景区和翻山险道；基本建立方便合理的游览路线，设置完善的游览设施，开展丰富多彩的体验性游览活动，基本形成完整的旅游镇及服务系统，奠定畅通的陆空对外交通体系。最终趋于一个环境优美、功能完整、设施先进、特色浓郁，规模适度的世界第一流的风景旅游胜地。

二、1999—2005 九寨沟风景名胜区总体规划

1999 年 6 月中旬，受九寨沟风景名胜区管理局委托，四川省城乡规划设计研究院九寨沟风景名胜区总体规划修编工程组进场，通过对风景区十五年发展情况、第一次总体规划及实施情况的了解和对现状的分析评价，结合外部条件的变化，完成新的风景区总体规划大纲。大纲于同年 12 月通过

评审。2000年10月，工程组完成评审方案。2001年3月30日，完成《九寨沟风景名胜区总体规划（修编）》。同年4月，四川省建设厅组织专家评审，原则同意修订后的《九寨沟风景名胜区总体规划（2000—2020年）》（以下简称《总体规划》）。随后按照《总体规划》要求，编制风景名胜区详细规划，按规定程序履行报批手续。同年10月，《总体规划》通过由建设部和四川省建设厅共同组织的正式评审。

2004年，根据2000年以后九寨沟的高速发展情况，四川省城乡规划设计研究院对《总体规划》作大幅修订。同年12月，修订后的《九寨沟风景名胜区总体规划（2006—2020）》原则通过国家部级审查会议评审。2005年3月，根据评审意见，最终修订完成《九寨沟风景名胜区总体规划（2006—2020）》。

该次规划最终成果包括《九寨沟风景名胜区总体规划基础资料汇编》《九寨沟风景名胜区总体规划说明书》《九寨沟风景名胜区总体规划文本》和14幅配套图纸。

规划分析了九寨沟发展中存在的问题，包括：区内村寨的发展与风景区自然和文化价值的管理之间的矛盾；区内接待设施带来的对环境的不利影响；供游人步行观景的步游道、观景台等不足造成的旅游旺季游人拥挤不堪、排队摄影、踩踏自然地表等问题；绿色巴士的运行安全问题，噪音污染问题；风景区入口处运载能力需大力提高的问题；区内的公交运行未达到理想状态；导游系统需完善；区内各车站用地少，影响交通，缺少遮雨、休息设施；高峰期大量的游人给风景区的运行带来的巨大压力。归结为两个核心问题：其一是偏小的现有容量与游人量急剧增长之间的矛盾；其二是居民生产建设与风景区价值之间的矛盾。

针对问题，规划分别制定近期和远期目标。近期（2000—2005年）发展目标：在风景区现状的基础上，通过居民经营活动外迁，漳扎旅游镇的建设风貌的逐步整改，居民寨子的逐步整改，游览设施系统的新建、改建、完善，以及相关基础工程设施的配套建设等多项工作，力争在近期规划年限内使风景区的方方面面的工作都步入良性循环，并且在风景区的自然景观风貌、人文景观风貌、旅游镇建设风貌上取得实质性进展，使风景区的整体风貌更上一层楼。远期（2006—2020年）发展目标：通过对九寨沟自然风景环境的科学、严格的保护培育，游赏路线的合理安排，游览设施的合理建设，居民的合理调控，达到保护—开发利用—管理三个环节的良性循环。力争把九寨沟创建成为从风景质量、保护水平、管理水平、游赏组织到游览设施水平均达到一流水准的世界著名的自然风景胜地。

三、2005年九寨沟旅游区总体规划

2005年12月，受九寨沟风景名胜区管理局委托，四川旅游规划设计研究院组织规划课题组、专家顾问组及领导小组共同努力，完成《九寨沟旅游区总体规划》编写任务。

《九寨沟旅游区总体规划》包括旅游发展基础及前景分析、旅游开发战略规划、旅游支撑保障体系规划三大部分。规划时限分三期：近期（2005—2008年）、中期（2009—2010年）、远期（2011—2015年）。在认真调查、科学总结九寨沟旅游发展成就和基本经验的基础上，从旅游供给与旅游需求两个方面，正确评价九寨沟旅游资源环境价值以及旅游市场潜力、前景，为保护世界自然遗产，实现九寨沟景区旅游可持续发展，制定旅游产业发展的符合实际的规划蓝图。确定旅游重要支柱产业发展的战略目标，旅游生产力布局和相关产业链建设的合理架构与发展重点。对九寨沟旅游发展对其经济、社会、环境的影响和综合效益作出评估。制定九寨沟旅游业可持续发

展的实施方案和对策措施。

第二节　保护区和地质公园规划

一、1995 年四川九寨沟国家级自然保护区总体规划

1994 年，林业部发文确认九寨沟自然保护区为国家自然保护区。1995 年 12 月，四川省林业厅勘察设计研究院、四川省野生动物资源调查保护管理站完成《四川九寨沟国家级自然保护区总体规划》。规划设计的重点是基本建设。

1996 年 4 月，《四川九寨沟国家级自然保护总体规划》通过评审。

二、2000 年四川九寨沟国家级自然保护区总体规划

2000 年 6 月 6 日，四川省林业厅在成都市组织召开“九寨沟国家级自然保护区总体规划评审会”。会议成立评审专家组，听取规划编制单位对总体规划的汇报。会议审查通过了该总体规划，并提出修改意见。同年 7 月，四川省林业勘察设计研究院、四川省野生动物资源调查保护管理站修订完成《四川九寨沟国家级自然保护区总体规划》（以下简称《总体规划》）。

《总体规划》结合九寨沟国家级自然保护区目前保护、科研、管理、旅游和社区发展等实际情况，以及保护区作为世界自然遗产与世界生物圈保护区在国内国际中奠定的地位及影响，采用参与式管理的工作方法，在充分调查、了解、商议的基础上，规划确定的九寨沟保护区未来发展目标以及指导思想明确，战略性措施合理，符合保护区的实际与发展要求。工程项目设计详尽，行动计划可行，可操作性强。

与上一次总体规划相比较，本次总体规划在保护区发展方向和目标上更加明确，总体规划内容也更加全面。强调了社区共管、培训计划、保护区执法、巡护监测、内部管理机制、环境保护措施与环境保护意识教育、旅游规划等保护、管理工作和项目。总体规划表明了基本建设与保护区总目标之间的逻辑关系。总体规划对保护以大熊猫为主的野生动物及其栖息地生态环境与风景名胜区开发建设之间的关系进行分析，并提出了相应的对策、措施。总体规划运用参与式方法，在相关部门协助下，保护区领导、职工、周边社区居民和规划设计人员一起商量讨论后形成，从而提高了总体规划的可行性和可操作性。总体规划文件的核心是逻辑框架。主旨是所有的管理行动都要为保护的总目标服务。通过参与式方法进行问题树分析，建立目标，确定要达到目标而必须采取的行动，从而得到保护管理工作和未来发展的逻辑框架。

《总体规划》的总目标是以大熊猫为主的珍稀野生动物及其栖息地和自然环境得到有效保护，规划制定的实现总目标的途径包括：有效控制偷猎、放牧、挖药等人为活动对大熊猫和野生动物种群及栖息地自然生态环境造成的影响；旅游开发建设造成的污染得到有效控制；对野生动物、植物和环境产生影响的其他人为干扰得到有效控制；周边社区保护意识提高，从而积极支持和参与保护并受益；具备科学的信息系统以支持管理决策；具备科学有效的管理机制；拥有足够的有组织的人力资源以适应保护区各项工作的需要（数量和能力）；具备适宜的基础设施；生态旅游合理、健康、有序发展，保护区具有较强的经济实力，以支持保护和扩大保护的影响并带动周边地区的发展；保护

区成为教学、科研和环境教育的基地；保护区成为对外交流的窗口。

三、2003年申报国家地质公园总体规划

2002—2003年，四川省地质矿产勘查局区域地质调查队对九寨沟区域进行地质遗迹调查，并完成申报国家地质公园的相关材料准备，包括申报书、综合考察报告、总体规划、开园建设实施方案、地质公园博物馆简介、地质遗迹景观资源景点集、导游手册、多媒体简报等。

2003年5月，四川省地质公园与地质遗迹调查评价中心完成《四川九寨沟岩溶国家地质公园总体规划》，同年通过专家评审。

规划总目标：使九寨沟湖泊、瀑布群景观和其他地质遗迹景观及其相互作用的自然生态系统得到有效保护，以开展适当的地学旅游促进地区经济的高速发展，逐步提高社区经济效益、生态环境效益与社会效益。

具体目标：使九寨沟地质公园成为科研、科普、教学、环保教育及地学旅游、登山探险的胜地和对外交流的窗口。使地质公园内地学旅游资源合理、健康、有序发展并成为当地的支柱产业，带动社区经济发展。控制过度垦殖、偷猎、盗伐等行为对地质生态环境的不良影响，使环境问题得到有效治理，生态环境建设良好，总体质量得到提高。使公园具有较强的经济实力，具备完善有效的管理机制，具备足够的基础设施及防范保护设备，以支持和扩大保护的影响。使社区居民保护意识提高，积极支持和参与保护并受益。

规划根据九寨沟内地质遗迹景观空间展布特征，将其划分为保护区、游览区、服务区。地质公园内保护区为484.8平方公里，占66.57%，游览区为186.5平方公里，占25.61%，接待服务区为57平方公里，占7.83%。保护区内禁止游人进入，科研人员可在管理人员陪同下开展科考活动；游览区是提供给游客观赏旅游的场所，可以设置少量与景观协调一致的服务设施，如休息亭、观景台、购物点等；服务区可以修建旅游服务设施、开展旅游商品生产加工、根据需要发展养殖业和种植业等。

两条主要旅游路线将景区自然风光旅游和历史人文资源结合起来，构成九寨沟国家地质公园旅游网络，在保护的前提下合理规划布局，适度开发建设，为人们提供科学研究、教育普及、旅游观光、休闲度假、文化娱乐的场所，以开展地质旅游促进地区经济发展为宗旨，逐步提高地质公园的生态环境效益、社会效益、经济效益。坚持与当地旅游城镇规划相衔接、相协调。

2004年10月，九寨沟国家地质公园开园揭碑。

第二章　分区布局

九寨沟位于四川省西北部，在四川省旅游规划中属川西北旅游区，处在四川主要风景名胜资源三台阶[①]分布的最高一处台阶上，是以中山、高山、极高山为基调，以山地水域自然景观为主的旅游资源区，是四川自然景观的典型之一，具有世界自然遗产和世界生物圈保护区双重身份。特定的地质构造背景，形成规模大、景色绝美的湖群、瀑布群及钙华滩群，有丰富珍贵的野生动植物资源，具有极高的生态价值、科学价值和美学价值，是难得的自然博物馆，也是大熊猫世界自然遗产保护地的重要组成部分。

保护与开发的基本目标和九寨沟价值及功能的多样性、层叠交叉性决定了九寨沟的建设、发展必然将功能区划作为重要的基础环节来对待。九寨沟区域土地属国家和集体所有，行政上隶属阿坝藏族羌族自治州九寨沟县政府，无土地权属争议。自 1978 年九寨沟设立自然保护区以来，九寨沟区域的土地类型和利用结构出现较大变化。传统农耕地减少，林地有序增加，居民用地保持基本稳定衰减，各类设施用地显著增加。与此相伴随的是不同功能区域从规划变成现实，既为九寨沟的发展和建设划定框架，也在这种发展及建设中逐渐完善并协调一致。

第一节　土地利用

一、九寨沟土地利用

九寨沟内土地资源较丰富，传统利用不均衡，主要包括耕地、林地、草地、居民用地、道路用地、水域、裸岩等基本类型。农耕地相对较少且可耕性较差，水土流失较严重。森林资源丰富，天然草场面积大，牧草资源丰富。

农耕地主要分布在海拔 2800 米以下的第四系堆积物上。第四系堆积物主要有 4 种类型：冲积物、残坡积物、洪积物和黄土。其母质主要为冲、洪积物，含有大量砾石，土壤的黏性较差，矿物成分较复杂，淋溶作用强烈，土壤肥力和可耕性均差，一般种植小麦、胡豆、青稞、油菜、土豆等农作物，只能耕种一季。条件较好的残坡积物上局部地带垦为果园，主要果树有梨树、苹果、核桃等，是主要农副产品。黄土只在荷叶村等海拔 2800 米处有分布，是区内主要的农耕地和居民用地，土壤黏性、肥力与可耕性均较好。一般种植玉米、胡豆、红薯、马铃薯、小麦、油菜、果树等农作

① 四川风景名胜资源的空间分布根据盆地地势一般分为三个层次，位于盆地底部的成都平原为第一台阶，盆周低、中山为第二台阶，盆地边缘中、高山地带为第三台阶。

物，土地有效利用率较高。

林地包括有林地、灌林地、疏林地、未成林造林地、退耕还林地等。分布在2500—3800米的范围内，是沟内主要的土地资源。该区森林茂盛，植被发育，珍贵稀有树种繁多，珍稀动物分布极广，可利用价值高。过去一段时期被盲目地过度采伐，严重破坏生态环境。随着保护区的建立和九寨沟旅游业的发展，通过人工种植与施肥逐渐恢复原始面貌，如未成林造林地这一类型，已初见成效，特别是在九寨沟内的原始森林、长海等地一带。为保护环境，使资源可永续利用，到2005年沟内的农田已全部退耕还林。

草地包括天然草场、荒山草坡等。一般分布在3600—4500米范围内的山原地带。土壤类型主要为亚高山草甸土和高山草甸土，成土母质为冰碛物夹少量残积物，土壤黏性好，养分充足，但因气温较寒冷，主要生长高山草甸和亚高山草甸。九寨沟内草地资源丰富，仅天然草场利用较好，荒山草坡几乎未利用。草场远离村寨，水源分布少，且受季节性影响较大，一般只有半年的时间可供利用。当地牧种单一，大多为牦牛和马匹，副食品加工较差，还未很好的开发。

2003年九寨沟土地资源利用表

表4－1

利用类型		面积（平方公里）	占全区（%）	合计（平方公里）	占全区（%）
居民地	旱地及菜地	2.88666	0.44	5.18197	0.79
	居民用地	2.29531	0.35		
林　地	有林地	294.23580	45.17	441.71333	67.82
	灌林地	62.55493	9.60		
	疏林地	84.16611	12.93		
	未成林造林地	0.75649	0.12		
草　地	天然草地	115.26650	17.10	173.041	25.97
	荒山草坡	57.77450	8.87		
其　他	水域	4.47654	0.69	4.82476	0.74
	道路用地	0.34822	0.05		
	迹地	0.27014	0.04	26.58444	4.08
	裸岩	26.31430	4.04		
合　计		651.3455	100.00	651.3455	100.00

说明：此表不包括水竹—牙扎沟口公路沿线部分

保护区的建立和旅游开发改变传统的土地利用结构与类型。沟内土地总体上分为两类——核心区和缓冲区。自然保护区核心区的土地均为林地。世居村寨的用地、管理局工作及职工宿舍区用地、各管理所和管理站用地等为居民社会用地；游览公路、停车场、公交车站、泥石流治理工程、给排水电力电信设施用地为交通与工程用地；居民寨子附近保留部分农耕地，诺日朗等八个服务部用地作为游览设施用地；自然保护区的缓冲区除去居民社会用地、交通与工程用地、耕地、游览设施用地外的其余用地作为风景游赏用地。

2000—2020 年九寨沟风景区用地平衡规划表

表 4－2

序号	用地代号	用地名称	面积（平方公里）	占总用地（%）	人均（平方米/人）		备　注
					现状	规划	
00	合计	风景区规划用地	720.0	100.00	30901	22360	按风景区总人口
01	甲	风景游赏用地	46.0	6.39	2987	2091	游人平均
02	乙	游览设施用地	3.9	0.54	253	177	游人平均
03	丙	居民社会用地	4.1	0.57	1201	1036	居民平均
04	丁	交通与工程用地	5.5	0.76	236	171	总人口平均
05	戊	林地	654.2	90.86	28077	20317	总人口平均
06	庚	耕地	2.8	0.39	820	707	居民平均
07	辛	草地	3.5	0.49	1025	884	居民平均
备注	1999 年，现状总人口 24013 万人。其中，游人（按高峰日）1.54 万人，职工 5200 人，居民 3413 人。 2020 年，规划总人口 33159 万人。其中，游人（按高峰日）2.2 万人，职工 7200 人，居民 3959 人。						

说明：摘自《九寨沟风景名胜区总体规划（修编）规划文本》（2005 年）

2004 年，九寨沟国家地质公园建立。在地质公园规划中，九寨沟土地利用类型和结构做了新的布局，沟内土地进一步划分为 9 类。

地质遗迹景观用地：地质景观用地、地质遗迹保护用地、需恢复的景观用地、野外游憩用地、其他观光用地，面积 161.07 平方公里。

公园设施用地：公园服务区、门区、科普教育区与公园管理区规划为游览设施用地，面积1.2 平方公里。

居民社会用地：公园内常住人口生产、居住和服务用地规划为居民社会用地，所占面积为原有居民保留区扣除耕地，面积 2.29 平方公里。

交通与工程用地：游览公路、停车场、公交车站、游船码头、给排水电力通信设施用地规划为交通与工程用地，面积 0.05 平方公里。

林地：地质公园中的保护林占地规划为林地，面积 358.3 平方公里。

耕地：居民点附近基本农田，面积 2.87 平方公里。

草地：山区地带用作居民放牧的草地，面积 173.04 平方公里。

水域：公园内的水域，面积 4.48 平方公里。

滞留用地：公园内海拔 4000 米以上区域，面积 26.30 平方公里。

二、漳扎镇土地利用

九寨沟旅游区河谷深切，山高沟深，土地利用率不高。1998 年末，有耕地面积 88924 亩，占土地总面积的 0.11%；林地 4593990 亩，占总面积 57.89%；林地中森林 2443950 亩，占总面积的

30.8%；园地3116亩，占总面积的0.04%；水域28426亩，占总面积的0.36%。

随着九寨沟旅游业的发展，漳扎镇的土地利用向旅游镇方向发展。城镇建成区用地为游览设施用地；山区地带的各级居民点的用地为居民社会用地；山区地带的居民放牧用地为草地；山区地带的居民种植农作物的用地为耕地；山区地带的其余用地为林地。总体上来说，漳扎镇沿白河两岸平坝土地多被用于旅游设施建设，山区土地则保持传统的土地利用格局。宾馆等旅游设施用地的显著增加，是漳扎镇旅游发展的基本表现，也是九寨沟景观保护和发展的需要。

宾馆用地和机场用地是随着九寨沟旅游业的发展而开发的一类土地资源。宾馆用地主要分布于永竹—隆康白河流域两侧，大多分布在河漫滩上。机场用地分布在彭布的黄土上，是为九寨沟的森林防火和旅游业的发展而建立的。

第二节　功能区划

一、区块结构

总体上，九寨沟分为沟内保护和游览区、沟外服务区两大部分。根据自然地貌、景观分布、游览需要和保护的要求，沟内区域进一步划分为允许游览区、景观保护区和自然保护区三个层次，组成以景点为核心、景区为单元、沟谷为主干的圈层式区块结构。

允许游览区基本限于四条沟区。长度为从羊峒桥上行，沿扎如沟至纳得寨，沿树正沟、日则沟至剑岩，沿则查哇沟经长海至碧么公盖海；其宽度为从沟、海两岸各竖向沿山扩升50米左右高程以内。另外，还包括扎依扎嘎山周围“转山”环线，天鹅海经沃斯卡雄山口至长海间的翻山险道和诺日朗至左右波克色山腰及沃洛色嫫山腰等范围。总面积约30平方公里。

景观保护区位于允许游览区以外，从沟海两岸各竖向沿山扩升500米左右高程以内或视线所及范围，是九寨沟景观重要组成部分，禁止游人涉足。

自然保护区以九寨沟流域周边分水岭为界，东、南、西三面与风景区管辖范围同，北至羊峒桥，面积约650平方公里。

二、保护分区

2000年编制的《四川九寨沟国家级自然保护区总体规划》将九寨沟总体上分为实验区、缓冲区和核心区三个不同功能区域。

实验区　树正沟和日则沟、则查哇沟、扎如沟3条支沟两岸宽约1.0公里的范围，实验区面积54.88平方公里，占保护区总面积的8.53%。在不破坏自然资源和自然环境的条件下，实验区可开展经保护区管理机构和上级主管部门批准的旅游、科学试验、教学实习、标本采集等活动。

缓冲区　位于实验区与核心区之间，是沿实验区外围宽约1公里范围，面积90.28平方公里，占保护区总面积14.04%。

核心区　为自然保护区内除实验区和缓冲区外的其他区域，面积497.82平方公里，占保护区总面积的77.43%。核心区是具有代表性的自然生态系统地段，集中保护区特殊稀有的野生生物物种，是自然保护区的精华所在。

按保护对象划分，核心区海拔3500米以上区域，以保护牛羚、岩羊、绿尾虹雉等亚高山和高山野生动物及高山灌丛、高山草甸等自然植被为主，该区域自然环境、自然资源保存最为完整。海拔3500米以下的区域，以保护大熊猫、川金丝猴、牛羚等珍稀濒危野生动物和针叶阔叶混交林等植被为主。核心区实行严格保护，配置必要的研究与安全防护性设施，可开展经地质公园管理机构和上级主管部门批准的科学试验、教学实习、标本采集及极有限的旅游活动，严格控制游人进入，禁止除科学研究外的一切人为活动。

2003年编制完成的《四川九寨沟岩溶国家地质公园总体规划》在总体布局中进一步将九寨沟保护范围区分为8个保护小区。中查梁子向斜构造地质遗迹生态保护小区，面积80.73平方公里。扎依扎嘎生态保护小区，面积72.42平方公里。俄罗布背斜构造地质遗迹生态保护小区，面积76.06平方公里。扎玛且莫普德向斜构造地质遗迹生态保护小区，面积44.32平方公里。俄儒背斜和鹰爪洞断层、悬泉断层构造地质遗迹生态保护小区，即沃洛色嫫生态保护小区，面积109.75平方公里。干孜公盖断层构造地质遗迹生态保护小区，面积22.85平方公里。藏马龙里沟断层构造地质遗迹生态保护小区，面积36.48平方公里。依夷断层构造地质遗迹生态保护小区，即厄波山生态保护小区，面积42.18平方公里。

三、游览分区

游客游览区域是沟内允许游客到达区域，游客观赏旅游的场所，属实验缓冲区，面积186.50平方公里。该区用于景区、景点建设，配置有必要的步行游览和安全防护设施，如休息亭、观景台，对游客人数有规模控制，有一定数量的饮食、购物、照相等服务与游艺项目，限制居民生产活动。

游人从羊峒进入风景游赏区，树正、诺日朗、剑岩、长海是重要风景游赏区；扎如沟是辅助游赏区，长海景段属自然保护区的核心区，不作为风景游赏区。

截至2005年，九寨沟旅游开发先后形成12个游览小区。树正地质游览小区，面积14.60平方公里。扎如游览小区，面积21.55平方公里。措姑海游览小区，面积6.21平方公里。丹祖沟游览小区，面积20.43平方公里。日则沟游览小区，也作为科普游览区，面积25.25平方公里。悬泉沟游览小区，面积8.91平方公里。长海游览小区，也作为夏冬水上、冰上体育活动区，面积27.31平方公里。卡真沟游览小区，面积8.74平方公里。藏马龙里沟游览小区，面积17.28平方公里。原始森林沟游览小区，面积9.65平方公里。溶洞沟游览小区，面积6.86平方公里。绿海子游览小区，面积19.71平方公里。

四、服务分区

游客接待服务区集中分布于沟口白河上下沿岸，修建有旅游服务设施，建设有宾馆、饭店、购物、娱乐、医疗等接待服务项目及其他配套设施。漳扎旅游镇是白河沿岸10公里河谷地带接待服务设施的行政中心；风景游赏区内的诺日朗设午餐服务点，其他重要景点设服务站，如树正、长海、原始森林，提供茶水、休息等服务。

门区。九寨沟入口处，位于羊峒，面积为0.04平方公里，1999—2000年修建入口广场。客源分东西两路沿白河到此进入九寨沟。

交通场站。对外交通场站设在沟外，沟口建有停车场和公交班车站点、出租车客运中心。更远一些有漳扎镇客运中心和县城的汽车运输中心及九黄机场。沟内运营旅游观光公共交通系统，有配套的停车场和公交站点。诺日朗是区内交通转运中心。

管理区。九寨沟管理局的办公地点，设在九寨沟沟口羊峒，面积0.45平方公里。

科普教育区。设在九寨沟入口广场，面积0.06平方公里。

游客服务区。共5个，面积12.36平方公里，分别为：漳扎镇接待服务区，面积为11.68平方公里；镜海游客服务区，面积0.07平方公里；诺日朗游客服务区，面积0.33平方公里；长海游客服务区，面积0.16平方公里；原始森林游客服务区，面积0.12平方公里。

五、居民生活区

九寨沟区域的居民聚集区，属发展控制区，面积57平方公里。该区域人类活动较多，干扰较大。根据旅游需要发展养殖业和种植业，开展旅游商品生产与加工，提供旅游餐饮、住宿、购物、娱乐、医疗、通信、交通等服务。沟内居民生活区除配置必要的生活设置外，食宿经营活动已全部外迁，限制传统生产，控制人口增长，逐步引导居民迁出沟外。九寨沟管理局的后勤基地和职工宿舍位于这个区域，后勤总基地设南坪县城，少量设旅游镇。

到2005年，九寨沟区域依托景区发展的居民生产或生活小区初具规模。永竹居民生产生活小区，面积3.12平方公里。热如沟发展控制小区，面积20.77平方公里。从垭居民生活小区，面积0.88平方公里。隆康居民生产生活小区，面积2.69平方公里。丹久居民生活小区，面积0.24平方公里。丹布居民生活小区，面积0.36平方公里。漳扎接待服务小区，面积6.28平方公里。彭布居民生产生活小区，面积6.82平方公里。九寨沟管理服务小区，面积0.68平方公里。火地坝服务接待小区，面积2.07平方公里。荷叶居民生产生活小区，面积5.16平方公里。树正居民生产生活小区，面积1.10平方公里。黑果居民生产生活小区，面积1.21平方公里。则查哇服务小区，面积5.62平方公里。

第三章　交通设施建设

九寨沟县地处岷山山脉，境内以山地地貌为主，山路崎岖，解放前交通十分闭塞，人行往来、货物运输都十分困难。九寨沟县交通的改变经历了三个阶段。第一个阶段是解放后政府大力发展交通事业。1958 年 2 月，由杨承先、侯万义等组成筑路指挥部，抽调民工 200 多人，开始修筑南（坪）松（潘）公路。1959 年 10 月 1 日，南松公路通车。1965 年，南坪至成都客运开通。在相当长的历史时期里，南坪县的交通以群众自办为主、国家补助为辅，逐渐建立起社以县为中心、队以社为中心的交通网络。第二个阶段是南坪林业局建立后林区公路的修建，大大改善南坪县境内的交通。到 1984 年，南坪县境内有主干线 126 公里，简易公路 78 公里，林区路 309.21 公里，社队机耕道311 公里，共 824.21 公里。全县 18 个公社、123 个生产大队，有 17 个公社、99 个大队修通公路和机耕道，已通公路（机耕道）的占总社数的 94.4%，占总队数的 80.5%，改变传统运输靠人畜驮运的状况。第三个阶段是九寨沟旅游开发带来的交通设施的换代升级。1985 年，通往九寨沟的路况依然很差，包括低等级柏油路、土路和石子路三种路型。从成都前往九寨沟，路途遥远而颠簸，要想进沟有时还需绕道、最后换乘马车才能实现。到 20 世纪 90 年代初期，南坪县境内途经九寨沟沟口的仅有从县城到上寺寨一天往返一趟的班车。1998 年以后，随着九环线公路的建成和不断完善、九寨—黄龙机场的通航以及阿坝州通县油路、汶九路改造、若九路改扩建等工程的顺利完成，进出九寨沟的便捷旅游交通网络初步建成，交通畅达能力明显提高。

到 2005 年，九寨沟东距九寨沟县城 42 公里，西至松潘县城 104 公里，距离阿坝州政府所在地马尔康约 580 公里，距离成都 438 公里。九寨沟至川主寺环保公路总长 94 公里，是国内第一条环保示范公路。九寨沟县内公路交通网已基本形成，道路畅通。九寨沟沟口距漳腊九寨—黄龙机场 88 公里，机场到成都飞行时间仅 40 多分钟。按照“强骨架、畅出口、破瓶颈、保平安、上台阶”的要求，围绕九寨沟的公路、航空、铁路交通体系正在形成东西南北畅通、景区景点连接、安全舒适的交通骨架网。

第一节　道　　路

一、进出通道

九寨沟位于岷山深处，距成都 438 公里，距九寨沟县城 42 公里，沟口有南松公路通过，原为松潘县的北路官道，是从松潘县城北上到甘肃文县等地的必经之路，20 世纪 50 年代改建为南松公路。南松公路连接南坪县城和松潘县城，途经松潘漳腊（川主寺），翻越岷江发源地弓杠岭，全长约

120公里，1958年开工修建，1959年建成通车，属四川省省级交通干线，是通往九寨沟景区的必经之路。20世纪60—70年代先后修建南文公路（南坪至甘肃文县）、南平公路（南坪至绵阳平武）。到20世纪80年代初期，以南松公路为主轴，依托南文公路、南平公路，游客进出九寨沟景区的道路干线共计有8条。

南线：成都—都江堰—汶川—茂县—松潘—九寨沟。

东线南路：成都—江油—平武—南坪县城（九寨沟县）—九寨沟。

东线北路：成都—绵阳—剑阁—昭化—文县—南坪—九寨沟。

北线东路：兰州—武都—文县—南坪—九寨沟。

北线中路：兰州—永靖—临夏—合作—碌曲—若尔盖—漳腊（川主寺）—九寨沟。

北线西路：西宁—循化/永靖—临夏—合作—碌曲—若尔盖—漳腊（川主寺）—九寨沟。

西线东路：成都—雅安—芦山—宝兴—小金—马尔康—红原—漳腊（川主寺）—九寨沟。

西线西路：成都—雅安—天全—泸定—丹巴—金川—马尔康—红原—漳腊（川主寺）—九寨沟。

其中，南线即九环线中的西半环线（西线），长期是进出九寨沟的主干道路。据九寨沟管理局对组团量排名靠前的多家旅行社的调查统计，约有75%的团队采取汽车团的方式，其中从九环西线（汶川方向）进入的汽车团队比例达95%。

1990年，国家计委批准在原南坪林业局林区干线公路基础上修建若南公路，连接若尔盖县和南坪县，1992年6月20日动工，1995年11月竣工。公路进入九寨沟县后经黑河流域至九寨沟县城，再转向白河流域可至九寨沟，增加一条进入九寨沟景区的路线。2003—2005年，若九公路（原若南公路）改扩建工程完成，为山岭重丘三级公路。

图4－1　1998年的南松公路弓杠岭段

2002年7月，四川省委确定改建南松公路的川主寺至九寨沟段（川九路），按山岭重丘二级公路标准设计，全长约95公里。交通部要求将川九公路建成精品工程和环保示范工程。工程10月动工，到2003年9月完工。公路同时连接九寨—黄龙机场。

2004年3月1日，九寨沟县城至九寨沟沟口公路改扩建工程开工，工程为阿坝州大九寨国际旅游开发区重点建设项目，按国家山岭重丘二级公路标准设计建设，全长35.68公里，其中路基宽12米的有19.67公里，路基宽9米的有16公里，沥青混凝土路面。2005年4月30日，九寨沟县城至九寨沟沟口公路改扩建工程历时10个月全面完工并通过专家检测，顺利实现交工验收。九寨沟县城至九寨沟沟口的车程缩短近半小时。

二、区内道路

九寨沟内公路始建于南坪林业局在沟内建林场伐木时期。1967年，白龙江林业管理局组建九寨林场（124林场），公路工程处开始按林区三级公路标准修建九寨沟内主干公路。从1967—1978年底，共计修建完成沟内主干公路52公里，包括九寨沟口至诺日朗公路14公里，诺日朗至长海公路17公里，诺日朗至日则原始森林公路21公里。与沟内主干公路相连的是连接各村寨的机耕道。

同期，南坪林业局在白河流域修建的林场公路还有：达基寺的中查沟、上四寨、牙屯沟三级支线计31公里运材公路；塔玛的硫磺沟、环山路、塔玛沟4条支线计12公里运材公路；红岩的支沟及海子湾、石栏沟、干河坝、草堂沟共7条支线计24公里运材林区便道。

1982年以后，南坪林业局先后移交地方政府和九寨沟保护区的干线公路共94公里，包括1983年无偿移交给九寨沟管理处的九寨沟内52公里干线公路，这些公路构成九寨沟发展旅游业的区内道路基础。

1983年，南坪县交通局投资近1.80万元组织隆康、荷叶、树正村民对沟内道路进行整修。1984年，修建彭丰直升机场，修通漳扎至彭丰机场公路5.1公里。1985年底，四川省人民政府拨专款25万元修筑2条专用公路，解决树正村、荷叶坝和扎如沟居民的烧柴、用材运输问题，公路全长15公里，1986年9月竣工，其中，黑果公路5.4公里，扎如公路9.6公里。

1986年，国家投资138万元，阿坝州养路总段直属施工队施工，按山岭重丘四级公路标准改造从沟口羊峒到诺日朗的14.16公里道路，拓宽道路，铺设沥青路面，1987年10月10日竣工。公路改建竣工的同月，九寨沟沟内设置限速标志，限速每小时20公里。

1988年8月，九寨沟管理局筹集资金改造完成诺日朗至熊猫海9.3公里公路，路面宽度从5米增加至7—10米。年内建立37人的养路队。1989年，续建诺日朗至原始森林公路（诺原公路）9.3公里处至10.2公里处路段和日则二号沟梁板桥1座，为水泥路面。修复荷叶村2.2公里机耕道。9月25日，南坪县建设委员会同意建设九寨沟镇规划区道路475米。11月23日，南坪县建委、建行、交通局的负责人和工程技术人员同九寨沟管理局负责人对诺原公路进行验收。12月18日，阿坝州人民政府同意九寨沟管理局征用南坪县九寨沟镇漳扎村耕地9亩，作为修建475米公共交通用公路。1990年，投资75万元对羊峒到诺日朗公路沥青路面和漳扎至彭丰机场公路进行修复。

自1984年旅游开发到1990年，国家共投资1700万元，完成九寨沟内道路一级碎石路面改造共25.16公里，建成沥青路面14公里，水泥路面400米。

1991年，国家拨款25万元，用于九寨沟道路整治。1992年，加宽入沟大桥，新修村寨混凝土路495平方米，补修沥青路面6公里。1994年，投资305.40万元改造诺日朗至原始森林18公里道路柏油路面，1995年8月20日竣工。1996—1997年，完成诺日朗至长海17公里道路路基改造，为柏油路面，同时修建一座8米跨度钢筋混凝土大桥。

1993年，嫩恩桑措（神仙池）管理处投资7万元修通亚隆沟口至神仙池景区的公路9公里，与南林局126林场（东北林场）公路相接，距县城130公里。1997年，九寨沟管理局投资300万元铺设完成上四寨沙务沟至嫩恩桑措保护区的旅游公路路基工程。1998年，动工修建漳扎镇上四寨至神仙池旅游公路43公里。2000年5月11日，开工改扩建漳扎镇上四寨至神仙池的45公里道路，为山岭重丘四级公路标准，双车道混凝土路面，路宽6.5米，桥涵可通过100吨汽车载荷，2001年6月30日竣工。2005年，九寨沟县交通局完成芝麻口至神仙池的公路改造，全线实现路面硬化。

到2000年，九寨沟内道路体系日益完善，共建成四级沥青路面主干公路55公里，包括羊峒至诺日朗至剑岩30余公里、诺日朗至长海17公里，另建有扎如沟口至纳得12公里林便道，黑果桥至黑果寨5公里林便道，有游览步道约18公里，巡山道约77公里。

2003年“非典”期间，九寨沟管理局全面整治景区公路。从6月20日到2004年4月20日，先后投入1亿多元按山岭重丘二级公路一级路面标准改造完成景区公路38.14公里，路面加宽至8.5—9米，同时对公路两边的危岩进行治理、对边坡进行绿化，绿化面积37万平方米。2005年，九寨沟绿色旅游观光有限责任公司投资650万元，新安装景区公路防护栏20公里。年内，按四级路面要求完成扎如沟7.85公里公路整治工程。

到2005年，九寨沟内公路包括：羊峒—诺日朗—原始森林二级公路，31公里；诺日朗—长海三级公路，18公里；扎如沟口—纳得四级公路，12公里；荷叶—尖盘四级公路，8.4公里；黑果桥—黑果寨四级公路，7.1公里。

三、九环线

九寨沟旅游环线（以下简称“九环线”），是以九寨沟景区和成都市为轴线两端、由进出九寨沟的南线（西半环）与东线南路（东半环）构成的一个环状旅游交通干路。九环线以成都为起点，九寨沟景区为终点，全长913公里。其中，西半环线约438公里，路线为成都—都江堰—汶川—茂县—松潘—川主寺—弓杠岭—九寨沟；东半环线约475公里，路线为成都—广汉—德阳—绵阳—江油—平武—九寨沟县城—九寨沟。

1998年，九环线旅游公路改建工程完成，九寨沟的对外交通得到根本改善，成都至九寨沟旅程缩短为7—9个小时。2002—2003年，在原西线南松公路段基础上改建完成川九旅游公路，从松潘县川主寺到九寨沟景区，全长94公里，山岭重丘二级公路，路面平坦宽阔，为中国首条景区生态示范公路。

到2005年，九环线全线不同路段包括高速公路、二级公路和三级公路三种类型，路况良好。

第二节　机　　场

一、九寨直升机场

九寨直升机场位于南坪县白河区塔藏乡彭布村，距九寨沟口11公里，距南坪县城51公里，距成都市440公里。系永久性民用高原直升机场，服务于九寨沟旅游事业。能满足中型直升机滑跑起飞和垂直起降，可停放直升机2—3架。从成都起飞，一个多小时即可到达九寨直升机场。

1984年4月上旬，按照四川省人民政府关于尽快建设南坪九寨直升机场的指示，南坪县人民政府成立以县委副书记万金禄为指挥长的九寨直升机场指挥部，由成都军区空军后勤设计室测绘大队承担勘测设计，制定预算和参与主要技术环节的施工指导；进场公路工程和场道工程的土石方的挖填，由白河区组织1000余名农民和数以百计的推土机、拖拉机在工地施工；机场跑道、连接道、停机坪等主体工程的混凝土浇筑由省建十二公司承担施工并技术负责；机场高压输电线路和引水等附属工程，由县水电局等单位负责架设安装。

1984年4月，进场测设。5月，四川省政府工作组对初步测设各方案进行现场审查。6月25日，公路工程破土动工。8月中旬，场道工程破土动工。9月1日，四川省城乡建设环境保护厅批准南坪县九寨沟自然保护区管理处征用南坪县塔藏乡土地173.84亩作为修建直升机场公路用地，其中，漳扎村耕地 43.03 亩，非耕地 14.51 亩；彭丰村耕地 102 亩，非耕地 14.3 亩。

1985 年 7 月，机场建设全部完成。机场建设历时一年，实际施工 8 个月，总共投资 170 多万元，挖填土石方 26 万多立方米。完成项目包括：进场公路 5.2 公里；连接南松公路与机场公路处的水泥桥梁 1 座，涵洞 7 座；机场跑道、连接道和停机坪；机场供水、供电设施等。1985 年 8 月 16 日，经四川省有关单位验收合格。

1986 年 9 月 10 日和 12 日，成都空军两架直升机先后共三架次从成都起飞到九寨直升机场安全降落并安全飞回成都，完成九寨直升机场试航任务。

二、九寨—黄龙机场

1935 年，国民政府在松潘漳腊修建机场，1945 年废弃。

1983—1986 年，四川省人民政府布局川西北旅游开发，先后在阿坝州多地选址论证修建机场未果。

1993 年，川西北旅游机场选址确定在松潘漳腊。5 月初，国家民航总局等多家单位包括飞行师、机场师在内的技术考察团在四川省政府办公厅、省建设厅、省旅游局工作人员的陪同下到松潘进行机场修建可行性实地考察。5 月 14—16 日，国家民航总局、西南民航局、成都测绘大队等一行 9 人组成的复查组对九寨—黄龙民用航空机场（以下简称“九黄机场”）场址进行现场勘测复查，确定可以修建民用机场。

1998 年 8 月 6 日，四川九寨黄龙机场有限责任公司成立，负责机场建设任务。同年，征用建设用地 200 公顷，其中，非耕地 165.13 公顷，耕地 34.87 公顷。机场选址在松潘县川主寺镇东北 12 公里处，海拔 3400 米以上，距九寨沟沟口 88 公里。

2001 年 1 月 8 日，九黄机场试验段开工建设。4 月 20 日，试验段工程完工。

2002 年 3 月 11 日，国家民航总局批准九黄机场初步设计方案，九黄机场正式全面开工建设。4 月，机场主体工程开工建设。九黄机场位于漳腊旧机场以东、红心岩以西海拔 3447 米的高原上。机场按到 2010 年 80 万人次的年旅客吞吐量设计，4C 等级，跑道长度 3200 米，宽度 45 米，道肩宽 7.5 米，跑道主降方向设 A 类精密进近仪表着陆系统，可满足波音 737 和空客 A319、A320 等机型起降要求。

2003 年 5 月 20 日，机场候机楼开工建设，候机楼面积 4388 平方米。8 月 15 日，主要设施设备安装调试完毕。8 月 19 日，机场校飞成功，9 月 20 日上午 10 时，担任试飞任务的国航西南分公司波音 757 飞机，从跑道南面，迎着飘飞的雪花翩然而降，机场建设任务全面完成。9 月 24 日，九黄机场获得机场营运许可证。9 月 28 日，九黄机场通航试运营。成都到九寨沟景区的旅途，由 10 个多小时的地面交通，缩短为 35 分钟的空中航程和 90 分钟的地面运送。试航期间开通成都、重庆、昆明 3 条航线，日起降 24 架次，运输旅客 2500 人次左右。10 月 20 日，九黄机场正式通航，当年起降航班 703 架次，运送旅客 77685 人次。

2004 年 4 月，九黄机场迎来国内首个包机团。6 月，迎来首个国际包机团。全年完成航班 6932 架次，客运量 90.32 万人次。

2005 年 10 月 29 日，九黄机场年内客运量累计突破 100 万人次。全年起降航班 8872 架次，完成客运量 109.76 万人次。

2004—2005 年九寨—黄龙机场吞吐量与九寨沟景区旅游人次对比表

表 4－3

年 份	九寨沟旅游人次（万人次）	九寨—黄龙机场吞吐量（万人次）	机场进港旅客与旅游人次比例（%）
2004	191.16	90.32	23.6
2005	201.05	109.76	27.3

第三节　公共交通与服务设施

一、公共交通系统

1984 年以前，南松公路经过九寨沟沟口羊峒，来往松潘和南坪县城的过路班车经过此处。

1984 年，九寨沟正式开放旅游，此后，四川省汽车运输公司、阿坝州汽车队、南坪县汽车队和江油汽车联合运输公司等交通运输单位先后在九寨沟口设点，承办旅游交通班车业务。

1986 年，九寨沟旅游公司汽车队先后开设成都—黄龙九寨七日游专车、南坪—九寨沟—塔藏班车，并在沟内提供旅游出租车服务。1987 年，公司车队和江油联营公司合作，在沟内专设大客车 3 辆，定时定点开通树正、日则、则查哇 3 条主沟的公共汽车服务，并提供中巴 2 辆，供游客在沟内租用。

到 1990 年，九寨沟沟内游览交通以步游为主，形成步、车、马、船交替格局，汽车运输以公共汽车为主，租车为辅。

1999 年，九寨沟管理局禁止外来车辆进入沟内，沟内观光交通由绿色观光公司统一经营，沟外游客交通由各级汽车运输公司分别经营长途或短途旅游专线，由县城经九寨沟沟口至漳扎镇上四寨开通公交班车。

二、停车场

1988 年，九寨沟管理局修建汽油库，占地 214 平方米。

1989 年，九寨沟管理局将原建设科的油毡库房改建成 242 平方米砖木和砖瓦混合结构的汽车库房，结束九寨沟多年来汽车露天停放饱经日晒、雨淋、霜冻的历史。同年，完善管理局的停车场，环境大大改观。

1990 年，修建九寨沟沟口洗车场。1992 年，建成长海、原始森林、树正、荷叶等停车场。1993 年，新建五彩池停车场、日则招待所停车场共计 800 平方米。

2000 年，完成沟口基础设施和旅游设施建设，设置沟口停车场。

2001 年，投资 380 万元新建则查哇、诺日朗、镜海、原始森林、长海停车场，总面积 1.76 万平方米。同年，完成蓝天停车场处 180 米河堤修建，完成羊峒一号桥建设和沟口停车场扩建，缓解高峰期车辆拥挤状况。

2002 年，九寨沟管理局斥资 4500 万元改建蓝天停车场。停车场在原主体结构上进行加建，采用藏羌装饰风格，共分 3 层，设计同时停放 60 辆大巴车、144 辆小车。

2003 年，完成诺日朗停车场工程，沟内观光交通以此为枢纽。

2004 年 5 月 1 日，蓝天停车场完成改建投入使用，建筑面积为 15592 平方米，安装有先进电子导向系统，游客可在电子仪器的辅助下自如停放车辆。

三、汽车综合性能检测站

2003 年 10 月 28 日，观光公司汽车综合性能检测站工程开工建设。同月 31 日，检测站的兴建获四川省交通厅公路运输管理局审查同意。

2004 年 10 月 27 日，检测站建设工程完工，为 A 级检测站，负责检测观光公司和九寨沟县辖区内的车辆。

四、汽车修理厂

2003 年 11 月 17 日，九寨沟观光公司筹建汽车修理厂。同年 12 月 4 日，九寨沟绿色观光公司汽车修理厂申办一类维修企业经报四川省运管局研究同意立项。到 2004 年 11 月 17 日，修理厂完成筹建。2005 年，取得工商、税务等相关证件，开展一类汽车维修经营活动。

第四章 能源与通信设施建设

九寨沟能源和通信设施的变迁经历三个主要历史阶段。第一个阶段是传统阶段，第二个阶段是南坪林业局在白河流域活动的阶段，第三个阶段是1978年九寨沟设立自然保护区以后。20世纪60—70年代林业局的开发在部分地区引入煤炭、电力、无线电，但不改变整个区域的能源和通信设施。1970年以后，九寨沟的开发建设，不仅带动整个区域基础设施的改变，也对区域内能源结构的清洁化发展方向产生深刻影响。

九寨沟无工业企业，能源消耗主要为生活和旅游服务使用，以电力、油、煤炭为主。大力发展本地水电，积极引入国网电力，普及液化气，鼓励用燃气、电能代替木柴，是九寨沟能源结构发展的基本方向。

第一节 供能设施

一、能源结构

九寨沟区域森林茂密，传统以烧柴为基本的生活能源。1966年，南坪县成立水电局，小水电站在各乡村全面铺开。同年，南坪林业局进入白河流域开发森林资源，修建有小型水电站。1978年保护区建立后，南坪林业局在九寨沟内修建的2座水电站随同其他固定资产逐步移交保护区管理所。1985年，编制完成的《九寨沟风景名胜区总体规划（1985—2000）》提出“以电代柴”目标。九寨沟管理局陆续改造并整合辖区内各小型电站，架设和铺设输电线路，完善电网，满足保护和开发需要，逐步解决村寨居民在生活能源上对柴火的依赖。

1998年，九寨沟管理局耗资15万元，为景区内204户居民安装石油液化气炉，基本实现沟内居民“以气代柴”目标。

2003年，完成九寨沟游览区内35千伏农网改造工程，沟内全面通电，居民生活全面实现以电代柴。

2005年，九寨沟管理局推广可再生清洁能源的开发和利用技术，在沟口生态广场及办公区安装太阳能、风能照明供电系统；在箭竹海和五彩池的2座环保厕所安装太阳能供电系统，环保厕所旁安装的太阳能采集板除供厕所用电外，还为蓄电池充电，保证在连续3—5日无阳光照射时满足厕所供电。

二、电力电网

九寨沟区域地处岷山山脉深处，地貌以高山峡谷为主，水力资源丰富。

从1966—1974年，区域内先后建起乡、村小型水电站11座：塔藏乡达基寺电站（35千瓦，1966年）、彭丰村电站（10千瓦，1968年）、永竹村电站（12千瓦，1971年）、上四寨电站（14千瓦，1974年，后增加至35千瓦）、漳扎村电站（75千瓦，1975年）和隆康乡隆康村电站（10千瓦，1967年）、树正村电站（6千瓦，1967年）、荷叶村电站（14千瓦，1967年）、沙坝村电站（6千瓦，1970年）、牙扎村电站（6千瓦，1971年）、扎如寺电站（6千瓦，1971年）。电力主要用于照明，少量用于加工和脱粒。

1966年南坪林业局进入白河作业以后先后建起5座林场电站：1970年5月在九寨沟内建起诺日朗电站，装机容量50千瓦；1971年4月建起日则电站，装机容量28千瓦；1973年在塔藏乡干海子村建成鱼子口电站，装机容量28千瓦；1977年在塔藏乡红岩子修建红岩林场电站，装机容量125千瓦；1978年在塔藏乡郎寨村修建南林局汽车队团结电站，装机容量160千瓦。部分林场工段还建有微型电站，配合柴油发电机组，解决林场工业和生活用电。20世纪80年代以后，南林局陆续从白河流域撤出，所属水电站移交地方。1982年南林局从九寨沟撤出，诺日朗电站和日则电站移交九寨沟管理所。1984年，鱼口子电站移交干海子村，更名为甘海子电站。

1980年2月至1981年11月，隆康乡骨干电站建成，2台发电机组共640千瓦，年发电量112万千瓦·时。

到1984年，九寨沟区域有中小型水电站共计17座。小型电站大多运转不良，各电站就近供电，互不组网，供电分布不均。九寨沟内荷叶、树正、扎如3个小水电站，设施设备简陋，缺乏必要维修，运转不正常，电能质量差，冬季无法发电。沟口管理局驻地接用隆康电站，电力充足，诺日朗和日则供电相对不足，长海完全没有供电。1984年5月，南坪县水电局、九寨沟管理局联合向四川省水利电力厅请示，将九寨沟输电工程列入1984年基本建设计划中。

1985年，《九寨沟风景名胜区总体规划（1985—2000）》编制完成，规划依托南坪至隆康35千伏输电网络形成供电系统，优先解决管理局本部及周边乡镇和沟内诺日朗（则查哇）、树正、荷叶、扎如等旅游村镇的照明、取暖、炊事与加工用电。日则、长海及沟内其他村寨，就地自行解决。

1987年6月，隆康电站开始一级电站改造，同年恢复发电，装机容量640千瓦，基本实现沟口不再烧柴和向诺日朗供电。1989年，对局机关的输电线路进行换线改造，购置符合负荷的变压器，架通管理局到油库的输电线路。1992年，九寨沟管理局自筹资金14万元，改造诺日朗电站，装机容量增加至80千瓦。1993年，隆康一级电站改造完成，新增1台400千瓦机组，总装机容量1040千瓦。1995年建成隆康二级电站，2台机组装机容量共计3200千瓦。到1998年，为九寨沟内提供电力的小水电站和柴油机组（1台）总装机容量达到5000千瓦。

1991—1995年，建成九寨35千伏变电站，负责九寨沟旅游区供电，设计容量2×1600千伏安，1998年扩容至2×5000千伏安，2005年扩容至1×5000千伏安+1×8000千伏安。隆康二级电站建成后，38.5公里的城关—九寨沟35千伏输电线路投入使用，九寨沟旅游区及漳扎镇用电得到保障。

到2000年，建成诺日朗建35千伏变电站，完成从沟口至诺日朗35千伏输电线路埋设。依托城关—九寨沟35千伏输电线路和九寨变电站、诺日朗变电站，管理局初步建成沟内电网。沟口直接接用县电力网10千伏电源，通过埋线电缆从管理中心输送至扎如保护站（10公里），从扎如沟口接10千伏地缆沿公路埋设输送至荷叶、树正（6公里）。从沟口接35千伏电力网电源，通过埋地电缆输送至诺日朗（13公里），通过变电站转变为10千伏电源后分两路沿公路电缆输送至长海（18公里）和日则（9 公里）。年内，区内和沟口新增柴油发电机组 4 台，实现电网供电与发电供电自动转换。

2001—2003 年，九寨沟县进行第二批农网建设，新建干海子—九寨沟口 35 千伏输电线路24.5 公里，区内电网覆盖面积扩大。2003 年 5 月，完成沟口至诺日朗段 35 千伏景区农网改造工程，11 月，从诺日朗延伸至长海和原始森林的 35 千伏农网改造工程完成，铺设线路总长 73 公里。11 月 30 日实现景区全部通电。同年，拆除诺日朗、树正 2 座小水电站。

2004 年，改造荷叶寨 35 千伏变电所、诺日朗 35 千伏变电所和 10 千伏箱式变电所及配套工程，保障景区与居民的安全用电。

三、燃气供应设施

九寨沟液化气站（燃供站），位于九寨沟沟口下行 1 公里处，1998 年开工建设，1999 年竣工。由九寨沟绿色旅游观光有限责任公司营运部下属燃供部负责运营，主要从事公司及九寨沟管理局车辆的油料供应和观光车液化石油气供应以及对外销售与储存。

九寨沟燃气以甘肃和川北气田为主要供气商。用气普及率为 95%。区内不设灌瓶站。

第二节 通信设施

一、邮电

1985 年，九寨沟区域设有白河邮电所，无直达电路至成都，省内通话常阻塞。南坪县邮电局在诺日朗设置邮箱，由县局邮递员逢 3、6、9 日取信，取信时带来九寨沟内预订的报纸杂志。

1986 年，架设羊峒至诺日朗、日则的电话线路，总长 30 多公里，安装羊峒总机设备。在公安局的配合下安装沟内载波通信设备，新增无线电通话设备 1 套。

1989 年，在沟口建 1 个直径 2 米的地面卫星接收站。

1994 年 7 月，九寨沟成立专用网通信公司，开通全球卫星直拨电话，组建 800 兆赫兹的集群移动系统。

1997 年底，移动通信信号覆盖九寨沟口。2000 年 4 月 28 日，九寨沟景区内移动通信正式开通。2001 年，景区内的通信监控系统智能化工程光缆铺设完毕。2002 年 4 月 25 日，阿坝州电信分公司开通九寨沟管理局的光纤宽带服务（FTTX+LAN），8 月，开通 IC 卡电话。到 2003 年，九寨沟建有旅游无线通信网络和有线电话，移动通信电话可覆盖 50% 的景区，沟口设立 12 个 IC 卡电话亭，区内铺设完成 60 公里光缆，各景点均设立 IC 卡电话亭，并建有景区观光车智能化调度系统和呼叫急救系统。

2005 年，漳扎镇有邮政支局 1 个，电信分局 1 个，交换机容量 1000 对，实装 820 门。移动、联通、固定电话覆盖率 90% 以上。

二、电视

1986 年，管理局本部采用简单的电视差转设备转接电视节目，收视效果差，各保护站无电视转接设备。

1988 年，诺日朗修建电视卫星地面接收站 1 座。

2000 年，管理中心新建收发多套节目的卫星电视地面接收站，新建光纤电视闭路线 2000 米。按建筑功能配电视接收机 20 台。保护站建收发多套节目的卫星电视地面接收站，线路“自成体系”，其中消防队与诺日朗保护站共建 1 套。

2004 年 9 月 1 日，九寨沟管理局与阿坝州广电中心联网的新闻传输系统调试安装并成功运行。

2005 年，有线电视由县城接至漳扎镇，九寨沟内未通有线电视。

三、互联网

1999 年 6 月 1 日，由东亚自然保护研究、检测与培训中心制作的九寨沟网页正式接入国际互联网（Internet）。6 月 17 日，九寨沟全面开通国际互联网，九寨沟自然保护区管理处、九寨沟风景名胜管理局官方网页网址设定为：http：//www. whc—jzg. cpisn—cn. net/。

2001 年，九寨沟管理局启动电子信息商务中心方案。5 月 28 日，管理局信息中心建立电子商务网站“九寨沟旅游网”，网址 www. jiuzhaigouvalley. com。7 月 1 日，九寨沟旅游网正式上线运行，开通网上信息查询服务和网上交易业务。9 月 15 日，网站启动门票预售方案。10 月 1 日，九寨沟管理局正式启用网上票务预订业务。

2002 年，九寨沟网络国际旅游有限责任公司（九寨沟九网信息技术有限责任公司）成立后，商务网站由其经营，改名为“九网旅游电子商务平台”，网址改为 www. jowong. com. cn，实现观光门票、车票、餐票等的网上预定和支付。

第五章　给排水与环卫设施建设

给排水与环卫设施建设不仅改变传统生活方式，也是控制区域内污染物的基本途径。到2005年，九寨沟年游客总量突破200万人次，给排水与环卫设施功能对区域发展的基础性作用显得尤其重要。

第一节　给排水设施建设

一、水源

九寨沟地处嘉陵江源头区，区内水体是景观资源的核心部分，也是区内生活用水水源。总体上，区内水源涵养良好，水量充沛，局部水量不足，洪水期浊度较高。采用“水源→混凝沉淀→过滤→消毒→高位水池→用户”的给水处理工艺流程。

区内用水均来自天然水源。漳扎镇以白河上游和周边山沟山溪水为取水点。九寨沟内，荷叶寨以曲果休为取水点，树正寨以镜海为取水点，诺日朗以珍珠滩为取水点，则查哇以附近山溪水为取水点。诺日朗保护站和消防队在五花海取水。

二、供水系统

1985年，九寨沟有简易给水设施，规模小，设备不齐，供水水质差。1986年，开工建设九寨沟给水工程，包括诺日朗、日则和沟口羊峒，到1987年工程完工，基本保证沟内饮用水供给。

1990年，改修和新修供水设施4个。

2000年，新建2个100立方米高位净水蓄水池，消防和生活用水分管布设，维修原生活用水管网，消防选用直径160毫米镀锌管1000米，室外设消防水桩，管道埋于地下0.7米。

到2003年，九寨沟荷叶、树正、诺日朗、则查哇等处均建有集中给水设施。漳扎镇有水厂1座，设计日供水量为8000立方米，实际日供水3000立方米，供水普及率95%以上，在旅游高峰期不能满足需要。

2005年，在牙扎沟新建日供水量1.5万立方米自来水厂。同年，实施景区村寨饮水工程，铺设饮水管道8779米，解决景区居民吃水难问题。同年，实施树正寨保暖工程，铺设引水管道4822米，解决树正寨取暖问题。

三、排水系统

1985年，九寨沟污水处理能力有限，管理局本部排水为明沟自然排放，各保护站排水均为自然排水方式。

1986年，实施诺日朗给排水工程，1987年完工。工程修建专门的排污管线，进行河道整治，完成沟口防洪堤，在九寨沟游览区域实现雨污分流。建筑密集区敷设雨水管，管理中心修建有排水沟800米，建筑稀疏区利用建筑散水和道路沟排放雨水。雨水就近、顺势直接排放至林区。污水采用三级沉淀、三级过滤、自然渗透的办法，实现污水、便水分流。

2005年，管理局利用国债资金在景区内则查哇、诺日朗、树正和荷叶分别建立污水收集池，污水总容量为每日2000吨。

第二节　环卫设施建设

一、公厕和垃圾箱

1984年，对沟口、日则和诺日朗主要人员聚居地的公共厕所进行维修、改造，诺日朗增建厕所160平方米。1986年，景区内新建厕所5座。1989年，添置垃圾桶50个，投资2万元改造日则招待所外宾用厕所。到1990年，新修厕所8座，有123个蹲位，垃圾桶100个。

1992年，规划设计厕所8座，维修改造厕所4座，拆除原始森林、羊峒不合格厕所2座，设置专管人员8名，景区内各景点经营点和机关单位共设置有垃圾桶170个。

1999年，在诺日朗、长海、原始森林分别修建高标准厕所3座。

2000年，新建箭竹海、熊猫海旱厕2座，火花海高标准厕所1座、荷叶2座。

2001年10月，拆除九寨沟内所有旱厕，在原始森林、箭竹海、熊猫海、五花海、孔雀河道、珍珠滩、镜海、平安桥、树正磨房、长海、则查哇、五彩池、黑果桥、扎如寺等景点游览线路上，新建智能型全自动免水冲环保生态厕所11座，并购置8辆环保型车载式流动厕所（免水冲汽车旅游公厕），总投资307万元。

2003年，完成厕所改造3座，九寨沟内全面采用绿色环保厕所。在服务区、休息、观景点处以及游览步道、公路侧设置一定量垃圾筒和公厕，沟内游山栈道沿途设小型隐蔽垃圾坑道。

二、污水处理设施

1985年，在日则、诺日朗、沟口建污水处理池15座，在诺日朗、沟口、日则修建化粪池7座。

1999年，诺日朗、荷叶、羊峒3套污水处理设施开始运行，总投资225万元，总建筑面积1000平方米，日处理污水能力2000吨。1999年，投资70万元在诺日朗、树正居民点修建2座生活污水处理站。

2000年，新建污水处理站2座。诺日朗、火花海污水处理站房及设备安装已全部完成。

2001年，在沟外修建粪便污水处理场1座，总投资169万元。

2002年，火花海污水处理站运转良好，全年处理污水10950吨。

2003年，新建诺日朗、树正2座沟内居民生活污水处理站。

2005年，漳扎镇建污水处理厂，日处理能力为5000—10000吨。

三、垃圾处理设施

1984年，全年投入9万余元，先后购置东风牌垃圾车1辆、垃圾桶100个，新建垃圾处理场

1 座，修建垃圾处理场公路 1.2 公里。

1985 年，在长海处建垃圾处理场 1 座，修建垃圾处理公路 1.2 公里。

1986 年，在荷叶、树正、诺日朗、扎如寺设垃圾转运站，在管理局附近新建生活垃圾堆放地 20 平方米，将景区垃圾集中装袋，运到南坪县黑河大桥附近垃圾处理场统一处理。

到 1990 年，九寨沟有垃圾车 1 辆，修建垃圾处理场 1 座，整修运垃圾公路 3.3 公里，主要风景点配备清除垃圾人员 6 人，定期清除垃圾。

1999 年，新增购垃圾车 1 辆。

到 2003 年，在则查哇寨、树正寨、荷叶寨、扎如寨、管理局驻地、九寨沟花园和蓝天停车场设立垃圾中转站，景区内固体垃圾派专人收集，集中运到漳扎镇垃圾处理厂统一焚烧处理。

第五篇　生态保护

九寨沟生态保护的对象可以分为自然生态和人文生态两大系统。自然生态又分为地质遗迹保护、森林生态保护、水生生态保护和物种保护四个方面。2004年，九寨沟国家地质公园挂牌，地质遗迹和水生生态保护开始进入专项探索阶段。本篇不专列地质遗迹和水生生态保护，相关内容散列在景观维护、生态保护、环境卫生等类别中。

九寨沟自然保护区范围辽阔，有保存完好的森林植被，据世界环保组织监测测定，森林郁闭度在0.80以上的每公顷森林每年可释放氧气2.03吨，吸收二氧化碳2.81吨，吸尘9.75吨。经初步估算，保护区每年可释放氧气71500吨以上，吸收二氧化碳99050吨以上。保护区物种丰富，起源古老，种群特殊，生态系统完整。设立保护区是对当地生物多样性的保护，同时也是全球生物多样性保护的重要组成部分，有利于当地经济的持续发展与资源的可持续利用。

九寨沟同时享有“世界自然遗产”和“世界生物圈保护区”两项美誉，资源和环境保护积极而富有成效。保护区成立近30年，从无到有，逐渐探索，不断改进和强化管理，形成一套比较严格、行之有效且具有九寨沟特色的“以保护为核心，以开发促保护”管理模式。进入“十五”规划期间，九寨沟管理局加大保护投入力度，每年从经营收入中拿出5%左右投入科研保护。2002年，管理局投入保护经费1042万元，约占当年全局总收入的8.3%；2003年投入保护经费1800万元，约占当年全局总收入的13%；2004年投入保护经费1584万元，约占全局总收入的6%；2005年投入保护经费1650万元，约占全局总收入的5%。

到2005年，保护区内建有6个保护站，对整个保护区实行分片分级保护管理。保护区与区内居民及周边社区形成和谐的相互支持、相互配合、相互依存、共同发展关系，社区居民环境保护意识得到提高，自觉参与自然环境和野生动植物的保护工作。保护区管理机构从事与其能力相适应的科研、监测、监控工作，与国内外自然保护组织、科研院所、高校等广泛合作，是科研、教育基地和对外开放的窗口。

第一章　生态状况

九寨沟地处岷山山脉中段的腹地，长期与世隔绝，自然生态保存良好。20 世纪 60—70 年代经过林场开发，受到一定程度破坏。1978 年设立保护区，开展生态治理，成效显著，生态恢复良好。1984 年后正式开放旅游，经受旅游开发的挑战，继续保持良好的生态质量。2004 年，九寨沟国家地质公园开园，九寨沟生态体系的管理进入一个新的发展阶段。

自 20 世纪 60 年代以来，九寨沟就不再是相对封闭的生态区域，随着 80 年代以来旅游业的不断发展，九寨沟生态体系的可持续发展要求对保护区的管理提出挑战。

第一节　生态结构

一、自然生态

九寨沟是有重要观赏和重大科学研究价值的地质地貌区域，其自然生态长期保持相对稳定的结构。

区内以高山深谷为主，谷坡高而陡，岩层条件比较简单。高坡的斜坡稳定性较好，河谷下部植被良好，泥石流、滑坡、崩塌可以绕避或作适当处理。谷坡高陡，斜坡卸荷作用比较活跃，暴雨、地震或施工不当都可能诱发新的山地灾害。

土壤垂直带谱明显，过渡特征显著，以半湿润、半干旱暖温带山地淋溶褐土为代表性土类，随海拔上升，水分增加，温度下降，发育出相应的山地棕壤、山地暗棕壤和山地腐殖质铁质灰化土。

九寨沟地处中国北亚热带秦巴湿润区和青藏高原波密—川西湿润区的过渡地带，夏秋气候宜人。区内森林覆盖率很高，负氧离子含量较高，尘埃含量极小，空气清新宜人，大气环境质量优秀，符合国家环境空气质量标准（GB3095—1996）的一级标准。区内各大气环境质量监测点结果显示，各监测数值均未超标。每立方米的大气中，九寨沟口监测点的二氧化硫（SO_2）含量为 0，二氧化氮（NO_2）为 0.002—0.006 毫克，颗粒物为 0.09—0.16 毫克；树正群海监测点的二氧化硫（SO_2）为 0，二氧化氮（NO_2）为 0—0.003 毫克，颗粒物 0.06—0.11 毫克；则查哇监测点的二氧化硫（SO_2）为 0，二氧化氮（NO_2）为 0—0.003 毫克，颗粒物为 0.06—0.10 毫克。

九寨沟流域水质优良，树正沟及其支流水体清澈透亮，生物圈保护区内总的水体质量保持在一个比较好的水平。所有湖泊的氨氮（NH_4—N）和总氮（TN）监测指标均优于国家地表水环境质量标准（GB3838—2002）的一级标准，五花海、五彩池与芦苇海的溶解氧（DO）以及长海的总磷值（TP）均优于一级水平。白河水质良好，暴雨过后夹带一定量的泥沙。藻类调查表明，大部分水域是干净清澈的，没有明显的有机污染，可以划归为贫营养水体。水生动物调查表明，保护区内总的水体足够清洁，可以让几乎所有的无脊椎动物生活。

区内地表水监测结果表明水体总体质量较好：2001，大部分有机污染指标较1996年得到有效控制，水体逐步恢复正常，正向良好方向发展；5天生化需氧量（BOD5）还呈明显上升趋势。总体上，区内地表水水质能满足源头水和国家自然保护区的水域功能要求，基本符合《地表水环境质量Ⅰ类水域标准》；各湖泊水中总氮含量个别时段不符合湖泊水库特定项目Ⅰ类水域要求；丰水期五花海和犀牛海的总磷含量不符合湖泊水库特定项目Ⅰ类水域要求；枯水期全部湖泊总磷均不能达到湖泊水库特定项目Ⅰ类水域要求；地表水中叶绿素a含量全部符合湖泊水库特定项目Ⅰ类水域要求。

1986—2001年九寨沟地表水主要水质指标变化对比表

表5－1　　单位：毫克/升

项目	1986年9月	1996年9月	1999年8月	2001年7月	GB 3838—88 一级标准	GHZB1—1999 一类水域标准
pH值	6.88—8.25	8.45—9.3	7.7—8.1	7.89—8.48	6.5—8.5	6.5—8.5
CODMn	0.45—1.04	1.43—10.7	0.00—8.28	5.0—13.2①	2	<15
BOD5	0.45—1.76	1.84—7.83	<2.0	2.10—2.87	<3	<3
NH_3—N	0.01—0.07	0.005—1.06		<0.05—0.09	<0.02	<0.05
N(t)	0.025—0.299	1.60—12	0.022—0.027	0.001—0.003②		<0.06
P(t)	0.02—0.028	0.0—0.21	0.03	<0.01	0.02	<0.02
Oil		0.05—0.077	3.2—4.0	<0.01	0.05	—

说明：1. 为COD_{Cr}，用重铬酸钾作氧化剂测得的化学需氧量；
2. 为亚硝酸盐；pH值为酸碱值；CODMn为用高锰酸钾作氧化剂测得的化学需氧量；BOD5为五日生化需氧量；NH_3—N为氨和氮含量；N(t)为总氮；P(t)为总磷；Oil为石油类物质

区内地球化学环境总体优良。水系沉积物中主要有害元素除钒（V）、氟（F）两种元素平均含量在局部地域超标外，铅（Pb）、汞（Hg）、镉（Cd）、铍（Be）、钼（Mo）、镍（Ni）、砷（As）的平均含量均低于允许浓度，铋（Bi）、锑（Sb）平均含量接近地壳丰度，钴（Co）、铜（Cu）、锌（Zn）等的平均含量为允许浓度的几分之一。

区内放射性地质环境安全优良。区内γ放射性辐射剂量率一般为8—16×10^{-6}伦琴/时，仅高山区有1处最高测得76×10^{-6}（即0.001776伦琴/天），远低于一般认为的最大允许剂量率0.05伦琴/天，属绝对安全范围。

区内各功能区声环境均达到国家标准。噪声平均等效声级值昼间为46.60分贝，夜间平均等效声级值为39.90分贝。

九寨沟位于高海拔山地，山高谷深，悬崖峭壁，地形起伏大，自然植被保存完好，物种多样性突出。区内有大面积的原始森林群落，自然演替过程比较长，受到人为影响后不容易恢复。湿地生态是区内最典型的生态系统，是九寨沟国家地质公园的生命。独特的钙华堆积地貌经历长期复杂的地质地貌运动过程形成，对人为活动极其敏感，具有脆弱性和不可再生性，容易随环境质量的恶化而受到破坏，对各种人为活动要求极为严格。

九寨沟地处动物地理分布的古北界与东洋界过渡地带，生境垂直分布带谱明显，动植物种类十分丰富，物种珍稀性明显。有国家Ⅰ级保护植物3种，国家一级鸟类4种，二级保护鸟类23种，国家Ⅰ级保护动物6种，国家二级保护动物14种。区内属中国或四川特有动物种类较多。受国家重点保护的珍稀野生动物主要分布在海拔2000—3500米的区域。九寨沟区域是四川大熊猫栖息地分布的最北端，是岷山山系大熊猫种群的重点分布区，是大熊猫、川金丝猴等珍稀野生动物种群进行物种交流的关键性地带，对珍稀濒危野生动物的保护和基因交流有极其重要的意义。

二、人文生态

九寨沟的人类活动可以追溯到秦汉时期。早在吐蕃兴起之前，川西北已是氐、羌等族群生活的地方，同中原王朝保持密切的联系。随着吐蕃的兴起和对青藏高原各族群的征服，特别是松赞干布东征松州，对川西北的各族群的迁徙融合和文化变迁产生巨大的影响。九寨沟的先民，至少是部分先民，应来自早期氐羌的名为“俄洛”“达戈”和“扎依扎嘎”的几个部落。“俄洛”的得名取自河曲的俄洛女神山传说及部落出生说，九寨沟色嫫山名及沃洛色嫫传说为其演变。“达戈”是“雄马”的意思，白水羌（今白马人的先民）崇拜白色雄马（达戈）。九寨沟口的白河藏语称“达戈楚惹”，即白马河，“白河”为其简称。俄洛部原为甘肃玛曲阿尼玛卿山脚下的一个强悍部落，属党项羌弥药支系，吐蕃征服青藏高原一带时臣服，唐初吐蕃东征时随松赞干布从河曲来到川西北，最后留驻岷山弓杠岭下白水江沿岸。在白水江沿岸居住下来的俄洛部同当地的白马羌人如达戈部、扎依扎嘎部等接触、融合，互通婚姻，甚至结为联盟，逐渐演变形成九寨沟及其周边的各寨格局。民国《南坪乡土志》和《松潘县志》有“羊峒八寨”“和药九寨”“隆康七寨”等称呼。元代川西北地区划归宣政院管辖并逐渐吐蕃化，深受以苯教为代表的吐蕃文化的影响，几经变迁，延续至今，成为川西北安多藏族的一个组成部分，表现出显著的多元融合的文化特点。其中有部分可能是吐蕃王朝东征时留驻下来没有回归故土的军队后裔。

随着保护区的设立和旅游的发展，九寨沟的常住人口从传统的单一世居居民转变为四个组成部分：沟内世居居民、管理局等单位的工作人员、沟外白河沿岸从事旅游服务业者、国内外游客。

沟内1000多名世居居民的文化构成九寨沟人文生态的基本底层。九寨居民属安多藏族，穿藏袍，讲安多藏语，信奉苯教，持多神信仰，从事半农半牧的传统生产，过着节奏缓慢、悠闲而相对富足的生活，老一辈居民教育程度普遍不高，文化以习俗惯例的方式传承延续。1967年九寨林场建立，九寨沟宁静的岁月开始打破，1984年管理局成立并开发旅游以来，“外面”的世界及其多样文化猛烈地冲击本就脆弱的传统文化保护意识和弱势的本土世居居民文化生态，九寨沟的景观空间、历史记忆、文化认同、社会价值等诸多方面，都在日益繁荣的旅游业潮流中被重新塑造。新一代九寨沟世居居民获得远超老一辈居民的学历教育和文化水平，传统的语言文字习惯在逐渐消失，在衣食住行各个层面，世居居民的文化传统发生急剧变迁，穿戴传统服饰的时间比例显著降低，日常饮食和生活习惯与外界日渐趋同。建筑、服饰、雕塑、绘画、书法、藏经的雕刻、面具、节日歌舞、祭祀等传统人文生态的表现元素在视觉层面依然存在，社会观念、思维方式、价值观念、认知观念、宗教信仰等人文生态的深层结构处在持续的深刻变迁中。

第二节 生态变迁

一、自然演化

九寨沟生态结构处在自然演化进程中。地球环境和所在区域大系统的重大变迁奠定九寨沟生态体系的基础，长期的物理、化学和生物作用塑造九寨沟生态结构的具体面貌。

九寨沟景观系统在板块运动、冰川作用、重力作用和岩溶作用的基础上形成，板块运动与冰川作用奠定九寨沟地貌形态的基础，重力及岩溶作用完成长期的形塑、改造。单个景观体常常由多种原因形成。至今，九寨沟所在区域板块运动仍在继续，区内最大的一次冰期至今已有19万—23.5万年。有关九寨沟自然研究表明，该区域地质构造没有发现颠覆性的根本变化，大气和水径流系统基本稳定，生态水层保持良好，钙华体总体保持相对稳固。九寨沟管理局多年气象和水文监测显示，沟内降水多年变化有周期性枯、平、丰水年的差异，气候的多年变化及年变化对沟内水量多年变化与年变化具有控制作用，年初的降雪、积雪与5月的融雪对沟内水景及其相关景观的稳定起到良好调节作用。长海的巨大库容是除大气降水外沟内水量平衡与水化学平衡的另一个重要调节系统，它使一些重要湖泊如箭竹海、镜海、犀牛海能保持不同季节、不同年份的水位稳定，并使大部分滩流、瀑布不至于失水。保持九寨沟水量与水质平衡的另一个重要因素是区内的良好的生态水层，景区丰厚的植被层与腐殖层，是区内水径流系统的组成部分，对地表水与地下水调节起着十分重要的作用。

稳定是相对的，变化是永恒的。把握九寨沟自然生态体系的持续演变是生态保护工作的基础和前提。

二、林场伐木

1967年，南坪林业局在则查哇沟建九寨林场（124林场）；1972年，再建日则林场（126林场）。至1978年停止采伐，九寨沟内年采伐木材量约1万—2万立方米。沟内则查哇和日则两条主要支沟的森林生态遭到不同程度的破坏，生态水层作用减弱，水径流系统原有平衡面临被打破的危险，出现水土流失加剧、水位水量年度波动幅度加大、湖泊淤塞老化、瀑布水势减弱等趋势。

九寨沟内林场的建立同时将现代生产和生活方式近距离带到九寨沟世居居民的面前。

三、自然保护

1978年，国务院将九寨沟划为大熊猫自然保护区，停止森林采伐，开始生态保护。

1979年3月，四川省革命委员会发出《关于加强自然保护区建设的通知》，要求迅速将南坪九寨沟自然保护区建立起来，并确定其管理面积为6万公顷。保护区内很多地方保存有大片的原始森林，原生生态系统主体尚未遭到根本破坏，随着自然保护区的建立和积极的生态保护行动，植被资源的破坏得到完全遏制，次生林发育起来，曾经危急的生态系统进入迅速恢复阶段。

森林是九寨沟风光之母。要使九寨沟的青山常在、碧水长流，首先就要保护森林。自保护区设立以来，九寨沟在防火护林、退耕还林、治理泥石流等诸多方面都做了大量富有成效的工作，保持连续28年无森林火灾，实现“以气代柴，以电代柴”的规划构想，既保证当地居民用上清洁环保的能源，减少森林资源的浪费，同时通过居民转产等方式，提高居民收入，降低社区对保护区内自然资源的依赖程度。经过近30年的精心养护，20世纪60—70年代遭大规模森林砍伐的九寨沟，到

2005 年在 6.40 万公顷的自然保护区内保持 63.5% 的森林覆盖率和 85.5% 的植被覆盖率。

1998 年 10 月 1 日，四川实施天然林保护工程。九寨沟县停止天然林采伐。1999 年，中国实施退耕还林工程。两项工程大大改善九寨沟外围的自然生态环境，提高以大熊猫为主的野生动物的栖息地质量。

钙华水景群落是九寨沟风光的精华。众多的海子、瀑布和滩流组合的水色、水光、水声之美，造就九寨沟的独特魅力。一旦水体遭到污染，九寨沟的清新纯美就不复存在。为保护水源不受污染，九寨沟在控制景区旅游规模、加强水质监测和保护方面采取一系列重要举措。2001 年，区内所有旅游者住宿宾馆全部迁至沟外，拆除大量附属旅游服务设施，实现“沟内游，沟外住”的规划目标，减少游客对野生动植物的直接干扰、破坏和对环境的污染，大大降低保护区的生态压力。同年 5 月 1 日，九寨沟内垃圾实现日产日清，环保免冲厕所产生的污物全部打包运出沟外，沟内唯一的就餐点诺日朗餐厅的废水全部罐装运出沟外。7 月 1 日，九寨沟实施“限量旅游”策略，当年将每日进沟游客的高峰数量控制在 1.2 万人以内，有效缓解大量人为活动对生态环境构成的威胁。景区内实行人车分流，在现有公路的对岸开辟步行防滑栈道；引进全自动免水冲环保型的生态厕所和以清洁能源为燃料的绿色观光车，大大减少景区内的环境污染，为游人提供了优质健康的旅游服务。各保护站、生态厕所及旅游者产生的垃圾全部运到羊峒垃圾处理站进行处理，有效保护了整个生态系统尤其是湿地生态系统。

四、旅游开发

1982 年，九寨沟与黄龙寺一道列入第一批国家重点风景名胜区名录。1984 年，九寨沟风景名胜区管理局成立，景区正式对外开放。九寨沟藏寨社区居民参与到旅游开发中，或以住宿餐饮为主从事小规模家庭作坊式旅游经营活动，或被管理局招聘为季节工及正式工，1984 年管理局安排沟内村民 76 人、1985 年 120 人、1986 年 168 人从事保护和旅游服务工作，居民生活方式仍以农业为主，畜牧为辅。1990 年，九寨沟全年游客人数突破接近 15 万人。

到 2001 年，九寨沟全年游客人数突破 100 万人次，2005 年突破 200 万人次。大量游客涌入和由此带来的旅游业发展，为九寨沟生态保护提出严重挑战。

第三节　生态隐患

一、大环境的影响

在自然生态系统中，地质环境是生态保护的主要对象之一，也是其他生态系统和生物资源的载体。九寨沟自然生态系统从属于地球大环境系统，地壳板块的运动、大气环流的变化、气候的变迁等，以地震、泥石流、崩塌、滑坡等地质灾害和暴雨、冰雹、大风、寒冻等灾害性天气的形式，成为九寨沟自然生态系统和环境变化的生态影响因子。

二、居民生产生活变迁的影响

九寨沟内 1000 余名世居居民的生产和生活，既是九寨沟人文生态的基本载体，也是保护区内自然生态修复与变迁的持续性影响因素。

保护区建立初期，九寨沟内居民总数约 800 余人。传统生产的农地耕种、施肥打药、烧柴和用材砍伐、采集药材、放牧牛羊及狩猎等活动，在经历森林采伐的九寨沟中就显得尤为突出，增加植被破坏、水土流失、大气和水体污染的可能性。

随着九寨沟旅游开发的发展，九寨沟居民人口增加至1000余人，世居村寨的集中度增加，规模扩大，对生活区污染物的绝对控制和人居环境治理提出新的要求。因生活条件改善而增加的传统信仰活动带来森林火险可能性的增加。

世居居民对富裕生活的向往和现代生活方式的接受，对本土文化传统的传承与延续构成直接的冲击。2001年以后禁止沟内旅游经营活动，带来重塑生存与发展方式的新要求。

世居居民在保护区内定居的生存处境同文化教育水平、保护意识、法制观念要求之间的矛盾，构成九寨沟生态系统保护的基本结构层面。

三、旅游开发的影响

对九寨沟生态系统负面影响最大的是旅游开发。1984年旅游开发后，游客大量涌入，人数逐年攀升，九寨沟的生态系统的自我承受和自我调适能力面临高负荷的挑战，局部范围内的气温、水体营养度、景观和植被的完整性、空气质量、声环境等自然生态因素和整个传统人文生态体系，都直接受到游客数量增加的持续影响。

1984—1995年，对短期经济效益和利润的追求导致沟内一些对环境和景观资源有破坏的产业过度发展，对生态环境和景观资源造成污染与破坏。沟内旅客床位一度达到5000多张，不讲规划的房屋大批出现，废弃建筑材料随意堆置，宾馆饭店四周污水、垃圾失控，土壤、植被、水质遭受不同程度污染。1995年，九寨沟管理局及地方政府采取积极措施应对，从理顺生态保护和旅游发展的关系入手，规范和统一沟内餐厅等经营活动，到2001年落实“沟内游，沟外住”设想，构建起可持续发展的基本框架。

2003年，九寨沟综合考察中没有发现原生活在扎如坝上游的高原鳅。

2004年，四川省林业科学研究院的报告显示，靠近游人道路的部分水体和一些沼泽生态系统中的小片水体出现一定程度上的有机污染。

四、其他因素影响

保护管理因素。包括九寨沟管理局为主体的各种社会力量。在沟内世居居民生产生活方式转型和游客数量大增的背景下，九寨沟管理局的保护策略及其工作人员的保护素养和保护工作水平直接影响九寨沟生态体系的稳定与延续。自1979年至2005年，九寨沟保护人员的日常巡护和环境监测、保护工作的专业素养及培训提升、管理制度的完善与发展、保护设施的建设与维护，加上地方政府、社会各界、游客和旅游从业人员的保护意识、保护知识，以及围绕生态保护的科学研究的开展与适度的旅游发展，共同构成九寨沟生态体系的保护性机制。1978年底，九寨沟内实现禁伐森林。1992年，九寨沟列入世界自然遗产名录后，在九寨沟风景名胜区的外围保护地带南坪林业局仍在进行森林采伐作业，直到在南坪县政府推动下于1995年建立九寨国家森林公园和1998年国家实施天然林保护工程，以九寨沟为主体的白河流域才全部纳入到生态保护的范围。

偷盗偷猎因素。在离保护点、巡护道路较远的地方，采药和打猎的现象偶有发生。

人工林病虫害因素。沟内采伐迹地更新营造的大面积云杉纯林发生的较严重云杉落针病与叶锈病，次生林的生物多样性生态体系重建仍在继续。

第二章　保护区建设

20 世纪 60—70 年代，南坪林业局在九寨沟内开展采伐作业，直接危及九寨沟的生态体系。与此同时，一些有远见卓识的科技工作者、新闻工作者、环境保护专家和社会各界人士，包括南坪县委、县政府部门单位的一些干部、职工，先后展开有关保护九寨沟风景的探讨，并积极向上级部门反映情况，向社会呼吁保护九寨沟的生态体系。在他们的不懈努力下，九寨沟最终由南坪林业局的伐木场变成国家级自然保护区，为九寨沟生态的保护和建设奠定基础。

第一节　保护区的设立

一、国家自然保护区

四川九寨沟国家级自然保护区，是以大熊猫及其栖息地为主要保护对象的森林和野生动物类型自然保护区，A 级优先保护单元。保护区地处动物地理分布的古北界与东洋界过渡地带，动物种类多样，保存较为完整，区系组成复杂，起源古老，是许多生物物种的避难所、栖息地。已知有脊椎动物 313 种，其中属于国家一级保护动物的有大熊猫、川金丝猴、牛羚、绿尾虹雉、斑尾榛鸡、雉鹑等。保护区紧邻的 A 级优先保护单元黄龙寺、白河、王朗、勿角等自然保护区，是岷山山系大熊猫及川金丝猴等野生动物种群交流的关键性走廊带，对促进岷山山系大熊猫等野生动物基因交流具有十分重要的意义。保护区以其独特的岩溶钙华堆积地貌成为世界著名的自然风景名胜区，是具有世界自然遗产和世界生物圈保护区双重桂冠的自然保护区，具有极高的生态保护价值、科学研究价值与美学价值，是重要的自然博物馆。

20 世纪 60—70 年代，随着南坪林业局在九寨沟内开展森林采伐作业，有关九寨沟生态的研究也开展起来。中国科学院成都生物研究所、国务院农林部、四川省林业厅、四川农业大学、南充师范学院生物系等单位先后在九寨沟开展科学考察，参与考察与研究的专家、学者不约而同地提出保护九寨沟生态的主张。

1973 年，中国科学院学部委员吴中伦在考察九寨沟后向四川省革委林业组组长韩正夫建议九寨沟内不应再采伐森林。1974 年 10 月，四川省林业局野生动物保护处胡铁卿等随大熊猫考察队进入九寨沟，随后将九寨沟的生态与景观信息反馈回省林业局。1975 年，根据九寨沟内林场从山头向下采伐的情况，四川省革委林业组向南坪林业局发出《关于日则、格泽沿沟 200 米以下禁止砍伐的通知》，这是四川省林业部门第一次提出保护九寨沟的正式文件。

1974—1977 年，南充师范学院生物系动物专家胡锦矗带领的四川省珍贵动物资源调查队（野调队）走遍四川所有大熊猫栖息地①，在1977年9月定稿的《四川省珍贵动物资源调查报告》中建议将南坪白河自然保护区扩建至九寨沟。1975年，中科院成都生物研究所技术员印开蒲和中科院、四川农业大学的专家第二次考察九寨沟，先后向阿坝州人民政府、四川省科委、四川省革委会提出建议，在九寨沟停止砍伐，建立自然保护区。

1975—1978年，南坪林业局职工张国威，《人民画报》记者、南坪县工作人员邓一、田树昌等人通过撰写文章、拍摄许多照片介绍九寨沟美丽风光、向上级有关部分反映等多种方式，呼吁停止砍伐九寨沟内森林，保护九寨沟。1978年11月6日，南坪县委宣传部新闻干事田树昌和县农机水电局的邓一，将呼吁信《赶快抢救九寨沟风景区》分别寄往中央领导、四川省委和省革命委员会领导以及林业部、国家旅游局、《人民日报》《民族团结》《四川日报》等部门和媒体。人民日报社、国家旅游局等接到呼吁信后转有关部门处理，国家民委《民族团结》杂志和《四川日报》编发内参。主持四川省委工作的许梦侠于12月6日作出批示，责成阿坝州委和省林业厅采取保护措施。12月17日，中共阿坝州委给南坪县委并阿坝州林业指挥部党委发出《关于保护南坪九寨沟风景区的紧急通知》，责成阿坝州林业指挥部、南坪林业局会同南坪县委制定保护条例，采取果断措施，立即停止沟内伐木，并将距九寨沟1000米之内地带划为禁止采伐森林区域。

1978年7月，印开蒲第三次进入九寨沟。8月，以中国科学院成都生物研究所名义完成的《关于在四川建立几个自然保护区的建议报告》②，提出在九寨沟建立自然保护区的必要性。8月13日，中科院成都分院院长马识途将《关于在四川建立几个自然保护区的建议报告》送到北京，由国务院副总理、中科院院长方毅转报国务院。11月27日，国家林业总局向国务院上报《关于加强大熊猫保护、驯养工作的报告》，报告针对大熊猫分布区缩小、数量减少和自然灾害严重等问题，"建议在四川凉山马边与美姑交界的大风顶、岷山青川县的唐家河、南坪县的九寨沟和陕西秦岭佛坪与洋县交界的岳坝，再划四个自然保护区"，并提出在卧龙、白水江、岳坝建大熊猫驯养繁殖中心的设想，新拟建大熊猫驯养繁殖中心的"三个自然保护区，由南坪林业局和所在省双重领导，以南坪林业局为主。所需人员编制、经费、物资、设备等，由南坪林业局提出规划，报国家计委、财政部批准后实施"。11月30日，四川省林业局下令停止在九寨沟采伐木材。12月15日，国务院批转国家林业总局《关于加强大熊猫保护、驯养工作的报告》，同意建立九寨沟自然保护区。针对九寨沟内仍在采伐森林的情况，四川省林业局随即发加急电报，要求南坪林业局通知沟内两个林场，停止一切森林采伐。

1979年3月，四川省革委会就九寨沟保护区的面积，机构及开发建设作出规定。6月，四川省委书记杨超、副省长张力行、省委秘书长张颐、省林业局局长王继贵到南坪林业局考察工作，检查森工生产与采伐迹地更新。杨超指示：不采或少采公路两旁和风景区的林子，加快更新造林的速度。南坪县主管部门负责组建九寨沟自然保护区管理所，在沟口设卡，检查过往车辆，宣传保护。同年，九寨沟内124林场和126林场全部停止森林砍伐，荷叶林场停建，搬迁工作逐步展开。到1983年，两个林场迁出九寨沟林区，全部固定资产无偿移交九寨沟管理所。

自1979年开始，林业部、国家建委、四川省人民政府、阿坝州和南坪县人民政府、九寨沟管理

---

① 即中国第一次大熊猫调查。

② 1979年1月27日，《光明日报》在科技工作者建议栏内以"在四川建立自然保护区刻不容缓"为题，对报告摘要转载。

局，先后共投入近亿元人民币建设、保护九寨沟，涉及泥石流整治、营林更新、基础建设、环境保护及旅游开发等多方面工作，成效显著。

1981 年 7 月 28 日，林业部在《关于印发“全国自然保护区情况表”的函》中，明确提出要保护好九寨沟的珍稀动物和自然生态。

1986 年，四川省人民政府办公厅下发《四川省风景名胜资源保护开发建设领导小组第二次会议纪要》，正式确定将南坪县九寨沟内的森林资源面积从南坪林业局施业区中划出。

1994 年 5 月 17 日，四川省人民政府发函确认九寨沟为国家级森林和野生动物类型自然保护区。7 月，林业部发文确认九寨沟为国家级自然保护区，旨在保护大熊猫、金丝猴等珍稀动物及其自然生态环境，自然保护区面积 643 平方公里，其中，核心区 497.80 平方公里，缓冲区 90.30 平方公里，实验区 54.90 平方公里。

二、世界自然遗产地

1991 年 3 月 26 日，中华人民共和国建设部城建司向中国联合国教科文组织全国委员会秘书处发函，正式提出将九寨沟、黄龙、桂林漓江、路南石林、武陵源、黄果树等风景名胜区作为第三批遗产项目申请列入世界自然遗产名录。6 月 14 日，南坪县委、县政府成立九寨沟申遗工作领导小组。9 月，申遗工作组完成申报书的编写工作，上报建设部。

1992 年初夏，联合国教科文组织世界自然与文化遗产委员会根据中国的申报，将九寨沟列入世界遗产候选名录。6 月 5—6 日，受遗产委员会指派，国际自然与自然资源保护联盟的桑塞尔博士和卢卡斯博士前往九寨沟考察，随后向遗产委员会提交评估报告。12 月 14 日，联合国教科文组织自然遗产委员会（WHZ）第十六届全委会在美国新墨西哥州州府圣菲召开，一致通过将九寨沟自然保护区列入世界自然遗产名录。

1993 年 2 月 28 日，由中国联合国教科文组织全国委员会和建设部共同主办的武陵源、九寨沟、黄龙风景区列入世界遗产名录颁证仪式暨新闻发布会在北京人民大会堂举行。联合国教科文组织总干事马约尔分别向武陵源、九寨沟、黄龙颁发世界自然遗产证书。

1998 年 9 月 11—13 日，联合国教科文组织世界遗产中心专家莱斯·莫洛伊和景峰，对九寨沟列入世界自然遗产地 5 年来的保护、建设、管理等工作进行监测评估。

三、生物圈多样性保护区

1995 年 9 月 14 日，联合国人与生物圈计划（MAB）中国委员会接纳九寨沟为中国生物圈保护区成员，并将九寨沟列入世界生物圈保护区推荐名单。

1997 年 10 月 27—29 日，联合国教科文组织召开人与生物圈计划国际协调理事会执行局会议，批准接纳九寨沟国家级自然保护区为联合国教科文组织世界生物圈保护区网络成员。12 月 15 日，联合国教科文组织总干事签发证书，正式将九寨沟保护区纳入“世界生物圈保护区”。

图 5－1　1998 年，世界生物圈保护区颁证仪式新闻发布会在北京举行

1998 年 5 月 26 日，联合国教科文组织为九寨沟等

自然保护区单位颁发“世生物圈保护区”证书。

四、国家地质公园

九寨沟国家地质公园是世界罕见的高寒岩溶地质公园，以多彩钙华、层湖叠瀑为特色，兼有保存完好的冰川遗迹，集科学考察、科普教育、观光旅游、休闲度假功能于一体。层湖叠瀑景观是泉流、湖泊、群海、滩流、瀑布等的组合，保存完好，具有较高的科学价值、美学价值、科普教育价值和旅游开发价值。

图5－2　2004年，九寨沟国家地质公园授牌仪式在九寨沟沟口生态广场举行

2000年，联合国教科文组织开始实施“地质公园计划”。同年，国土资源部制订《全国地质遗迹保护规划（2000—2010）和国家地质公园总体工作指南》，计划在10年中建成310个地质公园。

2003年，九寨沟管理局向国土资源部提交国家地质公园申报书，编制《四川九寨沟岩溶国家地质公园总体规划》。12月30日，九寨沟通过国家地质遗迹（地质公园）评审委员会的评审。

2004年1月，国土资源部批准九寨沟建立国家地质公园。同年10月，九寨沟国家地质公园揭碑开园。

第二节　分级分片保护

一、景区分级保护

1985年制订的《九寨沟风景名胜区总体规划（1985—2000）》根据景观价值、生态地位、游览需要和管理实际对九寨沟内的景观资源实行分级保护，划分出全流域、重点保护景观、严格保护区域和特殊保护景观点四个级别，最高级别为特殊保护景观点，其余三个级别以此为中心构成圈层结构。

第一级，景点景物特殊保护区。范围包括景区内所有湖泊、瀑布、滩头等水景和古树、名石、栈桥、磨房等景物。只能进行游览观赏，不能进行随意改造，除直接、必需的保护措施和游览设施外，一律禁止增建任何工程，对区内一草一木、一水一石均加以保护。

第二级，游览范围严格保护区。指允许游览区以内除第一级特殊保护景点景物外的区域。除当时规划安排的旅游村、旅游点及必要的游览设施（包括游览道路、观景平台、围墙栏杆、厕所、栈桥等）以外，其他无关设施一律不得进入该区。旅游村、点在规模、体量、造型、色彩上与自然环境和藏寨风格协调。区内藏民村寨属景观物，规划在保持藏族文化特点的基础上逐步更新和提高。

第三级，景观环境重点保护区。游览区外、景观区以内。游人不可涉足；可根据景观需要和生态布局，局部调整植被林相，更新线迹地，治理泥石流，停耕还林还草，禁止无关建筑工程，禁止开荒、炸石、伐林、放牧。

第四级，自然生态全面保护区。景观区以外、风景区边界内的全部区域。除规划允许的少数山头和翻山登道以外，禁止游人进入，禁止伐木、开荒、炸石、放牧（除规划划定区域外）等人工活动，以保持流域自然生态平衡为目的。

2005 年修编完成的《九寨沟风景名胜区总体规划（2006—2020）》，将上述四级分区合称为特级、一级和二级结构的“核心景区”。上述第一级和第二级核心景区范围明确为树正沟、日则沟、则查哇沟、扎如沟两岸宽约 1 公里的地带，是游人可以到达的区域及游览区域。一级核心景区面积 12 平方公里，二级核心景区面积 43 平方公里。上述第三级和第四级合并称为核心景区特级保护区，是除游览区域以外的核心景区，面积计 588 平方公里。核心景区严格禁止与资源保护无关的各种工程建设，严格限制各类建筑物、构筑物，禁止建设各类宾馆、索道和大型人工设施，符合规划要求的建设项目要严格按照规定的程序进行报批，手续不全的不得组织实施。另将漳扎镇及其相关环境作为三级保护区，面积 77 平方公里。风景区外围相关环境地带，东至风景名胜区范围西界，西至南松公路以西分水岭，南至九寨沟县与松潘县县界，北至拉来坝到唐乌沟与许夏沟交会处一线，面积 600 平方公里。外围保护地带禁止一切破坏生态环境的项目进入。

二、地质公园分级保护

2003 年编制完成的《四川九寨沟岩溶国家地质公园总体规划》参照景区和自然保护区分级将九寨沟地质公园划分为特级、一级、二级、三级共四级保护区。

特级保护区：树正沟、日则沟、则查哇沟、扎如沟 4 条主沟两岸宽约 1 公里范围和丹祖沟、悬泉沟等 7 条支沟两岸约 500 米范围之外的其余地带，面积 484. 8 平方公里。主要保护对象为九寨沟层湖叠瀑景观形成的水流运动系统。禁止游人进入，不搞任何建筑设施，可进行少量科学考察和研究。

一级保护区：树正沟、日则沟、则查哇沟、扎如沟 4 条主沟两岸宽 1 公里范围内和丹祖沟、悬泉沟等 7 条支沟两岸约 500 米范围内的景点及其环境空间，以一级景物的视域范围作为主要划分依据，面积 12 平方公里。安置必需的步行游赏道路和相关设施，严禁建设与风景无关的设施，不得安排食宿床位，不准机动工具进入，控制游人进入，主要做科学研究、科学教育实践基地。

二级保护区：一级保护区即 4 条主沟两岸宽 1 公里范围内和 7 条支沟两岸约 500 米范围内区域以外的地带，面积 174. 5 平方公里。在不降低景观质量的情况下，可适当设置购物、休憩等服务设施，限制与地质游赏无关的建筑，规划一定的交通用地。

三级保护区：永竹—漳扎—彭丰—羊峒—隆康—牙扎沟公路沿线居民居住地及其相关环境，面积 57 平方公里。需有序控制各项建设与设施，并要与环境相协调。

在特级保护区及一级保护区内，严禁伐木、狩猎、挖药、放牧、旅游等活动。经允许的科学考察、科普和教学活动，需在管理人员陪同下按指定路线及范围开展，最大限度减少保护区的人为破坏。

对特级保护区和特级保护点实行严格保护，禁止除科学研究和生态环境保护治理工程外的一切人为活动。景点景物周围的区域，可以安置必需的游赏步道和相关设施，但必须与景观环境协调，要控制游客数量，严禁机动交通工具进入。所有地质遗迹保护区内不得进行任何与保护功能不相符的工程建设活动；不得进行矿产资源勘查、开发活动；不得设立宾馆、招待所、培训中心、疗养院等大型服务设施。

三、建立保护站点分片保护

1990年，建立长海、日则、树正、诺日朗、荷叶、扎如、沟口7个保护组，配置保护人员68人。

1995年，建成扎如、荷叶、树正、诺日朗、日则5个保护站。1998年，增建长海保护站，实行站长责任制。2001年，对扎如、荷叶、树正、诺日朗、长海、日则6个保护站的基础设施进行改善。2002年，基本完成5个保护站的新建、维修工作。到2005年，九寨沟自然保护区建有长海、日则、树正、诺日朗、荷叶、扎如6个保护站。保护区内以保护站为支撑点，对保护区进行分区管理，并逐渐调整布局，建立完善的适合九寨沟保护区特点的保护体系和保护网络。

扎如保护站 位于扎如沟进沟2公里处，海拔2360米，距管理局驻地5公里。主要管护扎如沟下游汇水面积的区域，管理面积3758公顷。

荷叶保护站 位于荷叶沟，海拔2360米，距管理局驻地4公里。主要管护荷叶沟汇水面积的区域和沟口门卫至黑果桥一段，管护面积6095公顷。

树正保护站 位于树正寨子附近，海拔2560米，距管理局驻地8公里。主要管护黑果沟、丹祖沟汇水面积的区域，管护面积932.6公顷。

诺日朗保护站 位于诺日朗，海拔2620米，距管理局驻地13公里。主要管护黑果沟以上至克泽沟汇水面积的区域，管护面积8951公顷。

长海保护站 位于长海口，海拔3103米，距管理局驻地30公里。主要管护克泽沟以上的则查哇沟汇水面积的区域，管护面积14305公顷。

日则保护站 位于日则沟中部，海拔2760米，距管理局驻地21公里。主要管护五花海至原始森林的各沟系，管护面积15333公顷。1990年，日则保护组进驻日则招待所。2003年，日则招待所改造为日则保护站，设火警指挥组。2005年，武警森林中队进驻。

图5－3 日则保护站

第三节　巡查与监测

一、辖区巡查

从1984年起，九寨沟自然保护区管理处成立巡逻队，经常组织保护人员上山检查、巡逻，在20世纪80年代，每年上山调查巡逻保持在5000人次左右。随着保护区保护工作的开展和当地居民保护意识的增强，上山检查和巡逻逐渐向专职化和定期化转变，同时配合专项整治，年巡查总人次逐渐减少，到21世纪初，保持在每年200人次左右，区域生态和环境得到有效保护。

1988年，修建扎如巡山房73平方米。成立28人的巡山护林队。全年共处理乱砍滥伐林木4人，超砍2人，罚款1300元，拆除违规建筑11处，处罚违章录像3次，追收保护费700元，查禁汽油870公斤，抓获处理1起偷猎案件，对就地挖沙取土，破坏自然景观的建筑队罚款3000元。对沟内村民不按规定挖沙罚款400元。

1989年，组成12人的巡山队，对所有的支沟、山头逐一进行清查，历经两个月完成巡逻任务。在巡逻中，收取猎套6246根，收缴猎物3种4件，捕获猎犬1只，处理乱捕滥猎7人，罚款3600元。对松潘县城关区静安乡村民到九寨沟乱捕滥猎行为进行审查教育，没收其猎具，罚款800元。

1992年，继续清查乱捕滥猎人员，重点对原始森林、扎如沟地区进行巡山搜查，宣传、教育、劝阻进入保护区内的打猎挖药人员34人，禁止枪支弹药入沟2次，追回偷越入沟人员113人，控制违章入沟人员52人。

1995年，组织公安、消防、护林等40余人，对外来人员的非法活动进行清理，没收猎套230余根，拆除帐篷17顶，赶走挖药人员70余人，驱赶牲畜14头。

1997年，明确林政管理责任，按照“谁主管，谁负责”原则，以保护站为主，实行片区责任制，同林政员签订责任书11份，发放宣传单2500余份。

1998年，组织保护人员进行大规模巡山检查，5次行程共计720公里。

2001年，新建12人专职巡山队，组织大规模巡山检查7次，共160多人次，抓获非法进山采挖人员76人，对景区重点林区进行局部巡查53次。

2002年，坚持“预防为主，积极消灭”的原则，重点打击外来人员进入保护区的乱采、乱挖、乱捕活动。

2005年，全年组织80余次大规模森林巡护，参加人员200余人次，覆盖全区，阻止周边农民上山采药、采菌、打猎等，年内共抓获、教育、处理违规人员30人次。

二、社区联防

1979—1984年，在九寨沟自然保护区管理机构筹建时期，保护工作主要由管理处（所）组织沟内村寨居民共同完成。到1988年，形成由20户居民组成的治安护林巡逻队伍和50人的巡山队。保护区全区按自然村划分成4个责任区、20个责任小段，由护林队和巡山队分段巡山检查，每个责任段每天有2—3人上山巡逻，负责本责任段的护林防火及野生动物保护工作。在每个村寨，以住房远近，分别以3—5户居民或一个护林联防小组为单位，轮流值班，负责护林防火和治安消防工作。管理处（所）分别给予护林队成员每月补助22元、巡山队成员每月补助60元，年终沟内群众每人再发给10元补助。

1985年，保护区管理处在总结经验的基础上，全面动员沟内群众参与保护工作，组织全沟142户社员按户为单位每户抽1人参加护林巡山和大熊猫保护工作，并把保扩区划分成若干自然段，沟内居民每5—6户编成一个组，每个组负责一个段，再按要求签订合同。每户在护林警戒期内每月发给补助25元，其他时间每月发给15元，全年每户保护收入有240元。

1986年，管理处全面加强有关保护森林的法制宣传，调整充实护林组织机构和护林队伍，组建护林指挥所1个、指挥组3个、沟内143户居民每户都有1人参加护林工作，并落实护林责任区。在护林警戒期内，管理处抽专业人员住队宣传检查，每个护林组派专人昼夜值班，每个责任区有专人巡逻、签订护林合同，每个月用电影方式宣传林业方针政策和护林防火的重大意义，同时把护林效果与经济利益结合起来。1986年护林年度内，护林宣传受教育人数达8000余人次。

1988年，九寨沟内居民以村或村民小组为单位，建立护林防火组织，村支书、村长、村民组组长为护林防火组织负责人，负责村寨护林防火工作，年内做到户户有《护林防火公约》，人人有灭火工具。

1989年，管理处保护科和消防队员实行分点管理，分点管理人员驻村寨整合村组干部，宣传和组织群众，随时到村民家检查用火情况，协助村民改善用火条件，指导村民安全用电。凡是按照保护规定做的村民，年终发给人均保护费40元左右。

1990年，保护区管理处与树正、荷叶、扎如3个村签订护林防火合同，制定农户护林防火公约，开展群防群扑组织工作。

1991年，保护区管理处全面开展法制教育，利用广播、口头、文字、标语、板报、图像、会议等多种形式深入宣传《中华人民共和国宪法》《中华人民共和国森林法》《中华人民共和国土地法》《中华人民共和国环境保护法》《中华人民共和国野生动物保护法》《中华人民共和国消防管理条例》《风景名胜管理条例》《九寨沟风景名胜区总体规划》。

1992年，保护区管理处与村民委员会签订《护林防火责任书》，以支部书记、村委会主任为责任人，把护林防火和村寨群众的管理工作结合起来。处（局）长带领保护人员深入村寨，联合村党支部和村民委员会召开群众大会，举行家庭座谈会，开展法制、法规、政策教育。

1998年，结合“三五”普法，保护区管理处在保护区开展有关法律、法规和条例的宣传活动，重点进行了《中华人民共和国消防法》《中华人民共和国森林法》《中华人民共和国森林防火条例》《中华人民共和国森林法实施细则》等的宣传。

2000年，保护区管理局以发放宣传资料、召开会议等形式开展宣传教育，增强公众环保意识，并与景区居民签订《环保责任书》《护林防火公约》1200余份，与景区工程队签订《护林防火责任书》13份。

2001年11月9日，保护区管理局在消防宣传日活动中发放宣传单4450份，发放护林防火公约1300份，建立永久性宣传牌6个。

2003—2004年，坚持走联防的路子，加强同周边地区的联系，协同做好外围保护区的保护工作。

2005年，保护区管理局继续与景区居民签订《护林防火公约》《护林防火责任书》。同年，管理局与九寨沟县人民政府签订景区外围保护协议，每年投入保护资金150万元，其中，管理局承担

130万元，观光公司承担20万元。

三、生态监测

1982年，则查哇沟下季节海湖水漫溢流向下游。

1985年，九寨沟天气状况由南坪县气象站根据所获资料推算，县气象站距离九寨沟56公里，海拔高差1000米左右，误差较大。

1986年，保护区管理处（局）与四川省环境科学院合作开展首次九寨沟地表水质监测。年内，对大熊猫的数量及其大熊猫主食箭竹受灾情况进行调查。

1986—1987年护林年度内，九寨沟连续5个月未下雨雪。

到1994年，保护区建有森林病虫害监测站、泥石流监测站、环境保护监测站，对区内的森林、大气、泥石流自然灾害进行日常监测。

1996年，保护区管理处（局）再次与四川省环境科学院合作开展九寨沟地表水质监测。

1998年，保护区管理处（局）开展水质定期监测、气象常年观测工作，对森林病虫害实行定期测报和针对性防治。

1999年，制定保护区巡护监测实施方案；年内制作植物标本1000多件，完成对6个森林病虫测报标准地的常规观测，开展预测预报工作。

2000年，保护区管理局购置气象设备，完善诺日朗气象设施的基本建设。

2001年，管理局协同省环科院环境监测中心站和州环境监测站完成对九寨沟水质的调查、采样和监测工作。撰写完成《关于建立九寨沟管理局环境监测站的初步方案》及《关于解决九寨沟环境监测问题的建议》。年内测量出箭竹海、镜海、犀牛海的挺水植物向湖心延伸及沼泽化速度，并研究出治理方案。完成沟内湖泊、河流的水温、酸碱度（pH）及流速、流量的定期测定，获得大量科研数据。

2002年，管理局协同省环科院环境监测中心站和州环境监测站完成九寨沟生态环境监测站的筹建，并开展初期调查、采样、监测工作。年内完成九寨沟世界遗产地监测报告，通过建设部提交世界遗产委员会遗产中心。7—11月，九寨沟管理局和阿坝州气象局联合建立自动气象监测站。12月1日，建成九寨沟全沟气象监测系统，科研处专业人员负责4个气象观测点的气象数据收集、整理并发布景区旅游气象信息和预报工作。

2003年，开展景区环境监测和气象监测，配合阿坝州水文勘测局建立九寨沟水文监测站，同年建立九寨沟国家级森林病虫害中心测报点。

2004年，协助建设部建立国家重点风景名胜区九寨沟监测体系。

2005年，加强景区内的森林病虫害监测和施药防治，对景区水体、大气、能源等实施环境监测，健全并维护自动气象监测站，开展常规气象监测工作。5月28日，监测发现熊猫海水位从4月25日的最低水位上涨2.61米，水位标高达到69.27米，翻水形成瀑布，断流152天的熊猫海瀑布（高瀑布）重现，比2004年瀑布翻水提前20天。6月8日，九寨沟保护处生物多样性监测站工作人员首次在北纬33.0°72′03″、东经103.8°52′42″、海拔3008米的原始森林处，发现大熊猫亚成体活动痕迹。

截至2005年，九寨沟自然保护区建有17个环境监测点、4个自动气象观测站。17个环境监测站点：九寨沟沟口水文站、平安桥水文站、长海水位观测点、日则沟水文观测点、箭竹海水位观测点、镜海水位观测点、下季节海水位观测点、熊猫海水位观测点、扎如沟水文观测点、火花海水位观测点、孔雀河水文观测点、黑果桥水文观测点、五彩池水位观测点、扎如寺自动雨量站、原始森林自动雨量站、长海自动雨量站、则查哇自动雨量站。4个自动气象观测站：扎如自动气象观测站、则查哇自动气象观测站、长海自动气象观测站、原始森林自动气象观测站。

监测方法主要采用人工监测和仪器自动监测相结合，自我监测为主，委托监测为辅。委托单位主要有四川省环境监测中心站、阿坝州环境科研监测站。对长海、五彩池、箭竹海、熊猫海、五花海、镜海、芦苇海、犀牛海、羊峒9个监测点进行常规水样采集分析，对长海、五彩池、熊猫海、火花海水位变化做人工监测。对九寨沟的原始森林、熊猫海等7个自动化水文监测仪器进行更新换代，加强与水文监测专业单位阿坝州水文局的业务联系，利用其专业的监测人员、监测方法和监测设备，完成水文连续监测。

除常规的水文、气象监测站外，九寨沟管理局还对区内地质状况、沼泽生长速率、湖泊入水口处泥沙淤积情况、钙华景观、瀑布与堤坝及森林病害进行专门监测。

地质监测。监测范围为地质灾害隐患点分布区域及其附近地区。监测内容包括地表裂缝变形监测、地表位移监测、地下水监测、地表巡查等。

沼泽生长速监测。监测点在箭竹海。监测方法为人工监测。

湖泊入水口处泥沙淤积情况监测。监测点设在芦苇海、犀牛海、镜海、箭竹海、芳草海。监测方法为人工监测淤积变化。

钙华景观监测。监测点在珍珠滩、盆景滩。监测内容包括颜色变化、沉积与溶蚀速率转化关系。监测方法为人工监测，现场观察。

瀑布与堤坝监测。监测点在树正瀑布、诺日朗瀑布、珍珠滩瀑布、熊猫海瀑布、箭竹海瀑布。监测方法为人工监测，现场观察。

森林病虫害日常监测。对沟内6块固定标准地、26块临时标准地的标准株进行定期监测与预报。

进入21世纪，九寨沟管理局积极发展信息化、数据化监测管理技术。通过三维测绘采集地理信息和补充调查、购买卫星图片及SPOT遥感数据等方式，采用GIS技术建立保护区全境数字化地理信息数据库，开展数据整合和二次开发，建立九寨沟信息管理系统，实现区域生态系统与资源的数字化管理。

第四节　森林与物种保护

一、护林防火

1979—1983年，九寨沟的保护防火工作由保护区管理处（所）组织的护林队、巡山队兼顾完成。

1984年，组建护林防火机构。保护区设指挥所，由管理处（局）和九寨沟所在乡党委分任正、副指挥长。管理处（局）所属羊峒、诺日朗、日则设3个指挥组，火警期内由管理处（局）抽人日夜值班，并深入到村寨广泛宣传护林防火意义，建立护林防火队、组，划片分区，开展巡逻。各户订立防火公约，定期检查执行情况。实行专业队与巡山队相结合的护林防火制度。6月，阿坝州林业局根据1983年11月州政府七次常委会议纪要决定，将九寨沟森林保护面积扩大为90万亩，由州林业局每年增加保护费 3 万元，直接划拨给县林业局，由县林业局分年拨给。同年，设立护林防火警戒期，从每年的 12 月 1 日至次年 4 月 30 日。

1985 年，九寨沟内居民一户派一人参加护林防火，管理局每月每人发给 20 元护林补助，书记、村长的组织工作每月再补贴 20 元。

1986 年，保护区配置护林防火消防车 1 辆。落实护林责任区，专人巡逻。签订护林合同，对所有职工和沟内社员进行安全防火教育。每月对重点区域进行防火检查，发放护林补助费 4.5 万元，护林补贴按每户人口多少发放。

1987 年，经阿坝州消防大队批准，九寨沟管理处（局）组建消防队，初期人数 16 人，平均年龄 25 岁，配备消防车、消防水泵等工具。消防队向入沟人员开展日常防火宣传，在冬春易发生山火的警戒期内，对上山人员进行登记，并采用放映电影、开座谈会等方式对沟内群众作宣传教育。职工签订治安承包合同书，加强保护宣传和安全用火用电等知识教育，职工宿舍易燃物品进行统一安排。12 月 20 日，调整充实九寨沟护林指挥所及所属机构。

1988 年，九寨沟管理处（局）保护科配备 3 名科长，主管全沟保护工作，下设专职消防队 1 个，配备 20 名队员，组建 90 人的义务消防队，发消防服 90 套，配备消防车、消防泵、电台、电话，修建 60 平方米消防车库。年内建立村寨护林防火组织。

1989 年 4 月 10 日，九寨沟自然保护区管理处向阿坝州林业局申请外调木材指标 150 立方米，资金收入全部用于护林防火工作和保护科建设，建立账户，专款专用。4 月 16 日，九寨沟管理处发布加强护林防火的通知，通知要求按照《森林防火条例》第十八条规定，在林区严禁一切野外用火，防火电台按保护科制定的岗位责任制执行，门卫要加强防火宣传，严禁野外吸烟，一切易燃易爆物品不得带进沟内，加强沟内居民生产生活中易燃物品管理。5 月 20 日，保护科发布停止旅游公司在沟内收取烧火柴的紧急通知。同年，专职消防队在州消防大队和县消防科的指导下，进行 15 天正规集训，取得“消防合格证书”。

1990 年，管理处（局）将 150 平方米的油毛毡简易房屋改造成砖瓦结构。年内增添消防设备，新购东风 140 水炮车 1 辆，干粉灭火器 35 具，护林防火塑料标语 2500 个。

1991 年，九寨沟管理处（局）对已成立的 100 人义务消防队加强培训管理，制定护林防火公约，动员九寨沟镇全镇人民共同遵守。年内实现连续 12 年无森林火灾，当年无消防火灾。

1992 年，九寨沟管理处（局）组建专职消防队，对村寨的消防用水、消防器材、消防车通道进行规划和实施。年内，将核心保护区划定为 3 个责任区，外围保护区划定为 2 个责任区，制定《警戒期入沟须知》，建立门卫安全检查登记制度，查禁燃油 800 桶计 167 吨。会同公安部门组织全镇消防火检查，查处整改隐患 132 户，发出重大整改通知书 5 个，拆除严重违章电源导线 15 处。

1994 年，九寨沟管理处（局）与省交通厅通信站共同研究论证景区内超短波通信网的组网方案，筹建护林防火短波通信系统。

1996 年，九寨沟管理处（局）发放护林防火宣传单 5000 余份，查处易燃易爆物 5 吨。

1997 年，九寨沟管理处（局）发放护林防火宣传单 70000 余份，填写入沟登记卡 4000 多份。利用消防炮车宣传护林防火达 193 次，制作护林防火宣传牌 64 个。

1998 年，九寨沟管理处（局）组织人员对沟内民房、旅馆、宾馆、娱乐场所进行防火检查5 次；组织召开护林防火会议 25 次，发放宣传单 5000 余份，填写入沟登记卡 1.5 万余张，张贴永久性宣传牌38张；组织保护人员进行大规模的巡山检查5次，行程720公里。

1999年，九寨沟管理处（局）加强火源管理，提高防火意识，组织护林防火宣传19次，有线电视台宣传4次，组织保护区内居委会召开护林防火工作会议30次，在森林防火警戒期填写入沟登记卡2万张以上，对重要地段进行了护林巡山24次，发放宣传单上万份，在各居民点挂宣传牌48个，坚持每日入沟广播宣传。当年，护林防火宣传面达到100%。

2000年，九寨沟管理局调整充实护林防火指挥部成员，完善《森林防火扑救预案》和《护林防火工作方案》，组织护林防火宣传16次，登记《森林防火警戒期入沟须知》10万余张，巡山53次，发放《护林防火公约》1300余份，建立护林防火宣传牌49个，“11·9宣传日”发放宣传单3450多份，组织护林防火大小会议42次。在护林防火警戒期坚持24小时值班汇报巡逻制度。

2001年，九寨沟管理局组织护林防火法律法规宣传活动达23次，在景区各居委会组织召开护林防火工作会议35次，登记、发放护林防火警戒期入沟须知卡11万多张，制作护林防火宣传牌59个。组建后勤支援扑火队伍68人，专业人员45人，专职消防队22人，保护区内村（寨）义务扑火队350人，旅游股份有限责任公司义务扑火队68人；扑火工具：汽车13辆、消防铲350把、消防服250套、手台泵10台、风力灭火机10台、油锯10台、背水桶300个、消防水袋120盘、车载台16台、对讲机50部。在护林防火警戒期坚持24小时值班汇报巡逻制度；对森林防火隐患地段派专人管理。

2002年，管理局贯彻落实“五定一讲”责任制。完成景区内4个居民区的消防设施工程，护林防火智能化监测系统工程完成80%。全年森林防火控制率达100%，森林防火覆盖面积达100%。

2003年，管理局科学配置景区保护站、居民区的消防设备设施，不断完善护林防火智能化监测系统。对森林防火隐患地段派专人管理，坚持开展春节前后“百日无森林火灾”竞赛活动。

2004年，管理局完善护林防火智能化监测系统。

2005年，管理局利用电子显示屏和导游讲解进行防火宣传，全年组织10余次大规模防火宣传，“11·9”消防宣传日对景区居民等发放宣传资料500余份。防火警戒期实行24小时值班制和领导带班制，利用瞭望塔、观测站和智能化监测系统加强火险了望、监测和信息报告，加大夜间防火监测和巡逻力度，森林防火控制率达100%，森林防火覆盖面达100%，保持连续28年无森林火灾。

二、森林病虫害防治

九寨沟内森林生态系统部分经过采伐更新形成次生林，物种多样性和生态系统稳定性降低，特别是部分中幼纯林，抵御病虫害能力较弱。区内森林病虫害主要有华山松枝枯病、云杉落针病、云杉叶锈病等。危险性害虫主要有华山松粉虱、油松松针蚧等。

1979—1994年，在四川省林业厅有关专家的指导下，九寨沟管理处在对沟内采伐迹地进行更新的同时积极开展森林病虫害治理，沟内5000余亩森林病虫害区域得到全面治理。

1990年4月底，九寨沟长海一带新发现云杉针叶林枯萎，当即电报四川省林业厅，组织专家到现场考察，鉴定为云杉落针病。省林业厅拨药物、器械，派技术干部现场指导，管理处抽取12人参与治疗组。6月13日，经短期培训后开赴海拔3103米的长海安营扎寨，对长海、五彩池、原始森林边缘、天鹅湖、鹰爪洞、箭竹海、五花海等地程度不同的1100亩病树进行喷洒波尔多液和百菌润滑剂。到9月上旬，共喷洒5次。

1991年，继续对原始森林、五花海、长海等地1100余亩的云杉落针病进行了化防控灾、喷洒药剂，控制病源蔓延。1992年，对长海景区的1000亩云杉幼林病虫害再次进行喷洒药物防治。

1993年8月，四川省林业厅指派省森防检疫总站组织省内森林方面的有关专家和工程技术人员，专题调查九寨沟自然保护区云杉叶部病害的发生情况及管理处1990—1992年度云杉落针病的治理情况，并召开考察座谈会。

1995年，完成森林病虫害监测站建设并开始工作，九寨沟森林病虫害防治被列入省防站研究课题。

1999年，对长海、原始森林2500亩病害林地实施化学防治。《云杉落叶病及防治技术研究》获四川省人民政府科学进步三等奖。

2000年，完成1999年森林病虫害化防效果调查，并完成《九寨沟云杉病虫害防治效果调查报告》。

2001年，森林病虫害防治工作取得进展，开展“华山松病害研究”课题。

到2005年，九寨沟管理局常年开展的森林病虫害防治面积累计达5000多亩，治理云杉落针病、叶锈病2500多亩，成立森林病虫害监测站和生态环境监测站，对保护区森林病虫害进行定期监测。

三、物种保护

1982年和1984年拘留乱捕乱猎獐子的各1人。

1983年，南坪县人民政府发出《关于抢救大熊猫的紧急通知》，建立南坪县抢救大熊猫领导小组，办公室设在南坪县林业局，制定保护大熊猫的具体措施。冬天，在南坪县公安局和白河区、乡行政部门的密切配合下，管理处组成抢救大熊猫领导小组和专业队伍，收缴钢丝绳套等捕猎工具。

1984年，区内箭竹普遍开花死亡，大熊猫严重缺乏食物，九寨沟内发现两只因饥饿而死的大熊猫。在南坪县委书记、县长带领下，九寨沟绘制标明大熊猫活动区域及箭竹受灾的林相图。沟内居民不再采伐箭竹。5月，南坪九寨沟自然保护区管理处向四川省拯救大熊猫领导小组汇报区内箭竹继续大片开花枯死情况，请求拨给抢救熊猫专用车辆。5月21日，南坪县委、县政府召开抢救大熊猫工作会议，充实、调整南坪县抢救大熊猫领导机构，讨论和修订南坪县人民政府《关于开展抢救大熊猫工作的布告》《关于保护大熊猫的实施条例》，并要求布告、实施条例做到家喻户晓，老幼皆知。6月，九寨沟管理处组织60多人上山清出猎套13691副。同月，南坪县建立猎人协会。7月，全县全部撤除猎套。

1985年，两只大熊猫因打架摔下悬崖死亡。8月，九寨沟管理处下属各部门转发林业部《森林和野生动物类型自然保护区管理办法》。

1986年，九寨沟管理处成立抢救大熊猫领导小组，办公室设在保护科，配合区乡政府加强对沟内3个村的领导，村长、书记负责本村的保护工作，村长、书记和管理处住村护林员对村民加强领导。保护科20名保护人员利用电影、录像、幻灯、图片等方式宣传法律，加强法制教育。保护科长期住队6人，巡逻检查人员65人，半脱产护林人员9人，全年电影宣传24场次，录像宣传74场次，图片宣传204张，收回安放在山上的旧猎套704根。同年，购置抢救大熊猫专用车1辆，花费6万元。

1987年，采取巡逻检查、收缴猎套等措施，加强野生动物的保护。秋季，黑果寨村民在离寨50米的庄稼地安绳套野猪、老熊，于9月15日误套住一只大熊猫，未受伤，报管理处（局）后放归山林。

1988年1月24日，白河区派出所1名干部与塔藏乡漳扎村1名村民到九寨沟日则原始森林，用五六式步枪猎杀青羊8只，27日晚用板车运到九寨沟口，被保护处工作人员抓获，有关单位作出处理。同年，用“省扶持群众保护大熊猫开辟新的生产门路资金”13万元购置2辆60座客车，解决游客在九寨沟的行路难问题和九寨沟抢救大熊猫保护经费不足的困难。

1989年7月8日，巡逻队对所有支沟、山头逐一清查，收取猎套6246根，收缴猎物3种4件，处理乱捕滥猎7人，罚款3600元。

1987—1990年，共清除猎套14500多根。

1999年，在镜海开阔地建立珍稀植物引种园，成功地引种珍稀植物珙桐、红豆杉等。

第三章　生态治理

九寨沟的生态治理，涉及自然生态和人文生态两个方面，既包括治理自然生态本身存在的破坏性现象，也包括恢复自然保护区设立之前被破坏的生态，还包括治理及控制旅游开发过程中产生的污染与破坏。20世纪80年代，九寨沟生态治理的主要任务是生态恢复和自然灾害治理，同一时期，旅游开发中出现不受约束的现象，造成新的生态危机。从20世纪80年代末到90年代前期，在继续自然生态恢复治理的同时，主要采用限制性控制的方式应对旅游发展带来的生态挑战。1995年以后，进入主动积极应对阶段，从限制和整顿沟内旅游经营向落实“沟内游，沟外住”发展。到2001年彻底实现“沟内游，沟外住”设想，建立起九寨沟生态保护和旅游发展的基本结构。

第一节　生态恢复

一、清理采伐荒地

1970年，南坪林业局开始采伐迹地更新。1976年，开始大规模更新造林。1978年，九寨沟划为自然保护区，四川省林业厅下令九寨沟内林场停止采伐，九寨沟内2个林场主要工作转为清理采伐荒地，开展综合利用。

1979年，九寨沟自然保护区管理所成立。到1983年，2个林场完成交接工作撤出九寨沟，清理采伐荒地、营造新林工作由保护区管理所接管。管理所前后组织群众清理废弃材500多立方米，除自用外支援外地建设，减少树木病虫害滋生场所，有利森林保护和提高景观效果。

原南坪林业局124和126林场施业区内的采伐面积共计11668亩，更新实际有效面积7589亩，未更新面积4079亩，另有荒山造林面积304亩。其中，1979年以前更新520亩，1979年更新2297亩，1980年更新2571亩，1981年更新460亩，1982年更新2062亩。

保护区内未更迹地的更新和更新区域的抚育问题，由南坪林业局按规定的定额和“一次核定经费，分年拨给”的要求核算所需经费共计218974.61元，分五年按计划拨给九寨沟保护区管理所，由管理所实施更新、幼抚工作。其中，迹地更新面积4079亩，幼林抚育面积36690亩。到1990年，九寨沟内完成采伐迹地更新3750亩，绿化宜林荒坡地42000亩。

到1994年，九寨沟内采伐迹地全部更新，幼树长势良好，平均高度2米。

二、制止乱砍滥伐

1984年，九寨沟规范沟内群众烧柴、用材，划定专门的生活用材林地。1985年底，四川省人民政府拨专款25万元，用于修筑到达生活用材林地的专用公路，公路全长15公里，1986年完工。

1986年初，《光明日报》以“情况反映”的形式报道了九寨沟旅游开发后的环境和生态破坏现象。1月15日，国务院办公厅将总理批示发往四川省人民政府办公厅。2月1日，四川省政府工作组到九寨沟现场办公，帮助解决沟内乱砍滥伐问题。随后，中共南坪县委工作组到九寨沟各村寨宣传现场办公会议纪要精神，停止用材和烧柴砍伐，对沟内乱砍乱建情况进行清理，清理出多砍、乱砍29户，罚款、补收育林费2000元，对6户即将在核心景区内修建的房舍责令停工。2月5日起，连续组织人员到村寨检查贯彻情况，21日进行复查。23日，阿坝州政府工作组到九寨沟检查贯彻情况；后又连续多次复查。经清理，自1984年至1986年2月共有38户农民砍伐林木，共伐用木材1056.75立方米。其中有完备手续或部分手续的34户，共砍伐1011.95立方米，未按规定办手续的4户，砍伐44.82立方米。清理后按林业政策补交育林费和手续费。同期分别处理在禁伐范围内砍烧柴的2户农民，一户在卧龙海边砍树21株，一户在诺日朗瀑布砍树175株。南坪县防疫站1名干部为其母修房，在离公路2公里处伐木19株，共计6.445立方米，县委、县政府作出留党察看一年、赔偿损失644.50元的处分，并要求其写出检讨在全县通报。

1988年，由林政人员管理村民用材林和烧柴林，村民生活用材数量按批准数量砍伐，砍后验尺，超砍部分没收。全年共没收乱砍滥伐木材318立方米。

1988—1989年上半年，九寨沟内发生严重的乱砍滥伐情况，沟内扎如、树正、荷叶3个村超伐1065立方米，涉及村民17户。

1989年下半年，在中共四川省委和南坪县政府的领导和县各部门的协助下，九寨沟管理处彻底清查沟内的乱砍滥伐、乱搭滥建、乱占耕地“三乱”现象。对乱砍滥伐者予以罚款并没收超砍木材，对乱占土地、乱搭滥建者予以拆除违章建筑物的处罚。三乱现象得到扭转。12月21日，阿坝州人民政府办公室转发州政府联合工作组《关于对南坪县九寨沟乱砍滥伐、乱占乱建情况的处理意见》。

1990年，乱砍滥伐、乱捕滥猎、毁林开荒等现象杜绝。

1991年，九寨沟管理处处理乱砍滥伐居民4户。1992年和1993年上半年共处理乱伐滥砍行为居民40户、42人，先后没收原木材共97立方米，处罚款19.3万元，判刑劳教3人，刹住沟内乱砍滥伐的回潮。

三、恢复植被

九寨沟植被的恢复得益于封山育林、植树造林和退耕还林三个方面的工作，并被纳入到国家天然林保护工程中。

1983年，九寨沟内居民有耕地4200亩。保护区管理处根据恢复植被的总体规划初步将退耕还林分为三期开展：沟内对五花海、镜海、犀牛海、卧龙海等湖泊有直接威胁的附近耕地作为退耕还林第一期，共计400亩；沟内坡度在25°以上的2000亩耕地作为退耕还林第二期；除留足为旅游事业服务的农耕地以外的其他沟内耕地，作为第三期。

1984年，在阿坝州和南坪县林业部门的支持与帮助下，九寨沟内除村寨附近保留少数用材（柴）林外，全部实行封山育林。在保护好现有森林植被的同时，对林缘空地、公路沿线少林地、部分采伐迹地开展植树造林。年内，保护区管理处发动群众植树20多万株，建立2个育苗基地，育苗8.15亩，并采集到用材林、风景林、防护林树种和耐旱、耐瘠草种225公斤。

1985年，九寨有耕地近4400亩，年内停耕湖泊边耕地735亩，改种为风景林或风景草场。景观

图5－4　1982年，九寨沟的林业育苗

范围以外酌情种植用材林、薪炭林、蔬菜、药材等。3月，在荷叶坝至诺日朗公路沿线、河滩上植树造林，路旁植树1500株，育苗4亩。

1986年，种草造林，培育用材林、风景林、防护林苗3.6亩，种植黑麦草150公斤，共计213亩，植树0.5万株，采种15公斤。1988年，组织村民绿化造林300亩，育苗4.5亩，零星植树2.5万株，育苗采伐迹地、退耕地造林320亩。

1989年，九寨沟管理处计划从年内开始每年造林200—300亩。

到1990年，九寨沟管理处共育苗15.4亩，造林23万余株，种植黑麦草66亩，采集用材、风景绿化树种和耐旱草种300余公斤，挂树牌235块。

1992年，九寨沟内停止一切新开荒地，植被得到明显恢复。

1995年，管理处加强林政管理，停止伐木审批手续，保证森林生长量，增大郁闭度。1983—1995年，九寨沟植被恢复取得阶段性成果，沟内林相完好，植被生长发育良好，水体无污染，动物正常繁衍，自然生态完整，处于良性循环态势。

1997年，管理处成立绿化队，由7人组成，对绿化工作实行定人、定量，充分调动科室干部和职工积极参加义务劳动。年内，在沟口、诺日朗的荒坡、荒地、道路旁、办公楼、生活区种花种草共约5亩，植树1500株。

1998年，封闭薪炭林，继续停耕还林500亩，进一步扩大绿地面积，年内测得九寨沟的森林覆盖率为63.4%，植被覆盖率85.5%。

1999年，九寨沟管理局启动天然林保护工程，保护区原来开展的退耕还林工作被纳入国家天保工程范围，退耕退牧工作扩大到沟内所有生产用地，涉及区内3村、6组、239户、1007人和37处地块的耕地、草场，共计近6000亩，传统半农半牧生产方式开始彻底转型。年内，九寨沟森林覆盖率增加为63.5%。

2000年，九寨沟内扎如、荷叶、树正3个村的村民全部转为非农业人口，退耕退牧涉及的5929.50亩（合395.30公顷）生产用地原则上全部交由保护区管理。3月，保护区管理局成立园林队，专责景区退耕还林和绿化工作。年内，在沟内主要景点植树200多亩，在扎如沟兴建苗圃基地3亩和占地面积608平方米的花卉培育大棚，培育花卉30余种。

2001年，九寨沟管理局成立退耕还林（草）领导小组，管理局局长葛宁任组长，副局长张玉峰任副组长，居管办正副主任、景区各党支部和居委会为成员单位，从居民管理办公室抽调专人负责该项工作，确立“生态效益优先、兼顾旅游开发”原则，推进实施退耕还草和禁牧，按规定兑现国家政策。2月，委托九寨沟县林业局和四川大学3S工程技术研究所制定完成《九寨沟自然保护区

图 5－5　2005 年，九寨沟内的退耕还林工作

2001 年退耕还林作业设计说明书》。3 月，与九寨沟县人民政府签订退耕还林合同，承担景区内近 6000 亩退耕还林工作任务。年内，选择云杉、油松、柳树、沙棘、扁桃 5 种生态树种和野棉花、大力子、水蒿、蓝布裙、草莓 5 个草种作为林草间作品种，完成初植初播任务，全年退耕还林种植苗木 65 万株，苗木成活率在 85% 以上，清除牛、羊 2160 头（只）。沟内高山河谷地貌区山坡小型黄土阶地上开垦的阶梯状旱作农田逐渐成为灌丛草地。

2002 年，巩固退耕还林成果，落实退耕还林种苗费 40 多万元，补植树木 12000 多株，加强管护，年内顺利通过省、州两级退耕还林工作组的检查。

2004 年，退耕退牧补植面积 4400 亩，新植 1600 亩，调配苗木 43 余万株，兑现上一年度苗木补植粮食（平均每户 850 公斤），对沟内 6000 亩退耕还林地进行窝内锄草和割荒草。继续实行封山禁牧，制作完成《九寨沟景区退耕还林（还草）纪实》VCD 光盘和退耕还林总体规划。

截至 2005 年，管理局在近 6000 亩退耕还林（草）范围内，营造生态草间作面积 5595. 20 亩（树正 1618 亩、荷叶 2643. 90 亩、扎如 1333. 30 亩），在荷叶、树正、扎如营造生态混交林 404. 80 亩，其中，云杉 300 多亩，沙棘 100 多亩，桦木 10 多亩，核桃树 20 多亩。

从 1998 年开始，国家实施天然林保护工程，南坪林业局所属白河流域各林场从森林砍伐转为森林保护，到 2005 年，漳扎镇全镇退耕还林、还草 11614. 08 亩（774. 27 公顷），大大改善白河流域的生态环境。

第二节　泥石流治理

一、治理措施

九寨沟泥石流治理主要包括生物措施和工程措施。

生物措施是在易发生泥石流的沟谷内植树造林种草等，以形成地表保护层，拦截降水，减少向下渗透的雨水量，保护表土层免遭侵蚀。

工程措施主要包括防护工程、拦挡工程、排导工程等。防护工程是在泥石流沟谷中上游通过平整坡地、修建护坡、挡土墙和各种护坝、护堤等，减少泥石流物质来量。拦挡工程是修建水泥坝、拦沙坝、格栅坝和停淤场等，将泥石流拦截在河道内的适当位置。排导工程是修建拦洪道、渡槽、明洞或改沟等，将泥石流因势利导排入适当位置。

二、治理过程

九寨沟泥石流的发育受人为因素影响在 20 世纪 80 年代进入高发期。1981 年，九寨沟内有 3 处发生泥石流，1982 年 5 处，1984 年增加到 10 处，1985 年又新出现 4 处。常产生泥石流的沟谷有日则二号沟、熊猫海子沟、季节海子沟、镜海小沟、三公里沟[①]、荷叶沟等 27 条。

1983 年 10 月 14 日，四川省泥石流防治及学术交流现场会在南坪县召开，全省 16 个市（地、州）及 28 个重点县的代表参加，云集中央和云、贵、陕，辽、吉等省有关部门、科研单位和专家学者等。

1984 年 6—7 月，九寨沟发生几次大的泥石流，镜海、犀牛海、季节海、熊猫海等遭到污染和不同程度的破坏。8 月，中国科学院青藏高原综合科学考察队泥石流组应南坪县政府、九寨沟管理所的邀请考察九寨沟泥石流，形成《九寨沟泥石流初步考察报告》。10 月 5 日，四川省政府召开有关厅局和防汛抗旱指挥部参加的“关于九寨沟开发总体规划方案”会议，省防汛抗旱指挥部向中国科学院成都地理研究所[②]、四川省地理学会泥石流专业委员会提出“关于九寨沟泥石流防治工程规划任务”的委托函。10 月底，成都地理所研究员唐邦兴、高级工程师柳素清等考察规划设计人员到九寨沟，对沟内主要泥石流进一步考察。到 12 月下旬，九寨沟泥石流治理总体规划设计和主要泥石流治理规划设计完成，其中，沟谷型泥石流按 50 年一遇标准设计，坡面型泥石流按 25 年一遇标准设计。

1985 年 4 月，经四川省人民政府批准，由中国科学院成都地理所规划设计、九寨沟管理局组织实施的九寨沟泥石流治理工程正式立项。工程主要针对九寨沟内危害严重的 14 条泥石流沟开展综合治理，规划以十年时间分四期工程实施。年内，泥石流治理进入分期实施准备阶段。

1986 年 6 月 10 日，九寨沟泥石流治理第一阶段第一、二期工程破土动工，共治理日则二号沟、季节海子沟、熊猫海子小沟、镜海小沟、荷叶沟、三公里沟、四公里沟 7 条泥石流沟。到 1987 年，共修建拦砂坝、栅栏坝、谷坊 26 座，排导槽 500 多米，公路便桥 2 座，同时配合采取植被修复等生物防护措施。

1987 年 6 月 19—21 日，四川省建委、省防汛抗旱指挥部对九寨沟泥石流综合治理第一、二期工程进行竣工验收，对第三期泥石流治理工程进行初步审计。

1987—1988 年两个雨季，经过工程治理的三公里沟、熊猫海子沟、日则二号沟、季节海子沟和荷叶沟 5 条沟谷相继发生泥石流，各项工程使用正常，治理效益显著的。

1989 年 5 月 13 日，九寨沟管理局召开有关九寨沟泥石流第三期治理工程会议，有关单位和中科院成都山地灾害与环境研究所研究人员参加会议。6 月 1 日，第三期泥石流治理工程开工。共治理季节海悬沟、克泽沟、牛紧沟、日则一号沟 4 条沟，包括拦砂坝、排导槽等大小工程共计 17 项，总投资 78 万元。9 月 30 日，工程竣工。10 月 27—29 日，四川省建委对九寨沟泥石流综合治理第三期工程进行竣工验收。

1990 年，九寨沟第四期泥石流治理工程实施，年内治理树正寨沟泥石流，加固荷叶沟两道泥石流拦挡坝。1991 年 5 月 1 日，丹祖沟泥石流治理工程开工，总投资 104 万元。

1995 年，总投资 178 万元的第二阶段泥石流治理工程启动。5 月 31 日，四川省财政厅、省建委下达 1995 年九寨沟诺日朗景区第一期泥石流治理工程款 40 万元，用于 2 号拦挡坝和防护坝建设。8 月20 日，诺日朗泥石流工程二号坝破土动工，同年 10 月 10 日竣工。

---

① 无名沟谷，因工程需要标注为“3K 沟”。

② 1987 年 10 月，改名为中国科学院成都山地灾害与环境研究所。1989 年 8 月，改名为中国科学院 · 水利部成都山地灾害与环境研究所，由中科院和水利部双重领导。

1997 年，诺日朗泥石流治理工程竣工。

1998 年，九寨沟管理局申报治理扎如沟泥石流工程并获准立项。2000 年，完成扎如沟泥石流治理一期工程。

2002 年，九寨沟管理局编制完成《世界自然遗产九寨沟山地灾害治理与生态保护工程建设规划》，积极治理滑坡、坍塌和泥石流。

2005 年，管理局与中科院·水利部成都山地灾害与环境研究所合作，进一步加大景区泥石流防治，先后完成箭竹海和煤炭沟泥石流防治工程。工程包括箭竹海对面沟内修建的 2 座铅丝笼拦档坝、3 个沉沙池、3 道谷坊、5 个潜坎等，在煤炭沟修建的 115.20 米拦挡堤、18 道固床坝、2 个沉沙池。箭竹海和煤炭沟泥石流得到有效防治，生态环境得到优化。

三、治理效果

治理前，熊猫海子沟、镜海小沟、季节海子沟泥石流暴发时，破坏森林，泥砂直入海子，严重影响景区环境。治理后，熊猫海子沟和季节海子沟均发生泥石流，前者泥石流经 6 道谷坊和 1 道栅栏坝的层层拦挡，其主体部分被拦停在坝内而未流入熊猫海。季节海子泥石流被拦挡，停淤于三号坝（最上面的坝）内，未流出沟口。原沟下游和堆积区内已长出杨树幼苗与灌草，有的幼苗已高 50 厘米。镜海小沟未发生泥石流，沟内通过综合治理，坡面上基本长草，沟谷更加稳定。

1994 年，泥石流治理初战告捷，通过 10 年的努力，完成第一阶段投资 500 万元的治理泥石流工程。工程以 50 项 8 种不同的治理工程，特别是缝隙坝、栅栏坝、栏汲滤水坝 3 种独创工程，共治理对九寨沟危害严重的 13 条泥石流沟，消除泥石流对九寨沟海子、道路和村寨的威胁与危害，防止自然灾害对海子的“缓慢淤积”和“持久浊化”。其中，治理的 7 条泥石流沟均位于公路旁，在未治理前，每当泥石流发生时，大量泥砂石块淤积公路，阻断交通、威胁游人和汽车的安全，尤以三公里沟、日则二号沟、熊猫海子沟及季节海子沟最为严重。

三公里沟于 1989 年 5 月下旬发生泥石流，沟内修建有 3 座拦砂坝、2 座栅栏坝，按规划要求，五项工程的作用是拦砂（石）滤水，据考察和取样分析，达到了预期目的。三号拦砂坝（最上面的坝）停淤以砾石、碎石为主，二号拦砂坝以砾石和部分碎石为主，一号坝则以泥、砂为主，从而将这场泥石流总量达 250 立方米的泥砂石块全部拦在淤坝内，保证了公路的畅通的游人的安全。

日则二号沟，自 1987 年以来多次发生泥石流（为水石流类型），沟内修建的 2 座坝和长 60 米的排洪道等工程发挥了作用。二号缝隙坝拦巨石和林木，一号坝拦淤泥砂、砾石和块石达 315 立方米于坝内，水、砂沿排导槽入主沟，防止了泥石流淤埋公路，改变了过去泥石流阻断交通、威胁游人安全的现象。

季节海子沟，1988 年发生泥石流，三号拦砂坝将全部泥石流拦挡于坝内，总量达 1800 立方米，洪水和树枝落叶顺利排出，防止了泥石流淤埋公路、阻断交通、威胁游人的安全。

熊猫海子沟，于 1988 年发生泥石流，防治工程将主要砾石、碎石拦挡于坝内，仅部分泥砂流入公路，但未影响交通。

荷叶沟，泥石流固体物质补给主要来自荷叶寨大滑坡，该沟水流冲蚀坡脚，形成凌空面而失稳，产生滑动或堵沟，导致泥石流。到 2005 年修建有 7 道拦砂坝插入滑坡体内，控制滑坡大活动，到 2005 年仅发生表层和前缘局部活动，影响 2—4 号坝左肩推移，但坝体完整无缺。通过稳定滑坡，达到了防止泥石流危害公路之目的。

九寨沟内治理的14条泥石流沟，多具有沟短、坡陡、固体物质丰富的特点，其治理工程不仅拦淤泥、砂、石块，防止对景区和公路产生危害，而且控制泥石流的侵蚀、搬运和冲刷能力，保护沟床的稳定，减少固体物质的补给，限制泥石流的发生与发展。熊猫海子沟治理工程的作用最为明显，有效地控制了泥石流的发展。

第三节　污染治理

一、污染物控制

1988年，九寨沟管理处（局）制定严格的污水处理制度，生活废水采用三次沉淀、多次过滤、自然渗透的方法进行排放，粪便处理采取化粪池和深埋的处理办法。沟内废水经处理后，化验结果符合国家规定标准，大大减少地面污水直接排放到河沟中。沟内厕所定期扫除、撒药、冲洗，把粪便挑到森林中深埋，使植物自然吸收。

1989年，为减少沟内景点的水质污染，九寨沟管理处（局）要求旅游公司将日则、诺日朗招待所700个床位的全部卧具运到沟口羊峒洗涤。

1990年，沟内设置垃圾桶50个，配有垃圾车1台，定期将垃圾运送到30公里外的偏僻场地处理。

1992年，九寨沟管理处（局）落实“保护型开发”模式，限制沟内床位和餐馆数量的增加，全面取消游客涉水的游览方式，控制区内环境污染。

1993年6月26日，保护区管理处（局）为切实保护景区资源，制定机动车辆进入景区消毒规定。

1995年，取缔长海游船项目，防止水体污染。

1998年，景区内禁止游客投食喂鱼，减少水体污染。

2001年4月30日开始，九寨沟管理局落实“沟内游、沟外住”规划原则，陆续关闭景区内所有宾馆。同年10月，引入智能环保厕所，排泄物和景区垃圾全部打包外运，集中处理，景区内实现污染物零排放。

二、能源清洁化

1987年，隆康电站改造工程完成，电站功率从640千瓦增加到1600千瓦，沟口管理局驻地基本实现不再烧柴，同时向诺日朗供电。1989年，管理局提出在沟内“以电代柴”设想，解决村民的生活能源。同一时期，九寨沟管理局、旅游公司等各食堂一律实现烧煤。

1998年，封闭了薪炭林，在沟内居民中推广使用石油液化气。年内修建液化气站，并投资15万元为沟内204户居民安装石油液化气炉，以气代柴与以电代柴相结合，基本解决由烧柴所带来的破坏森林和放出大量一氧化碳的问题。

2005年，在沟口生态广场和办公区安装太阳能、风能照明供电系统；在箭竹海和五彩池2座环保厕所安装太阳能供电系统。

三、尾气治理

1992年，九寨沟列入世界自然遗产地名录。为适应旅游形势发展的需要，保护九寨沟世界自然遗产地生态环境，九寨沟管理局积极筹划以用电代替汽车燃油。1993 年 10 月 3—4 日，“成飞旅游考察团”一行 29 人对九寨沟风景区进行实地考察，拟发展电瓶车（船）代替汽车，有效地保护九寨沟自然资源。11 月 26 日，九寨沟管理局局长泽仁珠等 7 人小组到成飞公司，与成飞公司主要领导和有关专业技术人员举行第二次工作会议，根据九寨沟路面状况着重讨论电动汽车设计方案中遇到的问题，共同探讨解决问题的途径。1994 年 1 月，九寨沟管理局与成都飞机公司签订开发研制九寨沟旅游电动汽车协议。双方商定在 1994 年 3 月初审样车，5 月试车，第三季度出产车辆。1995 年 8 月，功能样车试车成功。

1998 年，九寨沟管理局筹建九寨沟绿色旅游观光有限责任公司，推进汽车尾气治理。1999 年，九寨沟启动“绿色观光车”计划。年内，在阿坝州和九寨沟县人民政府的支持下，面向社会招聘驾驶人员、酬集公司资金、摸索运营经验。四川大学旅游系举办九寨沟绿色观光巴士导游班；液化气供应站破土动工；派出专人三下江南考察液化车车型、车性、车质；在全县及全州职工，特别在九寨沟居民中广泛开展集资。1 月 7 日，第一辆液化气绿色旅游观光样车在景区内进行性能性运行。同日上午，阿坝州劳动质监所组织验收组到现场对液化气安装工程进行初步验收，工程质量达到规范要求，验收组对运行管理的安全性提出指导性意见和要求。3 月中旬，液化气样车进沟。3 月 26 日，九寨沟举行绿色观光车营运剪彩仪式，旅游观光公司开始正式营运，投入景区旅游运输车辆 37 辆，其中，扬子中巴客车 17 辆，每辆 21 座；亚星大客车 10 辆，每辆 39 座；金龙大客车 10 辆，每辆 37 座。同月，3000 万元集资全部到位。6 月，外来车辆禁止入沟。年内，沟内使用石油液化气和汽油双燃料的绿色旅游观光车增加到 188 辆，日运载能力 1.5 万人次，安全运送游客 54 万人次。

图 5－6　1999 年 3 月 26 日，九寨沟绿色观光车营运剪彩仪式

同年，九寨沟旅游集团公司开发长海游船项目，14 艘液化石油气水上观光船开展试运行。7 月 11—12 日，保护区管理处邀请四川省环保局环境保护科学设计院专家对长海水上游船试运行范围的水体、液化气船燃烧排放的尾气以及船运行时产生的噪音等进行科学的测量。

绿色观光车提供交通服务后，九寨沟内车流量减少，游客空间增加，空气质量好转。1998 年 10 月1 日，沟内汽车密度平均间隔 200 余米，1999 年 10 月 1 日观光车间隔 300 余米，噪音相对降低 90%。使用液化石油气的绿色观光车排放的尾气中，一氧化碳和碳氢化合物比使用汽油的汽车分别下降 98% 与 56%，铅含量下降为 0，能耗比汽油低 6%。九寨沟游览区域空气质量恢复到国家一级水平。同时，绿色观光车的运营带动汽化站、车修厂、导游业等相关产业的发展和就业，成为九寨沟保护区以开发促保护的一个新经济增长点，1999 年为阿坝州、九寨沟县 600 余名待业、下岗职工提供就业岗位。

2004 年，观光公司投资 1.6 亿元，按照“欧三”标准完成 260 辆观光车的更新。2005 年，绿色观光车增加到 282 辆。

第四节 人居环境治理

一、生产生活方式转变

九寨沟内有世居居民约1000余人，分散在各沟谷村寨。1984年九寨沟旅游开发后，人口主要集中到树正、荷叶、则查哇、扎如等村寨。人口的集中和传统生产方式与生活习惯对九寨沟生态环境形成巨大压力，村寨人居环境治理成为九寨沟生态治理的重要环节。

九寨沟管理局引导沟内居民转变生产方式。优先安排沟内居民参加养路、清林、基建、修桥、风景建设、木材加工等工作，聘用沟内居民到管理局和其他公司任工作人员。1984年安排41人、1985年安排63人、1986年安排92人参加服务工作。引导沟内居民发展林业生产。营造用材林和风景林23万株，聘请4名技工指导育苗10亩；有报酬组织村民护林巡山，保护大熊猫和防止山火，给村组护林组织主要负责人经济补贴。聘请6名技工指导帮助村民发展养殖、种植业，生产旅游业所需产品，聘请菜农2人专门指导农民种菜，旅游公司收购农民的猪、牛、羊、禽蛋等产品。引导村民兴办旅游业，在经营管理上给予指导，提供必要的设施。1985年和1986年，免收村民建房木材育林费共计1.5万余元。无偿给村民旅游点提供垃圾桶和运送垃圾服务，为树正二队无偿供电。

1986年，九寨沟修通前往黑果沟和扎如沟2条道路，购置1台铁牛拖拉机和1辆汽车，解决树正村寨群众在指定地点获取用材和烧柴的交通问题。同年，给沟内130户居民添置消防器材和消防抽水泵。

1990年，解决树正寨的消防用水和36户、221人的人畜饮水。

1993—1997年，管理局和群众，自筹经费350万元实现了沟内建设的“六化”：村村户户用电化，家庭旅馆锅炉化，家庭旅馆床铺席梦思化，卫星地面站全面覆盖化，村村寨寨公路化，家家户户自来水化。

二、整顿迁出沟内经营项目

1984年，九寨沟正式开放旅游，沟内居民旅游经营活动日渐情况增多，违规乱占土地、违章乱建房屋情况增多。1988年3月，南坪县人民政府组织县公安、司法、法院、工商、城建、法律公证处、白河区、隆康乡政府、九寨沟风景名胜管理局等单位组成拆迁工作组，对树正、诺日朗影响景观的建筑全部拆除，共拆除房屋9座，建筑面积3673平方米，支出房屋拆除费4.3万元。1992年，九寨沟管理局落实“保护型开发”模式，限制沟内床位和餐馆数量的增加，对超面积开张营业的房屋，追收超面积款至停业时止。1993年研究沟内经营项目外迁地建设方案，并在彭丰村征地27亩，作为外迁基地。1994年，巩固完善限制性保护开发模式，调动沟内群众保护九寨沟的积极性。

1995年10月10—15日，四川省人民政府在九寨沟召开旅游现场办公会，会议决定将沟内经营性项目外迁，并成立以省府秘书长为组长的九寨沟内农民经营与活动外迁领导小组。1997年，九寨沟管理局落实“沟内游，沟外住”政策，禁止在景区内新修旅馆。1998年，禁止建筑材料进沟，引导居民停止景区经营性活动，禁止沟外人员在沟内注入经营性资金，并在漳扎镇征地120亩作为经营外迁基地，1999年增加为160亩。

1999年，九寨沟管理局制定沟内经营活动外迁方案：取消沟内个人经营，在沟外统一建2个四星级宾馆，共500张床位；主景区餐食统一定点经营管理，收入绝大部分作为主景区居民收入；风景游赏区居民在绿色观光公司入股1000万元，作为风景游赏区居民生活费用股本；对风景游赏区部分劳动力实行就业安置。经营活动外迁所需资金1.56亿元，包括宾馆建造费用9000万元，观光公司股份1000万元，新建餐厅及原餐厅改造费用3000万元，房屋的拆除和整改费用2560万元，采用国家、单位、个人共同筹集。国家和单位投资主要用于宾馆和餐厅建造、房屋拆除等整改项目，个人投资作为居民股本金投入观光公司。外迁工作分两步：第一步在诺日朗修建风景游赏区午餐点，第二步在沟外修建宾馆，关闭游赏区内所有客房服务。2000年，管理局加大景区建筑的管理力度，拆除3幢新建的违规建筑和所有临时建筑及围栏，完成《九寨沟自然保护区景区居民经营活动外迁可行性研究报告》。

2001年5月1日，九寨沟正式实行“沟内游，沟外住”政策，沟内宾馆饭店全部停止经营，涉及住宿床位5000多张。7月1日起，景区实行限量游览，单日进沟游客控制在1.20万人次以内，最佳客流量控制在6000人以内。

2002年，完成月亮湾外迁工程设计论证，景区内工作人员住宿点外迁。年内，拆除违章建筑10间300平方米，关闭7家私设餐厅，拆除树正村公路边38个经营门面共计2180平方米。

2003年3月5日，管理局召开景区经营性房屋建筑拆除现场办公会。3月6日至4月20日，完成景区居民经营性房屋建筑第一期拆除工程，拆除区内荷叶、树正、则查哇3个村寨居民经营性铺面162个、经营性房屋建筑44户，共计建筑面积5万平方米。8月，管理局拆除沟口12幢职工宿舍，建筑面积7880平方米，涉及职工133户。

2004年，九寨沟管理局加强景区居民和外来人员的管理，完成景区居民经营性建筑拆迁及村寨整治的思想动员与损失赔付工作。

第六篇　科学研究

九寨沟的科学研究包含两个基本层次，一是以九寨沟为对象而展开的科学调查与研究，包括自然科学研究和人文社会科学研究，二是以九寨沟管理局等区内单位为主体开展的科学研究。二者在研究对象和研究主体上分别存在交叉重叠。到2005年，有关九寨沟的研究已经很丰富。本篇所记述的科学研究以具有重大影响或同九寨沟管理局等区域内单位相关联为基本选择范围。

九寨沟的科学调查和研究始于20世纪70年代。先后有四川省地矿局所属的区调队、成都水文队、化探队、物探队和省环境地质监测总站、中国人民解放军00939部队、中国科学院所属的山地所、生物所以及省林业厅、省旅游局、省建委、省环保局等主要单位，在九寨沟地区开展不同程度、不同学科的调查研究。

九寨沟管理局重视关于九寨沟的科学研究工作，科研水平不断提升。进入“十五”规划期间，九寨沟管理局每年拨出经营收入的5%左右投入科研保护工作。其中，2002年投入科研经费409万元，约占当年总收入的3.3%；2003年投入科研经费600万元，约占当年总收入的5%；2004年投入科研经费358万元，约占当年总收入的1.36%；2005年科研经费240万元，约占当年总收入的0.72%。

到2005年，九寨沟已建立起较完备的科研基础设施，建有采集、传输和分析全自动的气象、水文监测系统，有较完备的水质监测实验室和生态环境国际联合实验室。科研队伍茁壮成长，定期对科研人员进行在职培训，与国内外科研机构和院校开展合作，加强科研交流。有关九寨沟的研究领域不断拓展，除自然科学研究外，充分开展地质公园生态旅游、藏文化传承与保护、旅游经济等众多社会科学领域的研究，取得一系列成果。2005 年，管理局完成《九寨沟科研规划纲要》编制，推动九寨沟科研工作的有序发展。

第一章　科研活动

九寨沟的科研活动始于20世纪70年代。从1884—1969年，在有记载的关于川西北的科学研究中，国内外科研工作者都未真正进入到九寨沟中开展专题性有成果的研究。1970年8月，四川省薯蓣[①]资源调查队进入九寨沟，对九寨沟的薯蓣资源展开科研考察，标志着九寨沟科学研究的正式开始。九寨沟科学研究的全面展开是从20世纪80年代开始的，围绕着保护区的设立和旅游开发，九寨沟的灾害治理、生态环境、地质地理以及本地调查等科学研究活动逐步展开，并逐渐向旅游、管理、信息技术、人文科学等广泛领域发展。

科学普及是九寨沟自然保护区和风景名胜区的基本职能之一，九寨沟自然保护区本身就是一个巨大的天然博物馆，科学研究为科学普及准备了材料。

第一节　科研平台建设

一、研究会

1998年6月，九寨沟自然保护研究会成立并召开第一次会议，30多位专家、学者对九寨沟旅游及自然保护可持续发展发表看法，提出建议，为九寨沟提供科学的管理和保护方法。

2002年6月，九寨沟科学研究委员会成立。

二、泥石流观测研究站

1984年，根据九寨沟泥石流工程治理和综合保护的需要，经四川省建委批准在九寨沟建立泥石流综合试验站。站址位于九寨沟中部的诺日朗（距沟口13公里处），聘请云南省东川市（今昆明市东川区）蒋家沟泥石流观测站有关人员做技术顾问。

1985年，试验站安装甘肃兰州冰川所研制的自动记录地温仪、雨量计、水位计等，为治理工程设计提供依据。

1986年，九寨沟管理局在沟内修建150平方米木结构楼房用于泥石流观测与研究，观测试验站定名为中科院九寨沟泥石流研究站，对九寨沟泥石流开展全面的观测和分析研究工作，有唐邦兴、柳素清等7名科技人员。

1988年，中国科学院命名该试验站为中国科学院九寨沟景观生态研究站。

---

① 山药。

到20世纪90年代，九寨沟泥石流综合试验研究站配合九寨沟管理局完成14条沟的泥石流治理工程，为工程设计和生态环境研究提供参数和资料，并研究与九寨沟环境保护相适宜的生物和社会防治措施，将泥石流防治研究系统化，提高防治研究水平。在开展观测、实验研究期间，得到四川省科委、中国科学院成都分院的经费支持，邀请日本、英国等有关泥石流、滑坡、崩塌、岩溶地貌等方面的专家共同研究九寨沟的灾害地貌、岩溶地貌和生态环境等。教授吴征镒、关君蔚等到九寨沟进行指导。

三、水质检测实验室

1986年和1996年，九寨沟管理局与四川省环境科学院两次合作开展九寨沟地表水质检测。

1996年，九寨沟管理局建立水质检测实验室。

四、九寨沟生态研究与开发中心

1993年成立，主要从事生态环境保护、旅游资源开发以及泥石流等山地灾害的考察、工程设计、预测报告、报警等工作。

五、四川大学九寨沟—黄龙旅游经济研究中心

2002年6月，阿坝州政府和九寨沟管理局联合四川大学、黄龙管理局共同组建四川大学九寨沟—黄龙旅游经济研究中心。其研究范围包括旅游企业经济与管理咨询、教育培训、项目投资咨询和地方经济发展研究等。

第二节　调研考察

一、自然考察

1970年8月，中国科学院成都生物研究所主持的四川省薯蓣资源调查队，重点调查九寨沟的薯蓣资源。

1978年，四川省动物协会胡锦矗考察大熊猫的保护。1982年，副教授杨明今考察九寨植被。1984年，研究员唐邦兴考察九寨沟泥石流。1985年4月8日，美国贝京观鸟组到九寨沟、白河自然保护区考察。1988年，中国科学院将九寨沟站列入野外台站网络，重点进行景观生态观测实验。同年，美国国家公园科研人员到九寨沟考察。

1992年6月5日，联合国教科文组织指派的考察世界自然遗产申报的专家来到九寨沟。首席考察官是国际自然资源保护联盟高级督察、加拿大籍桑塞尔，随同考察的有世界自然与自然资源保护联盟国家公园与自然保护区委员会主席卢卡斯。

1993年10月3—4日，“成飞旅游业考察团”一行29人就发展以电瓶车代替汽车，有效地保护九寨沟自然资源的课题，对九寨沟风景区进行实地考察。

1996年5月9—10日，国际自然与自然资源保护联盟、国家公园及保护区委员会主席亚德里恩·菲利普斯对九寨沟世界遗产地进行为期两天的考察。

2002—2003年，九寨沟和四川省林业科学院联合完成九寨沟自然保护区综合考察，对九寨沟生

物资源及其环境进行全面调查，确定九寨沟自然保护区的基本数据。调查确认，九寨沟自然分布有各种动物植3686种，其中，原生物种3597种，栽培和引进物种89种。全部物种包括藻类419种、菌类203种、维管束植物2061种（变种、亚种或变型）、无脊椎动物693种（包括浮游动物71种、底栖无脊椎动物45种、昆虫539种、非昆虫陆生无脊椎动物38种）、脊椎动物310种（鱼类2种、两栖类6种、爬行类4种、鸟类222种、兽类76种）。2004年，在调查基础上编写完成《四川九寨沟自然保护区综合科学考察报告》。

2004年8月3日，中国科学院动物研究所詹祥江一行3人考察九寨沟并对大熊猫栖息地环境状况进行野外评估。

二、生态保护考察

1969年8月，中国科学院成都生物研究所印开蒲、溥发鼎、胡隆基三人第一次从生物学的角度，重点考察九寨沟的生态环境。

2004年8月1日，联合国粮农组织总干事雅克·迪乌夫及联合国粮农组织驻华代表处组织总干事徐及和国家林业局、农业部领导考察九寨沟景区内天然林保护、退耕还林和生物多样性等工作。

2005年7月13—15日，台湾国际环境问题研究专家张盛隆率领专业规划团体，考察九寨沟扎如沟，提出环境保育课题。

三、旅游考察与调研

1997年10月14日，世界旅游组织旅游规划高级顾问爱德华·因斯基考察九寨沟。

2000年，九寨沟管理局调查搜集地震次生灾害资料，撰写完成《九寨沟自然保护区建设环保设施的可行性研究报告》及《九寨沟自然保护区景区居民经营活动外迁可行性研究报告》。

2004年8月30—31日，世界自然基金会、印度籍生态旅游策划专家乌塔拉考察九寨沟。

四、大熊猫调查

1974年10月，开展全国第一次大熊猫普查（当时称四川省珍贵动物调查），调查中，在九寨沟内发现珍贵动物17种，其中大熊猫14只（未公开发表资料）。

1975年，中央专门调集专家调查大熊猫，在全部调查范围内唯独九寨沟没见到熊猫。

1983—1984年，南坪县委书记、县长带领管理处（局）负责人员和业务人员上山普查箭竹开花情况，了解灾情，绘制标明大熊猫活动区域及箭竹受灾情况的林相图。

1984年，据南坪县林业局普查，九寨沟有大熊猫20只，同时发现原始森林里安放了大量钢丝绳套猎捕獐子，严重威胁大熊猫的安全。

1984—1985年，九寨沟自然保护区管理处积极组织人员上山普查箭竹和大熊猫活动情况，仅1984年上山调查与巡逻的次数便达4500人次。经过多次宣传，沟内群众自觉不再采伐箭竹，未发生人为伤害珍稀动物的情况。

2000年，九寨沟管理局参加由国家林业局组织的全国大熊猫调查。

2005年6月8日，九寨沟管理局保护处生物多样性监测站工作人员在原始森林海拔3008米一处山坡（北纬33°07203′、东经103°85242′）发现大熊猫活动痕迹，监测人员根据采集标本（粪便）的新鲜程度分析测定该大熊猫在此持续活动时间约有1年。根据粪便中残余食物的咬节平均值（33毫米）与咀嚼程度初步判定该大熊猫为亚成体大熊猫。

第三节　科研合作

一、合作交流

1978 年，九寨沟设立自然保护区后，九寨沟管理局与国内外研究机构展开广泛的科研合作。先后进行合作的国内科研单位有：四川省地矿局所属的区调队，成都水文队、化探队、物探队，四川省环境科学院地质监测总站，四川省林业科学院，四川省森林病虫防治检疫总站，中国人民解放军00939 部队，中国科学院所属山地所、生物所，成都理工大学，四川大学，四川农业大学，西南大学，西南科技大学，南京大学，北京大学等。

九寨沟管理局以九寨沟生态环境可持续发展国际联合实验室为平台，先后与澳大利亚、美国、德国、爱尔兰、俄罗斯等国家以及世界自然基金会（WWF）、世界自然保护联盟（IUCN）等国际组织建立科研合作机制，开展多学科、多领域的研究，取得大量科研成果。

1986 年和 1996 年，九寨沟管理局与四川省环境科学院两次合作开展九寨沟地表水质监测。

1995—1998 年，九寨沟与四川省森林病虫防治检疫总站协作，完成“云杉落叶病流行规律及防治技术研究”课题。

1996—1998 年，九寨沟管理局与四川省农业大学合作开展九寨沟自然保护区濒危珍稀动物寄生虫调查研究。

1998—2001 年，九寨沟管理局与四川省区域地质调查队开展广泛合作，先后完成“九寨沟地质及水循环系统研究”（1998—2000）、“九寨沟地理信息系统编制”（1999—2000）、“鹰爪洞天青石磨面制作”（2000 年 4 月）、“游人宣教展示中心地质馆建设”（2000）、“游人宣教展示中心地形沙盘、水循环沙盘模形制作”（2000—2001）等项目。

2000 年，九寨沟管理局与中美环境基金会、世界野生动物保护协会等国际组织建立网络关系。

2002 年，九寨沟管理局与四川省林科院合作，开展 3 期大规模的九寨沟本底调查工作。

2004，九寨沟管理局与澳大利亚 CRC 可持续旅游研究中心就旅游可持续发展研究、利用南北半球的季节性差异互相组织客源达成协议，双方互设办事处。根据协议，九寨沟管理局在澳大利亚黄金海岸市设立第一个海外办事处。2 月 25 日，九寨沟管理局专职摄影师于宁受邀参加“2004 中国科罗拉多大峡谷科考漂流探险”活动。

2005 年，九寨沟管理局与香港城市大学 MBA 团队合作开展“九寨沟酒店管理有限公司的企业品牌和定位”“九寨沟网络化营销管理”“如何利用信息平台拓展国际市场”“信息化发展的趋势和旅游业产业发展方向”“如何定位九寨沟春冬特色及营销方式”“诺日朗餐厅的管理和营销策略”“卧龙大熊猫品牌定位”“科研工作的国际化研究”“中查沟的开发定位”“如何做优九寨沟的品牌”等课题。5 月 31 日，九寨沟管理局与加拿大人与生物圈保护区代表在贵宾楼饭店举行交流座谈会。

二、学术会议

1993 年 9 月 13—17 日，九寨沟管理局局长泽仁珠与九寨沟研究人员张善云应邀出席在北京召开的第一届东亚地区国家公园与保护区会议暨世界自然保护联盟国家公园和保护区委员会（IUCN CNPPA）第四届工作会议。张善云提交论文《九寨沟群众与自然保护区关系》。

1995 年 5 月，九寨沟管理局派员到台湾参加“海峡两岸生态旅游研讨会”。

1996 年，九寨沟管理局局长泽仁珠与九寨沟研究人员张善云应邀出席在日本召开的世界自然保护联盟国家公园和保护区委员会（IUCN CNPPA）第四届工作会议东亚地区自然保护区第二次会议。8 月，九寨沟管理局应邀参加世界第 30 届地质大会。8 月 27—31 日，自然保护国际研讨会在九寨沟举行，来自新西兰、日本、美国、德国、澳大利亚、芬兰、尼泊尔、蒙古、联合国教科文组织、联合国人与生物圈委员会 10 个国家和国际组织的 150 多位专家、学者及管理人员参加会议，会后发表《九寨沟宣言》，研讨会主办方有：世界自然保护联盟国家公园和保护区委员会（IUCN CNPPA）东亚地区常务委员会和东南亚地区委员会，东亚自然保护研究、监测与培训中心，国际山地发展中心（ICIMOD），中国人与生物圈国家委员会，四川省南坪县九寨沟风景名胜区管理局。

1999 年，“99 生态旅游学术研讨会”在九宾艺术中心召开。

2001 年 1 月 19 日，九寨沟管理局参加在汶川举行的阿坝州全州旅游行业会议。

2002 年 7 月，九管局参加中国景区管理模式暨案例分析 MBA 教材研讨会。10 月 8—10 日，“全国自然保护区生态旅游管理——九寨沟生物圈保护区现场交流会”在九寨沟召开。

2004 年 10 月 17—20 日，“首届中国风景名胜区可持续发展论坛暨高新技术产业与风景名胜区高峰会”在九寨沟召开，近 260 人参加会议。11 月 17—25 日，九寨沟管理局参加世界自然保护联盟（IUCN）在泰国曼谷召开的第三届世界自然保护大会。大会主题为“人与自然——唯一的世界”。

2005 年 9 月 8—11 日，“扎如沟生态旅游研讨会”在九寨沟景区召开。四川省林业厅、阿坝州旅游局、九寨沟管理局、世界自然基金会（WWF）成都办事处、四川大学、北京大学、台湾文化大学、台湾筑景国际工程顾问公司及部分旅行社、扎如沟居民代表参加了此次研讨会。年内，先后参加四川大学和世界自然基金会（WWF）举办的“传统知识和生物多样性保护”培训、世界自然基金会（WWF）在王朗自然保护区举办的 GIS 培训、中国国家地质公园第一届大会及中国唐家河景观规划会议等。

2005 年 10 月 12 日，阿坝州人民政府、九寨沟管理局、美国加州大学、四川大学科研合作研讨会在九寨沟举行，研讨进一步加强在九寨沟的科研合作，探讨搭建合作平台的可能。

第四节　科学普及

一、九寨沟国家地质公园博物馆

九寨沟国家地质公园博物馆，2004 年利用九寨沟沟口游人中心展陈功能设立，是九寨沟开展公众教育的重要场所之一。2004 年，九寨沟设立国家地质公园，九寨沟管理局投入 100 多万元资金对博物馆进行升级换代，新建九寨沟三维互动漫游系统、电子沙盘（GIS 展示园）、2×9 米环形投影屏幕、多媒体电子触摸屏及环境教育互动园、民俗文化表演园等设施，利用声、光、电等现代化手段和传统大众化科普教育方式，向游客、员工、园区居民宣传地学知识，被命名为首批“四川省环境教育基地”。

图6－1　2001年，游客中心，地质博物馆展区

博物馆初设时展陈面积1580平方米，分为沙盘展区、成果展区、风光展区、民俗展区、动植物展区、地质展区6个部分，后扩大为1700平方米，展陈内容包括地质遗迹特征、地质成因、地质标本、动植物、科研成果、人文、发展历史、模型、风光图片、科普读物等。通过图片、实物等对九寨沟地质遗迹作全面展示，用中英文对地质遗迹的成因、特征等作详细解说，通过展墙展示九寨沟岩矿标本，设置显微镜和放大镜展台科学展示古生物化石等。另建有与地质博物馆配套的演示厅、贵宾厅和多功能厅。

序馆：包括沙盘展区、成果展区等。叙述九寨沟发展史，突出景区环保发展历程；电子沙盘展示区域地貌及旅游路线；通过多媒体触摸屏，可了解九寨沟的来历及各景点介绍等自然和人文各方面信息。

风光展区：展示九寨沟四季风光图片。

民俗展区：展示九寨沟藏族文化，包括建筑、宗教习俗、生活民俗如服饰等。

地质展区：介绍九寨沟的地理位置、地质、土壤、植被等情况，从地质方面展示九寨沟景观的形成原因，解释沟内有代表性的地质现象。展示各类矿石标本、化石标本和显微镜下的微观世界。

动植物展区：介绍九寨沟的生物多样性，展示主要动植物标本，用显微镜展示微观世界。

多功能厅以及贵宾厅室是提供专家及领导交流的重要场所，多功能厅的现代化设备同时为各种教育及宣传活动提供设施条件。

二、编辑出版《九寨沟》杂志

2000年，九寨沟管理局创办《九寨沟之声》，全年出刊4期，填补九寨沟无刊物的空白。

2002年初夏，《九寨沟》创刊，取得四川省刊型内部资料准印证，编号为第19—10号，年内出版2期。杂志由九寨沟管理局主办，管理局办公室设《九寨沟》杂志编辑部负责编辑和出版工作。

2003—2005年，杂志为双月刊，每年编制出版6期，大16开、单册60页、全彩铜版纸印刷。

《九寨沟》杂志以九寨沟自然、历史、文化、管理等为基本内容，以图文形式宣传推介九寨沟为主要目的，以九寨沟管理局工作交流和科普宣传、旅游服务为辅，以有关行业、各大风景旅游区、旅行社、文化旅游工作者为主要读者群，直观展现九寨沟的文化层面，构建九寨沟的文化环境载体，“传递工作信息，提供宣教服务”，既是树立九寨沟形象的窗口，也是传播知识、培养人才、发展文化的载体。

《九寨沟》刊载的作品《相约哈达河》（作者庆九）获得“2005年四川省副刊好作品评比一等奖”。2004—2005年，茅盾文学奖获得者熊召政等近百位当代名家书写九寨沟的作品相继在《九寨沟》杂志发表。

三、公众科普

自 1979 年九寨沟管理所成立起，面向公众的科学普及成为九寨沟管理机构的基本任务。科学普及的对象首先是管理局职工，其次是村寨居民，再然后是到九寨沟的游客。科学普及的内容最初是护林防火、动植物保护、景观资源维护，然后扩展到环保观念、法治观念等。有关九寨沟的科学考察与研究成果为科学普及提供直接的材料，包括九寨沟的地质地理、生态环境、动植物种类、水文、气象等基本知识。科普形式包括宣传海报、标语、标识标牌、公益广告、多媒体展示、科普性考察路线等。博物馆是科学普及最为重要的平台。

依托中外科学家对九寨沟保护区地质条件、大熊猫及其他动植物资源、生态环境等展开的调查和研究，九寨沟管理局在区内外设立环保教育和科学普及的宣传设施。在九寨沟沟口有专门的宣传展示厅，室外设置有电子大屏，诺日朗旅游服务中心设有等离子电视，适时更换科普内容。2004 年起，九寨沟管理局在区内增加和完善各种环保标识标牌，游览沿线与景区观光车内配有公益广告牌。在景区内和员工生活区，九寨沟管理局设立多个关于环境教育和科学普及的宣传栏，在观光公司员工区、管理局食堂和宿舍区，定期张贴环保宣传海报等。

九寨沟在区内树正沟、日则沟、则查哇沟和扎如沟开辟有不同的科学考察及科普路线；针对本地中小学生开展形式多样的科普宣传活动；针对普通游客开展科普讲座，提高游客地学科普知识。在各种重大环保节日，九寨沟管理局在沟口和景区诺日朗中心游客集中地进行视频宣传，举行游客意见收集、主题征文等活动。

自九寨沟自然保护区建立以来，九寨沟管理局陆续出版或资助出版各类具有科普性质的相关图书和音像作品。包括科学导游图、宣传册、图书、资料、宣传光盘及电子读物等。2004 年，九寨沟国家地质公园建立后编辑出版《九寨沟地学论文集》，印制有科普路线的导游手册，编制地质公园导游图，制作介绍九寨沟地质公园光盘。

九寨沟管理局每年订阅有关环境教育的报刊与杂志，如《环境保护》《中国环境报》《地球村》《自然资源保护》《种植资源》《植物保护》《中国国家地理》《野生动物》《森林病虫害防治》《大自然》《中国绿色时报》等，作为员工生态环境保护知识提升的途径之一。

九寨沟内配置有 300 余名导游讲解员，上岗前均进行专门的环境保护知识培训，2004 年后进行专门的地学知识培训。博物馆建立后有专职讲解员 7 名，为游客进行相关的环境保护知识讲解。九寨沟导游词主要有 3 种：九寨沟景区政务接待讲解词、九寨沟游人中心讲解词、九寨沟扎如生态旅游区导游词。导游词中融入地学科普知识。

2004 年以来，九寨沟管理局科研处及地质公园管理所开展一系列专题环境教育活动，先后举办童昌信彩墨山水画展、九寨沟摄影师于宁个人画展，举行隆康小学生“拯救地球”环保绘画活动等。同时开展地质遗迹野外巡游，实施中国丰田杯环境教育项目。同时筹建世界自然基金会环境教育中心。

到 2005 年，九寨沟内设有公共信息标识牌 500 余块。包括地质遗迹保护宣传牌、景观说明牌、安全警示牌、指引牌、导览图、物种牌等。其中，在主要道路、公园内路口设立游客引导标示及大型公园导游标示图；在典型地质遗迹处设立有解说牌，运用中、英、韩、日等国语言对其成因、特征等做通俗易懂的科学解说。各种牌示和导游图上均配有科普知识与环境教育标识。

第二章　项目与成果

从1983—2005年，以九寨沟为对象开展的课题研究可分为两个阶段。前一阶段主要围绕灾害治理、环境与生态调查展开；后一阶段，一方面向地学研究深入发展，另一方面向旅游发展、管理科学、信息技术、历史文化等多学科领域扩散。

第一节　灾害治理研究

一、世界自然遗产九寨沟泥石流综合治理研究

1983—2003年，九寨沟完成“世界自然遗产九寨沟泥石流综合治理研究”课题。课题以世界自然遗产九寨沟为基地，开展针对风景区泥石流的理论和防治研究，得到国家杰出青年科学基金资助。

课题工作包括野外考察、观测、现场实验、工程规划设计和施工监督指导，研究泥石流发育条件及分布规律、泥石流危害特点与成灾规律、灾情评估、泥石流形成机理、泥石流防治技术、风景区泥石流综合防治模式、减灾管理以及防治效益分析等，形成一套较完整的风景区泥石流防治理论与技术体系。

在研究成果基础上出版《风景区泥石流研究与防治》，获2003年度四川省政府科技进步一等奖。

二、九寨沟中华松针蚧生物学特性及防治技术研究

2004年开始实施。该课题由九寨沟管理局主持，阿坝州林业局、州林科院参与。该项目的任务是总结一套切实可行的防治技术方案，为松针蚧防治提供科学依据。到2005年该项目仍在继续。

第二节　环境与生态研究

一、九寨沟自然保护区生态环境及保护研究

1988年，国家自然科学基金委员会批准“九寨沟自然保护区生态环境及保护研究”课题。在西南师范大学地理系、亚热带生物地理研究所、四川省农科院及中科院西北高原生物研究所等单位协作下，在九寨沟管理局的帮助下，从地学、生物学等系统研究九寨沟自然景观生态，内容包括水环境、土环境、森林生态和气候以及生物等，并研究自然保护区的保护措施。

二、九寨沟木栈道环境影响研究

2002 年，九寨沟管理局与北京大学环境管理学院联合完成“九寨沟木栈道环境影响研究”课题。该课题就九寨沟木栈道工程对九寨沟的生态和环境影响进行评估与分析。研究认为，九寨沟木栈道建设为九寨沟生态环境保护和旅游持续发展奠定良好的基础。

第三节　地学研究

一、四川省九寨沟县漳扎地热普查项目

项目实施者为四川省地质矿产勘查开发局区域地质调查队生态所漳扎镇地热普查项目组。项目勘查区位于九寨沟县漳扎镇牙扎沟，地理坐标为北纬 33°17′30″—33°19′45″，东经 104°54′30″—103°57′00″，面积 11.84 平方公里。

2000 年 8 月进行踏勘，初步调查该区的水文地质情况，确定勘查范围。2004 年进行地热地质普查，初步了解工作地层、构造、岩浆活动情况，研究热储、盖层、导水构造和热控构造，分析水化学成分，对热储模型进行研究。前期工作主要是地表及浅层情况，对深部构造情况未作深入调查。2005 年，项目组主要工作是重点地段的 1∶2000 水文地质填图、1∶10000 遥感地质解译、岩矿及水文化学样品测试、泉水监测与水质分析。在牙扎沟南西侧发现两处具有较好前景的重点区域。因资金原因，原计划的地球物理勘探剖面及钻探未能实施。

二、九寨沟、黄龙世界自然遗产区地质及水循环系统研究

该课题由四川省地质矿产勘查开发局区调队申报立项，四川省科学技术委员会批准，列入四川省科学技术研究项目。研究范围包括九寨沟、黄龙世界自然遗产区，面积 1727.45 平方公里。课题由省地质矿产勘查开发局区调队生态环境旅游资源调查所承担，1998—2000 年完成。

该课题研究以 1∶50000 九寨沟、则查哇、红星岩和黄龙分幅地图所涉区域的环境地质调查为基础，运用水文地球化学、天然同位素示踪及地理信息系统（GIS）等技术和方法，对九寨沟、黄龙自然遗产地的地质结构、水循环系统进行观测与研究。首次提出长海、熊猫海等湖泊的水位变化及高瀑布断流是大气降水波动变化结果的观点，认为九寨沟流域内水文地质下垫面稳定，长海在九寨沟流域起天然调节水库的作用，它通过地下岩溶通道补给日则沟，是日则沟水体景观稳定的重要因素，使九寨沟的水体景观普遍处于较稳定的发展状态。同时，针对钙华坝体的渗漏、坍塌等问题提出环境保护措施和未来工作方向，为解决该地区水循环系统的环境地质问题提供科学依据。

2001 年 4 月 6 日，四川省科技厅主持对课题成果进行评审鉴定，认为该课题的技术路线合理，实际资料翔实，圆满完成工作计划，对研究区域旅游景观的形成和环境变迁、水循环系统及其动态演变等方面具有创新性认识，对九寨沟、黄龙自然景观的保护与开发具有重要的参考价值，同意通过鉴定。

三、九寨—黄龙核心景区水资源及生态地质环境可持续发展综合应用研究

四川省“十五”规划重大应用科技攻关项目。下设两个子课题：九寨—黄龙核心景区景观形成的地质环境和水循环系统模式测定、监测系统建立及景观保育技术应用研究；人类活动对九寨—黄

龙核心景区生态环境的影响和水资源生态保护关键技术研究。2004 年立项，项目由四川省发展和改革委员会、九寨沟管理局、黄龙管理局及四川省地矿局等科研单位共同完成。

项目下分众多专题。子课题“九寨—黄龙核心景区景观形成的地质环境和水循环系统模式测定、监测系统建立及景观保育技术应用研究”包括 8 项专题。专题之一为“九寨—黄龙核心景区地质环境调查专题”，工作面积 1350 平方公里，项目承担单位为四川省地矿局，承作单位为地矿局区调队，2004 年 6 月启动。该专题首次开展以九寨沟核心景区为主体的 1∶5000 比例尺地形测量和地质填图，查明九寨沟核心景区由 22 个翠海或群海、5 大群瀑、2 处钙华地台和 2 处滩流、7 处泉群或地下水溢流段构成；确定九寨沟北西向的构造是九寨沟水循环系统的基础，七大泉群或地下水溢流段是层湖叠瀑布景观形成的源泉；提出九寨沟地貌景观的“瀑—滩—湖”组合模式，将九寨沟划分为 7 个组合，并提出在不同组合类型中瀑布的“主动式后退”与“被动式后退”两种演化类型，确定九寨沟主体景观正处在演化过程中的青壮年期。

至 2005 年四川省地矿局区调队完成和参与的专项地质科研项目（节录）

表 6－1

序号	项目名称	项目经费（万元）	时 间	项目负责人	项目主要成员	获奖情况
1	九寨沟、黄龙世界自然遗产区地质及水循环系统研究	5	1998. 01—2000. 12	葛文彬 范 晓 郭建强	杨俊义、曾令新、吴 昊、彭 东、刘 旗、廖文华、曹 俊、吴树通、罗中云、徐志文、蒋 俊、辜寄蓉	2001 年，获四川省地矿局科学技术进步奖
2	九寨沟、黄龙景区水循环系统形成演化与保护利用研究		1999. 11—2000. 11	范 晓 郭建强	彭 东、刘 旗、曹 俊、吴 昊、杨俊义、罗中云、廖文华、吴树通	—
3	九寨沟—黄龙景观地质环境演化趋势研究	10	2002. 11—2003. 12	范 晓 郭建强	曹 俊、杨 更、彭 东	—
4	九寨黄龙生态保护建设重大技术攻关前期研究节点报告	10	2002. 11—2003. 12	葛文彬 万新南	杨俊义、郭建强、曹 俊、罗中云、邓泽锦、杨 更	—
5	九寨黄龙核心景区地质环境调查专题	90	2004. 06—2006. 06	范 晓 杨俊义	郭建强、杨 更、曹 俊、陈 斌、宋 云、张慧利、卢志明等	—

说明：上表摘自《四川省地质矿产勘查开发局区域地质调查队志（1959—2009）》，仅摘录其中与九寨沟有关且在 2005 年以前启动的项目

第四节　旅游发展与管理研究

一、九寨沟、黄龙景区水循环系统形成演化与保护利用研究

“四川生态旅游资源的开发利用与保护”项目的子课题，四川省地矿局区调队 1999 年 11 月至 2000 年 11 月完成。

“四川生态旅游资源的开发利用与保护”项目是科技部下达的国家重点科技专题项目，由四川省科技厅组织，中国科学院成都分院、四川省地矿局区调队、四川省自然资源研究所和成都理工大学共同完成。区调队承担并完成“四姑娘山地区地质背景及其对区域旅游资源分布格局的影响”“九寨沟、黄龙景区水循环系统形成演化与保护利用研究”两个子课题研究。

“九寨沟、黄龙景区水循环系统形成演化与保护利用研究”子课题项目，在区域水循环系统方面主要引用“九寨沟、黄龙世界自然遗产区地质及水循环系统研究”课题成果，项目重点对九寨沟、黄龙旅游景观资源进行综合调查与研究。

基本查明九寨沟、黄龙旅游资源的分布特征、数量、成因、类型和组合形式，划分出6个基本类型、27个种类、333项，规划出16个小景区，对小景区作初步评价和功能描述，其中有8个小景区为本次发现。新规划出九寨沟、黄龙的11条徒步探险和生态旅游路线。项目编制出九寨沟和黄龙的地质图、旅游资源图、水文地质图、地质灾害图、地貌图、植被类型图、土壤类型图、土地利用图、环境放射性地质图、环境地球化学图和岩性图等系列基础图件。

二、九寨沟生态旅游的演进过程及发展策略研究

课题为中国“人与生物圈计划”项目“九寨沟质量经济研究”的子课题之一，2004—2005年完成。

课题在人与生物圈中国委员会的支持下，在九寨沟国家级自然保护区管理局的密切配合下展开。完成《九寨沟文化考察报告》《九寨沟的管理体制：从经验迈向制度，迎接体制转型和提升》《九寨沟生物圈护区政策与社区关研究》《九寨沟生态旅的演进过程及发展策略研究》和《九寨沟生物圈保护区质量经济评估》等文章。

三、九寨沟景区容量研究

2005年，九寨沟管理局完成景区容量研究项目。

研究认为，九寨沟需要建立适合于九寨沟旅游环境的旅游容量计算指标及其模型。模型需要考虑的因素或指标包括：九寨沟的地形条件，交通条件，餐饮条件；自然环境对旅游影响的可接受程度；游客在九寨沟景区内的心理和行为特征等。项目确定了九寨沟的旅游容量，可指导景区管理、环境保护，基础建设和营销策略。

第五节　信息技术与多媒体应用研究

一、九寨沟国家级自然保护区地理信息系统（GIS）建设

项目由九寨沟国家级自然保护区管理局委托，四川省地矿局区调队承作，项目费用35万元，工作时间1998年12月至2000年8月。项目负责人范晓。

项目下分：资料组，组长郭建强，负责各类文字、图件、数据资料的收集与整理；多媒体组，组长辜寄蓉，副组长林江，负责系统配置、多媒体构建的建立；数据组，组长兰俊，负责系统中科学地图的技术标准、格式设计，图形数字化及属性库的建立。

该信息系统建设主要取得两个方面的成果：九寨沟国家级自然保护区GIS空间数据库；九寨沟

博士——九寨沟多媒体信息系统。

该数据库主要基于1∶50000分幅地图生态地质调查结果，同时广泛收集保护区已有的各类相关数据，针对九寨沟国家级自然保护区灾害预警、保护区管理、区内水资源环境预测评价、生态环境与生物物种保护、森林防火等需要，根据GIS技术要求，将空间数据库的图形数据划分为6大类、29个图层，利用MAPGIS、ARC/INFO、ARCVIEW等GIS软件及ACCESS等数据库软件，对各个图层进行矢量化和数据采集，将图库和属性数据库连接为空间数据库。主要应用功能包括：根据需要提供各种不同形式的图件及报表；根据预定的条件与要求，对各种图与数据进行快速查询与检索；进行包含、相交、缓冲等基本的图形与数据分析；利用GIS的空间分析功能，根据需求进行专项空间分析与研究。在空间分析方面，主要进行地质灾害预测、岩溶管道分析、水循环系统分析及景观水资源预测等方面的应用与研究。

九寨沟GIS空间数据库图层划分表

表6－2

类　别	图　层　名　称
旅游类	旅游资源图层、旅游路线图层、服务设施图层、功能区划图层
环境类	植被类型图层、土壤类型图层、土地利用图层、地震震中图层、地质灾害点图层、地质灾害图层
地理类	基本信息图层、水系图层、交通图层、境界图层、居民地图层、地形图层
地质类	地层图层、脉岩图层、特殊岩图层、断层图层、产状图层、变质相带图层、火山岩图层、矿产图层
水文地质类	水文地质单元图层、岩性图层
物化探类	布格重力异常图层、航磁异常图层、地球化学元素等值线图层

“九寨沟博士”，即九寨沟多媒体信息系统，依托九寨沟地理信息系统（GIS）空间数据库，以普通游客和社会公众为主要使用对象，运用文字、图片、音乐、视频等多媒体手段，以触摸屏查询的方式为游客提供信息查询服务。系统采用Authorware为开发平台，以信息的科学性、综合性、普及型为特色，同时提供中英文双语版本，并可实时进行语种切换。2001年，电子读物光盘《九寨沟博士——中国国家公园多媒体信息系统系列》由四川音像出版社公开出版发行。“九寨沟博士”系统由主页、九寨沟概况、九寨沟风光、九寨沟旅游服务、九寨沟文献和九寨沟科学地图等模块组成。

九寨沟多媒体信息系统基本结构及主要内容一览表

表6－3

模块名称	主　要　内　容
主　　页	欢迎词、九寨沟各项属性与称号展示、制作单位与主要研制人员
概　　况	位置与环境、科学导游、历史大事记、国际交往
风　　光	以小景区和小景区内的主要景点为线索对九寨沟风光进行全面介绍，介绍内容主要包括地理位置、景点名称由来、景观科学特征及成因、相关传说等
旅游服务	旅游路线、宾馆饭店、其他服务点、管理机构、旅行社等
文　　献	科技和科普、文学艺术、新闻报道、名人题词
科学地图	地层、构造、土地利用、居民点、水系、交通、植被类型、土壤类型等

2000 年 8 月 10 日，九寨沟管理局组织联合国人与生物圈中国委员会、中国科学院、北京大学及四川省的计委、科委、建设厅、林业厅、国土资源厅、旅游局、环保局的有关专家对九寨沟国家级自然保护区地理信息系统进行评审。评审意见认为，数据库结构合理，数据丰富，系统运行稳定，可操作性强，应用效果好，是四川省第一个国家级自然保护区地理信息系统，在国内具有领先水平。

自九寨沟地理信息系统（GIS）建成以后，九寨沟管理局继续进行数据采集、录入、更新与完善工作，逐年将最新调查研究工作成果补充进该系统。

二、数字九寨沟综合示范工程

2004 年 7 月 24 日，“数字九寨沟”通过国家“十五”规划重点科技攻关项目评审。

2005 年 6 月 19 日，“数字九寨沟”一期工程通过建设部验收，成为全国第一个城市数字化示范应用工程，验收专家称其为“国内数字化建设的方向”和“中国景区保护、管理与旅游产业协调发展的有效解决方案”。10 月 13—14 日，由建设部城市建设司主办的“国家重点风景名胜区监管信息系统暨数字化景区建设工作会议”在九寨沟召开。

1998—2005 年九寨沟科研项目一览表（部分）

表 6－4

项目名称	开展时间	研究目的	负责单位	获奖情况
九寨沟地质及水循环系统研究	1998. 04—2000. 04	九寨沟地质及水循环系统	九寨沟管理局、四川地堪区调队、阿坝州科委	—
九寨沟风景名胜区地理信息系统	1999—2000	整合九寨沟现有资料和数据，利用 GIS 平台进行综合管理、分析、展示与应用	九寨沟管理局、四川省地矿厅区域地质调查队	—
九寨沟环境监测及制定九寨沟环境保护实施方案、九寨沟生态环境保护规划	2001. 08—2002. 09	制定《九寨沟环境保护实施方案》和《九寨沟生态环境保护规划》，首次全面分析九寨沟污染情况，污染防治方法	九寨沟管理局、四川省环境监测中心站	—
九寨沟自然保护区综合科学考察	2002—2004	完成九寨沟生物资源及其环境的全面调查，确定九寨沟的基本数据	九寨沟管理局、四川省林业科学研究院	出版《九寨沟生物多样性》一书，获四川省科技进步三等奖
九寨沟木栈道环境影响研究	2002	分析九寨沟木栈道对九寨沟的生态和环境影响	北京大学环境学院、九寨沟管理局	—
九寨沟民俗文化的收集与整理	2000—2003	民俗文化收集和整理	九寨沟管理局	—
世界遗产九寨沟泥石流研究	1984—2003	以世界自然遗产九寨沟为基地，开展针对风景区泥石流的理论和防治研究	国家杰出青年科学基金、九寨沟管理局	2003 年，获四川省科技进步一等奖。
九寨沟生物圈保护区质量经济研究课题	2004—2005	回顾总结九寨沟生态旅游发展演进过程，研究生态旅游发展策略，评估九寨沟生态旅游	中国人与生物圈国家委员会、九寨沟管理局	—

续表6－4

项目名称	开展时间	研究目的	负责单位	获奖情况
九寨沟景区容量研究	2005	建立适合于九寨沟旅游环境的旅游容量计算指标及其模型	九寨沟管理局	—
九寨—黄龙核心景区综合研究项目	2004.05—	完成地质和资源调查，落实科学发展观，建设资源节约型、环境友好型社会，争取“十一五”时期国民经济又快又好发展，实现可持续发展	四川省发改委和相关科研单位、九寨沟管理局、黄龙管理局	—
游客调查项目	2005—	为九寨沟环境保护、旅游管理、市场营销提供依据	九寨沟管理局	—
九寨沟松针蚧生物学特性及防治研究	2004—	总结防治技术方案，提供科学依据	九寨沟管理局主持，阿坝州林业局、州林科院参与	—

1980—2005年九寨沟科研论文一览表（部分）

表6－5

成果名	作者	发表期刊或来源著述	出版单位与时间或发表期数
九寨沟水生生物初步调查	周仰躁、董存有、周学思、陈远宁	四川动物	1986年第2期
四川九寨沟自然保护区藻类植物调查	包少康、谭明初、钟肇新	西南师范大学学报（自然科学版）	1986年第3期
九寨沟树正群芳海和黄龙沟五彩梯池的成因	郭立言	大自然探索	1987年第2期
九寨沟风光地貌成因探讨	范　晓	旅游地学研究与旅游资源开发	四川科学技术出版社1987年版
九寨沟的湖泊植被	张　宁、李　恒、费　勇、王立松	山地研究	1988年第4期
九寨沟地貌的基本特征、形成和演化	杨逸畴等	地理	1989年第3期
九寨沟湖水色彩成因的初步研究	张　捷	地理	1989年第3期
九寨沟食虫植物——黄花狸藻	杨剑波	植物杂志	1992年第1期
九寨沟土壤发生及地理分布规律研究	林致远、尹　平	西南师范大学学报（自然科学版）	1994年第1期
四川黄龙—九寨沟自然风景区冷水型钙华成因的水文地球化学研究	卢国平	矿物岩石	1994年第3期
九寨沟沟谷成因与演化	万新南、陈叙伦、许　模	山地研究	1994年第3期
四川隆康、塔藏含火山岩地层时代新证据	杨恒书、赖旭龙、杨逢清、殷鸿福	中国区域地质	1995年第1期

续表 6－5

成 果 名	作 者	发表期刊或来源著述	出版单位与时间或发表期数
四川南坪隆康、塔藏一带泥盆纪含火山岩地层的发现及意义	赖旭龙、杨逢清	科学通报	1995 年第 9 期
区域民俗文化旅游资源的定量评价研究——九寨沟藏族民俗文化与江苏吴文化民俗旅游资源比较研究之一、二	张　捷	人文地理	1997 年第 3 期 1998 年第 1 期
地质环境恶化对九寨沟景观的影响	周绪纶	中国岩溶	1998 年第 3 期
九寨沟自然保护区森林植物的数量分类	杨远兵、刘玉成、方任吉	生态学杂志	1998 年第 3 期
九寨沟国内旅游者行为特征初步研究及其意义	聂献忠、张　捷、吕菽菲、汤家法	自然资源学报	1998 年第 3 期
加强九寨沟、黄龙风景名胜区的多学科研究，提高其服务功能	郭建强	四川地质学报	1998 年第 4 期
九寨沟黄龙地区两条新的科考生态旅游线	杨俊义、郭建强、彭东等	四川地质学报	2000 年第 1 期
九寨沟风景名胜区水循环模式	杨俊义、郭建强、彭　东	四川地质学报	2000 年第 2 期
九寨沟水循环系统研究	郭建强、范　晓、杨俊义、吴　昊	“九五”全国地质科技重要成果交流会会议论文	2000 年 12 月
四川九寨沟地貌与第四纪地质	郭建强、彭　东、曹　俊、杨俊义	四川地质学报	2000 年第 3 期
四川九寨沟水循环系统的同位素示踪	尹　观、范　晓、郭建强等	地理学报	2000 年第 4 期
论旅游资源中石灰华景观的形态建成过程——以四川九寨沟和贵州黄果树等地石灰华群为例	田友萍、何复胜	地理科学	2000 年第 5 期
九寨沟旅游者的结构与行为分析	晏　杰	经济地理	2001 年第 1 期
九寨沟岩溶管道空间分析模型	辜寄蓉、范　晓、王成善、吴　昊、蔡靖疆	矿物岩石	2001 年第 2 期
氘过量参数及其水文地质学意义——以四川九寨沟和冶勒水文地质研究为例	尹　观、倪师军、张其春	成都理工学院学报	2001 年第 3 期
四川省旅游“五朵金花”的地球化学特征	赵　琦	矿物岩石	2001 年第 3 期
九寨沟旅游地质资源特征及可持续发展	郭建强、杨俊义	中国区域地质	2001 年第 3 期
四川九寨沟黄土的初步研究	彭　东、曹　俊、杨俊义、郭建强	中国区域地质	2001 年第 4 期

续表6－5

成　果　名	作　者	发表期刊或来源著述	出版单位与时间或发表期数
自然保护区旅游的非污染生态影响评价	刘春艳、李文军、叶文虎	中国环境科学	2001年第5期
九寨沟地质灾害预测的空间分析模型	辜寄蓉、范　晓、彭　东	中国地质	2002年第1期
塔藏构造混杂岩带特征	曹　俊、彭　东、郭建强、刘　旗	中国地质	2002年第4期
九寨沟隆康、漳扎火山岩研究	曾广策、赖旭龙、杨逢清	地质科技情报	2002年第3期
九寨沟风景区游客入游距离特征研究	张　捷、李升峰、周寅康、都金康、包浩生	长江流域资源与环境	2002年第1期
九寨沟海子瀑布景观成因研究综述	林秀丽、万新南	综述科技情报开发与经济	2002年第1期
生态旅游区环境容量确定的基本原理及其应用探讨——以九寨沟、黄龙为例	鄢和琳	生态学杂志	2002年第3期
用改进的旅行费用法评估九寨沟的游憩价值	李　巍、李文军	北京大学学报（自然科学版）	2003年第4期
Gansupora在四川九寨沟地区含火山岩地层中的发现及其意义	王治平、赖旭龙	地球科学	2003年第4期
风景名胜区泥石流治理模式：以世界自然遗产九寨沟为例	崔　鹏、柳素清、唐邦兴、陈晓清	中国科学（E辑：技术科学）	2003年第S1期
九寨沟水资源灰色系统预测模型	辜寄蓉、范　晓、杨俊义、王成善	成都理工大学学报（自然科学版）	2003年第2期
四川九寨沟县干海子发现"扁平椭球体状冰川漂砾"	孙传敏、刘茂才、万新南、何正伟	成都理工大学学报（自然科学版）	2003年第5期
九寨沟地质公园岩溶景观的成因	曹　俊、杨俊义、郭建强、彭　东	全国第18届旅游地学年会暨广西贺州旅游资源开发战略研讨会会议论文	2003年9月18日
九寨黄龙钙华景观保护研究	郭建强		
中国圆胸隐翅虫属一新种记述（鞘翅目：隐翅虫科：尖腹隐翅虫亚科）（英文）	张　艳、李利珍、赵梅君	昆虫分类学报	2003年第4期
九寨沟旅游开发对安多藏民族文化的影响	刘　婕、曾　涛、蔡红霞、郭海燕、李正浩、曾宗永	资源科学	2004年第4期
基于分区的多目的地TCM模型及其在游憩资源价值评估中的应用——以九寨沟自然保护区为例	张　茵、蔡运龙	自然资源学报	2004年第5期

续表 6－5

成　果　名	作　者	发表期刊或来源著述	出版单位与时间或发表期数
九寨沟黄龙地区钙华漏斗的特征与成因探讨	杨俊义、万新南、席　彬、蔡永寿、蹇代君、朱忠福、董　立、杨宝林、石　磊、程华稔、唐　淑	水文地质工程地质	2004 年第 2 期
九寨沟自然保护区的两栖爬行动物调查	李　成、孙治宇、蔡永寿、刘少英、冉江洪、刘志君、王跃招	动物学杂志	2004 年第 2 期
九寨沟主要植物群落生物量的空间分布	蓝振江、蔡红霞、曾　涛、王硕果、郭海燕、曾宗永	应用与环境生物学报	2004 年第 3 期
九寨沟自然保护区的鸟类资源区系	冉江洪、刘少英、孙治宇、符建荣、郑志荣、蔡　国、雷开明	动物学杂志	2004 年第 5 期
四川省九寨沟自然保护区蝶类区系组成及多样性	谢嗣光、李树恒、石福明	西南农业大学学报（自然科学版）	2004 年第 5 期
四川九寨沟和甘南叶蜂二新种（膜翅目：叶蜂科）	魏美才、石福明	昆虫分类学报	2004 年第 4 期
四川九寨沟地质遗迹保护探讨	杨　更	四川地质学报	2005 年第 3 期
四川九寨沟山噪鹛繁殖巢记述	蒋迎昕、孙悦华、经　宇	动物学杂志	2005 年第 2 期
九寨沟林下地表径流及其与地表和土壤状况的关系	王　晶、包维楷、丁德蓉	水土保持学报	2005 年第 3 期
四川九寨沟自然保护区兽类调查	刘少英、孙治宇、冉江洪、刘　洋、符建荣、蔡永寿、雷开明	兽类学报	2005 年第 3 期
九寨沟自然保护区种子植物区系特征研究	邓洪平、陈亚飞、谢大军、李玉泉、徐　洁、宋琴芝、刘光华、伍　莲	西南师范大学学报（自然科学版）	2005 年第 3 期
自然保护区的社区参与管理模式探索——以九寨沟自然保护区为例	任　啸	旅游科学	2005 年第 3 期
九寨沟旅游生态足迹与生态补偿分析	章锦河、张　捷、梁玥琳、李　娜、刘泽华	自然资源学报	2005 年第 5 期
四川省九寨沟自然保护区蝶类	李树恒、谢嗣光、石福明	中国科协 2005 年学术年会会议论文	2005 年 8 月

第七篇　旅游开发

至迟在清末民国初期，九寨沟的绝美风景已经引人关注。九寨沟风景的再次发现是20世纪50年代以来的森林资源调查，旅游开发则是改革开放时期的事情，是川西北旅游区开发的起点。

1982年经国务院批准，九寨沟与邻近的黄龙并列为国家重点风景名胜区。1984年1月成立九寨沟风景名胜管理局，九寨沟正式作为风景区对外开放。1987年1月，城乡建设环境保护部正式批准九寨沟总体规划，明确风景区范围为720平方公里，外围保护地带600平方公里。九寨沟的保护与开发由此步入正轨。1992年，经联合国教科文组织的考察鉴定，将九寨沟列入世界自然遗产名录，九寨沟历史揭开新的一页。1998年，九环旅游线改造完成。2003年，九黄机场通航。自此，中外游人络绎不绝，九寨声誉鹊起，成为驰名中外的旅游目的地。

九寨沟旅游开发具有得天独厚的优势。区内拥有以钙华湖泊群和瀑布群为主的丰富多样的景观资源，有良好的自然生态体系、稳定的社会环境、较完善的基础服务设施，资源开发潜力巨大，是国家重点风景名胜区和国家级自然保护区，集世界自然遗产、人与生物圈计划和绿色环球21世纪三项桂冠于一身，是中国“世界遗产游”的重要组成部分，在阿坝州、四川、中国乃至世界旅游网络系统中都占有重要的地位。

第一章　景区布局

九寨沟区域旅游发展经历由点到面、由单一向多元演变的结构性变迁。

九寨沟风景名胜区环境质量上佳，接待区海拔在2000米左右，风景游赏区基本上在海拔2000—3000米，绝大多数游人都不会产生高山反应。区内景观基本沿河谷地带展开，分布紧凑，层次分明，易于展示和游赏组织。九寨沟景区外围地带的景观资源如干海子等逐渐得到游客关注。游赏区范围内居民1000余人，只要妥善管理，便不会对风景区环境形成破坏。

第一节　发展布局

一、发展构想

2003年编制完成的《四川九寨沟岩溶国家地质公园总体规划》指出：九寨沟旅游资源具有不可替代性、唯一性和自然垄断性。九寨沟旅游产品经过20年开发建设，经过资源发现阶段和项目启动阶段，成为四川旅游三大品牌之一和全国精品旅游产品之一，步入快速增长阶段。九环公路旅游线的建成标志九寨沟第一个旅游快速增长阶段的开始，九黄机场的建成和通航运营，给九寨沟旅游带来第二次快速增长。旅游快速增长的九寨沟需要应对市场、环境、质量等多方面的新挑战。游客量成倍猛增，带来巨大人口压力，对生态环境形成威胁，降低游览体验，对旅游业可持续发展造成负面影响。为达到保护自然与旅游开发的均衡发展，确保世界遗产的原生性、独特性，九寨沟旅游开发在巩固和发展品牌形象的基础上，要争取高产出市场和限制低产出市场，最终推行反促销战略。

2005年编制完成的《九寨沟旅游区总体规划》，以九寨沟为核心对白河流域旅游产业发展进行总体布局：构建世界自然遗产生态观光最佳旅游目的地；利用漳扎镇特色和优势，创建体现地方人文与自然景观环境特色风貌的国际旅游城镇；整合九寨天堂景区资源，构建国际休闲度假旅游目的地，提供世界一流的多元化旅游产品体系。提出“一二三四五”的发展构想，以保护世界自然遗产原生性为前提，限制大众旅游，拓展高端旅游，提高山地生态旅游比重，实现九寨沟旅游的可持续发展。

一个品牌：“神奇九寨”“童话世界”——世界级生态型旅游目的地九寨沟。

两个示范：建成世界遗产保护、管理、利用示范点；建成国际山地生态旅游示范地。

三个突破：旅游产品从单一观光向观光为主兼生态、休闲度假及会议的多元化旅游产品体系转变；旅游市场从国内大众市场为主向国内中高端旅游市场和海外市场并举的复合市场体系转变；旅游时空从“旺季过旺”的单一格局向“淡旺并重”的立体格局转变。

四多造势：多办国际性节庆；多开国际性会议；多举办国际性赛事；多组织国际性演出活动。

五合而一：按国际一流产品要求，完善观光旅游产品，重点开发、提升专项产品、会议产品、休闲度假产品，深度挖掘藏羌文化体验产品。

二、总体布局

按照功能需要，1985 年完成的总体规划对九寨沟风景名胜区做出“沟内游，沟外住”的初步设想，区分出门区、管理区、交通场站、科普教育、游客服务等不同功能区域。2000—2005 年完成修编的总体规划按照风景游览、接待服务、居民调控、保护培育 4 项基本功能需要，将旅游区分为风景游赏区和接待服务区。以漳扎镇沿白河河谷地带为旅游接待服务区；羊峒为风景游赏区唯一出入口；九寨沟内风景区为游赏区，树正、诺日朗、剑岩、长海是重要风景游赏区，扎如是辅助游赏区；诺日朗是游赏区内的集中服务区，其中，树正、长海、原始森林等重要景点设服务站，提供茶水、休息等服务；沟内居民点定性为衰减型，沟内分散经营活动全部外迁。

2005 年，九寨沟管理局编制《九寨沟旅游区总体规划》时，总结开发经验并根据区内旅游资源类型、分布、特征及其空间分布规律，结合市场需求格局与发展趋势，提出“一镇六区二线”的总体发展布局，即 1 个旅游城镇，5 个核心景区和 1 个配套景区，2 条主游线（九寨天堂至树正、诺日朗、剑岩、长海，九寨天堂至扎如）。

九寨沟旅游区旅游发展总体布局一览表

表 7－1

功能分区		旅游功能	位置
一个旅游城镇	漳扎镇	综合接待服务管理；会议、休闲度假；藏民俗风情体验	漳扎镇
五个核心景区	树正景区	高山湖泊奇景观光	树正沟
	诺日朗景区	高山瀑群奇景观光	诺日朗沟
	剑岩景区	高山原始森林观光	日则沟
	长海景区	高山湖泊奇景观光	则查洼沟
	扎如景区	自然生态旅游；原生态藏文化体验	扎如沟
一个配套景区	九寨天堂景区	会议、休闲度假	九寨天堂、甲蕃古城

说明：摘自《九寨沟旅游区总体规划》（2005 年）

三、游览设施布局

1985 年完成的《九寨沟风景名胜区总体规划（1985—2000）》确定接待设施大部分集中设在沟外的原则，沟内已有设施逐步缩小规模，总体采取镇、村、点三级游览服务设施布局。游览区外设旅游镇，镇址为九寨沟外白河沿岸的“白河区—羊峒桥—隆康乡”段带状谷地，总长 9.5 公里，宽 20—300 米，总面积 165 公顷。旅游新镇规划为中外游客提供旅游食宿、交通、游乐、购物等服务设施，依地形分为白河（今漳扎镇）、彭布、隆康 3 个区，总床位 4200 床，总人口 7350 人，总用地面积 28 公顷。旅游村设景区外围，规划有荷叶、诺日朗、日则、长海和扎如 5 个旅游村，提供食宿。旅游点设重要景点边缘，主要包括村正、犀牛海、五花海、剑岩、仙女池口、长海尾部、热西和若也得等，为景区中的游览休息茶水站。

2000—2005 年修编完成的《九寨沟风景名胜区总体规划（2006—2020）》落实“沟内游，沟外住”的布局原则，配合沟内经营活动的迁出，游览设施布局开始采用服务部和旅游镇相结合的两级方式。沟外按旅游镇建设，沟内设服务部，包括羊峒、诺日朗、荷叶、树正、原始森林、长海、扎如寺、纳久坡 8 个服务部，沟口羊峒和诺日朗为中心服务部，负责提供沟内游览的大多数服务，并实行统一经营与管理。沟口中心服务部是游览区的唯一出入口，诺日朗中心服务部处于游览区中心部位，是区内主要的餐饮供应点。游览区内饮食供应辅助点设在树正服务部。树正等 6 个服务部为一般服务部，为游人提供相应的游览服务。

四、旅游村镇发展布局

九寨沟旅游村镇的布局有一个由点向面扩展的过程。初期以沟外白河沿岸为旅游村镇发展点，后逐渐扩展至整个白河流域及九寨沟县，并显现出将川西北城镇发展纳入其中的趋势。

1985 年，《九寨沟风景名胜区总体规划（1985—2000）》按照“沟内游，沟外住”的原则将九寨沟旅游镇规划在白河区公所驻地漳扎至羊峒桥再至隆康乡的带状谷地，总长 9.5 公里，总面积165 公顷。根据用地特点和分期实施等因素，旅游城镇分为白河（今漳扎镇）、彭布和隆康 3 个相对独立的片区，含 6 个综合功能单元，单元内设置主要为居民服务的次中心。游客是旅游镇的主体，旅馆及职工生活区是城镇的主要物质内容。旅游城镇总体上采用以公共建筑为中心、旅馆为主体、宾主共同使用公共活动中心的布局，附设相应的道路交通和其他接待服务设施。

2005 年，修编完成的《九寨沟风景名胜区总体规划（2006—2020）》将沟外旅游镇扩展至漳扎镇沿白河河谷 20 多公里长的带状地区。旅游镇总床位数设置为 2.7 万张，对建筑风貌进行整改和控制，尊重本土藏族建筑风格。

五、游览路线布局

九寨沟游览区景观呈流域式分布，景点密集，串连成带，沟内游览交通路线自然形成树枝状格局，全长约 60 公里。

1985 年，《九寨沟风景名胜区总体规划（1985—2000）》设计沟内游览方式以步游为主，步、车、马、船交替，沟内交通以公共汽车为主。拟开辟天鹅海至长海翻山小道，把日则和则查哇两沟连成环状游道；镜海上沿至箭竹海上沿对岸辟步行道，与公路组成景区小环路；改善沟口至诺日朗段公路，开辟对岸步游道，基本实行人车分流。

到 2003 年编制《四川九寨沟岩溶国家地质公园总体规划》时，九寨沟游览区内以游览公路为主导游线、以游览栈道为辅助游线、游人乘坐景区公交在每个景点停留步行观赏的游览格局已经形成。根据区内保护级别的差异，游览路线分为大众观光游览线路和专项游览线路两种。

大众观光旅游线分布在树正沟、则查哇沟、日则沟三条主沟，相应分为三段：

（1）九寨沟游人中心—宝镜岩（或扎如寺）—荷叶寨—盆景滩—双龙海—火花海—卧龙海—树正寨—树正群海—树正石生物化石点—树正瀑布—老虎海—犀牛海—诺日朗瀑布；

（2）诺日朗—下季节海—上季节海—五彩池—长海冰漂砾—长海；

（3）诺日朗—镜海—珍珠滩瀑布—珍珠滩—金铃海—五花海—高瀑布—熊猫海—箭竹海—鹰爪洞钙华台地—鹰爪洞—芳草海—悬泉—原始森林。

专项旅游线规划 8 条，涵盖生态旅游、科考、探险等活动，包括 1 条总路线和 7 条分路线。

总路线：牙扎沟口—九寨沟口—树正沟—日则沟—则查哇沟—扎如沟。

分路线：

（1）科考旅游线路：牙扎沟口断层点—矿泉水厂同斜褶皱—羊峒古生物化石点—宝镜岩—荷叶寨—盆景滩—芦苇海—双龙海—火花海—卧龙海—树正群海—树正瀑布—树正寨—犀牛海；

（2）科考、生态旅游线路：诺日朗瀑布—诺日朗群海—镜海—珍珠滩瀑布—珍珠滩—孔雀河道—五花海—熊猫海瀑布—箭竹海、熊猫海—日则招待所—鹰爪洞—天鹅海—芳草海—剑岩悬泉—原始森林；

（3）生态旅游、科考、探险旅游线路：下季节海—上季节海—五彩池—长海—仙女池—圆海子—绿海子—则查梁子—四沟—黄龙乡—烂泥凼—红星岩海子—藏马龙里海—原始森林大泉—鹰爪洞—珍珠滩—诺日朗；

（4）生态旅游、科考、探险旅游线路：诺日朗—珍珠滩—丹祖沟—扎玛且莫普德—悬泉沟—鹰爪洞钙华台地—五花海；

（5）生态旅游、探险旅游线路：宝镜岩—扎如马道—扎如寺—作岩—红池；

（6）科考、探险旅游线路：荷叶—黑果钙华台地—信扎—扎如；

（7）生态旅游、科考、探险旅游线路：荷叶—树正—诺日朗—卡真沟—干孜公盖—溶洞沟—上季节海—下季节海。

依托此旅游线路，规划设计 1—4 日不同的游程类型。

第二节　景区结构

一、景区划分

1985 年，初步完成的《九寨沟风景名胜区总体规划》将九寨沟景区分为三级，共 50 个景点和 6 个景区、1 个序景段。其中一级景点，包括镜海、五花海、树正瀑布、珍珠滩等 20 个；二级景点，包括卧龙海、熊猫海、达戈海、纳久坡等 18 个；三级景点包括金铃海、鸟艾海、回音壁、一线天等 12 个。6 个景区分为两级，一级景区为诺日朗、树正和长海，二级景区为剑岩、扎如和天海。另，风景区西部边缘的干海子景点为旅游环线上的车游短停点。大录神仙池风景区是九寨沟的一个外围景区。

2003 年编制《四川九寨沟岩溶国家地质公园总体规划》时，合并天海和扎如为扎如沟景区，简称“扎如景区”；随着“沟内游，沟外住”政策的实施，以沟口为中心的白河上下沿岸建设成为以服务和接待为主的游览小景区，序景段纳入其中；景区调整为羊峒景区、树正景区、扎如沟景区、诺日朗景区、剑岩景区和长海景区共 6 个，总计 127 个景点。景点按主题和特征划分为科考型、观赏型、游乐型、复合型 4 类；按质量和地位划分为导向型、重要型及配套型 3 类。

2005 年，修订完成的《九寨沟风景名胜区总体规划（2006—2020）》按照旅游功能将九寨沟风景名胜区分为风景游赏区和游览设施区。风景游览区即九寨沟沟口以南的九寨沟流域，其中允许游览区以南北向的树正沟及其支沟则查哇沟、日则沟、扎如沟为骨架分为 5 个景区——树正景区、诺日朗景区、剑岩景区、长海景区和扎如景区。游览设施区即以漳扎旅游镇为主体的白河流域沿岸。

两区结合点为沟口，设有游人中心、管理中心、沟口客运中心，形成区内枢纽中心点。同年完成的《九寨沟旅游区总体规划》将这5个景区作为整个九寨沟旅游区域的核心景区。

二、序景段

从沟口羊峒至荷叶。长6公里，面积约1平方公里。松林森森，溪水潺潺，绝壁压顶，雪峰远映，开始展现九寨沟景观风采。

2003年后调整归入“羊峒景区”。2005年后，沟口作为进入景区的中心服务站点，不再单设景区。

三、树正景区

位于树正沟，沿树正沟呈带状分布。区内以水景为主，兼有古生物化石、人文（藏族村寨）、植物、峰岩等景观，翠海密布，叠瀑飞泻，寨旗林立、栈桥卧波，涵盖九寨沟主要景观类型又组合精巧，是九寨沟风光的缩影。

树正景区的范围、面积和景点内容在九寨沟不同开发阶段略有差异。

1985年，《九寨沟风景名胜区总体规划》确定树正景区范围从荷叶至犀牛海，长7.5公里，面积约70平方公里，景点有盆景滩、芦苇海、回音壁、双龙海、火花海、卧龙海、树正群海、树正瀑布、老虎海、犀牛海、甲里甲格泉、男神山达戈和树正、荷叶等藏寨，主景点为树正群海与树正瀑布。

2003年编制《四川九寨沟岩溶国家地质公园总体规划》时，树正景区扩展为从九寨沟口至犀牛海南侧桥的树正沟流域地带。主要景点有树正瀑布、树正群海、荷叶寨、树正寨等。有树正、荷叶2个服务部，荷叶、盆景滩、芦苇海、双龙海、火花海、卧龙海、树正寨、老虎海、犀牛海9处设公交车站。景区游览公路11.2公里，游览栈道14.5公里。

2000—2005年修订完成的《九寨沟风景名胜区总体规划（2006—2020）》确定树正景区为从沟口至波克色桥的树正沟流域地带，面积71.7平方公里。

四、诺日朗景区

诺日朗位于树正沟与则查哇沟、日则沟三沟交会处，是九寨沟内游览区域的中心点。

1985年九寨沟旅游开发初期以此地为中心设置诺日朗景区。主要游览范围从诺日朗至日则沟箭竹海，长9公里，面积约3平方公里。区内景型多样，特点突出，湖光山色，倒影飞流，是九寨沟的中心景区。有最宽、最高、最雄伟的诺日朗、珍珠滩、若扎（高瀑布）三大瀑布，有倒影胜过实景的镜海，有色彩丰富的五花海，有玉流珠跳的珍珠滩。

2003年编制《四川九寨沟岩溶国家地质公园总体规划》时确定诺日朗景区为核心游赏区，以水景为主，兼有人文（藏族村寨）、植物、峰岩等景观，主景为诺日朗瀑布、珍珠滩瀑布、五花海、熊猫海古生物化石等。景区平面结构呈V字形，以诺日朗为交点，游赏范围沿日则沟至箭竹海南桥。主导游线为沿沟游览公路，每个景点作停留；辅助游线是从孔雀河至高瀑布的步游栈道。景区建有诺日朗中心服务部，是九寨沟内游人午餐的主要地点。有诺日朗中心车站，有镜海、金铃海、五花海、老虎嘴、高瀑布、箭竹海、则查哇寨7个公交车站。游览公路15.5公里，游览栈道15.5公里。

2000—2005年修订完成的《九寨沟风景名胜区总体规划（2006—2020）》确定诺日朗景区为世界自然遗产高山瀑群奇景观光区域，景型多样、规模较大、特点突出，有九寨沟旅游区最宽、最高、最雄伟的瀑布，最美的倒影，最华丽的滩头，最艳丽的湖水，有熊猫出没。主景为珍珠滩瀑布、诺日朗瀑布。游览范围从诺日朗至箭竹海上沿桥头，面积160.9平方公里。重要景点12个：则查哇寨、诺日朗瀑布、镜海、珍珠滩、珍珠滩瀑布、金铃海、孔雀河、五花海、若扎瀑布、熊猫海、箭竹海、沃洛色嫫山。有游览公路15.5公里，游览步道长度9.3公里。

五、长海景区

位于则查哇沟，沿则查哇沟呈带状分布，以水景为主，兼有峰岩、植物等景观，主景为长海、五彩池，是九寨沟内的重要游赏区。区内空间开阔，雪峰环绕，“水光浮翠，倒映林岚”，雄伟壮观，是世界自然遗产高山湖泊奇景观光区域。

1985年九寨沟开发初期的长海景区，游览范围从上季节海（乌艾海）至长海尾，长10公里，面积约6平方公里。区内有九寨沟最大的湖泊长海，小而秀美的湖泊五彩池，有隐藏最深的湖泊仙女池，有海拔最高的湖泊碧么公盖海，有图俄依海、厄波山等景点。

到2003年，长海景区设有长海服务部，有生态石（九子同心石）、五彩池、长海3个停车场。游览公路11.8公里，游览栈道11.8公里。

2000—2005年编制完成的《九寨沟风景名胜区总体规划（2006—2020）》确定长海景区范围从乌艾海至图俄依海，面积186.2平方公里。重要景点：上季节海（乌艾海）、五彩池、长海、仙女池、图俄依海、干孜公盖山、厄波山和沃斯喀雄山等。

六、剑岩景区

位于日则沟，沿日则沟呈带状分布，游览范围从日则至剑岩，是九寨沟内的主要游赏区。区内景观以植物景观为主，兼有峰岩、水景等景观资源，雪峰峥嵘、岩壁陡峭、沟深林密，是世界自然遗产高山原始森林奇景观光及生态科考区域。

1985年九寨沟开发初期规划的剑岩景区长6公里，面积约1平方公里。有一线天、剑壁岩、鹰爪洞、天鹅海、香草海（芳草海）、悬泉、剑岩、图波山、原始森林等景点。

2003年编制《四川九寨沟岩溶国家地质公园总体规划》时，确定剑岩景区主景为鹰爪洞钙华台地、原始森林、剑岩悬泉，景观以钙华台地、植物为主，兼有峰岩、水景。设原始森林服务部；设天鹅海、剑岩悬泉、原始森林3个公交车站；游览公路9.5公里，游览栈道9.5公里。

2000—2005年编制完成的《九寨沟风景名胜区总体规划（2006—2020）》确定剑岩景区面积144.1平方公里。主景为原始森林、剑岩悬泉。重要景点：一线天、剑群岩、格夏古瀑布群遗迹、山溪、天鹅海、鹰爪洞、花草海（芳草海）、悬泉、剑岩、图波山、原始森林等。有游览公路9.5公里，游览步道长度3.8公里。

七、扎如景区

1985年规划，位于扎如沟和树正沟的交会段，游览范围从宝镜岩至纳得寨，长6公里，面积约2平方公里。区内山乡村道，曲溪藏寨，宁静素美，别有幽趣。扎如寺是一处宗教景观游览点。

2000年以后，以扎如景区为主体重新规划设立“扎如沟景区”。

八、天海景区

1985年规划，位于扎如沟深处，游览范围从若也得经黑海至红海，长15公里，面积约5平方公里，海拔超过4000米。有褡裢海、黑海、红海、扎依扎嘎山、纳久牧场等景点。

2000年以后，除纳久牧场划归扎如沟景区外，其余归属保护区核心区域，不再开放游赏，天海景区取消。

九、扎如沟景区

简称“扎如景区”，合并原扎如景区和天海景区设立，位于九寨沟流域北东角，沿扎如沟呈北西—南东向带状分布，游览范围从扎如沟沟口宝镜岩至纳久坡。区内景观以人文景观为主，兼有峰岩、植物等生态景观资源，景点分布以宝镜岩为屏障，以扎依扎嘎山为背景，宁静素美，别生幽趣，文化氛围浓郁，是世界自然遗产高山生态旅游示范地。主景为扎如寺、纳久坡草场。

2003年编制《四川九寨沟岩溶国家地质公园总体规划》时设立扎如景区，设扎如寺、纳久坡草场2个服务部，设宝镜岩、扎如寺、热西寨、郭都寨、纳久坡草场5个公交车站。游览公路14.5公里，游览栈道6.5公里。

2000—2005年编制完成的《九寨沟风景名胜区总体规划（2006—2020）》确定扎如景区面积80.1平方公里。重要景点7个：宝境岩、扎如瀑布、扎如寺、热西寨、郭都寨、喇嘛石、纳久坡草场。

十、羊峒景区

位于九寨沟沟口，沿牙扎沟口至永竹的九环线或白河两侧带状分布。以人文景观为主，兼有古生物化石、褶皱构造等景观资源。主景为羊峒古生物化石点、九寨沟游人中心、九寨沟矿泉水取水点、达基寺、牙扎沟断层、矿泉水厂同斜褶皱等。沿漳扎至隆康一线集中设置旅游服务和接待设施，沟口设游人中心（游客中心服务部），矿泉水厂、九寨沟口等处设大型停车场。

2003年编制《四川九寨沟岩溶国家地质公园总体规划》时设立羊峒景区，2005年修订完成的《九寨沟风景名胜区总体规划（2006—2020）》取消该景区设置。

2003年九寨沟地质公园景点规划一览表

表7－2

序号	名称	类型	
1	芦苇海	观赏型	导向型
2	双龙海	观赏型	导向型
3	火花海	观赏型	导向型
4	卧龙海	观赏型	导向型
5	树正群海	观赏型	导向型
6	老虎海	观赏型	导向型
7	犀牛海	观赏型	导向型
8	红池	观赏型	重要型
9	黑海	观赏型	重要型
10	褡裢海	观赏型	重要型
11	诺日朗群海	观赏型	导向型

续表 7－2

序 号	名 称	类 型	
12	镜海	观赏型	导向型
13	金铃海	观赏型	导向型
14	五花海	观赏型	导向型
15	熊猫海	观赏型	导向型
16	箭竹海	观赏型	导向型
17	天鹅海	观赏型	导向型
18	芳草海	观赏型	导向型
19	五彩池	观赏型	导向型
20	长海	观赏型	导向型
21	上季节海	观赏型	重要型
22	下季节海	观赏型	重要型
23	仙女池	观赏型	导向型
24	达俄海	观赏型	导向型
25	圆海子	观赏型	重要型
26	绿海子	观赏型	导向型
27	藏马龙里群海	观赏型、科考型	重要型
28	扎如瀑布	观赏型	重要型
29	珍珠滩瀑布	观赏型	导向型
30	树正群瀑	观赏型	导向型
31	吉玉朗瀑布	观赏型	导向型
32	雪瓦朗瀑布	观赏型	导向型
33	火花海瀑布	观赏型	导向型
34	都如嘴瀑布	观赏型	导向型
35	诺日朗瀑布	观赏型	导向型
36	高瀑布	观赏型	导向型
37	卡真瀑布	观赏型	重要型
38	箭竹海瀑布	观赏型	重要型
39	绿海子瀑布	观赏型	重要型
40	盆景滩	观赏型	导向型
41	珍珠滩	观赏型	导向型
42	若沙格滩	观赏型	导向型
43	都如嘴滩	观赏型	导向型
44	若尤欧滩	观赏型	导向型
45	若武滩	观赏型	导向型
46	孔雀激流	观赏型	导向型

续表 7－2

序 号	名 称	类 型	
47	郎恩朗激流	观赏型	导向型
48	扎依扎嘎山	观赏型	重要型
49	沃洛色嫫山	观赏型	重要型
50	尕尔纳山	观赏型	重要型
51	达戈山	观赏型	重要型
52	丹祖沟泉	观赏型、科考型	导向型
53	长海西侧泉	观赏型、科考型	重要型
54	上季节海泉	观赏型、科考型	导向型
55	五花海涌泉	观赏型	导向型
56	间歇喷泉	观赏型	导向型
57	甲尼甲格泉	观赏型	导向型
58	九寨沟矿泉	复合型	导向型
59	剑岩悬泉	观赏型	导向型
60	扎依扎嘎泉	观赏型、科考型	重要型
61	藏马龙里泉	观赏型、科考型	导向型
62	宝镜崖	观赏型	导向型
63	色嫫神像	观赏型	导向型
64	九寨沟神龟	观赏型	重要型
65	生态石	观赏型	配套型
66	万卷书	观赏型	重要型
67	绿海子回音壁	游乐型	配套型
68	天兵天将	观赏型	配套型
69	剑岩	观赏型	导向型
70	藏马龙里钙华台地	观赏型、科考型	导向型
71	鹰爪洞钙华台地	观赏型、科考型	导向型
72	鹰爪石	观赏型、科考型	导向型
73	长海峡谷	观赏型、科考型	重要型
74	高瀑布峡谷	观赏型、科考型	重要型
75	藏马龙里沟峡谷	观赏型、科考型	重要型
76	依夷峡谷	观赏型、科考型	重要型
77	信扎剖面	科考型	重要型
78	卡真剖面	科考型	导向型
79	丹祖沟剖面	科考型	导向型
80	中查剖面	科考型	导向型
81	绿海子剖面	科考型	导向型
82	荷叶剖面	科考型	导向型

续表7－2

序　号	名　　称	类　　型	
83	溶洞沟剖面	科考型	重要型
84	羊峒海百合化石	复合型	导向型
85	树正古生物化石	复合型	导向型
86	熊猫海古生物化石	复合型	导向型
87	溶洞沟古生物化石	复合型	导向型
88	绿海子古生物化石	复合型	导向型
89	原始森林古生物化石	复合型	导向型
90	长海冰漂砾	观赏型	导向型
91	长海终碛堤	科考型	导向型
92	溶洞沟冰川遗迹	科考型	导向型
93	原始森林沟尾冰川遗迹	科考型	导向型
94	黑果溶洼	科考型	重要型
95	荷叶溶洼	科考型	重要型
96	扎如溶洼	科考型	重要型
97	鹰爪洞	观赏型、科考型	导向型
98	羊峒	观赏型、科考型	重要型
99	荷叶滑坡体	科考型	重要型
100	原始森林	观赏型	导向型
101	芦苇丛	观赏型	重要型
102	箭竹林	观赏型	配套型
103	迎客松	观赏型	重要型
104	老人柏	观赏型	重要型
105	树上树	观赏型	重要型
106	伸缩树	观赏型	重要型
107	再生树	观赏型	重要型
108	抱石树	观赏型	重要型
109	双杨卫士	观赏型	重要型
110	熊猫海古柏	观赏型	重要型
111	情人树	观赏型	重要型
112	指天柏	观赏型	重要型
113	奇花	观赏型	重要型
114	叶上珠	观赏型	重要型
115	九寨红叶	观赏型	导向型
116	珍稀动植物	观赏型	导向型
117	气象景观	观赏型	导向型
118	九寨雪景	观赏型	导向型

续表 7－2

序号	名称	类型	
119	扎如寺	观赏型、游乐型	重要型
120	隆康古城墙遗址	科考型	重要型
121	隆康石刻	观赏型、科考型	配套型
122	九寨沟游人中心	复合型	导向型
123	九寨沟游人栈道	复合型	配套型
124	藏寨	复合型	重要型
125	磨房	观赏型	配套型
126	九宝莲花佛塔	观赏型	配套型
127	藏族风情	复合型	导向型

第二章 旅游服务设施建设

九寨沟旅游开发中的服务设施建设，包括游览道路系统、游客服务场站、食宿设施和购物娱乐设施等方面。

九寨沟游览道路系统由沟内主干公路、游览步行道、观光公交系统、停车场和休息亭、观景台、饮食服务站点、巡山房、公共卫生间以及标志讲解系统等设施组成。1999 年 6 月，九寨沟内主干公路不再对外来车辆开放。2001 年，九寨沟全面落实“沟内游，沟外住”规划，沟内旅游接待服务实行统一管理和经营，个体旅游经营活动全部外迁，九寨沟的道路系统从综合型向游览专用型转变，旅游食宿及娱乐购物设施向沟外白河沿岸平坝集中，旅游经营向规模化发展。

第一节 游览道路系统

一、游览栈道系统

从 1985—2005 年，九寨沟管理局先后在沟内各景区景点修建并完善游览步行道共约 70 公里，其中近 60 公里为架空式木质栈道。初期步行栈道工程包括珍珠滩、五花海栈桥和观景亭，由四川城乡建设规划设计院设计。修建完善的步行道主体采用全架空生态木质栈道形式，栈道离地面约 40 厘米，随地势起伏曲折，保留途径的大树，与自然环境融为一体，实现人车分流。游览栈道同时配置有 40 个观景台（点），19 个休息亭、景点安全防护网，42 座环保厕所、907 个蹲位，多语种标识标牌实现全覆盖。

1985 年，耗资 76 万元在树正二队磨房处、镜海、五花海、熊猫海、悬泉、长海等处修建 18 个风景亭；耗资 1. 7 万元建新桥 2 座，耗资 13545 万元维修桥 7 座；耗资 3 万元修建 13. 64 公里林间小道。

1986 年，完成珍珠滩观景亭和游览道路建设，改造树正寨基础设施、游览道路和栈桥。年内，耗资 5000 余元新建五花海林间小道 1004 米、长海林间小道约 200 米。

1987 年，全年修建栈桥 1681. 18 米，其中，五花海 1099. 18 米、珍珠滩 412 米、树正磨房 73 米、犀牛海 97 米；修建林间小道 4455. 6 米，其中，原始森 808. 6 米、珍珠滩 877 米、五花海 2250 米、五彩池 520 米；修建风景亭 5 个，其中，五花海林道 3 个、珍珠滩栈桥 2 个。

1988 年，维修游览山道 5 公里。1990 年，修建珍珠滩观景亭 1 个，栈桥 2 座，栈道 2000 米。1991 年，修建栈道 8 段共 7500 米，栈桥 6 处共 2500 米，修建休息亭、观景亭共 23 个。1992 年，年内维修观景亭 15 个，修建林间小道 1000 米。

1993 年，改造五花海林间小道 80 米，新修珍珠滩栈桥 70 米。1994 年，修建五花海、珍珠滩 2 处栈道共 7500 米。1997 年，维修熊猫海、珍珠滩观景栈道，改建五花海栈桥、栈道 200 余米。

1998 年，修建树正景区栈道 1000 余米，并对熊猫海、珍珠滩景区栈道和休息亭进行维修。1999 年，年内先后改建从熊猫海经高瀑布（熊猫海瀑布）到五花海一线的栈桥、栈道共 3500 米，维修珍珠滩栈道栈桥 2000 米，修建长海、五彩池、九子同心石及树正群海、蟠龙坪 5 处的栈道共计 5000 余米，修建观景亭 4 个。

2000 年，新建诺日朗瀑布石栈道 154 米，五花海至五花海公厕的石栈道 136.9 米，修建从五花海沿孔雀河道下行经珍珠滩至镜海的石栈道 1615.5 米，维修树正群海木栈道 376 米，新修从老虎海经树正群海至黑果桥的简易栈道 2802 米，新建完成熊猫海高架混凝土栈道。2001 年，新建栈道 30 公里，投资 1160 万元完成 17 个休息亭建设，总面积为 3825 平方米。

到 2002 年，九寨沟管理局完成并开通景区内近 60 公里的架空式木质栈道。同年，完成长海环型栈道的总体规划和设计方案。

2003 年，改造景区部分栈道。2004 年，完善景区栈道 2630 米、观景台 310 平方米，修建栈道防护栏 600 米。2005 年，九寨沟管理局开始按 1.2—2 米宽度对景区全部游览步行道进行改建和新建。

二、观光公交系统

1984—1990 年，九寨沟管理局通过贷款和自筹资金建起一个有 16 辆汽车的车队。除上下联系、参加会议、采购物资等用车外，解决部分游人在沟内的乘坐问题。

1999 年，九寨沟管理局禁止外来车辆进入沟内，沟内建立游览观光公交系统，由新组建的绿色观光公司经营，统一采用绿色环保公交车解决游人在沟内景点之间的交通问题。到年底，环保观光车由 37 辆增加到 188 辆，日运载能力 1.5 万人次，全年安全运送游客 54 万人次。年内，观光车票价实行淡旺季差异车票价格：3 月 1 日至 4 月 30 日，每人 68 元；5 月 1 日至 6 月 30 日，每人 78 元；7 月 1 日至 10 月 31 日，每人 88 元；11 月 1 日至次年 2 月底，每人 68 元。

2004 年，沟内运行有观光车 260 辆。观光公司调整景区观光车淡旺季车票价格和观光车租赁价格。淡季从每年 11 月 1 日至次年 2 月底，旺季从每年 3 月 1 日至 10 月 31 日止。绿色观光车每人次票价淡季为 80 元、旺季 90 元。绿色观光车每车一日租赁价格为大巴淡季 6000 元、旺季 7200 元、中巴淡季 3000 元、旺季 3600 元。

到 2005 年底，九寨沟内运营的观光车有 282 辆，其中，四川丰田柯斯达 100 辆，金龙、安凯、宇通、亚星等各型豪华大巴 182 辆，乘客总座位数达 9944 座，景区内往返行程 98 公里，共设有 40 个招呼站。

三、标识引导系统

九寨沟旅游区内的标识引导系统由导览图、公共信息标牌、多媒体和导游讲解等构成。自 1984 年开放旅游以来，九寨沟管理局陆续在区内设置各类公共信息牌，包括 1 幅导览总图、15 幅局部导览图、碑铭及各类警示牌、公告牌、地名牌、指示牌、引导牌、文明宣传牌、环境保护牌、环境教育牌、动植物物种牌、区界牌等。

图 7－1　2005 年，九寨沟沟口的导览总图

1990 年，新建景观介绍牌 6 块。1992 年，管理局完成入沟标志工程，建成入沟标志大楼。年内，维修景点标志牌 10 块，新设标志牌 8 块。

1999—2000 年，九寨沟管理局完成综合性引导标志工程——九寨沟沟口广场，修建游客中心，设置导览总图、标志碑铭、信息发布及其他各类公共信息牌，发挥旅游标志和综合服务等多方面功能，方便游客。

2003 年，更换部分景区标志牌。2005 年，九寨沟沟口大型彩色 LED 信息发布平台建成。

截至 2005 年，九寨沟在主要道路、路口设立游客引导标志及大型导游标志牌 109 个；在典型景观地点设立解说牌 21 个，运用中、英、韩、日等国语言对成因、特征等做科学解说；在人流集中区域设置环境保护和环境教育牌 235 个；在各交叉路口设立方向指示牌 120 个；在已发生危险路段和地质灾害易发区设置警示牌 210 个。

第二节　游客服务场站

一、游客服务站点

1984 年，九寨沟正式开放旅游。九寨沟管理局陆续在沟内各景点根据交通位置和游客集中程度分别设有规模不等的游客服务站点，先后设立羊峒、诺日朗、荷叶、树正、原始森林、长海、扎如寺、纳久坡 8 个主要的游客服务部。其中羊峒和诺日朗为中心服务部。景区各服务部设置有简易医疗服务点，提供简单的包扎和消毒等医疗服务。在诺日朗、羊峒设置医疗服务站，分别常驻医生3 人以上，提供各类急性疾病和外伤的紧急处理。

1984 年，南坪县人民医院在诺日朗设医疗点 1 个，派驻医生 2 人，由县医院付工资，九寨沟管理局补助每人每天 2 元。同年，南坪县医药公司在诺日朗设一综合门市部，工作人员 2 人，出售中成药和西药，也出售南坪地道中药材。1986 年，迁至九寨沟旅游镇。

1984 年 5 月，中国人民银行南坪县支行在诺日朗设外币兑换所，当年 12 月停办。

1985 年 5 月，中国人民保险公司南坪县支公司开展九寨沟旅游人身意外伤害保险业务。国内旅客个人保险金额 1000 元，保险费 5 角；国外旅客个人保险金额有 5000 元、1 万元、2 万元、3 万元 4 种，保险费自选保额的 2‰计算。保险期限从购买门票之日起，至被保人离开旅游区域止。

截至 2001 年 5 月 1 日，九寨沟内有 17 个游客服务点，集观光、休息、购物（限饮料、干食品）于一体。

1999—2003 年，先后建成沟口游人服务中心和诺日朗旅游服务中心。

二、九寨沟沟口广场

九寨沟沟口又名“羊峒”，三山鼎立，中间为冲积扇平坝，是九寨沟流域与白河的交会处，也是沟内与沟外往来的交通要地。

1967 年开发九寨沟森林，沟口山体植被受到一定破坏，后修建有几栋一二层砖混房屋。1984 年旅游开发后，沟口设置有游客服务部和检查站，有县属招待所 1 座。1985 年，《九寨沟风景名胜区总体规划（1985—2000）》将沟口设置为游览九寨沟的景观序景段，后发展为综合性的服务、接待和管理区域。

1992 年，九寨沟管理局在四川省建委支持下申请获得省专项资金 20 万元，耗时 2 个多月，完成入沟标志工程，改建加宽入沟羊峒大桥至 9 米，新建入沟标志楼 1 幢，建筑面积 80 平方米。

1999 年，按照九寨沟管理委员会和九寨沟县委、县政府的工作部署，九寨沟管理局加大景区基础设施和服务配套设施建设。2 月 1 日和 4 月 5 日，四川省建设厅两次组织专家会议评审沟口及游人中心的详细规划设计方案。5 月，九寨沟管理局委托中国建筑西南设计研究院编制完成《九寨沟风景名胜区沟口及游人中心详细规划》。按照详细规划要求，九寨沟管理局按招投标方式开展九寨沟序景段即沟口综合工程建设，工程项目包括游人中心、游人中转中心、管理中心、中心广场等。2000 年11 月 20 日，九寨沟景区的序景段即沟口综合工程项目建设完成，游人中心、游人转换中心、管理中心、中心广场等工程基本竣工，成为九寨沟的标志性建筑。

九寨沟广场 位于九寨沟沟口，综合性生态花园式广场，总用地约 2. 05 公顷，是游人游览入口区，设置有九寨沟标志，具备管理、服务、休憩、玩赏等多种功能。广场位于沟口正面，在原进沟南北直通道路（西）和游人中心（东）之间，从直通道路过桥后分路穿过广场直达游人中心。游人中心前有大面积开阔硬地，为游客聚集等候区域。广场随坡就势，硬地四周为园林花坛，或草地，或灌木花卉，或植五针松、大叶黄杨之类乔木，周边以九寨杜鹃点缀，以黄杨、侧柏作绿篱分隔道路，层次分明。山脚绿化带以雪松、红皮桦等高大树种为主，间植红枫、无患子等红叶树种。白玉兰、丁香、紫薇散植于三组建筑四周的草地或花坛中，枝干纤细，与枣红、黑白为主色调的藏式建筑成鲜明对比。沿白河两岸布置绿化带，常绿和落叶树木搭配，绿叶树和红叶树种交错布置。春天繁花盛开，夏季绿树成荫，秋来层林尽染，冬天枝干苍劲。雕塑小品和游人休息座椅点缀其间。四周配置有五针松、梅花等植物，翠叶葱茏，秀枝舒展，为游人摄影新景点。南面为景区游人入口，游人经此进入九寨沟，步行约 120 米后，到达观光车候车区，底层为候车厅，楼上有小商店。广场东面游人中心背后另新辟有 6 米宽职工生活区专用车道，连接管理区域，并经游人中心背后 3 米宽道路抵达贵宾楼。

三、九寨沟游人中心

1984 年，九寨沟管理局在沟口设中心游客服务部，又称羊峒游客服务部或沟口游客服务部，为综合性旅游服务设施。

1999 年 7 月 20 日，根据《九寨沟风景名胜区沟口及游人中心详细规划》，九寨沟县计划经济委员会研究同意九寨沟管理局在沟口修建游人中心，并将该项目纳入县 1999 年基建投资计划。游人中心总投资 800 万元，规划建筑面积 3500 平方米。7 月 27 日，九寨沟游人中心工程开工仪式在九寨沟沟口举行。

2000 年 5 月，游人中心主体建筑建成并投入使用。同年国庆期间，九寨沟游人中心对外开放。2001 年，九寨沟游人中心正式对外运营。游人中心集参观、教育于一体，中心展厅分序馆、风光、民俗、成果、动植物和地质 6 大展区，另设有学术报告厅和贵宾厅 2 个中小型会议接待场所，在向游客展示九寨沟独特风貌的同时，对游客进行形象、直观、生动的生态及环境保护教育，并进行咨询、借物、售书、讲座、救援等活动。

2004年，九寨沟被命名为首批“四川省环境教育基地”，九寨沟管理局投入100多万元对游人中心进行升级，新建九寨沟三维互动漫游系统、电子沙盘、多媒体电子触摸屏和2×9米的环形投影屏幕。2005年，游人中心以新面貌与游人见面。

九寨沟游人中心　位于九寨沟沟口广场东侧，集人文教育、风光展示、环保宣传、多媒体演示及游客咨询、服务、游憩、购物于一体。占地面积1764.94平方米，建筑面积3200平方米。两层建筑，整体采用藏羌民族特色装饰，为九寨沟沟口标志性建筑物。主体建筑内设有地质、动植物和景区景观的陈列展示区。底层大厅有九寨沟景区沙盘模型，左侧夹层为电影放映厅，有150个座位。另设有多媒体电脑触摸屏、九寨沟虚拟漫游系统等宣传和科普教育设施。多功能厅设有银行、旅游纪念品商场等服务设施。

四、诺日朗旅游服务中心

1984年，九寨沟管理局在诺日朗设中心游客服务部，简称“诺日朗服务部”。诺日朗服务部位于九寨沟风景区三条主沟交会处，即沟内“Y”字形结构的中心位置。1999—2001年，九寨沟管理局落实“沟内游，沟外住”原则，诺日朗成为景区内唯一的以餐饮接待为主的综合性服务场所。

图7－2　2005年，游人中心前游人如织

2001年6月，诺日朗旅游服务中心工程开工。2003年4月15日，诺日朗旅游服务中心开始试运营。5月，启用诺日朗餐厅。餐厅是诺日朗服务中心的主体建筑，可同时容纳3000—4000人就餐，统一由九寨沟县联合经营有限责任公司管理。餐厅配送中心设在景区外，经营活动按环保要求达到零排放、零污染。6月6日，诺日朗旅游服务中心工程全面竣工。

诺日朗旅游服务中心　占地3.6万平方米，集旅游管理、投诉、救护、治安、消防、游客休息、购物、娱乐和餐饮于一体，建筑面积1.2万平方米，包括办公区、餐饮区、休息区、医务点、派出所及商品售卖区等。商品售卖区面积约1200平方米，可容纳195家商户；餐饮区面积约8000平方米，可同时容纳约3500名游客用餐；休息区面积约2000平方米；医务点面积38平方米，配备医生和护士各1名，提供简单的吸氧、药品售卖等服务；另设有景区内唯一的吸烟场所。

第三节　游客食宿设施

一、发展概况

九寨沟旅游区的食宿设施分布，1984—2001年以九寨沟沟口和主沟沿线为主，2001年后以沟口和漳扎镇为中心沿白河两岸上下延伸，东到隆康，西至干海子，形成20多公里长的带状食宿集中区。

1984年，九寨沟管理局投资288万元用于九寨沟旅游服务设施建设，依托南坪林业局移交房屋建筑，修建和改造沟口、日则、诺日朗的餐厅、锅炉房、厕所、客房及宾馆，其中，国家投资35万元，借款253万元。7月，完成增建诺日朗接待处普通客房1500平方米，厕所160平方米，锅炉房及洗脸间150平方米。到1985年，九寨沟有羊峒、诺日朗、日则3个主要接待点，共1000张床位，其中带卫生间的床位36张，主要是利用原124和126林场基地留下的房屋改建而成。三个点各配有1个餐厅，1个小卖部。

1985年2月25日，四川省计划经济委员会批准同意九寨沟管理局在白河区政府所在地漳扎河坝（今漳扎镇）新建宾馆1座。1986年，位于漳扎河坝的九寨沟宾馆建设破土动工。

1986年，九寨沟管理局改造沟内旅游餐厅370平方米，增设旅游商店150平方米，维修旧房1800平方米。

1989年6月底，九寨沟管理局投资3万元在沟口羊峒激流上建成水上餐厅，建筑面积235平方米。同年，投资4.07万元修建九寨沟旅游公司羊峒招待所，总面积262平方米；投资6万元在诺日朗修建藏式风格商店，总面积250平方米，1990年5月1日交付使用；投资2万元改造日则厕所。

1990年，九寨沟管理局贷款25万元，用于改造客房，提高档次，改善住宿条件。年内，完成九寨沟宾馆720平方米、诺日朗客房1440平方米、日则客房708平方米改造工程。新建商店1个，面积160平方米。管理局招待所自筹资金，增添更新设备和卧具，餐厅逐步开辟具有民族风味的药膳、野菜、洋芋等地方特色系列食品种类。

至1991年，九寨沟旅游区修建有星级宾馆1座，8536平方米，208床位；普通宾馆1座，414平方米，32张床位；普通客房3座，2820平方米，396张床位。建成餐厅张4座，861平方米；公厕18座，1194平方米；盥洗室4个，549平方米；浆洗房2个，51平方米；锅炉房6座，331平方米；商店2个，452平方米；娱乐室2个，236平方米。年内，维修改造客房3060平方米、490张床位，餐厅2座、1100平方米。

1993年6月1日，南坪县计划经济委员会同意将中外合资建设的九寨沟高级木制别墅项目纳入当年南坪县基本建设计划，项目总投资700万元，别墅群12套，建筑面积2600平方米。6月11日，南坪县国土局同意划拨国有土地7733.33平方米作为九寨沟有限责任公司建筑用地。9月28日，南坪县国土局同意九寨沟管理局出租九寨沟宾馆二期工程土地13333.33平方米给四川美华旅游开发有限公司作为美华酒店用地，租期25年。

1997年，自筹120万元修建九寨沟宾馆职工宿舍楼1200平方米。

1999年，管理局投资30万元对景区内4个餐厅进行改造，在原九寨沟旅游股份有限责任公司基础上组建九寨沟县联合经营有限责任公司，对沟内餐饮服务进行统一经营管理。年内，投资3万元，在修建快餐点1个，为游客提供快餐服务，保证游人有充足的游览时间。

2001年，投资130万元资金对树正、诺日朗、则查哇、日则等餐厅进行维修改造。截至2001年5月1日，九寨沟内有17个游客服务点，集观光、休息、购物（限饮料、干食品）于一体，沟外有宾馆、饭店50余家，旅游接待总床位1.8万张。“五一”“十一”黄金周期间，沟内主要景点提供快餐服务，解决近1000多人就餐问题。从2001年5月1日起关闭景区内所有经营客房共5000多张床位。

2001 年九寨沟旅游区主要宾馆、饭店一览表

表 7－3

序号	名　称	级　别	床位数	序号	名　称	级　别	床位数
1	孔雀山庄	普通	98	26	九寨银苑	涉外定点	123
2	君江宾馆	普通	100	27	羊峒宾馆	涉外定点	107
3	邮电宾馆	涉外定点	95	28	木屋宾馆	涉外定点	75
4	长青饭店	普通	136	29	藏式贵宾楼	三星级	143
5	九塔饭店	普通	100	30	银鑫宾馆	涉外定点	100
6	九寨双柳度假村	普通	124	31	九寨沟交通宾馆	涉外定点	181
7	麟翔源酒楼	涉外定点	125	32	九鑫山庄	一星级	310
8	明珠宾馆	涉外定点	98	33	芳草山庄	涉外定点	163
9	九寨沟宾馆	三星级	223	34	聚宾楼宾馆	普通	28
10	新九寨沟宾馆	二星级	595	35	华缘宾馆	普通	
11	天鹅宾馆	涉外定点	290	36	华龙宾馆	普通	
12	棠中大酒店	涉外定点	236	37	九寨沟国际大酒店	五星级	
13	九安宾馆	涉外定点	138	38	九寨度假村	涉外定点	210
14	九蓝宾馆	普通	32	39	九凤宾馆	涉外定点	
15	翠海山庄	涉外定点	230	40	福田宾馆	涉外定点	
16	仙池宾馆	涉外定点	148	42	中旅大酒店	普通	
17	九寨山庄	二星级	173	42	格桑大酒店	四星级	
18	九龙宾馆	二星级	356	43	金龙渔港大酒店	旅游定点	
19	安居驿宾馆	普通	60	44	九寨沟中油避暑山庄	三星级	
20	九寨大酒店	普通	62	45	贵宾楼宾馆	三星级	
21	外贸宾馆	普通	20	46	金鑫大酒店	二星级	
22	金寿宾馆	普通	60	47	九寨沟锦绣宾馆	三星级	
23	红叶宾馆	普通	60	48	蜀电宾馆	三星级	
24	商业宾馆	普通		49	千鹤大酒店	二星级	
25	香四溢酒家	普通		50	鑫源大酒店	三星级	

说明：摘自《四川九寨沟岩溶国家地质公园总体规划》（2003 年）。个别内容据《九寨沟县志》作了修订

至 2003 年，九寨沟风景区有五星级宾馆 1 家，四星级宾馆 3 家，三星级宾馆 14 家，二星级及普通宾馆 20 余家。其中，三星级新晋宾馆有九龙宾馆、新九寨沟宾馆、九寨山庄、金鑫大酒店、棠中宾馆、千鹤大酒店等，二星级新晋宾馆有九鑫宾馆、羌林大酒店、九安宾馆、天鹅宾馆、麟祥园宾馆等。

二、诺日朗招待所

诺日朗招待所原为 124 林场场部建筑，距沟口 13.5 公里，海拔 2398 米。1981 年，改建为九寨沟第一个招待所，有利用废弃木材做的木床 40 架，方桌 6 张，板凳 24 条。

1984年，管理局改造诺日朗招待所4幢宾馆建筑共670平方米，建成829平方米简易客房、80平方米酒吧、80平方米餐厅、110平方米商店和107平方米接待室。招待所有管理服务人员80多人，床位380张。其中，标准间床位36张，带卫生间和浴盆；有集体卫生间的床位88张；其余为普通客房，分二人、三人、四人和五人间。

1986年5月，改建80平方米商店和60平方米茶馆。

1987年3月，改造诺日朗招待所，对客房26个套间、500多平方米进行室内装修和设备更新，旧浴室改建为70多平方米的九寨风味餐厅，因风灾被毁（简称“风毁”）的200多平方米客房改造为小青瓦屋顶，并加固隔墙，改造40平方米的会议厅为70多平方米的咖啡厅，建成22个淋浴间的公共浴室。同年，开办地方风味餐厅，开设咖啡馆、酒吧间、台球室和彩扩业务以及主要风景点的彩色摄影服务项目。

1991年1月18日，经四川省旅游局审定，九寨沟诺日朗招待所取得四川省旅游涉外定点饭店资格。

1997年1月1日，诺日朗招待所迁出沟外，职工大部分转移到九寨沟宾馆。保留诺日朗餐厅继续经营，直至2003年6月诺日朗旅游服务中心全面竣工。

三、日则招待所

日则招待所位于日则沟，1982年建立，距沟口22.5公里，海拔2760米，设有警务室。1989年，管理局投资2万元改造外宾厕所。1990年，扩建日则招待所客房700平方米。招待所有房屋4幢，服务人员28人，床位360张，客房分单人、双人、三人、四人、五人、六人、八人和十二人间。设有餐厅、舞厅、娱乐室、淋浴室、风光录像室。出租麻将、象棋，出售地方土特产品如虫草鸭、贝母鸡、凉蒂尖（野菜）、刺龙包（野菜）、土豆泥、油炸土豆片、青稞酒和酥油茶等。同年，日则保护组驻地设此。1993年，建日则招待所停车场。2001年，改造日则餐厅。2003年，日则招待所改建成日则保护站。

四、羊峒招待所

1984年，管理局在沟口羊峒桥边建羊峒招待所，海拔1995米。1986年，管理局扩建羊峒招待所餐厅50平方米、商店40平方米。1987年，管理局新建70平方米商店1个，扩建羊峒餐厅70平方米的包餐间，维修旧房千余平方米。招待所还设有小卖部、小件寄存处，有象棋、扑克等娱乐用品。1989年，投资4.07万元修建九寨沟旅游公司羊峒招待所，总面积262平方米。1990年，羊峒招待所有客房638平方米、厕所148平方米、锅炉房76.4平方米和集体淋浴室（洗澡间）122.2平方米。有床位120张，服务人员28人。1999年3月19日，九寨沟管理局管理中心建设工程启动，并对沟口片区进行拆迁，羊峒招待所随之拆除。

五、九寨沟宾馆

九寨沟宾馆位于漳扎镇原塔藏森林经营所旧址，距直升机场6公里，到九寨沟口5公里，是九寨沟风景区最早修建的星级宾馆。

1984年，九寨沟宾馆立为国家旅游建设项目，由国家旅游局、阿坝州政府投资和四川省贷款解决资金共计700多万元。1984—1985年，西南设计院按三级宾馆标准完成设计，占地2万平方米，施工面积9000平方米，建筑面积8000平方米，有客房114间，床位208张，功能涵盖住宿、餐厅、酒吧、咖啡厅、娱乐、理发、旅游商店等。

1985年2月25日，四川省计划经济委员会批准同意九寨沟管理局在白河区政府所在地漳扎河坝（今漳扎镇）新建宾馆1座，规模200张床位，总投资400万元。所需资金由国家旅游局资助300万元（包括1984年已下达的50万元，剩余250万元安排建设贷款），其余100万元由阿坝州自筹解决。

1986年5月1日，九寨沟宾馆第一期工程破土动工，由四川省建筑工程第一公司承建，总投资增至787万元。到1987年底主体建筑工程全部完工，宾馆建筑依山临水，白墙红瓦，藏式风格。1988年8月1日，九寨沟宾馆试营业。初期工作人员30人在四川省旅游局接受为期一年培训。1989年，完成九寨沟宾馆配套的锅炉房、围墙、大桥和部分绿化工程。同年10月20—24日，九寨沟宾馆经四川省验收委员会验收，审定符合规范要求，并正式交付使用，最终总投资837万元。

1991年1月18日，经四川省旅游局审定，九寨沟宾馆取得四川省旅游涉外定点饭店资格。

1993年5月14—16日，九寨沟宾馆第一期建设工程复查结束，四川省旅游局会同九寨沟管理局研究九寨沟宾馆二期工程。

1998年10月1日，改造后的九寨沟宾馆投入使用。11月10日，中共九寨沟县委、县人民政府研究决定，将九寨沟宾馆产权划归九寨沟县人民政府所有。

六、贵宾楼饭店

贵宾楼饭店位于九寨沟景区入口东侧的羊峒激流西岸的河畔低地，紧挨游客入口通道，占地800平方米，三层藏式风格小楼，有2套豪华标准套房，48间标准客房，附设水上餐厅和雅间，可同时容纳120多人就餐。四周松林环绕，环境幽静，景色秀丽。

贵宾楼饭店前身为九寨沟管理局招待所，始建于1986年，是九寨沟管理局驻地范围内的一个小型招待所，成立之初只有80张床位，主要承担管理局各项接待任务。1990年，招待所住宿房包括管理局房子3幢、91张床位，汽车队房子1幢、20张床位，共有床位111张，分单人、双人、三人、四人和五人间，设有淋浴室和卫星接收差转电视。1991年1月18日，经四川省旅游局审定，九寨沟管理局招待所取得四川省旅游涉外定点饭店资格。

1997年2月26日，管理局投资900万元（其中，林业贴息贷款650万元，自筹250万元）对九寨沟管理局招待所进行改造和扩建。1998年7月11日，改建后的九寨沟管理局招待所（九寨沟贵宾楼饭店）试营业，藏式建筑风格，有床位96张。

1999年10月25日，中共九寨沟县委、县政府研究决定，将九寨沟贵宾楼饭店产权划归县旅游公司。

2000年4月1日，九寨沟管理局招待所正式更名为“九寨沟贵宾楼饭店”。

2001年，贵宾楼饭店为九寨沟旅游股份有限公司下属经营实体。

2003年8月15日，拆除贵宾楼前招待所旧房共2900平方米，拆除木屋宾馆及餐厅。

2003年，股份公司停业保牌，贵宾楼退出该公司，由九寨沟管理局经营。

七、空军招待所

1987年，成都军区空军部队在九寨沟口白河上游1公里处租赁塔藏乡彭丰村和南坪县外贸站的房子开办空军招待所，有床位210张，附设餐厅、冷饮、糖果加工和小卖部等。年内，向彭丰村交租金1.5万元，向外贸站交租金5000元，当年营业额20万元，纳税6000多元。

20世纪90年代，空军部队退出招待所经营，招待所改为南坪县外贸宾馆，向社会转包经营。2003年，外贸宾馆拆除。

八、联营旅店

联营旅店位于九寨沟沟口白河上游，1984年开办，由隆康乡镇企业、南坪县乡镇企业局和九寨沟管理局联合经营。有床位100张，设餐馆、小卖部，有停车场，可停20辆汽车。土地产权属管理局，收入按股份分红。

九、个体经营旅店

1983年，在管理处的扶持下，九寨沟内第一家家庭旅馆在树正寨开业，20张床位。

1984年后，九寨沟内居民先后开办有个体经营旅店8家，分别为树正村藏民泽里旺修的风光餐旅馆、伦亚修的达戈旅店、洛扎的民族楼、龙珠塔的中心旅店、尼妹的则查哇旅店和泽汪修、成磋、色介牙的旅店。日接待能力500余人。另荷叶村村民金秀开了一家饮食店，附设有商店。

1985年，沟内可在荷叶坝、树正一队公路里边村寨附近、则查哇住房附近集中办餐旅馆。

1990年，荷叶、尖盘、盘亚的5户居民，建起新荷叶寨的第一批家庭旅馆。

2001年5月1日，九寨沟内的个体餐饮、旅店全部停止经营。

十、九寨沟喜来登国际大酒店

九寨沟喜来登国际大酒店位于九寨沟沟口白河下游1.5公里。

1998年，九寨沟管理局通过招商引资与四川省诚信实业公司协商合资建设九寨沟国际大酒店。同年11月10日，九寨沟旅游集团有限责任公司与四川省诚信实业公司合资建设九寨沟国际大酒店签字仪式在九寨沟管理局举行。

1999年12月28日，九寨沟县计划经济委员会批复同意修建九寨沟大酒店。项目计划投资2500万元，占地1.67万平方米，建筑面积1.20万平方米，设计床位400张。

2000年9月，九寨沟国际大酒店正式营业，是中国景区首家涉外五星级酒店。酒店总建筑面积6.28万平方米，有类型齐全的各种客房566间（套），配套设施酒店大剧院拥有旋转升降舞台和英国特宝音响等一流设备，可容纳523位观众同时观看演出。

十一、九寨沟管理局荷叶迎宾馆

荷叶迎宾馆位于九寨沟沟口西侧白河拐弯处山脚，原为九寨沟县地税培训中心。2002年8月13日，培训中心转让给九寨沟风景名胜区管理局经营，更名为“九寨沟管理局荷叶迎宾馆”。

十二、九寨天堂国际会议度假中心

九寨天堂国际会议度假中心又称“九寨天堂”，位于九寨沟县漳扎镇干海子，距九寨沟县60公里，距九寨沟沟口22公里，距九黄机场60公里，超大型五星级酒店，占地近26.67万平方米，总建筑面积15万平方米，由成都国际会议中心投资15亿元修建。2003年9月28日开业，经营范围包括会议、度假、餐饮、娱乐、休闲、养生、购物等。度假中心还包括藏羌博物馆、甲蕃古城民俗文化村、九寨天堂大剧院等项目。2005年5月，甲蕃古城举行开城仪式。

第四节　购物娱乐设施

一、九寨沟内商品门店

1984 年前后，南坪县商业局在诺日朗设商品门市部，工作人员 3 人，出售一般商品和旅游产品，如毛巾、手帕和纪念章等。

1985 年，九寨沟管理局成立旅游公司，下属供销分公司在景区内主要景点设立商店，满足游客购物需求，商品品种不断增加，1985 年有 100 多个品种，1986 年增设商店 150 平方米，有 300 多个品种，1987 年增加到 600 多个品种。

1986 年 4—5 月，九寨沟旅游公司在诺日朗和羊峒修建 2 个商店，诺日朗商店 80 平方米，沟口羊峒商店 70 平方米，共计 150 平方米，同时在羊峒招待所内加修 70 平方米的就餐间，在诺日朗修建 60 平方米的茶馆，在诺日朗、日则、羊峒开办风光录像室，满足游客需要，提高经济效益。

1987 年，九寨沟旅游公司增设咖啡厅、会议厅、舞厅，开设外汇专柜、流动售货点和旅游纪念品，增加导游业务，在日则招待所新设娱乐室、风光录像厅、舞会厅，出租麻将、象棋，增添地方风味的虫草鸭、贝母鸡、天麻、鸽蛋，羊角、凉蒂尖、刺龙包、土豆泥、油炸土豆片、青稞酒、酥油茶供应等。诺日朗开办地方风味餐厅，开设彩扩业务和主要风景点的彩色摄影服务项目。

1989 年，九寨沟管理局投资 6 万元在诺日朗修建藏式风格商店，总面积 250 平方米。

20 世纪 90 年代以后，九寨沟管理局致力于落实“沟内游，沟外住”，沟内商品门店逐步外迁和统一经营。2003 年，诺日朗旅游服务中心建成，成为沟内最主要的商品集中经营地。

二、边边街

边边街起始于九寨沟沟口往九寨沟县城方向 300 米处，沿白河向东延伸，全长约 3 公里。街道面向白河，临河一侧无建筑，故名。沿街建筑分为住宿、餐饮、民族工艺品、休闲娱乐四类，背靠九寨沟喜来登国际大酒店、星宇国际大酒店等星级酒店，充满浓郁藏族风情。有藏式小客栈、露天咖啡馆，有微雕、面塑、棕编、泥塑、剪纸等民间艺术品，有各类地方特色餐饮和来自国内外的各地特色商品。

2005 年 5 月，边边街举行开街仪式。

三、梦幻九寨综合购物中心

“梦幻九寨”是九寨沟旅游集团有限责任公司 2003 年房地产开发和建设的重点项目。

2004 年 9 月 8 日，四川省第二届旅游商品交易会在梦幻九寨召开。

2005 年，梦幻九寨对接西藏烹饪业协会、中国旅游投融资协会、中国快餐连锁协会等 40 余家社会团体，积极开展招商引资工作，招商面积 8904 平方米。

第三章 旅游经营

九寨沟位于青藏高原东北缘、岷山山脉中段北侧、四川西北部的高山峡谷地带，是藏羌彝走廊北部的一个节点，也是世界自然遗产地、国家级风景名胜区、国家地质公园、国家级自然保护区和世界生物圈保护区成员。自1984年开放旅游以来，九寨沟是川西北旅游区的核心，发展成为著名的世界旅游目的地。九寨沟的旅游发展具有显著的地标效应和核心带动效应，其影响所及大致可以分为九寨沟风景名胜区、九寨沟旅游区、川西北旅游区及四川旅游区四个基本圈层结构。自2001年九寨沟落实“沟内游，沟外住”政策后，旅游经济的周边带动效应尤其显著，旅游产业已成为白河流域的支柱性经济产业，以九寨沟景区为主体涵盖周边景点及九寨沟县城的全域旅游初露端倪。到2005年，围绕九寨沟的旅游产业已经具有相当的规模，初步形成以九寨沟管理局为营销推动者、服务者和管理者，以众多旅行社、运输单位、宾馆饭店、超市商店等为营销主体的产业体系。

第一节 经营策略

一、市场定位

1982年，九寨沟列为国家级风景名胜区。1984年，九寨沟正式对外开放发展旅游。1992年，九寨沟列入世界自然遗产名录，获得国际声誉。1998年四川省人民政府制定《四川省旅游发展总体规划》，将九寨沟确定为川西北旅游区的核心景区，将九寨沟旅游区纳入全省优先开发的四大旅游区之一川西自然生态旅游区的范围。1998—1999年，九环线开通，旅游发展进入高增长阶段。

到2003年，九寨沟旅游发展形成地区市场、区域市场和辐射市场三个层次结构。以成都、绵阳、重庆、西安、兰州、昆明为出发地的区域市场游客数量最多，超过40%；其次是以北京、山东、广东、上海、江苏、浙江等省市和东北地区为代表的国内东部辐射市场；第三是来自中国香港、澳门、台湾的入境辐射市场，占境外游客的50%；第四是来自周边地区的市场游客，不到10%；第五是来自日本、新加坡、泰国等亚洲国家的入境辐射市场，占境外游客的30%；第六是来自欧洲国家的入境辐射市场，占境外游客的18%；其他境外辐射市场份额很小。

据统计，九寨沟旅游市场旺季为每年7—9月，12月至次年2月为淡季，客流时空分布不平衡。游客中观光、休闲旅游占七成以上，年龄一般偏大，职业以公务员、企事业单位职工为主，学生和以大中城市为出发地的离退休人员其次。1999年，中国政府实行“黄金周”假期制度，九寨沟旅游形成年度旅游高峰。

2003年九寨沟管理局制订的《四川九寨沟岩溶国家地质公园总体规划》，确定九寨沟旅游客源目标市场定位原则：以国内市场为基础，以国际市场为先导，发展高产出市场，限制低产出大众旅游市场。旅游目标市场经营以四川省及成都、重庆、西安、兰州、昆明等大城市游客为主，中国港澳台地区及新加坡、日本、泰国、马来西亚游客为次，欧洲、美洲游客再次。

2005 年制订的《九寨沟旅游区总体规划》将九寨沟定位为“世界自然遗产生态观光及国际休闲度假旅游目的地”，旅游经营的市场重点为成渝地区、“珠三角”、“长三角”、环渤海湾地区以及全国经济发达省市游客，其次为中国港澳台地区及韩国、日本、新加坡、泰国、马来西亚的游客，再次为北美、欧洲、澳大利亚、新西兰及其他境外市场游客。

二、形象策略

1979 年 1 月 31 日，《四川日报》发表田树昌、邓一的介绍九寨沟风光的文章《童话世界九寨沟》。

1982 年 11 月 8 日，国务院批复同意城乡建设环境保护部、文化部和国家旅游局《关于审定第一批国家重点风景名胜区的请示》，九寨沟以“景色秀丽奇绝，世所罕见”列为国家级风景名胜区。1984 年，九寨沟正式开放旅游后，在游客和艺术家心目中逐渐形成“童话世界”的形象共识。

2003 年，九寨沟管理局在制订《四川九寨沟岩溶国家地质公园总体规划》时将“童话世界——九寨沟”作为九寨沟地质公园的基本形象，强调以自然之美和本土藏羌民族文化之奇为吸引力，把世界自然遗产九寨沟建造成为世界级、国际性、生态型自然旅游目的地，并制定“游人间仙境九寨沟”“九寨归来不看水”等推广口号。

2005 年，“神奇九寨，童话世界”的形象定位写入《九寨沟旅游区总体规划》，围绕建造九寨沟世界自然遗产生态观光及会议度假最佳旅游目的地，提出“人间天堂”“人间仙境”“童话世界九寨沟”等推广口号。

三、旅游品牌

2004 年，九寨沟管理局营销工作确立新的策略，强调品牌建设。以打造强势国际旅游品牌为目标，通过挖掘品牌内涵，确立“生态九寨、景观九寨、人文九寨、数字九寨”观念，采取“走出去，请进来”的方式有计划地进行策划、组织与实施，使九寨沟品牌更加深入人心。

2005 年，《九寨沟旅游区总体规划》提出“旅游品牌”设想，以“神奇九寨，童话世界——世界级、国际性、生态型旅游目的地”为品牌理念标识，九寨沟管理局开展图案、标记、标志字、标志色、标志包装、企业行政图案、吉祥物等品牌视觉形象设计和品牌行为活动的动态形式建设。

四、营销策略

（一）突出个性特色

九寨沟管理局的旅游经营，立足区域自然生态和文化、历史资源，以科教基地和生态旅游目的地为核心，利用广播、电视、报纸、杂志等多种媒体，及时、全面宣传九寨沟自然风景、野生动植物和民俗风情、本土文化的多样性、独特性，围绕生态旅游、休闲度假以及会议、科考、运动、探险、康体等规划设计特色项目，融入区域精品旅游线路，致力于提供个性化与人性化的旅游服务。

（二）以点带面

九寨沟管理局的旅游经营，以主要客源地区或国家为重点营销对象，以节日、庆典、主题活动、博览会、展销会、交易会等为营销时机，以点带面开展促销活动。

（三）平衡淡旺季

长期以来，九寨沟旅游淡旺季分布明显，冬季游客接待很少。

2001 年，九寨沟生态旅游区实行休游制，每年 1—3 月冬季休游 90 天，每年“五一”“十一”两个假期前休游 1 周，维护景区生态系统平衡和检查落实游人高峰时期各项应对措施。

2003 年，实行旅游淡旺季浮动门票制度和提前预约观光制度，票价浮动差为 50—500 元。

2005 年，九寨沟管理局开始在冬季举办冰瀑节主题营销，加大冬季旅游营销力度，推动淡季变旺。

截至 2005 年，九寨沟的旅游旺季主要集中在 3—11 月，12 月至次年 2 月偏向淡季。

1994—2004 年九寨沟旅游人次逐月统计表

表 7－4　　单位：人次

年份	1月	2月	3月	4月	5月	6月	7月	8月	9月	10月	11月	12月
1994	14	197	1018	6133	15056	11702	24808	33389	27126	20671	1684	87
1995	12	128	952	5998	15504	13405	32676	36832	27400	27532	2810	104
1996	22	167	615	4199	14007	16399	32474	36966	34028	29632	1711	81
1997	20	135	1076	6047	17138	14333	31086	40974	32718	35828	2145	130
1998	263	217	1943	11107	25953	23406	66497	96590	62639	82116	12029	2969
1999	2176	9802	8475	25152	50218	46335	94609	131328	78651	117586	18239	3669
2000	1683	7167	9199	44731	104861	60684	136537	159196	127169	137360	31006	5537
2001	10201	4679	23487	69779	154171	94957	225009	238068	161712	163041	38115	7499
2002	4108	10774	24124	85877	146275	84114	189884	228232	179703	231054	36309	8534
2003	2600	12900	28542	59198	4206	17983	165943	234542	200197	268788	71491	12155
2004	16169	9667	43136	122733	185369	164261	326123	316726	263987	300633	74853	14583

说明：摘自任啸、颜磊、王晓津、蔡永寿：《九寨沟生态旅游的演进过程及发展策略研究》

（四）整合营销

行业合作　九寨沟管理局与国内外旅游商（社）、航空公司、酒店及保险公司等旅游产业链的各个关键环节建立行业合作机制，联合经营九寨沟旅游线路和九寨旅游环线，共同为游客提供完整的旅游服务链条。

区域整合　从世界自然遗产和九寨沟县域资源环境出发，九寨沟管理局加快主景区周边旅游项目的开发和促销力度，不断拓展旅游的层次与空间，提升服务水平及旅游体验品质。

线路联动　依托九寨沟世界自然遗产地，九寨沟管理局与乐山大佛—峨眉山、青城山—都江堰及黄龙、卧龙等世界遗产地管理机构联合推出世界自然与文化遗产旅游线，共同推出“四川世界遗产游”“川西高原风光游”“川西少数民族风情游”等跨区域旅游产品。

网络集成 以九寨沟九网信息技术有限责任公司为基础，九寨沟管理局逐步建成旅游电子商务平台，同时联合阿坝州旅游资源共同开展网上销售，扩大营销规模、降低成本、提高效益，创新产业链的组织结构和运营模式，推动产业信息化整合。

第二节 旅游产品

一、旅游产品发展

九寨沟旅游产品集地质遗迹、生态资源、历史文化、民俗风情于一体。1984 年，九寨沟景区正式开放，观光旅游成为主流。1998 年九环线建成，2003 年九黄机场建成，为会议、休闲、度假及其他专项旅游产品的开发创造条件。到 2005 年，九寨沟旅游产品形成观光旅游、生态旅游、会议度假旅游、藏羌文化体验旅游和科普科考等专项旅游共计 5 个产品系列。其中，观光旅游是九寨沟旅游产品的主体，长期占据主导地位。

2005 年 12 月，九寨沟管理局制订《九寨沟旅游区总体规划》，提出新的旅游产品发展规划，依托九寨沟旅游区的自然生态和藏羌文化，以“九寨沟欢乐节庆旅游”为纽带推出“VIP 旅游精品工程”，包括“梦幻山水，实景演出”“文化神游，藏寨体验”“浪漫蜜月，圣地婚礼”“浴心养生，九寨天堂”“生态观光，和谐九寨”等特色旅游产品。

二、观光旅游

世界自然遗产观光游 依托九寨沟旅游区湖、滩、瀑、沉木、古生物、地貌等自然景观，展现九寨沟层湖叠瀑景观美学和科学价值。

藏羌文化观光游 依托扎如藏寨、九寨藏民族文化、宗教寺庙、传统节庆等，展示民俗文化，并开展有浓厚本土文化特色的参与活动项目。

三、生态旅游

1990 年，九寨沟游客人数接近 15 万人次。到 1997 年，游客人次稳步增长，年递增率 59%。单位时间内游客人数超过九寨沟生态容量，原始自然的美学观感降低。

2003—2004 年，九寨沟管理局制订《扎如沟生态旅游开发方案》，与九寨沟主景区的大众观光旅游互补。2004 年，推出“古老藏寨游”“藏传佛教祈佛”、扎如生态旅游等项目。

2005 年，九寨沟管理局和世界自然基金会（WWF）开展扎如沟生态旅游规划设计与培训合作。

九寨沟国家地质公园的生态旅游以地质遗迹探询、文化旅游、科考认识、深度体验和探险为主，由当地专业小型组织引导，引领旅游者体验并且了解当地地理环境和人文风情。

自然生态体验游 依托扎如景区，开展动植物生态之旅、扎如越岭生态体验、山地自行车、溯溪、攀岩、露营、骑马、登山等生态旅游活动。

藏羌文化生态游 依托扎如景区及景区藏寨，展示原生态藏羌文化，提供具有浓厚本土文化特色的可参与活动项目，开展扎如人文生态之旅、藏寨人文之旅、访问转山宗教文化之旅等。

曲那俄沟生态旅游 包括动物寻踪、观花观鸟、高山植物观赏、森林穿越等。

四、度假旅游

九寨沟度假旅游依托漳扎镇，营造具有民族特色的旅游环境，开发美食与休闲活动项目，将会议、度假与观光、休闲活动结合在一起。项目包括新婚度假游、避暑度假游、冬季滑雪度假游、运动健身度假游等。

冬季滑雪与雪景专项游 依托九寨沟冬季雪景、“蓝冰”、中查沟等资源，在中查沟一带建立高山滑雪场，建设冬季雪景专项游相关服务设施，为淡季提供多元化旅游产品。

五、科考旅游

依托世界自然遗产九寨沟的自然生态遗产现状与发展演化趋势，开展自然生态调查、环境保护与综合治理、珍稀动植物及生物多样性保护、环境监测、水文地质特点等系列考察和研究，鼓励国内外相关科技人员到九寨沟考察，支持举办国内外尤其是国际性科研学术会议。

地学科考旅游 以大专院校、科研机构和青少年学生为主要市场对象，组织各种教学研究、科普教育旅游活动。

“童话世界”摄影游 依托九寨沟的自然山水景观和藏羌民俗风情，与摄影协会联合组织游人活动，组织一般摄影爱好者参团，以摄影家带团指导摄影技艺。

九寨沟登山探险游 依托九寨沟景区高山登山、科考旅游资源，提供登山探险旅游线路及活动，结合地质遗迹观光和民族文化考察。

修学游 以暑假期间大中学学生为市场对象，依托九寨沟、白河等自然生态系统和藏羌民俗文化资源，注重普及九寨沟景观形成的科学知识和地区民俗文化、民族建筑艺术。

六、文化旅游

2005 年，九寨沟管理局充分发掘和运用九寨沟的民族文化，大力发展自助游、休闲游、会展游与文化游，积极促进旅游方式转变。

民俗宗教体验游 依托扎如沟藏寨和扎如寺，突出民居特色，展示九寨沟原住民日常生活，了解九寨沟宗教历史文化。

藏寨民俗游 依托树正藏寨等，通过修缮黑角藏寨传统民居，建立九寨沟民俗手工艺传习中心、树正民俗博物馆，开展藏寨探寻之旅。

“心灵九寨”系列文化旅游产品 包括达戈色嫫爱情之旅、扎依扎嘎祈福之旅、婚礼庆典浪漫之旅等。

2005 年九寨沟旅游区旅游产品项目一览表

表 7－5

产品体系	产品项目内容
主导旅游产品	世界自然遗产观光游 九寨沟会议、休闲度假游 九寨沟藏羌风情游
重要旅游产品	自然遗产专项科考游 地质、地貌科学考察游 冬季雪景生态观光游

续表 7－5

产品体系		产品项目内容
配套旅游产品	观光产品	自然生态观光游 历史文化观光游 民族生态观光游
	度假产品	会议度假游 新婚度假游 避暑度假游 冬季滑雪度假游 运动健身度假
	文化旅游产品	民族文化游 宗教文化游 民俗文化游
	专项产品	九寨沟徒步探险游 “童话世界”摄影游 生态考察游 自然遗产环保教育游 植树游 修学游
	体育健身产品	山地运动健身游 藏医保健游
	节事活动产品	国际学术会议、论坛 大型演艺、庆典活动 大型服饰表演、选美活动 民族工艺品博览

第三节　产品营销

一、推广营销

1983 年，《九寨秀色》（中央电视台）、《九寨沟的美》（新闻电影厂）、《九寨风光》（峨眉电影厂）、《神奇的绿宝石》《九寨沟梦幻曲》等记录影视片将九寨沟的美丽风光展现在人们面前。同年，电影《自古英雄出少年》在全国热映，影片在九寨沟拍摄大量外景，让全国观众领略到九寨沟的秀美风光。

1984 年，南坪县广播站编制“童话世界九寨沟”专题报道 48 组，九寨沟管理局编写的文章《九寨奇景甲天下》在《旅游天府》期刊发表。同年，九寨沟管理局在沟口羊峒修建图片展览室和放映室，在主要景点设置宣传牌，介绍九寨沟风景和保护知识。

1999 年 9 月 27—31 日，“9・27 世界旅游日中国九寨沟分会场暨’99 九寨沟国际生态旅游节”和第六届东亚生物圈保护区网络会议，世界旅游专家和新闻记者 150 余人，国家旅游局和各省、区的领导专家 300 余人与会，产生较大影响。

2001 年，管理局投入推广促销专项资金 380 万元，参加国内外推广促销活动 25 人次，营销工作针对游客季节分布失衡，重点强调九寨沟四季皆美、四季皆可游，同年开展 5000 人次的游客调查。

建立九寨沟旅游网站，7月1日开始试运行。

2002年，全年投入推广营销经费1217万元，占总收入的9.63%，重点加大冬游营销力度。创办《九寨沟》杂志，成立阿坝日报社驻九寨沟管理局记者站。年内，管理局先后派人到上海、南京、西安、长沙、台湾等地进行促销活动，参加中国旅游资源展示会、国际旅游交易会、重庆西部旅游促销会、大连中国旅游景区（度假区）博览会和新疆乌鲁木齐国内旅游交易会，举行旅游产品和消费者直接会面，中央电视台、成都电视台进行专题报道，管理局共散发景区画册、VCD、导游图等宣传品资料5万余份，当年的《四川经济日报》《四川海外报》《乐山日报》《城市导报》《服务导报》均对九寨沟做了报道。4月1—3日，管理局派3人参加北京市第2届旅游咨询展销会，发放《九寨沟旅游手册》5000册，在《旅游》杂志封面和封底以图片及文字介绍九寨沟风景。4—7日，在江苏省南京市国际会展中心参加2002年国内旅游交易会。6月18—28日，参加成都国内旅游交易会。8月18日，举行“九寨沟中国IC电话卡”首发式。11月6—19日，参加云南昆明国际旅游交易会。

2003年，全年投入推广营销经费1100万元左右，占总收入的8%，充实营销策划专业人才，增大推广促销投入，拓宽营销影响渠道，加强品牌塑造力度。7月8日，由四川省旅游局和阿坝州人民政府主办，省旅游信息中心、九寨沟管理局、九寨沟网络旅游有限责任公司承办的四川省旅游目的地网络营销化合作会议在成都召开，展示作为国家金旅工程和四川省旅游局电子商务试点项目的“四川旅游目的地营销系统”建设成果，开展资源整合和网络营销。

2004年，九寨沟全面实现网上订票，推行网络营销，实现网上交易4亿元。年内，建立完善视频新闻传输系统，规范图文新闻网上报送体系和新闻采编等工作制度，先后有近10条图文新闻和专题分别被央视1台《新闻联播》、央视新闻频道《财经新闻》和《科教新闻》以及央视4台和12台等的相关栏目采用并播出，旅游频道、四川电视台、阿坝电视台和其他地方台都对九寨沟进行多角度的报道。年内，《中国旅游报》、香港《文汇报》、《四川日报》、《华西都市报》、《阿坝日报》、《旅发大会专报》及省、州党政主流媒体等都对九寨沟进行宣传报道，据不完全统计被采用的新闻稿件有136条。1月1日，九寨沟管理局在沟口生态广场举行“百姓生活游”九寨沟首发仪式。9月，第二届四川旅游发展大会和中国风景名胜区可持续发展论坛暨高新技术产业与风景名胜区高峰会相继在九寨沟召开。年内，九寨沟参加西部博览会、2004年国内和国际旅游交易会、“四川—澳门合作发展周”、川京经贸合作周等大型旅游交易会和九寨沟专场推介会。协办2004九寨沟亚洲技巧摩托车锦标赛，通过体育搭台、旅游唱戏达到营销目的。九寨沟管理局、四川航空公司和“九寨沟VIP之旅”的运营机构联合推出的“九寨沟VIP之旅——博帝飞越假期一票通”服务。

2005年3—4月，九寨沟管理局与《成都商报》《华西都市报》合作推出“春天的童话”主题旅游，重点推荐九寨沟踏春赏花游等，成功举办“世界自然遗产九寨沟首届民俗风情月”。6月6日，九寨沟管理局冠名四川女排为“九寨沟女排”，参加全国女子排球赛，冠名费每年80万元。11月，星空卫视播出九寨沟冬季广告片，加强南方市场及境外市场的推广，同时在香港《大公报》上制作两个彩色整版，针对境外市场推介九寨沟冬游，并在攀枝花首届冬季旅游发展大会上投放。年内先后参加西部博览会（成都）、2005年国内旅游交易会（广西）、北方旅游交易会及青岛亚太旅游博览会等，主办中国·四川阿坝第二届国际熊猫节。年内，为提高对客源市场的认知度，加强市场调研与策划工作，发放调查问卷1000份，撰写完成《2005年游客情况分析》《2005年营销工作意见》《九寨沟民俗风情月营销方案》等。

1982—2000 年介绍九寨沟的书籍、专辑及连载作品（部分）

表 7－6

题　目	书刊报纸名称	出版或单位名称	发表年份	作　者	备　注
九寨奇景天下	旅游天府	《旅游天府》编辑部	1984	九寨沟管理处	专辑
九寨题词选		四川民族出版社	1987	贾正兴等	书籍
九寨风景线		中国旅游出版社	1988	曾朝莹	书籍
九寨沟的神话与传说		四川人民出版社	1986	马铁水	书籍
九寨沟论文集	地理	四川地理学会	1989	唐邦兴等	专辑
九寨地名传说		人民出版社	1988	雀　丹	书籍
黄龙旅游新奇乐		民族出版社	1991	张善云	书籍
九寨旅游指南		四川民族出版社	1989	张善云	书籍
九寨沟志		四川民族出版社	1990	张善云等	书籍
梦幻世界九寨沟	新草地	阿坝州文联新草地编辑部	1985	邓　一 田树昌 张国俊等	专辑
九寨沟纪游	四川日报	四川日报社	1983	吴中福	连载
九寨奇趣		四川民族出版社	1988	张善云	书籍
今日九寨	逍遥游杂志	云贵川人民出版社重庆出版社	1988	闵维郫等	专辑
漫游川西风景线	澳门日报		1987	若　蕙	连载
九寨沟自然交响乐		科学普及出版社	1994	张善云 泽仁珠 章小平	书籍

1978—1995 年介绍九寨沟的电视片（部分）

表 7－7

片　　名	拍摄年份	拍　摄　单　位
四川奇趣录	1978	峨眉电影制片厂
话说长江	1979	中央电视台
风光宝石九寨沟	1982	峨眉电影制片厂
九寨秀色	1983	中央电视台
千里嘉陵江	1983	重庆电视台
九寨沟风光	1984	峨眉电影制片厂
阿坝漫行	1985	四川电视台
九寨神仙境	1986	深圳电视台、阿坝电视台合拍
九寨沟	1986	四川省地质矿产勘查开发局成都水文地质工程地质中心
黄龙、九寨考察	1986	四川省地质矿产勘查开发局成都水文地质工程地质中心
枯木河的水生	1986	甘肃电视台
奇山秀水话九寨	1987	中国科学院成都地理研究所
九寨沟风情	1990	四川电视台、长龙影视联合公司
江湖八面风	1990	北京电影学院青年电影制片厂
九寨民警	1995	四川电视台

20世纪介绍九寨沟及在九寨沟拍摄的电影（部分）

表7－8

片　名	拍摄年份	相关内容
长河奔流	1978	拍外景
情思	1982	拍外景
森林日记	1982	拍外景
自古英雄出少年	1982	拍外景
神奇的绿宝石	1983	介绍九寨沟
九寨沟梦幻曲	1983	介绍九寨沟
无情的情人	1986	拍外景
熊猫的故事	1987	拍外景
小熊猫的故事	1994	拍外景

1983—2005年介绍九寨沟的画册（部分）

表7－9

书　名	作　者	出版单位	出版年份
神话世界九寨沟	毕凤洲摄影；代安常撰文	四川人民出版社	1983
九寨沟	邓一（编文）谢新发等（摄影）	上海人民美术出版社	1985
中国自然保护区：九寨沟	林业部宣传司	中国林业出版社	1986
九寨沟	谷维恒主编；于宁等摄	中国旅游出版社	1996
九寨沟摄影集	于宁摄影；胡斌等撰文	中国旅游出版社	1997
九寨沟　童话世界	黎晓林主编	四川美术出版社	1998
冬天的童话：九寨沟冬季景观摄影报告	李杰摄	四川美术出版社	1998
九寨沟	泽仁珠主编；于宁等摄影	四川美术出版社	1998
中国九寨沟：世界自然遗产	九寨沟管理局、中国旅游出版社	中国旅游出版社	1999
九寨沟：中国摄影家许康荣摄影集	许康荣摄影	四川科学技术出版社	1999
九寨沟	于宁著	中国旅游出版社	2000
九寨情缘：中国九寨沟风景专题摄影集	张美寅摄影	四川美术出版社	2000
九寨沟	高屯子摄影	四川人民出版社	2001
人间仙境九寨沟	张德重摄影	四川美术出版社	2001
九寨沟、黄龙　四季精粹	于宁摄	中国旅游出版社	2002
九寨沟、黄龙风光	韩建中主编；孙建华摄影	湖南地图出版社	2002
九寨沟：人类共同的遗产	九寨沟管理局编	四川美术出版社	2003
童话世界九寨沟	彭晓辉摄	四川美术出版社	2003
梦幻九寨：金秋银冬极致之美	李杰摄影	四川美术出版社	2003
九寨沟：梦幻般的童话世界	徐家国著	山东画报出版社	2004
九寨神韵：世界自然遗产九寨沟	冯重能摄影	四川美术出版社	2004

二、境外促销

2000 年 7 月 6—9 日，九寨沟管理局派员参加在韩国首尔举办的第 13 届韩国国际旅游展，并赴首尔、釜山及大邱等地开展巡回促销活动。

2001 年内，九寨沟管理局与柯达公司达成合作，促进九寨沟旅游产品的国际推广。

2002 年 6 月，四川省青联组织九寨沟、黄龙参加赴韩考察团，在世界杯赛场打出“九寨沟黄龙为中国队加油”“中国九寨沟黄龙祝世界杯成功”两幅横幅，拜访韩国青联总部，学习其在社团组织、公益事业等先进经验，与之结成友好关系。

2004 年，国外营销取得突破，入境游客增幅达 281%。年内参加国际旅游交易会、“四川—澳门合作发展周”、中国—东盟博览会以及在法国、德国、日本、韩国、印度等国家和中国香港举办的国际大型旅游交易会。11 月 23 日至 12 月 8 日，九寨沟管理局派员参加阿坝州党政考察团，赴南美洲考察旅游业发展的情况。年内，九寨沟管理局邀请日本、澳大利亚、瑞典、丹麦、芬兰等国旅游批发商到九寨沟实地考察旅游线路，与国际旅行商和国内旅行社建立联系，提高国外旅游代理商、零售商与游客对九寨沟目的地的认知程度。邀请十国大使和德国巴伐利亚访问团相约九寨，成功举办中德联欢晚会。

2005 年，参加第十九届马来西亚国际旅游展、韩国汉城国际旅游展、第 20 届马来西亚国际旅游展、第二届世界自然遗产会议（日本）等国际旅游展览。4 月 17—29 日，管理局派员参加四川省赴日韩促销团，在东京、大阪、首尔和釜山等地开展为期半月的旅游推广促销活动，先后拜访日本 JTB 中国公司、平和观光旅行社、近儿旅行社和韩国首尔旅行社，就如何稳固旅欧市场及共同加强双方客源市场的交流与合作等若干问题进行面对面地接触，认真听取、搜集旅游专业人士的宝贵意见、建议，在中国驻东京、大阪、首尔旅游办事处的大力支持下，邀请到 70 多家当地重要旅游商、媒体参加在东京、首尔、釜山举行的“旅游恳谈会”及“旅游新产品说明会”，详细向与会嘉宾介绍九寨沟世界遗产地情况。JTB 中国公司的一些专业人士认为，九寨沟之所以在日本有很好的知名度，一个很重要的因素是日本放送协会（NHK）长期播放九寨沟的风光片。

2005 年 3 月 8—22 日，九寨沟派员参加四川省欧洲旅游促销代表团在德国和法国的销活动。期间，参加德国柏林国际旅游交易会（ITB）、法国巴黎国际旅游博览会，并举行促销活动。代表团拜会德国途易旅游集团、伊卡鲁斯公司、瑞士旅馆与计划旅游集团、法国雅高酒店管理集团，双方就共同开拓欧洲游客旅游市场和进一步加强交流合作进行实质性洽谈。代表团与德国途易、伊卡鲁斯，法国雅高签署合作备忘录、达成进一步合作意向，与伊卡鲁斯达成共同制作旅游宣传转册并在其销售网络中推广和组织欧洲主要媒体、旅行商考察踏线的意向协议，同中旅途易公司达成共同建立联合工作小组进一步落实双方合作旅游的框架性方案等。代表团分别在柏林和巴黎举办 2 次旅游推荐会与宴请活动，邀请到 100 多名旅行社代表及媒体记者参会。

三、联合营销

2002 年，四川“四个遗产地六大景区营销联合体”形成，推出“四川旅游精品线路”，世界遗产风景区——峨眉山、九寨沟、黄龙、青城山第一次以联合体的形式参加成都国内旅游交易会，先后在华东、北京、西北、广东等市场进行产品推介活动。6 月 19 日至 7 月 6 日，九寨沟管理局参加四川六大景区“世界遗产之旅”赴东南亚联合促销。

2003 年 12 月，四川六大景区联合体在广东开展大型“温暖的南国冰雪节”促销活动。

2005 年 12 月 7 日，在北京的“四川世界遗产之旅冬季旅游华北推广”活动中，邀请北京、天津、唐山等北方市场的主流媒体及旅行商 220 人参与，九寨沟管理局共发放冬季旅游宣传资料 3 万份。

四、旅游文化活动

1998 年 10 月 15—22 日，九寨沟管理局与四川省青年摄影家协会在景区成功地举办九寨沟国际摄影艺术周活动。1999 年，九寨沟成功举办“第二届九寨沟摄影美术周”，来自 26 个国家和地区及国内 21 个省市的 160 多名代表参加，将九寨沟的风光传播到世界各地。

1999 年 11 月 23 日，国家旅游局主办的“’99 首届全国旅游歌曲大赛总决赛”在深圳举行，九寨沟管理局、九寨沟宾馆、九寨沟民族艺术团分别推荐的《神奇的九寨》《九寨之恋》《九寨情缘》3 首歌曲在历时 2 天的角逐中脱颖而出，歌曲《神奇的九寨》获金奖，《九寨情缘》《九寨之恋》获银奖，歌曲《九寨情缘》获作词奖，《九寨之恋》获 MTV 最佳制作奖，九寨沟民族艺术团歌手容中尔甲以《神奇的九寨》获最佳演绎奖。年内，以“迎接新世纪，欢庆千禧年”为主题，管理局推出“神州世纪九寨沟冬之游”活动。

2002 年 9 月 30 日至 10 月 6 日，九寨沟管理局和阿坝州档案局在九寨沟游人中心联合举办“走进阿坝——阿坝州历史回顾展”，向广大游客展现阿坝州的百年历史沿革与重要事件以及阿坝地区在中国共产党领导下的建设发展进程。

2003 年 4 月 24—25 日，“九寨沟健康游”主题研讨会在九寨沟管理局多功能厅召开，特邀医学专家和中央电视 2 台《旅游风向标》栏目、《城市画报》、《时尚旅游》以及《上海新闻晨报》等多家媒体代表参加会议。

2004 年 7 月 31 日，九寨沟管理局和德国巴伐利亚州歌舞团“九寨情缘”文艺大联欢在九寨沟沟口生态广场举行。8 月 28—29 日，“2004 九寨沟‘郎酒杯’亚洲技巧摩托车锦标赛”在九寨沟风景区举行，来自 13 个国家与地区的 18 支车队、40 余名运动员参加比赛。10 月 1 日上午，为期一周的“庆祝中华人民共和国建国 55 周年暨九寨沟管理局 20 周年局庆九寨山水彩墨画展”在九寨沟游客中心揭幕，展览由九寨沟管理局和四川美术家协会联合主办，展出童昌信 40 余幅以九寨沟山水风光为题材的彩墨作品。12 月 1 日上午，“童话世界——九寨沟 2004 年冬之旅”活动启动仪式在九寨沟游人中心广场举行，九寨沟民族艺术团和部分参加“绚丽冰瀑 · 童话世界——九寨沟形象大使精英赛”的时尚美女为广大游客与嘉宾表演歌舞。12 月 22 日至次年 1 月 22 日，管理局开展以才艺表演和互动节目为主的主题活动，游客可亲自参与为九寨沟九大代表景点选拔 9 位“仙子”，作为“景点和九寨沟 VIP 旅游的形象代言人”。

2005 年 1 月 1 日，“2005 年九寨沟红色旅游发展年暨九寨沟景区首游仪式”在九寨沟沟口举行，九寨沟管理局的领导、全体员工和正在沟内参加“九寨沟形象大使精英赛”复赛的“仙子”们来到沟口，通过献哈达、跳锅庄、撒龙达、抽奖等形式，向广大游客表示热情欢迎与衷心祝愿。1 月 22 日，九寨沟形象大使精英赛决赛在九寨沟举行，从近 500 名选手中脱颖而出的 30 位佳丽在公众面前正式亮相，经过“仙子服”、泳装、才艺展示、机智问答和“藏风礼服”等环节，来自成都的 14 号选手 21 岁的徐帆赢得“孔雀凝眉仙子”称号，摘得“九寨沟形象大使”桂冠。2 月 13 日（农历正月初五），树正、荷叶、则渣哇居委会联合组织的九寨沟景区居民春节联欢活动在树正寨举行，有舞龙、服饰表演等文艺演出活动。12 月下旬，管理局与四川省文学交流中心合作，举办中国当代名家“九寨之冬·浪漫之旅”笔会创作活动。

五、第二届四川旅游发展大会暨2004 中国四川国际旅游节

2004 年初，九寨沟县政府开始拆除县城、漳扎镇公路沿途违章和不符合规划的房屋建筑，共计11.60 万平方米，新修河道7000 米，整治户外广告，整改村寨外观风貌，整改道路、广场、绿化、生态停车场等。7 月 8 日，九寨沟管理局法规处联合九寨沟县漳扎镇工商分局对景区经营摊位进行全面检查。大会前，观光公司招聘100 名高素质导游，引进专业人才58 名。

2004 年 9 月 7—15 日，第二届四川旅游发展大会在九寨沟召开，大会由四川省人民政府主办，四川省旅游局、阿坝州人民政府承办。大会同时举办“中国西部国际旅游发展论坛”“2004 年中国四川国际旅游节”和四川省第二届旅游商品交易会、招商引资及区域合作签约仪式以及参观考察活动。九寨沟管理局抓住这一难得发展契机，塑造九寨沟的旅游业品牌。9 月8—11 日，“中国西部国际旅游发展论坛”在四川九寨天堂国际会议度假中心召开，论坛由中国国家旅游局、四川省人民政府联合主办，四川省旅游局、香港《大公报》社、阿坝州人民政府联合承办。论坛主题为“21 世纪的中国西部旅游”，以了解世界旅游最新发展态势、评估世界旅游未来发展趋势、探讨地区旅游发展与国际接轨有效途径、整合国际资源加强国际旅游合作推动中国西部旅游业乃至世界旅游业健康发展为目的。9 月 10 日，举行旅游招商，九寨沟甲勿风景区、白马藏族风情园等与海外旅游企业签订旅游经营合作协议。

图7－3　2004 年9 月10 日下午，第二届四川旅游发展大会在九寨沟召开

六、南国冰雪节暨阿坝大九寨冰瀑旅游节

南国冰雪节由四川省人民政府主办，四川省旅游局、成都市人民政府及相关市州承办，是四川旅游实现跨越式发展的一个新尝试。

2001 年 1 月 6 日，中国（四川）首届南国冰雪节在四川成都西岭雪山拉开序幕，九寨沟、峨眉山、海螺沟、龙池、卧龙大熊猫自然保护区、瓦屋山国家森林公园六地设立冰雪节分会场，九寨沟景区以“冬天里的童话——冬游九寨”为主题开展系列活动。

2002 年 1 月 20 日，举办中国（四川）第二届南国冰雪节，九寨沟、峨眉山、瓦屋山、卧龙、都江堰、龙池、海螺沟、自贡景区都按照自身特点设计出独具特色的项目、产品。

2003 年 1 月 20 日，中国（四川）第三届南国冰雪节在西岭雪山开幕，开启时长为 3 个月的省内景区“冰雪之旅”，九寨沟和西岭雪山、峨眉山、海螺沟、瓦屋山、卧龙、龙池、四姑娘山八大冰雪景区同时向游人展示南国冰雪风情。

2004 年，第四届南国冰雪节主会场设在九寨沟。1 月 5 日，中国（四川）第四届南国冰雪节暨首届阿坝大九寨冰瀑旅游节（主会场）开幕式在诺日朗瀑布举行，素洁、壮观的诺日朗瀑布前，晶莹的冰瀑和清澈的流水交相辉映，精彩的文艺表演吸引众多媒体记者与中外游客。5 日晚，九寨沟沟口举行锅庄篝火晚会。

2005 年 1 月 12 日，中国（四川）第五届南国冰雪节在峨眉山拉开帷幕。“冬游九寨沟”在省外的促销初显成效。11 月中旬，启动第六届南国冰雪节，活动主题为“冰雪童话，浪漫之旅”，主会场设九寨沟。11 月 24—27 日，昆明举办国际旅游交易会期间，管理局邀请 79 家旅行社及多家媒体成功举办九寨沟冬季旅游的推介会，向国内外客商推广冰雪节及阿坝州的冬季旅游，发放冬季旅游产品推介资料 4.5 万份。11 月 26—28 日，参加广州旅游文化节，积极向南方市场推广此次冰雪节及阿坝州冬季旅游。12 月 3—4 日，联合峨眉山、黄龙、都江堰、九寨天堂等景区同南湖国旅在广州上下九步行街广场举行四川冬季旅游推介，力推此次冰雪节，共发放冬季旅游宣传资料 3 万份。现场有 500 多名游客排队报名在冰雪节期间参团到九寨沟旅游。12 月内，《北京日报》《北京晨报》每个星期，各有一版九寨沟冰雪节的产品广告。

七、国际熊猫节

2002 年 9 月 3 日，首届中国（四川）国际熊猫节在九寨沟游人中心广场开幕。活动由四川省人民政府主办，省旅游局、省林业厅、阿坝州人民政府协办，为期 6 天。当日晚，在九寨沟口生态广场举办以表现阿坝州生物多样性、文化多样性为内容的“神奇阿坝”大型文艺演出。9 月 4 日，举办“四季九寨”摄影大奖赛获奖作品展，分风光摄影和民风民俗摄影两大类。下午，在九寨沟游人中心展厅举行首届中国（四川）国际熊猫节旅游产品展销剪彩仪式。

2005 年 10 月 15—20 日，中国·四川阿坝第二届熊猫节在九寨沟举行，主题为“童话世界·国宝大熊猫栖息地”，主要活动有大型藏羌歌舞晚会“熊猫故乡·多彩阿坝”、招商引资签字仪式、边边街咂酒啤酒狂欢夜、卧龙分会场文艺表演等。

八、九寨沟民俗风情月

2005 年 4 月 20 日至 5 月 31 日，九寨沟管理局与九寨沟县政府、九寨天堂联合策划举办“首届世界自然遗产九寨沟民俗风情月”活动，活动主题为“舞动九寨风、体验藏羌情”。活动期间先后举行九寨沟藏羌歌舞表演、九寨沟民族服饰展示游行、九寨沟民俗文化研讨会、古藏寨首游式、藏族风情狂欢夜、扎如寺嘛孜节、九寨沟旅游纪念品设计大赛、边边街开街仪式、甲蕃古城开城仪式、九寨沟旅游土特产品及民族小吃展销会、九寨沟美食周等活动，集中展示九寨沟区域

图 7－4 2005 年，首届民俗风情月开幕式在九寨沟沟口生态广场举行

的民族文化和宗教文化。九寨沟管理局组织海内外有特点的民间工艺美术家、画家、商家到此参展，征集旅游产品设计方案，邀请生产民族特色浓郁、玲珑精美的旅游商品和纪念品的企业、个体、民间艺人参赛，全面塑造九寨沟旅游形象。

2005 年九寨沟旅游民俗风情月活动时间表

表 7－10

时间	地点	活动名称
4 月 20 日至 5 月 31 日 每天下午 4 点至 4：30	九寨沟口生态广场	藏羌歌舞表演
4 月 20 日至 5 月 31 日	九寨沟	旅游产品设计大赛
4 月 28 日至 5 月 31 日	九寨沟边边街	土特产展销会
5 月 1 日	九寨沟甲蕃古城	甲蕃古城开业庆典
5 月 1 日晚 7：30	九寨沟边边街	边边街开街仪式
5 月 2 日	九寨沟树正寨	古藏寨首游仪式
5 月 2 日晚 7：00	九寨沟边边街	边边街白塔装藏、开光、加持仪式
5 月 4 日晚 7：30	九寨沟边边街	藏族风情狂欢夜（party）
5 月 7 日上午 10 点	九寨沟边边街	印度尼西亚文化美食节开幕
5 月 18 日	九寨沟甲蕃古城	甲蕃古城开城仪式
5 月 11 日上午 10 点	开幕式地点：九寨沟口 生态广场。民族服饰游行线路： 九寨沟口至边边街登珠宾馆出口返回。	民俗风情月开幕式、民族服饰大游行、 民俗文艺表演
5 月 16—23 日 （农历四月初九到四月十六日）	扎如寺	扎如寺嘛孜节
5 月 31 日	九寨沟口生态广场	闭幕式

第四节 景区服务

一、门票销售与检验

2002 年，九寨沟自筹资金 150 万元启动电子门票系统立项工作。5 月，票务处牵头，九寨沟景区电子门禁票务系统开工建设，基础设施建设由阿坝州邮政局实施，系统数据库设在售票厅。

2003 年 7 月 23 日，九寨沟电子门禁系统经过 4 个月测试，正式投入使用。该系统采用一维识别码，门闸机实行识别一票放行一人的方式，并与电子商务系统集成应用，实现观光门票、车票、餐票等数据的网上预订、支付。

2005 年，数据库搬迁到信息中心大楼，门禁票务系统划归信息中心管理和维护。

二、导游服务

1998年8月，九寨沟管理局在筹建观光公司的同时，面向九寨沟县公开招聘高中以上学历待业青年组建乘务队。10月12—30日，筹建小组在九寨沟县中学和四川大学分别组织初试、复试。11月8日，公示乘务队招聘合格人员共计81人。11月15日，新招员工报到。

1999年1月，观光公司面向阿坝州进行第二次乘务员招聘。3月26日，公司乘务队成立，有乘务员81人，其中41人送往四川大学培训。7月，公司面向阿坝州进行第三次乘务员招聘。2000年3月，九寨沟县劳动人事局分配大中专学校毕业生共计56人到观光公司从事乘务工作。8月，在部门内进行接待员招聘考核。9月，成立接待小组，人员编制8人。10月，乘务队更名“导游队”，管理机构增添质检岗位3名，调配员岗位2名，培训员岗位1名。

2001年3月，导游队管理机构改制，取消队长职位，设立副经理1名，经理助理名。3月和8月，面向阿坝州进行第四次与第五次乘务员招聘，共有38名合格者。7月6日，在四川大学的培训人员回导游队工作。12月23日，导游部首次公示12名不合格人员名单，并与其解除劳动合同关系。

2002年3月，导游部面向四川省第六次招聘乘务员，共16名。11月6日，导游队更名为“导游部”。12月28日，导游部公示第二批10名不合格人员名单，并与其解除劳动合同关系。

2003年1月，导游部管理机构改革，设立部门副经理2名。3月7日，乘务员更名为“景区讲解员”。3月10日，导游部公示第三批20名不合格人员名单，并与其结束聘用合同。3月26日，经州旅游局牵头考核，公示第一批景区讲解员名单，共157人，其中，高级讲解员4人，中级讲解员23人，初级讲解员130人。6月12日，导游部面向全国第七次招聘讲解员，共20名。

2004年3月16日，导游部管理机构再次改革，设立部门经理1名，部门副经理2名。3月28日，在九寨沟风景区出入口设立景区导游服务质量信息反馈处，对游客实行抽样调查，了解讲解员的服务质量，同时将游客的意见和建议反馈到部门。4月1日，成立广播小组，每日下午5：30准时开播，将重大新闻、员工投稿、质检信息和公司指示等内容，及时告知员工。4月2日，取消接待小组，实行接待轮流值班制。4月18日至6月28日，接纳四川省旅游职业中专实习生33人在导游部实习。6月13日，导游部增设部门副经理岗位1名。6月23日，面向全国进行第八次讲解员招聘，共25名。8月16日至10月23日，接纳四川西南财大实习生16人在导游部实习。11月23日，公示第四批18名不合格人员名单，并与其解除劳动合同关系。

2005年3月、8月，导游部面向全国两次招聘讲解员共57名。11月29日，公示第五批11名不合格人员名单，并与其解除劳动合同关系。

截至2005年，导游部共计有景区讲解员252人，其中，专科以上学历90人，取得全国导游员资格证书56人，取得阿坝州景区景点导游员资格证书232人。讲解员主要负责九寨沟景区内的导游讲解、游览指导、安全提示及其他相关旅游服务，并提供九寨沟景区内普通话、藏语、英语、日本语、韩语等语种导游员出租业务，也承担国内外重大接待工作。

第四章 景区管理

九寨沟景区管理的内容，包括资源维护、环境整治两个基本的方面。随着九寨沟旅游开发和游客数量的增多，提升景区管理质量成为管理局的重要工作内容。以“数字九寨沟”为代表的信息化管理为九寨沟管理局的发展开拓新的方向。

第一节 资源维护

一、环境卫生

1984 年，九寨沟管理局特制印有保护注意事项的文明袋，在主要景点设置介绍九寨沟风景和保护知识的宣传牌，在景观沿线设置果屑箱，年内集中购置清洁卫生的基本处置设备，修建专门的垃圾处理场。

1984 年，九寨沟管理局在景观沿线设置了果屑箱。年内完成打捞海子中遗留污染物的工作，在主要风景点设专人巡逻，清理游人抛下的垃圾，保护景观。1988 年，成立 14 人的环境清洁队。

1989 年，九寨沟管理局编写入沟须知六条，印在门票背面，使游客进沟就受到保护的教育。同年规定旅游车辆一律清洗后方能入沟。成立 36 人的巡逻队和环境清洁队。沿沟景区都安排有专人捡垃圾，工作人员边捡垃圾边向游客宣传保护规定，发现乱扔垃圾者给予批评教育，不听劝阻者给予罚款，对攀摘树枝花草的人一律实行罚款处理。环保分段包干，责任到人，环保质量与工资挂钩，有奖有罚。保护科负责人随时深入景点检查环保工作。全年共运 82 吨垃圾到垃圾处理场，收罚环境保护费4000 多元。1990 年，沟内设置垃圾桶 50 个，配有垃圾车 1 台，定期将垃圾运送到 30 公里外的偏僻场地处理。

1992 年 6 月，增设环卫人员 33 人，处理垃圾 53 车，设置厕所专管人员 8 名，严格垃圾污物的管理。对 180 名职工进行体检，查出带病者 17 人，给餐厅人员发健康证 54 份，发放统一食品卫生服 23 套，检查验收“三防”①、“三消”② 设施 8 处，开展灭虫灭鼠活动 1 次。

1993 年 6 月 26 日，九寨沟自然保护区管理处为切实保护景区资源，制定了机动车辆进入景区消毒的规定。1994 年，清除垃圾 1050 吨，实现区内 10 年无流行病发生。

---

① 三防指防鼠、防蝇、防尘。

② 三消指对餐具的“一清二洗三消毒”。一清指将餐具放入洗涤池或洗涤装置中用清洁剂将其洗净。二洗指将餐具用清水清洗。三消毒指用红外或高温消毒柜消毒。

1998年，扩大宣传，教育游客和其他人员爱护景区卫生；同环卫员签订责任书，划片包干，责任到人。沟内垃圾清除实行日产日清制，共清除垃圾420多车，彻底治理脏、乱、差现象，实现动态保洁。1999年，新增部分环卫工人，全年共清理垃圾400多车，共计2万多吨，旅游垃圾做到当日全部清运出景区。

2000年，管理局对公厕专门管理人员制定明确要求，要求做到“四无”① “六净”②。

2001年8月，九寨沟管理局成立环卫处，环卫工作人员增加到200人（其中正式职工21人），环卫工作在组织、人员、管理上得到了进一步加强。全年共清理垃圾416车，共计1880吨。2002年，全年共清运固体废弃物548吨，同时加强对景区建筑垃圾的管理，环卫综合治理工作取得明显成效。

2003年，九寨沟管理局加大环保力度，将环卫处与保护处合并，设立专业环卫队，维护区内的清洁卫生。景区内全面使用绿色环保厕所，排泄物和生活垃圾均实行分类处理，实现污染物零排放。全年共清理垃圾616车共计约3680吨。2004年，全年共清理垃圾700余车，共计5000余吨。2005年，坚持实现景区“动态保洁”和“废物零排放”，全年共清运景区垃圾700多车，共计6000多吨。

二、景观维护

1986年，九寨沟管理局将不符合总体规划要求的树正村1户已建住房和准备新建的2户住房搬迁到指定地点，拆迁原林业局职工在羊峒修的小食店。

1988年3月，南坪县政府组织县公安、司法、法院、工商、城建、法律公证处和白河区政府、隆康乡政府、九寨沟风景名胜管理局等单位组成拆迁工作组，将树正、诺日朗影响景观的建筑全部拆除，共拆除房屋12处，包括11户村民建筑和1幢国营商业楼，拆迁面积3673平方米，支出房屋拆除费43万元。同年，对就地挖沙取土破坏自然景观的建筑队罚款3000元。

从1988年到1989年上半年，九寨沟内3个村出现乱占多占土地违章建房现象，有未经批准擅自占地建房，有17户少批多占超占土地，超占面积6490平方米，树正村超越景观红线建房的有10户共12处，荷叶村在红线内建房的有8户。阿坝州按四川省委要求组建联合工作组督促南坪县政府及九寨沟管理局清理整顿。1989年下半年，九寨沟管理局认真按照国务院批准的总体规划和国家对风景区的管理规定及省府会议纪要的要求，集中清查沟内乱搭乱建歪风，对沟内所有的违章建筑进行清理，无条件拆除。7月7日，九寨沟保护区管理处保护科对镜海盗取沙石事件进行调查、取证，经现场测定，共盗取沙石99立方米，保护科对盗取沙石的行为及相关人员视情节轻重作出加强教育、扣押拖拉机6天、罚款50元等处理意见。

1990年2月24日，保护区管理处保护科通知树正村村民于3月2日前无条件拆除在五花海桥上方林地边搭建的骑马、照相用简易经营房1座。4月24日，保护区管理处保护科发通知禁止荷叶二队村民在盆景滩出租水鞋。

1991年，九寨沟管理局严禁在犀牛海划船，禁止在珍珠滩踩水、出租水鞋和船只，安排10人专职值班护景，设立警告牌5块。同年，在九寨沟口、犀牛海、五花海、长海、原始森林等地，拆除违章建筑12处，面积216.8平方米。

---

① 四无：无灰尘垃圾杂物、无粪迹污迹、无蝇蛆、无明显异味。

② 六净：门窗墙净、地面净、大便器净、小便器净、洗手理容设施净、公厕周围3米环境净。

1992年，九寨沟管理局制定规章，划定游客景区游览线路，禁止游客在游览过程中下滩踩水，以保护珍珠滩等钙化体免受破坏。九寨沟管理局在主要景点派专人守护，全面禁止游客下水，对攀摘树枝花草、破坏植物或钓鱼者进行批评教育，情节严重、态度恶劣者进行处罚。

1998年，九寨沟管理局禁止游客投食喂鱼。

1999年，拆除景区违章建筑19处（260平方米）、烤羊棚3个（190平方米）、残墙断壁1万平方米、木栅栏1100平方米。关闭违法经营饭店3家。

2000年九寨沟管理局对景区租衣照相点和摊点实行挂牌服务；投资2万多元修建商品棚，杜绝乱摆摊点的现象。

2001年，九寨沟管理局落实“沟内游，沟外住”政策，拆除违章经营门面、摊位，拆除不规范的经幡88根。从5月1日起，关闭景区内所有经营客房，共5000多张床位。

2002年，九寨沟管理局拆除沟内违章建筑10间、300平方米，拆除树正村公路边38个经营门面、2180平方米。

2003年3月6日，九寨沟管理局开始对九寨沟景区内荷叶、树正、则查哇3个村寨居民经营性房屋进行拆除，年内共拆除建筑面积1万平方米，兑现资金300余万元，清运建筑垃圾10万余吨，恢复植被4万平方米。

2004年，九寨沟管理局拆除沟内居民住宅25户，拆除总面积4149.13平方米，在则查哇规划区新建4幢藏式民居，完成荷叶、树正、则查哇三寨民居藏式彩绘装饰和周边环境整治及绿化，同时完成扎如寺整修与美化。2005年，完成对荷叶寨周围环境的整治，突出村寨自然风貌。

三、园林绿化

1984年，九寨沟正式开放旅游，九寨沟管理局开始按照园林绿化标准对景区内工作区域和游览道路范围内的裸露地带进行绿化整治。1985年3月，在荷叶坝至诺日朗公路沿线、河滩上植树造林。1988年，组织村民绿化造林20万平方米，育苗3000平方米。1991年，植树2447株，加强庭园绿化、种植花草。1994年，移植草坪2500平方米，植红叶树60株，桃花树30株。

1997年，九寨沟管理局成立由7人组成的绿化队，对绿化工作实行定人、定量，并动员科室干部职工参加义务劳动，在沟口、诺日朗的荒坡、荒地、道路旁、办公楼、生活区，种花种草约3333.33平方米，植树1500株。1998年，在沟口培植草坪、花园等，绿化面积5800平方米。

1999年，九寨沟管理局对长海、五花海、珍珠滩、镜海等处的裸地进行绿化，最大限度地减少人为污染和游客增加对环境造成的破坏。同年，成功引种珍稀植物珙桐、红豆杉等。

2000年3月，九寨沟管理局成立园林队，专门负责景区退耕还林和绿化工作，在沟内主要景点植树13.33万平方米，在扎如兴建2000平方米苗圃基地和占地面积608平方米的花卉培育大棚，培育花卉30余种。同年，对景区居民点进行绿化。

2001年，九寨沟管理局培育花卉5000多盆，完成沟口草坪的管护。2002年，完成6万平方米的植被恢复工程，加强沟口生态广场和职工宿舍区草坪、树种的美化、绿化及养护。2003年，加强沟口美化和生态化建设，落实四川省委“亮山亮水”要求。

2004年，九寨沟管理局在对景区公路进行整治的同时，采用当地草种、树种和花种对公路边坡进行绿化，绿化面积37万平方米。年内，培育盆花1万余盆，布置九寨沟景区序景段的沟口游人中心广场。

2005年，九寨沟管理局完成景区苗木种植25.49万株，空地补绿和新增绿化草坪面积7000多平方米，绿化管护15.10万余平方米；培育花卉近20000盆，对沟口广场与办公区域进行园林美化，为游客和职工提供舒适优美的环境。

第二节　环境整治

一、综合治理

1983年6月，南坪县公安局在九寨沟设立治安管理派出所，有职工1人。1984年增加到3人。1983—1987年，九寨沟治安管理派出所根据九寨沟的特点落实治安管理规章制度，为游客调解民事纠纷，排忧解难，处理案件600多起，景区治安稳定，没有一起刑事案件发生。1985—1987年，3年内共拾得50多人遗失的物品，包括照相机、现金、衣物和证件等。除两件物品找不到失主外，其余都已退还失主。沟内3个村制定治安管理承包责任制，组织和动员农牧民做好维护社会治安工作。

1987年10月，组建消防（治安）队，设队长、指导员1人，副队长1人，实有队员20人。专业消防队同时又是治安队，开展治安巡逻。

1988年，专职消防（治安）队同派出所一道调解各种民事纠纷23起，为游客排忧解难5起，处理夜间赌博斗殴5起，拾金不昧2起，价值6000元。

1989年，消防（治安）队紧密配合公安部门进行治安巡逻56次，安全检查36次，出动汽车63次，查处治安案件4起，查处林业案件2起，没收木材27.3立方米，查禁赌博5起，制止汽车违章28起，查禁进沟易燃品61.62吨，调解民事纠纷25起，预防激化矛盾17次。

1992年，发挥社会保险经济杠杆和公安机关的职能作用，九寨沟管理局与南坪县保险公司、县公安局积极配合，对游客及职工实行保险制度，游客投保额13.8万元，职工投保额0.45万元。年内，协助公安部门查处治安案件47起，为游客追回物值2.1万元，人民币11.2万元。

1993年上半年，九寨沟公安分局机关成立，负责维护景区内及景区周围社会治安，依法查处违法案件，保护国内外游客与国家财产安全，为保护管理及旅游发展创造良好的社会环境。同年，九寨沟交警中队成立，实行入沟登记制度，交警随时巡逻检查，及时处理交通事故，疏导交通，限制车速，防范交通肇事。中心景区设立派出所，经营点设治安室，配备治安员5名，完善群防群治体系，对登记、门卫、保安人员举办短期训练班，提高岗位人员的素质。签订治安责任书53份，对暂住人口实行登记卡制度。

1994年，九寨沟公安分局正式成立，建立健全九寨沟治安管理体制，落实群防组织，维护区内良好的社会秩序。4月13日，九寨沟自然资源保护综合治理办公室制订《九寨沟租马照相租衣服人员责任书》。

1995年5月21日，成立九寨沟风景名胜区社会治安综合治理领导小组。区内全年无交通事故、无刑事案件、无涉外事件发生，被评为县社会治安综合治理先进单位。

1996年，九寨沟管理局加强对常住人口、暂（寄）住人口的管理。严格旅客住宿登记，对四种人依法管理，指定涉外宾馆住宿。建立常态性巡逻守护制度；在旅游旺季，主要景点有专人值勤，维护景区秩序。

1997 年，按照四川省旅游区服务管理“达标优秀单位”的标准，九寨沟管理局会同县旅游、建委、公安、工商、卫生、交通等职能部门，在景区组织实施《九寨沟景区旅游服务管理达标实施细则》，对景区卫生、安全、服务、市场管理、交通等方面进行综合治理。

1998 年，社会治安综合治理工作列入景区保护管理工作的议事日程，管理局与各职能部门、居委会签订《社会治安目标管理责任书》，进一步完善以公安机关为骨干，群防群治为依托，点面结合、动静结合、标本兼治的治安安全防范网络体系。在各经营单位设立治安室，配备保安人员，维护各单位正常的经营秩序，做到群防队伍、组织、人员、经费“四落实”。截至 1998 年，九寨沟管理局连续 5 年被评为九寨沟县“社会治安综合治理先进单位”，1998 年又被推荐为“阿坝州社会治安综合治理先进单位”。

1999 年，在九寨沟县政府授权下，管理局成立景区综合管理办公室，对景区治安、安全、交通、经营、游览、投诉等各方面依法进行管理。

2000 年，开展争创省级社会治安综合治理模范单位活动。年初，管理局与所属各部门，各科室、各居委会与各公司、居民签订《社会治安综合治理责任书》。各基层单位成立治保会、调解会、治安室，配备专职消防人员、义务消防人员、应急民兵。发挥公安分局在社会治安综合治理工作中的核心骨干作用，充实景区“110”巡逻队警力，做到“有警必接，有问必答，有险必帮”。旅游旺季实行 24 小时巡逻制度，采取景点步巡与公路车巡相结合的办法，积极为游客排忧解难。9 月 25 日，金鑫宾馆发生一起台湾游客护照、手机、照相机等物被盗案件，分局接报后，抽调刑侦治安、羊峒派出所警力组成专案组，开展案侦工作，经过多方走访调查，挖出整个作案同伙，将涉嫌人员捉拿归案，被盗赃物全部追回。年内组建法规处，综合治理办公室并入法规处。

2001—2002 年，广泛宣传有关法律、法规、条例，完善社会治安综合治理责任制，健全群防群治体系，加大执法力度，在主要景点、站点、主要路口安排武警及专职秩序维护人员、景点工作人员为游客排忧解难。

2003 年，九寨沟成立景区执法大队。同年，执法队取缔长海景点的牦牛出租经营活动。全面启动社会治安综合治理整体联动防范工程，严格管理在景区运行的车辆，严禁在景区乱摆摊设点，拆除沟内荷叶、树正和则查哇 3 个村寨的经营性铺面 162 个、44 户居民的经营性房屋建筑、沟口职工宿舍，合计总面积达 10 万余平方米。加大景区执法力度，查处假冒伪劣产品，查处违规、违纪导游 26 人次，营造“健康、安全、秩序、质量”四统一的旅游环境。

2004 年，九寨沟管理局认真执行国家、省、州关于加强社会治安综合治理、整顿和规范旅游市场秩序、开展旅游市场打假打非专项整治等有关精神，坚持把社会治安综合治理与自然保护、旅游发展、经营服务工作相结合，成立景区巡逻队，对景区乱搭乱建的摊点、铺面进行清理，严厉查处假冒伪劣产品，规范景区经营活动，维持景区交通秩序，加强景区居民与外来人员的管理，积极做好景区居民经营性建筑拆迁及村寨整治的思想动员与损失赔付工作，发挥居委会、党支部、基层群众组织的作用，处理好“保景与富民”的关系。

2005 年，以创建“全国社会治安先进集体”活动为契机，九寨沟管理局加大社会治安综合治理工作力度，建立以公安分局 110、122、119 指挥中心为平台，以九寨沟公安、武警、森警为骨干，以群防群治为依托，相关部门密切配合的整体联动体系，通过“警民共建安全文明旅游区活动”等形式，建立社会治安防范安全网络和“军警民”三位一体的巡逻体系。

二、市场整治

1984年，九寨沟景区正式对外开放，发展旅游。到1988年，沟内旅游市场混乱。1989年7—8月，为维护九寨沟的声誉，对旅游市场进行整顿，餐厅、住宿、商店做到明码实价买卖公平，沟内公共汽车由管理局统一经营，在羊峒设立总服务台，对旅行团体实行进沟分流，一般要求定点住宿。

1991年，学习国家旅游局关于《对旅游行业加强整改的通知》，配合有关部门着重对沟内旅游服务中的“脏、乱、差”现象进行治理整顿。年内先后3次在九寨沟口、荷叶坝、犀牛海、五花海、长海、原始森林等地拆除违章建搭的庵棚12处，面积336平方米，炉灶11处。

1992年，对游客下水、乱搭乱建、摆摊设点及污染环境、出售伪劣商品等现象进行治理。年内整顿交通秩序，在原始森林、长海、树正、荷叶景区设置停车场，疏导交通，保证道路畅通，游客安全。加强旅游行业的管理，解除沟内个体旅馆对外承包合同20个，贷款28万元、整合38户个体旅馆成立九寨沟旅游股份有限公司，对争客、拉客、打架、斗殴、收受回扣等扰乱社会治安、影响民族团结等现象进行治理。

1995年，工商部门充分发挥职能作用，审理证照，遏制兜售假冒伪劣商品，保持景点无乱设摊点，持证经营达到100%。卫生防疫部门充分发挥职能作用，使工作人员体检持上岗证率100%，食品卫生合格率100%。租马管理坚持定点、限量、专人负责，专线旅游，禁止抢拉强骑行为。年内，树正寨4户村民私造16艘游船，在长海进行非法经营活动，九寨沟管理局严格执法，把16艘游船强行打捞上岸，捣毁破旧船2艘，拉回木船14艘。

1997年，坚持入沟登记制和游客、职工保险制，全年治安秩序良好，无投诉事件出现。

1998年，对沟内居民进行爱沟、护沟等专项教育，取缔无证经营，查处超范围经营，严惩违法行为，净化文化市场，关闭沟内卡拉OK厅。

1999年，九寨沟管理局对景区内餐厅等经营性活动实行统一管理。

2000年，杜绝沟外人员在景区内从事经营活动，景区实现封闭式管理，区内所有经营服务做到亮证经营，持牌服务，商品明码标价，制定文明条约。清查景区内违法经营场所，对各居民点进行专人专项治理活动，保证每月不少于28天的巡查。

2001年，拆除违章经营门面3个，拆除不规范经营摊位3个和56个雨棚，查处出售假冒伪劣产品经营户11家。商品实行明码标价，对经营门面实行统一编号并制作专用门牌。

2002年，根据省、州整顿和规范旅游市场的通知要求，管理局加强区内经营和服务管理，停止原始森林的租马活动，对景区居民租衣、照相经营实行统一管理。关闭沟内7家私设餐厅，拆除树正村公路边38个经营门面。清查沟内住宿游客200多人，查处违规、违纪导游500多人次，强化景区执法工作。

2003年，管理局加强了景区内的经营、服务管理，在诺日朗旅游服务中心设置旅游商品专柜，以出租形式安置141名居民从事经营活动。加强对长海、五花海、熊猫海租衣的统一管理，取缔长海的租牛经营项目，优化景区旅游市场环境。诺日朗旅游服务中心开展运营，充分发挥餐饮、购物、咨询、投诉、医疗救护、调度指挥和游客转运功能，综合服务水平明显提高，实现景区经营服务的规模化、系统化和科学化。

2005年，积极配合全国整顿和规范市场经济工作，开展旅游市场秩序的专项整治工作，依法打击假冒伪劣、坑蒙拐骗、野蛮待客、乱收费用等各种违法违纪行为，纠建并举，维护健康正常的旅游市场秩序。

三、游客投诉

1999年以前，九寨沟未建立投诉制度。

1999年，九寨沟管理局在景区设立8个投诉箱，接受投诉27件，并逐一给予回复。

2000年，接受并妥善处理30起投诉。

2001年，九寨沟管理局分别在则查哇中心站和沟口游人中心设立2处投诉点，全年共受理投诉52起，投诉内容98%针对观光车服务质量。每起投诉在景区内都得到妥善处理。

2002年，全年共受理投诉62起，投诉处理率为100%，游客满意率98%。

2003年“十一”黄金周期间，九寨沟管理局在诺日朗、沟口设立投诉亭，对外公布投诉电话，实行24小时值班制。黄金周期间，共受理投诉4起，处理4起，游客满意率99%。全年受理书面投诉104起，处理率100%，游客满意率为99%。

2004年，全年共受理书面投诉35起、口头投诉4起，投诉处理率100%，满意率99%。

2005年，全年无投诉。

第三节　管理质量

一、“绿色环球21”可持续旅游达标认证

2001年2月12日，“绿色环球21”组织总部在澳大利亚向九寨沟管理局颁发“绿色环球21”管理认证证书。九寨沟管理局着手按照“绿色环球21”的可持续旅游标准进行旅游认证。

2002年7月19日，九寨沟管理局通过“绿色环球21”基于可持续旅游标准体系的评估，“绿色环球21”组织向管理局颁发认证书。认证书说九寨沟国家自然保护区是“绿色环球21”在亚太地区认证的第一个自然保护区，也是中国境内被认证的第一个最佳旅游目的地。10月27—31日，“中国首届绿色环球培训班”在九寨沟举办。

2003年9月5日，“绿色环球21”授权香港商界环保协会的高级咨询师对九寨沟管理局进行首次评估，九寨沟旅游发展管理达到该组织标准。

二、环境、质量、安全、诚信管理体系认证

2002年12月17日，中国质量认证中心（CQC）向九寨沟管理局颁发ISO 9001质量管理体系证书。

2003年5月21日，中国质量认证中心向九寨沟管理局颁发“ISO 14001：1996环境管理体系注册认证”证书。

2005年8月底，九寨沟管理局引入ICE 8000国际诚信监督管理体系，成为中国首家建立ICE 8000国际诚信监督管理体系的景区。

三、“数字九寨沟”工程

“数字九寨沟”工程，全称“数字九寨沟综合示范工程”，国家“十五”规划重点科技攻关项

目，包括基础平台和应用系统两个部分。基础平台是九寨沟信息化建设的基础，包括数据中心、通信系统、中心机房、电力系统。应用系统包括办公自动化系统、门禁票务系统、宣传网站集群、网上游系统、景区客户关系管理系统（CRM）、地理信息系统（GIS）、多媒体展示系统、车辆调度系统（GPS）、智能化监控系统、环境监测系统、规划管理系统、信息发布系统（LED）、应急系统（SOS）、九寨沟旅游电子商务系统等。两者构成“数字九寨沟”景区综合管理平台，创建“资源保护数字化、运营管理智能化、旅游服务信息化、产业整合网络化”集成应用体系，实现景区资源和产业的科学配置以及管理流程的优化，提高对突发事件的处理能力，综合效率提高38.03%。

2000年，九寨沟管理局建成九寨沟风景名胜区地理信息系统。

九寨沟地理信息系统 九寨沟区域地理信息数据采集、处理、存储、管理、服务和应用的计算机信息系统，是“数字九寨沟”工程的基础平台，目标是构建多尺度、多分辨率的空间数据体系和统一的九寨沟空间资源信息服务平台，对信息资源按照地理空间进行整合，实现信息共享，为“数字九寨沟”工程提供基于空间信息的应用服务，为九寨沟各项管理工作提供统一的空间定位及地理空间信息服务。

2002—2005年，九寨沟管理局展开数字九寨沟一期工程建设，九寨沟管理局信息中心编写完成《“数字九寨沟”总体规划方案》和《“数字九寨沟”12个应用系统整合方案》，制定“数字九寨沟”项目的建设思路与原则，先后建成办公系统（OA）、门禁票务系统、信息发布系统（LED）、智能化监控系统、多媒体展示系统等。

2004年初，“数字九寨沟”通过建设部专家委员会的评审，列入建设部2004年科学技术项目计划，属国家“十五”规划重点科技攻关示范项目。九寨沟管理局被确定为参与国家景区信息化建设和电子商务标准制定单位。2004年5月“五一”黄金周期间，九寨沟管理局启用“数字九寨”智能监控系统。到2004年底，已完成通信系统、中心机房、电力系统、办公自动化系统、门禁票务系统、GPS车辆调度系统、智能化监控系统、电子商务系统的建设；网上游系统、景区旅游企业资源计划系统（ERP）、景区CRM、GIS地理信息系统、环境监测系统在建设中。

2005年6月19日，国家“十五”重点科技攻关项目“数字九寨沟”示范工程一期顺利通过建设部科学技术司组织的专家组的验收。“数字九寨沟”工程重点建成电子商务系统、门禁票务系统、办公自动化系统、GPS车辆调度系统、多媒体展示系统、智能化监控系统、环境监管系统、LED信息发布8个应用系统。该工程是中国第一个城市数字化应用示范工程，被专家评价为“国内数字化建设的方向”和“中国景区保护、管理与旅游产业协调发展的有效解决方案”。同年，该项目作为“国家重点风景名胜区数字化景区”建设样板工程向全国推广。该工程项目荣获2005年度阿坝州科学技术进步特等奖。

LED信息发布平台 2005年建成。在景区广场和入沟处设立彩色LED大屏滚动发布信息，集游客提示、天气预报、景区动态、法规宣传、游客公告、旅游知识为一体。在利用LED大屏对进入景区游客进行环保教育、依法治景、消防安全和护林防火等宣传活动的同时，向游客提供天气预报、景区动态、游客公告、旅游知识等服务。

第五章　开发效益

九寨沟旅游开发效益涵盖经济、社会、文化、生态、科研等多方面，除带来可观的经济效益、形成上规模成体系的旅游产业和促进地区经济和社会发展外，九寨沟区域的旅游开发在为自然保护和生态建设提供财力支撑、促进可持续发展、推动文化交流和科学研究等诸多方面都有显著的效益。

第一节　经济效益

一、门票价格

1981 年，管理所开始对外售票，票价 0.2 元，县外人员进入景区需收取每人 10 元的资源提供费，学生收取每人 5 元的资源提供费。

1984 年，经四川省政府批准，九寨沟风景区正式实行门票制，每票 2 元，阿坝州内人员进入景区每人门票 0.5 元。

1986 年 3 月，阿坝藏族羌族自治州物价局、旅游局联合发出《关于九寨沟、黄龙门票及有关收费和物价的通知》，规定九寨沟游览门票每人每张 3 元，包括电视教育、导游图和入山须知；住在州内的游客凭单位工作证或证明每人每张 0.5 元。同时，对进入沟内的车辆收取公路养护附加费用，大车 10 元，小车 5 元。1987 年，外宾进入九寨沟景区执行每人 5 元的门票价格标准。

1989 年 5 月 1 日起，国内游客门票每人 5 元，外宾每人 8 元，华侨、港澳和台湾同胞、外籍华人按外宾门票价格收费，州内游客仍按每人 0.5 元的门票价格执行。

1991 年 5 月 1 日起，九寨沟管理局对进入景区车辆的公路养护附加费进行调整，9 座以下小车每辆 20 元，9—22 座中型车每辆征收 30 元，22 座以上大客车和货车征收 40 元。同年 6 月 1 日起，九寨沟景区门票分为海外游客甲种门票和国内游客普通门票 2 类，甲种门票每张 20 元，普通门票每张 5 元，阿坝州内游客凭本人份证每张 1 元。

1993 年，九寨沟景区门票上涨至每张 30 元。1994 年执行每张 40 元的门票价格。是年 3 月 1 日起，经商量由九寨沟管理局代九寨沟镇政府在每张门票中加收旅游开发基金费 1 元。9 月 1 日起，管理局征收景区道路建设费，大车每辆 50 元，中巴车每辆 40 元，小车每辆 30 元，游客每人 5 元，外宾每人 10 元。

1995 年 1 月 1 日起，九寨沟景区门票价格调整为每张 60 元。其中，10 元作为专项资金用于景区道路和基础设施建设。

1997年，九寨沟景区尝试将住宿与门票同售，无住宿门票仅当日有效，有住宿门票可作两日以上游览。12月30日起，九寨沟景区门票调整为每人次80元，对学生、现役军人、老年人、残疾人实行半价优惠。

1998年9月1日起，景区观光车试营运，收取每人88元的观光车票。9月18日起，对持有有效证件的现役军人、革命伤残军人免收门票。

1999年3月1日，九寨沟景区观光车正式营运，观光车票按月份执行差异价格，3月1日至4月30日为每人68元，5月1日至6月30日为78元，7月1日至10月31日为88元，11月1日至次年2月底为68元。

2000年8月10日起，九寨沟景区门票和观光车票执行淡旺季差异价格，境外团队自同年11月1日起执行。当年3月1日至10月31日，执行旺季门票价格，每人115元，优惠票每人57元；11月1日至次年2月底，执行淡季门票价格，每人80元，优惠票每人40元。观光车票价格，5月1日至10月31日为旺季车票时段，每人次90元；11月1日至次年4月底为淡季车票时段，每人次70元。优惠票价对象为现役军人、残疾人、60—69岁老年人和在校学生。身高在1.30米以下儿童免门票和车票；革命伤残军人、70岁以上老年人、离休干部，免购门票，另购车票。

2001年6月15日，九寨沟景区开通POS机业务。7月22日，景区实行二次进沟票价，除旅游黄金周外，第二次（多次）进沟的门票价格为每人40元，车票按原价格执行。23日起，游客中心门卫每日下午3点以后不再办理游客进入景区手续。

2002年5月8日，九寨沟景区门票价格调整为旺季每张145元、优惠票每张115元，淡季门票每张100元、优惠票每张80元。车票淡旺季时段和车票价格不变。

2003年6月7日至7月15日，九寨沟景区对旅行社和散客实行每满十张门票赠送一张门票的优惠政策，当日兑现。

2004年3月1日，九寨沟景区统一门票和观光车票价格的淡旺季时段，每年的3月1日至10月31日为旺季，11月1日至次年2月底为淡季，淡季车票由每人次70元调整为80元，其他不变，旅游团队从5月26日起执行。同年4月1日，取消原二次进沟每人40元规定，游客第二次以上进沟，实行买一送一，或兑换成等值旅游产品《九寨沟画册》。

2005年5月20日，九寨沟景区实行二次进沟免费政策，需要第二天进沟游览的游客，可凭头一天本人所购门票和旅游观光车票再次进沟游览。7月1日，九寨沟景区执行新的门票价格和淡旺季时段，旅行社团队从8月1日起执行。旺季为每年4月1日至11月15日，淡季为11月16日至次年3月31日。旺季门票每人220元、优惠票170元，淡季门票为每人80元、优惠票为70元；旺季车票为每人90元，淡季车票为每人80元。优惠票对象为现役军人、残疾人、60岁以上老年人及在校学生。身高在1.30米以下儿童免门票和车票，革命伤残军人、离休干部免购门票，另购车票。

二、游客数量

1979年，九寨沟开始出现游客。1984年，九寨沟正式开放发展旅游，同年接待游客超过2.5万人次。到1987年，4年总共接待游客近26万人次。1985—1989年每年到九寨沟的游客在6万—10万人次之间，1990—1997年在13万—20万人次之间，1998年，九环线开通，当年游客接近40万人次，1999年达到58万人次，2000年为82万人次，2002年为122万人次（其中境外游客达 6 万人次）。游客中外宾、港澳台及华侨同胞一般占 5% 左右。截至 2005 年末，九寨沟历年来接待的中外游客总数超过 1093.86 万人次，其中入境游客达到 69.40 万人次，历年门票收入总计超过 11.41 亿元。

1981 年，进沟旅游总数 2000 人次。其中，港澳及华侨同胞 50 人次，外宾 8 人次。

1982 年，进沟旅游总数 5000 人次。其中，港澳及华侨同胞 120 人次，外宾 35 人次。

1983 年，进沟旅游总数 1.5 万人次。其中，港澳及华侨同胞 250 人次，外宾 50 人次。

1984 年，进沟旅游总数 2.75 万人次。入境游客 2058 人次，其中，港澳及华侨同胞 1958 人次，外宾 73 人次。

1985 年，进沟旅游总数 6.70 万人次。入境游客 5562 人次，其中，港澳及华侨同胞 5413 人次，外宾 131 人次。

1986 年，茂汶海子塌方，交通受阻，全年接待游客 7.12 万人次，其中，港澳台及华侨同胞 8379 人次，外宾 321 人次。

1987 年，进沟旅游总数 9.40 万人次。入境游客 9144 人次，其中，港澳台及华侨同胞 8580 人次，外宾 564 人次。

1988 年，进沟旅游总数 9.82 万人次。其中。港澳台及华侨同胞 5474 人次，外宾 1092 人次。

1989 年，进沟旅游人数缩减到 7.03 万人次。其中，港澳台及华侨同胞仅 962 人次，外宾 720 人次。

1990 年，进沟游人恢复增长，达到 14.96 万人次。其中，国内游客 14.34 万人次，港澳台及华侨同胞 5043 人次，外宾 1167 人次。

1991 年，进沟旅游总数 16.58 万人次。其中，港澳台及华侨同胞 7259 人次，外宾 844 人次。

1992 年，进沟旅游总数 13.94 万人次。其中，港澳台及华侨同胞 7479 人次，外宾 826 人次。

1993 年，进沟旅游总数 14.07 万人次。其中，港澳台及华侨同胞 65834 人次，外宾 948 人次。

1994 年，进沟旅游总数 14.26 万人次。其中，港澳台及华侨同胞仅有 1681 人次，外宾 1374 人次。

1995 年，进沟旅游总数 16.30 万人次。其中，港澳台及华侨同胞 8550 人次，外宾 1020 人次。

1998 年 10 月 2 日，进沟旅游人数达 1.44 万人次，创九寨沟开放以来单日进沟旅游人数最高纪录。全年游客人数超过 38 万人次，入境游客超过 1.66 万人次。九寨沟旅游开发进入一个新的高速发展阶段。

进入“十五”规划时期（2001—2005）后，九寨沟旅游飞速发展，2001 年九寨沟游客人数突破 100 万人次，2005 年突破 200 万人次。

2004 年 5 月，“五一”黄金周，九寨沟景区共接待游客 6.88 万人，门票收入 894.90 万元，与 2002 同期相比增长分别为 96% 和 12.8%。10 月 2 日，九寨沟风景区年接待总人数首次突破 150 万大关。10 月 23 日，九寨沟景区的年购票人数突破 170 万人次。

2005 年 10 月，“十一”黄金周九寨沟景区累计接待国内外游客 9.24 万人次，比 2004 年同期增加 5656 人，同比增长 6.52%，门票收入 1728 万元，同比增长 40.3%。全年游客人数突破 200 万人次，景区经营收益突破 5 亿元。

1978—2005 年九寨沟游客总人数及年增长率一览表

表 7－11　　单位：人次

年　份	进沟旅游总人数	增长率（%）	年　份	进沟旅游总人数	增长率（%）
1978	少于 100	—	1992	139401	-15.92
1979	少于 200	—	1993	140695	0.93
1980	约 200	—	1994	142581	1.34
1981	2000	900	1995	163000	14.32
1982	5000	150	1996	170301	4.48
1983	15000	200	1997	183148	7.54
1984	27529	83.53	1998	385729	110.61
1985	67017	143.44	1999	586240	51.98
1986	71221	6.27	2000	825130	40.75
1987	93988	31.97	2001	1190718	44.31
1988	98204	4.49	2002	1228988	3.21
1989	70273	-28.44	2003	1090339	-11.28
1990	149600	112.88	2004	1911590	75.32
1991	165805	10.83	2005	2014658	5.39

三、游客分布

1984—1990 年，进沟游人总计 57.78 万人次，其中“四种人”① 3.58 万人次，占 6.20%；外国人 4068 人次，占 0.70%，国内游人 53.80 万人次，占 93.10%。

外国游客来源地包括欧洲的英国、法国、联邦德国（西德）、意大利、荷兰、丹麦、瑞典、瑞士、芬兰、爱尔兰、匈牙利、比利时、西班牙、奥地利、民主德国（东德），美洲的美国、加拿大，亚洲的日本、泰国、新加坡、马来西亚和大洋洲的新西兰、澳大利亚等 23 个国家。

1984—1990 年进沟游客情况统计表

表 7－12　　单位：人次

年　份	合　计	类　别		
		“四种人”	外国人	国内游人
1984	27529	1958	73	25498
1985	67017	5413	131	61473
1986	71221	8379	321	62521
1987	93988	8580	564	84844
1988	98204	5474	1092	91638

① 指来自中国香港、澳门、台湾的游客和海外华侨。

续表 7－12

年　份	合　计	类　别		
		"四种人"	外国人	国内游人
1989	70273	962	720	68591
1990	149600	5043	1167	143390
总　计	577832	35809	4068	537955

九寨沟游客来源以境内游客为主，境外游客比例较小。境内游客以四川、重庆、广东、北京、上海等地客源为主，其中四川游客占近 1/3 市场份额。境外游客以中国台湾、中国香港游客为主，其次为日本、新加坡、泰国，欧洲、北美较少，大洋洲最少。

到 2005 年，九寨沟游客的年龄结构总体呈现年轻化趋势。通过 SPSS 软件[①]计算，26.75 岁以下游客累计百分率为 25%，30 岁以下游客累计百分率 50%，42 岁以下累计百分率超过 80%。

被调查九寨沟游客的性别、教育水平和职业分布表

表 7－13

类	项	有效百分比（%）
性　别	男	51.9
	女	47.8
教育水平	初中及初中以下	1.6
	高中或中专	11.2
	大学专科	39.1
	大学本科	41.0
	本科以上	7.1
职　业	学生	3.5
	农民	0.6
	专业技术人才	19.9
	公务员	25.7
	企业管理人员	17.4
	公司一般员工	14.5
	军人	0.6
	个体经营者	5.3
	离退休人员	1.9
	其他职业	10.3

① 统计分析软件，全称 Statistical Product and Service Solutione，即统计产品与服务解决方案。1968 年开发，广泛应用于自然科学、技术科学和社会科学各领域。

从境内游客的构成看，男性游客略多于女性游客，年龄分布主要以青壮年在职人员为主，占近80%的比例。（参见表7－13和图7－5）。与此相对，在境外游客中，家庭妇女和退休职工比例较大。

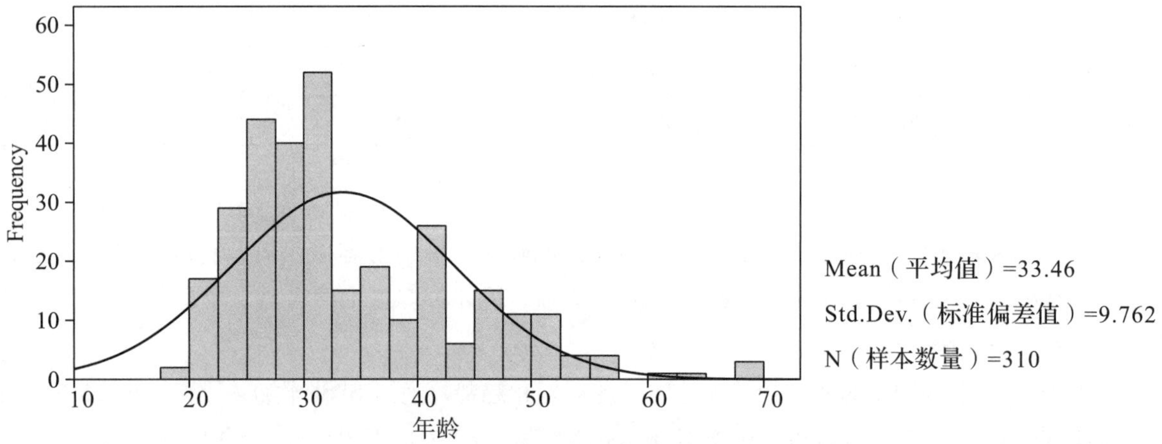

图7－5　九寨沟游客年龄分布图[①]

1978—2005年，九寨沟游客的来源地区、职业范围都在扩大。境内游客共接待超过1000万人次。客源从南坪县（九寨沟县）、阿坝州扩大到成都、重庆、全国各地，人数年年增加。境外慕名而来的游客主要是港澳台同胞和侨胞。外宾主要来自日本、马来西亚、新加坡、菲律宾、美国、德国、法国、巴基斯坦、以色列、巴西、厄瓜多尔等国家和地区。外国到九寨沟的游客中，进行地质学等科学考察和学习的比例相对较高。

到2005年，九寨沟游客人数已达到200万人。从游客地域来源分布看，境外游客比重有所增加达到7%—8%，北美市场的增长明显；境内区域市场半径扩大，华北市场（北京）、华东市场（上海）、华南市场（广州）的游客比重增加。

四、旅游收入

九寨沟旅游区1984年正式开放以来，游人规模逐年上升，旅游在国民生产中所占比例越来越高，接待旅游人次从1984年的27529人次增长到2005年的200多万人次；旅游门票收入从1984年的5.5万元增长到2005年的3.18亿元。

九寨沟历年旅游人数和门票收入统计表

表7－14

年份	人　数（人次）	入境游客（人次）	门票收入（万元）	门票价格（元）	
				旺　季	淡　季
1978	少于100	—	—	—	—
1979	少于200	—	—	—	—
1980	约200	—	—	—	—

① 摘自：任啸、颜磊、王晓津、蔡永寿：《九寨沟生态旅游的演进过程及发展策略研究》。

续表 7－14

年　份	人　数（人次）	入境游客（人次）	门票收入（万元）	门票价格（元）	
				旺　季	淡　季
1981	2000	—	0.04	0.2	—
1982	5000	—	0.10	0.2	—
1983	15000	—	0.30	0.2	—
1984	27529	2031	5.50	2.0	—
1985	67017	5544	13.40	2.0	—
1986	71221	8700	21.36	3.0	—
1987	93988	9144	28.20	3.0	—
1988	98204	6566	29.46	3.0	—
1989	70273	1682	21.08	3.0	—
1990	149600	6210	74.80	5.0	—
1991	165805	7658	82.92	5.0	—
1992	139401	8305	69.72	5.0	—
1993	140695	7531	422.57	30.0	—
1994	142581	3055	567.50	40.0	—
1995	163000	9570	980.11	60.0	—
1996	170301	3823	1021.80	60.0	—
1997	183148	8732	1453.04	80.0	—
1998	385729	16664	3062.05	80.0	—
1999	586240	17753	4697.44	80.0	—
2000	825130	21183	6600.95	115.0	80.0
2001	1190718	53421	13771.70	115.0	80.0
2002	1228988	66511	9499.86	145/115	100/80
2003	1090339	49944	14615.88	145/115	100/80
2004	1911590	184609	25436.50	145/115	100/80
2005	2014658	195321	31826.71	220/170	80/70

说明：2002 年以后前一数字为全票价格，后一数字为优惠价格

2000—2005 年，九寨沟年收入保持较高增长率。到 2005 年，九寨沟景区年收入超过 3 亿元，交税超过 3000 万元。

第二节　社会效益

一、带动地区经济

从区域带动作用来看，九寨沟旅游的发展不仅“富了一条沟（九寨沟）”，而且“活了一条线

(大九寨环线),带动了一大片(川西)”。九寨沟景区门票收入除用于维持自身运转和保护、科研等投入之外,每年将门票总收入45%左右的资金,用于支持周边地区及相关行业的发展。

九寨沟县属边远少数民族县,长期经济基础薄弱,财政比较困难,20世纪60年代是典型的“木头财政”,木材销售是县财政的支柱。九寨沟保护区的建立和旅游业迅速发展,逐步改变县域经济结构,旅游业成为支柱产业。1999年,全县国民生产总值17545万元,全县财政收入2517万元,九寨沟上缴财政税费1400余万元,占当年财政收入的56%,农民人均年纯收入为1098元。2005年,九寨沟县经济总量突破10亿元,以九寨沟景区为支撑的旅游业,在九寨沟区域GDP中所占比重达80%以上,农牧民人均纯收入2003元。

以九寨沟为龙头的旅游业已成为阿坝州经济发展的一支重要力量,在阿坝州经济社会发展过程中发挥越来越重要的作用。九寨沟旅游的发展带动九环线旅游产业的快速发展,区域交通、通信等基础设施改善,旅游服务、旅游餐饮、旅游商品等产业得到发展,就业范围扩大,地方财政收入增加,当地人民的生活质量提高。1990年,九寨沟镇农民经营的饭馆、旅馆、茶馆、商店、租赁、运输等达到92户,占总户数的1/3;收入万元以上的有45户,占全镇总户数的15%。2004年,九寨沟仅门票收入即超过2.5亿元,旅游带来的直接经济收入超过10亿元,通过传导链间接创造的增值达到12.6亿多元人民币,对阿坝州GDP的直接贡献率接近40%。

2005年,九寨沟有宾馆91家,全县旅游从业人员2.8万人左右,松潘有宾馆饭店122家,全县旅游从业人员7211人,茂县有宾馆饭店26家,全县旅游从业人员20625人,都直接或间接受益于九寨沟旅游的开发。

2003—2005年九寨沟县旅游收入表

表7-15

年 份	九寨沟县旅游业收入(亿元)	阿坝州旅游业收入(亿元)	九寨沟县旅游业收入占全州比例(%)
2003	6.79	21.00	32.33
2004	15.28	39.39	38.80
2005	17.80	47.80	37.00

二、增加居民收入

九寨沟内生存条件相对优越,在未设立保护区以前,九寨沟内村寨在白河流域范围内相对较为富足。1978年设立保护区,1982年列入国家级风景名胜区,九寨沟内村寨居民生产经营活动收到限制,收入有所下降。1984年,九寨沟正式开放旅游。随着九寨沟旅游的发展,沟内居民收入开始明显增加。1984年,九寨沟村寨居民人均纯收入300元,其中从管理局各部门直接获得150元;1985年人均纯收入为386元,其中从管理局直接获得230元;1986年人均纯收入上升为620多元。1998年,沟内居民人均收入达到4000元,2001年达10000元,2002年达14700元。

九寨沟旅游的发展拓宽沟内居民的收入来源。居民收入主要来自管理局划拨、股份分红、就业收入和经营收入4个渠道。2000年,根据阿坝州政府文件规定,管理局每年从门票收入中计提836万元作为景区居民的基本生活费;到2005年,有900多位居民享受此项补贴,人均每年7400余元。在股份分红方面，据管理局统计，居民投资入股的诺日朗服务中心每年可以为居民提供10%—15%的回报，以一家四口入股8万元计算，每年有8000—12000元的收入。就业收入主要是作为九寨沟管理局员工的收入。2005年，在九寨沟管理局职工中，有61名沟内居民为正式职工，占沟内人数的6%，另外还有为数不少的季节工和临时工。旅游经营活动收入，包括在诺日朗服务中心的195个柜台经营以及沟内居民在沟外从事的个体和私营餐饮住宿等活动。其中，前两个渠道收入属于沟内村寨居民稳定的收入来源，保证居民基本的生活需要。

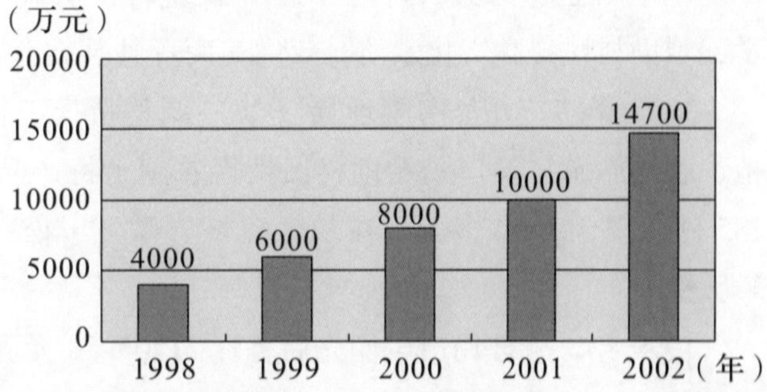

图7－6　1998—2002年九寨沟景区居民收入变化图

在就业方面，沟外居民也获得更多就业机会。1990年，管理局组织指导当地居民参加九寨沟的保护、建设和旅游服务，吸收当地农民临时工106人，年支付工资13万元，护林费32000元。到2005年，九寨沟管理局464名正式员工中，有132名九寨沟县居民（剔除沟内居民部分），另有136名阿坝州居民（剔除九寨沟县居民部分），共占总数的56%。此外，当地修建的宾馆、餐厅、商店等旅游服务设施也为当地居民提供大量就业机会。

三、社会扶助

1990年春，九寨沟管理局抽调19名干部（其中科技干部9名），在九寨沟镇驻村帮户，全面组织落实镇政府下达的各项生产任务，宣传贯彻中国共产党的方针政策，为农民排忧解难，通过推广良种、地膜等科学技术，当年实现农村总收入152.4万元，比1989年增长75.78%。管理局全年拨给九寨沟镇支农款6.2万元，扶持镇企业1.7万元，改善教学条件拨付0.8万元，共计8.7万元。

1991年，管理局（处）干部与九寨沟镇建立联系制度，进一步加强农村工作，又抽调机关干部17人（其中科级6人），组成5个住村帮户工作组，全面落实镇政府下达的各项任务。年内，管理局提供杂交玉米种子3400公斤、地膜3600公斤、磷肥20吨、氮肥15吨；村干部、工作组、技术员负责把生产资料和科学技术送到农户；多渠道筹集生产资金35.3万元；扶持贫困户27户，5726元；提供支农资金28万元，其中23万元用于兴办乡村教育，修建树正、扎如、彭丰3所小学校；修建引水工程，解决树正1队、彭丰2队、漳扎3队人畜用水问题；改善乡村交通状况，完成彭丰村水泥桥1座，修建荷叶至尖盘寨的道路6公里。

1992年，管理局（处）继续开展扶贫支农工作，把保护、建设工作与农民致富紧密地结合起来抓，投入资金63.5万元。其中建设村寨道路6万元，改善支院设施6万元；兴修维修小学两所，投入教育经费4万元；划拨支农费2万元，扶贫周转1000元；建设人畜饮水2处，投资1万元；改建电站1座，投资45万元；扶持贫困户被子95套，粮食2000公斤，资金4000元。

1997年，管理局（处）成立扶贫帮扶工作组，为8名副局级以上干部确定帮户对象。工作组深入实地进行调查研究，制定详细帮扶方案；为各条村担保贷款7万元，帮助村民购买农用物资，使以前荒芜的土地全部得到利用。年内在建设神仙池道路工程中，组织村中剩余劳动力100余人修路；利用九寨沟旅游“窗口”，帮助村民销售商品羊130余只，筹集资金进行农田水利基础设施建设。年内先后捐资大米5000公斤、白酒5箱、床上用品50套、衣物800余件给贫困村民，为村里安装电话

2 部；捐款近 1 万元，为村里购买水泥电杆；捐款 3000 多元，资助 18 名儿童入校读书；开展扫盲教学，帮助村民提高文化素质。年内为南坪县县教育基金捐款 1.8 万元。

1998 年初，九寨沟管理局（处）调整帮扶工作组成员，筹集农业项目资金，引导村民科学种植，利用旅游“窗口”帮助村民销售农副土特产品。6 月，勿角乡英各村遭受火灾，职工捐献衣物 285 件，现金 2600 多元。在长江流域、嫩江、松花江流域发生严重的洪涝灾害时，全局职工捐款 3 万多元。

1999 年，管理局员工们先后募资 21705.10 元救助安乐乡、罗依乡贫困村民。

2000 年，管理局投资 11 万元为沟内各条村架设输电线路，投资 12 万元在扶贫对口村修建希望小学 1 所，赠送电视差转设备 1 套，投 3 万元为该村农户购买种子、地膜，积极帮助销售农副产品，年内该村粮食实现自给，综合经济指标由扶贫前的全乡倒数第一，跃升到全乡前列。

2001 年，管理局干部职工在扶贫济困、家乡建设中共捐款 2.5 万余元。

2002 年，管理局投资近 10 万元为九寨沟县永和乡新华村建设一条通村公路。年内开展“1+1”助学活动，认助学生 82 名，捐款 1 万余元。

2005 年，坚持开展“青年文明号”“巾帼文明示范岗”“文明示范窗口”“文明服务标兵”等系列争先创优和“送温暖、献爱心”活动；先后向发生海啸的东南亚国家和九寨沟县抹地乡患重病的贫困户捐款 35267 元与 1.5 万余元，同时 200 余名职工积极参加“1+1”助学活动，救助贫困儿童 100 余名。

第八篇 旅游景观

旅游景观是景观资源的生长结果，是赋予了意味的景观资源，随社会发展和审美心理的变迁而变动。本篇从动态的视角记述九寨沟风景名胜的景观层面，主要取材于截至2005年正式发表的有关九寨沟的文学作品，展示时限内九寨沟风景名胜的普遍性景观形象，记录九寨沟景观审美活动的历史变迁。

自20世纪60年代以来，随着九寨沟自然和人文景观资源的发现，九寨沟的景观开始进入一个快速生长阶段。1978年九寨沟自然保护区的设立，1982年九寨沟列入第一批国家级风景名胜区，标志着九寨沟旅游景观的正式形成。1992年，九寨沟列入世界自然遗产名录，大大推动九寨沟旅游景观的生长，逐步从自然阶段进入自觉生长的良性阶段。2001年以后，九寨沟管理局在宣传与营销中不再提九寨沟秋天景色最美，强调四季皆美，九寨沟景观之美的发现与生长进入一个新的阶段。经过二十多年的发展，九寨沟已成为中国著名的观光型旅游目的地，成为四川旅游发展的一个标志。

到2005年，九寨沟管理局开发出宝镜岩、树正、诺日朗、剑岩、长海、扎如6个景区，大小景点50余个，翠海、梯瀑、彩林、雪山和藏乡风情交汇融合成瑰丽的高原音画。修建有游道55.5公里，观景亭16个，栈道与公路交织，形成环形游道，游人有机会越溪涧，下危崖，穿丛林，寻幽探奇，充分欣赏大自然的鬼斧神工。九寨沟独具魅力的综合美景和原始野趣的自然风光，被人们誉为“人间仙境”。翠海、叠瀑、彩林、雪峰、蓝冰和藏族风情并称“九寨六绝”，引人入胜，有“童话世界”“水景之王”的称号。

九寨之美，很难用语言来形容。它兼有雪山、森林、湖泊之美，飞瀑倾泻，滩流纵横。九寨之水将100多个高山湖泊串联在群山之中，集水形、水色、水姿于一体，其水景之美，世间难寻。人们都说：黄山归来不看岳，九寨归来不看水。

九寨沟奇水荟萃，以独特的艳丽色彩在水域风光类型中独树一帜。沟内有114个翠海（高山湖泊），17个群瀑布，5处滩流，47眼泉水，11段湍流，在12座雪峰之间穿林跨谷，珠连玉接。湖水终年碧蓝澄澈，随季节的变化与推移而呈现不同的色彩和风韵。秀美的，玲珑剔透；雄浑的，碧波荡漾；平静的，招人青睐。每当风平浪静，蓝天白云，远山近树，倒映湖中，呈现鱼游云端、鸟翔海底的奇特景观。水上水下，虚实难辨。彩池中鹅黄、黛绿、赤褐、绛红等不同色块镶嵌相浸，浓淡相宜，莹光闪闪，妙不可言。黄昏时分，火红的晚霞渗入水中，池面团团火焰，金星跳跃，彩波粼粼，奇丽无比。

九寨沟的美，美在色彩缤纷，美在奇幻莫测；美在青山妩媚，美在湖水澄澈。丽山秀水，珍禽异兽，原始栈桥，穿戴鲜艳的藏民，随风飘舞的经幡，一切自然和谐，别致而优美。九寨沟的美，融色、声、形于一体，美得自然，美得纯净：天，蓝得晶莹；云，白得纯洁；水，澄澈透底；山，苍翠欲滴。九寨沟的美，纳多姿多彩于一身：海子随阳光、季节的变化而异彩纷呈、幻化迷离。山林，秋光一抹，万紫千红；瑞雪降临，玉树琼花。

第一章　景观特色

九寨沟是大自然的杰作，具有高度的美学价值。这里山水相依，景色秀美，环境清新，集色美、形美、声美于一体，是综合美与原始美的和谐统一，是人类风景美学的典范。

九寨沟景观景型繁多，以水为魂，以色取胜，神奇绚丽的高山自然风光和奇异多彩的藏族风土人情相融合，在国内外独树一帜。50余公里的山水画卷，奇水荟萃，色彩艳丽，格调自然。树上松萝悬挂，林中满布地衣，倒入湖中的树枝、藤蔓，天长日久，被钙华堆积成类似牙雕的艺术珍品，整个环境给人纯净、明丽、梦幻、无邪的感受，是现实版的“童话世界”。在这个世界里，悠扬古朴的原始美，纯真明快的自然美，纯粹自然的雕塑美，交织融合，艳丽而典雅。

第一节　景观结构

一、九寨沟景观的空间结构

九寨沟，是个大自然经过亿万年的酝酿创造的一部交响音画。琅琅瀑歌，潺潺溪吟，鸟语兽鸣，与宁静的翠海、起伏的峰峦、茂密的森林共同构成这部壮丽音画的主旋律；境内的树正沟、日则沟、则查哇沟、扎如沟四条风景游线，是这一绝妙天籁的四个乐章。

树正沟　树正沟游线是九寨沟风景区的一条主线，从沟口至诺日朗，全长14.6公里，是通往其他三条沟的必经之道。自沟口羊峒顺道步行至宝镜岩，经扎如桥可转入扎如沟；顺道直上，至沟尾诺日朗，可分别进入日则沟和和则查哇沟。树正沟游线自下而上有迎客松、盆景滩、芦苇海、回音壁、双龙海、火花海、卧龙海、树正群海、树正瀑布、达戈男神山、老虎海、犀牛海、野草滩等近20个大小景点，兼备九寨沟的各类景型，是九寨沟风光的缩影。

日则沟　日则沟游线全长约18公里，分诺日朗和剑岩两大景区，胜景迭出。一开始是诺日朗瀑布奏出磅礴的气势。诺日朗群海则是一个舒缓的过渡，紧接着的镜海如真似幻。继而，雄浑的珍珠滩瀑布、高峻的熊猫海瀑布与欢畅的珍珠滩、绚丽的五花海、曲折的幽林栈道交织成一曲时而奔放明快、时而清越空灵的奏鸣。移步换景，渐渐融进天鹅海的宁静、悬泉的缠绵、剑岩的雄壮、原始森林的莽野。

则查哇沟　从诺日朗东行，经则查哇寨，一条道路逶迤而上，引向九寨深处，可倾听长海的咏叹、季节海的变奏、五彩池与仙女池的浪漫。则查哇沟长18公里，是九寨沟海拔最高的一条游线。沟内，海子与海子之间无溪流瀑布衔接，各自独立于林间沟谷。这里有九寨沟最大的长海，最艳的五彩池，有隐藏最深的仙女池、海拔最高的碧么公盖海，还有受季节影响春枯秋涨的上、下季节海。

此段游线较长，景点分散，沿途山林丰姿绰约，景观奇妙，令人兴味盎然。

扎如沟 扎如沟以山景为主，前有宝镜岩为屏障，后有扎依扎嘎山作背景，山脚有马道、藏寨、寺庙，山间有清泉、密林、草坡。从宝镜岩起，到热西寨止，长约6公里的游线，适宜骑马游览和露宿野营。

二、九寨沟景观的典型类型

钙华水景是九寨沟风景名胜区的典型景观。以高原钙华湖群、钙华瀑群和钙华滩流等为主体的水景风貌，在中国乃至世界都堪称一绝。

钙华湖群 风景区内有百余湖泊，古树环绕，奇花簇拥。湖泊有激流或瀑布连接，犹如串连起来的一块块翡翠，各具特色。湖面光华闪烁，水底色彩斑斓。微风吹拂，层层彩影摇动，动静之间，形色交错，变化万千。

图8－1 珍珠滩

钙华瀑群 区内有宽度居中国之冠的诺日朗瀑布，在高高的翠岩上悬泻倾挂，似巨幅晶帘凌空飞落，雄浑壮丽。有的瀑布从山岩上腾越呼啸，几经跌碰，似一群银龙竞跃，声若滚雷。瀑布激溅起无数小水珠，化作水雾，在阳光下常出现彩虹。

钙华滩流 区内以珍珠、滩盆景滩为代表。在珍珠滩，流水顺滩倾斜而下，一路溅起千万朵晶莹夺目的水花，琅琅有声，似珍珠滚落。盆景滩中，一簇簇的高山松、柳，半淹于水中，宛若一组组盆景，浑然天成，仪态万千。

第二节 景观美学

一、综合美

九寨沟的景观，类多而景异，山、林、湖、瀑、滩、泉、村寨、寺庙，一应俱全，异彩缤纷。区域峰簇峥嵘，雪峰高耸。在四周青山环抱的Y字形山沟内，分布着114个梯级海子（湖泊），经由许多湍流和瀑布群相连，珠联玉串，逶迤50余公里。湖水清澈艳丽，飞瀑多姿多彩，急湍汹涌澎湃，林木青葱婆娑，雪峰洁白晶莹，再加上蔚蓝的天空、明媚的阳光、清新的空气和点缀其间古老原始的村寨、栈桥、磨房等景观，组成一个内涵丰富而和谐统一的美的环境，体现出高度的综合美。

九寨沟山水相依，山清水秀。山、林、云、天，倒映水中，更添水中景色。水色使山林更加青

图8－2 扎依扎嘎山

葱，山林使水色更加娇妍。九寨沟集湖、瀑于一体，湖泊大多梯湖，湖水从树缝中层层跌落，形成林中瀑布，湖下有瀑，瀑泻入湖，层层叠叠，相衔相依。宁静翠蓝的海子和洁白飞泻的瀑流构成静中有动、动中有静，动静结合、蓝白相间的奇景。树在水中长，水在林中流，水树交融的特殊的生态构成具有高度美学价值的画面，为九寨沟增添无限生机。

九寨沟保存有完整的生态系统。全沟上下，古树摇曳春秋，山花自开自谢；孑遗植物、珍禽异兽组成奇异的“动植物王国”；雪峰、湍流、翠海、飞瀑，随季节的推移而变幻莫测。山、水、草、木、走兽、鸣禽，以原始自然的本色，在各自的位置散发芳香，吐露声韵，表现出千姿百态、绚丽多彩的意趣，呈现出自然生态的平衡意蕴，体现出生命的和谐韵律。

从九寨沟口到游览线底部的长海和原始森林，海拔从2000米逐渐升高至3000多米，景观不断变化，步步引人入胜，好似一部气势磅礴的交响乐，给人留下深深的难以忘怀的美的感受。盛夏，水量丰沛，湖泊水位升高，湖水漫堤而出，溢流淙淙，宛如檀板轻叩、丝弦声声。诺日朗和珍珠滩下，瀑布轰鸣，是气势雄浑的管弦演奏；溪水低吟，如优雅的旋律。

九寨沟的奇山异水，融色美、声美、形美为一体。徜徉九寨沟，使人在视觉、听觉、感受和对景观协调一体的体味中，获得高层次的美的享受。

二、形态美

图8－3 叠瀑（树正瀑布）

九寨沟的水景形态极美，比例恰当，构图巧妙，线条匀称，节奏明快，不论从哪个视点和角度，都能看到极为美丽的画面。加上周围的山峦、林木、村寨等造景因素，九寨沟成为画家和摄影家最理想的创作空间。

湖泊有孤处，有群置；或浩荡，或涓秀；有以倒影取胜，有以色彩称雄。瀑布宽的有270米，高的有78米。气势恢宏的，有如银河天落；轻盈飘逸的，有如天女散花。滩流，有的如盆景列布，有的如珍珠飞溅。整个沟内，条条激流，股股飞泉，层层烟雾，阵阵涛声，不绝于耳。

湖群千姿百态，晶莹见底，水草、游鱼、苔藓，明晰可辨。风平浪止时，一汪碧波，凝结成一块天光宝镜。微风乍起，湖面泛起涟漪，摇碎静穆的岸影，搅动奇丽的水底世界，朦朦胧胧，景物依稀，如入梦境。

九寨沟是瀑布王国。充沛的水量，经过许多阶梯式的悬崖跌坎和复杂的地形、山势，形成不可胜数的瀑布。熊猫海瀑布最为高险，瀑流飞落途中，被山岩击碎，分散成若干多级小瀑布群。诺日朗瀑布最为宽阔，细流丝丝缕缕，线条明晰，似一排排银丝飘洒拂动。尤为奇特的是珍珠滩瀑布。瀑布跌落处的峭壁上方，有一大片钙华滩流，上面布满大大小小、高低不同的生物钙华体，急流擦滩漫飞，荡起数不清的水珠，如亿万颗五彩珍珠跳动，最后从断崖滚落，轰然奏鸣。

三、色彩美

色彩是九寨沟景观的灵魂。九寨沟的色彩之美，美在缤纷，美在奇特，美在变幻无穷。

图8－4 秋色（干海子）

水色之美是九寨沟色彩美的集中体现。湖水纯净透明，色彩碧澄，水深最小几米，多数达十余米。呈现出美丽的蓝、绿色彩。使人赏心悦目的是，因湖底地形复杂，水草分布差异，水中沉积物厚度不同，加上阳光作用，一湖之中，宝兰、青翠、澄黄，色彩缤纷，层次繁多。每当红日升空，万顷丘波又绽开一团金黄耀眼的火球，红霞彩晕，水天一色，把人引入迷人的童话世界。视角变化、季节交错，色彩也变，童话世界里又派生出新的童话。海子紧傍森林，山水云天常常融为一体，景观雄奇壮丽。湖面光洁如镜，水质清丽碧莹，天光云影，雪峰翠林，倒映池中，镜像清晰，色泽艳丽。

五花海耀人眼目。湖水五彩缤纷，不同色块相嵌相浸，浓淡相宜，荧光闪闪，妙不可言。黄昏时分，火红的晚霞渗入水中，整个海子，团团火焰，金星飞迸，彩波粼粼，奇丽无比。

近3万公顷莽莽苍苍的原始森林，随季节的变化呈现出种种瑰丽的色彩。春天，丛林泛起翠绿，红、紫、黄、白诸色杜鹃花点缀其间，开始显露出九寨沟妖媚的姿容。其后，山桃、野梨等相继吐色，整个林海繁花似锦，万紫千红。盛夏，这里完全成为绿色的世界。新绿、翠绿、浓绿、黛绿，错综密布，张扬极为旺盛的生命力。秋风起时，林涛树海换上富丽的盛装。深橙的黄栌、浅黄的椴叶、绛红的枫树、殷红的野果，深浅相间，错落有致，光彩绚烂。每一片森林，都犹如天然画师用浓重的色调点染而成的巨幅油画。尤其是湖泊周围的森林，在孔雀蓝的湖水中形成五彩倒影，光怪陆离，令人目眩。加上原有的湖光水色，使水中的彩林图比本体森林的色彩更为浓艳，湖林一体，蔚为奇观。

第三节　四季风光

一、九寨春光

早春二月，依然料峭清寒，九寨沟的微风已带来解冻的气息。群海灌木丛上的冰凌，一滴一滴地融化；沉默一冬的瀑布，先是轻轻款款地低吟，几多春光和风雨，便洋洋洒洒地放开气势。千姿百态的雪雕冰塑化作百态千姿的水花飞流，绿色的涟漪自湖面荡开。滩头湖畔的花草林木，绽出嫩生生的新绿。山林抖落冬装，舒枝展叶。先花后叶的领春树，以满树花蕾吐露出娇妍的春颜。

气候一天比一天暖，春意一天比一天浓。野桃花开得如霞似云，初绽时绯红，像情窦初开的村姑羞羞答答；怒放时纯白，如素妆的佳人，高洁雅致。突遇一场春雪，桃花雪花同放芳华，千树万树纷纷扬扬；风来，缤纷满地，分不清是桃花是雪花。

图8－5　雪峰花树

和煦的春光终于揭开覆盖在森林里的冰雪，针叶林茂盛的浓荫下，露出密密绒绒的绿色地衣。海拔高度较低的针阔叶混交林带生机勃发，枝新叶绿，芳菲漫山，鸟雀欢鸣。长嘴百灵、小云雀、山斑鸠和四月里归来的白腰雨燕，都加入到森林大合唱中，把冬日的枯寂抹得精光。高山杜鹃花大放异彩，开在山岭，开在湖堤，开在河滩，五颜六色，仿佛是剪碎的锦绣抛洒在山水之间。

九寨的春山青葱，九寨的春花娇艳，九寨的春水在活力四射中藏着几分冷涩，大多数海子依然清浅，水底沉积物清晰可见，湖水透出淡淡的青色。瀑布欲吼还抑，轻歌曼舞多于狂舞高歌。

海拔高度越低的海子，越早呼吸到春的气息。芦苇海的苇草已经返青，长海才开始解冻。季节的更迭跟着脚步移动，从树正沟到长海，就是从春走到冬，从长海到树正沟又从冬走到春，一天里可尽情领略九寨的残冬与阳春。

二、九寨夏景

九寨沟的夏天比春天丰满滋润。山更青，水更绿，瀑布更壮观，残留于春日的冷涩逃得无影无踪。

九寨的夏是多雨的季节。高原的雨，痛痛快快地来，又痛痛快快地去，绝少江南梅雨的缠绵。一场疾雨后，天空碧蓝如洗，阳光灿烂，瀑布前常挂起数道彩虹。澎湃的激流愈发大气磅礴，忘情

图8－6　夏日的湖瀑（火花海）

地奔下崖壁，发出撼山震谷的奏鸣，流水的气势与韵律在此季节发挥得淋漓尽致。山谷湖畔的雨景别具一番风采，斜雨时急时缓，漫过湖面，浸透山野。雨岚袅绕，山色空蒙。雨中的海子没有晴日那么绮丽，却有朦胧的美，烟笼碧水，雾缠群树，有着一种莫名的、不可抗拒的诱惑力。

充沛的阳光和雨水，给九寨沟众多的植物提供了繁荣的条件。每至仲夏，通往长海的旅途，便是一路的松青、柳荫、花繁、草碧。花是多姿多彩的，有的是红黄蓝白紫五色间杂，有的是一整片落霞般的紫色或星辉似的蓝色。在夏末，下季节海周围还生长一种似草非草、似花非花的草本植物，金黄璨灿，艳如鲜花。自原始森林到诺日朗，山花野果遍野，翠海里花繁草荣树茂，是白鹭、野鸭、鸳鸯等水禽的乐园。珍珠滩飞溅的水珠在此时也格外顽皮与欢乐。

夏日的黄昏悠长而缠绵，夕照恋着一湖一湖的碧水，久久不肯收敛。风倦了，湖静而平，每一个海子里都映着一幅黄昏即景。每一幅的景致都不一样，情调却一样的迷人。

九寨之夏的繁华，是花草林木、鱼鸟禽兽等形形色色的生命在山水之间展示的兴盛与欢悦，是洋溢着活力的绿色旋律渲染出来的秾丽。山绿，水绿，树绿，草绿；有的绿得澄澈，有的绿得浑厚，有的绿得柔和，有的绿得深沉。从金绿、翠绿、玉绿、墨绿，到猫眼绿、橄榄绿……各色各样的绿塞满人的眼睛，在记忆中留下一片青翠。

三、九寨秋色

当长长的黄昏渐渐缩短，湖中的苇草褪去青苍，凉爽的山风吹淡夏的翠影，九寨沟的秋，从从容容地走来。它穿金戴红，丰姿绰约，走向湖畔，走向山林，走向沟谷……

九寨沟的金秋，万山红遍，层林尽染，漫山遍野，姹紫嫣红。片片火红的枫叶，团团黄栌的叶片，葱郁的云杉，辉煌的落叶松，沐浴在一片金黄黛绿之中。晶莹剔透的野果，如串串夺目的玛瑙，镶嵌在五光十色的壁毯上，与蓝天、白云、皑皑雪峰一起，倒映在湛蓝色的湖群中，山、水、云、天交相映照，成为一幅醉人的金秋画卷。

如果把九寨沟秋色比作一幅流霞溢虹、浓墨重彩的风景画，那么赤、橙、黄、绿的彩林便是这画中最绝妙的造景元素。

组成九寨沟金秋彩林的树种主要有黄栌、山杏、椴树、枫树、山槐、红桦和白桦。黄栌属漆树科，落叶灌木，叶呈卵形，平素为绿，入秋变成橙色。山杏属蔷薇科，落叶乔木，耐寒、喜光、抗旱，是植物中的寿星。春天开粉色花朵，初夏结果，阔叶卵形，秋天由碧转紫。春赏杏花，夏结杏果，秋观杏叶，是理想的风景树。椴树，也是落叶乔木，单叶互生，带有星状毛，喜光，生长快，秋天叶色变成浅黄，像太阳洒下的金色光点。枫树为槭属植物，落叶乔木，树身伟岸。春季，花叶同放，花朵是别致的金绿色；秋天，叶色骤然变红，红得鲜艳蓬勃，多长于山麓河谷，是美化环境、点染秋色的理想树种。桦树树皮别致细腻，宛如植物绸缎，遇秋便是金黄满树。银枝金叶、灵秀素雅的是白桦，躯干赭红、风姿绰约的是红桦。即便到了冬天，桦树掉了叶，其身躯枝干仍不失挺秀之魅力。

这些树大都生长在针阔叶混交林带，广布于九寨沟的山谷、湖畔。每年寒露一过，常绿的乔木依然绿得葱茏，而黄栌却换上橙色的新装，枫树和挂山槐也摇丹缀红地火起来。山杏被秋光染得朱紫，椴叶被秋风吹得金黄，一时层林尽染，翠湖叠彩，秋色满沟，群谷生辉。

寒露之后，花谢草枯，层林尽染的山岭群峰、五彩缤纷的湖光水色，披虹落霞，明媚而富丽，毫无萧瑟凋零的气象。热烈的山槐，蓬勃的红枫，潇洒的红桦，一片片、一株株、一行行，在山野峡谷蔓延，弥漫丝丝暖意。一串串成熟的野果缀挂枝头，饱满晶莹，炫耀九寨之秋的富足殷实。朱紫的山杏、浅黄的椴叶、橙色的黄栌、金黄的白桦，深深浅浅，散落于林间水边，比夏花更盛更艳更灿烂。如果说夏日的九寨沟似青春少女，朝气蓬勃，那么秋天的九寨沟则像盛装的少妇，雍容华贵。

图 8－7　秋的澄净

九寨沟秋天的草滩是金色的，村寨的晾架上晾满收获的庄稼，木楼里荡漾着丰收的喜悦，磨房里飘出新麦的芬芳。篱笆围着的荞麦地里铺满桃红色的荞花，远远看去宛如巨幅锦绣，秋风拂过，花潮汹涌。

九寨的秋水，丰盈而有活力。季节海枯竭的湖床重新溢满清波。每一道瀑布都迫不及待地宣泄豪放的激情，尽兴地表现飞流的雄壮与活力。溪水在沟壑间奔涌，在海子与瀑布间唱着明快的秋歌。

海子经秋光映照，彩林簇拥，碧波荡彩，更加光怪陆离。五彩池和五花海，经赤橙黄绿的岸树点染，愈发绮丽斑斓。镜海的倒影也由夏日的恬静幽美变得明艳妩媚；彩霞满天的时候，天上水下，彩画叠映，是奇观中的奇观。群海上的秋色别具风采，金枝红叶环绕堤埂，宛如彩屏；银流越堤穿湖，叠红串绿，分外妖娆。每当秋雨初霁，烟霞漫近水，雾岚绕远山；几片落叶在碧湖上飘浮，像童话里的红帆，徐徐驶向远方。到了晚秋，走进傍晚的山谷，远处是皑皑雪峰，斜阳返照翠海，金碧中又见红叶残雪，冷艳而极富魅力。

九寨沟的秋夜淡泊宁静，如镰的新月照着山峦静穆的剪影，沁凉的晚风从冰峰吹来，白日里俏丽的红叶在风中沙沙低语，苍青色的湖水，在月光映照下泛出点点银波。中秋之夜，满月高悬夜空，月光随溪水颤动，随瀑布流泻，每一个海子里都有一轮明月。山林浸透月色，每一条幽径都有斑驳的月影，每一座栈桥都铺着如霜的月华。

四、九寨冬韵

冬天的九寨沟，玉树琼花，雪峰千仞，有冻结的瀑布和海子，也有不冻的溪流和清波。

图8－8　冬日的九寨沟

当第一场大雪纷纷扬扬飘落山谷，隆冬开始降临。这时，秋色尚未凋尽，枝头还残留红叶，苍凉而不失冷艳的风韵。

群山逐渐变为雪峰，山脚的草坡变成雪原，白杨树在雪原与溪河之间挺着无叶的枝干，牦牛甩着黑色的尾巴，在雪地上逍遥漫步。溪水仍在不倦地流淌，溪边灌木裸露的枯枝上开始凝结亮晶晶的冰凌。寒雀收起橘红色的翅膀，在开着冰花的枝头休憩。

冰峰危岩之下，长海的万顷碧波已被冰封得严严实实，宽阔的湖面成为冷寂的冰原。封冻的熊猫海，湖面宛如一方莹洁的绿宝石，清晰地透出别致的花纹。湖边两棵歪脖子老树，一副光秃秃的萧疏相，却斜斜地将躯干伸向湖面，骄傲地将雪压的枝丫托向天空。

图8－9　冬韵（火花海瀑布）

九寨沟绝大多数海子是不冻的，即便是在数九寒冬，一湖湖柔波依然清澈凝翠。五彩池和五花海，不因冬天的来临失却它们的多彩。芳草海、天鹅海和芦苇海不因湖草的枯萎而被水禽们遗弃。晴日，枯萎的湖草像被阳光点燃，闪烁着灿灿金焰，三五只野禽闲闲地展翅飞掠湖面。

九寨沟冬日的湖光水色，清峻疏朗。雪霁的清晨，风定云淡，湖平如镜，寒雾袅绕的雪山，银装素裹的岸树，一并倒映水中，纯然是一幅意境悠远的淡墨山水画。森林被积雪覆盖，雪花在树上绽开。林海里的积雪十分松软，大大小小的瀑布收敛起往日的奔放洒脱，任寒流把自己冻成无声的雕塑。走进五花海至诺日朗数千米长的幽林栈道，如走进冰雕雪塑的艺术长廊。

第四节 景观六绝

一、翠海

水景湖泊是九寨沟景观的主体，俗称“海子”，民国《松潘县志》（1924 年）又称“翠海”。九寨沟湖泊是多种因素综合作用的结果。第四纪冰期发育的古冰川运动、冰川后期新构造运动、流水侵蚀、寒冻风化、地震活动及局部外营力所致的岩崩、泥石流和滑坡等因素的综合作用奠定九寨沟湖泊景观的基础，最后经强烈的岩溶化沉积胶结作用，形成 100 多个大小不同，形色各异并串连成带的高山河谷堰塞湖。镜海倒影胜过实景，五花海色彩如梦如幻，五彩池娇小玲珑，长海浩瀚深远。湖水均属碳酸类型的低矿化度水，清澈见底。倒影若镜，并因水质、环境、时间气象不同而斑斓艳丽、变幻莫测，且四时不衰，成为九寨沟第一绝景。

图 8－10 翠海（树正沟）

水，是九寨沟的精灵。九寨沟的湖水终年晶莹剔透、碧蓝澄澈，明丽见底。潺潺溪流将湖泊连缀一体，犹如用银链和白绢串连起一块块翡翠，飞动与静谧结合，清澈与多彩相融，随着光照和季节的变化，呈现不同的色韵。风平浪静之时，水平似镜，蓝天白云，远山近树，倒映湖中，虚实难辨，呈现“鱼游云端，鸟翔海底”的奇观。微风涟漪，波光粼粼，跳跃出满眼的光色，在晨昏与昼夜的光线变换中折射出迷离迥异的风情。

彩池是阳光、水藻和湖底沉积物的“合作成果”。一湖之中鹅黄、黛绿、赤褐、绛红、翠碧等色块组成不规则的几何图形，相嵌浸染，斑驳迷离，如同抖开一匹五色锦缎。有的湖泊，微风细浪，在阳光下璀璨成花，远视俨然燃烧的海洋；有的湖泊，湖底静伏钙华礁堤，朦胧中似蛟龙游动。整个沟内奇湖错落，目不暇接。

湖泊与瀑布、溪流、河滩、山泉交错映衬。九寨沟湖泊大多由钙华长堤分隔。堤埂蜿蜒曲折，其上花木丛生。一道道溪流，越堤出林，高高低低，缓缓急急，形成节奏明快的叠瀑，跌宕于群湖丛林。气势磅礴的，如风啸雷鸣；纤细飘忽的，如牧笛弦歌。水至开阔处，形成滩流。有“九寨乐园”之誉的珍珠滩，数以万计的水珠在阳光下，晶莹闪烁；盆景滩中，半淹于水中的灌丛，宛如一座座天生的盆景。湖底涌泉，不时在湖面突起圈圈涟漪，犹如朵朵睡莲，殊丽艳美。

二、叠瀑

九寨沟除了多姿多彩的湖泊，还有灵动飞扬的瀑布。几乎所有的瀑布都从密林里狂奔出来，像一台台绿色织布机永不停息地编织着各式各样的白色丝绸。有的瀑布从山岩上腾跃而下，几经跌宕，形成叠瀑。

九寨沟海子多由钙化堤围成，湖水越堤而过，穿林而出，沿钙华壁跌落成瀑布泻入下一级海子，形成节奏分明的梯级瀑布。瀑布高低不同，宽窄各异、重重叠叠、姿态万千。诺日朗瀑布，丝缦横牵；若扎瀑布（熊猫海瀑布），银练竖垂；珍珠滩瀑布，千箭齐发；树正瀑布，万花纷放。冬月里，瀑流结成冰帘，独具魅力。

图8－11　火花海群瀑

三、彩林

九寨沟生态自然原始，植被繁茂，其中离游人活动区最近的次生针阔叶混交林带姿色最美，构成独特的彩林景观。春夏翠绿欲滴，冬日玉树银花，尤其中秋时节，漫山遍野，万紫千红，恰似金碧辉煌、光芒四射的无边彩缎。彩林背倚皑皑雪峰，衬着蓝天白云，交错在层叠的瀑布间，倒映在艳蓝的海子里，山水交辉，水树共美，整个景观色彩斑斓、野朴自然。

秋天是九寨沟最美的季节。每到金秋时节，九寨沟便成为彩色的海洋。从谷底到山巅，千叶万树，色彩纷呈，点点的红，翠翠的绿，片片的黄，如彩带，似织锦。红有深红、浅红、粉红、紫红，绿有深绿、浅绿、明绿、暗绿，黄有金黄、嫩黄、橘黄、鹅黄。每一片森林，都是天然的巨幅油画。

四、雪峰

九寨沟地处岷山山脉中段，区内层峦叠嶂，山势挺拔。登上区内最高的尕尔纳山，极目远眺，山峦逶迤，谷壑幽幽，皑皑雪峰，尽收眼底，天象奇观，一览无余；云海连天，絮浪翻腾，峰峦锋锷，时隐时现。

九寨沟流域54.6%的面积在林线以上，多是植被难生的基岩陡坡，绝大部分处在寒冻风化和雪蚀作用的范围，冰蚀地貌发育。角峰突起，峰簇峥嵘，冰斗插地，脊岭纵横，白雪盖顶，银雾缠身，层层叠叠，莽莽苍苍。或侧立沟边，或直堵沟心，似威严的天王（扎依扎嘎山），像英武的战神（达戈山），如端庄的仙女（沃诺色嫫山），是顽皮的村童（图波山）。这些山峰以远景的方式直接进入九寨沟景观的美学构图，造就季节交错、四时同画的九寨绝景。

五、藏情

九寨沟既是自然的过渡带，也是文化的过渡带。沟内世居村寨的繁衍生息将独具特色的藏文化风情嵌入自然山水间，成为九寨沟景观体系不可分割的组成部分。

九寨沟在地理上位于青藏高原东南边缘向四川盆地过渡地带，在文化上处在藏区向汉区、牧区向农区过渡地带，是藏彝走廊的组成部分，文化呈现出多元色彩和巨大包容性。九寨沟藏族一方面保持着自身独特的文化传统，如神秘的原始宗教，繁复的建筑、服饰风格，热情奔放的节日盛典等，另一方面同周围羌、回、汉各民族和睦相处，彼此影响和渗透，成为川西北区域多元融合的文化格局的重要组成部分。

九寨沟的民俗文化，既融合了一定的汉文化内涵，又完整保留较为原始的藏羌民族习俗。他们的族群形象、语言文字、服饰工艺、居处村寨、偶耕方式、宗教信仰、歌舞艺术、节日庆典、生活习惯、水磨栈桥、经幡晾架以及丰富优美、结合山水的传说故事等淳朴的人文景观，不仅是社会学、民族学、民俗学、艺术学、建筑学等学科的研究对象，也是有很强吸引力的旅游资源。它们和九寨沟的自然风光交融一体，形成九寨沟特有的高原藏区景观特色。

六、蓝冰

蓝冰①是九寨沟冬雪景观中的特殊景象，只在特定的条件下能看到。幽蓝澄澈的冰体，蓝如夏季早晨晴朗的碧空，由浅而深，冰清玉洁，奇异多姿，令人浮想联翩。

图 8－12　冰瀑

① 蓝冰是冰川冰的俗称，因色泽发蓝而得名，是积雪经粒雪化和冷型成冰作用形成的冰体，富含气泡，对阳光有很强的散射作用，多见于南极大陆和贝加尔湖。至 2005 年，九寨沟蓝冰的成因，机制等未见有专题研究。

第二章　景区景点

九寨沟风景名胜区是一曲大自然的交响乐。在截至2005年的九寨沟旅游线中，宝镜岩景区是这部自然交响乐的序曲；树正景区是九寨景观的缩影；诺日朗景区瑰丽多姿，是交响乐的高潮；剑岩景区粗犷神秘，跌宕起伏；长海景区雄浑壮观，是交响乐的华彩章节；扎如景区则是交响乐的尾声。

其中，树正群海沟、则查哇沟是主要的旅游观光通道，沟谷两侧青山叠翠、鸟雀鸣唱、水声喧腾。从海拔1996米的九寨沟口溯流而上，到海拔3000米左右的则查哇沟顶端的长海，再到日则沟尽头的剑岩悬泉，沿途阶梯分布有100多个清幽明静的高山湖泊，绵延着从常绿阔叶林、落叶林到草甸、地衣、苔藓的植物群落，构成九寨沟风景如梦如幻的绝妙佳境。

第一节　宝镜岩景区

一、总貌

宝镜岩景区：从羊峒沟口到盆景海，有刀劈斧削的宝镜岩，曲径通幽的林间小道，玉带萦回的激流和变化多样的盆景海。是游览的序幕。

二、景段

羊峒—迎客松段　羊峒在九寨沟口的冲洪积锥体上，逆林荫小道而上，扎如沟北侧雄峰凌空，海拔4000余米，朝南西面陡倾，沿北西方向延展，由层面滑落而成为宝镜岩。

从沟口羊峒至荷叶寨迎客松，为九寨交响音画的序曲。此段逶迤数里，峰峦对峙；可行于平整宽敞的大路观景，可漫步林间河畔的栈道曲径寻幽。山脚路旁，溪流时急时缓，水声如歌如诉。溪流中，断木生花，青石长树，花树于激流中泰然自若，随季节时枯时荣，九寨沟水树相依相亲的妙趣，于此可见一斑。春夏，有山花点缀沟谷；秋天，红叶漫山，蓝天如洗，碧流浸丹。

三、景点

宝镜岩　在进沟1公里处，是游览九寨沟的起点。山坡断崖陡峭如切，高差达800余米，崖面光滑如镜，细看擦痕累累，有多种民间传说。

迎客松　在荷叶寨通往后山的道口，有百年巨松孑然独立，苍劲伟岸。当地传说格萨尔王在九寨沟降妖除害时，曾变成一只雄鹰与妖魔搏斗，这株孤松是他追捕妖魔自天空飞过时，扇动翅翼留下的标记。

第二节 树正景区

一、总貌

树正景区，从芦苇海到犀牛海，包括芦苇海、双龙海、火花海、树正群海、达尔竹海、犀牛海，雪瓦朗瀑布、火花海瀑布、都如嘴瀑布、鹅都瀑布、树正瀑布，荷叶激流、卓舍激流，甲尼甲格泉水，达戈神山，回音壁以及树正、荷叶的藏寨风情等景观，是九寨沟景观形象的缩影。

二、景段

盆景海—芦苇海段 位于树正群海以下的树正沟北段谷底。树正沟在此变得开阔，谷底水流变浅，两岸支沟冲来的大量洪积、冲积和泥石流堆积物，淤积谷底，经钙华作用逐渐形成。该景段水深河段芦苇丛生，浅滩上生长灌木、树丛，植物根部周围钙华漫结滋生，犹如一簇簇盆景陈列，小巧秀丽，是别具一格的钙华造型地貌景观。

双龙海—犀牛海段 位于树正沟南段，黑果桥以南，绵延近 4 公里，首尾高差达 100 多米，是由 30 多个湖泊构成的阶梯状湖群。湖堤灰黄色，堤上长着柳、柏、松及苔藓，黑蓝色池水溢过湖堤穿过树干倾泄而下。双龙海、火花海、卧龙海等湖泊底部发育有条带状、岛状的生物钙华礁堤，潜伏于海底。

树正群海—树正瀑布段 双龙海至犀牛海段梯级湖群中最有名的景观段落，在卧龙海与老虎海之间。树正瀑布随下方凸起的环形梯坎状钙华构成弧形多级瀑布，瀑流倾泄而下，在顽石上溅起雾珠。

三、景点

盆景滩（盆景海） 从迎客松顺沟前行，首先跃入眼帘的是百态千姿的盆景滩。该处河水清浅，由白杨、杜鹃、柳树等植物组成的水中盆景，一丛丛、一簇簇，浑然天成，仪态万方。翠柏苍虬挺拔，绿柳潇洒飘逸，老木悬爪，盘根错节，山花含笑，野果缤纷，似精心布置的盆景展厅。每年白露一过，盆景滩绿凋红盛，留在枝头的尽是红叶、红果。尔后初雪飞降，银枝残红，有一种冷艳的气象。

芦苇海 芦苇海紧邻盆景滩，是九寨沟风景线上的第一道明显的河段，全长 2.2 公里。两岸芦苇丛生，一袭清流蜿蜒其中，波光闪烁。春夏时节，芦苇青翠，水禽起落，生机盎然；秋冬之季，芦苇枯黄，满目萧瑟，气氛苍凉。枯荣交替，一庄一谐。

甲五神山 芦苇海上游的尽头有一座甲五神山。神山脚下，有一座佛塔塔座遗址（据说佛塔原有 5 米高），沟内藏民视为圣坛，常到这里撒隆达，烧香，祈福还愿。

塔都扎回音壁 穿过横跨芦苇海的黑果桥，沿小路步行 2 公里左右，可到达塔都扎回音壁。回音壁长约 200 米，高 150 米。站在对面的山坡，向回音壁呼喊，过一会就能听见清晰的回声。

双龙海 双龙海位于芦苇海上游，静卧在火花海叠瀑群下。一面是郁郁葱葱的山林，一面是通往诺日朗的公路。双龙海水质澄碧，一眼可透视水底。湖底水藻植物和断木、石块等沉积物清晰可见。两道乳黄色钙质堤埂横卧其间，曲曲折折，蜿蜒盘旋，波光流转，酷似两条潜龙。

火花海　火花海位于双龙海和卧龙海之间。平素观之，一湖碧波。每到晴日晨昏时分，满湖火花窜动，万颗金星闪耀，蔚为奇观。清晨，旭日东升，晨晖轻拂水面，湖上波光如焰；黄昏，落日斜照，千万朵火花自水中绽开，灿烂热烈。

火花海瀑布　火花海瀑布掩映在一片翠绿丛中。瀑流从林中直泻湖中，翻起滚滚水浪，银光闪烁的浪花与火花海中的金花，相映成趣，奇景幻出。

图 8－13　火花海

卧龙海　卧龙海通常是宁静的。透过波平如镜的水面，可见一乳白微黄似长龙静眠湖底的钙华堤埂。微风掠过，湖面涟漪轻漾，龙身似徐徐蠕动；有时山风乍起，湖波动荡，卧龙摇头摆尾，欲腾、欲跃、欲飞；一旦疾风袭来，波光迷离，龙影顿时消匿。

树正群海　树正群海绵延数里，20 多个大小海子与碧树相环相绕，一道道叠瀑穿行其间，像银链将一个个海子贯连成串，远远望去，树正群海宛如偌大的翡翠项链，悬挂在老虎海的颈项。近看，海子与海子连接的堤埂上，苔草、红柳丛生，海子中茸茸密密的水藻、红色的根须在水中轻柔曼舞。

栈桥与磨房　树正群海邻近树正藏寨的一面，有两座古老的水磨、两座转经房和一条木板栈桥，古拙野朴，意趣盎然。海子、河滩、树堤、瀑布，与倚流傍海的栈桥、磨房组成一幅古朴恬美的风景画。流经磨房的水不枯不冻，即便在冰封雪飘的冬日，栈桥上雪痕斑斑，环湖掩流的树堤结着晶莹的冰凌，磨房下的湍流依然带着水轮转动，前来辗磨粮食的藏胞，仍在这里进进出出。磨房侧畔是两栋转经房，体积不大，方形，木结构，立于流水中，木轮在激流冲击下旋转，带动经房中央的转经柱，柱上绘有神怪形象和传说人物，像皮影戏一般旋转绕行。常有虔诚的苯教信徒，在此拜神念经，或绕经房步行转经，或手摇转经筒默默祈祷。

蟠龙坪　蟠龙坪在树正寨对面。坪上巨石嶙峋，99 株杉木粗壮挺拔，树根裸露，蜿蜒石上。有的树根长达 14 余米，宛如条条赤龙，嬉戏于石海之中，形成“树抱石”奇观。

树正寨　树正寨与树正群海仅隔一条公路。站在寨口，群海风光便像一幅旖旎的画卷展现在眼前。寨口立着转经筒和一组白色佛塔，内塑菩萨，并放经文、供品、法器等物。寨民常到塔前祈神保佑寨子兴旺。寨内的藏家民宅毗邻排立，寨外四周经幡飘扬。

树正瀑布　行至树正群海的上端，崖壁如犬牙交错，数道瀑布自丛林绿篱飞出，或激流直泻，吼声如雷；或参差跌宕，欲折又回。这边峭岩甩珠抛玉，那边削壁飘练挂绢。整个瀑布宽 62 米，高 15 米，落差虽不大，但将流水的动态美、造型美和韵律美，表现得引人入胜、叹为观止。

达戈神山　在树正寨背后，昂然矗立，是九寨沟人最崇拜的神山之一。达戈山海拔 4200 米，位于九寨沟西北面，与其东南面的沃洛色嫫神山遥遥相望。沟内居民传说迎客松前的甲五山和珍珠滩前的直矶嘎山就是达戈的双腿。

老虎海　老虎海位于树正瀑布上方，深邃肃静，似于沉默中蕴蓄着暴烈，于安谧中隐藏着桀骜。泼云泻雪的树正瀑布正是它陡然爆发的活力与激情，瀑声沉雄浑厚，宛如虎啸长鸣。

图 8－14 犀牛海

犀牛海 犀牛海是树正沟最大的海子，长约2公里，南端有栈桥通往对岸，人立桥上可眺望沃洛色嫫神山。西有甲尼甲格泉，泉水自林间石隙中渗出，清冽甘甜，传说可消灾治病、美容延寿。犀牛海水域开阔，碧波万顷。北端尽头苇草芊芊，南端出口茂林隐瀑。白日，湖中云悠悠，鱼悠悠，游船荡起柔波。风来摇碎水中的山影树影，惊起芦苇里的一行白鹭。夜里，水天一色，墨蓝的天连接墨蓝的水，水里的星星比天上的更亮，更大，仿佛可将它们打捞起来。

野草滩 野草滩位于犀牛海上游，是一片浅水滩，青草丰茂。平缓的清流静静抹过河床，芳草丛丛连成绿岛。春夏，滩边秀木亭亭玉立，草间开满紫色、蓝色和白色的小花，随风摇曳，如彩蝶翩翩。

第三节 诺日朗景区

一、总貌

诺日朗景区，从诺日朗到箭竹海，包括沟内最宽、最高、最雄伟的诺日朗瀑布、珍珠滩瀑布、熊猫海瀑布；有倒影胜过实景的镜海，色彩丰富的五花海，玉洒珠落的珍珠滩，海瀑相连的诺日朗群海，深洌莫测的金铃海，倒影可与镜海媲美的箭竹海、熊猫海；还有 3 公里长的五花海林间栈道。该景区奇景汇聚，是九寨沟景观的精华，是九寨沟的中心景区。

二、景段

诺日朗—金铃海段 诺日朗瀑布为九寨沟大型钙华瀑布之一，瀑顶是一系列梯湖，近邻瀑顶的阿珠措海深达 20 米，已近瀑底的水平，故瀑坎如一座单薄的高坝，枯水季节可观察到小股潜流并造成数处坍滑体。镜海位于日则沟弧形峡谷中，尾端有大片淤积地带，水中残存着竖立的树干，谷坡陡峻，森林茂密，倒影清晰。珍珠滩为扇形钙华流，片状钙华上水流湍泻，流速可达 3 米/秒以上。珍珠滩瀑布呈新月状，瀑坎有多处坍滑体，片状水流至瀑顶时即向深涧喷泻，发出轰鸣。

五花海—箭竹海段 透过五花海的清澈水面可见湖底有泉水上涌。五花海和熊猫海之间有钙华沉积河段相连，河段尾端分布着钙华的各种造型，河段首端紧接熊猫海瀑布。熊猫海瀑布又叫高瀑布，是九寨落差最大的瀑布，分三级跌水，冬天流水凝结成为冰瀑，有巨大的冰柱、晶莹的水帘，钙华瀑面上 20 多处孔洞都结满冰幔、冰钟乳。瀑布顶部是熊猫海钙华湖堤，湖畔发育一大形岩锥，湖尾是一系列钙华梯湖群，枯季很少积水，长达400余米。再上为箭竹海，常年有沟水注入，形成百余米的淤积地带。

三、景点

诺日朗瀑布 诺日朗瀑布位于日则沟与则查哇沟的分岔处，是日则沟游赏的起点。据说，诺日朗在藏语中意为男神，标志伟岸高大。诺日朗瀑布素以宽阔雄伟著称，宽近300米。顶部平整如削，水自诺日朗群海边沿的柳篱花丛间涌出，顺30米高的悬壁跌落成流水奇观。瀑布南段水势浩大，急流直下，如银河飞泻，天幕垂落，声势浩大，如管弦乐队合奏。北段清流涓涓，素练飘零，似怨笛幽筝，婉转低回。登高远眺瀑布，一排苍松碧树，参差不齐地列于瀑前，飞流挂崖如巨幅水帘。濒临崖脚近观，银浪急涌翻滚，随崖势东奔西拐，状似银龙下滩，遇怪石突起，腾起蒙蒙水雾，在阳光下映出彩虹数道，一时飞流生辉，山谷溢彩。晴日上午九点、十点是观赏诺日朗瀑布挂虹的最佳时间。冬天，瀑布冻结，崖壁上满是冰雕雪塑，千姿百态。有的形似素装少女，婉约娴静，低头沉思；有的状如圣诞老人，银须飘逸，面带微笑；有的像骏马驰骋；有的像天鹅翩飞；有的像白莲花；有的像雪蘑菇。还有各种奇异的抽象造型。瀑底下那些横七竖八的树木，也披雪镀银，成为冰雪奇景中的造型成员。

诺日朗群海 诺日朗瀑布的源头便是诺日朗群海。这组群海位于日则沟沟口，共有大小海子18个。一道道钙华堤埂将一个个海子分开又衔接起来，流水越堤而下，形成一级级梯瀑，在群海出海口顺崖跌落成壮观的诺日朗瀑布。诺日朗群海水色变幻多端，时而苍翠，时而湛蓝，时而绿中泛金，时而蓝里透紫。春夏，堤埂上柳暗花明，一派盎然生机。秋天，柳凋花谢，黄的叶，红的果，动的梯瀑，静的海子，绘声绘色。冬天，流水变细，堤埂裸露，枯枝上冰凌闪亮，湖边磨房的顶沿印满雪迹，冰花开在无叶的枝头，与残存的红果相伴。

镜海 长约1公里，四周林木葱茏，高处为终年青翠的针叶林，近水一线杂树丛生，多姿多彩。西端有巨崖如屏，直耸云天。镜海上游是一片苇草，春天绿，秋天黄，下游毗邻诺日朗群海。水面，或见三两条浮木横斜，浮木上托一丛灌木，或缀几株野花，有时翠鸟在上边歇脚。水边，藤树交缠，叶影婆娑。最美的是镜海倒影，出现在风平湖静的晨昏。

清晨，朝晖越过山岭，慢慢移向湖面。山谷无风，湖平如镜。蓝天白云，远山近树，倒映湖中。时逢鱼跃鸟翔，便有“鱼游云端，鸟飞水底，水上水下，虚实难辨；梦里梦外，如真似幻，不知身在何处”的梦幻感。

傍晚，风倦树静，夕照镜海，翠峰镀金，落霞满湖，构成一幅意境恬美、超凡脱俗的水底油画。逆光斜射水面，透过树荫的空隙，可看见金灿灿、亮闪闪的光斑。水里的天空飘着醉红的流云，山的影子半明半暗，恋恋不舍的余晖在湖面徘徊。

每逢月夜，镜海盛满月华清辉。有时是一弯新月，几缕浮云；有时是一轮满月，几颗流星。坐在湖边，便觉离月亮很近。雨后的镜海，像一首朦胧诗：雾岚如纱，轻笼湖面，山风袭来，岸影婆娑；山朦胧，水朦胧，树朦胧。

镜海倒影的四季景观，各异其趣。春夏，林木葳蕤，青山如黛，水中画景以翠蓝为基调，宁静而深远。秋天，岸树抹红涂金，水中倒影流光溢彩，色调斑斓，湖光水色，一派绚烂。冬天，雪峰、碧空、枯藤、苍松映入水中，似一幅水墨画，清峻而淡雅。

沃洛色嫫神山 沃洛色嫫山面向镜海，山势自诺日朗向悬泉、长海伸延，遥对达戈神山，海拔

4200米，山脚蜿蜒近50公里。山上有森林、草坡，还有牛羚、岩羊等动物。主峰终年积雪，是传说中圣洁美丽的女神的化身。

珍珠滩　位于丹祖沟和日则沟交会地段，海拔2500米左右。整个珍珠滩宽约160米，长约200米，流水从一处峭壁缓缓倾斜而下，浅而急的水流抹滩相撞，溅起千万朵水花，晶莹夺目，恰似珍珠滚落，琅琅有声。沿珍珠滩栈道前行，仿佛是踏着一串欢快跳跃、奔放粗犷的音符，脚下的珍珠滩和滩口的大瀑布如同一首浑然天成的二重奏。滩上灌木疏落，水下铺着一层细细的浅黄色苔藓。

珍珠滩瀑布　珍珠滩上接金铃海和孔雀河，珍珠滩滩流在注入下方丹祖沟时，又形成高大的飞瀑，瀑流分成多股直泻而下。瀑布海拔2433米，宽162.5米，相对高差在21米，无数水流顺危崖奔泻直落，一往无前，水声轰鸣、雾气弥漫，蔚为壮观。在崖底仰望，水自云端倾泻，在嶙峋的崖壁上流转、崩落，撩起一条条玉带，卷起一堆堆雪流。崖势西高东低，水势随崖势起伏，横看如巨幅帘幕垂落，侧看似浩浩旗幡飘扬。峭壁激流间，有孤树傲立，像无畏的勇士，立于危境而泰然自若。冬天，瀑流在低温下冻结，崖壁上堆满冰雪塑成的群雕，丽日晴空下，冰雕泛着幽蓝的光泽，静穆中透出几分神秘。

金铃海　金铃海毗邻珍珠滩，为大小两个海子，形似铃铛。据说，当年万山之祖扎依扎嘎曾摇动金铃，铃声响彻山谷，百姓欢欣鼓舞，妖魔心惊胆颤。从公路上远望金铃海，湖水靛青色，湖畔浓荫覆盖，一道树堤将海子一分为二，里边一个小巧玲珑，外边一个沉静深邃。秋日，湛蓝的水面浮三两片红叶。秋深湖自知，风来波光艳。沿珍珠滩栈道而行，可穿过灌乔木杂交林，欣赏金铃海深处的水上盆景和秀美的湖岸。

孔雀开屏　孔雀河在金铃海与五花海之间，蜿蜒数千米，上游像孔雀的颈项，与艳若孔雀开屏的五花海衔接为一体。其河道狭长，激流跌宕。湍急处，乱石崩云，惊涛击岸；平缓处，浅流轻吟，柔情脉脉。水流上倒木生树，石缝长草，草木树石与流水相映成趣。从五花海出水口过小桥，沿五花海右侧上行，经熊猫海瀑布回到公路，全长约3公里，其中有栈道、栈桥、亭阁，可以看到孔雀河、五花海的全景。透过清澈的水面，可见多处涌泉从湖底涌出，冲出圈圈涟漪。桥北河湾，很像孔雀头颈，岸边数株古松，恰似头上的花翎。湖水蓝得纯净，岸畔丛丛金黄色的野花，倒映其间。朝阳照射，蓝绿有黄的色彩中，显出轮轮金环，随风荡起五光十色的涟漪，宛如孔雀开屏一般。

五花海　五花海是阳光、湖水与水底的沉积物、植物共同创造的一个奇迹。无论是在远处眺望，还是在近处端详，它都异彩纷呈，幻化迷离。早晨，朝晖染湖，墨绿的湖心现出轮轮金环，金碧辉煌；微风吹拂，荡起五光十色的涟漪。正午，阳光透射水底，水面泛起潋滟明媚的波纹，形成千变万化的图案，似现代抽象画，又像远古部落的图腾标记。黄昏，斜阳夕照，晚云徐徐掠过湖面，投下几抹淡淡的红晕。暮色渐浓，晚霞渐逝，五花海变得浓墨重彩，蓝的更蓝，绿的更绿。最美的还是五花海的秋色，岸上的树林，披红挂金，赤橙黄绿倒映水中，点染水下的倒木、植物，一幅缤纷奇幻的胜景。湖水像明洁的玻璃，清晰地透出湖底的奇树、异草和游鱼。水下倒树生藻，横枝蔓丫上凝结钙华，如同珊瑚。有的张牙舞爪，怪异狰狞；有的翩翩起舞，轻柔舒展。有的地方，水草深深浅浅、疏疏密密地勾画铺陈出一片水底田园。

五花海幽林栈道　从五花海到熊猫海的大峡谷中，辟有一条由石板路、栈道和木梯组成的林间栈道，称“幽林栈道”，长约3500米。栈道全用木板嵌铺，穿行于密林、溪流、彩池、飞瀑之间。临近熊猫海大瀑布时，山势霍然陡峭，栈道迂回而上，呈五个“之”字形。至峭壁下，三层栈梯通深谷、接翠海，攀援而上，直达熊猫海。

这段峡谷风光，野朴、清新、幽美。栈道两旁古树参天，密林如屏，绿苔似毯。一道又一道飞泉，一弯又一弯溪流，一个又一个彩池，纵横交织。溪歌，瀑鸣，鸟语，缓缓急急，悠悠沉沉，衬托出林间峡谷的清幽静谧。为观景休憩而设的亭台，有的巨松四围，松荫便是亭盖；有的临溪搭台，松皮地衣覆顶，圆木树桩为椅。听瀑赏景，饮泉休憩，赏心悦目，野趣横生。夏日月夜，月光渗透林间，在栈道上绘出光影，或洒向流泉，在水里颤动银波。

峡谷的水在陡峭处泻成瀑布，在平缓处形成彩池，连接瀑布与彩池的是终年不断的溪流。彩池小巧清浅，大不过方亩，深不到1米。池堤上草木葱茏，水色淡雅柔和，浅绿、淡蓝是其基调，经阳光点染，或碧心金边，或淡青泛紫，或鹅黄透褚，波光明艳。令人惊叹大自然的鬼斧神工。

最美的是幽林栈道的秋色，山谷卸下青翠的夏装，穿上鲜丽的彩衣。挺拔的红桦高举红叶在风中醉舞，白桦和椴叶在阳光下闪着金辉。枫树素来便有少女婀娜的风韵，秋光一抹，红得蓬蓬勃勃，更是妩媚多姿。彩林为幽谷增辉，清溪把秋光揉碎。步入栈道，就步入一个天然的画廊。

熊猫海瀑布　幽林栈道尽头，悬崖耸峙，一瀑布自熊猫海出水口腾空飞落，直扑深谷，飞流跌荡而下约80米，形成九寨沟以高峻闻名的熊猫海瀑布。夏秋之际，瀑布依山势层层叠叠地泻落，形成奔放明快的节奏，声震幽谷。溶洞前，飞泉低垂，水雾迷茫，每当朝晖滤过浓密的树荫，钻进幽林，照着溶洞，便有彩虹悬挂，熠熠生辉。冬春时节，熊猫海封冻，瀑布水势锐减，再轻霜雪一冻，形成巧夺天工的冰雕，银帘玉幕倒挂溶洞，恰似水晶宫殿。

熊猫海　攀援熊猫海瀑布旁侧的栈梯登上顶部，呈现眼前的是箭竹环绕的熊猫海。晨昏风倦时，熊猫海的倒影恬美如画，纤秀的竹，峥嵘的峰，柔和的天，一并在水中映现，偶有闲云掠湖，鸟禽唱鸣。临靠大路的湖畔，几株枯树横身探向湖面，虬枝萧疏，躯干硬朗，相当别致。冬天的熊猫海最为迷人。岸边修竹傲雪，老树缀冰；湖面结冰封冻，宛若一方偌大的碧玉，晶莹透明。冰面上呈现千奇百怪的花纹图案，有的像古陶器上的几何线条，有的像青铜鼎上的怪禽异兽，有的又像藏族姑娘的裙边花饰。

图8－15　冬天的熊猫海

箭竹海　箭竹海紧邻熊猫海，水域较开阔。湖畔箭竹密集，杉木挺立；水中山峦对峙，竹影摇曳，柔波如缎。上游是一片浅水沼泽，小树、青草和五色野花杂生其间，常有野禽出没。雨天，湖面雨雾袅绕，碧烟轻笼岸树，箭竹婆娑，水中倒影缥缈如海市蜃楼。

第四节 剑岩景区

一、总貌

剑岩景区，从日则保护站到原始森林，包括天鹅海、悬泉、剑岩、剑劈岩、鹰爪洞、苔藓坪、原始森林和图波雪峰等景点。特点是粗犷神秘。

日则沟尽头，原始森林郁郁葱葱，高山上发育有冰川地貌，从天鹅海下口东望沃洛色嫫山一带山岭，U形谷两侧悬谷叠套，谷口冰碛丘垄起伏，十分典型。U形谷两侧山岭海拔在4000米上下，有喀斯特石芽、石柱、峰簇发育。此外，主沟源头的剑岩一带，山势陡峭，沿岩层节理有众多飞瀑下泻，景色壮观。

二、景段

日则—原始森林段 由天鹅海、剑岩、悬泉构成。天鹅海为半沼泽湖泊，曲流深水段依稀可见壳状钙华堆积，湖岸峰隙间有一股溪流与湖泊相接，西侧崖壁上有六股悬泉垂泻。剑岩像一柄利剑耸立湖西，上尖下宽，岩石裸露。

三、景点

鹰爪洞 沿日则沟公路上行，在临近天鹅海的路边，可见一个岩洞，九寨沟内居民称之为鹰爪洞。传说是格萨尔王留下的英雄业绩。

天鹅海 天鹅海静静地横卧在山谷里，沿岸杉林茂密，生长着许多耐寒性幽的高山花卉和灌木。湖水清澈见底，湖草密密茸茸，齐整如剪，宛如一张纺织在水上的天鹅绒地毯。天鹅海得名于在这里栖息、寻偶、繁殖的天鹅。天鹅是候鸟，时来时去。这里最常见的是野鸭，它们终年在此生息，在水面游弋，在草丛起落。鸳鸯也是这里的常客，总是成双成对地出现，安详地在湖面漫游，或相依相偎于草丛。

芳草海 芳草海下游与天鹅海相连，湖面修长，清秀安谧。湖中碧草苍苍，水禽悠游。夏秋时节，草丛里繁花似锦，黄的、白的、红的、紫的，星星点点，摇曳多姿。三两只野鸭从花草丛中钻出来，扇动黑白分明的羽毛，不时发出几声疏朗的声音。秋天，枯草金黄。冬日，远山近树银装素裹，清波不断。雨日，淡蓝的雨雾徘徊湖面，一派空蒙清丽的景象。

剑岩·悬泉 在芳草海与原始森林之间，有一孤峰卓立，高500多米，临原始森林的那一面，状如宝剑，直刺蓝天，人称剑岩。临芳草海的一面，有数股清流从石缝渗出，成百尺垂练，透明轻柔，这便是悬泉。悬泉、剑岩，一面细流如绢，飞洒悬壁，飘逸之美动人心魄；一面峭拔庄严，如出鞘利剑，雄风凛冽。柔与刚，动与静，自成一景又融为一体。

原始森林 由剑岩再往南行，便是原始森林。这里，杉林葱葱郁郁，苍松浓荫如盖。漫步林间，耳闻鸟鸣，鼻嗅花香。向阳处，油松、栎树、云杉汇聚。背阴处，铁杉、槭树、桦木、冷杉茂盛。地上灌木丛生，七色野花绽蕾吐芳，苔藓、孢菌附枝攀丫，松萝似纱帘垂挂枝头。雨后云雾如带，缠绕在山腰，变幻莫测。林间雾霭萦绕，幽深迷离。

第五节　长海景区

一、总貌

长海景区，从则查哇经季节海到长海上下，包括长海、五彩池、仙女池，碧么公盖海、图俄依海、达俄海和厄波山、干孜公盖山等景观景点，以及季节海附近以桦木为主的大片彩林、藏寨。特点是雄伟壮观的高山湖景。

二、景段

诺日朗—鸟艾段　则查哇村寨以上进入峡谷，山谷幽深狭窄，两侧陡峻，外动力地质作用强烈，谷底起伏无固定沟床，保持着原始崩坡积地貌。上下季节海各长500余米，深20余米，常年无水流补给。上季节海尾部为长海堤坝。

五彩池—长海段　五彩池由长海渗入的潜流补给，池底生长着大量藻类，并有粉末状钙华沉积，湖水呈现出淡蓝、瓦灰等色块，在阳光折射下映出五彩光华。再往南即为九寨沟最大的湖泊长海。

三、景点

上下季节海　下季节海距则查哇寨约1公里，镶嵌在花繁草茂的山坳里。上季节海紧邻五彩池，四周山如屏障，树似绿篱。水旺时湛蓝，水浅时翠绿，山林寂静，湖水不语。上季节海与下季节海一高一低，遥相呼应；湖水随季节变化，时盈时涸。秋天，上、下季节海历经雨季的灌溉，蓄满清水。有时湖水猛涨，甚至溢出山洼，漫向公路。冬春，湖水日渐干涸，至初夏，湖床上长满青草，季节海变成了牧马放牛的草滩。

五彩池　位于上季节海与长海之间，掩映于山坡林间，五色斑斓。在九寨沟众多的海子中，五彩池素以小巧秀美、色彩绚烂而著称。池水纯净透明，深有6米，池底砾石棱角、岩面纹理、植物色差，皆清晰可辨。阳光下，镶翠浸蓝的池水，泛金泛紫，绮丽而鲜碧。春夏秋冬更迭，旱季雨季交替，五彩池的水大体不增不减，不冻不溢。虽地处海拔3000米的高地，隆冬冰封雪飘，附近的长海已冰冻数尺，五彩池依然清波荡漾，碧水与玉树相映成趣。

长海　从五彩池南行1公里左右就是则查哇沟的尽头，海拔3100余米，九寨沟最壮阔的海子——长海就坐落在这里。长海有群山簇拥，容万顷碧波，深邃浩渺。水面曲折三段，峰回波绕10里，宽约600米，深达100余米。沿岸山峦起伏，树林幽深；远处冰峰峭拔，寒光逼人。泛舟湖上，舒展自如；仰望长空，闲云青天；俯视水下，峰峦倒映。隆冬，长海结冰封冻，一片银白，是一巨大的天然冰上游乐场。

第六节 扎如景区

一、总貌

扎如景区，从扎如沟口到热西寨止，长约6公里，包括扎如瀑布、扎如激流、喇嘛石、措则海、褡裢海、黑海以及扎依扎嘎神山、扎如寺和扎如村寨、马道等景观景点。山乡马道，河滩曲溪，田园风味，自然与人文景观交融一体。

二、景点

扎如桥 扎如桥卧一弯溪流，位于景区公路与扎如马道之间。桥为木结构小桥，以原色的木柱支撑，原色的木条围栏，原色的木料镶嵌铺垫，桥亭翘檐式顶盖也是原色的木片树皮。桥沿上，悬挂一行五彩的经幡。

图8－16 扎如沟

扎如马道 过扎如桥，便是扎如马道。长约3公里，回旋于林间岩下，直通扎依扎嘎山脚。这是一条古老的马道。马道较宽，从沟口至热西寨可通行汽车，一路怪石兀立，老树挂藤，湍流闯滩，小桥横波。道旁有果园、古寺、草坡，道外有山峦雪峰，浮云碧空，每月的阴历十五，成群结队的藏胞，带着柏枝和酒，由此前往扎依扎嘎山转山拜佛。

扎如寺 扎如寺坐落在翡翠河畔，背依苍山，面临宝镜岩；金顶红檐，飞阁雕梁。每天早晨，喇嘛们在此念经祷告，念经声抑扬顿挫，回荡起伏。农历四月十五，扎如寺举行嘛孜节庙会。庙会上人们拜神念经，载歌载舞，喝酒饮茶，友好交往。

喇嘛石 在距扎如寺约1公里的马道旁，一方石头兀立，人称喇嘛石。各地到九寨沟朝山的僧人经过此地，都要在喇嘛石前敬上一炷香，叩上几个头。

热西寨 热西寨海拔2241米，掩映在绿树丛中，住宅既有传统的土木结构，也有适应现代化生活的新型民居，传统和现代在此有机统一。

郭都寨 郭都寨是进入扎如沟看见的第二个藏族村寨，海拔2310米。藏语“郭都”是从四面八方聚集在一起的意思。郭都寨背依巍峨耸立的信扎山，面朝高耸入云的扎依扎嘎神山，左右地势高峻，四围有茂密的森林环绕，深卧山腰洼地，环境幽静。

梅花鹿园 梅花鹿园位于扎如沟内一段山势平缓的灌木林。整个鹿园大约长1000米，宽500米，园内圈养着数十只美丽珍贵的梅花鹿。

扎依扎嘎神山 扎依扎嘎山在扎如马道的尽头，相传为万山之祖扎依扎嘎的化身，同松潘小西天、雪宝顶等佛教神山齐名。农历每月十五，九寨沟及松潘一带的藏民都要此转山朝拜。每年的嘛孜节，是一年里转山活动的高潮。那一天，男男女女，老老少少，成群结队，有的骑马，有的步行，自山脚向山顶沿扎依扎嘎神山转一周。一路要念经放隆达，唱祈神的歌，一些虔诚的苯教徒还要三步磕一次长头。

扎依扎嘎山海拔4400米，峰峦叠嶂。主峰尖削峥嵘，像一柄银色巨剑，直刺苍穹。从低处眺望，冷峻清高，寒光逼人。晴日黄昏，太阳自峰顶沉落，峰峦沐浴在熔金的斜晖中，辉煌、壮美又祥和。阴雨天，山间雾岚缥缈，云海茫茫。

扎如瀑布 扎如瀑布在扎依扎嘎半山腰的密林里。瀑布自林间危崖流落，顺四级台阶跌进溪谷。顺台阶仰望，瀑顶周围浓荫覆盖，一叠飞流似数丈哈达从天飘落。当地人们视之为神水。

红池 红池位于扎依扎嘎转山环线的一个山脊下。池水周围山土呈红色，泉水自红土上缓缓流过，汇成一椭圆状的红池，转山的人们把它看作是吉祥如意的象征。

褡裢海 褡裢海一高一低并列于碧草相拥的山洼，中间由一袭清流衔接，形状极像当地马背上驮物用的羊毛褡裢。这一对海子深不过3米，面积约1300余平方米，水色不时随天气的变化而变化。雾来时，乳蓝；雨落时，冷翠。天阴呈苍蓝，天晴呈玉绿。夏秋之际，草丰花妍，透明的“褡裢”里装满花草。

黑海 黑海在褡裢海对面的山坳里，面积3000余平方米。满坡满崖的芳草丛中，黑海如一方巨大的墨玉，幽光四溢。变幻莫测是黑海的一大特色。从不同的时间、不同的角度看，黑海有不同的色调、气氛。晴日之晨，山梁的阴影笼罩海子，水呈青黑色；多云间晴时，水中云影徘徊，水色时深时浅，忽而一池淡青，忽儿一片亮白，有时黑白杂陈。天阴欲雨时，水面雾旋云卷，青中泛白。入夜，繁星满天，星光璀璨，水天一色。

2005年九寨沟景点规划一览表

表8－1

序号	景点名称	内　容	特　征	规模（公顷）	游步道长度（米）	观景摄影台
1	盆景滩	滩流	似天然盆景	0.7	50	1个
2	美人岩	峰岩	似天然美人头像	0.5	100	2个
3	芦苇海	湖泊	湖中芦苇丛生	4.3	100	1个
4	双龙海	湖泊	钙华水景	6.2	100	1个
5	火花海	湖泊	钙华水景	8.7	300	2个
6	卧龙海	湖泊	钙华水景	10.2	380	2个
7	树正群海	湖泊	连续海子群	25.8	1200	5个
8	树正瀑布	湖泊	瀑布	10.5	600	4个
9	老虎海	湖泊	钙华水景	17.7	680	2个
10	犀牛海	湖泊	水天一色	38.5	680	2个
11	达戈山	峰岩	雪峰峥嵘	575.4	1200	1个

续表 8－1

序号	景点名称	内　容	特　　征	规模（公顷）	游步道长度（米）	观景摄影台
12	树正寨	藏寨	高原藏乡风情	24.5	1680	多个
13	荷叶寨	藏寨	高原藏乡风情	28.7	1300	多个
14	亚纳寨	藏寨	高原藏乡风情	14.3	1200	多个
15	盘亚寨	藏寨	高原藏乡风情	13.5	1400	多个
16	尖盘寨	藏寨	高原藏乡风情	11.4	1180	多个
17	黑果寨	藏寨	高原藏乡风情	12.2	3600	多个
18	抱石树	巨石、森林	树石环抱	8.8	1920	3个
19	珍珠滩瀑布	瀑布	似串串珍珠玉落	30.3	1500	6个
20	珍珠滩	滩流	典型的滩流景观	9.7	400	3个
21	诺日朗瀑布	瀑布	宽度为全国之冠	21.9	1400	4个
22	镜海	湖泊	如一巨型镜子	23.1	1050	2个
23	沃洛色嫫山	峰岩	雪峰峥嵘	788.5	1180	1个
24	金铃海	湖泊	精致迷人	12.7	150	2个
25	孔雀河道	湖泊	俯视似孔雀	18.5	1400	1个
26	五花海	湖泊	湖底五花十色	18.6	800	3个
27	老虎嘴	峰岩	地势险要	2.1	50	1个
28	高瀑布	瀑布	气势雄厚	4.3	1100	2个
29	熊猫海	湖泊	曾有熊猫光顾	6.7	400	2个
30	箭竹海	湖泊	湖边丛生箭竹	8.7	200	1个
31	则查哇寨	藏寨	高原藏乡风情	21.3	300	多个
32	鹰爪洞	洞穴	有似鹰爪之痕迹	1.2	30	1个
33	天鹅海	湖泊	常有天鹅栖息	6.9	100	2个
34	芳草海	湖泊	湖中草色迷人	7.3	100	1个
35	剑岩悬泉	峰岩	山峰陡立似剑	18.9	600	3个
36	原始森林	森林	古树茂密参天	34.3	1700	多个
37	上季节海	湖泊	季节性湖泊	9.3	100	1个
38	下季节海	湖泊	季节性湖泊	8.5	100	1个
39	长海	湖泊	景区最大的湖泊	452.9	4800	5个
40	仙女池	湖泊	独个幽境	13.5	1200	2个
41	九株连心石	石、树	巨石上生九株树	3.3	100	1个
42	五彩池	湖泊	钙华水景	4.7	200	2个
43	冰飘砾	岩石	地质景观	0.5	50	1个
44	干孜公盖山	峰岩	雪峰峥嵘	533.7	800	1个

续表 8－1

序号	景点名称	内　容	特　　征	规模（公顷）	游步道长度（米）	观景摄影台
45	宝镜岩	峰岩	笔立的巨型峭壁	11.2	400	1个
46	扎如寺	寺庙	沟内唯一的寺庙	3.5	300	1个
47	热西寨	藏寨	高原藏乡风情	5.6	200	多个
48	郭都寨	藏寨	高原藏乡风情	4.3	200	多个
49	扎如瀑布	瀑布	飞流直下	2.0	320	1个
50	纳久坡	草场	小草原风光	18.1	800	2个
51	喇嘛石	峰岩	似经文刻于上面	2.1	150	1个
52	植树纪念园	植树	参与性活动	0.4	50	1个

四川省志·九寨沟志

附　　录

一、名　录

1979—2005 年九寨沟管理局历任领导任职名录

表附－1

机构（时限）	姓　名	职　务	任职时间
九寨沟管理所（1979—1983）	王友洲	所　长	1980.01—1983.11
	阎秀成	副所长	1981.09—1983.11
九寨沟管理处（1983—2000）	邓　一	主　任	1983.11—1986.06
	陈先桓	主　任	1986.06—1987.08
	雍德元	主　任	1987.08—1988.12
	泽仁珠	主　任	1988.12—1998.07
	章小平	主　任	1998.03—2000.12
	王友洲	副主任	1983.11—1987.08
	阎秀成	副主任	1986.07—1990.04
	严　跃	副主任	1989.01—1991.04
	杜德平	副主任	1996.05—2000.11
	何有权	副主任	1995.02—2000.11
	唐思远	副主任	1998.07—2000.12
县属九寨沟管理局（1984—2000）	邓　一	局　长	1983.11—1986.06
	陈先桓	局　长	1986.06—1987.08
	雍德元	局　长	1987.08—1988.12
	泽仁珠	局　长	1988.12—1998.07
	王友洲	副局长	1984—1987.08
	阎秀成	副局长	1986.07—1990.04
	武卫强	副局长	1989—1991.03
	严　跃	副局长	1989.01—1991.04
	林霞荣	副局长	1991.08—2000.11
	章小平	副局长	1994.05—1997.10
	泽里秀	副局长	1989—1996
	汪　斌	副局长	1996.10—1998.03
	吴向华	党总支副书记	1997.01—2000.11
	卿　建	副局长	1998.03—2000.11
	赵锡峰	副局长	1998.03—2000.11

续表附-1

机构（时限）	姓　名	职　务	任职时间
州属九寨沟管理局（2000—）	葛　宁	局　长	2000.10—2002.12
	章小平	局　长	2002.12—
	杜　骁	副局长	2001.11—2003.12
	吴向华	副书记	2000.11—2001.11
			2004.12—2005.05
	泽里亚	副局长	2000.11—2012.06
	冯　刚	副局长	2000.11—
	何有权	副局长	2000.12—2003.11
	罗忠诚	副局长	2000.11—2004.04
	严　华	副局长	2001.11—
	隆　伟	副局长	2002.10—2003.10
	张玉峰	副局长	2001.12—2003.12
	任　啸	副局长	2003.07—2004.11
	丁素琴	副局长	2003.12—
	克　克	副局长	2004.04—
	高树龙	副局长	2004.08—
	康　剑	副局长	2004.08—2004.12
	刘静成	党委副书记 纪委书记	2005.05—
	左光远	副局长	2005.09—

景区荣誉名录

表附-2

时　间	收获荣誉	授予单位
1982年11月8日	第一批国家重点风景名胜区	国务院
1991年12月18日	中国旅游胜地四十佳	国家旅游局
1992年12月14日	世界自然遗产	联合国教科文组织
1997年12月15日	世界生物圈保护区	联合国教科文组织
2001年1月	国家AAAA级旅游区标志牌	国家旅游局
2002年7月19日	通过“绿色环球21”旅游可持续发展评审	国家旅游局
2005年10月	“媒体大众评选”第二名	国家地理杂志社

先进个人名录

表附－3

荣 誉 名 称	获 奖 人	授 予 单 位	授予时间
全省风景名胜区管理先进个人	泽仁珠	四川省人民政府	1998 年
全省风景名胜区管理先进个人	周正强	四川省人民政府	1998 年
全州森林防火先进个人	周正强	阿坝州人民政府	2000 年
阿坝州杰出青年岗位能手	容中尔甲	中共阿坝州委	2000 年
第四届阿坝州十大杰出青年	章小平	中共阿坝州委	2000 年
第五届阿坝州十大杰出青年	葛 宁	阿坝州人民政府	2002 年
四川省“五四青年奖章”	葛 宁	共青团四川省委	2002 年
四川省学习雷锋志愿服务先进个人	谭晓蓉	共青团四川省委	2003 年
全国建设系统先进工作者	杨路明	中华人民共和国建设部	2004 年
全国保护母亲河行动个人 5 年成就奖	严 华	国家林业局、共青团中央	2004 年
四川省先进女职工	官 燕	四川省总工会	2004 年
十年全省青年文明号活动突出贡献奖	章小平	共青团四川省委	2004 年
十年全省青年文明号活动突出贡献奖	李小明	共青团四川省委	2004 年
第六届阿坝州十大杰出青年	郎珠塔	阿坝州人民政府	2004 年
阿坝州第二届国防后备力量建设十佳人物	章小平	阿坝州委、州人民政府	2004 年
阿坝州劳动模范	金 辉	阿坝州人民政府	2004 年
全国劳动模范	高霞蓉	国务院	2005 年 4 月 30 日
四川省思想政治工作先进工作者	徐荣林	中共四川省委宣传部	2005 年
第一次全国经济普查工作先进个人	徐荣林	四川省人事厅、四川省统计局	2005 年
四川省优秀导游员	杨富英	四川省旅游局、四川省劳动和社会保障厅、四川省总工会、四川省旅游协会	2005 年
首届十大杰出青年志愿者	陈 雨	共青团四川省委	2005 年
四川青年管理创新带头人	黄 飞	共青团四川省委	2005 年
全国社会治安综合治理先进集体优秀地市和优秀单位的有关领导人员	章小平、高树龙	中央社会治安综合治理委员会、中共中央组织部	2005 年
2004 年度州政务信息工作先进工作者	熊 星	阿坝州人民政府	2005 年

先进集体（单位）名录

表附－4

荣誉称号	获奖单位	授予单位	授予时间
全省旅游行业先进单位	九寨沟旅游公司	省旅游局	1987 年
全国风景名胜区系统先进集体	九寨沟管理局建设科	建设部	1992 年 4 月
四川省重点风景名胜区旅游服务质量管理先进集体三等奖	九寨沟风景名胜管理局		1993 年
四川省重点风景名胜区旅游服务质量管理先进集体二等奖	九寨沟风景名胜管理局被		1994 年
四川省旅游行业先进集体	九寨沟管理局	四川省旅游局、四川财贸工会	1995 年 1 月
四川省旅游区服务管理达标优秀单位	九寨沟	四川省旅游局、建委、公安厅、工商局、卫生厅、交通厅	1997 年 3 月
风景名胜区管理工作先进单位	九寨沟风景名胜管理局	四川省建委	1998 年 8 月
文明风景名胜区	九寨沟	四川省风景名胜领导小组、四川省建设委员会 1998 年 8 月	
风景名胜区管理工作先进单位	九寨沟风景名胜区管理局	四川省建设委员会 1998 年 8 月	
四川省文明服务示范窗口		四川省精神文明建设委员会	1999 年 9 月
全国自然保护区管理先进集体	九寨沟管理局	国家环境保护总局、农业部、国家林业局、国土资源局	1999 年 12 月
文明单位	九寨沟管理局	四川省委、省政府	2000 年 1 月
2000 年中国风景名胜区行业展览组织奖	九寨沟	中国风景名胜区协会	2000 年 3 月
四川省第四届职业道德建设先进单位	九寨沟管理局	中共四川省委宣传部、中共四川省委企业工作委员会、四川省总工会、四川省纠正行业不正之风办公室、四川省精神文明建设办公室	2000 年 12 月
景区工作先进集体	九寨沟管理局	中国风景名胜区协会	2000 年 12 月
全国风景名胜区先进单位	九寨沟管理局	中华人民共和国建设部	2000 年 12 月
四川省社会治安综合治理模范单位	九寨沟管理局	中共四川省委、四川省人民政府	2001 年 1 月
国家等级旅游区（点）AAAA 证书	九寨沟管理局	国家旅游局	2001 年 1 月
巾帼文明示范岗	九寨沟管理局票务处	全国城镇妇女“巾帼建功”活动领导小组	2001 年 9 月
全国保护旅游消费者权益示范单位	九寨沟管理局	中国保护消费者协会、中国风景名胜区协会	2001 年 9 月 20 日
全国青年文明号	九寨沟管理局票务处	共青团中央	2002 年 4 月
“2002 年度全省物价宣传工作先进单位	九寨沟风管理局	四川省物价局	2002 年 6 月

续表附－4

荣誉称号	获奖单位	授予单位	授予时间
全国文明风景旅游区示范点	九寨沟管理局	中央精神文明建设指导委员会办公室、建设部、国家旅游局	2002年9月21日
中国旅游知名品牌	九寨沟	2002年度中国旅游报、中国旅游知名品牌评选组织委员会	2002年
2002年度旅游市场专项整治工作先进集体	九寨沟管理局	省政府	2003年2月
全国青年文明号	九寨沟管理局专职消防队	共青团中央	2003年5月
二〇〇三年度全省旅游工作先进单位	九寨沟管理局	四川省人民政府	2003年8月
四川省人才开发先进单位	九寨沟国家级自然保护区管理局	中共四川省委、四川省人民政府	2003年8月
四川省档案工作先进集体	九寨沟管理局	四川省档案局	2003年12月
四川省第七届职工职业道德建设先进单位	九寨沟管理局	中国共产党四川省委员会宣传部、中国共产党四川省委员会企业工作委员会、四川省总工会、四川省纠正行业不正之风办公室、四川省精神文明建设办公室	2003年12月
国家重点风景名胜区综合整治先进单位	九寨沟管理局	中华人民共和国建设部	2003年12月
2003年度全省旅游工作先进单位	九寨沟管理局	中共四川省委、四川省人民政府	2004年9月
体验中国2004年度中国最好玩的地方	九寨沟	中国电视艺术家协会旅游电视委员会、全国电视旅游节目协作会、CCTV《旅游黄金线》栏目	2004年9月
文明风景旅游区	九寨沟风景名胜区	四川省精神文明建设委员会	2004年11月
诚信经营示范单位	九寨沟管理局	中国保护消费者基金会	2005年3月
2001—2004年度全国社会治安综合治理先进集体	九寨沟管理局	中央社会治安综合治理委员会、中华人民共和国人事部	2005年5月
国家重点风景名胜区监管信息系统建设先进单位	九寨沟管理局	中华人民共和国建设部	2005年9月
全国精神文明建设工作先进单位	九寨沟管理局	中央文明委	2005年10月

文化创作与科技进步奖名录

表附－5

项目	荣誉称号	获奖单位	授予单位	授予时间
纪录片《中国的奉献》	四川省精神文明建设“五个一工程”	九寨沟管理局	中共四川省委宣传部	2001年10月
世界自然遗产九寨沟泥石流综合治理研究	省科技进步一等奖	九寨沟管理局	四川省政府	2003年

二、大 事 记

1953 年

是年　南坪县人民政府成立，和药九寨（今九寨沟）属塔藏乡管辖。

1955 年

是年　南坪县实行民主改革。至1956年，和药九寨定名为塔藏乡扎如村、荷叶村、树正村。

1956 年

是年　九寨沟被纳入林业部川西北森林资源普查范围。

是年　四川省林业局王志强、傅春华进入九寨沟调查森林储备量，报告首次使用“九寨沟”称谓。

1958 年

2月　南（坪）松（潘）公路开工建设。

1959 年

10月　南（坪）松（潘）公路建成通车。

1960 年

是年　九寨沟被列入中南林业勘探设计院制定的白龙江林业开发首批林材开发点。

1966 年

是年 南坪林业局组建，开始在白河流域采伐木材。

1967 年

是年 南坪林业局在九寨沟内组建则泽林场（124 林场），又称“九寨林场”，开始采伐作业。

1970 年

8 月 四川省薯蓣（山药）资源调查队进入九寨沟，开展薯蓣资源科研考察。

1972 年

是年 南坪林业局在九寨沟组建日则林场（126 林场）。

1973 年

5 月 8 日 九寨沟长海以西发生 5.2 级地震。

8 月 11 日 松潘和南坪交界处的三道片发生 6.2 级地震。

1974 年

10 月 第一次野生大熊猫调查开始。

11 月 17 日 九寨沟长海以东发生 5.7 级地震。

1975 年

是年 四川省革命委员会林业组向南坪林业局发出《关于日则、格泽沿沟 200 米以下禁止砍伐的通知》。

1976 年

8 月 16 日晚 10：07 松潘、平武和南坪交界地区发生 7.2 级强烈地震。

1978 年

12 月 15 日 国务院批准建立南坪九寨沟自然保护区。

1979 年

1 月 31 日 《四川日报》刊登《童话世界九寨沟》一文。

3 月 28 日 四川省革命委员会印发《关于加强自然保护区建设的通知》，要求迅速将南坪九寨沟自然保护区建立起来。

9 月 3 日 四川省革命委员会办公厅批复确定九寨沟保护区建立一级管理所。

是年 南坪林业局停止在九寨沟采伐木材，并开始从九寨沟撤出。

1980 年

年初 九寨沟自然保护区管理所在九寨沟正式挂牌。

年底 泽则林场（124 林场）撤出九寨沟。

1981 年

是年 泽则林场（124 林场）场部改建为诺日朗招待所。

是年 九寨沟管理所开始对外售门票。

1982 年

10 月 7 日 四川省林业厅正式通知南坪林业局，所属则泽林场、日则林场于年底前从九寨沟自然保护区撤出。

11 月 8 日 黄龙寺—九寨沟被列入国家第一批重点风景名胜区。

是年 日则林场（126 林场）迁往大录乡亚隆寨。

是年 九寨沟管理所设立日则招待所。

1983 年

5 月 26 日　国务委员、国防部部长张爱萍考察九寨沟。

6 月　南坪县公安局在九寨沟设立治安管理派出所。

7 月　林业部同意九寨沟有限度发展旅游。同年秋，九寨沟正式开始国际旅游接待工作。九寨沟正式印制门票。

9 月 8 日　四川省人民政府发布《关于加强南坪九寨沟自然保护和风景名胜区管理工作的决定》。

10 月 14 日　四川省泥石流防治及学术交流现场会在南坪县召开。

11 月　四川省九寨沟总体规划工作组成立。

是年　四川省南坪县九寨沟自然保护区管理所更名为“四川南坪九寨沟自然保护区管理处”。

是年　九寨沟内第一家家庭旅馆在树正寨开业。

是年　九寨黄龙平武风景区建设协调小组成立。

1984 年

1 月　九寨沟风景名胜区管理局成立，九寨沟正式对外开放，实行门票制。年内在沟口和诺日朗设立中心游客服务部，在沟口建羊峒招待所。

4 月 13 日　全国人大常委会副委员长王任重考察九寨沟。

6 月 7 日、6 月 17 日，7 月 15 日，7 月 24 日　九寨沟景区发生 4 次大的泥石流。

6 月 9 日　全国人大常委会副委员长荣毅仁考察九寨沟。

8 月　中国科学院青藏高原综合科学考察队泥石流组考察九寨沟泥石流。

12 月下旬　九寨沟泥石流治理的初步规划设计和主要泥石流治理规划设计完成。

是年　九寨沟内箭竹普遍开花。

是年　九寨沟内实施封山育林。

是年　泥石流综合实验站在诺日朗设立。

1985 年

5 月 16 日　中共中央书记处书记邓力群考察九寨沟。

7 月　九寨沟彭布直升机场竣工。

8 月　《九寨沟风景名胜区总体规划（1985—2000）》制定完成。9 月 5—13 日，总规评审会在九寨沟管理局举行，《九寨沟风景名胜区总体规划（1985—2000）》通过评审。

10 月 1 日　中共中央总书记胡耀邦考察九寨沟。

是年　九寨沟泥石流治理工程正式实施。

1986 年

5 月 1 日 九寨沟宾馆破土动工。

7 月 2 日 林业部部长杨钟考察九寨沟。

是年 四川省人民政府正式将九寨沟内的森林资源面积从南坪县林业局施业区中划出。

是年 九寨沟内开展首次地表水质监测。

是年 九寨沟管理局开工建设诺日朗、日则、羊峒的给排水工程，架设羊峒至诺日朗、日则的电话线路，改造隆康水电站。

是年 九寨沟旅游公司汽车队先后开设成都—黄龙九寨 7 日游专车、南坪—九寨沟—塔藏班车。

是年 沟口到诺日朗道路按山岭重丘四级公路标准改造。

1987 年

1 月 20 日 中华人民共和国城乡建设环境保护部批准九寨沟风景名胜区总体规划。

6 月 19—21 日 四川省人民政府及有关部门在九寨沟管理局召开九寨沟泥石流综合治理一、二期工程竣工验收及第三期工程设计审查会。

6 月 21 日 中共四川省委在九寨沟管理局召开现场办公会，研究落实总体规划。

10 月 10 日 沟口至诺日朗道路改造工程竣工。

是年 九寨沟管理局组建消防队。

1988 年

3 月 南坪县人民政府主持拆除树正、诺日朗范围内影响景观的建筑。

8 月 1 日 九寨沟宾馆试营业。

8 月 南坪县设立九寨沟镇。

同月 九寨沟管理局筹集资金改造诺日朗至熊猫海公路。

是年 诺日朗电视卫星地面接收站开工建设。

1989 年

5 月 13 日 九寨沟管理局召开有关九寨沟泥石流第三期治理工程会议。

6 月 1 日 第三期泥石流治理工程开工，9 月 30 日竣工。

10 月 20—24 日 九寨沟宾馆建设通过四川省人民政府组织的验收。

10 月 27—29 日 四川省建设委员会对九寨沟内风景名胜区泥石流综合治理第三期工程进行竣工

验收。

11 月 23 日 诺日朗至原始森林公路改造工程通过验收。

是年 地面卫星接收站在沟口开建。

是年 九寨沟自然保护区管理处清查沟内的乱砍滥伐、乱搭滥建、乱占耕地现象。

1990 年

4 月 24 日 九寨沟自然保护区管理处保护科发通知禁止在盆景滩出租水鞋。

4 月底 九寨沟长海一带新发现云杉落叶病。6—9 月，对沟内云杉落叶病森林进行治理。

5 月 1 日 诺日朗商店完工，交付使用。

是年 九寨沟年游客人数接近 15 万人次。

是年 建立长海、日则、树正、诺日朗、荷叶、扎如、沟口 7 个保护组成立。

是年 解决树正寨的消防用水和 36 户、221 人的人畜饮水。

1991 年

3 月 26 日 建设部正式将九寨沟等风景名胜区列入第三批世界遗产申请项目。

5 月 1 日 第四期丹祖沟泥石流治理工程开工。

6 月 14 日 中共南坪县委、南坪县人民政府成立九寨沟申遗工作领导小组。

8 月 23 日 南坪县人民政府发布《关于加强九寨沟风景名胜区管理的规定》。

9 月 申遗工作组完成申报书的编写工作。

11 月 21 日 南坪县人民政府向九寨沟保护区核发林权证。

12 月 18 日 九寨沟获颁“中国旅游胜地四十佳”证书。

是年 九寨沟管理局严禁在犀牛海划船，禁止在珍珠滩踩水、出租水鞋和船只。

是年 九寨沟管理局完成景区全部公路路面的柏油化。

1992 年

5 月 26 日 中共南坪县委、南坪县人民政府发布《关于建立九寨沟旅游经济开发区的决定》，制定《九寨沟旅游经济开发区有关政策规定》。

6 月 5—6 日 联合国教科文组织专家到九寨沟考察。

7 月 1 日 九寨沟居民共同出资的九寨沟旅游股份有限责任公司成立。

12 月 14 日 联合国教科文组织（UNESCO）世界自然遗产委员会（WHC）第十六届全委会在美国新墨西哥州圣菲召开，将九寨沟列入“世界自然遗产”名录。

是年 九寨沟管理局全面禁止游客下滩，取消涉水游览方式。

是年 九寨沟内停止新开荒地。

是年 九寨沟管理局建成入沟标志大楼。

1993 年

2 月 28 日 世界自然遗产证书颁发仪式及新闻发布会在北京市人民大会堂举行。

4 月 九寨沟生态研究与开发中心成立。

5 月 九寨沟公安分局机关成立。

6 月 26 日 九寨沟管理处制定机动车辆进入景区消毒规定。

8 月 四川省林业厅组织有关专家和工程技术人员专题调查九寨沟云杉落叶病的发生情况及管理处 1990—1992 年度的治理情况。

9 月 13—17 日 九寨沟管理局参加第一届东亚地区国家公园与保护区会议暨世界自然保护联盟国家公园和保护区委员会（IUCN CNPPA）第四届工作会议。

是年 川西北旅游机场选址确定在松潘漳腊。

1994 年

5 月 22 日 九寨沟民族艺术团成立。

6 月 九寨沟管理局增设科研科。

7 月 28 日 林业部发文确认九寨沟保护区为森林和野生动物类型国家级自然保护区。

7 月 九寨沟风景区开通全球卫星直拨电话，组建 800MHZ 集群移动通信系统。

8 月 四川南坪九寨沟自然保护区管理处更名为“四川九寨沟国家级自然保护区管理处”。

9 月 8 日 四川省公安厅批复同意建立南坪县公安局九寨沟公安分局。

1995 年

3 月 29 日 九寨沟镇被列入建设部第二批小城镇建设试点镇，定位为旅游集镇。

5 月 5 日 九寨沟旅游股份有限责任公司更名为“九寨沟联合经营有限责任公司”，统一经营和管理九寨沟景区内的餐厅。

9 月 14 日 联合国教科文组织（UNESCO）中国委员会“人与生物圈计划”（MAB）将九寨沟纳入“中国生物圈保护区”序列，并列入“世界生物圈保护区”推荐名单。

10 月 7—9 日 全国人大常委会委员长乔石考察九寨沟国家级自然保护区。

10 月 10—15 日 四川省人民政府在九寨沟召开沟内旅游经营性项目外迁现场办公会，成立“九寨沟内农民经营与活动外迁领导小组”。

11 月 四川省林业厅批准建立九寨国家森林公园，公园位于九寨沟风景区的外围地带。

12 月 《四川九寨沟国家级自然保护区总体规划》编制完成。

是年 九寨沟管理局取缔长海游船项目，停止伐木审批。

是年 扎如、荷叶、树正、诺日朗、日则5个保护站建成，病虫害监测站建成。

是年 九寨沟管理局启动泥石流治理第二阶段工程。8月20日，诺日朗泥石流工程二号坝破土动工，10月10日竣工。

1996年

4月 《四川九寨沟国家级自然保护总体规划》通过评审。

8月27—31日 自然保护研国际研讨会在九寨沟举行，会后发表《九寨沟宣言》。

是年 九寨沟宾馆建成藏羌艺术文化演出中心。

1997年

1月1日 诺日朗招待所迁出沟外。

2月26日 九寨沟管理局招待所改扩建工程开工。

5月23—24日 全国人大常委会副委员长陈慕华考察九寨沟。

6月14日 国务委员陈俊生考察九寨沟。

6月 四川省公安厅政治部批准南坪县九寨沟成立现役性质公安消防科。

7月 九寨沟联合经营股份有限公司新设宾馆部，规划对九寨沟景区内宾馆实行统一管理和经营。

10月27—29日 联合国教科文组织生物圈计划国际协调理事会执行局会议接纳九寨沟为“世界生物圈”组织正式成员。

是年 九寨沟管理局禁止在景区内新修旅馆。

年底 移动通信信号覆盖九寨沟口。

1998年

2月18日 南坪县人民政府将树正村委会、荷叶村委会、扎如村委会改设为居委会。20日，九寨沟管理局设立居民管理办公室，对沟内3个居委会进行专职管理。

5月26日 联合国教科文组织为九寨沟自然保护区颁发“世界生物圈保护区”证书。

6月19日 经国务院批准，南坪县正式更名为“九寨沟县”。

6月26日 九寨沟管理局注册成立九寨沟民族文化开发有限责任公司，负责经营九寨沟民族艺术团。

7月11日 改建后的九寨沟管理局招待所试营业。

7月31日 全国政协副主席、中华全国总工会主席王兆国考察九寨沟。

7月 九寨沟镇更名为“漳扎镇”。

8月16日 日则沟五花海北端滑坡地带发生岩块顺层崩落，堵塞公路，交通中断1月。

9 月 1 日起 九寨沟景区观光车试营运。

9 月 4 日 四川省建设委员会授予九寨沟风景名胜管理局“风景名胜区管理工作先进单位”。

9 月 8 日 全国人大常委会副委员长王汉斌考察九寨沟。

9 月 11—13 日 联合国教科文组织世界遗产中心专家莱斯·莫洛伊和景峰，对九寨沟世界自然遗产地的保护工作进行监测评估。

10 月 1 日 改造后的九寨沟宾馆投入使用。

10 月 2 日 进沟旅游人数达 1.44 万人次，创九寨沟开放以来单日进沟旅游人数最高纪录。

10 月 24 日 全国人大常委会副委员长布赫考察九寨沟。

11 月 7 日 以阿坝州、九寨沟县领导为主要成员的九寨沟管理委员会成立。

是年 九环线旅游公路改建工程完成。

是年 九寨沟管理局建成长海保护站。

是年 九寨沟管理局禁止游客投食喂鱼，禁止建筑材料进沟。

是年 九寨沟管理局向世界遗产委员会提交自然遗产监测和保护工作报告，九寨沟风景名胜区顺利通过世界遗产中心的专家评估。

是年 九寨沟管理局景区内 204 户居民安装石油液化气炉，实现以气代柴。

是年 共青团四川省委授予九寨沟民族艺术团“四川省青年文明号”称号。

1999 年

3 月 1 日 阿坝州藏族歌手容中尔甲发行音乐专辑《神奇的九寨》。

3 月 19 日 九寨沟管理局中心办公楼建设工程启动。

3 月 26 日 九寨沟绿色旅游观光有限责任公司在九寨沟沟口举行剪彩仪式。

5 月 中国建筑西南设计研究院编制完成《九寨沟风景名胜区沟口及游人中心详细规划》。

6 月 九寨沟网页接入国际互联网。

7 月 27 日 九寨沟游人中心工程开工仪式在九寨沟沟口举行。

9 月 6—7 日 国务院副总理田纪云考察九寨沟并题词：“把九寨沟建成生态旅游强县”。

9 月 9 日 国务院总理朱镕基考察九寨沟。

9 月 10 日 全国人大常委会副委员长周光召考察九寨沟。

9 月 27—31 日 九寨沟国际生态旅游节和第六届东亚生物圈保护区网络会议在九寨沟举行。

11 月 23—24 日 九寨沟民族艺术团在中国首届旅游歌曲大赛中取得优秀成绩，参选歌曲《神奇的九寨》获金奖。

12 月 九寨沟管理局荣获国家环境保护总局、农业部、国家林业局、国土资源局“全国自然保护区管理先进集体”称号。

是年 九寨沟管理局禁止外来车辆进入沟内，沟内观光交通由绿色观光公司统一经营。

是年 国家林业局西南航空护林总站在位于漳扎镇彭布寨的山原上设立九寨沟护林航空站。

是年 “云杉落叶病及防治技术研究”获四川省人民政府科学进步三等奖。

是年 九寨沟管理局制定沟内经营活动外迁方案。

是年 全年游客总数达到58万人次。

2000年

1月 中共四川省委、四川省人民政府授予九寨沟管理局“文明单位”称号。

3月23日 国家林业局发文规范“四川九寨沟国家级自然保护区管理处”对外名称，使用“九寨沟国家级自然保护区管理局”。

4月1日 九寨沟管理局招待所正式更名为“九寨沟贵宾楼饭店”。

4月28日 九寨沟景区内移动通信正式开通。

4月 九寨沟管理局和景区居民共同集资入股筹建诺日朗旅游服务中心。

5月16日 九寨沟民族艺术团歌手容中尔甲凭《神奇的九寨》，获中央电视台（CCTV）第九届全国青年歌手电视大奖赛业余组通俗唱法银奖和观众最喜爱歌手奖。

6月6日 《九寨沟国家级自然保护区总体规划（2001—2020）》通过四川省林业厅组织召开评审会。

6月 中共中央政治局委员、国务院副总理吴邦国考察九寨沟。

7月6—9日 九寨沟管理局派员参加在韩国首尔举办的“第13届韩国国际旅游展”。

8月10日 九寨沟地理信息系统通过评审。

同日 九寨沟起景区门票和观光车票执行淡旺季差异价格。

9月5日 国务院副总理李岚清考察九寨沟。

9月22日 全国政协副主席杨汝岱考察九寨沟。

9月 九寨沟喜来登国际大酒店正式营业，为中国景区首家涉外五星级酒店。

10月3日 全国政协主席李瑞环考察九寨沟。

10月20日 九寨沟管理局升级为阿坝州人民政府直属正县级事业单位。

11月20日 九寨沟景区沟口综合工程项目建设完成，游人中心、游人转换中心、管理中心、中心广场等工程基本竣工，成为九寨沟的标志性建筑。

12月 九寨沟管理局被评为建设部全国风景名胜区先进单位。

是年 九寨沟管理局修建九寨沟民俗文化中心。

是年 九寨沟管理局新建收发多套节目的卫星电视地面接收站，新建光纤电视闭路线2000米。

是年 九寨沟管理局完成扎如沟泥石流治理一期工程。

是年 九寨沟管理局参加由国家林业局组织的对全国大熊猫的调查。

是年 九寨沟内扎如、荷叶、树正3个村的村民全部转为非农业人口。

2001年

1月 国家旅游局为九寨沟颁发国家AAAA级国家旅游区证书。

2月12日 “绿色环球21”组织在澳大利亚总部向九寨沟管理局颁发“绿色环球21”管理认

证证书。

2 月 25 日　阿坝州人民政府以批复形式，确定九寨沟国家级自然保护区管理委员会职责。

3 月 30 日　《九寨沟风景名胜区总体规划（2000—2020）》编制完成。10 月，该规划通过由建设部和四川省建设厅共同组织的正式评审。

4 月 30 日　九寨沟管理局关闭景区内客房经营，结束九寨沟内留客住宿的历史。5 月 1 日，九寨沟正式实行“沟内游，沟外住”政策。

5 月　九寨沟生态环境监测站、自动气象站建成。

7 月 1 日　九寨沟旅游网正式上线运行。

同日　九寨沟启动实施“限量旅游”策略，每日进沟游客的高峰数量控制在 1.2 万人以内。

8 月 26 日　武警阿坝州第七支队进驻九寨沟县漳扎镇，27 日进入九寨沟景区执勤。

10 月 1 日　九寨沟管理局正式启用网上票务预订业务。

10 月 3 日　国务院副总理钱其琛考察九寨沟。

10 月　九寨沟管理局拆除九寨沟内所有旱厕，更换为职能生态环保厕所。

同月　九寨沟纪录片《中国的奉献》荣获四川省精神文明建设“五个一工程”奖。

是年　九寨沟景区内的通信监控系统智能化工程光缆铺设完毕。

是年　共青团中央授予九寨沟民族艺术团“全国青年文明号”称号。

是年　九寨沟公安分局荣获集体三等功一次。

是年　九寨沟全年游客人数突破 110 万人次。

2002 年

3 月 11 日　国家民航总局批准九寨黄龙机场初步设计方案。

4 月 4—7 日　九寨沟管理局参加在江苏省南京市国际会展中心举行的 2002 年国内旅游交易会。

4 月 25 日　阿坝州电信分公司开通九寨沟管理局的光纤宽带服务。

4 月　共青团中央授予九寨沟管理局票务处“全国青年文明号”称号。

5 月　九寨沟景区电子门禁票务系统开工建设。

6 月 19 日至 7 月 6 日　九寨沟管理局参与四川六大景区“世界遗产之旅”，赴东南亚联合促销。

6 月　阿坝州人民政府、九寨沟管理局、四川大学、黄龙管理局组建“四川大学九寨沟黄龙旅游经济研究中心”。

同月　九寨沟管理局党委书记、局长葛宁获四川省“五四青年奖章”和阿坝州“十大杰出青年”称号。

7 月 1 日　九寨沟网络旅游有限责任公司完成对原九寨沟旅游网站的改建，开通网上预订门票、车票的“九网旅游电子商务平台”。

7 月 15 日　九寨沟管理局成立景区交通执法队。

8 月 18 日　“九寨沟中国 IC 电话卡”首发式举行，IC 卡电话在九寨沟开通。

9 月 3—8 日　首届中国（四川）国际熊猫节在九寨沟举行。

10 月　南松公路川主寺至九寨沟段（川九路）按山岭重丘二级公路设计标准动工改建。

11 月 6—19 日 参加云南昆明国际旅游交易会。

12 月 1 日 九寨沟全沟气象监测系统建成。

12 月 17 日 中国质量认证中心（CQC）向九寨沟管理局颁发 ISO9001 质量管理体系证书。

是年 《九寨沟》杂志创刊。

是年 九寨沟管理局改建蓝天停车场。

是年 九寨沟管理局完成并开通景区内近 60 公里的架空式木质栈道。

是年 九寨沟管理局启动数字九寨沟一期工程建设。

是年 九寨沟管理局向世界自然遗产委员会提交《九寨沟世界遗产地监测报告（2002）》。

是年 九寨沟管理局与四川省林科院合作启动本底调查，对九寨沟生物资源及其环境进行全面考察。

是年 九寨沟管理局编制完成《世界自然遗产九寨沟山地灾害治理与生态保护工程建设规划》。

2003 年

2 月 9 日 九寨沟本底调查（综合科学考察）项目中期总结会议在四川省林科院召开。

3 月 5 日 九寨沟管理局召开景区经营性房屋建筑拆除现场办公会。是年，景区内经营性建筑拆除共计 12.5 万平方米。

3 月 6 日至 4 月 20 日 九寨沟管理局完成景区居民经营性房屋建筑第一期拆除工程。

3 月 中国风景名胜区协会世界遗产工作委员会第一次会议举行，选举并聘任九寨沟管理局局长章小平为副主任委员。

4 月 15 日 诺日朗旅游服务中心正式对外营业，同时关闭荷叶、树正、则查哇餐厅。

5 月 21 日 中国质量认证中心向九寨沟管理局颁发“ISO 14001：1996 环境管理体系注册认证”证书。

5 月 九寨沟管理局启用诺日朗餐厅，可同时容纳 3000—4000 人就餐。

同月 四川省地质公园与地质遗迹调查评价中心编制完成《四川九寨沟岩溶国家地质公园总体规划》。

同月 国家旅游局、共青团中央授予九寨沟管理局专职消防队“全国青年文明号”称号。

6 月 6 日 诺日朗旅游服务中心工程全面竣工。

6 月 20 日 九寨沟景区公路改扩建工程启动。

7 月 23 日 九寨沟电子门禁系统经过 4 个月测试，正式投入使用。

9 月 5 日 “绿色环球 21”组织授权香港商界环保协会的高级咨询师对九寨沟管理局进行首次评审。

9 月 16 日 全国政协副主席徐匡迪与澳门全国政协委员一行考察九寨沟。

9 月 18 日 全国人大常委会副委员长顾秀莲一行考察九寨沟。

9 月 川九路旅游公路改造工程完工。

10 月 20 日 九寨黄龙机场正式通航。

11 月 30 日 九寨沟管理局完成九寨沟游览区内 35 千伏农网改造工程，沟内全部通电。

12月26日 武警九寨沟森林中队正式入住九寨沟县漳扎镇永竹村新营房。

12月30日 九寨沟通过国家地质遗迹（地质公园）评审委员会的评审。

12月 四川世界遗产地六大景区联合体在广东省开展大型“温暖的南国冰雪节”促销活动。

是年 九寨沟管理局完成九寨沟内观光交通枢纽工程诺日朗停车场建设。

是年 九寨沟管理局配合阿坝州水文勘测局建立九寨沟水文监测站，同年建立九寨沟国家级森林病虫害中心测报点。

是年 课题项目“世界自然遗产九寨沟泥石流综合治理研究”的成果《风景区泥石流研究与防治》，获2003年度四川省政府科技进步一等奖。

是年 九寨印象高原红艺术团参加中央电视台首届中国西部民歌电视大赛，获铜奖；同年，参加四省首届声乐演唱组合大赛，获一等奖。

是年 九寨天堂大剧院建成。

2004年

1月5日 中国（四川）第四届南国冰雪节暨首届阿坝大九寨冰瀑旅游节（主会场）开幕式在九寨沟诺日朗瀑布举行。

1月 国土资源部批准在九寨沟建立国家地质公园。

3月1日 九寨沟县城至九寨沟沟口公路改扩建工程开工，按国家山岭重丘二级公路标准建设。

同日 九寨沟景区统一门票和观光车票价格的淡旺季时段，淡季从每年11月1日至次年2月底，旺季从每年3月1日至10月31日止。

4月20日 景区主干公路改造工程完工。

4月 《四川九寨沟自然保护区综合科学考察报告》完成编写。

5月1日 蓝天停车场完成改建投入使用，安装有先进的电子导向系统。

5月初 “五一”黄金周期间，九寨沟管理局启用“数字九寨”智能监控系统。

5月13日 九寨沟管理局设立数字信息中心。

6月10日 全国政协主席贾庆林考察九寨沟。

6月17日 中共中央政治局常委罗干考察九寨沟。

7月24日 “数字九寨沟”工程通过国家“十五”重点科技攻关项目评审，被列入“建设部2004年科学技术项目计划”。

7月31日 九寨沟管理局和德国巴伐利亚州歌舞团“九寨情缘”文艺大联欢在九寨沟沟口生态广场举行。

9月1日 九寨沟管理局与阿坝州广播电视中心新闻传输系统联网调试成功。

9月7—15日 第二届四川旅游发展大会在九寨沟召开。

9月9日 中央军委主席江泽民考察九寨沟。

10月8日 国务院副总理黄菊考察九寨沟。

10月16日 九寨沟国家地质公园开园揭碑。

10月17—20日 “首届中国风景名胜区可持续发展论坛暨高新技术产业与风景名胜区高峰会”

在九寨沟召开。

10月23日 九寨沟景区的年购票人数突破170万人次。

11月17—25日 九寨沟管理局参加世界自然保护联盟（IUCN）在泰国曼谷召开的第三届世界自然保护大会。

12月 《九寨沟风景名胜区总体规划（2006—2020）》原则通过国家部级审查会议评审。

是年 九寨沟管理局改造荷叶寨35千伏变电所、诺日朗35千伏变电所和10千伏箱式变电所及配套工程。

是年 九寨沟管理局协助建设部建立国家重点风景名胜区九寨沟监测体系。

2005年

1月22日 九寨沟形象大使精英赛决赛在九寨沟举行。

3月8—22日 九寨沟管理局派员参加四川省欧洲旅游促销代表团在德国和法国的促销活动。

3月 《九寨沟风景名胜区总体规划（2006—2020）》根据评审意见完成修订。

4月17—29日 九寨沟管理局派员参加四川省赴日韩促销团。

4月20日至5月31日 九寨沟管理局与九寨沟县人民政府、九寨天堂举办“首届世界自然遗产——九寨沟民俗风情月”活动。

4月30日 九寨沟县城至九寨沟沟口公路改扩建工程全面完工。

同日 九寨沟管理局绿色旅游观光公司导游部经理高霞蓉获“全国劳动模范”称号。

5月 甲蕃古城举行开城仪式。

同月 边边街举行开街仪式。

6月6日 九寨沟管理局冠名四川女排为“九寨沟女排”。

6月19日 “数字九寨沟”一期工程通过建设部验收。

6月25—27日 十一世班禅到访九寨沟。

8月底 九寨沟管理局引入ICE 8000国际诚信监督管理体系。

9月8—11日 “扎如沟生态旅游研讨会”在九寨沟景区召开。

10月13—14日 建设部城市建设司主办的“国家重点风景名胜区监管信息系统暨数字化景区建设工作会议”在九寨沟召开。

10月15—20日 中国·四川阿坝第二届熊猫节在九寨沟举行，主题为“童话世界·国宝大熊猫栖息地”。

10月29日 九黄机场年内客运量累计突破100万人次。

11月中旬 第六届南国冰雪节启动，活动主题为“冰雪童话，浪漫之旅”，主会场设九寨沟。

11—12月 阿坝州文物管理所与九寨沟县文化体育局组成的考古调查组，在九寨沟内发现荷叶寨遗址。

12月7日 九寨沟管理局参加在北京的“四川世界遗产之旅冬季旅游华北推广”活动。

12月 《九寨沟旅游区总体规划》编写完成。

是年 全年游客人数突破200万人次。

是年　九寨沟景区调整淡旺季时间：旺季时间从4月1日至11月15日，淡季时间从11月16至次年3月31日。

是年　九寨沟景区村寨饮水工程实施。

是年　九寨沟沟口大型彩色LED信息发布平台建成。

是年　九寨沟管理局按1.2—2米宽度，启动景区全部游览步行道改建和新建工程。

三、史志摘录

南坪在松之东北隅，万山环峙，谷深林密。多崇山峻岭，无平原旷野。道路崎岖，容车马往来，官道多在河边。汉民沿河而居，番民多居山头。

——民国4年（1915年）《南坪乡土志·疆域》（南坪县志办1984年油印本）

西出永靖关至分汛塘一百二十里，上至大石头二百四十里。

——民国4年（1915年）《南坪乡土志·疆域》（南坪县志办1984年油印本）

（南坪）与文县均为《禹贡》“梁州”。秦以前属氐羌，皆番人所居。今地图名“羊峒”，盖中羊峒地。至今四面山头多番人村落，四境之内别无乡场、市镇，亦无百余家村落，庄多散疏，不相接连，土瘠地贫，地属下下。水田惟城外河坝与下莪场、下永丰河坝、下安乐河坝有之。灌田多山沟之水，河水多难灌溉田畴。全境所收之谷，每年不过二三百石。广出杂粮，农民以包（苞）谷为大宗。夏不甚热，冬不甚寒，气候较松州稍暖，稼穑早收。四境皆农民而无商贾，商人多居城外大街，一丝一缕，乡民必至城市取焉。

——民国4年（1915年）《南坪乡土志·疆域》（南坪县志办1984年油印本）

西至芝麻沟三十里。黑河塘六十里。宁靖塘七十五里。沙坝塘九十里。永靖关一百里。隆康汛①一百一十里。分汛塘一百二十里。永和塘一百卅五里。踏藏汛一百五十里。

——民国4年（1915年）《南坪乡土志·疆域》（南坪县志办1984年油印本）

南邑弹丸之地，万山丛集，城垣逼近，四面皆山。江边线路多断岩绝壁，间有凿山插木以成路者。虽众山蜂拥，无名山大川足供游览。

——民国4年（1915年）《南坪乡土志·山川》（南坪县志办1984年油印本）

白水。即今白河。从弓杠岭之斗基台后与二道林等处发源，距城二百四十余里。经踏藏至分汛塘，下与和约②沟之水合。至黑河塘，与黑河合。离城三十里，与汤珠河合。

---

① 汛，同“讯”，清代兵制基层单位，凡千总、把总、外委所统率的绿营兵均称为“汛”，其驻防巡逻地段称“汛地”。

② 今作“荷叶”。《南坪乡土志》〔民国4年（1915年）〕和《松潘县志》〔民国13年（1924年）〕又写作“和药”。

——民国4年（1915年）《南坪乡土志·山川》（南坪县志办1984年油印本）

隆康桥。距城百一十里。上通八寨九寨。

羊峒桥。距城一百二十里。过桥入和药九寨。

——民国4年（1915年）《南坪乡土志·津梁》（南坪县志办1984年油印本）

打儿崖。在隆康汛地大路旁。岩高数丈，上有石穴，不知深浅，求子者戏以石掷之入穴，不出即云后必得子，不能入穴即云不得。上有“石丈凌云”四字，把总岳华增[1]又镌有“天理良心”四字。

——民国4年（1915年）《南坪乡土志·古迹》（南坪县志办1984年油印本）

大河子。[2] 在踏藏[3]上二十里。广阔四五十亩，四面皆山，对面林木茂盛，波光荡漾，莫测水之深浅。传闻海内有兕牛焉，每三年必出游一次。地方旱甚，至该处焚香取水，水到之处，大雨时行。

——民国4年（1915年）《南坪乡土志·古迹》（南坪县志办1984年油印本）

南坪毗连文县，路达陕甘，居民浑朴，衣食节俭。陕西籍居其二三，文县籍居其六七，风俗与文县大略相同。

男勤耕而女不务织，地不产棉也。商贾绝少远贸，近年居山之民，多务药材，以党参、大黄、当归发基（迹）者颇多。习工艺者甚少，农业居中下，商业居下下。

定（订）婚多无庚帖，男家与女家对亲，许字和亲之后，请媒证、具盒酒到门，名曰插香。未娶之前，先备布帛首饰一切进女家门，名曰送节。完娶之际，先期纳币采（彩），过酒礼，必具猪一只，酒一缸，始接亲焉。多不行亲迎礼，乡间间有行之者。无子多以女招婿，以承宗祧。

亲死，多殡于外，或一二年内择吉安葬，或百期内安葬，看年月山煞利否耶。然停丧不葬者尚少。丧礼行三献，内亲备猪羊，祭祀必用大馍四个，或略小者八个，名曰盘馍。展奠之夕行唐祭礼，晋（缙）绅之家，或设高台数座，歌蓼莪诗[4]，讲问孝奉，孝子跪听之。夜向晨，则发靷安葬焉。葬毕回家，则行虞祭礼，谢宾客焉。

乡民多供喇嘛神，三年内备羊一只，必请师人跳神，执单面羊皮鼓，跳跃堂中，作商羊舞，口唱番语，传断祸福，多有灵验。文县籍多有之，即所谓地盘业主，古老前人者也。陕西籍无有此神，以南坪、阴平古多番人业也。乡人有病不服药，多祷鬼神，或打羊皮鼓，祈福解病。人惊恐成疾，则请师人叫魂，以其魂遗他处。魂不入窍，则梦魂颠倒，睡卧不安，日久难愈也。女子多不读书，故妇人多不识字，风气未开也。

农民饮食以包（苞）谷、荞子为大宗，农人每夕多吃杂面，以黄豆、荞子合而磨之为常，谷米次之，所出甚少也。乡间多饮咂酒，以高粱、青稞、大麦等酿成，味甚甜美。客至，煨小坛，中灌以热水，插一竹筒，轮流转吸，味淡乃止。白香山诗曰“闷取藤枝吸酒尝”，盖咏此也。番人尤好咂

---

① 清光绪五年（1879年），在任会龙汛把总。

② 大河子，或即今“甘海子”（干海子）。

③ 今作“塔藏”。

④ 见《诗经·小雅·谷风之什》。《蓼莪》全诗六章，悼念父母的祭歌。

酒，味淡将糟入曲发之，两夜微热，又烤之以成酒，客至则饮之，然味不甚佳，不如城市所烤之美也。又有饮咂酒神童诗曰：“万石杂粮一瓮收，王侯到此也低头。五龙抱住撑天柱，咂尽黄河水倒流。”真曲尽其妙。

——民国 4 年（1915 年）《南坪乡土志·风俗》（南坪县志办 1984 年油印本）

冬无大寒，夏无酷暑，华氏表升不过九十五度，降不过十五度。

平畴一岁再熟，高山宜麦，平地宜包（苞）谷、荞子。惟土性甚燥，夏宜多雨，冬宜积雪，土乃润泽，麰麦杂粮乃有收成。夏时十日则大旱，至二十日则禾稼枯槁，民不聊生矣。然较之文县，冬则甚寒；较之松潘，冬则尚暖。寒暖尚为适中。

——民国 4 年（1915 年）《南坪乡土志·气候》（南坪县志办 1984 年油印本）

宣统三年，川省因铁路工程，相争利权，同志会乘机起事，……至本年十月内，番酋纠众作乱，以致松、漳两城失守，万姓流离，闻者伤心，见者惨目。彼时南坪风潮日甚，一日三惊，城乡居民寝食不安，手足无措。斯时，防兵调松，固守无人，官绅惊恐，再四熟商，因邀同四寨土守备杨官成入城会议，以为事在燃眉，欲攘其外，宜安其内。顷闻三寨番首，已暗传木刻于羊峒八寨、和药九寨，并隆康七寨，而八、九、七寨土首，又暗传木刻于芝麻五寨、中田四寨，……最可忧者，在羊峒和药众寨番民，素性刁捍，恐怀二（贰）心。赖杨官成深明大义，保存桑梓，不辞苦口，化导番民。先将七寨土守备尤仲盖调南，晓以大义，告以军威，令其先往彼寨，开导众番，休怀二（贰）意，并先化导八寨、九寨土首，使其先知利害，各安生业。……乃推马绅秉忠、左绅培槐，同杨官成、杨生荣并土千把数人，亲赴隆康汛地，调齐八寨土千总尕让塔、外委喇嘛苏并如介郎、判桑刚、盖崇孝，九寨土守备尤仲、千总薄介纳苏、肉尕亚，并牌头六十余人，席地而坐，反复商议。……议和三日，和约乃成。乃与该土首对空要誓，歃血定盟，订立和约八条，缮写数纸，汉番各执一张，以为永远凭。因犒以羊酒，待以恩义，在于该处刊碑立石，以志永久。从此羊峒番民已定，城乡之百姓稍安矣。……

——民国 4 年（1915 年）《南坪乡土志·边防》（南坪县志办 1984 年油印本）

尤中盖。[①] 七寨土守备。前值松、漳番变，恐被三寨所惑，被杨官成善言开导，使将该处番民，先说以利害，令无妄为，又将八寨、九寨土首，劝化归心，不怀异志，相安无事，人亦称其有心地方焉。

——民国 4 年（1915 年）《南坪乡土志·土司》（南坪县志办 1984 年油印本）

翠海。县东北一百余里，中羊峒番部内。海狭长数里，水光浮翠，倒映林岚，故名。

——民国 13 年（1924 年）《松潘县志》卷一“山川”

三舍羊峒和药寨土司 其寨主土百户甲借之裔宗俊他，系西番种类。其先甲利于雍正二年归诚

① 《南坪乡土志·边防》中作“尤仲盖”，或即为同一人。

授职，由川督给以委牌一张，无印信、号纸。其地东境一百八十里交独弄寨界，南境一百八十里交阿思峒寨界，西境五里交羊峒臧咱[1]寨界，北境十五里交隆康寨界，四至共三百八十里，管辖九寨：本寨；则擦凹寨[2]；尖盘寨[3]；盘亚那寨[4]；彭布寨[5]；树正寨[6]；盘信寨[7]；黑角坝寨[8]；故凹寨[9]。以上番民共一百二十户，男女五百四十丁口，向无认纳税银粮马。其受县城文武管辖与上同。

——民国13年（1924年）《松潘县志》卷四“土司”

羊峒踏藏[10]寨土司 其寨主土目扪勒，系西番种类。其先甲六笑于康熙四十二年归诚授职，颁给号纸，无印信。其地东境五里交踏藏泛界，南境五里交挖药寨界，西境五里交阿按寨界，北境十里交押顿寨界，四至共二十五里，管辖三寨。

本寨 自杠寨 错日寨

以上番民共一百六十九户，男女三百八十丁口，向无认纳税银粮马。旧隶松潘镇漳腊营及同知管辖，今归汉军统领漳腊营长会同县知事管理。

——民国13年（1924年）《松潘县志》卷四“土司”

阿按寨土司 其寨主土目叭克巴，系西番种类。其先六笑他于康熙四十二年归诚授职，颁给号纸，无印信。其地东境五里交踏藏寨界，南境五里交挖药寨界，西境一百二十里交东丕寨界，北境荒山无里数，四至共一百三十里，管辖四寨。

本寨 巉藏寨 捏藏寨 利马杠寨

以上番民共一百五十八户，男女三百九十丁口，向无认纳税银粮马。其受县属文武管辖与上同。

——民国13年（1924年）《松潘县志》卷四“土司”

挖药寨土司 其寨主土目擢勒，系西番种类。其先旦折笑于康熙四十二年归诚授职，颁给号纸，无印信。其地东境五里交踏藏泛界，南境荒山无里数，西境一百二十里交东丕寨界，北境五里交阿按寨界，四至共一百三十里，管辖二寨。

本寨 遮雾寨

以上番民共三十一户，男女一百一十丁口，向无认纳税银粮马。其受县属文武管辖与上同。

——民国13年（1924年）《松潘县志》卷四“土司”

---

① 今写作“漳扎”。
② 今作“则查哇”，或写作“则查洼”。
③ 今同。
④ 今同。
⑤ 今有彭布，在九寨沟外。
⑥ 今同。
⑦ 今有“盘牙寨”。
⑧ 今作“黑果”。
⑨ 今有“郭都寨”。
⑩ 今写作“塔藏”。

押顿寨土司 其寨主土目鲁克布塔尔，系西番种类。其先拈争笑于康熙四十二年归诚，授以土目，颁给号纸，无印信。其地东境十五里交竹自寨界，南境十里交踏藏寨界，西北境皆荒山无里数，四至共二十五里，管辖二寨。

本寨　塔藏寨

以上番民共一百一十户，男女三百三十丁口，向无纳税银粮马。其受县属文武管辖与上同。

——民国13年（1924年）《松潘县志》卷四“土司”

中岔寨土司 其寨主土目丹怎沙木，系西番种类。其先捏盼目于康熙四十二年归诚，授以土目，颁给号纸，无印信。其地东境十里交和药寨界，南境荒山无里数，西境十里交踏藏泛界，北境五里交郎寨界，四至共二十五里，管辖三寨。

本寨　上唐日寨　下唐日寨

以上番民共一百一十六户，男女三百零八丁口，向无认纳税银粮马。其受县属文武管辖与上同。

——民国13年（1924年）《松潘县志》卷四“土司”

郎寨土司 其寨主土目出且他，系西番种类。其先郎那亚于康熙四十二年归诚，授以土目，颁给号纸，无印信。其地东境五里交永和塘界，南境五里交中岔寨界，西境十里交踏藏寨界，北境五里交押顿寨界，四至共二十五里，管辖三寨。

本寨　播弄恶寨　恶凹寨

以上番民共一百一十八户，男女三百零四丁口，向无认纳税银粮马。其受县属文武管辖与上同。

——民国13年（1924年）《松潘县志》卷四“土司”

竹自寨土司 其寨主土目阿塔尔，系西番种类。其先札布吉于康熙四十二年归诚，授以土目，颁给号纸，无印信。其地东境五里交臧咱寨界，南境五里交永和塘界，西境十五里交押顿寨界，北境荒山无里数，四至共二十五里，管辖三寨。

本寨　柴曲寨　革鸭寨

以上番民共八十七户，男女一百一十二丁口，向无认纳税银粮马。其受县属文武管辖与上同。

——民国13年（1924年）《松潘县志》卷四“土司”

臧咱寨土司 其寨主土目雍中岔，系西番种类。其先出亚于康熙四十二年归诚，授以土目，颁给号纸，无印信。其地东境五里交分泛塘界，南境十五里交和药寨界，西境五里交竹自寨界，北境荒山无里数，四至共二十五里，管辖三寨。

本寨　押董寨　盘信寨

以上番民共一百一十户，男女三百丁口，向无认纳税银粮马。其受县属文武管辖与上同。

——民国13年（1924年）《松潘县志》卷四“土司”

中羊峒隆康寨土司 其寨主土司名由仲盖，系西番种类。其先林柱于雍正二年归诚，委以寨首，无颁给号纸、印信。其地东境五十里交芝麻寨界，南境一百里交和药寨界，西境四十五里交上羊峒踏藏泛寨界，北境一百三十里交臧咱寨界，四至共计三百一十五里，管辖七寨。

本寨　峨峒寨　重厓寨　材柞寨　丹布寨　丹种寨　叱若寨

以上番民共一百二十四户，男女六百九十八丁口，每年每户征麦一斗交南坪营收储。旧隶松潘镇南坪营及同知巡检管辖，今归汉军统领一营长会同县知事、县佐管理。

——民国13年（1924年）《松潘县志》卷四“土司”

四、文献辑存

国务院批转国家林业总局
关于加强大熊猫保护、驯养工作的报告

国发〔1978〕256号

四川、陕西、甘肃省革命委员会，国家林业总局：

国务院同意国家林业总局《关于加强大熊猫保护、驯养工作的报告》，现转发给你们，望认真研究执行。

附：国家林业总局关于加强大熊猫保护、驯养工作的报告

一九七八年十二月十五日

（中华人民共和国国务院印章）

关于加强大熊猫保护、驯养工作的报告

〔1978〕林经字44号

国务院：

大熊猫是我国特产珍稀动物，被誉为国宝、活化石，在国际交往、科学研究中具有重要作用。

几百万年前，大熊猫曾是组成东亚大陆“剑齿象大熊猫动物群”的代表性动物之一，分布广，数量多。后来，由于长期自然历史的变迁和人类活动的影响，该动物群的其他动物已相继绝迹，而大熊猫却遗留至今，但分布区已极度缩小。据初步调查，现仅残存于岷山、邛崃山、秦岭和大、小凉山的局部地区，数量仅二千只左右。大熊猫食物单纯（野外仅食竹子），繁殖力很低，染病率很高，抵抗敌害的能力不强，是一种衰亡的古老动物，急需加以保护。

建国以来，在保护管理大熊猫方面做了不少工作，乱捕滥猎已基本制止。但是，大熊猫的主要分布地区，多是开发的林区，人为活动频繁，环境日益改变，很难维护大熊猫的正常生活与种群繁

衍，致使大熊猫的分布区逐渐缩小，数量日益减少。而且，自然灾害十分严重。近几年，仅四川的北川、青川、宝兴等县，发现因病死亡和被其他动物猎食的大熊猫就有十八只。一九七五年前后，岷山山脉箭竹大面积（约五千平方公里）开花枯死，使大熊猫缺食而大量死亡，仅发现的尸体就达一百三十八只，中心地带已基本绝迹。最近，邛崃山系又发现箭竹开花枯死。如不采取措施，大熊猫是很难保存的。

为认真贯彻英明领袖华主席关于"采取有效措施保护珍稀动物资源"的重要指示，现提出以下建议：

一、加强自然保护区工作。目前，我国以保护大熊猫为主的自然保护区仅三个，其中岷山山系两个，箭竹已大部开花枯死，大熊猫所剩无几。建议在四川凉山马边与美姑交界的大风顶、岷山青川县的唐家河、南坪县的九寨沟和陕西秦岭佛坪与洋县交界的岳坎，再划四个自然保护区。这四个地区，是我国大熊猫资源最集中的几个地区，自然环境也有代表性，省有关部门和所在县已多次建议划为保护区。遵照国务院一九七五年四十五号文件精神，建议将保护区的建设，由省纳入国家计划。加强保护管理，积极开展科学研究，采取有效措施保护和改善大熊猫的生活环境和饲料条件。

二、建立大熊猫驯养繁殖中心，以免绝灭，并保证外赠的需要。此办法是可行的，如原产我国的麋鹿（四不像）、野马，在我国已经绝迹，而在国外通过建立大型的驯养繁殖中心，把它们保存下来了。我们研究，拟在四川的卧龙、甘肃的白水江和陕西拟划的岳坎三个自然保护区建立大熊猫驯养繁殖中心。打算采取人工驯养、半野养及野养（在人工控制的情况下，采取生物、工程技术措施，保护和改善大熊猫的生活环境，补充和种植饲料）等多种办法，把大熊猫驯养繁殖起来。

三、为了办好大熊猫驯养繁殖中心，建议将上述三个自然保护区，由我局和所在省双重领导，以省为主。所需人员编制、经费、物资、设备、粮食等由所在省统一安排解决。

以上报告，如可行，请批转有关省和部门研究执行。

国家林业总局（印章）

一九七八年十一月五日

国务院批转城乡建设环境保护部等部门关于审定第一批国家重点风景名胜区的请示的通知

国发〔1982〕136号

国务院同意城乡建设环境保护部、文化部和国家旅游局《关于审定第一批国家重点风景名胜区的请示》，现发给你们，望遵照执行。各地区、各部门要按照《国务院批转国家城建总局等部门关于加强风景名胜保护管理工作报告的通知》（国发〔1981〕38 号文）和本通知的要求，切实做好风景名胜的保护和管理工作。

一九八二年十一月八日

关于审定第一批国家重点风景名胜区的请示

根据《国务院批转国家城建总局等部门关于加强风景名胜保护管理工作报告的通知》（国发〔1981〕38 号文）的要求，各省、市、自治区对重点风景名胜区进行了调查、评价和鉴定，已有二十二个省、市、自治区提出了五十五处，要求列为国家重点风景名胜区。

今年三月到四月期间，全国政协城建组、文化组和原城建总局分别邀请部分在京政协委员和有关园林、建筑、城市规划、地理、美术、文物、旅游、环保等方面的专家学者开会，讨论加强风景名胜的保护问题并评议了国家重点风景名胜区名单。大家一致认为，我国山河壮丽，历史悠久，自然风景和名胜古迹遍布全国。一些年来由于各种原因，许多重要风景名胜遭到不同程度的破坏，近年来一些风景区的开发建设缺乏统一规划，加强风景名胜区的保护和管理工作已刻不容缓，应尽早确定国家重点风景名胜区名单，制订保护管理办法，明确管理体制，使我国一些世所罕见的壮丽自然景观和名胜古迹切实得到保护。经过讨论和评定，提出了四十四处风景名胜区（名单附后），作为第一批国家重点风景名胜区，请审定。

当前，各地要继续按照国务院国发〔1981〕38 号文件的要求，做好风景名胜区的保护和管理工作。

一、抓紧编制国家重点风景名胜区的规划，划定范围。各地城乡建设环境保护部门要组织科技力量，深入调查研究，认真编制国家重点风景名胜区的规划，提出保护和管理范围。风景名胜区的规划和管理范围要从保持景区自然和人文景观的完整，有利于保护，便于管理和组织旅游出发，不应受行政区划的限制。为了保持国家重点风景名胜区的特色，维护生态平衡，避免环境污染，还要在风景名胜区外围划出一定的保护地带。国家重点风景名胜区的规划和范围经城乡建设环境保护部审查后，报国务院批准，并立碑标明区界，建立档案。

二、加强领导，实行统一管理。国家重点风景名胜区的管理机构要在省、市、自治区人民政府的领导下，全面安排风景名胜区内各方面的工作，其主要任务是采取有效措施，保证风景名胜不再受到破坏和污染，保持和发扬景观原有特色，按照合理的环境容量和现有的物质、技术条件安排好旅游。使风景名胜区环境优美，秩序良好，成为有益于人民群众身心健康，进行科普教育，激发爱国主义热情，建设社会主义精神文明的游览胜地。

三、严格保护景区植被和地形地貌，维护自然生态。在风景名胜区规划范围内，严禁砍伐林木、破坏植被和进行开山取石、挖沙取土、围湖造田等破坏地形地貌的活动。

四、积极稳妥地做好风景名胜区的开发建设工作。风景名胜区的一切建设均要按照规划要求有计划地进行，重要建设项目要报上一级城乡建设部门审批。旅游设施要因地制宜，要保持地方特色，同自然环境相协调。目前尚不具备对外开放条件的风景名胜区，应搞好保护和管理工作，加强绿化建设。

五、继续做好风景名胜资源的调查、评价和鉴定工作。凡符合国家重点风景名胜区条件的，可陆续呈报国务院审批。建议各省、市、自治区人民政府分批审定省级风景名胜区，并送城乡建设环境保护部备案。

以上妥否，请批示。

附：第一批国家重点风景名胜区名单

1. ……32.（略）

33. 黄龙寺—九寨沟风景名胜区位在四川省松潘、南坪县境内。是以众多的高原湖泊、瀑布和植物景观为主的自然风景。黄龙寺面对白雪皑皑之玉翠山，沟内彩池密布，遍地奇花异草；九寨沟内有成百个阶梯彩色湖泊，无数飞瀑流泉奔腾倾泻，串连其间，景色秀丽奇绝，世所罕见。黄龙寺、九寨沟二者毗连，但又被高山阻隔为各自独立、各具特点的两大景区。

34—44（略）

四川省革命委员会关于加强自然保护区建设的通知

川革发〔1979〕36号

我省动植物资源丰富，计有高等植物一万多种，高等动物一千一百多种，居全国第二位。其中，珍贵植物有：水杉、银杉、珙桐、红豆木等二十多种；珍贵动物有：大熊猫、金丝猴、牛羚、梅花鹿、白唇鹿、小熊猫等三十四种，占全国产额的一半左右。为有效地保护、发展这些珍贵动植物资源，从一九六三年起，我省先后建立了汶川卧龙、南坪白河、平武王朗、天全喇叭河、若尔盖铁布等五个自然保护区。根据国务院指示，我省还将在宝兴大池沟、南坪九寨沟、青川唐家河、马边美姑交界处的大风顶，建立四个自然保护区。

我省已建的五个自然保护区，经营管理面积为二十七万七千七百公顷，对珍贵动植物资源起到了积极的保护作用。但是，由于这是一项新的事业，人们还缺乏这方面的知识，还没有引起足够的重视，加之主管部门管理不力，经费、物资及人员编制均未妥善解决，因而保护区的保护、科研工作都不能很好地开展，保护区内建厂（场）、开矿、采伐、狩猎、挖药、放牧、烧炭、毁林开荒等生产活动比比皆是，严重破坏了保护区的自然环境和珍贵动物赖以生存的森林生态系统，给国家造成了严重的损失。

为了迅速改变这种状况，切实加强自然保护区的建设，尽快将保护区建成自然保护基地，特作如下通知：

一、认真贯彻落实国务院指示，迅速将新划的四个自然保护区建立起来。现决定每个保护区的经营管理面积如下：宝兴大池沟四万公顷（范围包括大池沟及东河以东、锅巴岩以南的林区）、南坪九寨沟六万公顷、青川唐家河四万公顷、马边美姑交界处的大风顶四万公顷。在这些自然保护区的周围要划出适当范围的禁猎区，加强对珍贵动物的保护。有关地、州、县林业部门要立即组织力量，划定四至界线，树立标桩标牌，迅速建立管理机构，报省林业局备案。

二、除卧龙保护区外，原有保护区和新建保护区，根据精简原则和各个保护区面积及任务的大小，配备必要的专业人员。保护区所需事业费、基本建设费、科研费以及物资、设备等，由各保护区根据实际情况作出规划，经省林业局统一平衡后纳入国家计划，统一解决。

三、除卧龙自然保护区由林业部和省林业局共同领导、以部为主外，其他自然保护区，均由省、县林业局共同领导，以省为主。自然保护区应配备强有力的领导班子，要有懂得业务技术的人员参加。保护区职工，至少要有二分之一是科研技术人员。

四、自然保护区、风景林区、禁猎区，负有重要的科研和旅游任务，必须做好护林防火工作，严禁乱砍滥伐、毁林开荒、毁林搞副业等破坏自然景观和珍贵动植物资源的活动。任何单位或个人，未经省主管部门批准，不得进入保护区从事生产或非生产活动；现有的采伐、放牧、狩猎、挖药、烧炭、烧荒烧垦等生产活动，要立即停止，人员、设备限期撤出。对违反国家有关保护区规定，无视劝阻者，要给予严肃处理。

五、自然保护区，要迅速查清区内动植物资源，在切实做好现有自然资源保护管理工作的基础上，要积极采取生物技术措施和工程技术措施，开展生态系统的科学研究，以促进珍贵动植物资源的迅速恢复和增殖，并为工农业生产的发展提供有益的经验。

四川省革命委员会

一九七九年三月二十八日

四川省人民政府
关于加强南坪九寨沟自然保护和风景名胜区管理工作的决定

川府发〔1983〕168号

阿坝州人民政府，绵阳地区行政公署，南坪、松潘、平武县人民政府，省府各部门：

遵照国务院批转国家林业总局关于加强大熊猫保护、驯养工作的报告（即国发〔1978〕256号文件），于一九七九年建立南坪九寨沟自然保护区。几年来，南坪县委、县政府和九寨沟自然保护区管理所，在保护自然资源、开展科学研究、丰富人民文化生活等方面，做了大量工作，取得了一定成绩。去年，国务院批转城乡建设环境保护部等部门关于审定第一批国家重点风景名胜区的请示的通知（即国发〔1982〕136号文件），又把南坪九寨沟定为风景名胜区。虽未正式开放，但国内外游人不断增加。目前突出的问题是，现有机构人力越来越不适应自然保护区和风景名胜区各项工作的开展。为了加强南坪九寨沟自然保护和风景名胜区的管理工作，现作如下决定：

一、建立健全统一的管理体制

九寨沟自然保护和风景名胜由“四川南坪九寨沟自然保护区管理处”统一管理。管理处机构为县局一级，由南坪县政府直接领导。南坪县政府要加强保护区的领导，配备好管理机构的领导班子。

省以林业厅为主，负责统筹协调，城乡建设环境保护厅、外事办公室等有关部门，在各自的业务范围内，各负其责，相互配合，加强业务指导。

管理机构的人员编制，在省林业厅原定二十人的基础上，由省劳动人事厅再增加十五人编制，统一安排使用。原编制的二十人，由省林业厅继续开支；新增的十五人，由省财政按每年每人一千一百元拨款一万六千五百元，截至一九八五年，从一九八六年开始，由管理机构自行解决。新招聘的正式职工，应具备一定的专业技术知识和文化程度，首先在区内择优录用。

随着旅游业务的开展，管理机构要逐步企业化，实行“独立核算，自负盈亏，国家征税”。开展旅游，按比例核收保护管理费，列入保护区管理处账目，用于保护事业。一九八三年至一九八七年的旅游收入，国家暂免征收工商税。当前保护区所有来源的资金，大部分应用于自然保护和旅游、开发建设，不能挪作他用。

二、加强自然保护

九寨沟山、林、海融为一体的自然景观，有大熊猫、金丝猴、苏门羚及星叶草、独叶草等多种珍稀动植物，是一个难得的生物资源宝库和科研教学基地，保护工作是第一位的，必须切实加强。一定要采取有效措施，严禁任何人在区内毁林垦荒、伐薪烧炭、开山凿石、围海造田、捕杀野生动物、擅自采集植物标本，严格保护区内的地形、地貌、水体、山石、土壤、大气及各种动、植物，保持和发扬景观原有特色及山林野趣。当前特别要注意护林防火、制止乱砍滥伐、禁猎、治理冲沟、保护海子。对管理机构的职工、区内社员和入沟人员广泛深入地进行保护科技知识和遵纪守法的教育，使他们自觉做好自然保护工作。管理机构的职工应划分责任区域，把保护效果与奖金挂起钩来。依靠区内社员群众，组织巡山护林专业队伍，签订承包合同，分片包干，与保护经费挂钩，有奖有惩，奖惩兑现。对严重失职的管理人员和损坏风景、捕杀野生动物、擅自采集植物标本的人员要处罚，情节严重的要追究法律责任。

三、积极稳妥地开发建设

九寨沟既是自然保护区，又是风景名胜区，必须有计划地、积极稳妥地开发建设。

首先，要明确保护和利用的辩证关系。保护是利用的前提，利用是保护的重要目的，搞好保护以永续利用，以利用促进更好的保护，使各种珍稀动植物不断繁衍、发展，九寨风光世世代代为人类造福。在保护好自然资源的前提下，有限制地开展旅游活动，发展经济、文化事业，提高当地居民的物质文化生活水平。

第二，要统一规划，统筹安排。由省城乡建设环保厅、林业厅会同农牧厅、交通厅、外事办公室等有关部门和当地政府、管理机构，组织以园林、生态、建筑技术人员为主体的规划组，对包括九寨沟、黄龙寺、王朗在内的保护风景区进行深入的调查研究，从保持景观特色，维护生态平衡，避免环境污染出发，合理地划分核心区、旅游范围、路线和当地社员的生产生活地带，对景观、绿化、科研、文化和旅游区内的食宿、交通、商业、医疗、邮电、治安等服务设施布点进行全面规划，尽快提出分期开发的总体建设方案，经省政府审查，报国务院批准。然后，根据财力、物力可能，按批准的总体规划和基建程序，分期开发，逐年建设，由管理机构在省级有关部门的业务指导下统一安排实施。开发建设所需资金，由省财政一次性拨款，省林业厅批一部分困山材①的税后收入，当地政府集资，管理机构的旅游收入和旅游、交通等部门的资助来解决。

第三，要把保护、开发同当地少数民族群众的利益紧密结合起来。必须采取正确的政策，安排好藏族社员的生产生活，使他们的收入高于附近社队的水平，从切身利益上更加关心景区的开发，更加自觉地保护景区。要在保护好自然资源的前提下，因地制宜，落实责任山，增划少量自留山；组织社员群众从事巡山护林、植树造林、公路养护和旅游服务等劳务，付给报酬；搞好社员的技术培训和技术指导，扶持他们发展蔬菜、禽蛋、生猪、奶牛、林果、药材等多种经营，特别要在技术、良种、资金、物资、销售上帮助专业户、重点户发展商品生产，增加收入。

四、规定旅游范围

九寨沟的自然保护和利用风景名胜开展旅游是一致的。应当加强管理，在搞好自然保护的前提下，划出一定范围，开展旅游活动。一是规定旅游范围、路线。根据有利于自然保护的原则和当前的服务设施、管理力量，并注意留后备资源的精神，近期内旅游范围暂定为：九寨沟从沟口至诺日朗，日则沟从诺日朗至南岸朗，则查哇沟从诺日朗至长海，沿公路一线。二是控制旅游人数。在旅游旺季，不准任何部门或单位到九寨沟开会；团体参观一定要事先经管理处同意，有计划的安排。三是控制旅游季节。从五月到十月开展旅游，头年十一月至次年四月原则上不开展旅游。四是控制进沟车辆。除工作车外，一般不得进沟。

为适应旅游需要，有计划地兴建一些食宿、交通、商业、医疗、邮电等服务设施，扩大服务范围，提高服务质量。但要控制集体和个体商业、饮食服务业在区内盲目设点开业，确系拾遗补阙需要，须经管理机构同意，县工商行政部门批准，发给特许执照，方可在指定地点开业，并严格遵守景区管理制度。经常保持整洁、安静、优美的环境和良好的秩序。

四川省人民政府（印章）

一九八三年九月八日

中华人民共和国城乡建设环境保护部关于九寨沟风景名胜区规划的批复

〔87〕城字第24号

四川省人民政府：

你省一九八六年一月六日《关于请审批黄龙—九寨沟风景名胜区总体规划的报告》收悉。国务

① 林业工作用语，指砍伐后因运力、地形等原因无法运输出来的木材。

院已原则同意九寨沟风景名胜区的规划，现批复如下：

一、九寨沟风景名胜区是以高原山谷碳酸盐堰塞湖地貌景观为特征，彩林、翠湖、叠瀑、雪峰等自然景观与藏族文化相融合的国家重点风景名胜区。

二、九寨沟风景名胜区管理范围为七百二十平方公里，其外围保护地带为六百平方公里（见附件）。要按划定的管理范围，标界立碑，建立档案，加强管理。

三、九寨沟风景名胜区具有珍贵的观赏价值和重要的科学价值，对风景名胜区内景物和环境要严格保护，建立各项规章制度，落实林木植被、水体和地貌的保护措施，搞好停耕还林、还草、绿化迹地荒坡及护林防火、防治林木病虫害等项工作。要加强治理滑坡、泥石流的工作，妥善处理游人的生活废弃物。严禁损毁景物，砍伐林木、乱搞建设和滥捕野生动物等破坏活动。非游览区禁止游人进入。

四、根据保护管理和建设的需要，要逐步编制分区详细规划，由省人民政府审批。任何单位和个人在风景名胜区内搞建设，都必须符合《风景名胜区管理暂行条例》和规划的要求，经风景名胜区管理机构同意，按规定程序报经批准后进行。

五、同意将旅游接待和生活服务设施集中在南坪县白河镇统一规划建设，要搞好能源供应，给水排水、污水处理，环境卫生，邮电通信、道路停车场等基础设施，改善对外交通条件。在游人集中的游览区禁止建设宾馆、招待所等服务设施。对不符合规划，未经批准的违章建设工程，要进行清理，区别情况予以处理以至拆除。原有藏寨可以保持传统形式，体现民族风格的地方特色，逐步改善卫生条件，以适应风景旅游的需要。

六、根据《风景名胜区管理暂行条例》的规定，健全九寨沟风景名胜区管理机构，加强统一管理。管理机构要认真执行民族政策，尊重少数民族风俗习惯，积极组织群众从事育林、护林、养路、环卫、商业、服务、手工艺品生产等项事业，促进地区经济、文化的发展，不断提高群众的物质和文化生活水平。

附：九寨沟风景名胜区范围及外围保护地带界限

中华人民共和国城乡建设环境保护部（印章）

一九八七年一月二十日

九寨沟风景名胜区范围及外围保护地带界限

①风景名胜区范围界限：东至红海、黑海以西接白河及王朗自然保护区界；南至尕尔纳峰，以南坪县和松潘县、平武县县界为限，西至扎玛且莫普德峰南北两侧山脊线；北至塔藏永和塘到隆康永定关段北侧分水岭，面积为720平方公里。

②外围保护地带界限：东至风景名胜区范围西界；西至松南公路以西分水岭；南至南坪县与松潘县县界；北至拉来坝到唐乌沟与许夏沟交会处一线，面积约600平方公里。

四川省人民政府
请确认九寨沟等四个自然保护区为国家级森林和野生动物类型自然保护区的函

川府函〔1994〕188号

林业部：

四川省地域辽阔，自然条件得天独厚，盆地、平原、丘陵、山地、高原等五类地形地貌齐全，气候类型多样，野生动植物资源十分丰富。大熊猫、金丝猴、牛羚、绿尾虹雉、银杉、苏铁、桫椤等珍稀野生动植物，闻名于世界，是我国最宝贵的自然物种。为了保存这些有特殊价值的珍稀野生动植物及其自然生态系统和自然景观，我省从1963年以来，先后建立了森林和野生动物类型自然保护区31个，保护面积8433平方公里，约占全省辖区面积的1.5%。在已建的自然保护区中，蜂桶寨、九寨沟、美姑大风顶、马边大风顶自然保护区，因其所处的重要地位和特殊保护价值，是经国务院特别批准建立的自然保护区。其中，蜂桶寨自然保护区为国务院国发〔1975〕45号文转发农林部、四川省革命委员会《关于四川省珍贵动物保护管理情况的调查报告》所确定建立，原名为宝兴大池沟自然保护区，后来根据当地的习惯称法，更名为宝兴蜂桶寨自然保护区。九寨沟、美姑大风顶、马边大风顶自然保护区为国务院国发〔1978〕256号文批转国家林业总局《关于加强大熊猫保护、驯养工作的报告》所确定建立。为贯彻国务院的上述两个文件精神，1979年，四川省革命委员会川革发〔1979〕36号《关于加强自然保护区建设的通知》中，确定了蜂桶寨、九寨沟、美姑大风顶、马边大风顶自然保护区的管理面积，划定了四至界线，规定了管理原则，提出了开展科学研究的任务。对上述四个自然保护区设立了管理机构，配备了管理人员，安排了事业经费和基建、科研等资金。按照国务院、林业部对自然保护区的保护管理规定和要求，进行了保护管理和建设。经过十五年来的逐步完善和发展，蜂桶寨、九寨沟、美姑大风顶、马边大风顶自然保护区的生态环境保存良好，大熊猫等珍稀野生动植物得到有效保护，保护区在科研工作和增进我国的对外开放与合作方面发挥了很大作用。这四个自然保护区无论是从自身的自然资源、物种多样性及其在保护大熊猫等珍稀野生动植物中的重要地位，还是从保护区的管理状况、管理水平等方面来看，条件都正在逐步成熟，已成为国内外有较大影响的自然保护区，越来越受到国际国内的普遍关注和支持。按照国务院批准由贵部发布的《森林和野生动物类型自然保护区管理办法》第五条和第六条的规定，我们认为上述四个自然保护区具备国家级自然保护区的标准和条件，而且多年来也一直是按照国家级自然保护区进行保护管理。

为了进一步加快九寨沟、蜂桶寨、美姑大风顶、马边大风顶自然保护区的建设和发展，更好地拯救大熊猫、金丝猴、牛羚等珍稀野生动植物种，保护好区内的自然资源、自然环境和森林生态系统，使之进一步适应国际上自然保护区事业发展的需要，特恳请贵部确认九寨沟、蜂桶寨、美姑大风顶、马边大风顶自然保护区为国家级森林和野生动物类型自然保护区。

附件：1. 国务院国发〔1975〕45号（略）

2. 国务院国发〔1978〕256号（略）

3. 四川省革命委员会川革办函〔1979〕34号（略）
4. 四川省革命委员会川革发〔1979〕36号（略）
5. 四川九寨沟国家级自然保护区基本情况（略）
6. 四川蜂桶寨国家级自然保护区基本情况（略）
7. 四川美姑大风顶国家级自然保护区基本情况（略）
8. 四川马边大风顶国家级自然保护区基本情况（略）

四川省人民政府（印章）

一九九四年五月十七日

中华人民共和国林业部
关于确认九寨沟等四个自然保护区为国家级自然保护区的函

林函护字〔1994〕174号

四川省人民政府：

你省《四川省人民政府请确认九寨沟等四个自然保护区为国家级森林和野生动物类型自然保护区的函》（川府函〔1994〕188号）收悉。经研究，函复如下：

九寨沟、蜂桶寨、美姑大风顶、马边大风顶四个自然保护区是闻名世界的珍稀野生动物大熊猫、金丝猴、牛角羚和珍稀野生动植物银杉等的主要分布地区。保护区建立十几年来，充分发挥自身资源优势，逐步发展完善，有效地保护了大熊猫、金丝猴等珍稀野生动植物，积累了丰富的保护和管理经验，已具有国家级自然保护区管理水平。同时，以上四个保护区早在1975年就已经国务院批准建立。为切实加强保护区建设，更好地保护大熊猫、金丝猴、银杉等珍稀野生动植物和保护区的自然环境，经研究，同意确认你省九寨沟、蜂桶寨、美姑大风顶、马边大风顶四个自然保护区为国家级自然保护区。

中华人民共和国林业部（印章）

一九九四年七月二十八日

国家林业局关于进一步加强自然保护区管理工作的通知

林护发〔2000〕131号

各省、自治区、直辖市林业（农林）厅（局），内蒙古、吉林、龙江、大兴安岭森工（林业）集团公司：

为了进一步加强自然保护区建设和管理，解决自然保护区在保护和管理工作上存在的如土地林地权属不清，投资严重不足，执法力度薄弱，管理体制不顺和缺乏行业规范等问题，推进自然保护区事业的正常发展，现将有关事项通知如下：

一、委托自然保护区管理机构行使林业行政处罚权，加大执法力度。县级以上林业行政主管部门应根据《行政处罚法》《森林法实施条例》《自然保护区条例》和《森林和野生动物类型自然保护区管理办法》等法律法规的有关规定和当地实际情况，对符合《行政处罚法》规定的委托条件的自然保护区管理机构，委托其在自然保护区内行使林业行政处罚权；同时，要进一步加强国家级和省级自然保护区森林公安机构建设，理顺执法和管理关系，增加基础设施及装备投入，从而加大执法力度，严厉打击和制止破坏自然保护区内野生动植物及其栖息地的违法犯罪活动。

二、编制自然保护区总体规划，落实土地林地权属。各级林业行政主管部门和自然保护区管理机构要认真做好总体规划的编制工作。总体规划必须由有资质的规划设计部门编制，并分级报批。其中，国家级自然保护区总体规划大纲由国家林业局颁布；总体规划的编制、评审和申报由省级林业行政主管部门负责，报国家林业局审批。自然保护区要按国家有关规定科学合理地划分核心区、缓冲区和实验区，并确定“四至”，标桩立界。国家级自然保护区的功能区划定和调整由国家林业局批准。县级以上林业主管部门应当按照《森林法》《森林法实施条例》的规定做好自然保护区的森林、林木和林地权属的登记造册工作，建立资源档案，并为自然保护区管理机构办理权属证书，切实加强管理。

三、制定管理办法，实行规范化管理。根据国家关于自然保护区管理的有关规定，县级以上林业行政主管部门要组织制定自然保护区管理办法，并提请政府或人大批准施行。国家级和省级自然保护区的管理办法要报所在地人大或政府批准颁布施行，跨区域的要报上一级人大或政府批准颁布施行，要做到一个保护区一个管理办法。管理办法中应明确自然保护区管理机构的职责、权力和执法范围等，对自然保护区实行规范化管理。

四、理顺管理体制，统一机构名称。各级林业行政主管部门要切实理顺自然保护区管理体制，明确管理机构的管理权限，进一步加大对森林、湿地、荒漠生态系统类型和野生动植物类型自然保护区的指导和管理力度。同时，要规范国家级自然保护区管理机构名称，一律统称为XXX国家级自然保护区管理局，如四川九寨沟国家级自然保护区管理局。

五、加大投资力度，加快建设步伐。自然保护区建设是各级政府的一项重要职责。县级以上林业行政主管部门要做好计划和预算，积极争取将自然保护区建设纳入同级政府的国民经济和社会发展计划。国家级自然保护区基本建设要根据国家林业局批准的总体规划和建设项目可行性研究报告，由国家和省共同投资进行建设。各省、自治区、直辖市林业主管部门要积极做好配套资金的安排落实工作。凡配套资金不到位的，国家林业局将停止安排国家投资资金。

六、实行自然保护区领导干部管理目标责任制。县级以上林业行政主管部门要制定自然保护区管理机构领导干部考核评定标准和办法，每年进行一次业务考核工作，对作出突出贡献者实行奖励，对考核不合格者通报批评并要求限期改正。同时，自然保护区领导干部实行岗位培训和持证上岗制度。岗位培训实行分级负责。国家级自然保护区管理机构领导干部岗位培训由国家林业局负责，地方级自然保护区领导干部岗位培训由各省、自治区、直辖市林业行政主管部门负责。培训后获得“关键岗位合格证书”，方可上岗。

七、加强野外巡护工作。各自然保护区管理机构要高度重视野外巡护工作，认真做好保护站点建设和设施配备，充实野外巡护人员，建立巡护制度和鼓励机制，划定管辖范围，实行承包责任制，并要定期进行核查监督，发现问题及时解决，确保自然保护区利益不受侵害。

八、加强社区共管工作。自然保护区管理机构要积极争取当地政府对保护区各项工作的支持，共同组成自然保护区联合保护委员会，开展自然保护区联保联防工作。有条件的自然保护区管理机构要积极帮助当地社区发展经济，为群众提供致富信息，开展技术培训，调动和吸引群众参与自然保护区管理工作，为自然保护区的保护、发展和建设创造良好的社会环境。

九、编制旅游规划，积极开展生态旅游。要积极稳妥地推进自然保护区的生态旅游。自然保护区开展的生态旅游要坚持“保护第一、统一规划、统一管理、崇尚自然、防止污染”的原则。旅游活动仅限于在自然保护区的实验区内开展，为有效管理自然保护区的旅游活动，应加强对旅游区域的管理，要统一自然保护区内旅游区域的名称。自然保护区开展旅游活动要体现当地景观特色和民族风情，促进当地社区的经济发展，但不得在自然保护区内新建庙宇，乱建人工设施和景观。

国家林业局（印章）

二〇〇〇年三月二十二日

四川省林业局
关于请求解决自然保护区管理机构及人员编制的报告

川林组〔79〕92号

省革委：

遵照国务院一九六二年国林谭287号文指示，一九六三年以来，我省在大熊猫、金丝猴、牛羚、梅花鹿等珍稀动物主要栖息繁殖的地区划定了十二个自然保护区，管理面积47万公顷，占全省面积的0.81%，占全国保护区管理面积的三分之一。这十二个保护区中，经原省人委批准的有五个，已在一九七四年前相继建立了管理机构，有18名职工从事管理工作，但人员无正式编制，只有卧龙自然保护区于一九七六年底，经省革委批准，建立了县团级管理机构，编制250人；另有七个保护区（其中大风顶保护区因跨两县，已分设马边大风顶自然保护区和美姑大风顶自然保护区），是一九七五年以后由国务院或省革委批准划定的，至今还未建立管理机构。由于林彪、“四人帮”流毒的影响，加之保护区管理机构不健全，管理人员无编制。管理工作松弛，保护区的自然资源仍在继续遭受破坏，科学研究工作也无法开展，致使保护区不能取得显著的成果。

为使自然保护区的建设能适应新形势发展的需要，中央财政部、林业部今年给我省拨来自然保护区事业费50万元，其中，卧龙保护区30万元，其他保护区20万，这笔经费已列为我省林业事业费专款，每年照拨；另拨来基本建设费60万元，其中，卧龙30万元，其他保护区30万元。这些经费均已拨到省里，解决了保护区所需经费问题。

为了积极搞好自然保护区的建设，使其早出成果，为四化多作贡献，我们意见，除卧龙外的其他保护区应建立区一级的“管理所”，共编制135人，除原有18人仍按过去经费开支渠道解决外，中央拨来的20万元事业费，只解决117人的人头经费和其他业务费开支。根据省革委川革发〔1979〕36号文件规定，管理所由省、县林业局共同领导，以省为主的精神，管理所的行政人员由省、县林业局共同领导，以省为主的精神，管理所的行政人员由所在县配备，所长由县提名，征求地、州林业局意见，报省林业局批准。业务技术人员，请省计委、省科委、省高教局逐年给予解决。管理所的行政人员以占编制人数的15%，业务技术人员占25%，工人占60%为好，保护区的工人，大部分可在当地林业工人中调剂解决。需要新招聘的工人可优先在保护区所在地、州、县的林业职工子女中招收。保护区的工人，应是具有初中以上文化水平，身体健康、工作积极、热爱劳动，乐于从事自然保护事业的同志。

以上报告如可行，请批转有关单位，部门办理。

附：全省十一个自然保护区人员编制表

四川省林业局

一九七九年七月三十一日

附

全省十一个自然保护区人员编制表

自然保护区名称	人员编制	已有职工数	需招（上）工人数	备　注
平武王朗	15	9	2	—
南坪白河	8	2	3	—
南坪九寨	20	—	10	—
天全喇叭河	8	4	2	—
若尔盖铁布	8	3	3	—
青川唐家河	20	—	10	—
宝兴蜂桶寨	17	—	10	—
北川小寨子沟	8	—	4	—

续附

自然保护区名称	人员编制	已有职工数	需招（上）工人数	备　注
马边大风顶	15	—	8	—
美姑大风顶	8	—	5	—
南川金佛山	8	—	5	—
合　计	135	18	62	—

四川省革命委员会办公厅
关于解决自然保护区管理机构及人员编制问题的批复

川革办函〔1979〕34号

四川省林业局：

川林组〔79〕92号《关于请求解决自然保护区管理机构及人员编制的报告》收悉。

经省革委八月二十九日经济工作办公会议研究，同意你局《关于请求解决自然保护区管理机构及人员编制的报告》。

建立、健全自然保护区管理机构招收职工时，除优先考虑林区老职工的子女外、要注意选招部分当地人员，以密切群众联系，共同搞好管理工作。今后，还应当从大专院校毕业生中，分配一定数量的专业人才，担任自然保护区的技术员，充实科研力量。同时，要配合科研部门，加强调查研究，制定自然保护区的工作条例，全面加强科学管理。

以上，请会同有关部门研究办理。

四川省革命委员会办公厅

一九七九年九月三日

四川省林业厅
关于在年底前将124、126林场撤出九寨沟保护区的函

川林造〔1982〕82号

南坪林业局：

经研究，并征得阿坝州林业企业管理局同意，你局所属124林场、126林场的职工，在一九八二年年底前全部迁出南坪九寨沟保护区。你局已采伐集中在山场的木材，应在今年集运下山作计划内销售；比较零星分散的木材，由九寨沟保护区管理所清理销售，所得货款用于保护区的公路维护等建设事业。从现在起，任何单位和个人都不准在保护区内砍伐木材，清理采伐迹地只能清除腐木、风倒木、枯立木。区内未更新的采伐迹地所需更新经费和已更新而需要的抚育，由南坪林业局按规定的定额，分年按计划拨给九寨沟自然保护区管理所，由保护区组织当地社队负责更新、抚育和管理。

南坪林业局124和126林场全部撤出九寨沟时，其固定资产，如房屋、水电站、电话线路、公路等全部转交九寨沟保护区管理所，由南坪林业局及124、126林场向南坪县林业局、九寨沟保护区管理所按规定办理固定资产转移手续。

一九八二年十月七日

（四川省林业厅印章）

中国联合国教科文组织全国委员会秘书处
关于我遗产项目列入《世界遗产名录》的通知

建设部城建司：

联合国教科文组织世界遗产委员会第十六届会议（1992年12月，美国圣菲）批准，将我国提名的武陵源、九寨沟、黄龙三个国家级风景名胜区作为自然遗产列入《世界遗产名录》。

我国同时提名的石林和黄果树两个国家风景名胜区，经有关国际专家考察和世界遗产委员会主席团初审，认为缺乏有关地质资料及国际权威地质学家的论证，因此未向委员会会议推荐审议。联合国教科文组织表示，中方可就有关问题继续进行考察论证及材料补充工作，待今后时机成熟时可再次申报。

以上特告。

中国联合国教科文组织全国委员会
秘书处
一九九三年一月十九日

中国人与生物圈国家委员会关于丰林、九寨沟自然保护区被批准纳入联合国教科文组织世界生物圈保护网络的函

林函护字〔1994〕174号

林业部自然保护司：

在1997年10月27日至29日召开的联合国教科文组织生物圈计划国际协调理事会执行局会议上，正式批准接纳我国丰林和九寨沟国家级自然保护区为联合国教科文组织世界生物圈保护区网络成员。中国人与生物圈国家委员会将在适当的时间组织该两个生物圈保护区的颁证仪式，届时另行通知。

中国人与生物圈国家委员会
一九九七年十一月十二日

五、专题记述

九寨沟地貌的成因

九寨沟奇特地貌的形成，经历了一个漫长而复杂的地质地貌作用和演化过程。在这个过程中，沟内自然地理诸要素综合作用，形成比较复杂的互相关系，地质、重力、气候、生物等因素共同塑造了九寨沟的地貌。这些作用主要表现为冰川作用的冰碛物遗留所造成的河谷堵塞以及在此基础上的钙华沉积作用。九寨沟内许多瀑布和群海是在河谷冰碛物的基础上因为钙华堆积而逐渐形成的。

一、地质基础

九寨沟处于几个大地构造单元的结合部位，其北侧紧邻秦岭东西向构造带，东南侧紧靠北东向龙门山褶皱带，西南面有康滇“歹”字形构造体系，地质构造背景复杂，地壳升降幅度差异较大，以地震为主的新构造运动表现强烈。区域构造方向以北西—南东为主，受北东—南西向挤压力较强，表现在地面主要是一系列复式褶皱构造。九寨沟位处白马弧的西翼，由南向北依次横切则查复背斜、长海复向斜、日地复背斜。荷叶断裂以南主要为古生界碳酸盐岩类，以北为三叠系中统扎尕山组，组成地面的岩层以层厚质纯的灰岩为主，连续厚度达1756—2940米。这样的地质环境，奠定现在九寨沟地貌的骨架和形成的物质基础。

二、气候条件

九寨沟处于中国北亚热带秦巴湿润区和青藏高原波密—川西湿润区的过渡地带，是冷凉干燥的季风气候类型。东南侧有龙门山的阻挡，太平洋的暖湿气流难以直达，降水偏少，年均降水量761.8毫米。北面有秦岭屏护，冬季蒙古高压寒流影响大大削弱。

九寨沟区域海拔高度在2000—4764米，呈现明显的山地垂直地带性气候，不同高程表现出地貌作用营力的差异。高处山地悬崖绝壁、基岩裸露，既有现代冰雪作用，也有古冰川侵蚀遗迹。高山地带的寒冻风化作用造就一系列冰缘地貌类型。坡面多重力作用地貌。沟谷底部是各类营力的堆积聚集和流水与岩溶作用集中的地方。

三、冰川作用

冰川活动奠定了九寨沟自然风景的地貌基础。许多湖泊与瀑布的形成，都与冰川活动有关。

九寨沟在晚更新代末期受冰川作用。这次冰川活动大约在距今1万—1.3万年前的晚更新世后期结束，属季风型海洋性冰川，留下大量古冰川遗迹。冰川退缩时在山谷中遗留下来的大量松散物，加上植物的生长，形成稳固的堤坝。冰期后经流水特别是钙华沉积的改造作用，形成了一系列瀑布和群海。

九寨沟的浅U形悬槽谷和深切割U形谷是典型的冰川作用遗迹，深切割U形谷尤其反映海洋性冰川的强烈地质地貌作用。九寨沟的U形谷一直伸展到海拔2800米的地方，穿过针叶林带伸入到针阔混交林带内，留下完整的多道终碛垄、侧碛垄，堵塞谷地形成湖泊。在长海至上下季节海之间，大量冰川时期遗留下来的冰碛物堆积成一个复合垄岗，堵塞河谷，形成长海。这道垄岗以大小混杂、分选极差的块砾组成，块砾岩性为碳酸盐岩，以生物碎屑灰岩、泥质灰岩、白云质灰岩为主，地表某些砾石表面受雨水溶蚀的淋滤作用，呈次棱角状，有些砾石表面有灰白色钙质结膜，但无胶结现象。

长海右下方有一支谷名九龙洞沟，沟谷走向与则查哇垂直。该支沟沟口被一高约50米的线型垄堤封闭，沟内森林茂密，无水流出。九龙洞沟对侧山坡下的丛林中即为五彩池，池被垄岗地貌所围，北坡较缓，与东坡顶公路相比，湖面低于地面50米。

在诺日朗至树正一带公路边坡上，可观察到保存较好的古融冻泥石流堆积物剖面。从剖面上看，融冻泥石流堆积物具有泥砂与砾石混杂的特征。砂砾分选性较差，多为棱角状和次棱角状。粒径一般0.5—5厘米，以角砾成分为主，约占60%，结构较紧实，无胶结。从上到下，剖面每层厚度不等，反映冰缘气候的波动性。上部层位的砾石表面常可见到灰白色钙质结膜，系表层土壤中的碳酸钙淋滤向下迁移沉淀的结果。

古融冻泥堆积物，是冰期时期冰缘气候地貌的一种类型。这种古融冻泥堆积物一般不会受到侵蚀。一旦地面植被破坏，雨水可能渗过土层进入古泥石流堆积物层，使这部分物质湿润下滑，或因地面片流侵蚀造成水土流失，使古泥石流堆积物暴露于地表，为坡面泥石流的发育提供丰富的物质来源。

四、岩溶作用

岩溶作用①在九寨沟广泛分布，对九寨沟地貌形成与演化，有不可忽视的影响。

九寨沟出露地层主要为碳酸盐岩地层，岩性以灰岩为主。这为岩溶地貌的发育提供了必要的物质基础。该地区新老地质构造运动的迭加，岩层强烈褶皱、破碎，节理比较发育，形成了发育良好的地下水网系统，加上地下补给水水质偏酸，含有一定量的二氧化碳侵蚀成分，在地下水径流过程中，不断溶蚀碳酸盐岩。当富含碳酸钙的地下水溢出地表后，受各种因素影响，水中碳酸钙结晶沉淀析出，形成钙华。

钙华的形成是一个复杂的有机、无机化学反映过程，植物的光合作用与积壳作用对钙华的形成与发育也有促进作用。水溶液中二氧化碳的平衡，水动力条件的变化，都控制着钙华沉积的速率、规模、形态和位置。九寨沟的钙华沉积速率约为每年2毫米，钙华沉积结构比较粗糙，一般具有多孔隙的海绵状结构，并具薄壳构造。由于含杂质较多，钙华多呈黄褐色，富含泥沙及角砾状碎屑，还可见到晶形较好的方解石以及钙质石柱、石花等。

复杂的地下水径流网络系统是岩溶作用的典型现象，是地下水对含水层岩石长期溶蚀的结果。

---

① 岩溶作用又称喀斯特（Karst）作用，是水流对可溶性岩石所进行的一种以化学溶蚀为主、机械剥蚀为辅的特殊地貌作用。可溶性岩石、基层裂隙发育程度、水的溶蚀能力是岩溶作用的三个必备条件，这三个方面的差异性决定不同地区岩溶地貌的发育程度与类型。

在水位差的驱动下，岩溶地貌区域往往出现邻谷渗漏现象。长海渗入补给含水层的湖水最终在日则沟中地势较低的地方陆续渗出地表，增加了日则沟径流量，有利于钙华和瀑布的形成以及壮丽景色的保持。与此相应，这种渗漏使则查哇沟景观大为失色，造成九寨沟风景资源分布的不均衡性。

九寨沟的许多瀑布和群海，就是在河谷中冰碛堆积物的基础上，随着钙华加积而逐渐形成的。河谷中的堵塞体导致河床纵剖面的起伏变化，改变流水的水动力条件，促进局部地区钙华的快速淀结。较大的湖泊除长海（面积达 90 万平方米）是以冰川堆积物堵塞为主要成因外，其余的湖泊、堤埂和瀑布的主要成因都同岩溶作用有关。熊猫海和高瀑布、金铃海和珍珠滩瀑布、镜海和诺日朗瀑布、犀牛海、老虎海和树正瀑布等，湖泊面积都在 1 万平方米以上，瀑布高数十米，它们的形成，首先是谷地两侧的崩塌和滑坡体物质堵塞谷底，改变河床地貌形态和水动力条件，然后在富含碳酸钙的流水作用下，钙华逐渐沉积和固结，最后形成堤埂，堵塞上游来水成湖泊，湖水在堤埂缺口上外溢跌落形成瀑布。

九寨沟谷地中规模较小的钙华条坝、梯海和跌水的形成与大的堤埂、湖泊、瀑布的成因没有本质差别。海子大小一般仅几十平方米到上千平方米，并多呈梯海串联；钙华条坝一般垂直水流呈长条状，高几十厘米到数米不等，常呈梯坎跌阶而下，其上长满植物。最典型的是树正群海，钙华沉积从流水中的落叶枯枝或倒木等对水流的干扰作用开始，以植物群体的结壳作用为主导因素而形成一道道钙华条坝，随谷底起伏，堵水形成层层梯海，漫溢泄流成阶梯跌水。在水层厚度不大、原始地面较陡但又较均匀的河床段，钙华呈层状沉积，形成表部有许多小凸起的钙华滩，最典型就是珍珠滩。至于其表面能否形成堤坝而发育成为群海，取决于滩面的微小起伏状况和水动力状态的适应。珍珠滩表面有植被丛生，出现钙华条坝的雏形，而且其上部的钙华条坝已密生植物，发展下去就可能演化成梯状群海。

五、生物作用

九寨沟植被茂密，分布广泛，区域覆盖率达到 85.5%。繁茂的植被和多样的生物种类不仅直接改变了九寨沟的景观形象，也成为九寨沟地貌变化的重要因素。

九寨沟五花海、五彩池等，是风景地貌中璀璨的明珠。它们深嵌于谷底，被茂密的森林植被所包围，湖中水流清澈见底，并呈现绿、宝蓝、鹅黄、翡翠、橙红等颜色，五彩缤纷。这既与周边植被倒影折射有关，又主要取决于湖中各种藻类繁衍。九寨沟湖泊从水底到水面依次生长着黄色颗粒状的苔藓、绿色的轮藻、褐红色的红线藻和绿色的杉叶藻等，加上乳白色的湖底钙华沉积的衬托及阳光的折射，遂形成彩池与花海。一些谷段谷底被泥石流等淤塞，局部谷段浅水处芦苇蔓生，形成芦苇海；其中一些浅水树木根基，水流动力条件发生局部变化，钙华围绕树丛大量沉积、固结，形成一丛丛、一簇簇的盆景滩。

六、地震影响

九寨沟处于强震带中相对稳定区，地震直接破坏作用影响不太大，但地震诱发滑坡、泥石流、山崩等破坏性地貌过程，形成滑坡体、泥石流扇和压石锥等堆积物，对九寨沟自然地貌的塑造有一定影响。它一方面堵塞河道，蓄水成湖，增加风景点；另一方面又填淤海子，影响公路交通，甚至威胁生命财产安全。至于地震所引起的地下水渗流方向变化的影响则具有不可预测性。

九寨沟的发现

九寨沟的绝美风景虽在民国《松潘县志》（卷一“山川”之“翠海”条）已有所记述，但其再次发现是20世纪50年代以来的森林和资源调查时的事情，旅游开发则是改革开放时期。九寨沟美景的发现，是川西北旅游区开发的起点。

九寨沟的发现，经历了从资源发现到景观发现的转变，资源发现也经历了从森林木材资源到生物物种资源再到生态资源的认识发展。

20世纪50年代，四川省为掌握全省森林资源的分布和储量，陆续派人前往省内各地进行实地勘察。1956年，为调查森林储备量，四川省林业局下属林业勘探工作者王志强、傅春华两人带队进入九寨沟，见到了九寨沟蕴藏着丰富的森林资源和十分漂亮的瀑布、海子等水景。他们将所有数据整理成文，上报林勘院，报告首次将塔藏乡扎如村、荷叶村和树正村所在的林区称为九寨沟林区，这是“九寨沟”称谓首次出现在政府文件中。王志强和傅春华这两位林业工作者，就是九寨沟最早的发现者。

1959年，南坪县并入松潘县不久，当时在松潘县政府建设科农技站工作的邓一被松潘县政府派往南坪隆康公社九寨沟参加财务大检查。邓一完全被出乎意料之外的所见所闻征服，九寨沟淳朴的乡民和极端美丽的景色给他留下了深刻的印象。10多年后的1972年，邓一再次进入九寨沟所见到的则是森林砍伐对九寨沟景观和生态的破坏。这种前后之间的巨大反差和人生际遇以及特殊时代交织在一起，一个“童话世界”在邓一的心底萌芽。

1960年，由200多人组成的南坪森林资源调查队，带着林业勘察器材和设备，在武装部队的保护之下，顺着向导的指引，又一次来到九寨沟。据原四川省南坪森林资源调查队区队长钱本龙回忆：第一批人员上山是3月开始的，大量的人员是5月才开始上山；当时的路线是走马尔康过草地到松潘再到南坪；在草地、松潘，地区治安很不好，有土匪。当时进九寨沟勘察的小分队由郭庆元率领。他们经过30多天的实地测量，取得大量第一手资料。钱本龙回忆所说，九寨沟里丰富的森林资源完全具备当时国家规定的建局条件，是可以建一个大局而不是一般的小森工局。

此时正值中国三年自然灾害时期，经济严重受损，物资十分匮乏。四川省林业部门着手研究九寨沟的实际开发，但当时从九寨沟所处的南坪县到四川省的主要用材区域，道路不畅，运费太高，经济上不合算，九寨沟的森林开采被暂时搁置下来。随着国家“三线”建设的铺开，木材需求量日益增长，林业部责成中南林业设计院拿出开发南坪林区的总体规划，最终决定在南坪县建立林业局，其中九寨沟内设计建3个林场。1966年，林业部拨7000万元从全国各地招来森林工人组建南坪森工局，开始在九寨沟内建设林场，对九寨沟内的原始森林按“小面积皆伐、采育结合”的原则进行采伐。1968—1974年，南坪林业局的采伐一度停止，1974年在“抓革命促生产”中恢复，采伐规模逐年扩大。据1979年离任的南坪林业局段树林局长回忆，如果按当时的生产水平持续下去，九寨沟的森林最多到1984年至1985年就会全部砍光。

随着南坪林业局在九寨沟内采伐和建设，相关的科学考察开始增多，人们对九寨沟的认识日益深入。1969年8月，中国科学院成都生物研究所印开蒲、溥发鼎、胡隆基三人第一次从生物学的角度重点考察九寨沟的生态环境。1970年8月，中国科学院成都生物研究所主持的四川省薯蓣（山药）资源调查队，重点调查九寨沟的薯蓣资源。这是国家科研单位在九寨沟开展的第一项科研课题。1973 年，中国科学院学部委员、林业专家吴中伦及四川省林业局张开齐一行到南坪林业局检查工作，为九寨沟的美丽风景陶醉，他们意识到应该将这样优美的自然景观保护下来。吴中伦在返回成都后向四川省革委林业组组长韩正夫建议，九寨沟内不应再采伐森林。1975 年，农林部林业局保护处工作组在九寨沟开展综合考察，认识到九寨沟不仅蕴藏丰富的动植物资源，也是世界上少有的风景优美区。

从 1969—1978 年，印开蒲先后三次到九寨沟考察，对九寨沟的资源价值和优美风景有深刻的认识和体会，也对九寨沟生态体系在森林采伐中被破坏深感痛心。1978 年 8 月，印开蒲在第三次考察九寨沟后以中科院成都生物研究所的名义完成《中国科学院成都生物研究所关于在四川建立几个自然保护区的建议报告》，提出在九寨沟建立自然保护区的必要性。1978 年 12 月 15 日，国务院批转国家林业总局《关于加强大熊猫保护、驯养工作的报告》，同意在九寨沟建立自然保护区。

1978 年秋，南坪县委宣传部新闻干事陪作家方赫访问九寨沟。时值深秋，九寨沟的神奇风光美不胜收，海水丰盈，山花烂漫，雪峰皑皑，一步一景，叹为观止。在访问中，他们听闻沟内准备过冬后再建一个林场砍伐长海森林以弥补受“文化大革命”冲击堆积的生产任务，随即前往长海查看，发现公路已经修到上季节海。1978 年的长海，周围全是望不见边际的原始森林。深感九寨沟风景“命在旦夕”的田树昌等人商议向中央及有关部门写信呼吁保护九寨沟，并请方赫撰写一篇介绍九寨沟风光的文章在报刊上刊发，以引起人们关注。回到县城，田树昌与县农机水电局的邓一共同起草完成《赶快抢救九寨沟风景区》的呼吁信寄出。四川日报社收到呼吁信后于 12 月 2 日编发内参送省委，得到主持省委工作的许梦侠的批示，促成阿坝州委发出保护九寨沟的通知。随后，四川日报社约请田树昌和邓一撰写介绍九寨沟风光的文章。南坪县委对此大力支持，田树昌和邓一随即赶往九寨沟采访，在沟内住了半个多月，收集整理有关九寨沟风光特色、民间传说等的资料数万字，拍摄数百张九寨沟风光照片。1979 年 1 月 31 日，《四川日报》刊发田树昌和邓一的作品《童话世界九寨沟》配树正瀑布照片。“童话世界九寨沟”就此开始名扬海内外。

在闻名而来的人们的推动下，1982 年，九寨沟被列入第一批国家重点风景名胜区。九寨沟的历史从此步入新的完全不同的轨迹。

九寨沟景点名称由来①

九寨沟的景观原先大多没有名称，系统的命名始于 1978 年，是通过一系列的见诸报刊的文章和规划文件逐渐形成的。既有热心人的努力，也有约定俗成的共识。

1978 年冬天，四川日报社约请邓一、田树昌写一篇全面介绍九寨沟风景的专稿。为完成稿件，两人到沟内 124 林场场部（后改建为诺日朗招待所）住下，实地调研采访。林场职工、干部详细向他们介绍了在九寨沟中的所见所闻，两人多次组织树正、扎如、荷叶和则查哇等几个寨子中在民俗、掌故和宗教方面比较熟悉的人座谈，又特地请树正寨年近耄耋的老人庞庞一起到各景点考察。九寨

① 资料主要参考邓一、田树昌的回忆文章《九寨景点取名轶事》，载《九寨沟县文史资料选辑》第 4 辑。原文较长，以第一人称叙述，这里做了删节修订，改为第三人称叙述，重新整理了顺序。

沟景点的大部分名称就在这种一面“摆古经”一面实地考察中初步形成。1979 年 1 月底，《童话世界九寨沟》在《四川日报》发表，这是第一篇向世人全面介绍九寨沟风景的文章，九寨沟一些景点名称开始传布开来。后经不断补充和修订，一直到 20 世纪 80 年代中后期才最终形成较为完备的九寨沟景点名称体系。至今，九寨沟内仍有大量尚未命名的景观景点。

为使景点名称能够反映九寨沟的原始自然风貌，能够反映自然科学特别是生态学方面的科学内涵，邓一和田树昌还制定了三条取名原则：与九寨沟原有地名协调、与九寨沟风景特点协调、尽量保持当地文化特色。具体来说，就是力求做到宁土勿洋、宁俗勿媚、宁质少文。

宝镜岩·歇摩扎·魔鬼崖和万山之祖扎依扎嘎

过羊峒桥进九寨沟 1 公里多，是扎如沟和树正沟汇合处。在此处北面，有一座高 800 米、长 1 公里多的巨崖，刀砍斧切，平滑陡峭。靠近崖顶的地方形如一个头像，有几千平方米大，左眼睁右眼闭，龇牙咧嘴，像是在挣扎着爬出来又无可奈何的样子，狰狞而又痛苦。巨崖岩石半山腰有几组花纹，从西向东排成两列，共八个字，据说是一组喇嘛经文。庞庞老人给邓一、田树昌他们讲述了老祖辈传下来的关于这个崖壁的传说，说这个巨崖是扎如沟的山神扎依扎嘎镇压歇摩扎的地方。在讲述中，庞庞老人一再称扎依扎嘎为“山里面的毛主席”，后来邓一等人就根据自己的理解将这个说法演变成“万山之祖”的表述，一再出现在有关九寨沟的文献资料中。这个歇摩扎破坏九寨沟里的男神达戈和女神色嫫的关系，逼色嫫女神嫁给他，最后被镇压了。歇摩扎在在崖底使劲往上拱，岩石年年往上长，眼看就要崩塌，幸好从南边来的叫阿宁纳契格萨的喇嘛在此作法，口念六字箴言，手拿牦牛尾巴作的掸子在大岩上写下八个大字，这八个字读作四个音节：札西达遮。从此巨崖不再长高，歇摩扎被稳稳当当压在下面。这片巨崖就得名“歇摩扎”了。后来这个名称被汉化称为“魔鬼崖”。据出身九寨沟内村寨的南坪县委书记泽仁珠说，阿宁纳契格萨就是九寨沟对格萨尔王的称呼。当地人相信，把巨崖上的八个字看全了，阿宁纳契格萨就会保佑他好运，人畜平安，诸事顺当。1983 年秋，中共四川省委书记刘西尧考察九寨沟，听了有关歇摩扎（魔鬼崖）的介绍后认为这名字不好，可能会让游客扫兴，不如叫“宝镜岩”：巨崖雄伟，光滑如镜，照耀九寨，为山水添色，又将九寨美景收入镜里幻成经文大字，为游客祝福。此后，“宝镜岩”成为九寨沟入沟景点的正式名称。但导游很少向游客介绍，甚至忽略这个景点。

火花海

火花海的名字是杨超起的。1980 年深秋，中共四川省委书记杨超考察九寨，摄影师葛加林随行。考察期间，被火花海景色打动的葛加林力邀杨超去看一个“了不起”的海子。第二天一大早，杨超与邓一、葛加林等来到半山。阳光已照临水面，但人们还在阴影里，看到的水面仍是一片深蓝。山风掠过，湖上皱起涟漪，深邃静谧的水面，陡然跳出无数耀眼的金花，大而明亮，满湖飘动闪烁，比星星更绚丽，比篝火更活泼，使得湖边的森林、湖上的蓝天都黯然失色。饱经风霜、一向严肃的杨超看得笑逐颜开，说：“你们要我给这海子取个名字，我提个意见你们参考，就叫火花海怎么样?”大家拍手赞成。“火花海”这名字就这样定下来，以后越叫越响亮。

树正瀑布

树正瀑布在树正寨近旁。据庞庞老人说，当地人叫它“若沙格”，意思是“水花飞扬的地方”。

树正瀑布的名称是以寨名定名。1979 年 1 月，随同《童话世界九寨沟》一同发表的就是树正瀑布的照片，可能是报刊上最早的九寨沟风光照片。在九寨沟开放旅游的很长一段时间里，树正瀑布独领风骚，成为九寨沟的“标准像”，如同迎客松之于黄山。

树正群海・栈桥・卧龙海

树正沟中段，从树正瀑布到盆景滩（过去曾叫万景滩），有 40 多个大小不一的海子，头尾衔接，逶迤五六里。最初提出的名称有“九寨海子群”“梯级海子”“海子串”等，田树昌建议用“树正群海”，以近旁的村寨取名，以群海描述特色。

卧龙海的命名意见一致。这个湖泊是群海中最大的一个，视野开阔，气度恢宏，最精彩的景致是水下的两条浅色堤埂，从西南角向东北蜿蜒而去，如两条游龙嬉戏。山风掠过，涟漪乍起，波光幻影，水下蛟龙似乎活动起来，摇头摆尾。

离卧龙海不远，有一座藏寨磨房。磨房边有一座桥，平水搭建，以椽子为柱，上铺杉板。杉板是直接从很粗的冷杉原木上劈下来的，不经锯刨，不用钉榫，横铺柱上，只压一根木棍略加固定。桥身很长，贴着海子水面跨过，一直通向对岸一片长在巨石上的冷杉林。既是颇具自然韵味的一景，又是观景的好地方。这个地方被命名为“栈桥”，借用车站、港口用于装卸货物的“栈桥”名称，又有点“栈道”的意思。

达尔措・犀牛海・甲尼甲格

位于树正瀑布顶上的老虎海是沟内为数不多有藏名的海子，“措”就是藏语中“湖泊”“海子”的意思。为什么叫“达尔”，邓一和田树昌说他们已经忘了庞庞老人当时对老虎海的解说。

与老虎海相邻的犀牛海，长 1 公里许，景色幽美。庞庞老人给邓一和田树昌讲了有关犀牛海的故事。传说这个海子底下住了一位得道高僧，不食人间烟火，虔心诵经修炼，偶出解危济困，治病救人，深受尊崇。有一年，一位喇嘛从南边很远的地方骑犀牛来向高僧讨教佛法，喇嘛无法进入海子，只好在海子边虔心祝祷。许久后的一天喇嘛突然得道，骑上犀牛走入海子，海水向两边分开，喇嘛来到高僧座前，敬礼如仪，坐在侧面聆听说法。海水慢慢合拢，两位僧人从此深居海底。许多世代以后的一年，九寨沟遭受瘟疫，瘟病从牛羊蔓延到儿童妇女，哭声越过森林瀑布飘进海子。一天清晨，喇嘛从海子中升起踏水面走上岸，到各村寨送药念经，很快平息这场灾难。喇嘛眉须皆白，在海子边搭个窝棚住了下来，为远近赶来的人治病消灾。人们在窝棚旁边修建小庙请他住下，直到他圆寂。临终前，喇嘛尽最后的气力在庙旁开出一股清泉，泉水神奇，有病治病，无病健身，可使盲人重见光明，可使恶人改恶向善，可使子女成双，让少女美容。人们用喇嘛的名字命名山泉为“甲尼甲格”，叫海子为“犀牛海”。据说，月白风清之夜，犀牛会出现在庙前，仰望月亮，直到月落。小庙残墙在“文化大革命”中被彻底铲平。甲尼甲格泉在公路边依旧日夜汩汩流淌。

诺日朗瀑布

诺日朗瀑布的取名可谓阴差阳错。原本这个瀑布可能没有名字，或已经没人知道名字了，九寨林场的职工都叫它“124 场下面的瀑布”。1978 年冬，邓一、田树昌在 124 林场场部遇见来则查哇检查秋收工作的白河区委书记杨万成，杨是藏族，对九寨沟的情况十分了解的，支持把九寨沟建成风景区而不是光秃秃的采伐迹地。邓一两人乘机向他请教瀑布的名称。他想了很久，说：“好像叫诺日朗。”于是，这个瀑布就有了名字。半年后的一天，杨万成来九寨沟，找到邓一，说：“我问了几个老汉，这里不叫诺日朗。”此时，“诺日朗”的名字早已配上大彩照上了书，上了报刊，名字传得老远，要改动就得费些力气了。这个瀑布到底叫什么名字，杨万成也不知道，邓一等人已经不愿深问了。“诺日朗”这个名字就这么沿用下来，还深受人们喜爱，后来几乎就是“九寨沟”的同义语。

镜海与静海

镜海长 1 公里许，每于晨昏风定，水波不兴，蓝天白云、青山红叶连同游禽飞鸟一齐映在水里，纹丝不乱，让人分不清哪是景哪是影，哪是真哪是幻，故定名为“镜海”。民国《松潘县志》说中羊峒番部内有“翠海”，“海狭长数里，水光浮翠，倒映林岚”，邓一、田树昌认为这“翠海”指的就是镜海。镜海环境清幽沉静，又被很多人称为“静海”。据邓一介绍，游客接受“静海”的名称大多是被环境和导游误导而没有欣赏到镜海的倒影，凡是听了他的介绍去体味镜海倒影的，都会认可这个名称。1983 年 10 月 24 日清晨，三位年逾花甲的老人在镜海边静静观景，清晨的镜海波平如镜，水面倒影犹如一幅硕大的天然油画。良久，韩姓老人打破宁静：“唉，真是江山如画呀！”旁边的刘先生说：“应该是画如江山。”高个儿的赵先生沉思有顷，说：“看了九寨，才知是画不如江山。”

五花海与五彩池

“五花海”原是则查哇沟靠近长海的一个湖泊的名字，后来被用来命名日则沟的一个海子，原先的湖泊就起了一个新的名字叫“五彩池”。

早年的五花海（五彩池）在九寨沟、塔藏乃至南坪县都是一个颇有灵验名气的“神池”，是人们天旱求雨的地方。每逢天旱，五花海（五彩池）边的云杉树上就挂满哈达，林子里到处是放生的鸡羊，烧柏桠的烟从林梢飘到半空，如山岚水雾。据说，祝祷完毕，需立即飞步下山跨上快马赶紧往回奔，到村寨杀大红鸡公祭祀，才能一气把雨“牵”回村寨。路程远的得一天两夜，人不眨眼马不卸鞍。一旦在路上停下，雨就到此为止。过去“朝”一次长海下山窝里的五花海（五彩池）很艰辛，不仅因为南坪地处岷山腹地，交通闭塞，而且因为九寨沟内则查哇以上荒无人烟，还愿的人们只能在莽林石缝、羊肠小道中攀援。1978 年深秋，田树昌陪同方赫在九寨沟采访的时候，南坪林业局的采伐已逼近长海，林场公路延伸至季节海。此时的五花海（五彩池）还在原始森林的怀抱中，四围是参天大树，当中一泓清泉，水色从边上的浅蓝向中间逐渐加深，湛蓝，湖蓝，直到深蓝，甚至是墨蓝，晶莹明澈，静谧神秘。1978 年底九寨沟划为自然保护区，则查哇沟的林业公路已修到长海边，据说南坪林业局的一些同志认为花费那么多钱，没砍成树，不划算，就下令把长海出口岸那一大片和五花海（五彩池）周围的那一大片原始森林统统砍倒。1979 年，九寨沟管理所成立，在采伐迹地清理中，光运送木材就用了几年。此后，长海水位下降，五花海（五彩池）水位下降近三分之二，从此黯然失色，“五花海”这个名称被移用到日则沟一个无名的海子。

1978 年冬天的一个晴朗日子，庞庞老人带着邓一、田树昌等人沿日则沟上行。近午时分，来到一处半山，山下海子的全貌一下子展现在眼前，令人惊讶。海子头是一条细长的宝蓝色河道，向南逐渐展开成一片五光十色的斑斓，然后融进南边的密林中。“那是她的头。”老汉用旱烟袋指着那河道说：“那一簇大树就是她头上的翎毛。”邓一和田树昌省悟过来，这海子的形状就如一只引颈展屏的大孔雀。那一丛笔直高大的云杉，是孔雀的头上挺拔的翎毛，细长的河道恰是脖颈，逐渐展开的水面是孔雀的胸背、扇尾，巨大的尾屏五色斑斓，由银白、浅蓝而至深蓝，由嫩绿、翠绿而至墨绿，由柠檬、金黄而至棕黄，在深色海子中还星布浅蓝的圆斑犹如孔雀尾屏上的图案。从圆斑底部有气泡升向水面，如串串闪光的珍珠。秋冬的海子边，色彩浓艳，红、橙、酱、紫，几处大红鲜亮赛过燃烧的篝火。"这海子没名儿。"庞庞老人继续说，"因为在日则沟，也有叫她日则海的。日则的海子有几十个，这并不能算她的名字。"田树昌主张叫"孔雀海"。邓一福至心灵，觉得这才是"五花海"。丰富的色彩、宽阔的水面、幽美的环境，"五花海"的名字实至名归。田树昌和庞庞也赞同。后来，那段时时变幻出几十种不同蓝色的河道，单独取名叫"孔雀河道"，再后来又省掉"道"字，就叫"孔雀河"。1983 年，九寨沟第一次印制正式门票，就把这个五花海作为九寨沟的标志印在门票上。原来的则查哇沟五花海另外取名为"五彩池"。五花海的英文翻译为"five color lake"，是五色、五彩的意思，不是五朵花的海。

珍珠滩瀑布 · 珍珠滩

珍珠滩瀑布因珍珠滩而得名，珍珠滩的得名来自景观感受。1978 年冬天，邓一、田树昌在九寨沟调研考察时就从 124 林场鲁场长等人那里了解到有关珍珠滩和珍珠滩瀑布的介绍：镜海头上不远有道水滩，水花溅玉，银白一片；水滩下沿有瀑布，比场部这瀑布（诺日朗）还大还好看；瀑布下水潭中有大鱼，一条半斤多。于是一个晴天，邓一、田树昌等人前往考察，但见一摊活蹦乱跳的水花，如倾倒万斛珍珠，于是就有了应景又好听名字"珍珠滩"。滩里到处生长有刺莓、毛棠等灌丛，银亮的水花衬着或红透或黄亮或青翠的山果，格外鲜艳亮丽，水生的红柳和杂木长得粗矮，枝干虬曲如经匠师精心盘扎，胜过桩头盆景，于是又取名"万景滩"，滩下的瀑布就叫"万景滩瀑布"。但"珍珠滩"的名字呼声更高，最终盖过"万景滩"。1980 年以后，大家都用"珍珠滩"和"珍珠滩瀑布"的名字，几乎没有再叫它"万景滩"。"万景滩"这名字被"移植"到荷叶坝榨油坊边那片长满灌丛的河滩，成为一处颇有特点的景点，后来又更改为"盆景滩"。

高瀑布 · 五花海栈道

"高瀑布"原本是个临时使用的名称。这个瀑布是九寨沟内落差最高的瀑布，断崖高差达 80 多米，1979 年邓一等人撰写《九寨梦幻》一文时没想出好的名字就临时称之为"高瀑布"。高瀑布是熊猫海出水跌落形成，出水口下面是很高的断崖，两边绝壁，湖水从熊猫海出来，集成两束泻下，直落深不见底的峡谷。谷中密林掩映，只闻其声如雷而不见其形，高崖下的林木茂密，无人涉足，这一瀑布景观也无人欣赏，"高瀑布"的名称也因循沿用下来。后来，九寨沟管理局在峡谷中修了栈道，从熊猫海出水口紧贴瀑流而下，游客得以充分欣赏瀑布风姿，领略峡谷风光。这段从熊猫海到五花海的栈道逐渐成为九寨沟内新的景点群，名声日著，先是称为"熊猫海栈道"，后改称"五花海栈道"，"高瀑布"是其中一景，似乎也没有必要专门另行取名了。

鹰爪洞 · 打儿洞

在天鹅海北端的大路边，邓一等人在树林后面发现一个岩洞，这是沟内景点中唯一的洞穴。洞高阔大约 7—8 米，深不到 20 米，没有石钟乳和形状特异的岩石。洞的正面和右侧石壁上有许多印迹，形如禽类的爪印，大的 40—50 厘米见方，小的超过 20 厘米，深度 3—4 厘米。大家惊喜之余，猜不透它的来历，把这洞命名为"鹰爪洞"。

九寨沟外有一个见诸史籍记载的洞穴，在民国4年（1915年）的《南坪乡土志》中有“打儿崖”的记载，上有洞穴，是当地人求子的一个去处，每至朔望，善男信女络绎不绝。除三炷香一对蜡长揖跪拜外，需要远远地向洞里扔石子并让石子留在洞中。打儿洞的灵验偶有附会，据说有连扔两个石子，三年后生下龙凤胎的传闻。或许是因为整修公路改变洞前景致，打儿洞前早已冷清下来。来求神祈福的少了，来旅游观光的多了，不过都是无视而过。

邓一以为这个有“打儿”之名的洞穴就在九寨沟沟口外河对岸公路边离地10来米的岩壁上，《南坪乡土志》所记则在隆康。大约是因为这里确有一个不深的洞穴，而打儿洞也冷清很久，无从判别了。

天鹅海·爱情海·芳草湖

这是日则沟最深处的海子，海拔在3000米左右。两边是千仞绝壁，非正午不见阳光。悬泉从高崖上直坠深潭，为山谷增添不少生气。海子不宽，长逾千米，大部分水面长满水草。据当地藏民说，森林采伐以前，这里确曾常有天鹅越夏。因有此传闻，这海子就取名叫“天鹅海”。伐木场撤走后，这里恢复宁静，但天鹅仍不见踪影，天鹅海的名声也就响亮不起来。几位来自成都的文人说：“这里特别适于恋人谈情说爱，应该叫爱情海。”只是九寨沟的人们并不赞成，这名字也只是偶见于报端，并未得到响应，于是自行夭折。也是来自成都的文人又取了个名字叫“芳草湖”，逐渐得到游客和管理局几位先生的欣赏，“芳草湖”就从口头“登”上导游图和导游牌，最后扎下根转了正。这是九寨沟里唯一以“湖”命名的海子。后来，为统一起见，有修订为“芳草海”。于是这个海子就成了两个，上半段淤塞严重布满水草的叫“芳草海”，下游较深水域仍叫“天鹅海”，按旧有的习惯则一起统称为“天鹅海”。

悬泉·马尿水·相思泪

芳草湖上端西边高高的峭壁上，喷涌的泉水凌空射出，形成一串珠链，珠链愈往下愈细，终至于无。在半腰一处突出的岩石上，无形的珠链溅起老大一朵水花，又在下面的岩缝里汇成瀑流，直泻进海子。早先，126林场（日则林场）的几位伐木工人给这道瀑布起了“马尿水”的名字：“马尿水下面的鱼特别多，我们常来钓鱼，才给它取了个名字。”1983年，四川省文联在九寨沟开笔会，被问及九寨沟景点的取名意见时，几位文人将这道瀑布取名叫“相思泪”。笔会之后，“相思泪”见诸报刊。但九寨沟内部基本没有使用过。1984年，邓林、庄言、杨延文、张季红等来九寨沟，也认为“马尿水”太不雅，“相思泪”过于风花雪月，“于九寨不很适合”。切磋良久，大家赞同邓林的提议：“悬泉”。多方征求意见，都以为这名字不错，“悬泉”就定了下来。

藏马龙里·原始森林·剑岩

日则沟尽头，军事地图上标注为“藏马龙里”。到1978年，南坪林业局伐木场已推进到这里，称126场新3段，山上的云杉林，已伐去大半，意外给人们提供足够的观赏距离，老远就能看到密密地站成一排的云杉，树干整齐笔直，从根到巅一般粗细，像一堵高达三四十米的树墙。当地人叫它“麻秆林”，只有立地条件很好、长得又密的针叶纯林才能长成这样。九寨沟开放之初，只有天晴时游客才能到藏马龙里游览，很难看到这里云遮雾绕的神奇山景，“麻秆林”就引起了人们越来越浓厚的兴趣，一些导游就称之为“原始森林”。大概因为游客能够近距离接触甚至走入其中，“原始森林”这个名字逐渐流传开去，成了共识，取代“藏马龙里”成为正式的景点名字。“藏马龙里”后用来指日则沟更南边与之相连的无人沟谷。

在原始森林前伐木留下的平地向北往，一座山峰从水边拔地而起，高近千米。四川省副省长何郝炬考察九寨沟时，称赞此孤峰为九寨增色添彩，在陪同人员请他取名时建议此峰可叫“剑岩”。剑岩孤峰突兀，直刺苍穹，非常形象。这个名称也因此确定下来。

九寨沟申遗纪实

1991年2月下旬，春节刚过，九寨沟管理局收到四川省建委转来建设部城市建设司第30号文，国务院将九寨沟列入向联合国教科文组织申报世界自然遗产的名单，文中对九寨沟给以高度评价，称九寨沟“景色秀丽奇绝，世所罕见”。随后，省建委规划处主管风景的处长和九寨沟管理局领导赴北京接洽，接受尽快编写完成申报材料的任务。中共南坪县委、县人民政府高度重视九寨沟的自然遗产申报工作，开始集中力量投入前期准备工作中。3月26日，建设部城建司向中国联合国教科文组织全国委员会秘书处发函，正式提出将九寨沟、黄龙、桂林漓江、路南石林、武陵源、黄果树等风景名胜区作为第三批遗产项目申请列入世界自然遗产名录。此时，中国已经分两批成功申报7项世界自然遗产或文化与自然双遗产。

附图－1　联合国教科文组织专家考察九寨沟

6月14日，中共南坪县委、县人民政府成立以县委书记为组长的世界自然遗产申报工作领导小组。同时在四川省建委主持下，成立世界自然遗产中国九寨沟编辑委员会，包括领导干部、专家、学者和工作人员共45人，并邀请省内有关学科的专家、学者作为工作顾问，全力以赴开展申报书的编写工作。6月22日，南坪县九寨沟世界自然遗产申报组一行赶到成都，省建委提出100天内完成所有上报材料的目标要求。经3个多月的辛勤努力，耗资20多万元，编辑委员会按要求完成全部申报材料，整套材料包括申请书、电视片、幻灯片等，共计5万多字、108张照片，图文并茂，资料翔实，装帧精美，分中、英文两种版本。9月，国务委员李铁映与建设部部长侯捷两人签发上报的九寨沟风景名胜区申遗材料，整套材料随后提交世界遗产委员会。此后，一直到1992年上半年，随着申报工作的推进，九寨沟管理局继续组织专家、学者按规定要求搜集、整理、编印和呈报将九寨沟风景区列入世界自然遗产所需的相关补充材料。

同一时期，围绕九寨沟风景名胜区申遗目标，四川省人民政府、南坪县人民政府及各相关单位积极开展景区建设和管理提升工作。1991年8月23日，南坪县政府制定《关于加强九寨沟风景名胜区管理的规定》，共35条。10月14—15日，四川省风景名胜区检查团对九寨沟景区的保护和管理工作进行检查督促，并以省风景名胜领导小组办公室名义向南坪县申遗工作领导小组反馈《检查九寨沟风景名胜区工作会议纪要》，通报联合国教科文组织将派官员来风景区现场检查验收事项，要求做好保护和管理工作。年内，九寨沟管理局完成景区公路全部路面的柏油化，结束景区公路尘土飞扬的历史。1992年5月26日，中共南坪县委、县人民政府做出《关于建立九寨沟旅游经济开发区的决定》，制定《九寨沟旅游经济开发区有关政策规定》，将九寨沟作为县域经济社会发展的潜在支撑区域。

1992年6月5—6日，受联合国教科文组织总部委派，桑塞尔博士和卢卡斯博士为首的专家组一行到九寨沟风景名胜区全面考察自然遗产状况及申报工作。桑塞尔博士是加拿大人，国际自然与自然资源保护联盟高级顾问，担任“世界自然遗产名录”首席考察官。卢卡斯博士来自新西兰，是世界自然与自然资源保护联盟、国家公园与自然保护区委员会主席。专家组的到来，受到南坪县党政领导和九寨沟各族群众的热情欢迎。

按《世界遗产公约》的要求，专家组采用现场考察、询问、翻阅资料等方式对九寨沟风景名胜区展开全面考察。在考察中，桑塞尔和卢卡斯等对九寨沟风景的形态优美、色彩斑斓赞叹不已，认为“这是世界上最优美、最神奇的自然景观”（桑塞尔）。专家组对九寨沟人文景观保持完整并与自然风景协调一致表示非常满意，高度赞扬九寨沟风景区的保护型开发工作，对九寨沟管理局解决保护区居民和保护区建设之间矛盾的正确思路、组织动员相关社团参与管理、将保护生物多样性和保护文化多样性高度统一起来实现人与生物圈和谐一致等做法表示赞赏。同时，专家组也对九寨沟的保护和管理工作提出国际化、标准化建设要求和建议：将旅游经营设施转移到沟外，逐步施行电脑自动网络化管理，建立沟口游人中心向游人宣传保护知识，解决沟内交通拥挤，控制沟内人口数量等。

考察结束后，南坪县人民政府和九寨沟风景名胜管理局以民歌、民间舞蹈的形式为专家组举办一场别开生面的欢送会。桑塞尔和卢卡斯欣然留言，对九寨沟的景观交口称赞，对九寨沟风景名胜区的申遗和发展充满信心。桑塞尔写道：“我们在这里发现了世界上最壮观、最神奇的一处自然景观，世界自然与自然资源保护联盟将尽最大努力，帮助九寨沟的工作，使子孙后代能像我们一样在这里欣赏九寨沟的美景时流连忘返。”卢卡斯留言：“九寨沟是一个无比神奇、美妙和令人惊叹的地方，看到它和欣赏它，是

附图-2　联合国教科文组织专家卢卡斯、桑塞尔（前右一）在九寨沟考察途中

我一生中最大的荣幸。”

1992 年 9 月 5 日，联合国教科文组织正式向中国反馈遗产项目提名考察评估，在《世界遗产提名——IUCV 技术评估》中对九寨沟风景名胜区做了充分肯定，认为九寨沟一个难以置信的自然美景保护区，是地球进化历史主要阶段的突出范例，是地质过程、生物进化和人与自然环境关系的突出代表，是珍稀动植物的定居地，九寨沟完全符合自然遗产标准，并达到了完整性的条件，应列入自然遗产名录中去。

1992 年 12 月 14 日，联合国教科文组织世界遗产委员会（WHC）全委会第十六届大会在美国新墨西哥州首府圣菲（Santa Fe）举行，大会以表决形式一致通过将九寨沟风景名胜区列入“世界自然遗产名录”。

1993 年 2 月 28 日，世界自然遗产证书颁发仪式及新闻发布会在北京人民大会堂举行，联合国教科文组织总干事马约尔分别向武陵源、九寨沟、黄龙颁发世界自然遗产证书。

附图－3　联合国教科文组织总干事马约尔（左）向九寨沟管理局颁发遗产证书

按照联合国教科文组织有关世界遗产保护工作的规定，九寨沟管理局先后在 1998 年和 2002 年两次向世界遗产委员会提交自然遗产监测和保护工作报告，九寨沟风景名胜区顺利通过世界遗产中心的专家评估。

编 后 记

根据《中共四川省委办公厅　四川省人民政府办公厅关于印发〈四川省志（1986—2000）〉编纂方案的通知》（川委厅〔2006〕4号），《四川省志·九寨沟志》（以下简称《九寨沟志》）为《四川省志（1986—2005）》分卷之一，由九寨沟管理局牵头承编。九寨沟管理局党委、行政加强领导，把修志工作纳入全局中心工作，做到“五到位”。一是领导到位。成立《九寨沟志》编纂工作领导小组，管理局局长任组长，其他局领导班子成员任副组长，各部门主要负责人为成员，确保工作稳步推进、取得实效。二是机构到位。将标准办设立为专职修志处室，采取标准办牵头，各处室共同参与的运行模式，共担修志工作任务。三是经费到位。按“修志经费由地方各级政府负责”的原则，将修志经费统一纳入全局每年财政预算。四是队伍到位。调整充实专职修志人员6名，稳定修志编纂队伍，为修志工作顺利开展奠定基础。为高质量、高标准推进修志工作，特聘请四川省社科院历史研究所副研究员汪志斌担任《九寨沟志》主笔，对《九寨沟志》编修工作进行全程技术指导与统筹安排，并负责执笔撰稿。五是条件到位。九寨沟管理局专门拨出经费，配备了数码相机、扫描仪、打印机、录音笔等编修工作所需设备，确保修志工作顺利进行。

从2015年4月起，《九寨沟志》编纂人员先后走访四川省地方志工作办公室、林业厅、住房和城乡建设厅、省档案馆和九寨沟县地方志办、档案局、民政局、文体局等相关部门，借阅相关书籍，调阅档案资料，收集整理与九寨沟相关的历史资料。经过两个多月的辛勤劳动，编纂人员将收集到的《四川省志·旅游志》《阿坝州·森工志》《南坪县志》《九寨沟县志》《九寨沟神话与传说》等117本书籍和《中国的奉献》等6张光盘进行文字摘录，录入文字资料400余万字；同时，在各相关单位和局内各部门收集整理涉及九寨沟历史文化、科研保护等电子版资料等达66万字；与局内相关部门合作，收集自然景观、景区管理等照片达2.5万张。为全面客观反映九寨沟发展历史，弥补现有文献档案的不足，编纂人员先后对9名局老领导、老职工、景区居民等进行采访，收集整理回忆资料近7万字。这些资料为《九寨沟志》的编纂奠定了良好基础。

在此基础上，2015年10月，编纂人员草拟完成《九寨沟志》篇章结构，并征求相关处室和个人意见，随后开始编纂初稿。2016年3月，九寨沟管理局向省地方志办上报《九寨沟志》篇章结构，得到省地方志办的认同和指导。2016年4月，《九寨沟志》的验证性初稿文本完成，将“九寨沟”作为一个具有特定历史和独特资源禀赋的地理区域来加以叙述，并将九寨沟区域所涉及的“物”区分为“地理环境”“旅游资源”“旅游景观”3个层次来加以叙述，强调在这一特定区域里旅游体验和景观审美所具有的客观性与时代性。《九寨沟志》初稿经省地方志办组织人员评审，得到基本肯定。

随后，从2016年5月起，根据省地方志办评审意见，《九寨沟志》编纂进入全面充实内容阶段。该阶段原计划分两步：2016年5月到2017年7月，完成相关文献整理；2017年8月进入再次实地调研阶段，解决此前调研和资料收集整理中尚未解决的问题。天有不测风云，2017年8月8日，九寨沟发生7级地震，九寨沟管理局人员全力以赴投入抗震救灾，《九寨沟志》修编停滞。按省地方志办工作进度安排，2017年末，在不够完善的资料基础上编纂完成《九寨沟志》第二稿。

2018年1月，九寨沟管理局将《九寨沟志》第二稿提交省地方志办复审。3月，省地方志办反馈评审和修订意见，意见着重强调完善记述内容并要求严格执行二轮省志编写工作所确定的记述时间下限，即2005年，原则上不能越限而书。在此之前，介于《九寨沟志》修编工作重启的时间距离二轮省志编写工作确立的记述时间下限已较远，无论是初稿还是二稿均以2015年为下限编写。根据省地方志办复审意见，第三稿《九寨沟志》以2005年为记述时间下限，仍按以九寨沟管理局为核心、以白河流域经济社会发展为背景的结构思路，调整了部分章节，补充完善了相关内容。2018年9月下旬，九寨沟管理局向省地方志办提交《九寨沟志》第三稿即终审稿。

2018年10月30日上午，《九寨沟志》通过《四川省志》审核委员会组织的第三十八次终审会审查。同时，终审专家对《九寨沟志》提出修改完善意见。2019年5月下旬，《九寨沟志》完成终审修订。

《九寨沟志》虽已编纂定稿，但有价值而未能记述或未能展开的内容还有不少，比如众多的文学艺术作品。九寨沟既是科学研究的典型区域，也是美学欣赏与创作的典范素材，是艺术家们寻找灵感的地方。自20世纪70年代末以来，以九寨沟为题材的文学、书法、绘画、音乐、影视等作品层出不穷。在我们摘录这些作品中写实的语句来组织有关九寨沟景点景观的记述的时候，不免也为舍弃的那些优美的情感抒发与表现感到惋惜。也许，唯有诸如《九寨沟艺文志》或《九寨沟诗文集》《九寨沟散文集》《九寨沟书画集》之类才能够将九寨沟的艺术与审美层面全面展现出来。

《九寨沟志》的编写，凝聚了各方的心血，既是编修人员艰辛努力、团结一心、尽职尽责的结果，也是省、州地方志系统领导和九寨沟管理局领导关怀的结果。在《九寨沟志》编纂过程中，还特别得到九寨沟县地方志办、县档案局、县旅游局以及林业部门、漳扎镇人民政府和九寨沟管理局各部门及相关单位的积极帮助与支持，得到九寨沟管理局历届领导、老员工、社会相关人士的帮助，他们都为《九寨沟志》的编纂完成付出了辛劳，在此一并致谢！

本志所使用的图片由下述人员提供，在此一并致谢：于宁、王庆九、杨学成、桑吉、苏杰、周正强、泽军、左光远、肖维阳、杨青霞、温勇、梁峰、谢超、泽仁珠、杜杰、蹇代君、雷开明、张跃、王燕、阿冬、上官筱燕、向俊友、李桂斌、文成华、建措、彭晓辉、钟燕、贡波索郎、杨华珍、王达军、晓泠、李天社、赵益军、朱忠福、任洌锌、柏兵、莫进忠、格让久、何晓燕、肖长林、杨富英、冉建华、郭崇元、向春元、杨光兴、杨富林、王森林、马军、王成。

限于水平和时间，本书错讹难免，敬请读者不吝批评指正！

《四川省志·九寨沟志》编纂委员会办公室

2019 年 9 月